Die KUNST des ZEICHNENS

MENSCHEN

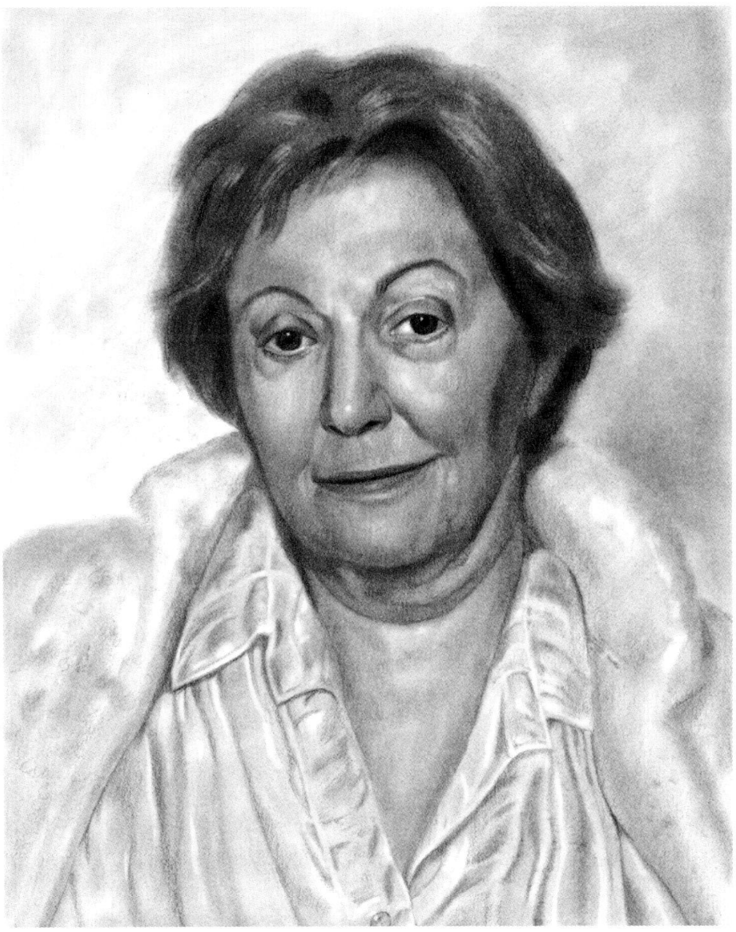

Inhaltsverzeichnis

Menschen sehen und zeichnen 4
Material 6
Grundwissen Schraffieren 8
Mit dem Stift spielen 9
Die Grundelemente 12
Sehen lernen 14
Proportionen 16
Grundformen des Gesichts 18
Frauen im Profil 20
Weibliche Porträts von vorne 22
Die Dreiviertelansicht 24
Kopfhaltungen 26
Menschen im Raum 28
Menschen gekonnt in Szene setzen 30
Ganze Figuren 32

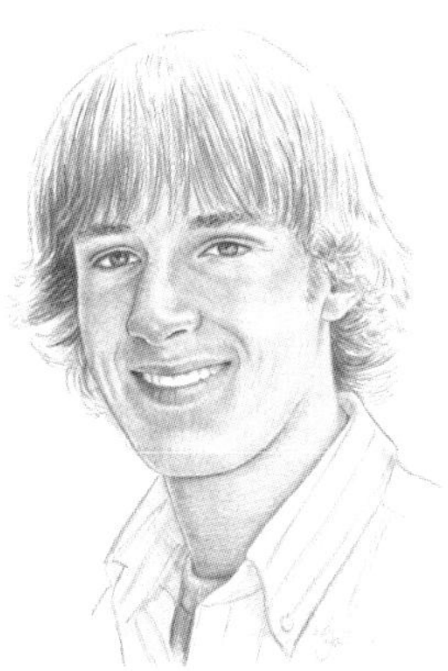

Wege zum perfekten Porträt 34
Porträtieren leicht gemacht 36
Anatomie des Gesichts 38
Gesichtsebenen 39
Das Gesicht von vorne 40
Andere Blickwinkel 41
Die wichtigsten Elemente 42
Grundaufbau eines Auges 43
Die Augenpartie 44
Ohren 46
Nasen 47
Mund und Lippen 48
Das Lächeln 51
Junge Frau 52
Profil eines Mannes 54
Wirklichkeitsnah porträtieren 56
Den Hintergrund gestalten 58
Arbeiten mit Licht und Schatten 60
Zeichnen mit einem Modell 62
Junge Frau mit Lockenkopf 64
Ältere Frau mit Brille 66
Älterer Mann mit Bart 67
Alter Mann 68
Porträt im Materialmix 69
Schwarzer Junge – Porträt in Kohle 70
Asiatisches Mädchen – Porträt mit Tusche 71

Die schönsten Kinderporträts 72
Kinder zeichnen leicht gemacht 74
Kindliche Gesichtsproportionen 76
Kleines Mädchen 78
Babyporträt 80
Das beste Foto wählen 82
Mädchen mit blondem Haar 84
Kinder der Welt 86
Arbeiten mit einem jungen Modell 88

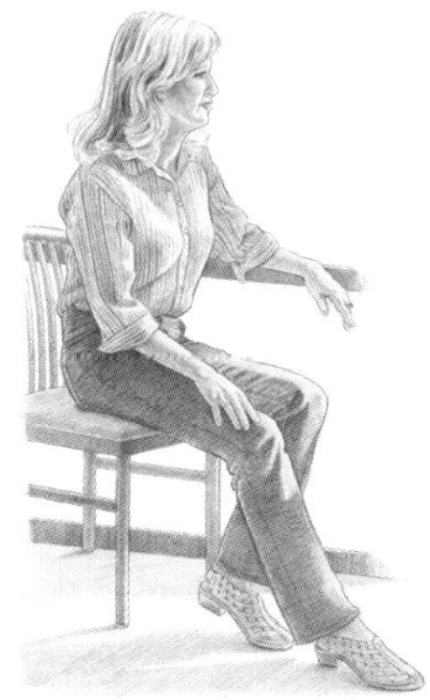

Dem Menschen auf der Spur 92
Menschen zeichnen leicht gemacht 94
Körperproportionen 96
Brustansicht 98
Rückenansicht 99
Seitenansicht 100
Den Körper skizzieren 101
Dem Körper auf der Spur 102
Der Arm von vorne 104
Der Arm von hinten 105
Der Arm von der Seite 106
Das Bein von vorne 107
Das Bein von hinten 108
Das Bein von der Seite 109
Hände 110
Füße 112
Menschen in Bewegung 114
Kleidung und Falten 116
Bewegungen festhalten 118
Optische Verkürzung 120
Verkürzung im Detail 121
Optische Verkürzung in der Praxis 122
Mann im Schaukelstuhl 124
Frau am Fenster 126
Junge im Gras 128
Ein Sommertag 130

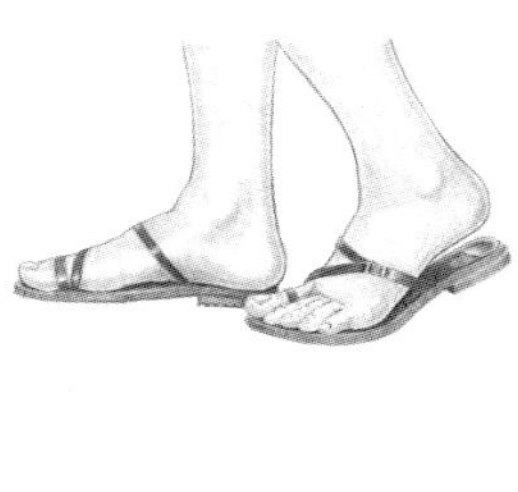

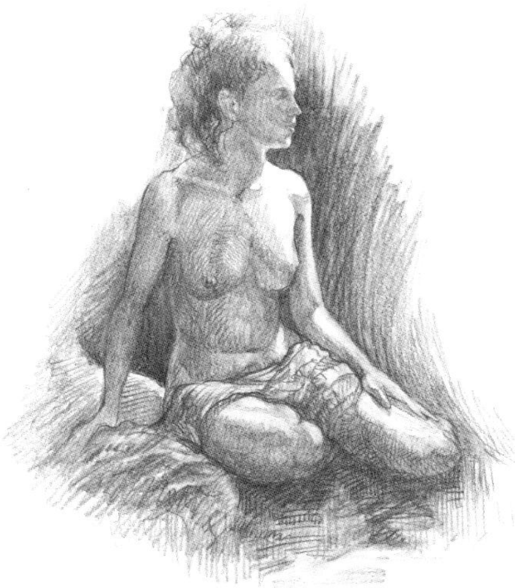

Akt zeichnen für Einsteiger 132
Sitzende Frau 134
Stehende Frau 136
Liegender Mann 138
Freies Aktzeichnen 142
Ein Gefühl für den Körper 144

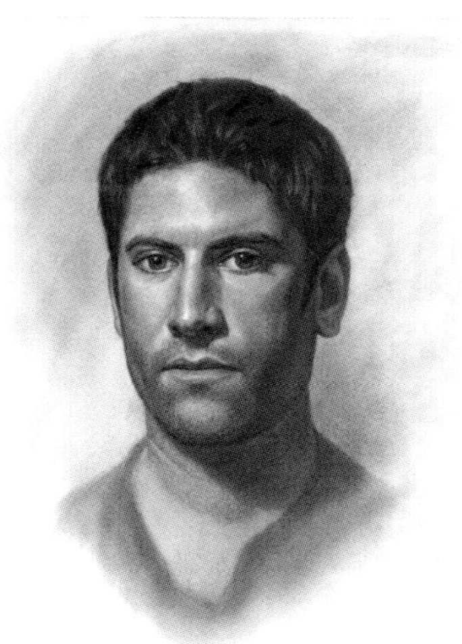

Meisterklasse Porträtieren 148
Material und Basistechniken für Fortgeschrittene 150
Schatten und Licht 152
Das Modell ausleuchten 153
Genau hinsehen 154
Die Ohren 155
Die Augen 156
Die Nase 157
Mund und Mimik 158
Ein freundlicher Anblick 160
Junger Mann mit Bart 162
Junge Frau mit langem Haar 170
Ein Profil 174
Ältere Menschen 175
Halbporträt 176
Bilder verbessern 178

Herrlich verrückt: Comics und Cartoons 183
Bahn frei! 184
Ins Gesicht geschrieben 186
Gefühle, Gefühle 188
Welche Richtung darf es sein? 190
Umwerfend niedlich 192
Ganz schön schräg 194
Karikaturen und Superhelden 196
Spielmaterial Körper 198
Bodybuilding 200
Stift, Papier und los 202

Manga-Mania für Einsteiger 204
Die Welt der Mangas 206
Material 207
Arbeiten mit Grundformen 208
Schatten und Schraffuren 209
Komposition 210
Köpfe und Gesichter 212
Haare und Frisuren 213
Gesichtsausdruck und Mimik 214
Das große Treffen 216
Entstehung eines Helden 218
Schulmädchen 220

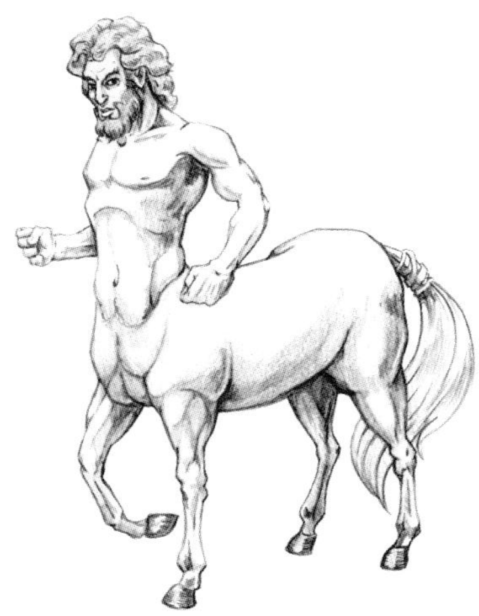

Faszinierende Fantasy-Figuren 222
Wie soll die Figur aussehen? 224
Fee 226
Zyklop 230
Troll 232
Zwerg 234
Zentaur 236

Register 238

Über dieses Buch 240

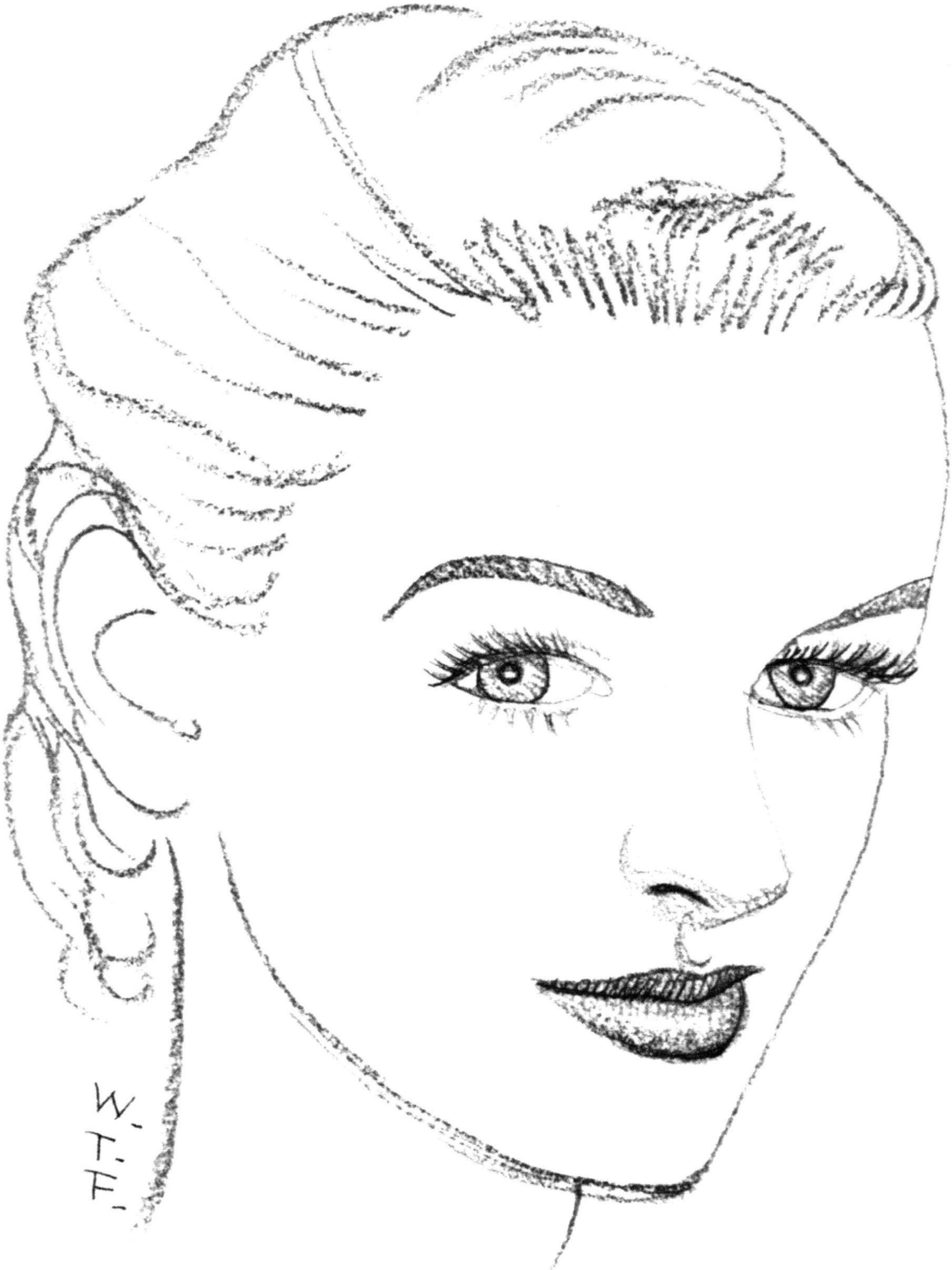
W. T. F.

MENSCHEN
sehen und zeichnen

Wenn Sie Menschen lebensnah und eindrucksvoll zeichnen möchten, ist es hilfreich, zumindest die Basistechniken des Zeichnens wie das Schraffieren, das Sehen und Zeichnen einfacher geometrischer Formen oder den besten Aufbau eines Bildes vorher zu beherrschen. Diese Grundtechniken sind leicht zu erlernen. Mit dem richtigen Material und ein wenig Übung erzielen selbst Anfänger schnell sehr schöne Ergebnisse.

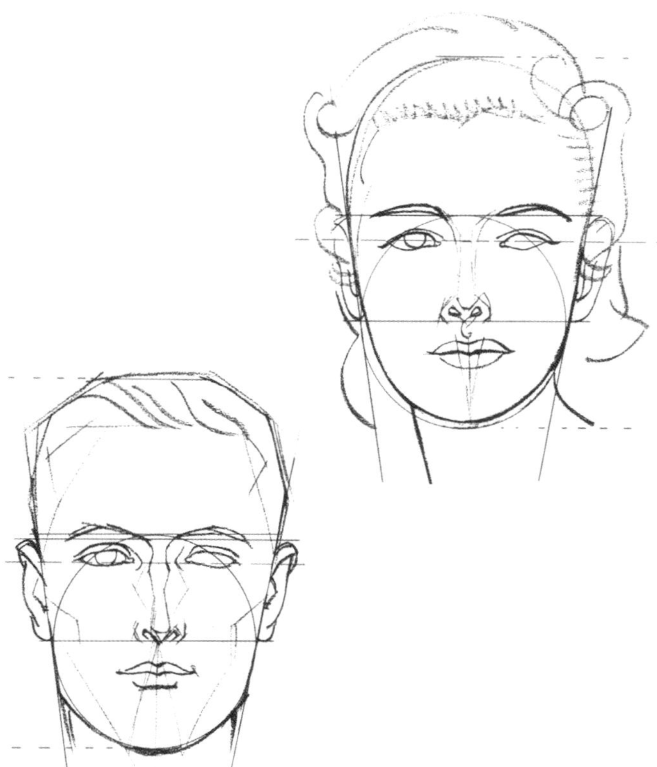

Material

Zeichnen macht Freude! Zudem ist es eine der wichtigsten Kunstformen – und es hat den großen Vorteil, dass Sie im Grunde immer und überall künstlerisch tätig sein können. Außerdem ist das Material überaus erschwinglich. Beginnen Sie am besten mit einer günstigen Grundausstattung und kaufen Sie sich nach und nach besseres Material dazu.

Damit Sie aber von Anfang an schöne Bilder zeichnen können, sollten Sie wissen, welche Ausstattung besonders für Anfänger geeignet ist. Etwas Materialkunde hilft Ihnen auch, gleich zu Beginn solides Material zu erstehen.

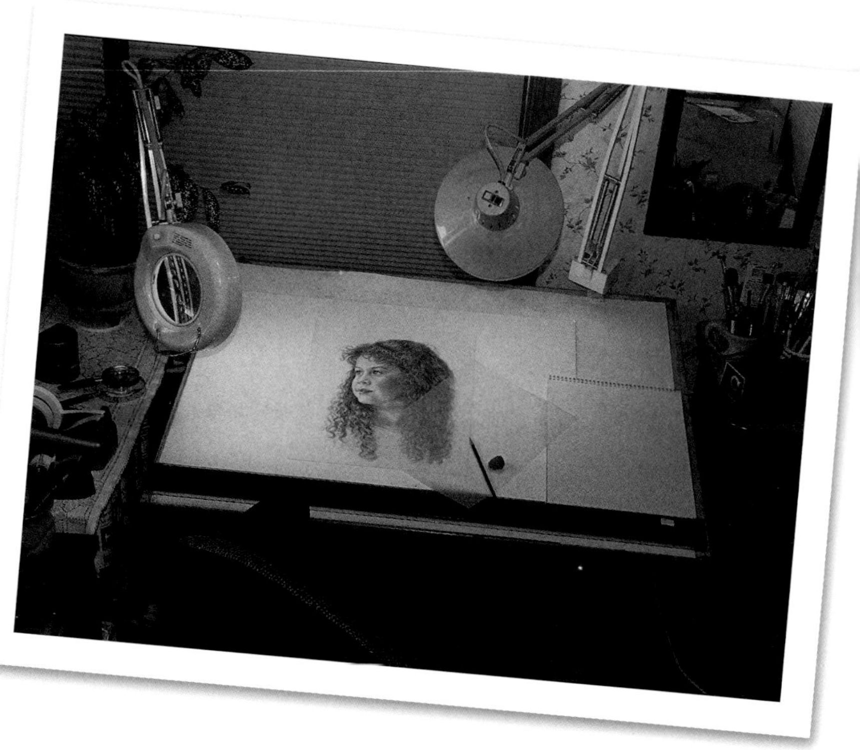

Arbeitsplatz Am besten ist es, wenn Sie sich einen Platz am Fenster mit genug Ablagefläche für Ihr Material einrichten. Ideal sind natürlich ein eigenes Zimmer mit Licht von Norden und ein Zeichentisch. Nur wenn Sie nachts arbeiten, brauchen Sie eine Glühbirne mit sanftem gelblichem Licht und eine Quelle für bläulich-weißes Licht.

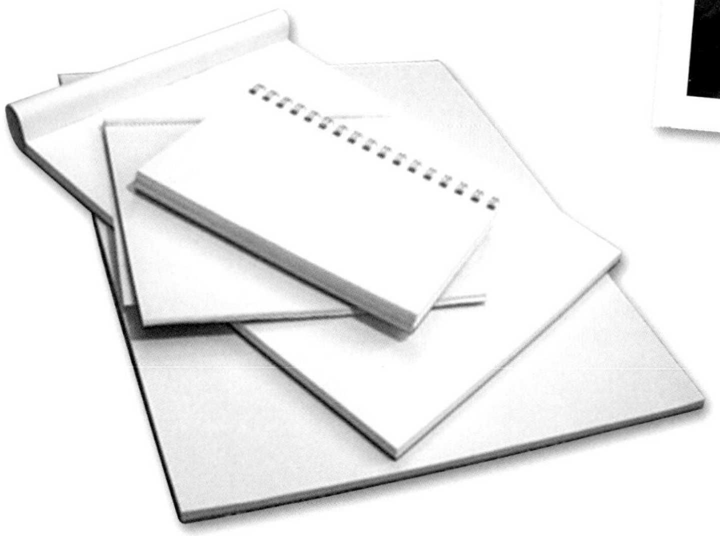

Skizzenbücher Skizzenhefte mit praktischer Bindung erhalten Sie in vielen Größen und mit unterschiedlichem Papier. Für zu Hause eignen sich große Formate, auf denen Sie ein Bild in Ruhe vorzeichnen können. Auf Reisen und für die Arbeit im Freien ist ein kleines Heft ideal. Eine gute Wahl sind Blöcke mit Spiralbindung und schwach gekörntem Papier von mittlerem Papiergewicht.

Kohlepapier Beim Zeichnen mit Kohle haften die Kohlepartikel nur lose auf dem Zeichengrund; sie verwischen also leichter als Bleistiftzeichnungen. Für Kohle eignen sich am besten spezielle Papiersorten, die Sie im Fachhandel finden. Viele haben eine raue Oberfläche, die Zeichnungen noch interessanter macht.

Zeichenpapier Für die Reinzeichnung Ihres Motivs wählen Sie ein Einzelblatt. Diese sind in unterschiedlicher Ausführung erhältlich. Von feinstem weißem Papier mit leichter Körnung bis zu Papier mit hohem Holzgehalt und grober Körnung gibt es viele Zwischenstufen und Varianten. Sie haben die Wahl.

Das Handwerkszeug zusammenstellen

Für die ersten Versuche brauchen Sie nur wenig: ein Bleistift in Härte 2H, einer in Härte HB, ein Spitzer, ein Radiergummi und ein Stück Papier genügen. Zusätzliche Bleistifte, einen Papierwischer, Kohlestifte und anderes kaufen Sie nach und nach. Bei Bleistiften achten Sie darauf, dass sie je nach der Härte der Mine in unterschiedliche Härtegrade eingeteilt sind. H sind immer harte Minen. B sind weiche Minen und besser für die dunkleren Striche geeignet. Die Härte HB liegt dazwischen und ist enorm vielseitig. In der Abbildung rechts sehen Sie einige der wichtigsten Stifte – und eine Abbildung der Striche, die Sie mit jedem anfertigen können. Im Lauf der Zeit lernen Sie, die Spitze verschieden zu formen und mit unterschiedlichem Druck zu zeichnen. Je besser Sie mit Ihren Utensilien umgehen können, desto breiter werden natürlich Ihre Ausdrucksmöglichkeiten.

Zeichenbrett

Wer keinen Zeichentisch hat, macht sich ein Zeichenbrett. Das muss überhaupt nicht teuer sein und leistet hervorragende Dienste. Schneiden Sie einen Griff an einer Seite hinein, dann können Sie es auch ganz bequem mitnehmen, wenn Sie im Freien arbeiten.

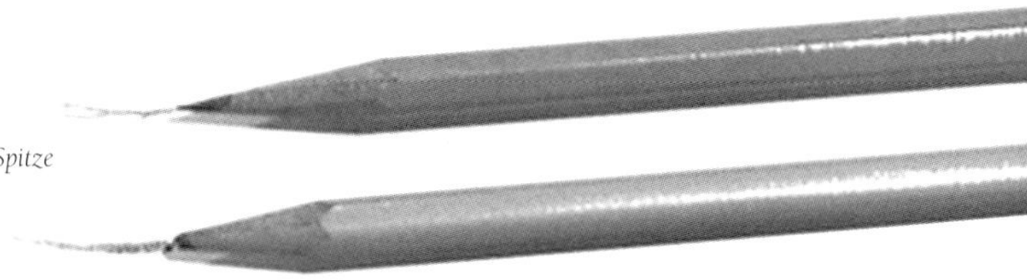

HB, mit scharfer Spitze

HB, mit abgerundeter Spitze

HB Ein Bleistift mit der Härte HB erlaubt feine Linien und lässt sich gut kontrollieren. Wenn Sie die Spitze abrunden, können Sie etwas dickere Linien zeichnen und kleine Bereiche schraffieren.

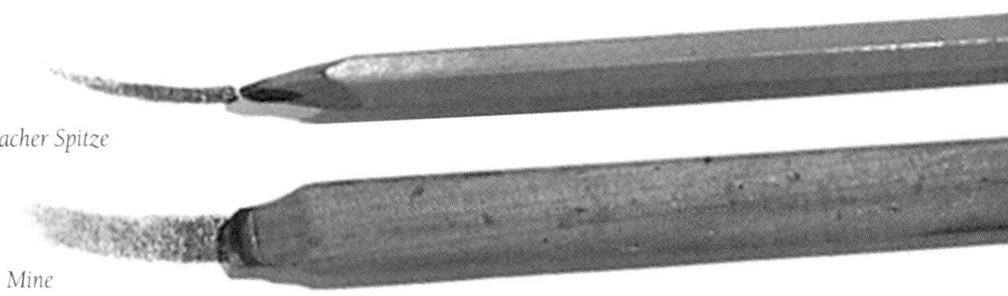

4B, mit flacher Spitze

breite Mine

Für **breite Striche** ist nichts besser als ein Zimmermannsbleistift. Wenn Sie die meißelförmige Spitze umdrehen, können Sie aber auch sehr dünne, scharfe Linien ziehen.

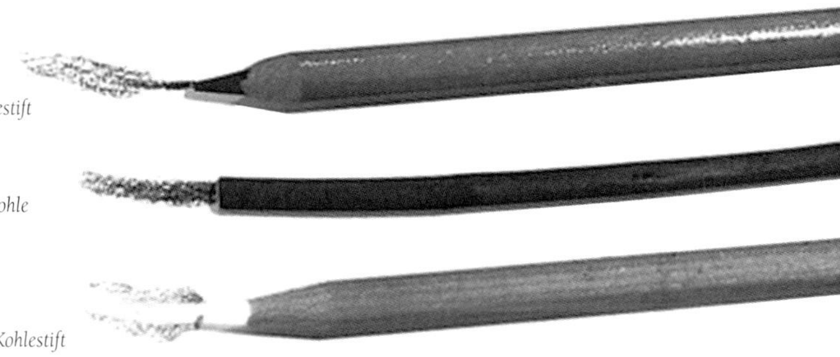

4B, Kohlestift

Zeichenkohle

Weißer Kohlestift

4B Kohle ist so weich, dass Striche und Punkte besonders dunkel werden. Zeichenkohle ist noch weicher und hinterlässt einen etwas krümeligen Farbauftrag. Mit weißen Kohlestiften lassen sich Zeichnungen aufhellen und Farben vermischen.

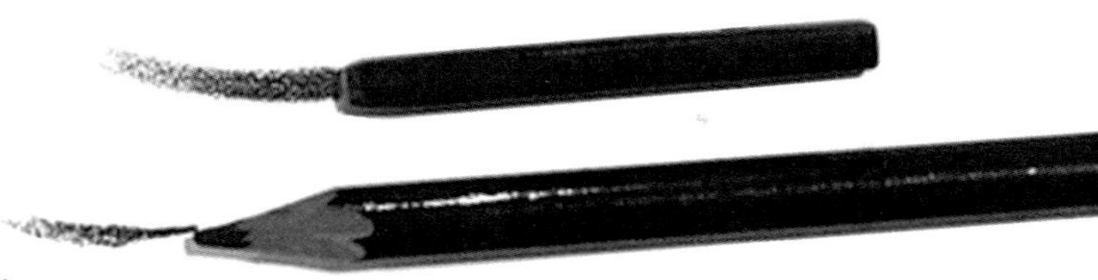

Kreide

Kreidestift

Kreide und Kreidestift Kreide wird aus sehr feinem Kaolin hergestellt. Früher gab es nur wenige Farben wie Schwarz, Weiß oder Rot – heute sind viele Pastelltöne zu haben. Kreide ist wasserlöslich und lässt sich mit einem feuchten Schwämmchen oder Tuch verwischen.

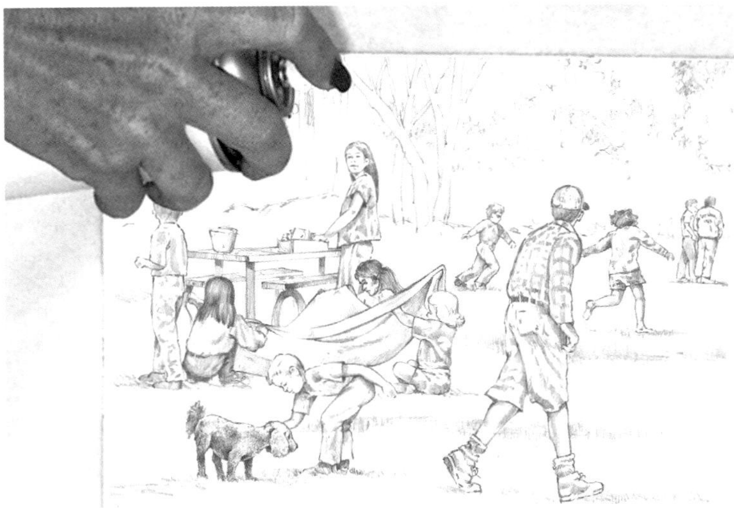

Eine Zeichnung fixieren Fixiersprays machen eine Zeichnung haltbarer. Obwohl einige Künstler kein Spray benützen, weil es dunkle Grautöne fast schwarz macht und leichtere Grauschraffuren verschwinden lässt, gibt es nichts Besseres, um Kohlezeichnungen haltbar zu machen. Am besten lassen sich Spraydosen handhaben.

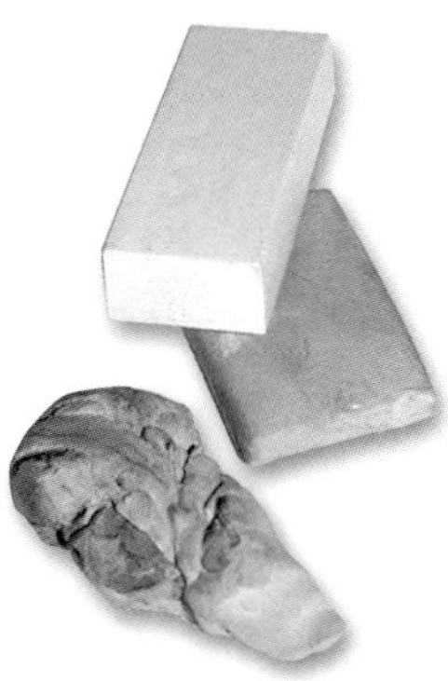

Radiergummis Einen knetbaren Radiergummi brauchen Sie in jedem Fall. Er lässt sich zu kleinen Stücken und Kügelchen formen, und Sie können mit ihm auf kleinster Fläche arbeiten; Kunststoffradiergummis sind besser für größere Flächen geeignet. Wichtig: Nie zu stark rubbeln, sonst beschädigen Sie das Papier.

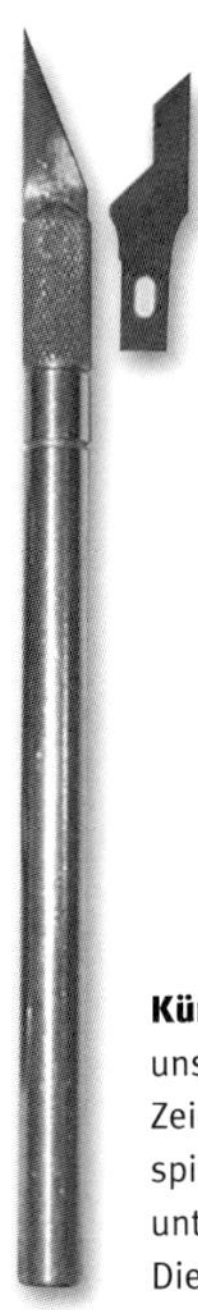

Künstlermesser Diese kleinen Präzisionscutter sind unschlagbar, wenn es um das Schneiden von Papier oder Zeichenkarton geht. Man kann mit ihnen auch Bleistifte spitzen (▶ Kasten Seite 11). Die Messerblätter gibt es in unterschiedlichen Stärken. Seien Sie vorsichtig im Umgang: Die Messer sind scharf wie ein Skalpell.

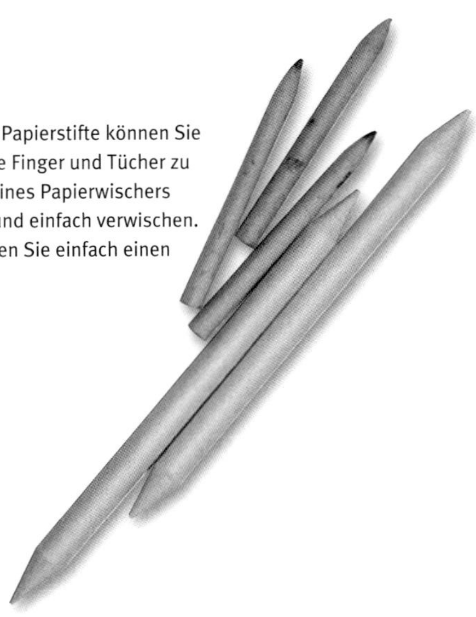

Papierwischer Mit der Spitze dieser Papierstifte können Sie die kleinen Bereiche verreiben, für die Finger und Tücher zu dick und zu grob sind. Mit der Seite eines Papierwischers können Sie größere Flächen schnell und einfach verwischen. Wenn das Papier abgenutzt ist, trennen Sie einfach einen entsprechenden Streifen ab.

Grundwissen Schraffieren

Ein Bleistift ist ein unglaublich vielseitiges Instrument, mit dem Sie viele Effekte erzielen können. Unterschiedliche Griff- und Schraffurtechniken ermöglichen eine Unzahl unterschiedlicher Striche und Linien. Wenn Sie zum Beispiel den Griff ändern, mit dem Sie den Stift halten, verändert sich das Bild Ihrer Linien. Anfänger übersehen auch leicht, welchen Unterschied es macht, ob die Spitze des Bleistifts frisch gespitzt ist oder stumpf. Auch die Art der Mine wirkt sich auf die Striche aus. Was alles mit einem Bleistift möglich ist, können Sie aber nur entdecken, wenn Sie es ausprobieren!

Den Bleistift halten

Die meisten Künstler verwenden nur zwei Grifftechniken. Mit der Schreibhaltung lassen sich sehr detaillierte Zeichnungen anfertigen, da Sie so den Stift optimal kontrollieren können. Freiere Striche erlaubt dagegen der lockere Schraffurgriff, bei dem Sie auch den Arm einsetzen und eine Bewegung wie beim Malen machen.

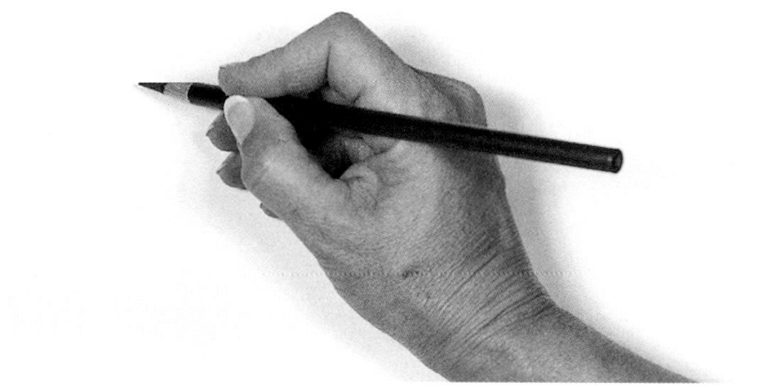

Schreibhaltung Dieser Griff erlaubt die beste Kontrolle und saubere, präzise Linien, die für Details und Akzente einfach perfekt sind. Achten Sie nur darauf, ein sauberes Stück Papier unter den Handballen zu legen, damit Ihre Zeichnung nicht verschmiert.

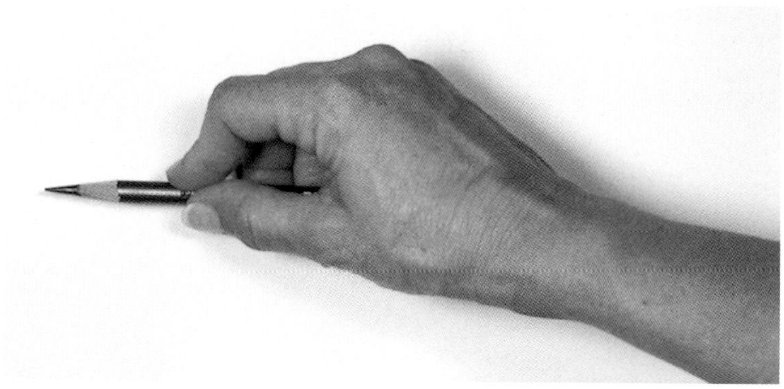

Lockerer Schraffurgriff Greifen Sie den Stift so, dass Ihre Hand in von oben bedeckt und Sie ihn mit Daumen und Zeigefinger führen können. So lassen sich wunderschöne Schraffuren anfertigen.

Die 6 wichtigsten Schraffurtechniken

Schon die folgenden sechs Grundtechniken reichen aus, um alles zu zeichnen, was Sie nur wollen – von zarter Gesichtshaut über langes Haar bis zu unterschiedlichen Schatten oder einem einfachen Hintergrund. Das Wichtigste beim Schraffieren ist es, aufmerksam zu arbeiten. Wer den Stift nur lustlos und mechanisch übers Papier bewegt, produziert leider ganz schnell dicke Striche und unebene Flächen. Schraffieren Sie möglichst mit gleichmäßigen auf und ab Bewegungen und gleiten Sie dabei sanft über die Stelle, an der Sie arbeiten.

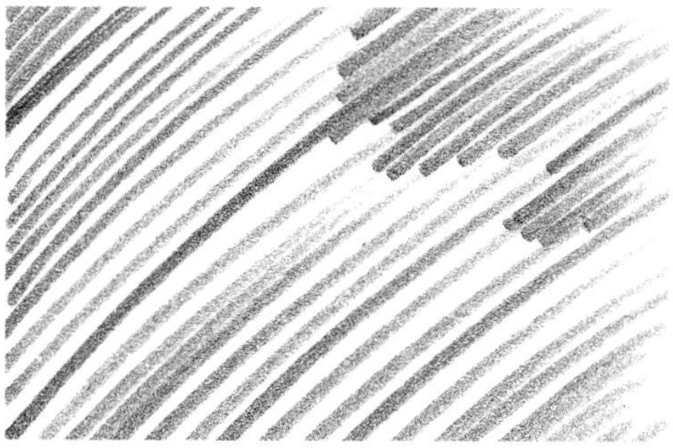

Schraffieren So leicht ist es eine Fläche auf dem Papier dunkel zu färben: Sie zeichnen einfach parallele Striche. Je geringer der Abstand zwischen den Strichen ist, desto dunkler wird die Stelle.

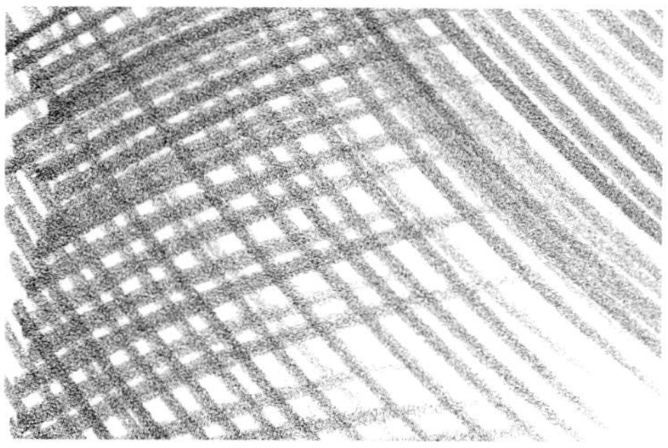

Kreuzschraffuren Für stärkere Schatten und dunklere Stellen verwenden Sie Kreuzschraffuren. Je mehr Striche sich überkreuzen, desto dunkler wird der Bereich.

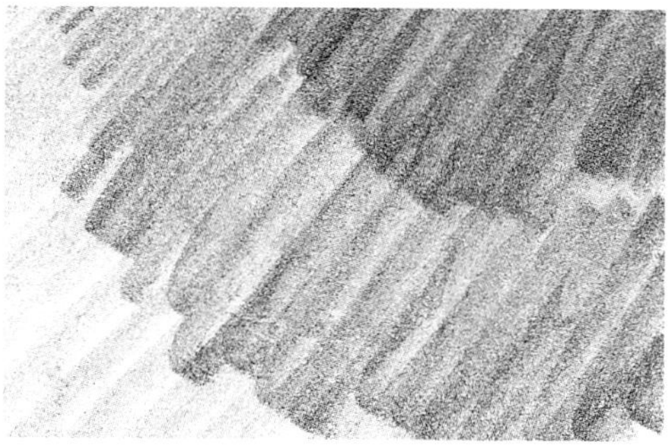

Abstufungen Mit der Seite der Bleistiftmine drücken Sie für dunkle Stellen beim Schraffieren fester auf – für hellere Stellen leichter.

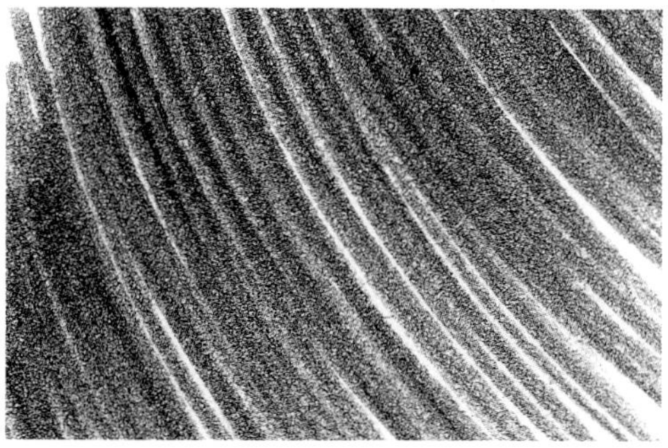

Dunkle Schraffuren Wenn Sie stärker aufdrücken, können Sie sehr dunkle Stellen schraffieren.

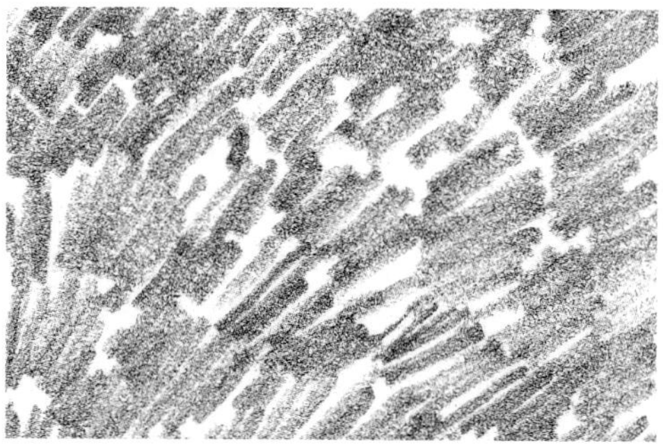

Um ein **Muster** zu zeichnen, nehmen Sie die Seite der Bleistiftmine und setzen kurze, ungleichmäßige Striche nebeneinander.

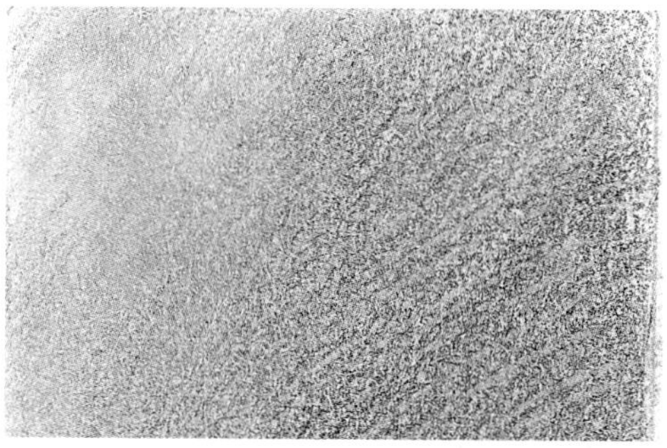

Verreiben Sehr feine Übergänge schaffen Sie, wenn Sie nachträglich mit dem Papierwischer oder einem Tuch über eine schraffierte Stelle reiben.

Mit dem Stift spielen

Linien kann man nicht nur mit einem spitzen Bleistift ziehen – es ist oft sogar besser mit der stumpfen Mine zu arbeiten, denn so lassen sich sehr interessante Effekte erzielen. Und je breiter die Bleistiftmine ist, umso schöner sind die Effekte zu sehen. Probieren Sie unbedingt verschiedene Bleistifttypen aus, um selbst zu erleben, was Sie alles damit machen können. Nehmen Sie beim Ausprobieren einmal den spitzen Bleistift, einmal den stumpfen und zeichnen Sie alle Linien und Punkte, die Ihnen einfallen. Lassen Sie sich von den Beispielen auf dieser und der nächsten Seite inspirieren.

Beim Experimentieren mit Linien und Formen werden Sie merken, dass Sie bei einigen Kritzeleien plötzlich an bestimmte Dinge denken – so erinnern kleine Vs an fliegende Vögel oder Wellenlinien an Wasser.

Mit dem gespitzten Bleistift zeichnen

Nehmen Sie sich Zeit, einen spitzen Stift und Papier. Beginnen Sie mit einfachen parallelen Strichen. Variieren Sie im nächsten Feld die Striche und zeichnen Sie nach und nach das ganze Blatt voll mit den unterschiedlichsten Strichen und Mustern wie im Beispiel rechts. Zeichnen Sie anschließend alle Varianten mit einem spitzen Bleistift. Selbst wenn Sie genau denselben Griff verwenden und alle Striche gleich setzen – Sie werden den Unterschied erkennen, sobald Sie den Stift wechseln. Vergleichen Sie nur einmal diese Beispiele. Beim Radieren leistet ein elektrischer Radierer gute Dienste. Mit der rotierenden Spitze lassen sich auch Linien und Muster sehr gut aus einer schraffierten Fläche heraus radieren. Anfänger sollten mit dem Gerät allerdings erst einmal ein wenig experimentieren.

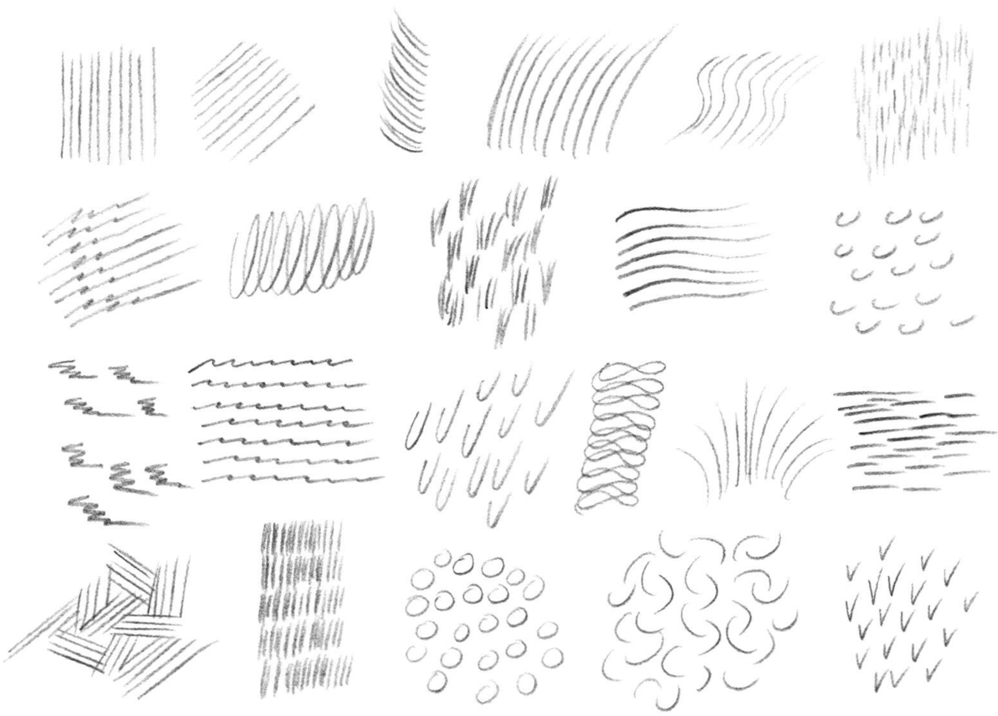

ÜBUNG

Zeichnen mit dem stumpfen Bleistift

Fangen Sie wieder mit einfachen parallelen Strichen an – zuerst senkrecht dann waagrecht und dann in unterschiedlichen Winkeln. Zeichen Sie geschwungene Linien sowie kurze und lange Striche. Alle Linien lassen sich kreuzen – versuchen Sie es! Probieren Sie aus, wie Sie eine Spirale zeichnen können und bündeln Sie dann unterschiedliche kurze und lange Striche. Versuchen Sie längere Striche zu zeichnen und die Linien beim Zeichnen dicker oder dünner zu halten. Auch Os, Vs und Us werden beim Zeichnen oft verwendet. Sie bekommen rasch eine stumpfe Spitze, wenn Sie den Stift senkrecht halten und den Stift auf Sandpapier reiben.

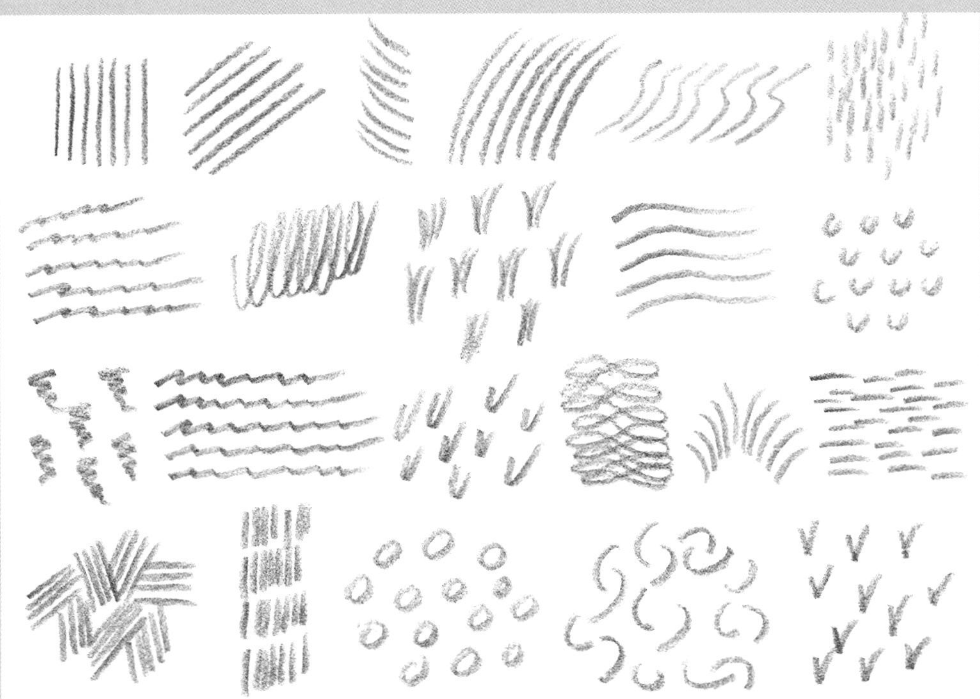

Mit dem Bleistift „malen“

Wenn Sie den Bleistift locker im Schraffurgriff halten (▶ Seite 8) können Sie ihn ähnlich wie einen Pinsel benützen und eher mit dem ganzen Arm als nur aus dem Handgelenk heraus zeichnen. Bei dieser Technik wird viel Grafit verbraucht, aber wenn Sie den Stift öfter drehen, müssen Sie nicht so häufig spitzen. Je breiter die Spitze Ihres Bleistifts ist, desto breiter werden die einzelnen Striche, und je weicher der Stift, desto malerischer der Effekt. Die folgenden Beispiele wurden alle mit einem Bleistift in Härte 6B, also mit einem sehr weichen Stift, auf weichem Papier angefertigt. Experimentieren Sie auch mit hartem, gekörntem Papier!

Einfaches zu Beginn Fangen Sie mit senkrechten, waagrechten und etwas geschwungenen Strichen an. Setzen Sie die Striche dicht nebeneinander und drücken Sie den Stift bei den ersten Strichen fest auf. Dann weniger Druck geben.

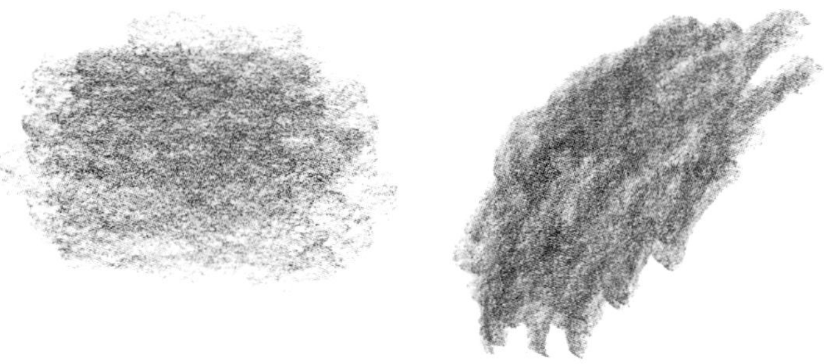

Den Druck variieren Lassen Sie den Stift wie zufällig übers Papier gleiten und probieren Sie einfach aus, wie sich unterschiedlicher Druck auswirkt. Verkrampfen Sie sich dabei aber nicht.

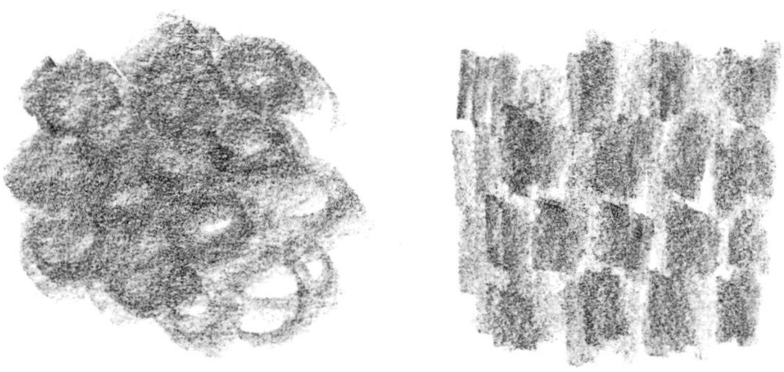

Kleine Muster Für ein Muster wie das linke verwenden Sie kleine Kreise. Wenn Sie innerhalb der Kreise den Druck variieren, erinnert die Fläche an eine Tier- oder Reptilienhaut. Mit senkrechten und waagrechten Strichen können Sie auf diese Weise die Anmutung von Steinen oder Ziegeln erschaffen.

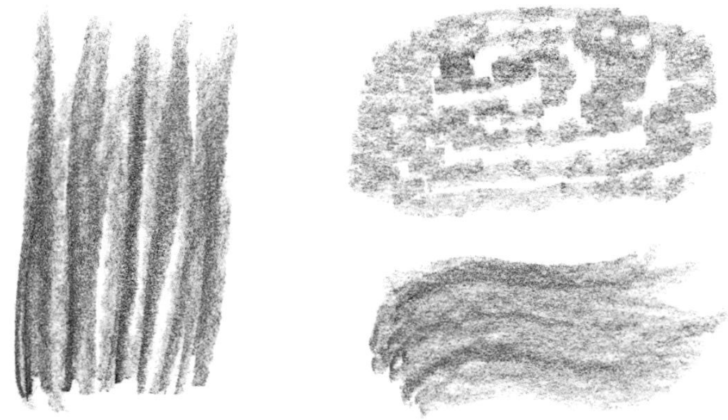

Immer schön locker Solche langen senkrechten Striche mit unterschiedlichem Druck brauchen Sie, wenn Sie zum Beispiel Gras zeichnen wollen (links). Mit lockeren Bewegungen lässt sich auch Wasser darstellen – oben sehen Sie kurze Kringel wie für bewegtes Wasser (oben). Unten erkennen Sie fließendes Wasser – entstanden durch wellenartige Striche und unterschiedlichen Druck.

ÜBUNG

Den Stift auf Papier spüren

Mit der Zeit werden Sie ein feines Gespür dafür entwickeln, wie sich der Stift in Ihrer Hand bei den unterschiedlichen Schraffuren anfühlt. Auch der Druck mit dem Sie arbeiten, wird Ihnen in Fleisch und Blut übergehen, wenn Sie immer wieder einmal zur Übung solche grafischen Figuren entstehen lassen: Zeichnen Sie zuerst so ein kunstvolles Gebilde aus verschiedenen Kreisen und Ovalen. Füllen Sie die Flächen und Räume anschließend mit unterschiedlichen Schraffuren oder Grautönen. Das Wichtigste ist, dass Sie Routine beim Arbeiten mit den Stiften entwickeln. Das sichere Handhaben Ihres Werkzeugs gibt Ihnen wachsende Sicherheit.

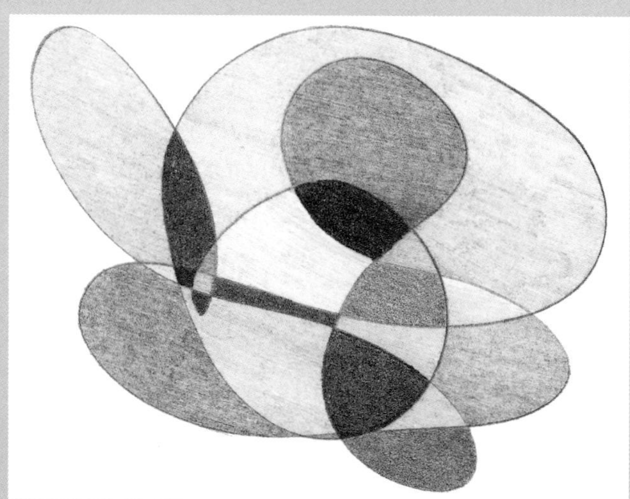

Im eigenen Stil

Viele große Künstler hatten einen so eigenen Stil, dass man ihre Werke bis heute am Strich erkennt. Van Goghs Bilder sind ein Fest der Kalligraphie, Seurat ist geradezu der Erfinder des Pointillismus und Giacomettis Skizzen sind unerreicht. Aber auch Sie können einen eigenen Strich entwickeln.

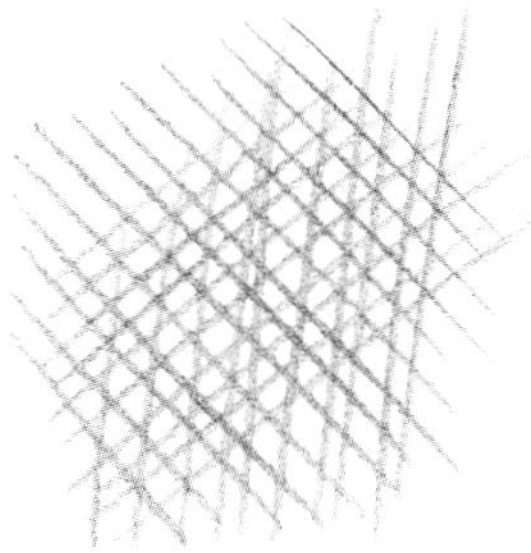

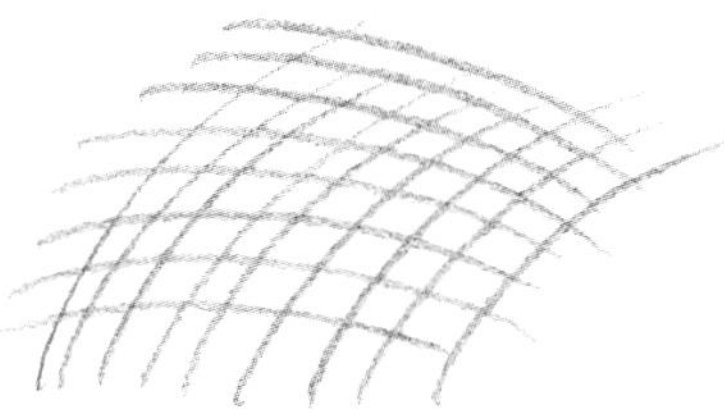

Kontrolle bis ins Detail Wer sehr gerne sauber und detailliert arbeitet, wird von Kreuzschraffuren (▶ Seite 8) begeistert sein, denn sie lassen sich ausgezeichnet kontrollieren. Es reicht, die Zwischenräume zu verändern, um hellere oder dunklere Effekte zu erzielen.

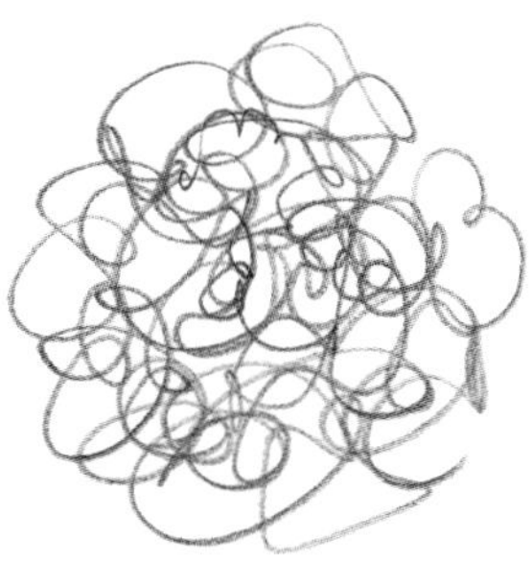

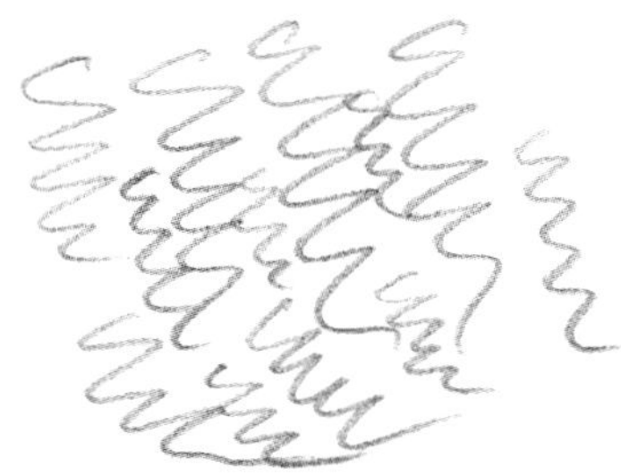

Lockeres Gekritzel Wer so lockeres Gekritzel liebt, hat Freude an künstlerischen Experimenten. Mit solchen freien Linien und Formen lassen sich allerdings eher Stimmungen darstellen, als Details.

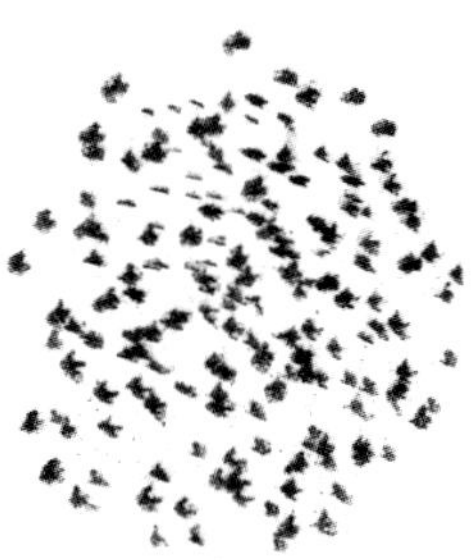

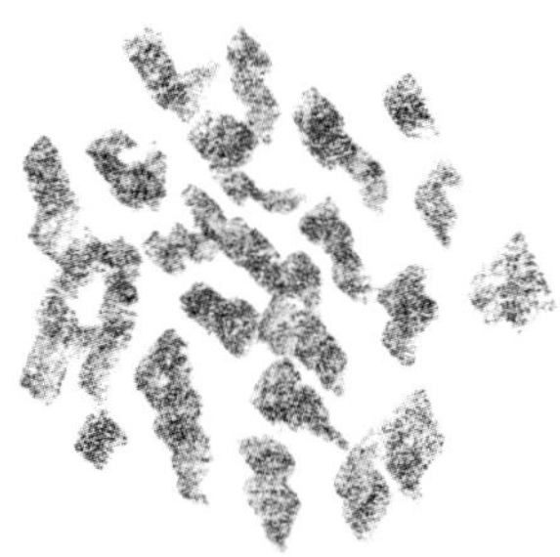

Getüpfel Auch aus vielen kleinen Punkten und Strichen kann man Objekte formen – der Stil heißt Pointillismus. Durch das mehr oder weniger dichte Aneinandersetzen der Punkte oder Striche entstehen hellere oder dunklere Flächen. Dieser eher ungewöhnliche Stil erfordert einige Übung und viel Aufmerksamkeit.

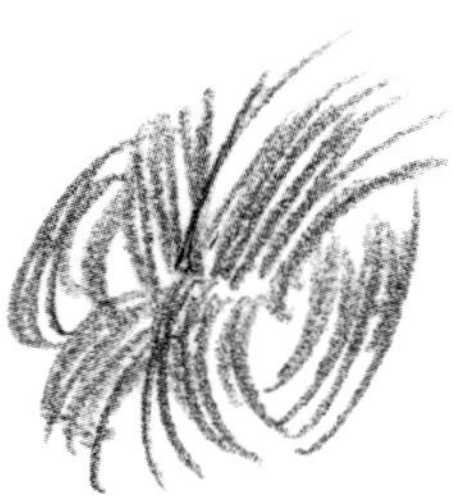

Pinselstriche Mit kurzen schwingenden Strichen lassen sich auch mit dem Bleistift pinselartige Effekte erzielen. Obwohl das Ergebnis an Malerei erinnert, können Sie mit dieser Methode ebenso exakte und detaillierte Zeichnungen anfertigen, wie mit den Kreuzschraffuren.

Bleistifte spitzen

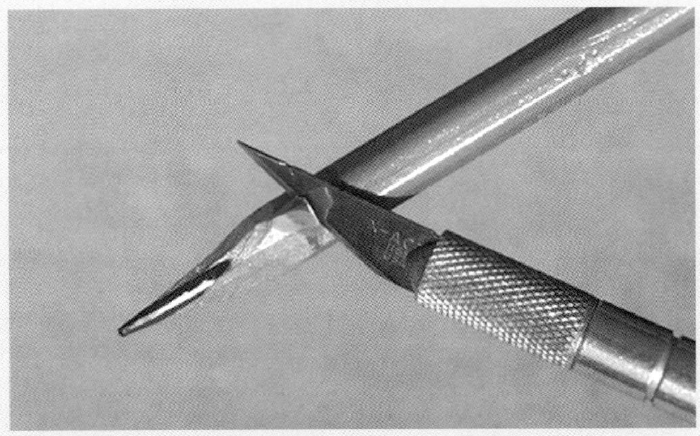

Künstlermesser sind bestens geeignet, um Stifte anders als mit dem Spitzer zu formen und ihnen eine meißelförmige, stumpfe oder flache Spitze zu geben. Sie halten das Messer schräg zum Stift und schnitzen vom Körper weg. Immer nur wenig von der Mine und vom Holz abschneiden.

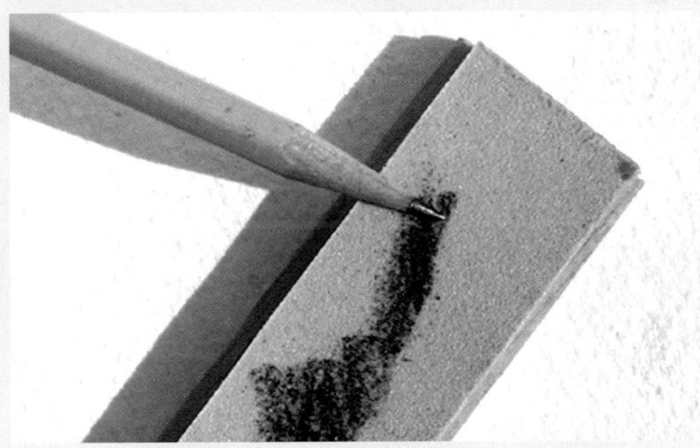

Sandpapier formt eine Bleistiftmine ganz schnell in jede gewünschte Form. Es nimmt auch etwas vom Holzmantel mit. Je feiner die Körnung, desto besser können Sie das Ergebnis kontrollieren. Sie müssen den Bleistift beim Schärfen in der Hand rollen, damit die Mine gleichmäßig wird.

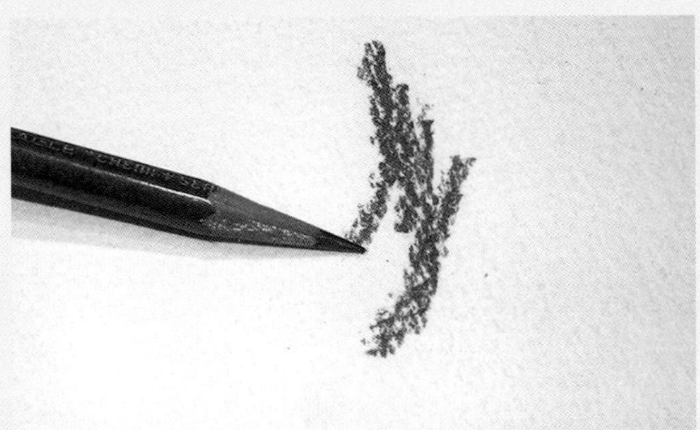

Raues Papier ist sehr gut geeignet, um eine Mine, die Sie mit Sandpapier gespitzt haben, ganz fein abzureiben. So erhalten Sie einen ganz spitzen Bleistift für winzig kleine, feine Details. Auch hierbei müssen Sie den Bleistift die ganze Zeit drehen.

Die Grundelemente

Zeichnungen bestehen aus drei Elementen – Linien, Umrissen und Formen. Um den Umriss eines Objektes zu zeichnen, braucht man oft nur einen Strich. Die Form eines Objektes stellt man dagegen durch das Schraffieren in helleren oder dunkleren Grautönen dar – so entsteht die Illusion, dass das Objekt dreidimensional, also räumlich wirkt. Man kann mit dem Bleistift schwarze Stellen ebenso zeichnen wie fast weiße – und natürlich Grau in allen Schattierungen. Entscheidend für die gute räumliche Wirkung eines gezeichneten Objekts sind die Schatten und die Lichtreflexe. Da sie vom Einfallswinkel des Lichts abhängen, ist es wichtig ein Auge für Licht zu entwickeln.

Vom Umriss zur Form

Als Erstes bildet man den Umriss des Motivs mit einer einfachen Linie ab. Prinzipiell gibt es nur vier Grundformen, auf die sich fast jedes Objekt reduzieren lässt – Rechteck, Dreieck, Kreis und Quadrat. Mit nur wenigen, sauber gesetzten Strichen lässt sich jede dieser Grundformen in einen räumlichen Gegenstand verwandeln. Die Abbildungen unten zeigen, wie es geht: Aus einem Rechteck wird ein Zylinder, aus einem Dreieck ein Kegel, aus einem Kreis eine Kugel und aus einem Quadrat ein Quader mit vier gleich langen Seiten.

Rechteck

Zylinder

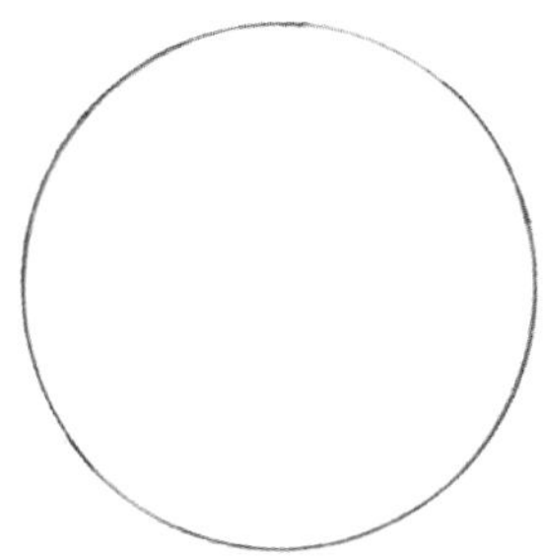

Kreis

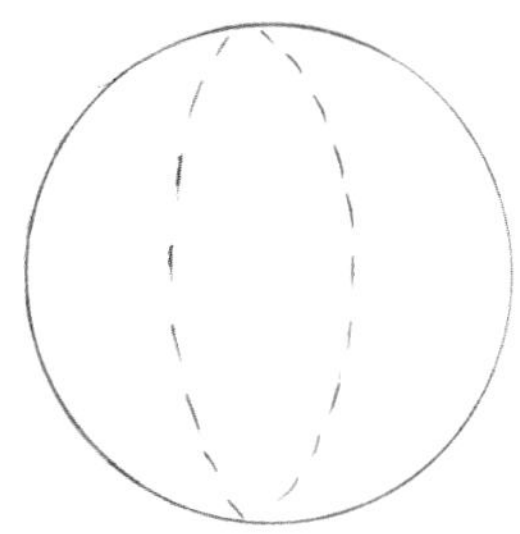

Kugel

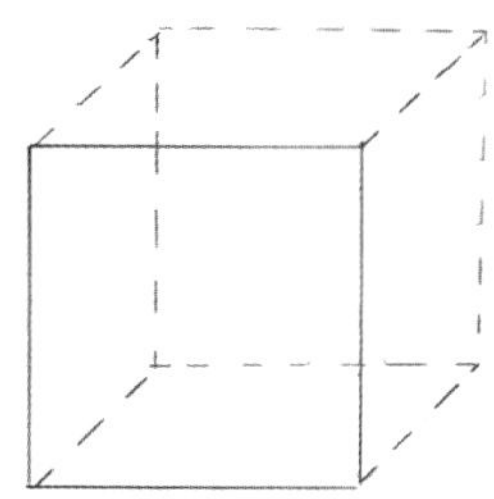

Quader

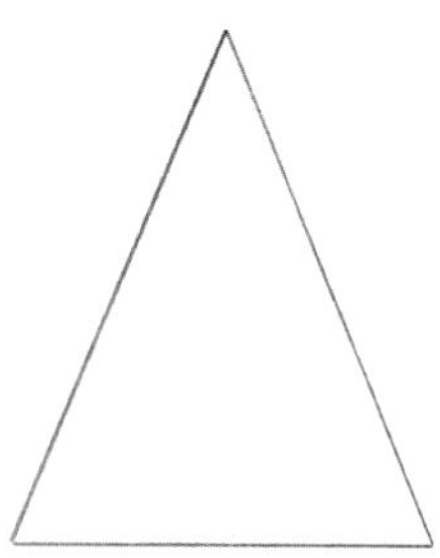

Dreieck

Quadrat

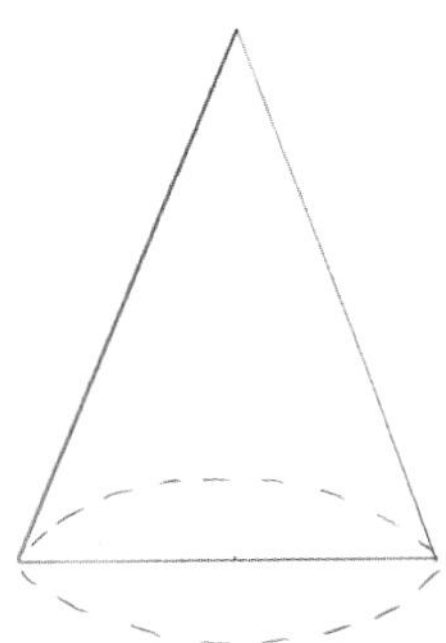

Kegel

Formen schraffieren

Lichtreflexe und Schatten geben einem Objekt seine räumliche Wirkung. Dazu müssen Sie beim Zeichnen zunächst erkennen, woher das Licht kommt, das auf Ihr Objekt fällt. Sehen Sie, dass in den Beispielen unten das Licht von rechts oben einfällt? Zeichnen Sie zuerst die Schatten, die das Objekt wirft. Übrigens gibt es verschiedene Schatten:

- Der Kernschatten ist die dunkelste Stelle des Schattens – er liegt immer gegenüber der Lichtquelle.
- Den Schlagschatten wirft das Objekt auf seine Unterlage.
- Der Lichtreflex ist dort, wo das Licht direkt aufs Objekt auftritt und die Reflexion am stärksten ist.
- Anfänger übersehen das reflektiere Licht, das den Schlagschatten aufhellt, meist noch.

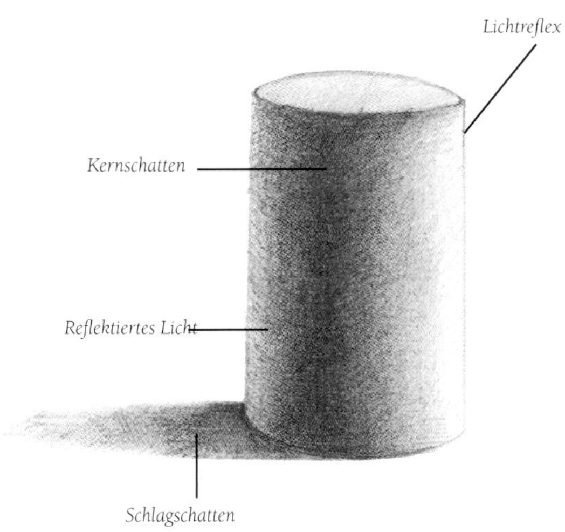

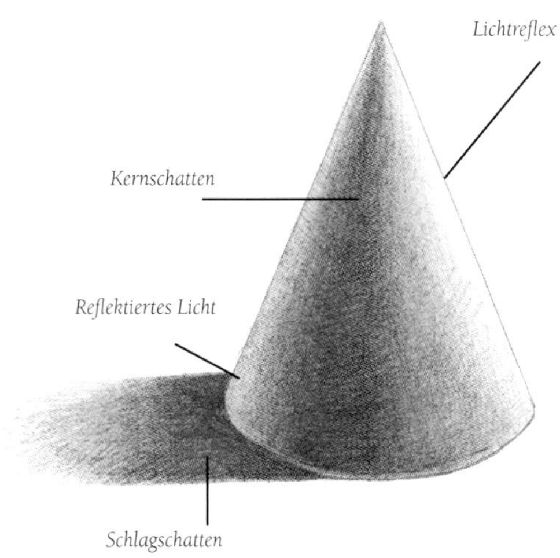

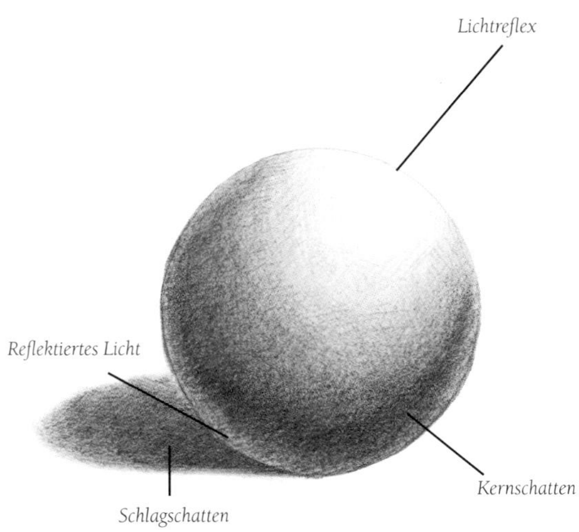

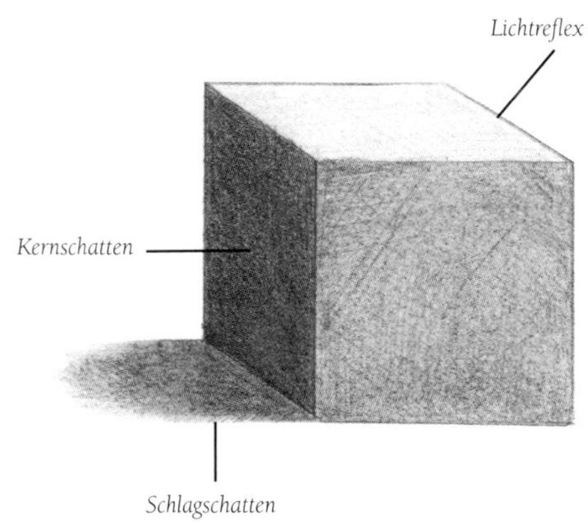

Skala der Grautöne

Genauso wie ein Musiker mit den Tönen der Tonleiter spielt, spielt der Zeichner mit den unterschiedlichen Grauwerten. Die nebenstehende Skala der Grautöne hilft Ihnen, stets das richtige Grau zu treffen – sie zeigt die Tonwerte für Lichtreflexe und Kernschatten ebenso wie alle Abstufungen dazwischen. Fertigen Sie Ihre eigene Skala an und Sie haben Richtwerte, auf die Sie sich immer verlassen können. Beginnen Sie links außen mit dem hellsten Feld und werden Sie nach rechts immer dunkler – wie in der Skala oben. Damit die Skala so stufenlos wird wie im Beispiel unten, verreiben Sie zusätzlich den Übergang zwischen den Feldern mit einem Papierwischer.

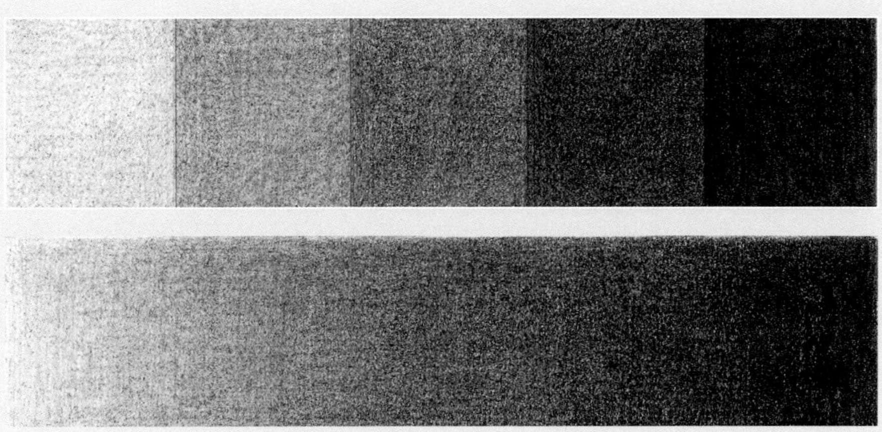

Sehen lernen

Versuchen Sie einmal etwas, das Sie wirklich gut kennen, wie Ihre eigene Hand, zu zeichnen, ohne sie dabei zu betrachten. Wenn die fertige Hand nicht so wirklichkeitsnah aussieht, wie Sie dachten, liegt das an einem typischen Anfängerfehler: Sie haben nicht das zu Papier gebracht, was Sie tatsächlich sehen, sondern das, was Sie zu sehen und zu kennen glauben. Es gibt zwei sehr gute Techniken, um zu lernen, wie man nur das zeichnet, was man tatsächlich vor sich sieht oder auf einem Foto erkennen kann.

Umrisse zeichnen

Zeichnen Sie von einem bestimmten Punkt ausgehend die Umrisse eines ausgewählten Motivs auf – ohne aufs Papier zu sehen! Mit dieser Technik üben Sie, dass Ihre Hand das zeichnet, was Ihr Auge sieht. Sie werden vermutlich erstaunt sein, wie gut Sie dabei die Umrisse treffen.

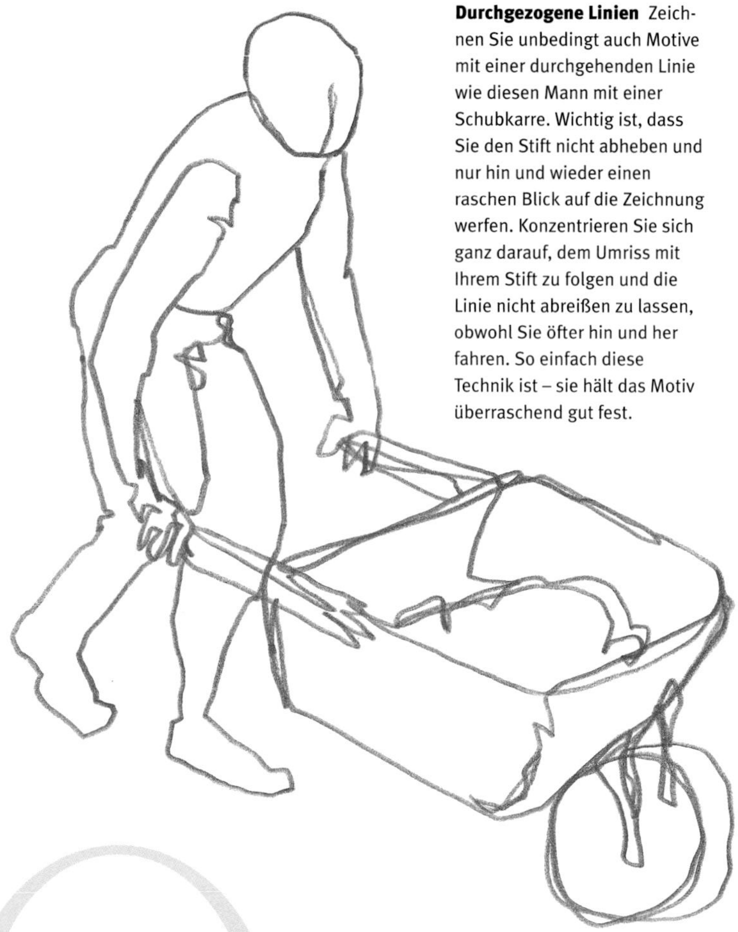

Durchgezogene Linien Zeichnen Sie unbedingt auch Motive mit einer durchgehenden Linie wie diesen Mann mit einer Schubkarre. Wichtig ist, dass Sie den Stift nicht abheben und nur hin und wieder einen raschen Blick auf die Zeichnung werfen. Konzentrieren Sie sich ganz darauf, dem Umriss mit Ihrem Stift zu folgen und die Linie nicht abreißen zu lassen, obwohl Sie öfter hin und her fahren. So einfach diese Technik ist – sie hält das Motiv überraschend gut fest.

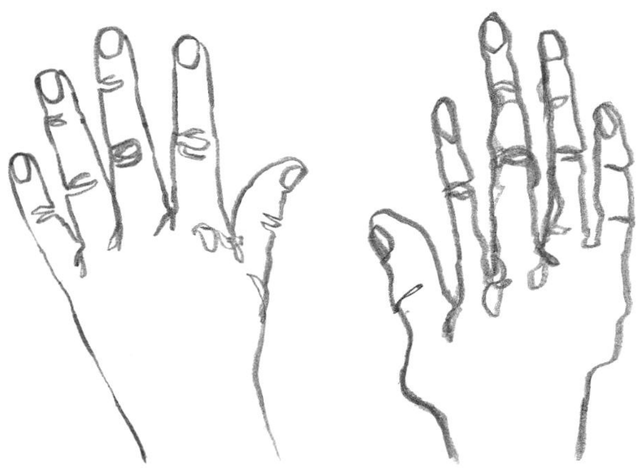

Blind zeichnen Im Beispiel oben sehen Sie, wie jemand die Konturen seiner Hand zeichnet, der gelegentlich auf die Hand und aufs Papier sieht. Rechts daneben ist eine Hand, die derselbe Zeichner „blind" abgebildet hat – ohne dabei auch nur einmal aufs Papier zu schauen. Auch wenn Ihre Hand bei Ihnen noch mehr verzerrt sein sollte – üben Sie solche „blinden" Konturen so oft es geht. Es gibt keinen besseren Weg, um das zu zeichnen, was Sie gerade sehen.

Ihre Beobachtungsgabe können Sie ganz einfach testen: Betrachten Sie einmal einige Minuten lang einen beliebigen Gegenstand. Zeichnen Sie ihn dann nur aus der Erinnerung heraus, indem Sie Ihre Hand dem inneren Bild folgen lassen.

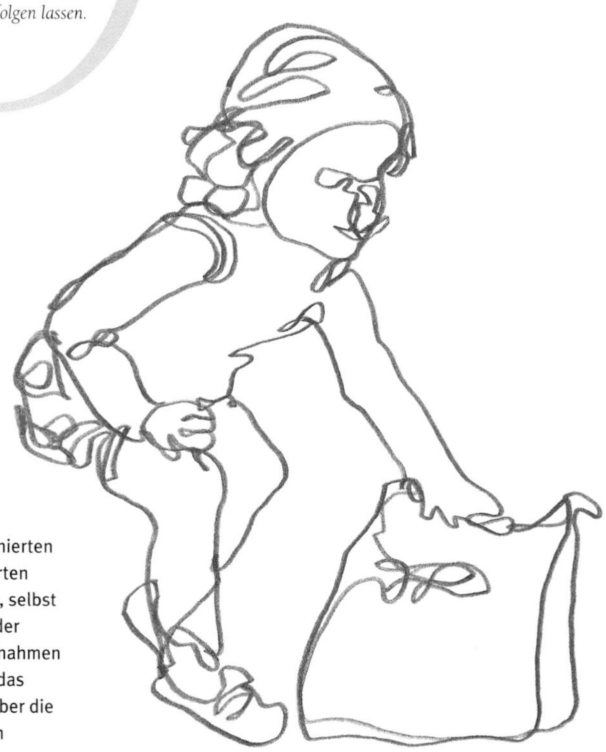

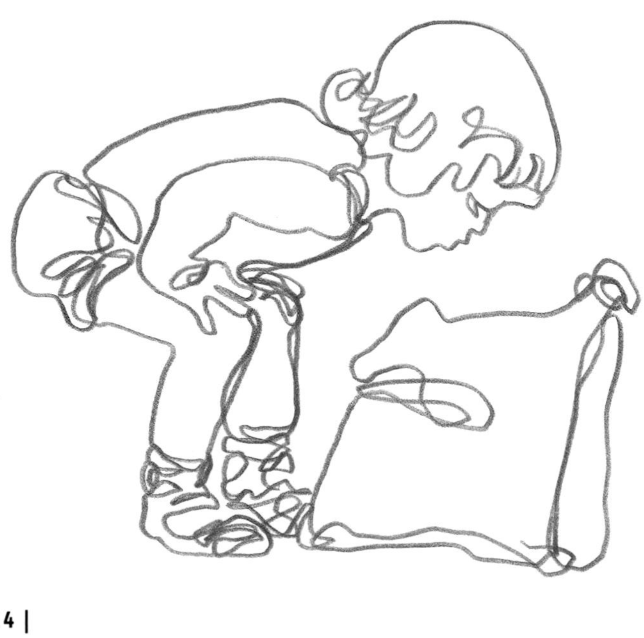

Kinder Mit einem trainierten Auge und einer trainierten Hand ist es ganz leicht, selbst solche rasch aufeinander folgenden Momentaufnahmen festzuhalten, wie hier das Kind, das sich zuerst über die Tasche beugt und dann hineingreift.

Bewegungen zeichnen

Um beim schnellen Zeichnen sicherer zu werden, können Sie Auge und Hand auch durch das Darstellen von Bewegungen trainieren. Dabei gehen Sie nicht vom Umriss einer Figur aus, sondern Sie müssen zunächst die Hauptrichtung der Bewegung bestimmen, die Aktionslinie (▶ Seite 95). Dazu zeichnen Sie die Linie, die bei der jeweiligen Körperhaltung vom Kopf, über die Wirbelsäule bis zu den Beinen verläuft. Auf dieser Basis bringen Sie anschließend die groben Umrisse der Figur zu Papier. Diese schnellen Skizzen sind ein perfektes Arbeitsmittel, um das Zeichnen von raschen Bewegungen zu lernen und um Ihre Beobachtungsgabe zu schulen.

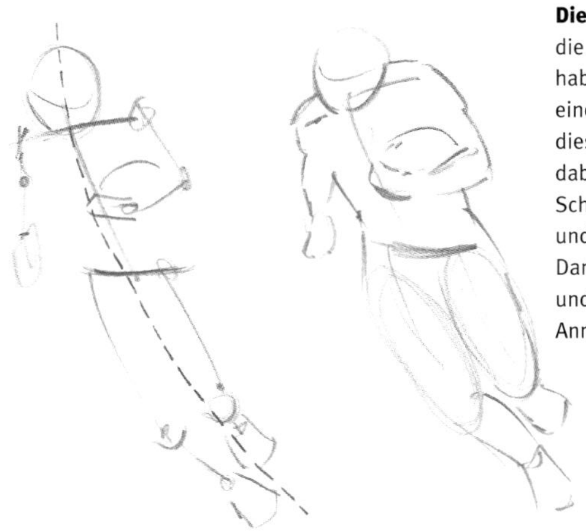

Die Aktionslinie Sobald Sie die Aktionslinie definiert haben, zeichnen Sie schnell eine Art Strichmännchen auf dieser Basis. Wichtig sind dabei die genau Haltung der Schultern, der Wirbelsäule und des Beckens zueinander. Dann setzen Sie Arme, Knie und Füße ein und die grobe Anmutung des Körpers.

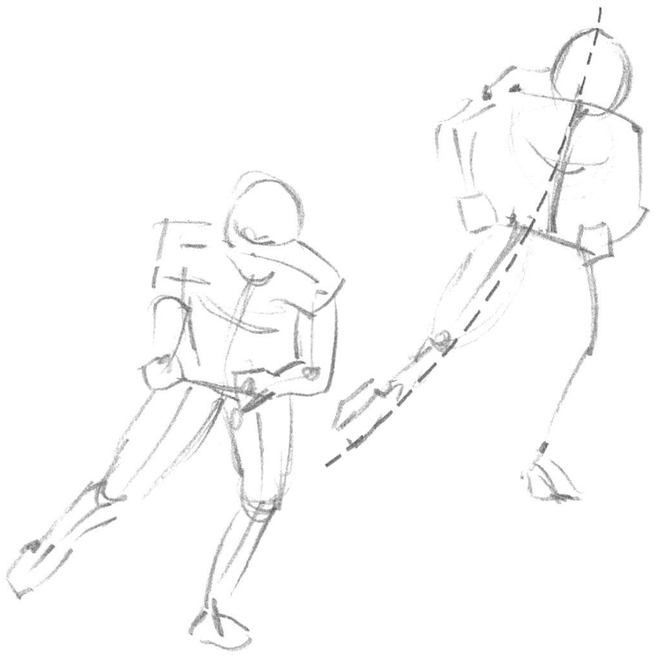

Bewegungen erkennen Alle Mannschaftssportarten sind ideal, um das schnelle Zeichnen von Bewegungen zu lernen. Die Sportler führen dieselbe Bewegung immer wieder einmal aus, und so haben Sie die Chance, sich diese Körperhaltung einzuprägen und schließlich richtig zu zeichnen.

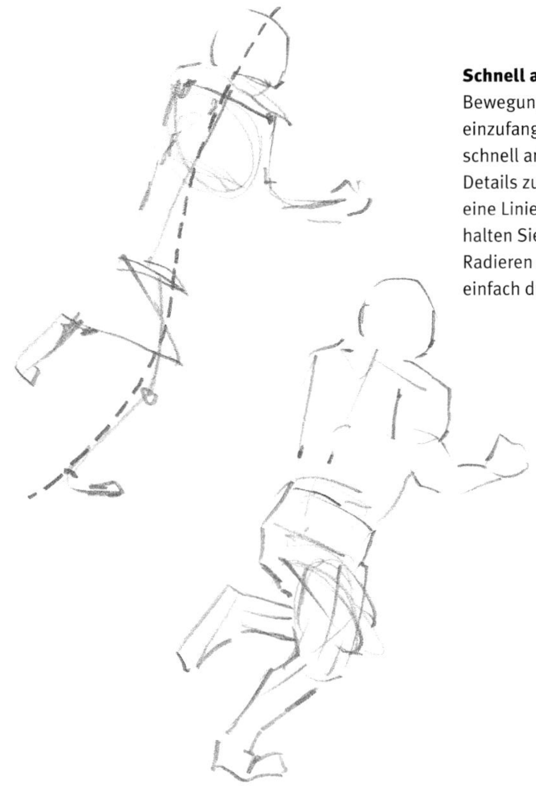

Schnell arbeiten Um eine Bewegung wirklichkeitsgetreu einzufangen, müssen Sie sehr schnell arbeiten – ohne auf Details zu achten. Wenn Sie eine Linie korrigieren wollen, halten Sie sich nicht mit Radieren auf – zeichnen Sie einfach drüber.

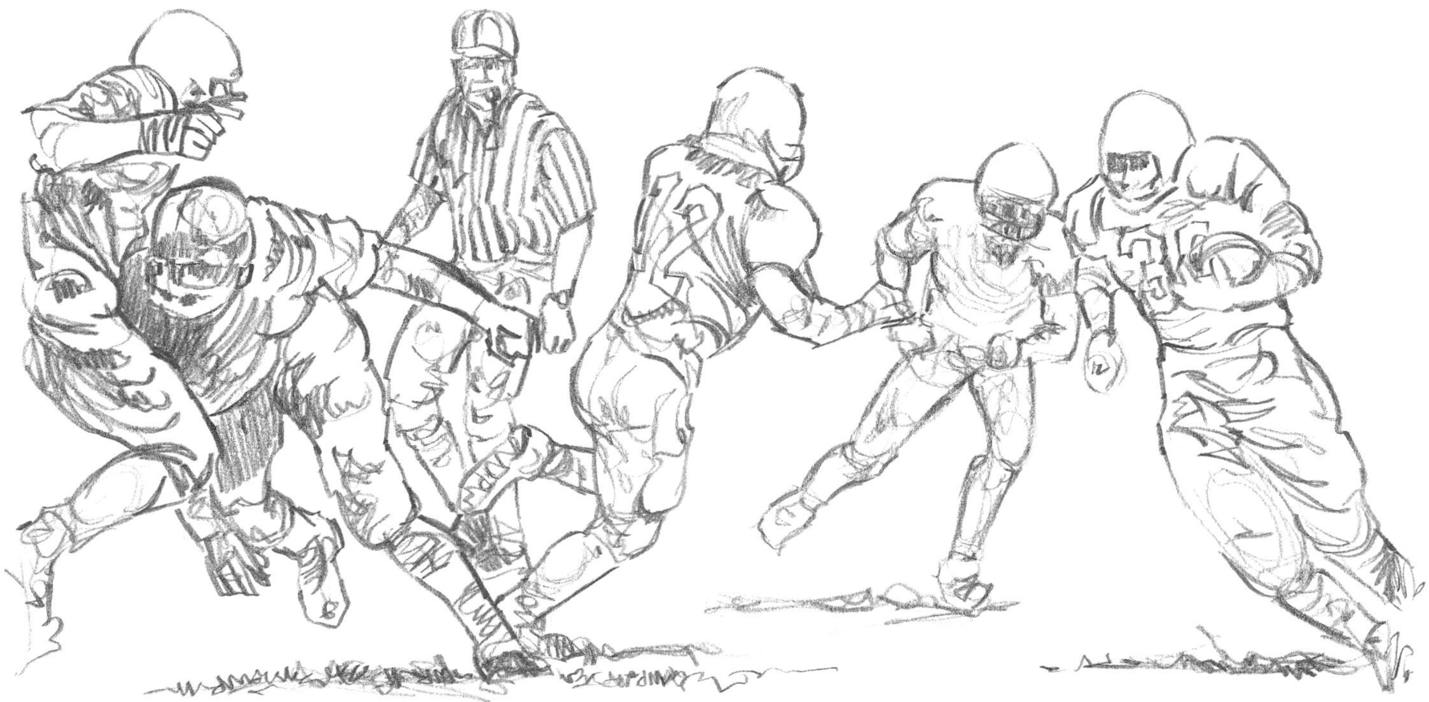

Eine Gruppe zeichnen Sobald Sie mehrere Bewegungen naturgetreu darstellen können, ist es leicht, ein packendes Bild voller Action zu zeichnen.

Grundwissen Proportionen

Das menschliche Gesicht hat eine gestaltete Oberfläche – ähnlich wie eine Landschaft oder auch ein Apfel. Seine Konturen bestehen aus Licht und Schatten wie bei jedem anderen Objekt auch. Allerdings sind die Konturen von Mensch zu Mensch verschieden. Und so besteht die Kunst des Porträtierens darin, diese Unterschiede zu erkennen und das Gesicht möglichst stimmig und wirklichkeitsnah zu Papier zu bringen – und die Grundlage dafür ist die Kenntnis der Proportionen eines Gesichts.

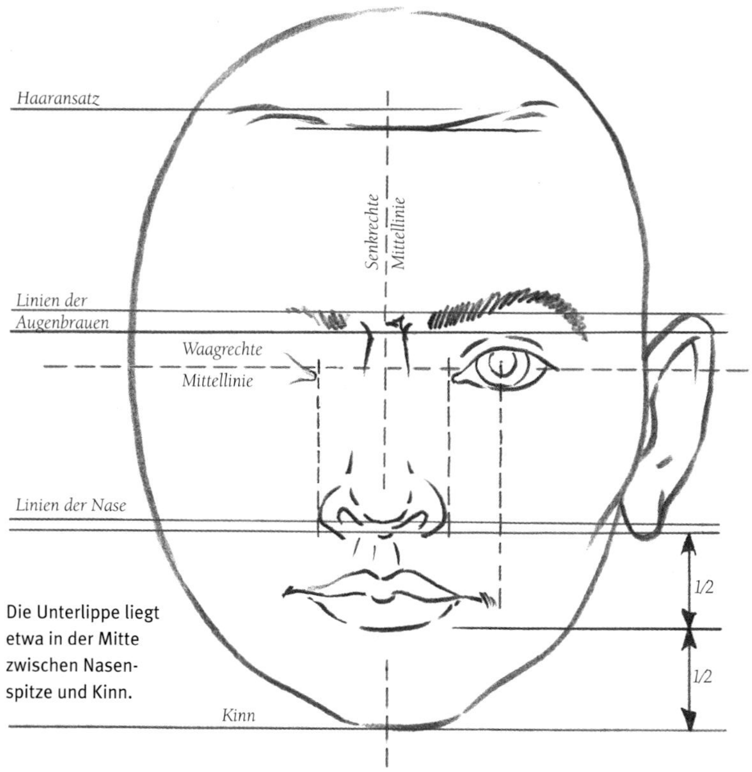

Die Unterlippe liegt etwa in der Mitte zwischen Nasenspitze und Kinn.

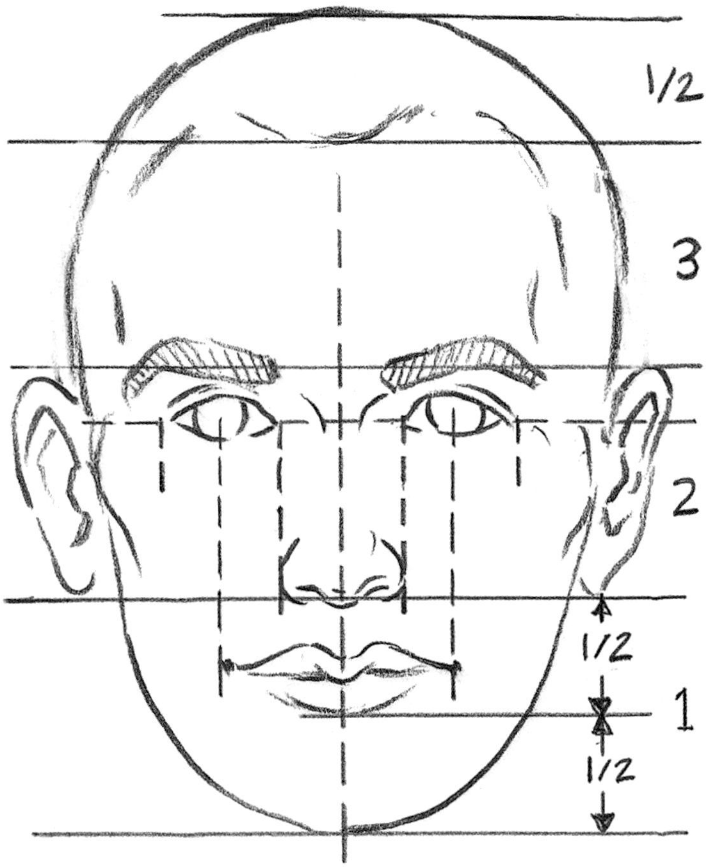

In der Ansicht oben sehen Sie, wie Sie die übrigen Gesichtszüge an der richtigen Stelle platzieren. Prägen Sie sich dieses Grundschema gut ein, ehe Sie mit dem Zeichnen beginnen.

- Die Nase endet in der Mitte zwischen Augenbrauenlinie und Kinn.
- Die Ohren beginnen auf Höhe der Augenbrauen und enden auf Höhe der Nase. Fertigen Sie am besten einige Skizzen aus dem Gedächtnis an.

Um das Ohr richtig zu platzieren, teilen Sie den Kopf seitlich in drei gleiche Teile.

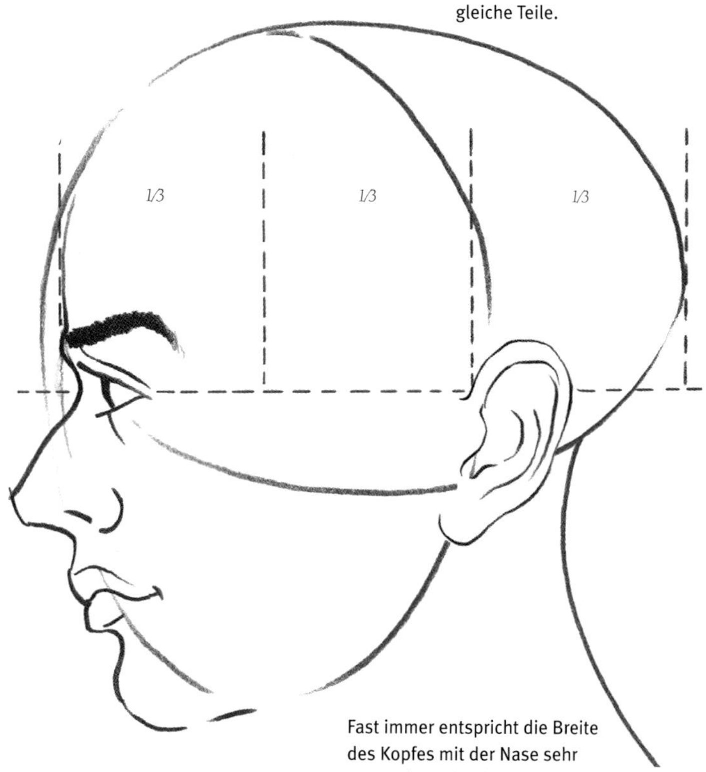

Fast immer entspricht die Breite des Kopfes mit der Nase sehr genau der Höhe des Kopfes – gemessen jeweils an der längsten bzw. breitesten Stelle.

Proportionen

Die genaue Kenntnis der Proportionen des Gesichts ist grundlegend für das Gelingen von Porträts. Unter Proportionen versteht man das Verhältnis einzelner Teile zueinander – und im Bezug auf das Ganze. Die verschiedenen Schemata auf dieser Doppelseite zeigen Ihnen unterschiedliche Maßarten, mit deren Hilfe, es Ihnen leichte fällt, die Elemente eines jedes Gesichts exakt an die richtige Stelle zu setzen. Sobald Sie den Bauplan menschlicher Gesichter verinnerlicht haben, ist es ein Leichtes, die individuellen Abweichungen zu erkennen und richtig zu zeichnen – die Grundlage für lebensnahe Porträts!

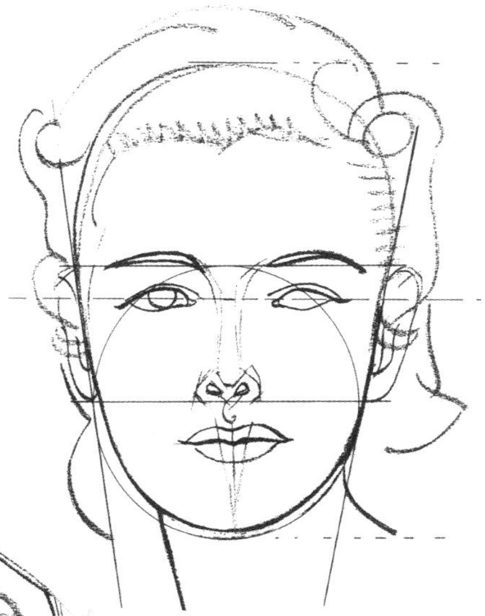

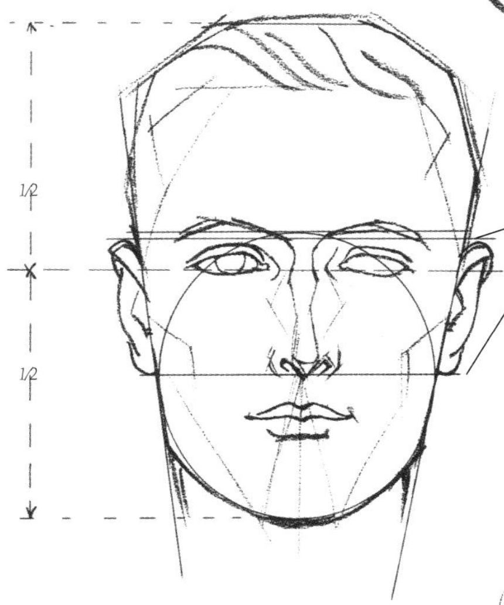

Die Ohren reichen von der Augenbrauenlinie bis zur Nasenspitze.

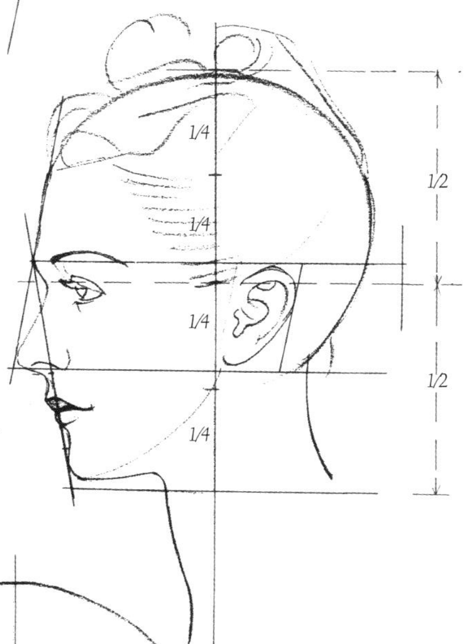

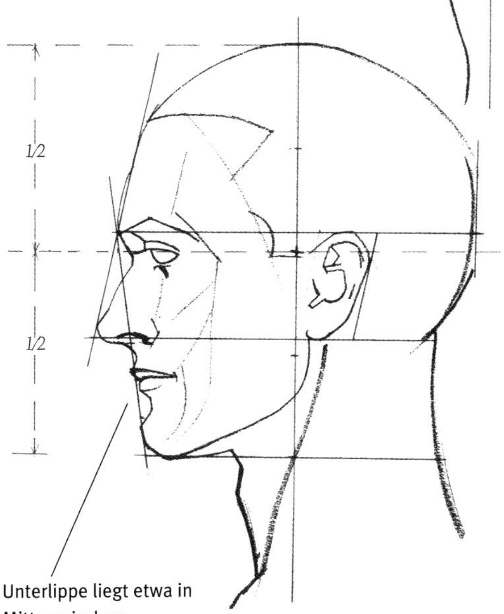

Die Unterlippe liegt etwa in der Mitte zwischen Nasenspitze und Kinn.

ÜBUNG

Die Proportionen eines Erwachsenenkopfs

Wenn Sie die Proportionen eines Erwachsenen einmal gelernt haben, können Sie im Grunde jedes Gesicht zeichnen. Sehen Sie sich zunächst die Maße der Illustration links an und übertragen Sie sie auf ein Blatt Papier. Zunächst zeichnen Sie eine ovale Gesichtsform. Dann teilen Sie sie mit einer waagrechten Linie in zwei Hälften. Bei Erwachsenen sitzen die Augen auf dieser waagrechten Linie.
Dann teilen Sie das Gesicht mit einer senkrechten Linie nochmals – auf dieser Linie liegt die Nase.

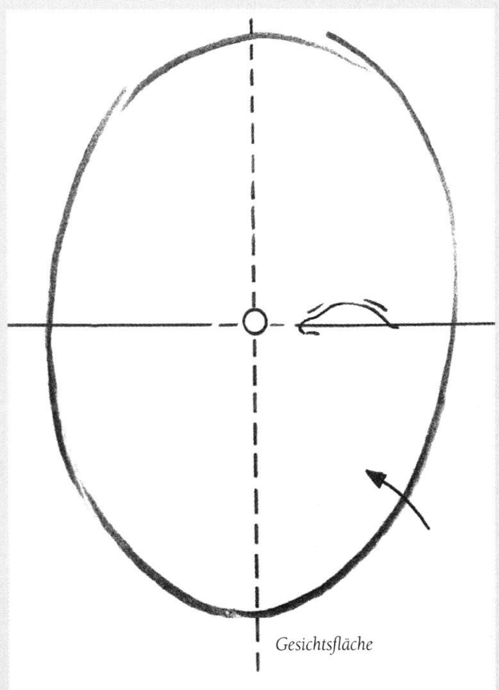

Damit Sie ein noch besseres Gefühl für die Verteilung der Elemente in einem Gesicht bekommen, hier noch ein paar Tricks:
Wichtig sind außerdem folgende Punkte:

- Die Augen liegen eine Augenlänge auseinander.
- Jedes Auge ist so lang wie die Nase breit.
- Der Mund reicht von der Mitte des einen Auges bis zur Mitte des anderen.

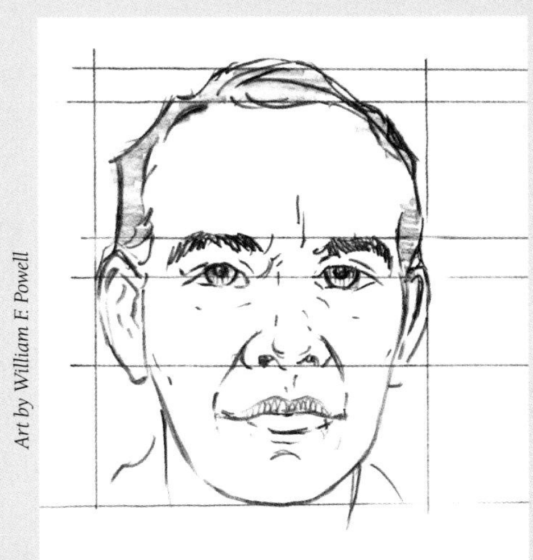

Ein Gesicht erfassen Versuchen Sie einmal dieses Männergesicht möglichst genau nachzuzeichnen. Sie sehen: Die Gesichtszüge eines Menschen weichen im Detail sogar sehr weit von einem idealen Gesicht ab. Haben Sie keine Scheu, richtig hinzusehen und alles genauso abzubilden, wie Sie es sehen.

Grundformen des Gesichts

So mancher fürchtet, dass es kompliziert ist ein Gesicht zu zeichnen – doch keine Angst: Es geht in Wirklichkeit nur darum, ein Gespür für die Proportionen zu bekommen und darum die verschiedenen Elemente eines Gesichts, wie Mund oder Nase, zeichnen zu können. Beides besteht nur aus einfachen Kurven und Grundformen und ist ganz einfach zu zeichnen. Beginnen Sie am besten damit zunächst die Formen von Augen und Mund zu üben. Bitten Sie jemanden, Modell zu sitzen oder nehmen Sie ein Foto als Vorlage.

Auge

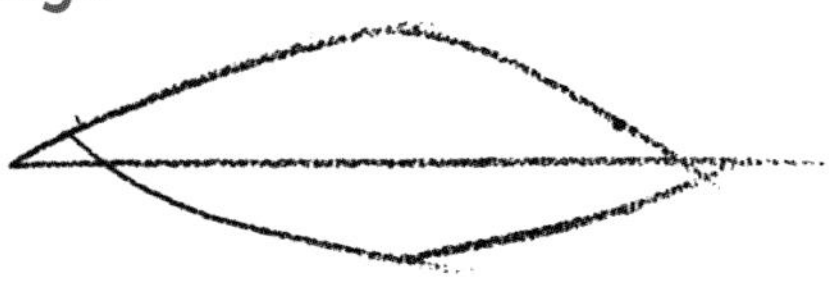
1

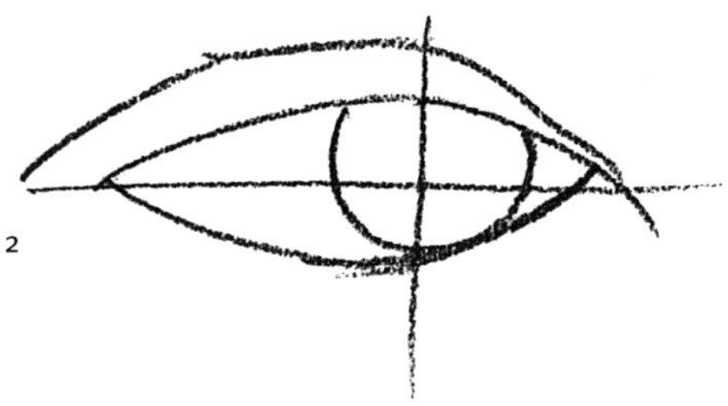
2

In dieser Ansicht liegt die Iris in der Nähe des Augenwinkels. Zeichnen Sie die Hilfslinien an der richtigen Stelle ein.

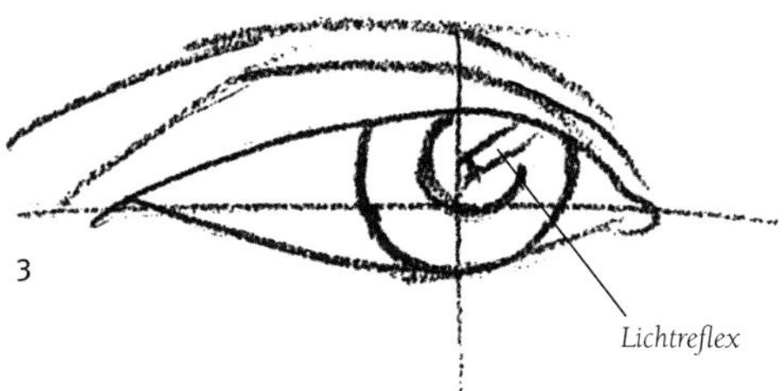

3

Ganz gleich, ob Sie Mund und Augen von vorne oder im Profil darstellen wollen – beide Elemente lassen sich aus einfachen Hilfslinien aufbauen. Von vorne gesehen sind die Hilfslinien gebogen und von der Seite sind die Linien etwas geneigt. Um diese Hilfslinien herum bauen Sie mit einfachen Kreisen und geschwungenen Linien Mund und Augen auf. Beschäftigen Sie sich mit den Abbildungen auf dieser Seite und zeichnen Sie jedes Motiv mehrmals, bis Sie es sicher beherrschen.

Auge im Profil

1
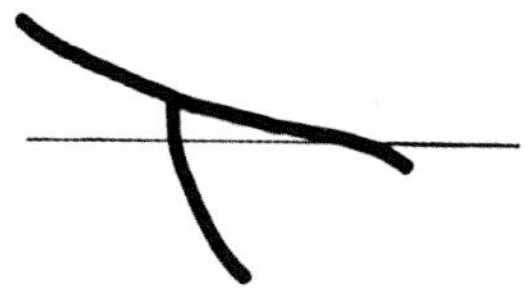

Der Augapfel ist immer zu einem guten Teil vom Lid bedeckt.

2
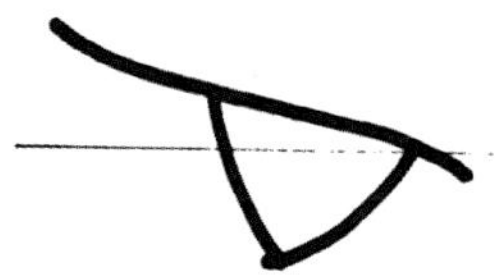

3
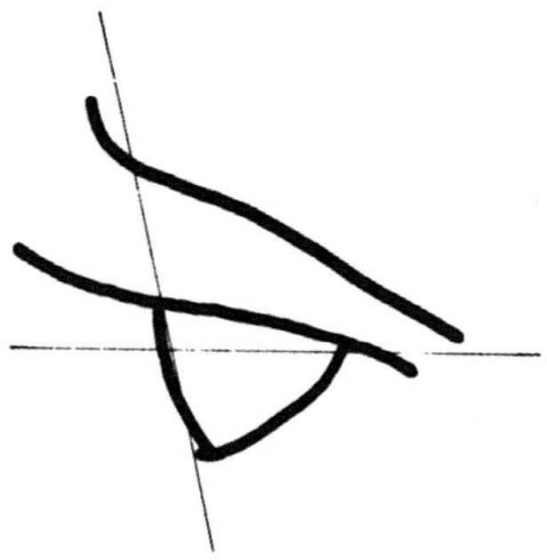

4
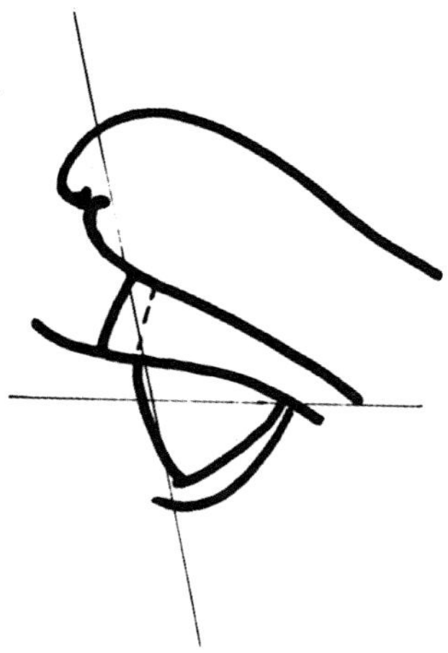

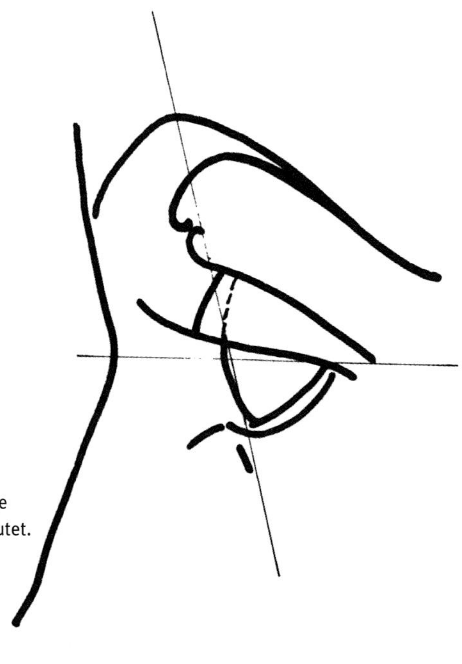

Mit der gestrichelten Linie ist die Lage des Augapfels unter dem Lid angedeutet. Das Lid wölbt sich über diesem Teil.

Mund im Profil

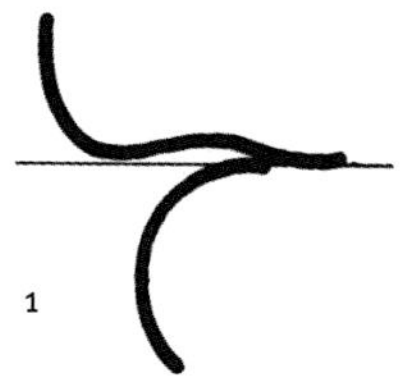
1

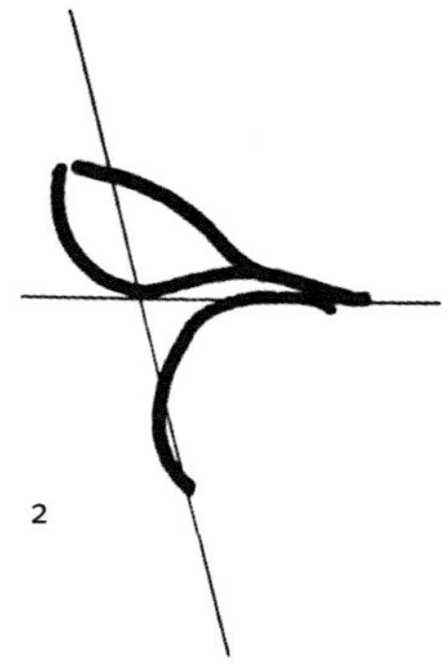
2

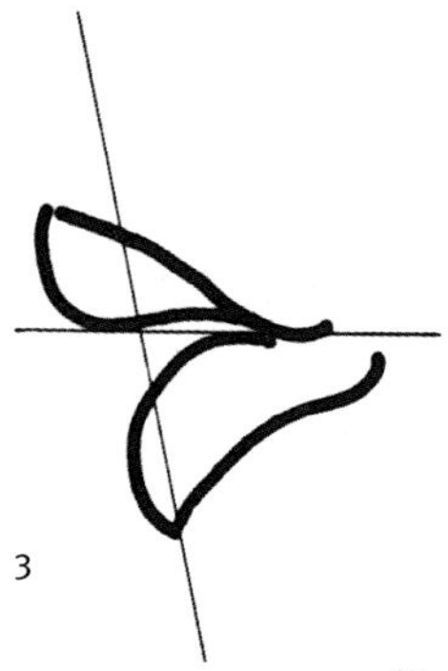
3

Die Oberlippe ragt ein Stück nach links über die Hilfslinie hinaus – die Unterlippe liegt rechts von dieser Linie.

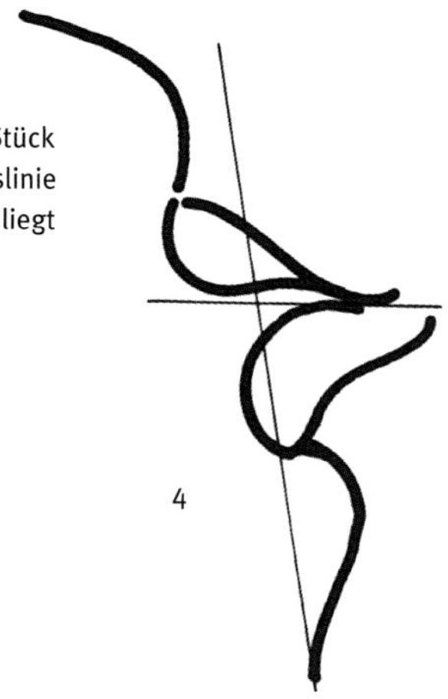
4

Mund

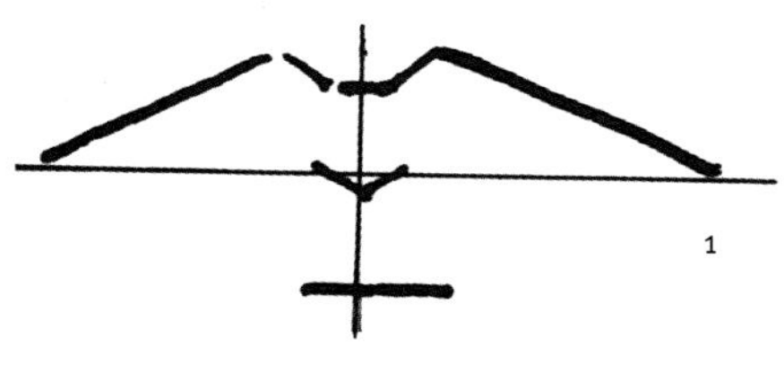
1

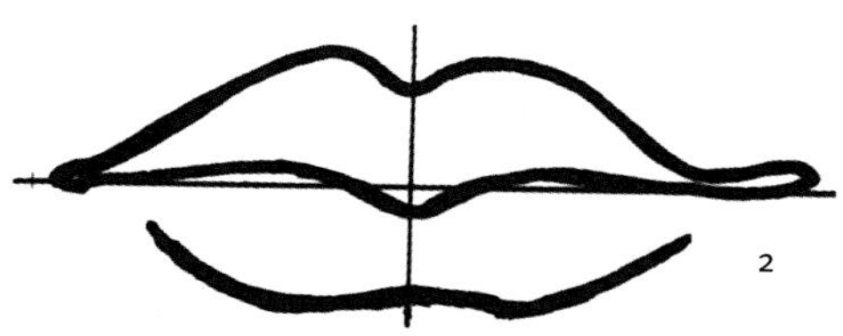
2

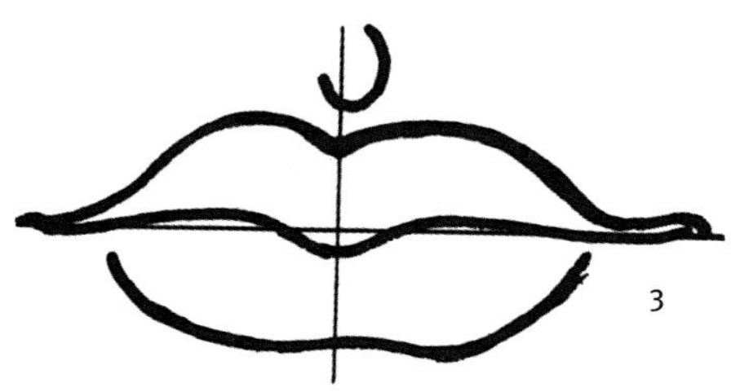
3

Die beiden Profile auf dieser Seite wurden aus nur zwei Hilfslinien entwickelt – einer schrägen Linie für das Gesicht und einer für die Nase. Es gibt Nasen, Augen und Münder in den unterschiedlichsten Formen. Versuchen Sie genau zu erkennen, wie die einzelnen Gesichtszüge Ihres Modells geformt sind und zeichnen Sie am besten einige Skizzen dieser Gesichtselemente auf einem extra Blatt. Fertigen Sie das Profil erst an, wenn Sie ein Gefühl für alle Elemente entwickelt haben.

Beginnen Sie das Profil mit einer Linie, die sich von den Augenbrauen zum Kinn neigt. Tragen Sie dann die waagrechten Hilfslinien für die Lage der Gesichtselemente ein. Bei Erwachsenen liegt die Nasenspitze etwa in der Mitte zwischen den Brauen und dem Kinn. Die Unterlippe liegt etwa zwischen Nasenspitze und Kinn. Sehen Sie Ihr Modell gut an, denn es sind die Abweichungen von der Norm, die unsere Gesichter individuell machen.

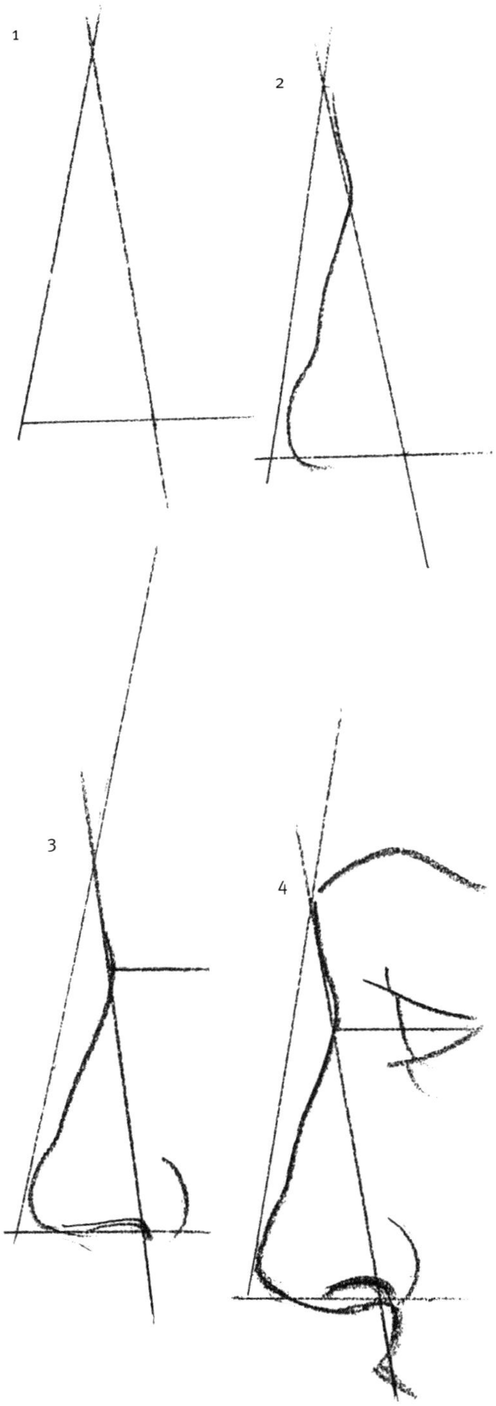

Für die Nase zeichnen Sie zunächst ein Dreieck. Dann zeichnen Sie das Profil der Nase in dieses Dreieck hinein, wie in Schritt 1 und 2 zu sehen ist. Im dritten Schritt verbessern Sie die Linie der Nase noch und zeichnen ein kleines Oval für das Nasenloch.

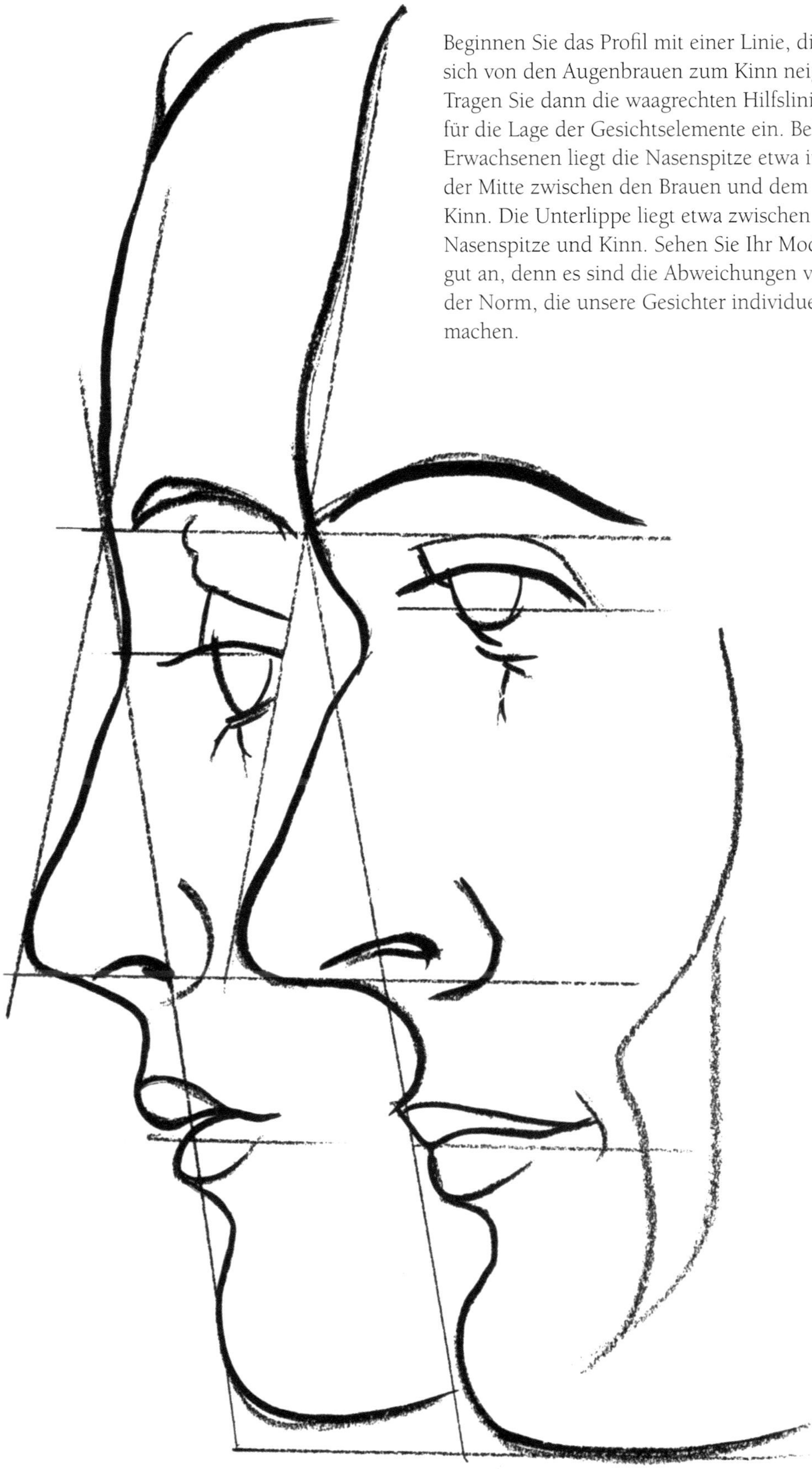

Die Mittellinie für das Auge zeichnen Sie im Bereich der Nasenwurzel und setzen Auge, Augenbraue und schließlich Oberlippe an die richtige Stelle. Wenn Ihnen dieses Vorgehen keine Probleme mehr bereitet, können Sie sich an Porträts machen, bei denen schraffiert wird (▶ ab Seite 21).

Frauen im Profil

Diese Profile sind gute Übungen, um Sicherheit im Arbeiten mit den Proportionen des Gesichts zu gewinnen – und um ein Auge für das Individuelle eines Gesichts zu entwickeln. Achten Sie vor allem darauf, wie Augen und Kinn gestaltet sind – sie beeinflussen den Gesamteindruck des Porträts am meisten.

Als Erstes einen leichten Bogen zeichnen und die waagrechten Hilfslinien so eintragen, wie Sie es schon gelernt und geübt haben. Dann die Elemente des Gesichts ganz leicht vorskizzieren. Im zweiten Schritt die Linien ausbessern und feiner ausarbeiten. Fragen Sie sich selbst einmal, wie Sie die Nase Ihren Modells beschreiben würden: lang, kurz, dick und breit? Oder ist es eine Stups- oder eine Hakennase? Je genauer Sie das erkennen, desto ähnlicher wird Ihre Darstellung.

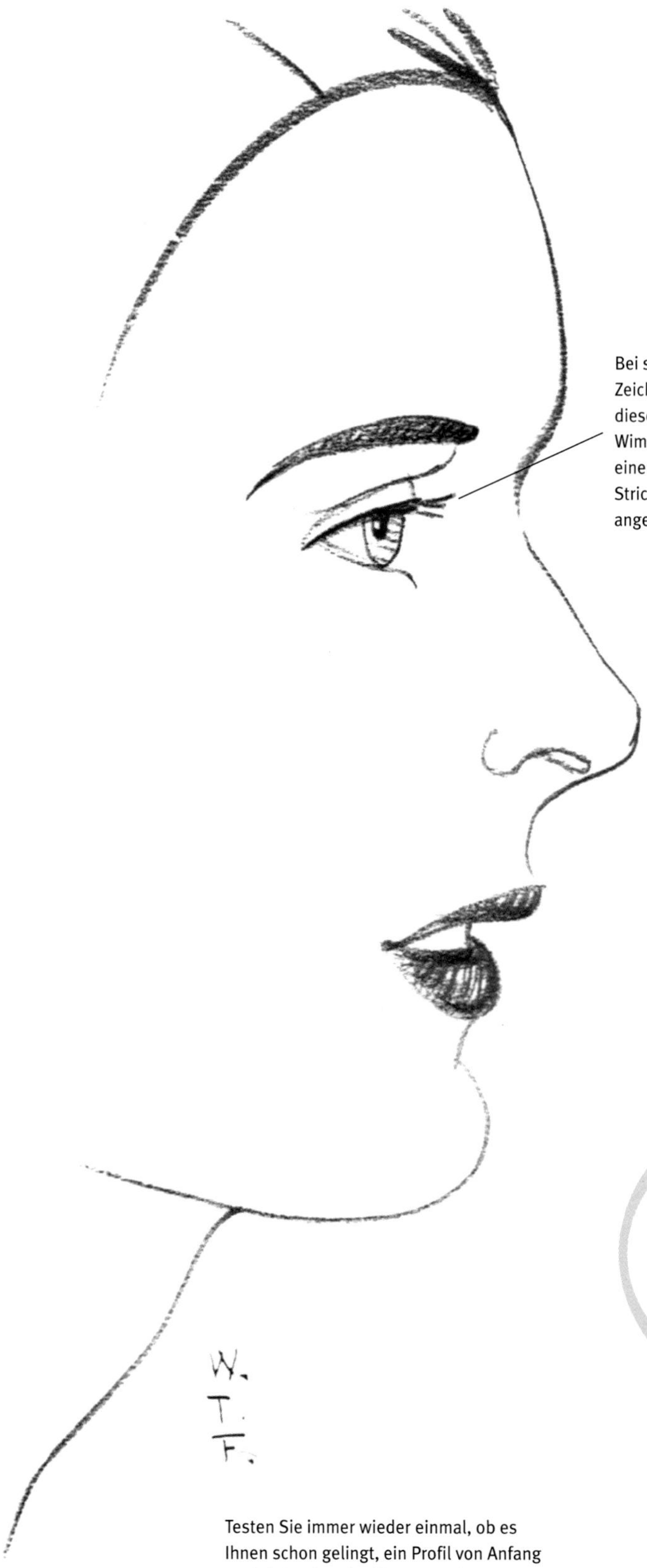

Bei so einfachen Zeichnungen wie dieser werden die Wimpern nur mit einem oder zwei Strichen angedeutet.

Testen Sie immer wieder einmal, ob es Ihnen schon gelingt, ein Profil von Anfang an richtig mit Schraffuren anzulegen.

1

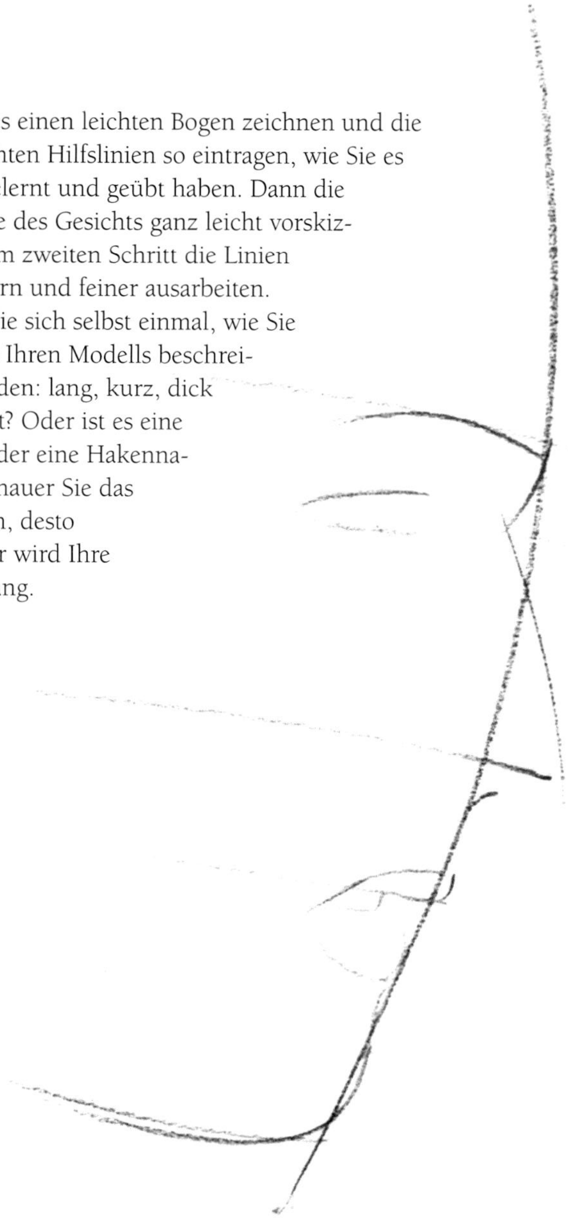

Zeichen Sie mit mutigen, sicheren Strichen, nicht zögerlich!

2

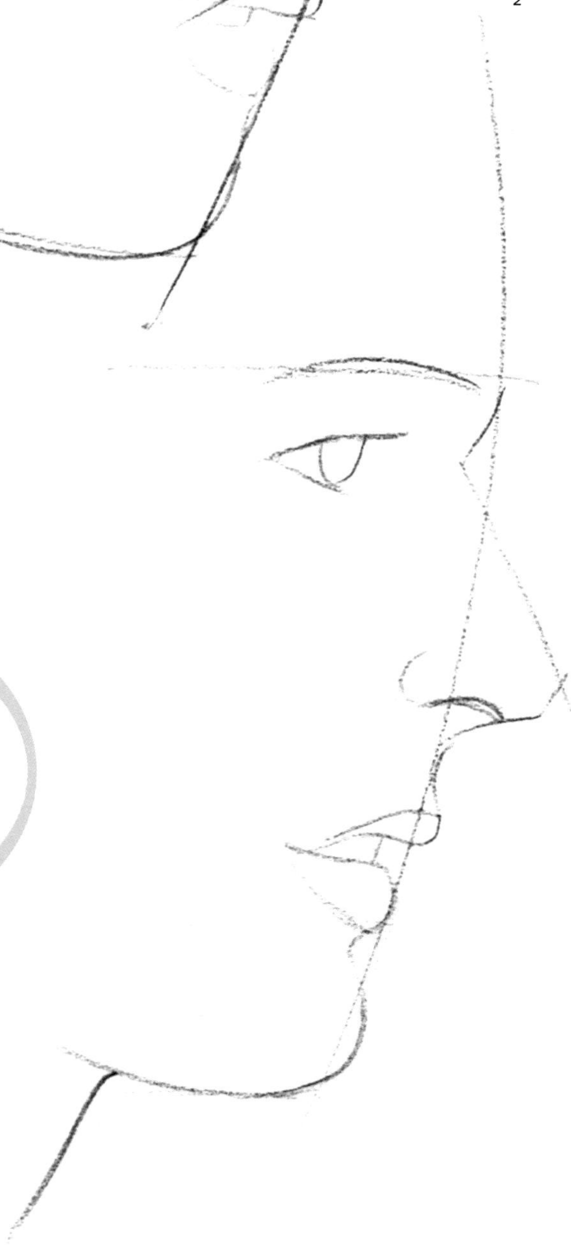

Zeichnen Sie bloß keinen winzigen Kopf in einer Ecke Ihres Papiers. Nutzen Sie den Platz, den Sie haben.

Dieses Porträt wurden nach Fotos gezeichnet. Üben Sie solche Darstellungen im Profil und halten Sie sie technisch möglichst einfach. Sie müssen sich zum Beispiel nicht dem Haar widmen; wichtiger ist es zu lernen, wie man Gesichter zeichnet – das Haar kommt später.

Im ersten Schritt nur die Proportionen festlegen. Bei dieser „Nahaufnahme“ im Profil liegt das Ende der Nase ziemlich genau in der Mitte zwischen den Augenbrauen und dem Kinn, und der Mund liegt in der Mitte zwischen dem Ende der Nase und dem Kinn. Sobald die Proportionen richtig vorgemerkt sind, skizzieren Sie Stirn, Nase, Mundpartie und Kinn vor. Sehen Sie sich jedes Element des Gesichts genau an, um die Ähnlichkeit möglichst gut zu treffen. Übrigens ist dieses Porträt auf beschichtetem Zeichenkarton gezeichnet, der normalerweise für Tuschzeichnungen verwendet wird.

1

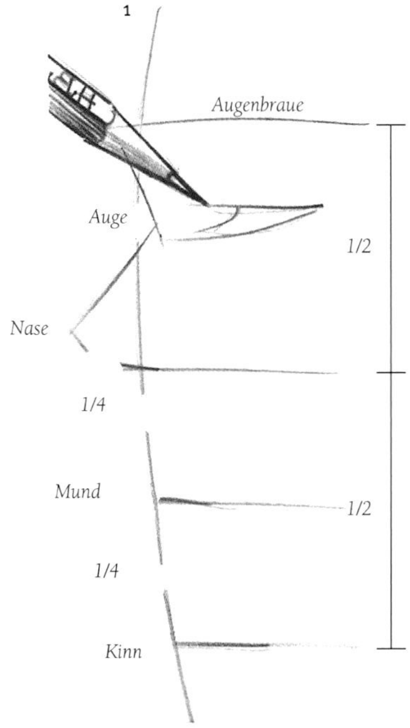

2

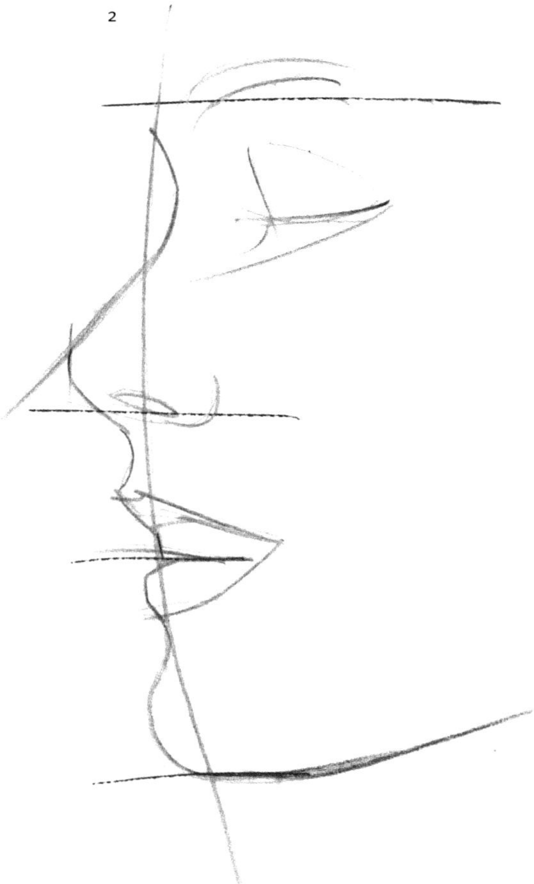

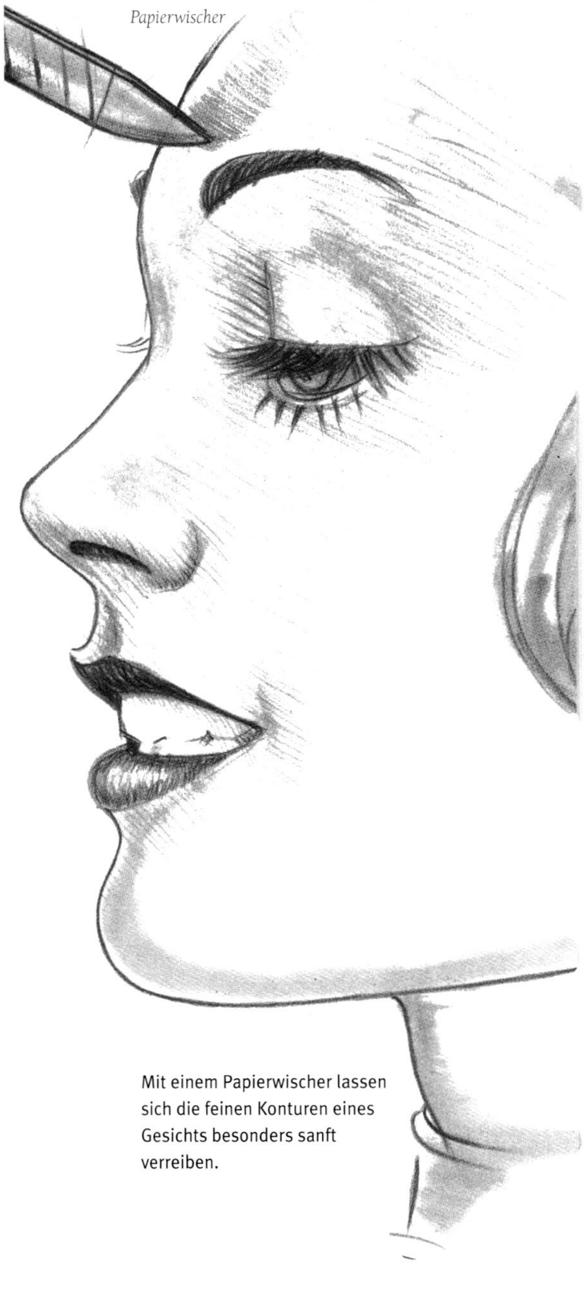

Mit einem Papierwischer lassen sich die feinen Konturen eines Gesichts besonders sanft verreiben.

Beim Zeichnen von Porträts ist es wichtig, dass Sie sicher sitzen und dass sich Ihr Zeichenbrett in einem guten Winkel befindet. Schieben Sie die Zeichnung immer so, dass Sie nicht mit der Hand über die Bereiche wischen, die bereits fertig sind.

3

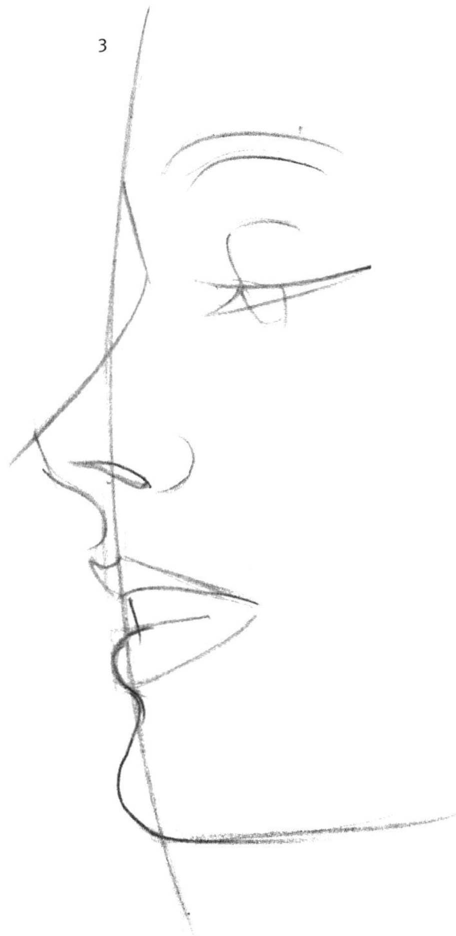

4

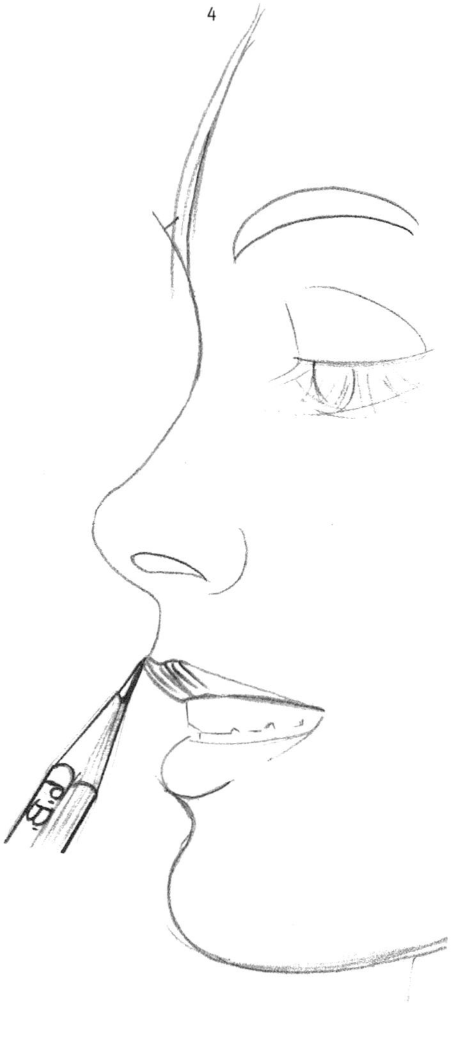

Die Porträts auf dieser Seite entstammen der Fantasie des Zeichners und orientieren sich an den Modellen, mit denen er arbeitet – Ähnlichkeiten mit lebenden Personen sind zufällig.

Weibliche Porträts von vorne

Wenn Sie eine Person direkt von vorne zeichnen, müssen die Gesichtszüge möglichst exakt positioniert sein. Bei Darstellungen im Profil ist es leichter, da Sie sich zum Beispiel nicht darum kümmern müssen, dass beide Augen miteinander im richtigen Bezug stehen. Nehmen Sie sich also Zeit und Ruhe, um Ihr Model genau anzusehen, denn ein Detail wie der richtige Abstand der Augen entscheidet darüber, ob Ihre Zeichnung gelingt oder nicht.

1

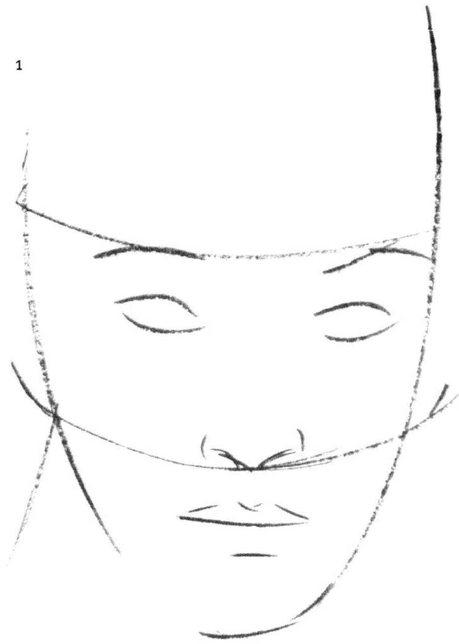

Im ersten Schritt wurden nur wenige Hilfslinien gezeichnet. Sie werden sehen, dass Sie mit zunehmender Erfahrung und Sicherheit sogar mit noch weniger Hilfen auskommen. Trotzdem reichen die beiden geschwungenen Linien bereits aus, um die Gesichtszüge exakt zu positionieren.

Schon wenige Striche mit einem Zimmermannsbleistift erwecken den Eindruck von vollem Haar.

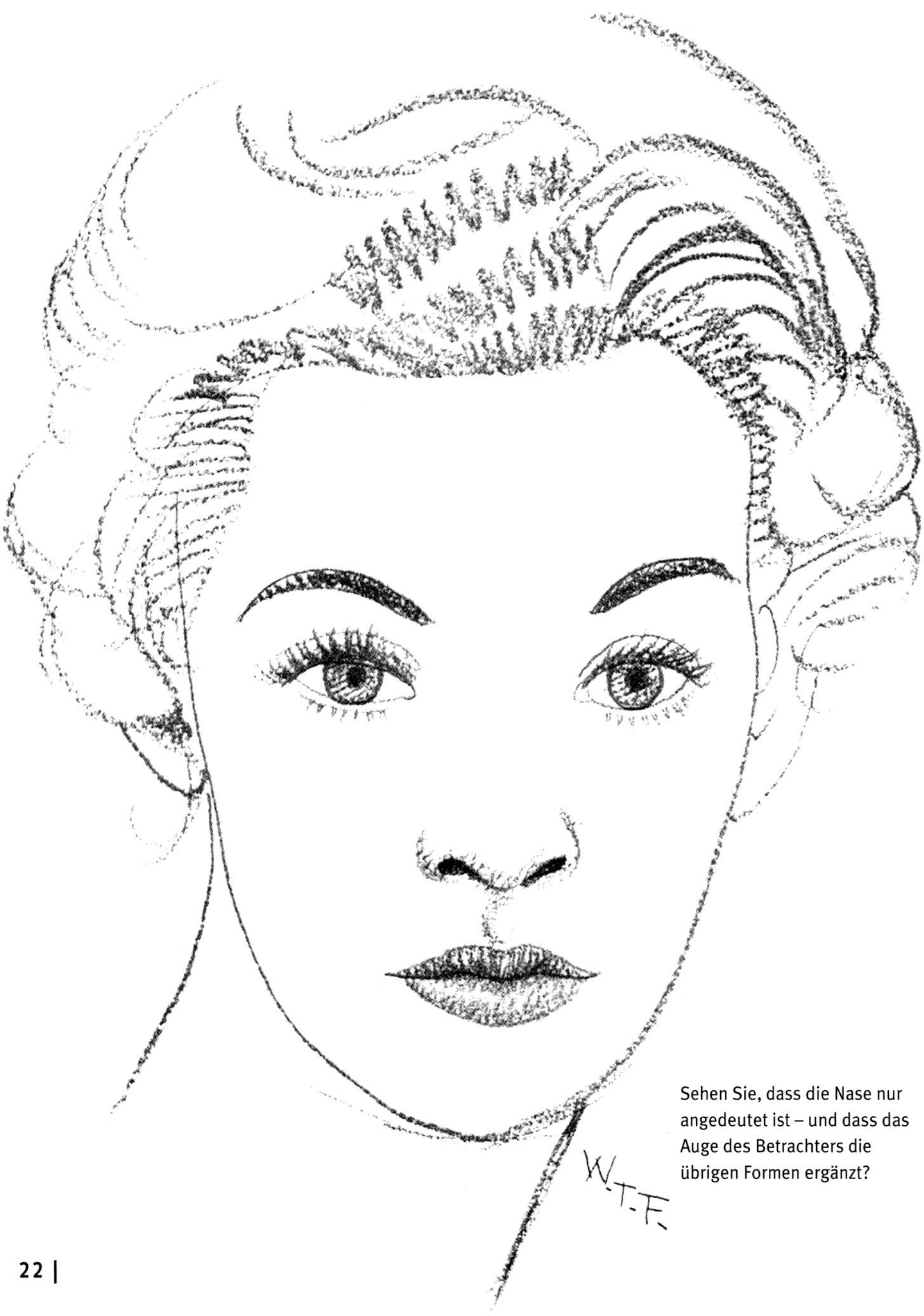

Sehen Sie, dass die Nase nur angedeutet ist – und dass das Auge des Betrachters die übrigen Formen ergänzt?

2

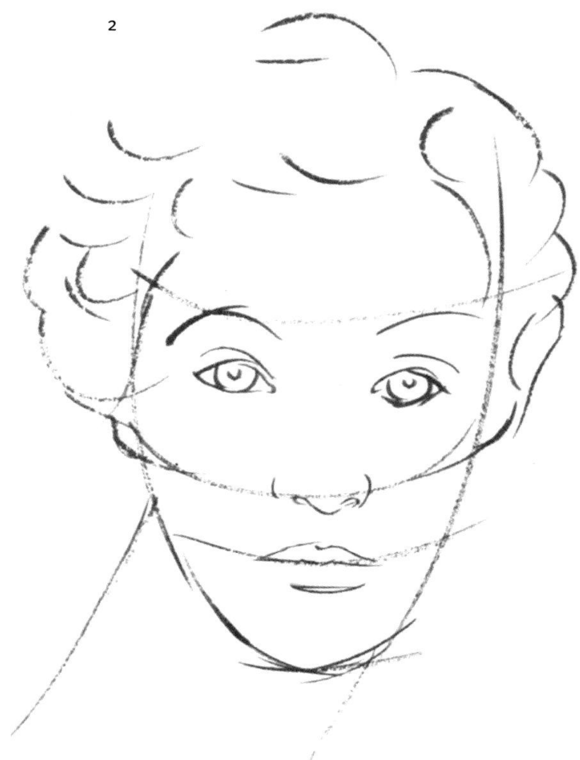

Im zweiten Schritt werden Gesichtszüge und Haar stärker betont und ausgearbeitet. Die Elemente des Gesichts sind nie ganz symmetrisch – in der Regel ist immer ein Auge größer als das andere. Das Porträt erhält durch das Schraffieren von Augen, Nase und Lippen seine Kraft und seinen Ausdruck. Sie können auch die Gesichtsform durch das Hervorheben der Ebenen des Gesichts noch betonen.

Nun entsteht – ebenfalls nur mit wenigen Strichen – ein ganz anderes Gesicht. Hier ist die Nase wesentlich dünner und die Augen stehen näher zusammen. Dies deuten Sie schon beim ersten Skizzieren an.

Nehmen Sie für den ersten Schritt einen Bleistift in Härte HB. Verwenden Sie die Hilfslinien und zeichnen Sie die Gesichtszüge grob vor. Die Striche, mit denen das Haar gezeichnet wird, sind locker und sehr frei. So schnelle Zeichnungen wie diese hier, sind wichtig für Anfänger: Machen Sie möglichst viele davon.

2

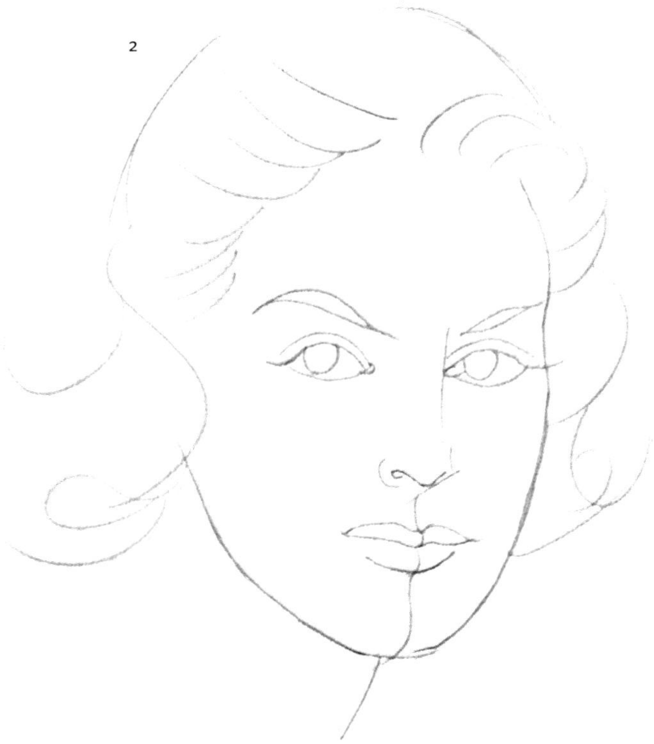

1

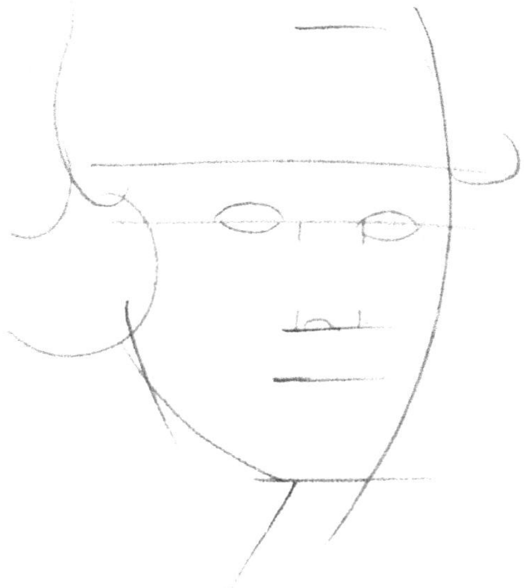

Der erste Entwurf der Zeichnung muss stimmen, sonst sollten Sie nicht weiterarbeiten. Denn nichts kann später die Fehler korrigieren, die beim Anlegen der Struktur gemacht wurden.

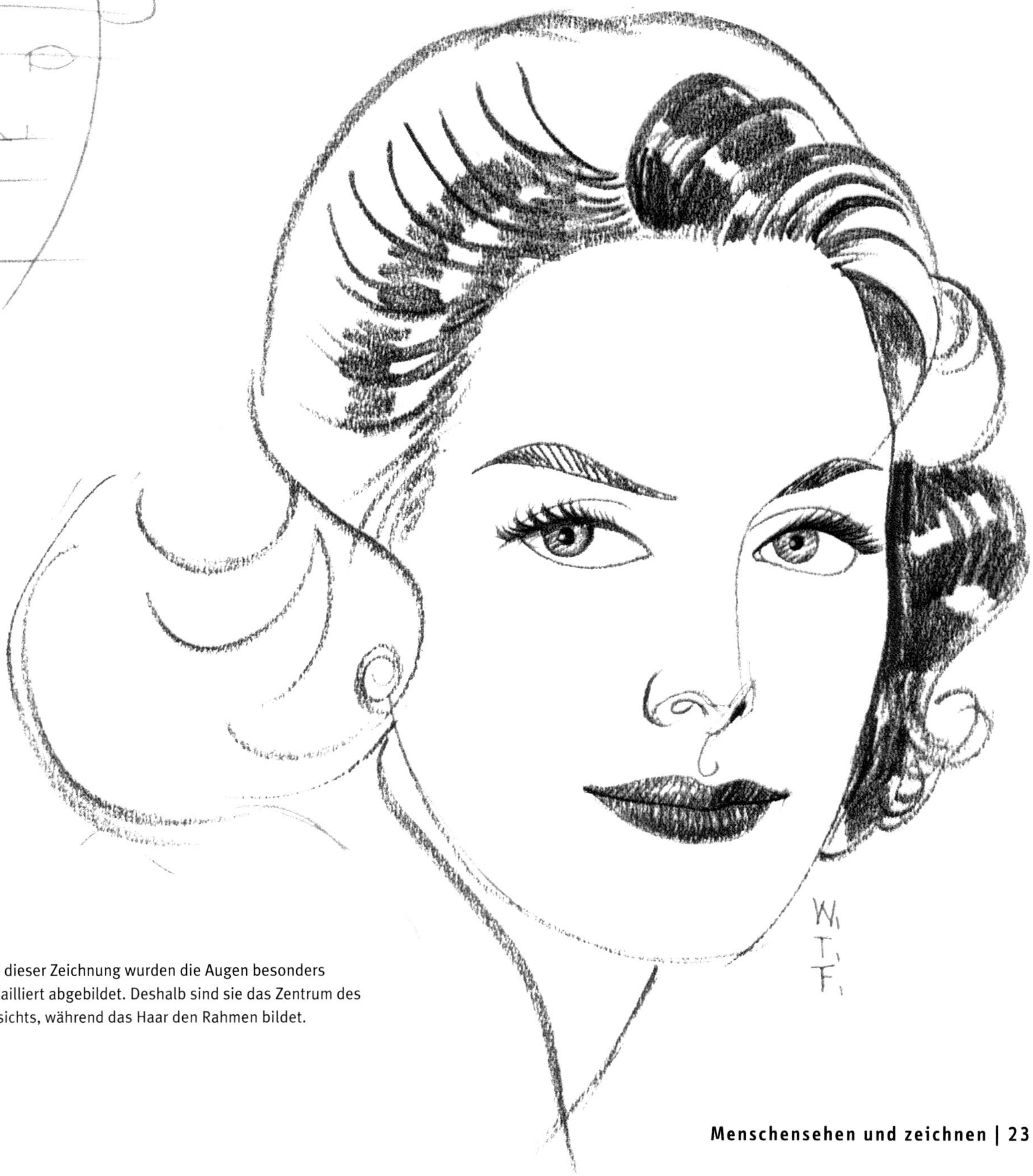

Bei dieser Zeichnung wurden die Augen besonders detailliert abgebildet. Deshalb sind sie das Zentrum des Gesichts, während das Haar den Rahmen bildet.

Die Dreiviertelansicht

Die Dreiviertelansicht eines Menschen ist etwas schwieriger zu zeichnen, als eine Ansicht von vorne – aber Sie sollten es unbedingt versuchen. Sehen Sie sich Ihr Modell genau an und halten Sie sich an die folgenden Schritte – dann wird Ihr Bild auch gelingen! Zeichnen Sie zunächst die Grundformen des Gesichts vor und setzen Sie dann Hilfslinien wie im Beispiel. Wichtig ist, dass Sie daran denken, dass durch diesen Blickwinkel die Gesichtszüge nicht in der Mitte des Gesichts stehen – so sitzt die Nase genau auf drei Vierteln des Gesichts. Zeichnen Sie das Profil der Nase bis zur Wurzel und schneiden Sie das linke Auge etwas an.

1

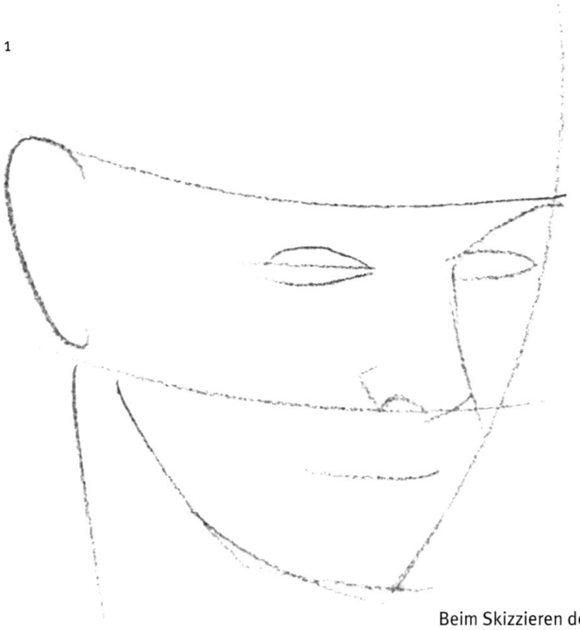

Beim Skizzieren der Haare hilft es, das Haar als eine Masse mit geschwungener Linie aufzufassen. Sie können einzelne Haare später immer noch hervorheben.

2

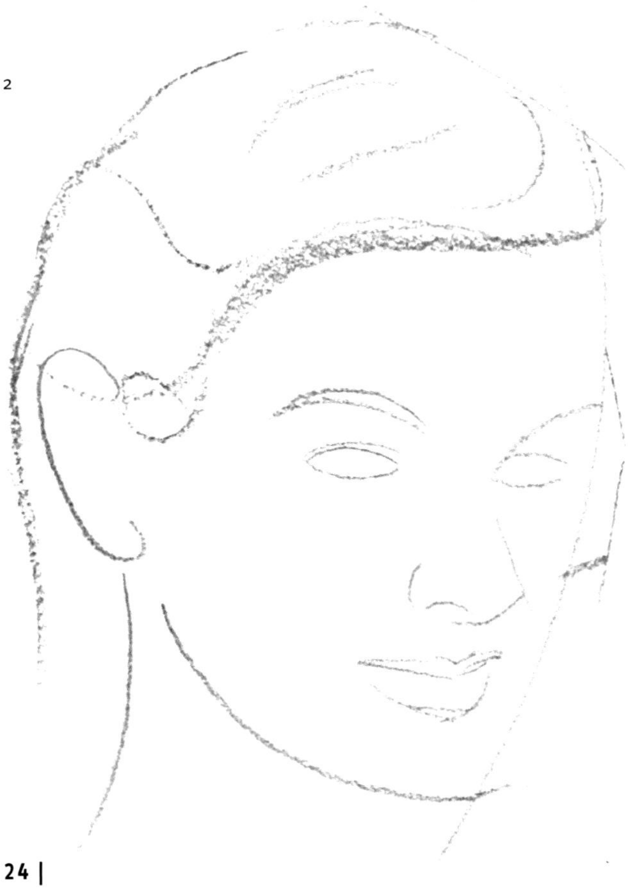

3

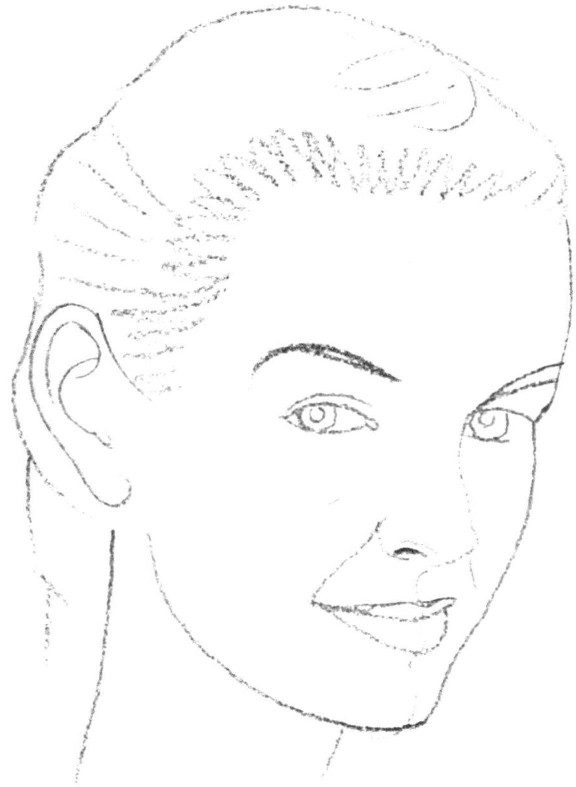

Überprüfen Sie beim Arbeiten immer wieder, ob die Proportionen und Winkel stimmen. Erst wenn Sie die Vorzeichnung gelungen finden, sollten Sie mit dem Ausarbeiten der einzelnen Elemente beginnen: Fügen Sie einige Schraffuren hinzu – entscheiden Sie selbst, wie viel oder wie wenig Sie zeichnen wollen; manchmal ist weniger mehr …

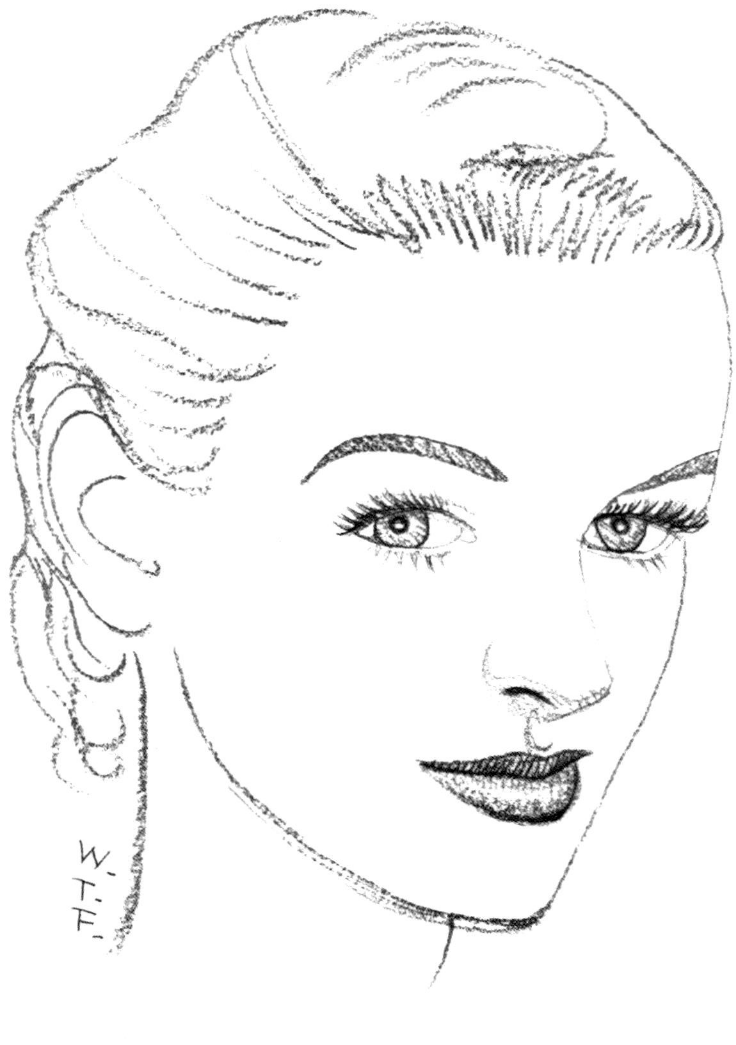

Um spannende und interessante Vorlagen zu finden, können Sie Zeitschriften und Hochglanzmagazine aufmerksam durchblättern, oder Sie sehen in den Spiegel und fertigen ein Selbstporträt an. Je mehr Sie üben und je unterschiedlicher Ihre Vorlagen sind, desto besser werden Ihre Bilder! Ganz gleich, ob Sie junge Menschen zeichnen oder alte, ob Sie Männer zeichnen oder Frauen – alle werden nach denselben Prinzipien aufgebaut.

1

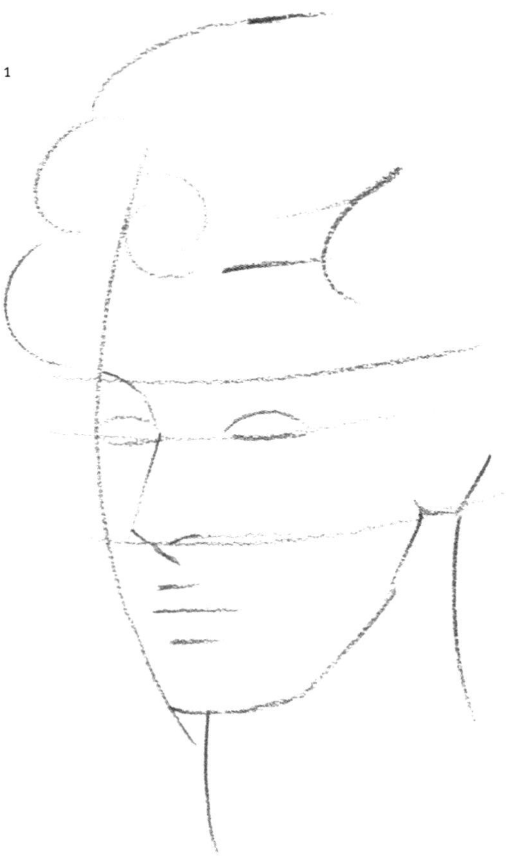

2

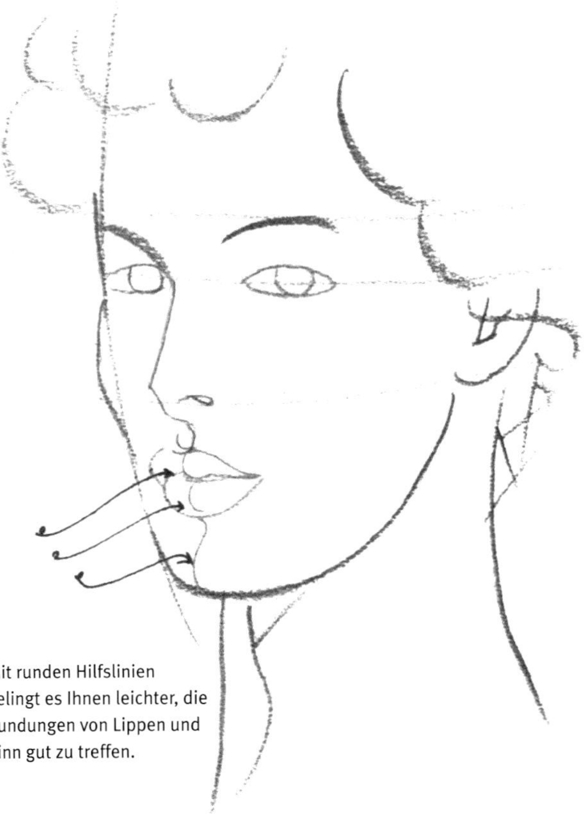

Mit runden Hilfslinien gelingt es Ihnen leichter, die Rundungen von Lippen und Kinn gut zu treffen.

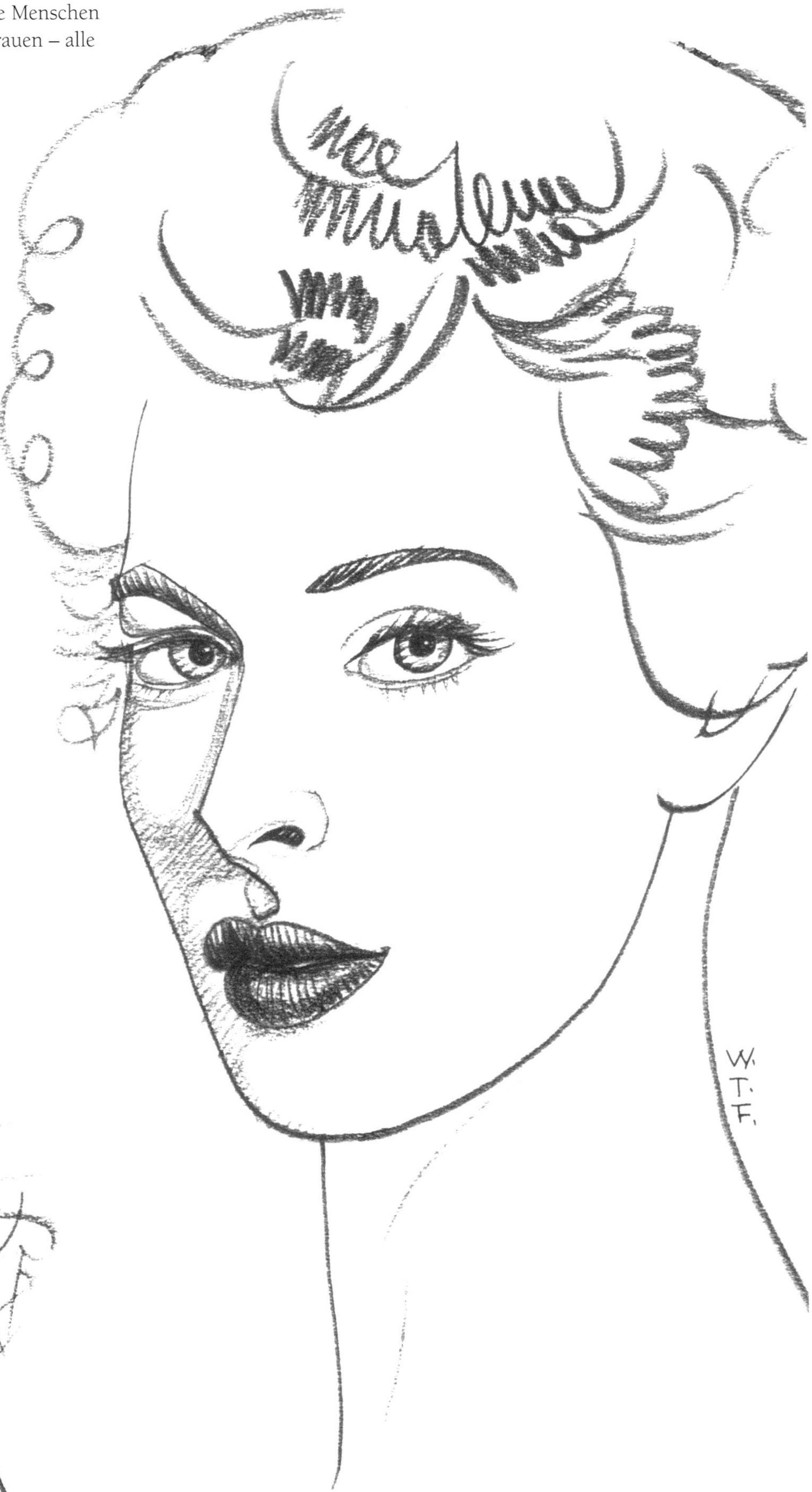

Kopfhaltungen

Diese vier Schachteln entsprechen den Kopfhaltungen, die Sie direkt darunter sehen! Solche simplen Schachteln zu zeichnen reicht aus, um die Haltung des Kopfes richtig zu treffen. Außerdem helfen Ihnen die Seiten der Schachteln, die Ebenen des Gesichtes in der Front-, in einer Seitenansicht oder im Profil genau auseinanderzuhalten. Sobald Sie etwas Übung mit diesen beiden ersten Aufgaben haben, sollten Sie alle Köpfe auf dieser Seite zeichnen.

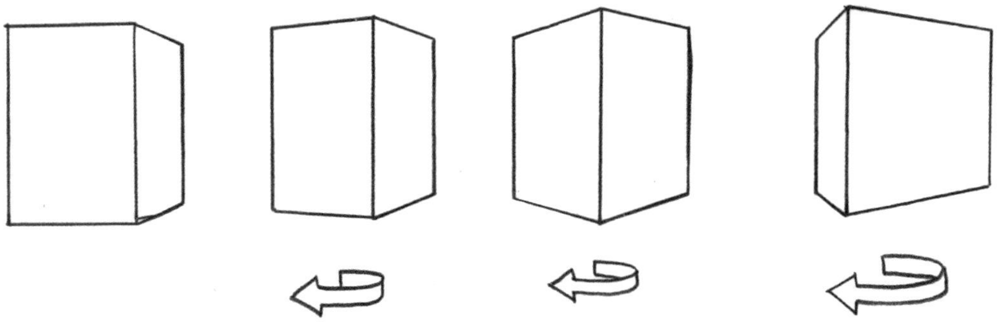

Achten Sie beim Zeichnen darauf, die Gesetze der Perspektive auf dem kleinen Raum, den Sie hier benützen, richtig einzuhalten. Erst wenn Sie ein Gefühl für die Räumlichkeit und das Arbeiten mit den (hier unsichtbaren) Fluchtpunkten entwickelt haben, sollten Sie sich an die Grobform eines Gesichts machen (▶ Seite 29).

Am besten, Sie beginnen mit der Schachtel links außen und zeichnen dann das Gesicht in der Reihe darunter. Dann die zweite Schachtel usw.

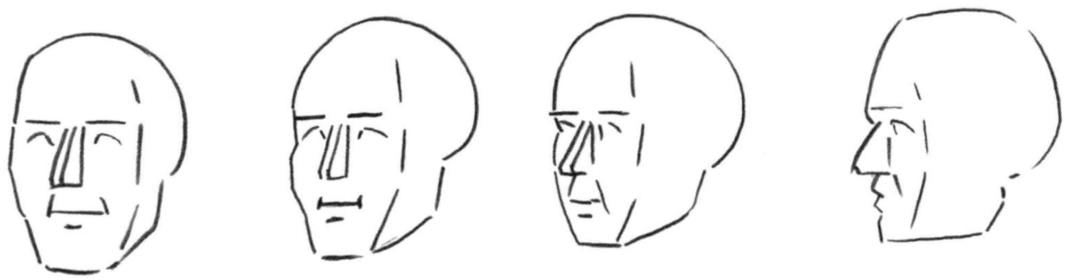

Mit nur ganz wenigen Strichen nimmt die grobe Form dieses lächelnden Männergesichts bereits Form an. Setzen Sie diese wenigen Striche aber mit Bedacht und nach den Regeln der Perspektive. Mehr zur Perspektive ▶ Seite 28 ff.

1

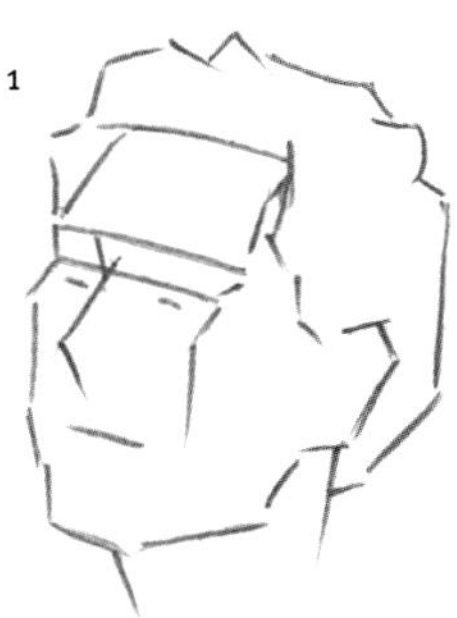

Alle Hilfslinien sollten nur angedeutet sein, damit sie im fertigen Bild nicht stören.

2

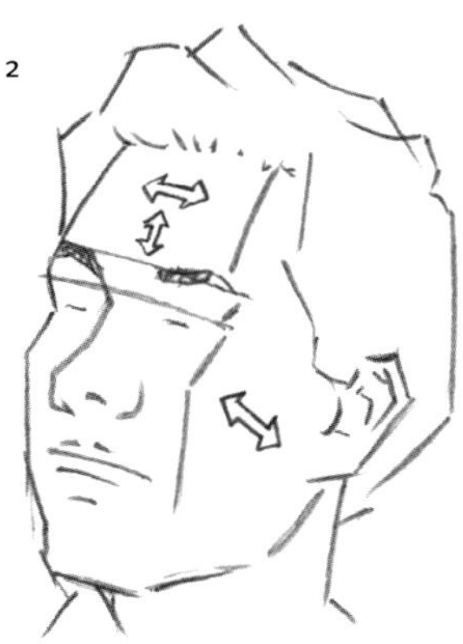

Wenn Sie beim Schraffieren die Striche in der Pfeilrichtung zeichnen, arbeiten Sie die Konturen des Gesichtes richtig heraus.

3

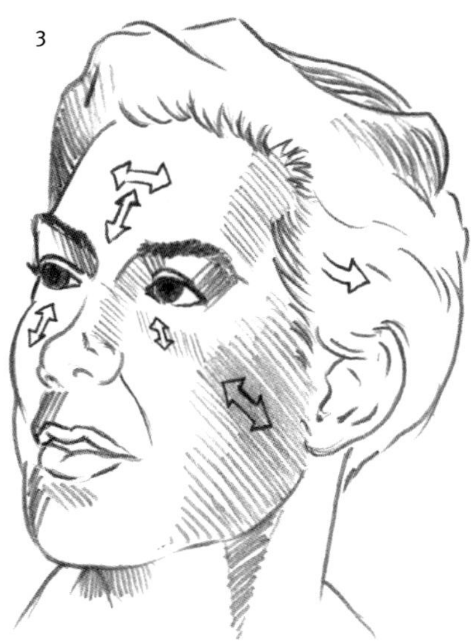

Tipps für die Dreiviertelansicht

Wer gerne Dreiviertelansichten zeichnen möchte, aber noch unsicher ist, kann hier im Detail studieren, wie man diese Porträts schrittweise anlegt und zum Erfolg führt. Sie brauchen einen Bleistift in Härte HB und zeichnen damit zunächst nur die Hilfslinien vor.

1

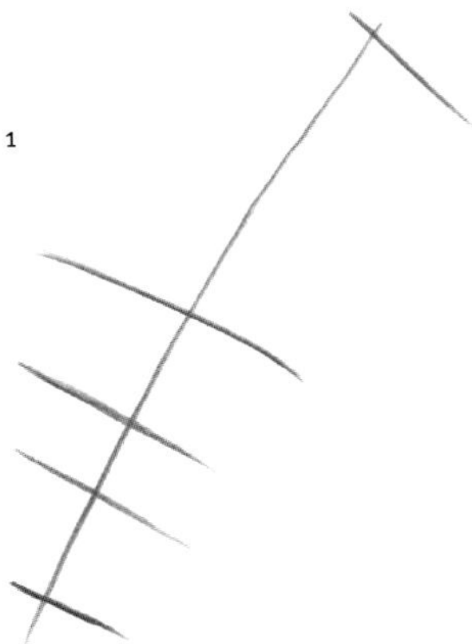

2

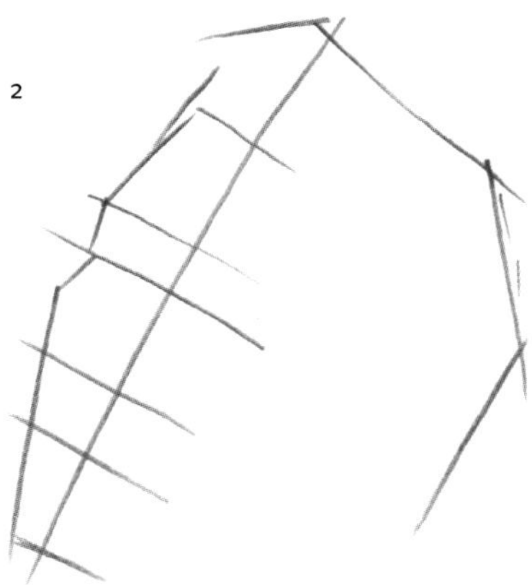

3

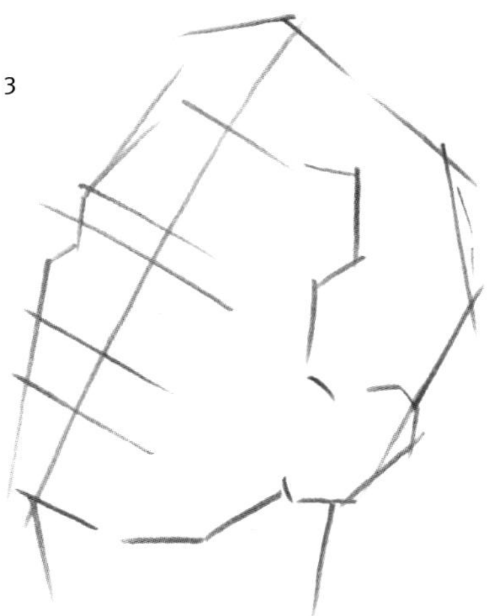

4

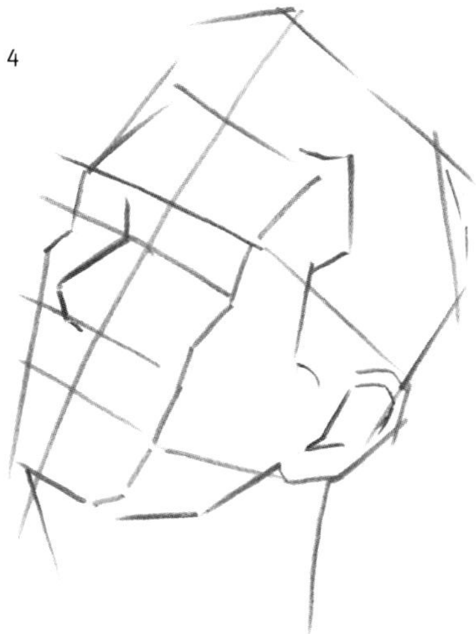

5

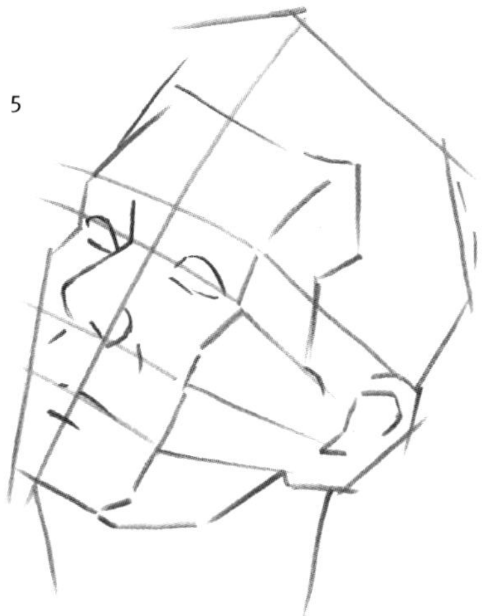

Jetzt werden nach und nach die Gesichtsform, der Haaransatz und das Ohr vorgezeichnet. Dann die einzelnen Ebenen des Gesichts zeichnen, wie auf Seite 39 erklärt wird; auch die Nase richtig positionieren. Bei den Augen und dem Mund orientieren Sie sich an den Hilfslinien, die Sie gezeichnet hatten.

6

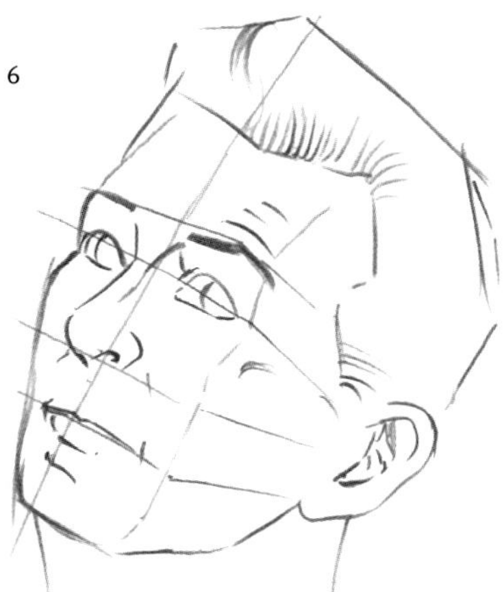

7

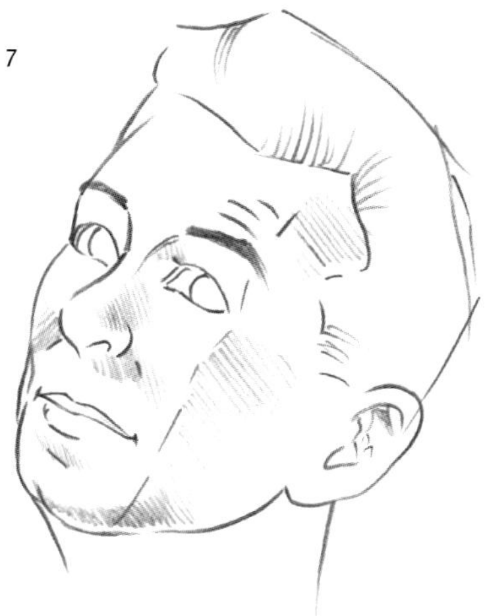

Dann erst werden die ersten Schraffuren angebracht, die dem Gesicht den dreidimensionalen Charakter verleihen. Nehmen Sie einen frisch gespitzten Bleistift und zeichnen Sie die Höhen und Details des Gesichts. Zum Schluss einen Knetradiergummi zu einer Spitze formen und damit die hellen Lichtreflexe im Haar ausradieren.

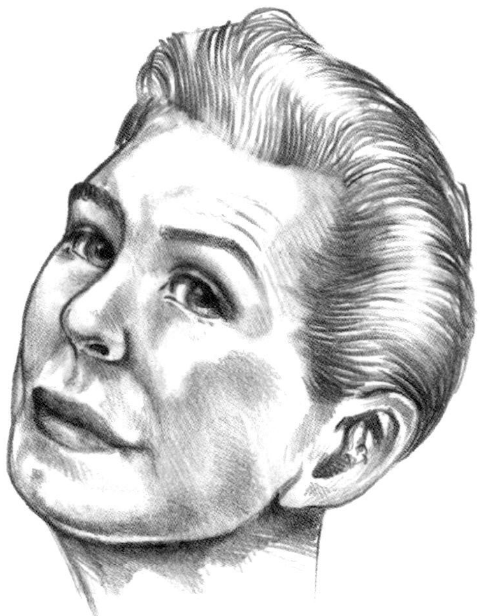

Bitten Sie Freunde, sich von Ihnen in der Dreiviertelansicht zeichnen zu lassen. Bestimmt entstehen einige schöne Porträts!

Menschen im Raum

Wer die Grundprinzipien der Perspektive kennt, tut sich wesentlich leichter damit, Menschen in einem Bild realistisch darzustellen. Denn nur die Perspektive erlaubt es, jedes Objekt auf dem zweidimensionalen Zeichenpapier so darzustellen, dass es räumlich – also dreidimensional – erscheint.

Dazu wird auf der Zeichnung eine sogenannte Horizontlinie gezogen, die unserer Augenhöhe entspricht. Mithilfe von gedachten Linien, die sich in einem Fluchtpunkt auf der Horizontlinie treffen, werden alle Personen auf dem Bild in der richtigen Größe und am richtigen Platz dargestellt. Die Abbildung unten erklärt dieses Prinzip besser als viele Worte. Sehen Sie es sich einmal genau an und zeichnen Sie die Figuren und die Linien nach.

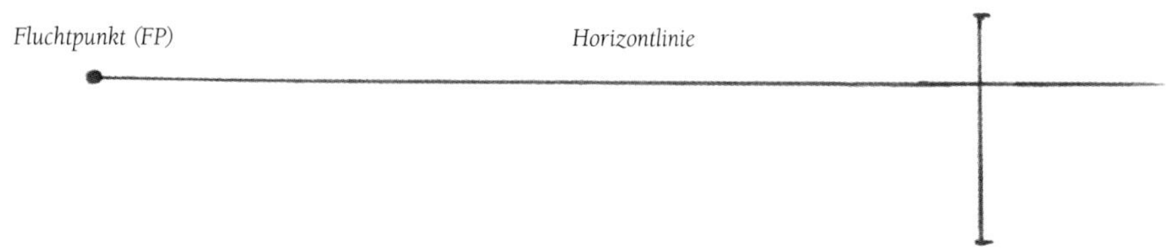

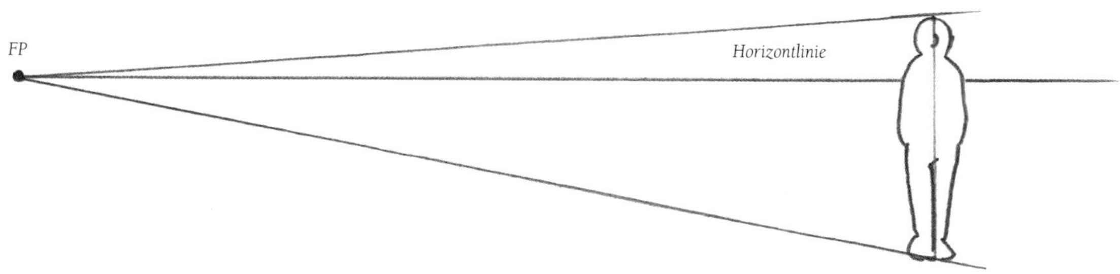

Je weiter entfernt eine Person ist, desto kleiner und weniger gut ausgeformt wird sie gezeichnet.

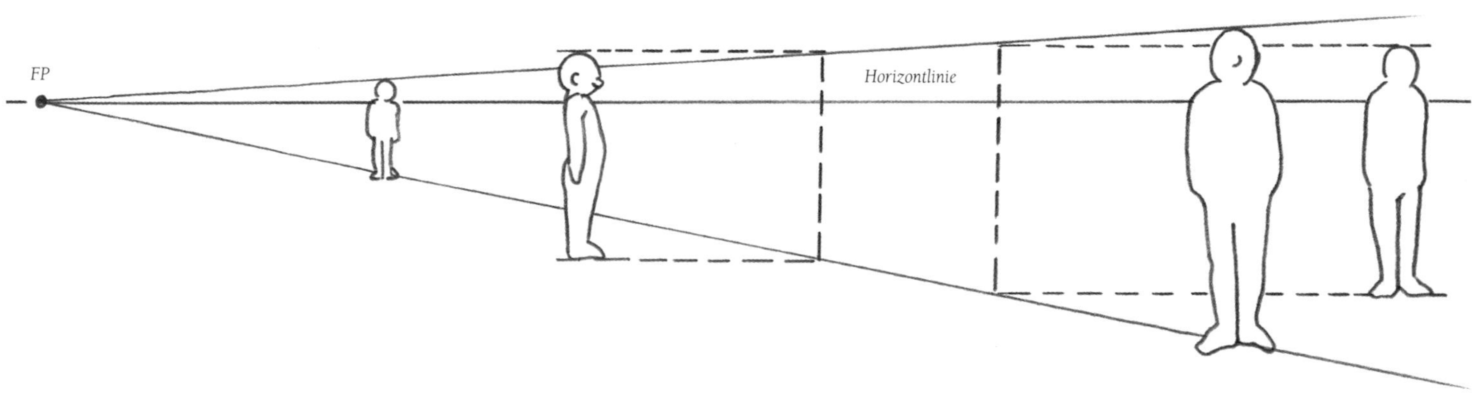

ÜBUNG Perspektive

Zeichnen Sie eine solche Gruppe von Köpfen – so, als wären es Zuschauer in einem Theater. Zeichnen Sie als Erstes den Fluchtpunkt hinten oben aufs Blatt. Der Kopf vorne zeigt die Person, die Ihnen am nächsten ist. Orientieren Sie sich an seiner Größe, um die übrigen Köpfe zu skizzieren.
Sie können auf genau dieselbe Weise auch ganze Personen perspektivisch richtig darstellen, wie die Abbildung unten zeigt.

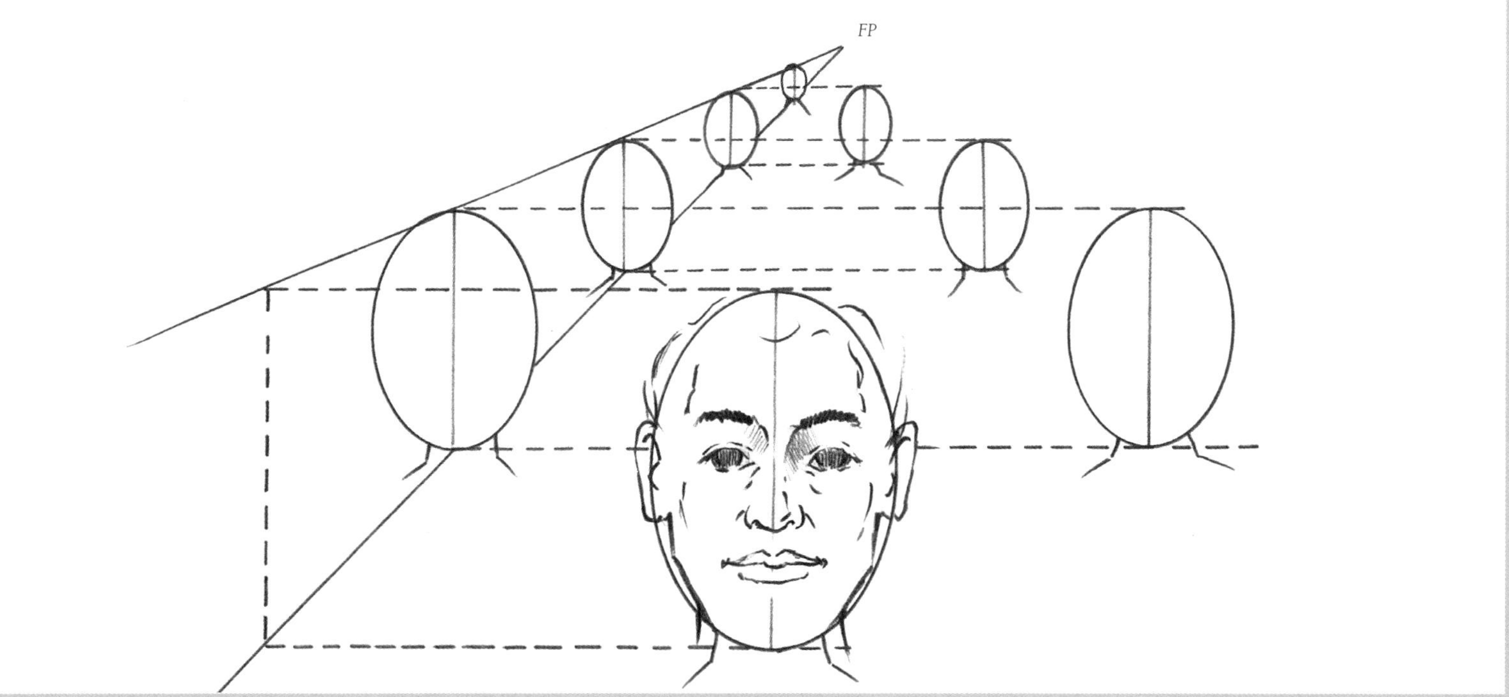

Für Anfänger ist es schon ein gutes Stück Arbeit, Perspektiven, die nur einen Fluchtpunkt enthalten, zu meistern. In komplexeren Abbildungen sind oft zwei oder sogar drei Fluchtpunkte nötig.

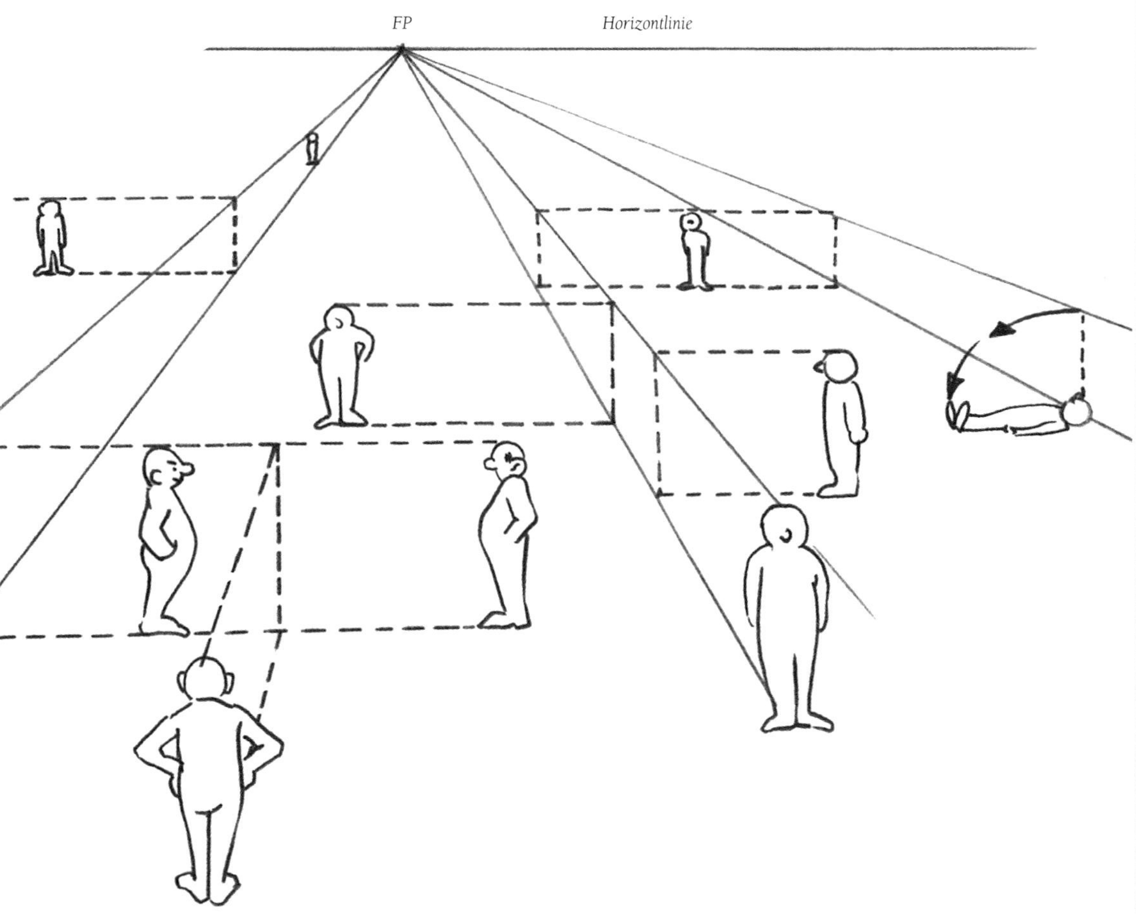

Menschen gekonnt in Szene setzen

Nur wenn Sie die Person, die Sie zeichnen, optimal auf dem Blatt positionieren, empfindet ein Betrachter das Bild als gelungen. Für dieses gekonnte Arrangieren gibt es einige einfache Regeln: So sollte der freie Raum um die Person herum größer sein als das Porträt selbst, denn nur dann kann das Bild „atmen". Sie müssen beim Anlegen des Motivs das Bild als Ganzes betrachten, ob Sie nur das Gesicht zeichnen, eine Halbporträt oder die ganze Figur. Am besten fertigen Sie viele kleine Skizzen mit unterschiedlichen Kompositionen an, um ein Gefühl und ein Auge für das richtige Verhältnis von Person und Raum zu entwickeln.

Die optische Balance finden

Nur wenn das Porträt richtig auf dem Blatt positioniert wird, kann es gut wirken. Der Schlüssel hierfür sind die Augen. Sie ziehen den Blick des Betrachters als Erstes auf sich und sollten weder auf der senkrechten noch auf der waagrechten Mittellinie liegen. Setzen Sie die Augen auch nicht zu nah an den oberen oder unteren Rand oder zu weit nach außen, denn das ruft das Gefühl von Unausgewogenheit hervor.

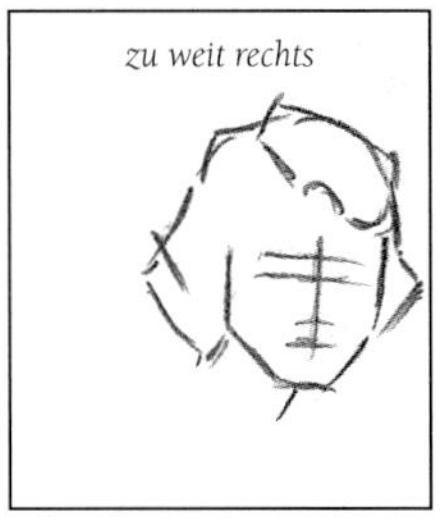

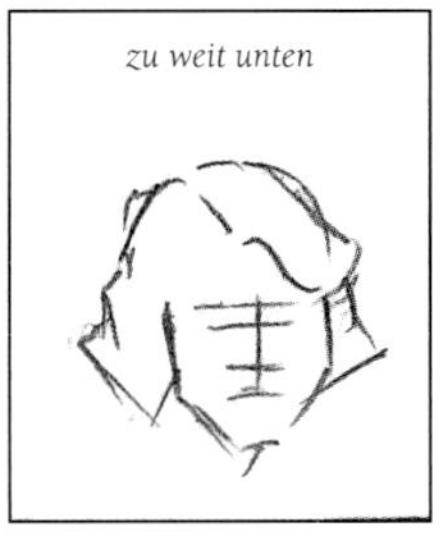

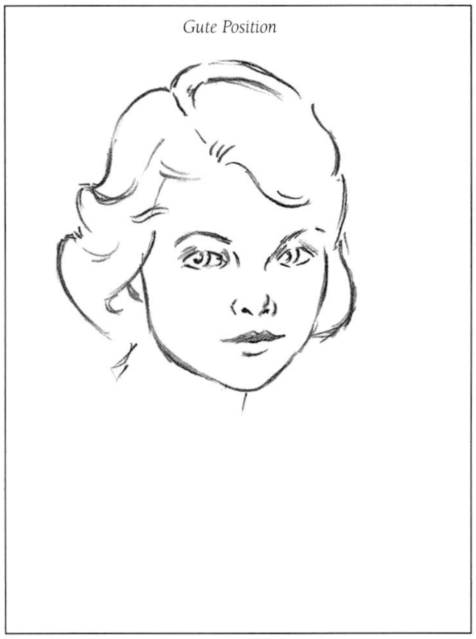

Die richtige Position Sie sehen es auf den kleinen Abbildungen oben: Steht der Kopf des Mädchens zu weit rechts oder zu weit unten auf dem Papier, scheint er aus dem Blatt heraus zu kippen. Die große Abbildung zeigt eine ausgezeichnete Positionierung des Porträts, denn so ist auf dem Papier noch genug Platz, um zusätzliche Elemente zu zeichnen, die das Porträt spannender machen.

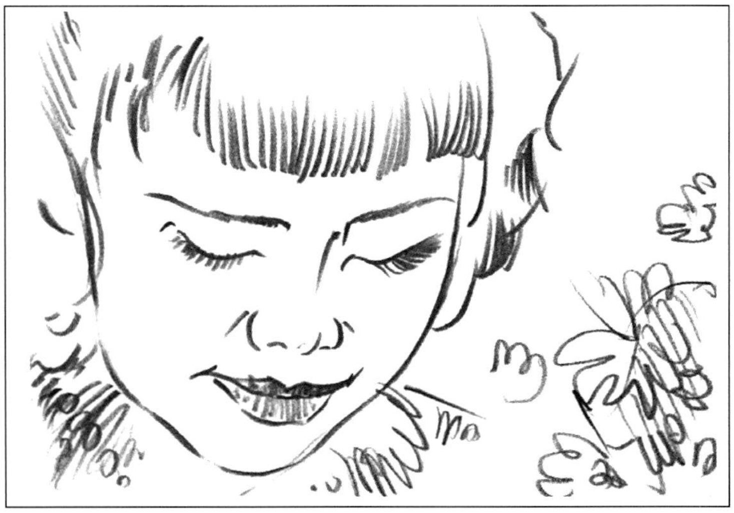

Zoomen

Wenn Sie eine ungewöhnliche Darstellungsform für ein Gesicht suchen, bietet sich das Zoomen an. Bei dieser Technik wird nur ein Ausschnitt übergroß zu Papier gebracht, und schon haben Sie ein auffallendes Bild.

Was Porträts spannend macht

Viele Künstler zeichnen am liebsten nur das Porträt aufs Blatt setzen, damit nichts vom Gesicht oder der Person ablenkt. Wenn Sie gerne noch andere Elemente unterbringen möchten, müssen Sie genau aufpassen, damit diese in Größe, Form und Position nicht die Bildaussage stören. Alles „Zubehör" muss zur Person passen, ihre Persönlichkeit oder ihre Interessen widerspiegeln.

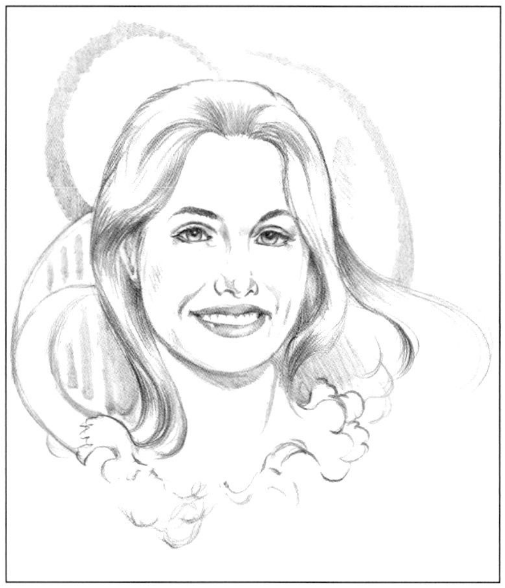

Formen wiederholen Durch die einfachen weichen Elemente im Hintergrund wird das Zarte dieses weiblichen Porträts noch verstärkt. Die Linien füllen fast den gesamten Hintergrund aus und betonen die Eleganz des Haars und der Gesichtszüge. Wichtig ist, dass die zusätzlichen Elemente einfach gehalten sind, damit die hellen Stellen auf der Stirn und am Hals die unbestrittenen Hauptakzente des Bildes bleiben. Sehen Sie, dass die Frau Sie direkt ansieht? Dieser Effekt wirkt dramatisch und ansprechend.

Interessen ins Bild setzen Im Hintergrund dieses Porträts eines jungen Mannes ist eine Rakete zu sehen. Sie macht sein Interesse an der Raumfahrt deutlich. Die fast scharfen und geraden Striche der Raketenzeichnung stehen in deutlichem Kontrast zu den menschlich-weichen Formen. Obwohl die Zeichnung im Hintergrund detailliert und präzise ist, konkurriert sie nicht mit dem Porträt, sondern tritt hinter ihm zurück. So bildet sie ein unaufdringliches Gleichgewicht zur Präsenz des jungen Mannes und verleiht dem Bild das gewisse Etwas.

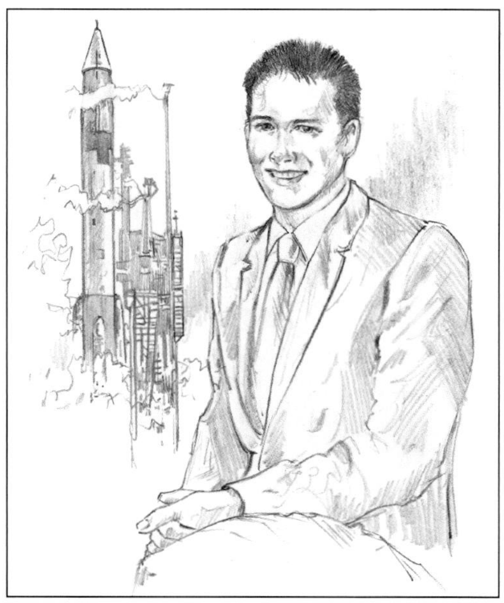

ÜBUNG Gefühl für den Raum

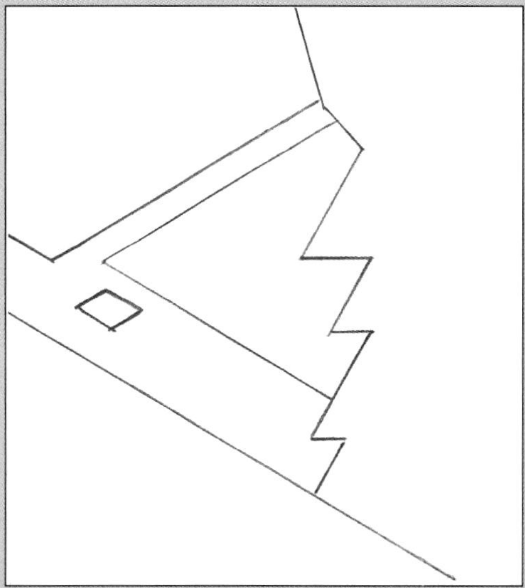

Scharfe Kanten Mit solchen scharfen Kanten gestalten Sie dramatische Spannung. Zeichnen Sie einfach einige gerade Linien, die spitz aufeinander zulaufen. Auch Zickzack-Linien verleihen jedem (abstrakten) Gemälde eine dynamische Ausstrahlung.

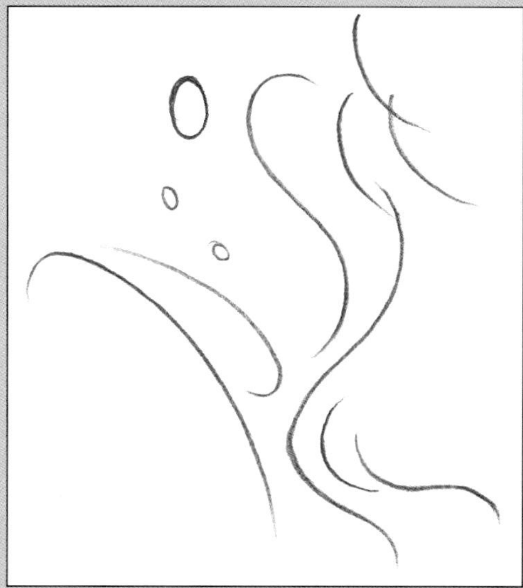

Weiche Linien und Formen Wenn Sie Harmonie und Balance darstellen wollen, bieten sich solche weichen Linien, Schwünge und rundlichen Formen an. Zeichnen Sie einige fließende Formen aufs Papier und lassen Sie sich von den entstehenden Möglichkeiten inspirieren.

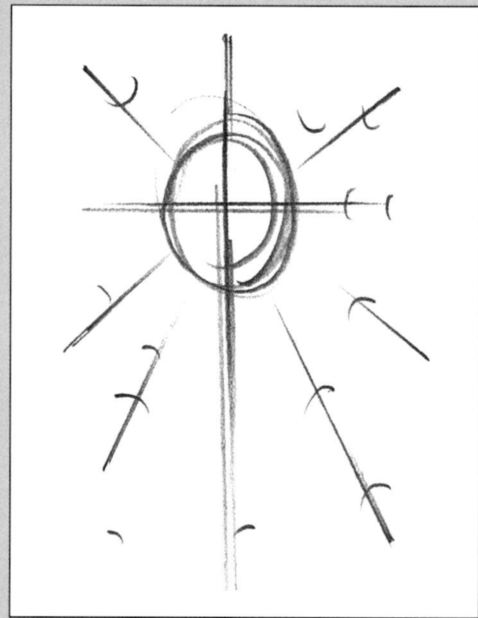

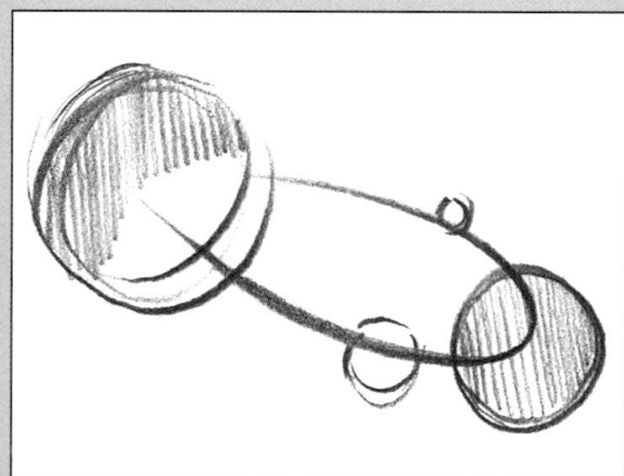

Beziehungen oder Energien zwischen Objekten lassen sich sehr anschaulich mit solchen Kreisen, Ellipsen und Strichen andeuten.

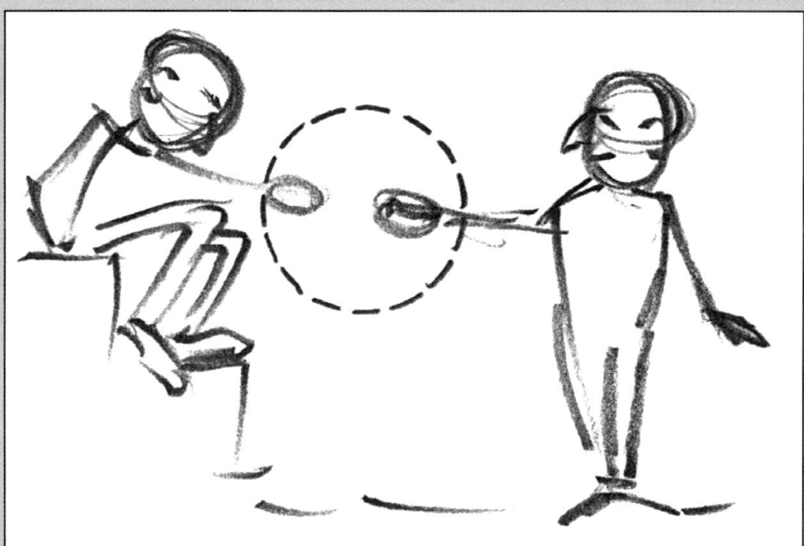

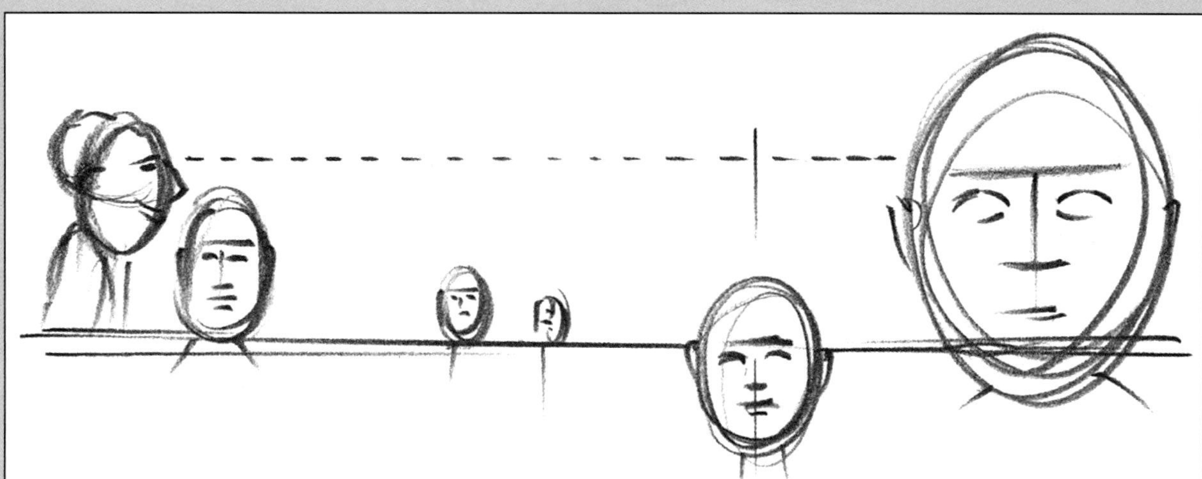

In den Beispielen oben und unten können Sie sehen, wie alleine die Haltung der Arme oder die Blickrichtung bzw. einige Führungslinien das Auge des Betrachters zu einem bestimmten Punkt leiten. Üben Sie zunächst mit diesen Beispielen, dann probieren Sie eigene Ideen aus.

Ganze Figuren

Eine ganze Person zu zeigen, ist durchaus eine zeichnerische Herausforderung. Da etwa ein stehender Mensch sehr viel höher als breit ist, sollte er so dargestellt werden, dass sich das Bild in natürlicher Höhe des Horizonts und auf Augenhöhe befindet. Für die Darstellung mehrerer Personen greifen Sie wie bei der Anordnung verschiedener Gesichter auf die Regeln der Perspektive zurück (▶ Seite 28 ff.).

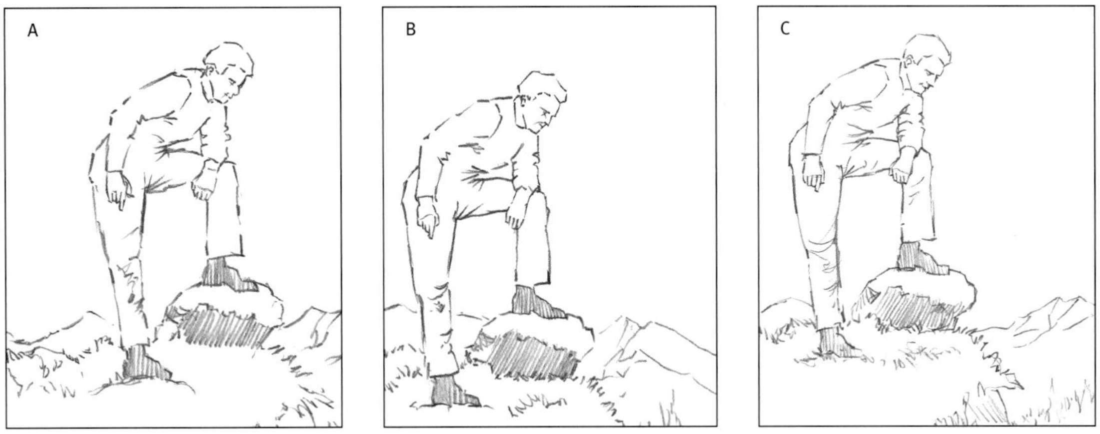

Eine ganze Figur platzieren Im Bild A steht die Person zu genau in der Mitte, in Bild B zu weit links. Bild C ist dagegen ein Beispiel für eine rundum gelungene Präsentation einer Figur in einem Bildaufbau.

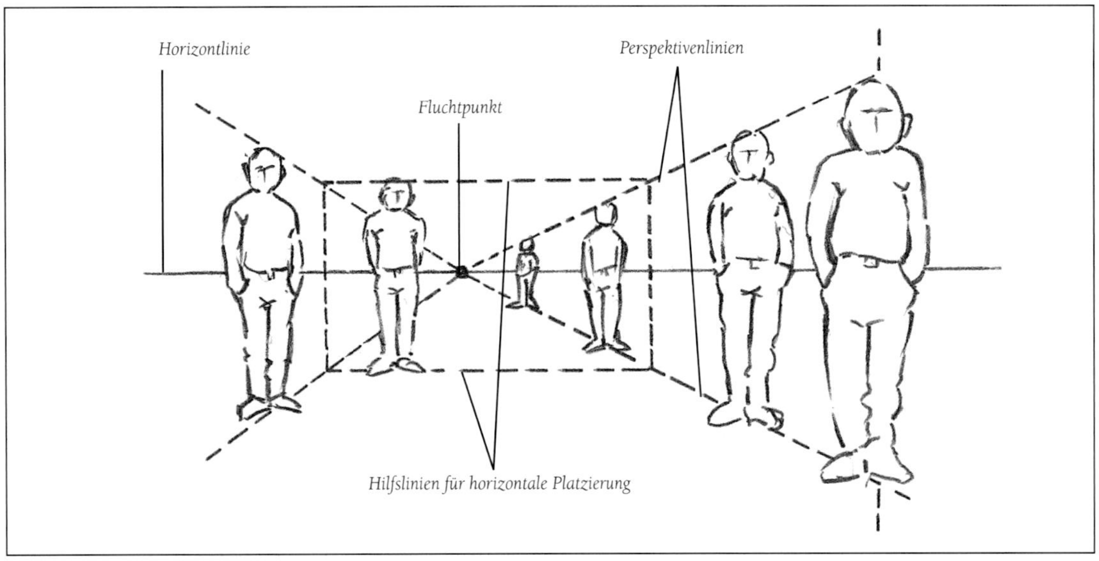

Bild mit mehreren Personen Um die Wirklichkeit auf einem Blatt richtig abzubilden, müssen die Regeln der Perspektive angewendet werden, so wie auf der Zeichnung hier links. Alle Figuren wirken, als seien sie im richtigen Größenverhältnis zueinander. Um dies zu erreichen, zeichnen Sie wieder eine Linie für den Horizont und einen Fluchtpunkt auf der Linie. Dann folgt die Hauptperson, die hier im Bild vorne rechts steht. Alle anderen Personen müssen im richtigen Verhältnis zu ihr angeordnet werden. Verbinden Sie deshalb Scheitel und Sohle der Hauptperson mithilfe gestrichelter Hilfslinien mit dem Fluchtpunkt. An diesen Hilfslinien orientiert sich nun die Größe jeder anderen Figur im Bild. Um die richtige Größe auf die andere Seite des Bildes zu übertragen, ziehen Sie einfach weitere Hilfslinien von rechts nach links.

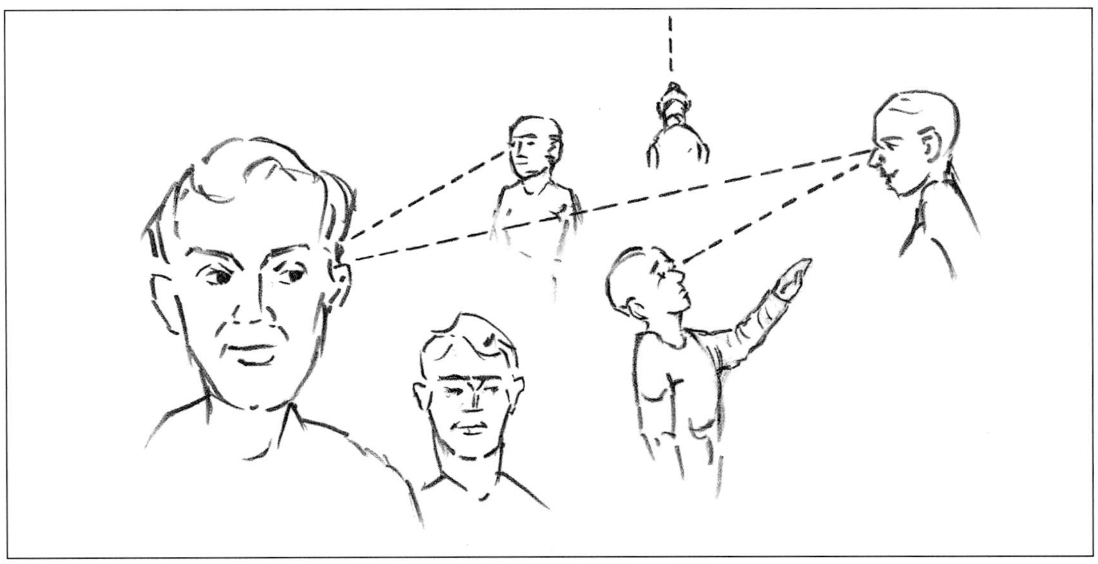

In Augenhöhe In einem Bild können Menschen miteinander oder mit Objekten in direkte Beziehung gesetzt werden, indem man sie durch Linien in Augenhöhe (hier gestrichelt) verbindet. Man kann diese Beziehungen mit Linien von Auge zu Auge darstellen. Doch auch die Neigung des Kopfes oder eine Handbewegung kann so eine Verbindung schaffen und mit einer gestrichelten Linie dargestellt werden. Auf diese Weise wird der Betrachter zu einem bestimmten Punkt innerhalb des Bildes bewegt. Da der Mann vorne links nach rechts blickt, folgt der Betrachter seinem Blick und entdeckt die Interaktionen der Personen auf dem Bild. Die Person ganz hinten blickt nach oben zur Decke.

Beziehung zwischen Einzelpersonen und Gruppen

Erfahrene Künstler reduzieren Menschen gerne auf ihre ganz groben geometrischen Formen, um den Aufbau eines Bildes zu skizzieren. Im Lauf der Zeit werden auch Sie ein Auge für die geometrischen Formen entwickeln, die Einzelpersonen oder Gruppen bilden. Überlegen Sie sich, wie Sie das Bild ungefähr aufbauen möchten und zeichnen Sie zunächst eine grobe kleine Skizze davon. Das folgende Beispiel zeigt, wie Sie ausgehend von den Formen der wichtigsten Bildelemente das komplexe Bild unten aufbauen.

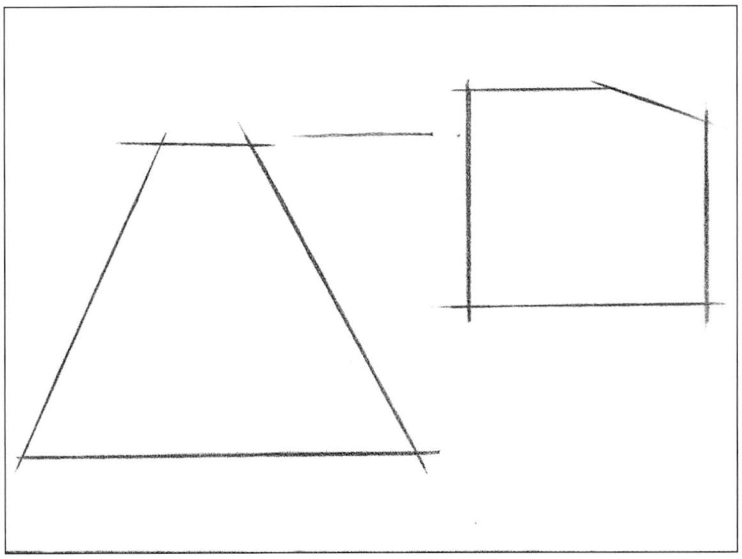

1 Bestimmen Sie zuerst die Grundelemente des Bildes, also Vordergrund, Mitte und Hintergrund. Sie können ein solches Bild auch aus mehreren Fotos oder Bildern selbst zusammenstellen. Skizzieren Sie dann die Grundformen der Personen; so ist der Junge im Vordergrund ein oben abgeflachtes Dreieck, die Gruppe der Kinder am Meer in etwa ein Rechteck. Überlegen Sie, wie Sie diese beiden Objekte so im Bild positionieren, dass es ausgewogen ist.

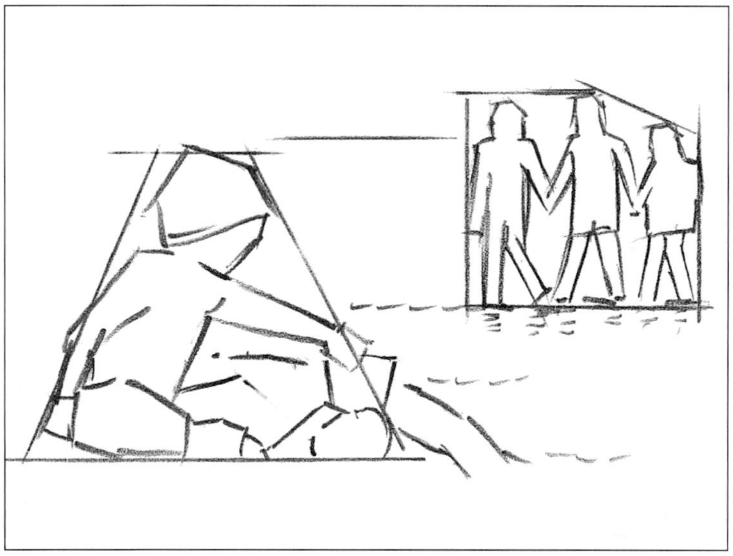

2 Als Nächstes zeichnen Sie die Umrisse der Figuren vor. Der kleine Junge mit Schaufel und Eimer nimmt einen großen Bereich im Vordergrund ein. Die drei Kinder am Wasser sind zusammen nur wenig kleiner und bilden das perfekte Gegengewicht zu ihm. Die Welle und der Meeressaum machen die Komposition rund und leiten das Auge von dem einen Hauptbereich zum anderen.

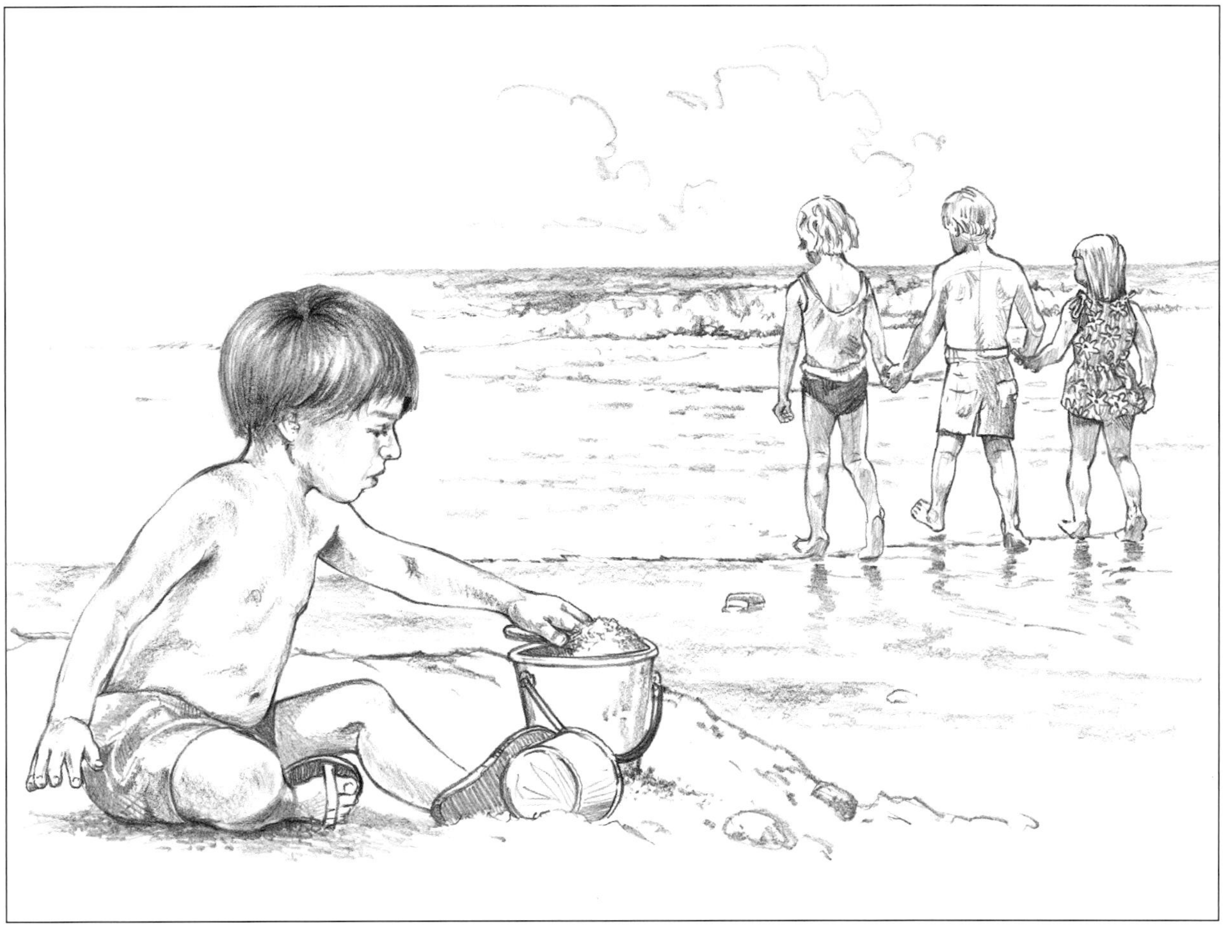

3 Nun werden die Personen nach und nach ausgearbeitet, so dass sie sich an ihrem Platz auf dem Papier wohlfühlen: zeichnen Sie Details und Schatten aller Objekte, die für die Bildaussage wichtig sind. Sehen Sie, wie der ausgetreckte Arm des kleinen Jungen, das Auge des Betrachters zur Mitte und zu den anderen drei Kindern führt? Auch der Stein zwischen dem Eimer und dem linken Fuß des kleinen Mädchens ist ein optisch hilfreiches Element: Er vermittelt perfekt zwischen Vordergrund und Bildmitte.

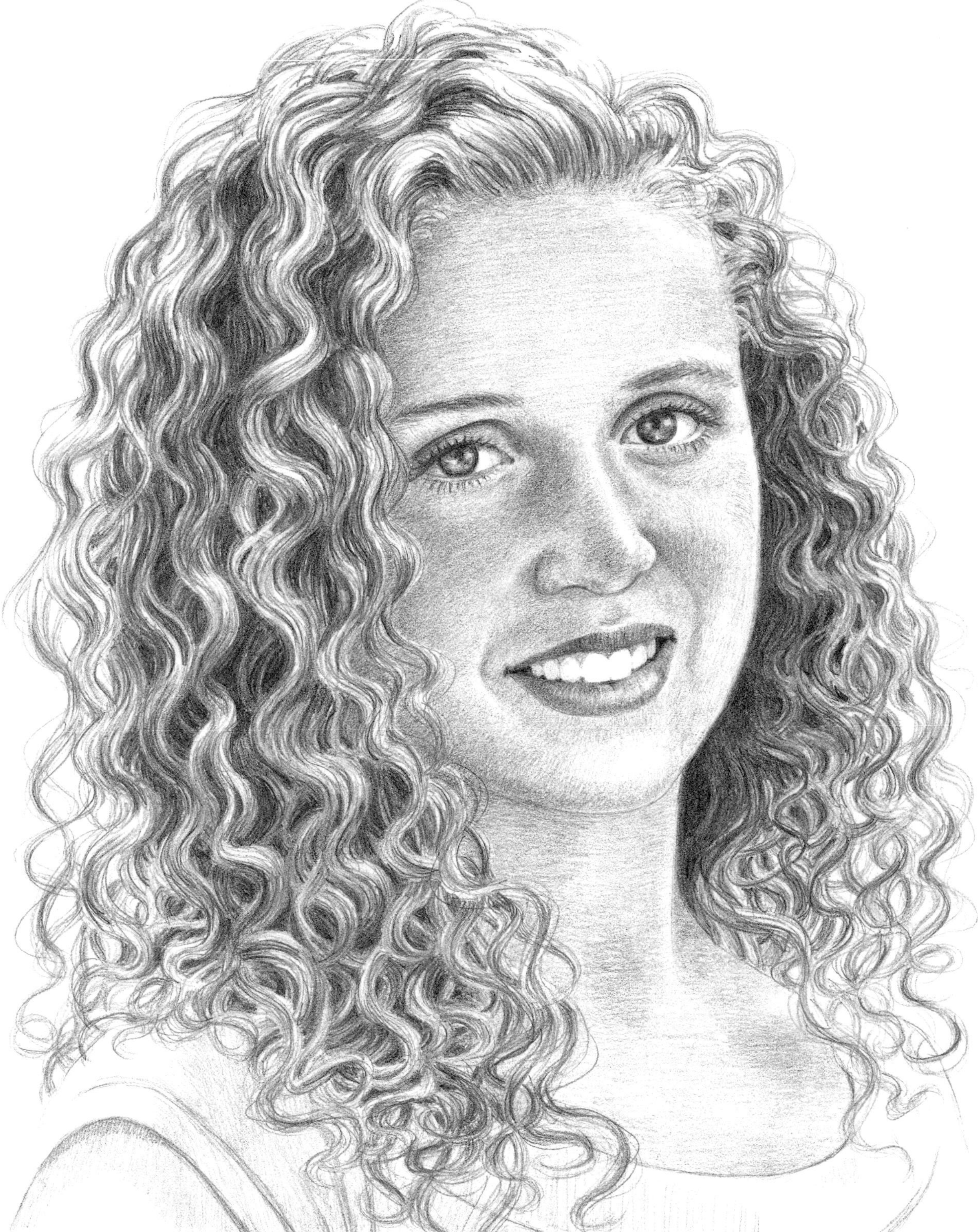

Wege zum perfekten PORTRÄT

So einzigartig die Gesichtszüge eines jeden Menschen sind, im Grunde ist es einfach zu lernen, wie man ein Porträt zeichnet. Denn der Aufbau unseres Gesichts folgt einfachen Regeln, die Sie in diesem Kapitel in Ruhe kennenlernen können. Je mehr Menschen Sie dann zeichnen, umso schneller erkennen Sie, was an einem Gesicht unverwechselbar ist – und schon bald wissen Sie genau, wie Sie dies auch darstellen können. Zusätzlich helfen Ihnen Tipps für den Umgang mit Licht und Schatten und für die Gestaltung eines passenden Hintergrunds sowie für das Arbeiten nach einem Foto oder mit einem lebenden Modell dabei, als Zeichner immer sicherer zu werden.

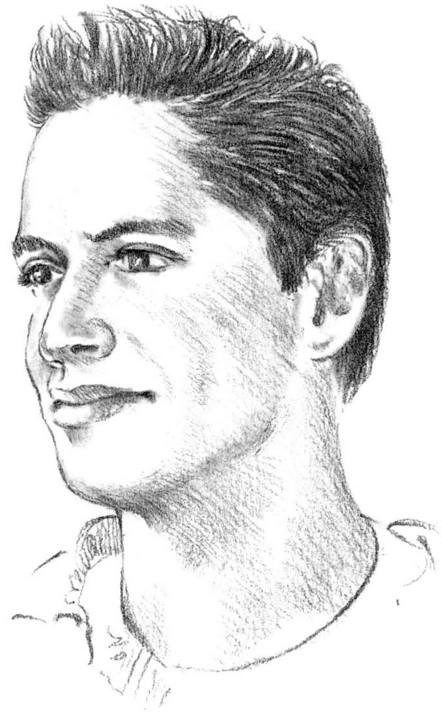

Porträtieren leicht gemacht

Wenn Sie Menschen zeichnen möchten, beginnen Sie am besten mit Porträts. Die Formen sind einfach und die Proportionen leicht abzumessen. Außerdem lohnt es sich, Porträts anzufertigen: Es macht jeden Zeichner stolz, wenn ein Bild, das er von einem Menschen angefertigt hat, große Ähnlichkeit mit dem Modell besitzt – besonders wenn es sich um einen nahestehenden Menschen handelt. Warum also nicht mit Kinderporträts beginnen?

Kinderporträts

Am besten nehmen Sie ein Foto als Grundlage, da Kinder nur mit Mühe länger still sitzen können. Studieren Sie die Gesichtszüge genau und versuchen Sie dann, nur das zu zeichnen, was Sie wirklich vor sich sehen, und nicht das, was Sie zu sehen glauben – oder gar das, was da sein sollte … Geben Sie nicht gleich auf, wenn die ersten Versuche noch kein Erfolg sind!

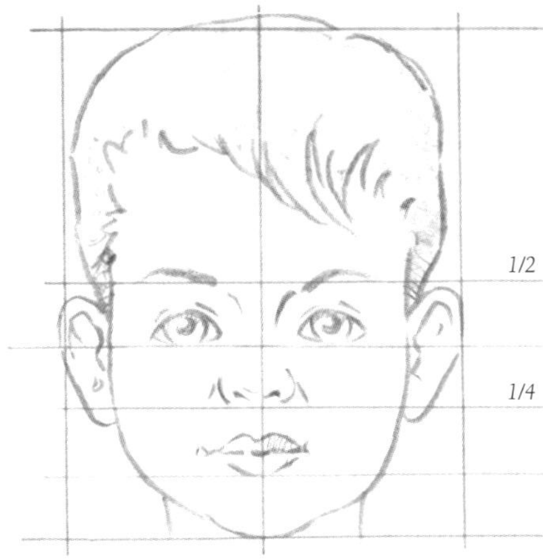

Kindliche Proportionen Zuerst teilen Sie da Gesicht mit einem waagrechten Strich in zwei Hälften; dann unterteilen Sie die untere Hälfte in Viertel. Diese Linien helfen Ihnen Augen, Nase, Ohren und Mund zu platzieren wie in der Abbildung.

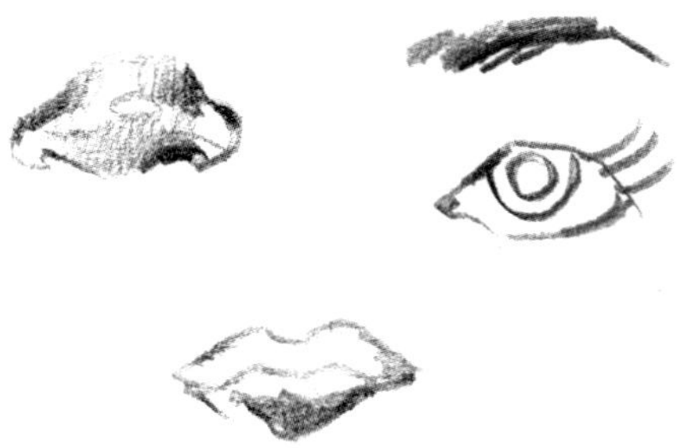

Gesichtsmerkmale Bevor Sie sich an ein ganzes Porträt machen, sollten Sie zunächst einmal die einzelnen Merkmale üben, um ein Gefühl für die Formen zu bekommen. Sehen Sie sich Fotos in Zeitschriften und Büchern genau an und zeichnen Sie die unterschiedlichen Nase, Ohren, Lippen etc.

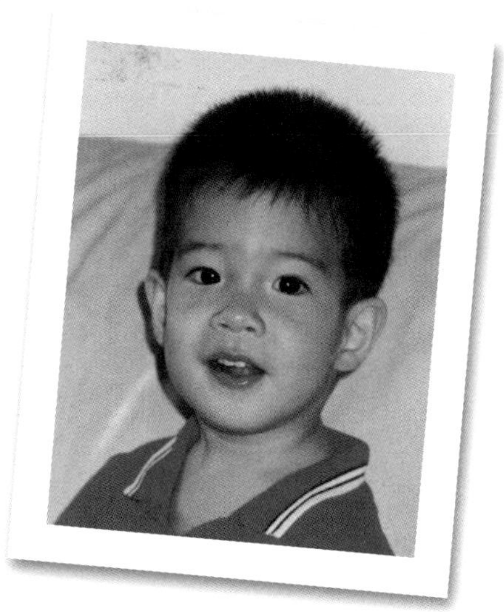

Ein gutes Foto Die meisten Künstler nehmen am liebsten einen gut gelungenen Schnappschuss als Vorlage. Je besser das Gesicht zu sehen ist, umso besser werden Sie es treffen.

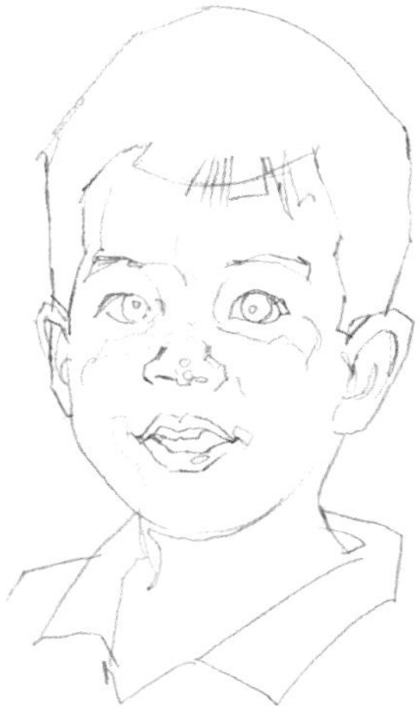

Hilfslinien Zeichnen Sie als Erstes ein Oval mit einem angedeuteten Zentrum. Ziehen Sie senkrechte Hilfslinien wie oben rechts in der Abbildung. Dann zeichnen Sie sorgfältig die äußeren Umrisse des Gesichts. Erst wenn Sie mit dem Ergebnis zufrieden sind, radieren Sie die Hilfslinien aus.

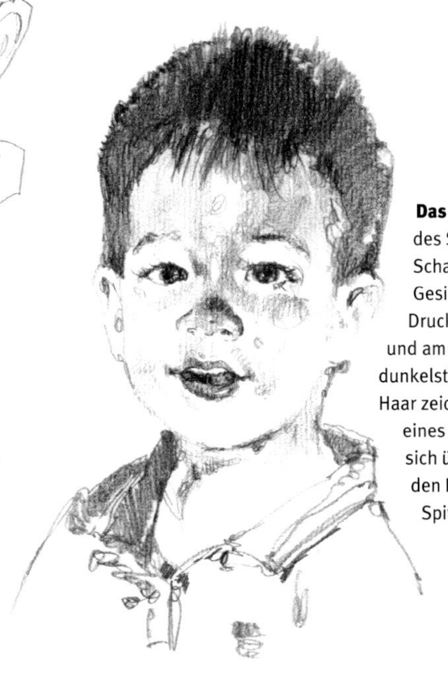

Das fertige Porträt Mit der Seite des Stifts schraffieren Sie die im Schatten liegenden Beeiche des Gesichts und verstärken dabei den Druck um das linke Auge, die Nase und am Kragen des Jungen. Die dunkelsten Stellen und das schwarze Haar zeichnen Sie ich mit der Seite eines Bleistifts Härte 2B und mit sich überlappenden Strichen. Nur den Pony gestalten Sie mit der Spitze des Stiftes.

Die häufigsten Fehler

Bei den folgenden Skizzen des Jungen wurden viele Fehler gemacht. Versuchen Sie sie zu entdecken, ehe Sie die Texte lesen.

Dünner Hals
So dünn wie hier ist der Hals des Jungen auf dem Foto nicht! Sehen Sie genau aufs Foto, um den Halsansatz richtig zu positionieren.

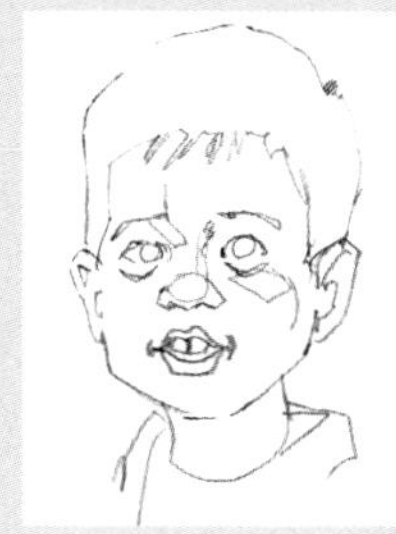

Zu schmale Stirn
Im Vergleich zu Erwachsenen ist die Stirn von Kindern viel größer. Alleine durch die schmalere Stirn sieht der Junge um Jahre älter aus.

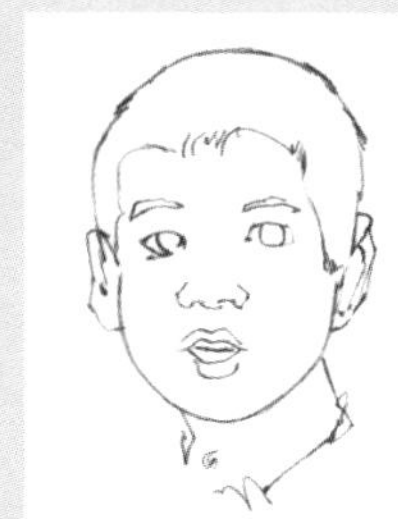

Zu runde Backen
Kindliche Backen sind rund, aber kein Kind sieht wie ein Hamster aus! Wichtig sind auch die Ohren: Diese sind eher rund und nicht eckig.

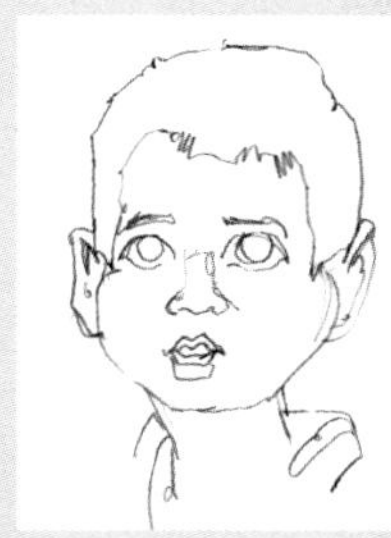

Wimpern wie Streichhölzer
Die Wimpern dürfen nicht wie Spikes aussehen. Und noch ein kleiner Trick: Zeichnen Sie die Zähne nicht einzeln, sondern mit einer Linie.

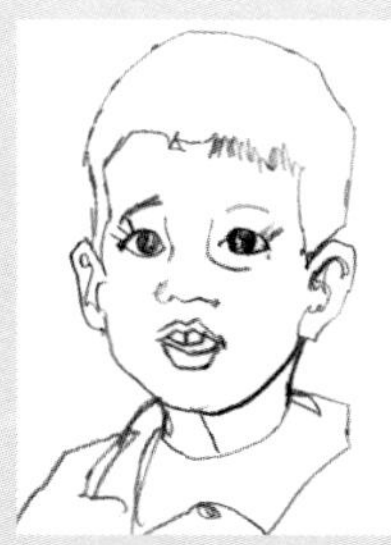

Erwachsene zeichnen

Obwohl Erwachsene etwas andere Proportionen haben, gehen Sie beim Zeichnen von erwachsenen Gesichtern im Prinzip ebenso vor wie bei Porträts von Kindern: Zuerst ziehen Sie Hilfslinien, dann folgen die Grundformen der Gesichtszüge. Sehr spannend sind Ansichten von Erwachsenen im Profil, denn hierbei zeigen sich Augenbrauen, Nase und Lippen besonders klar und deutlich.

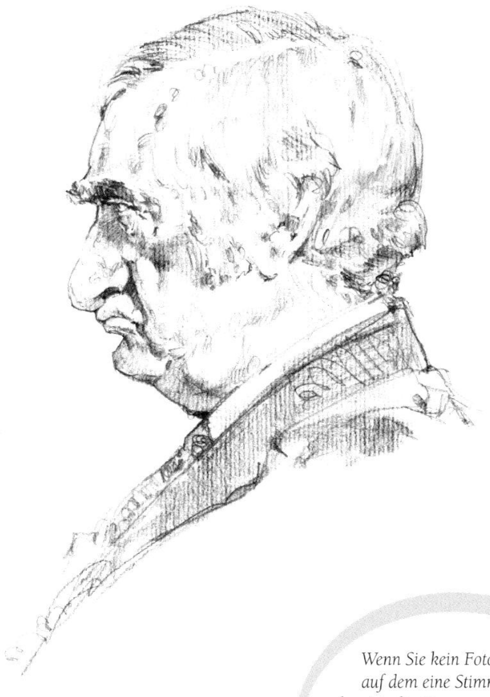

Im Profil Da viele Erwachsene sehr ausgeprägte Gesichter besitzen, macht es Spaß, sie von der Seite darzustellen wie in diesem Porträt, für das Spitze und Seite eines Bleistifts in Härte HB verwendet wurden.

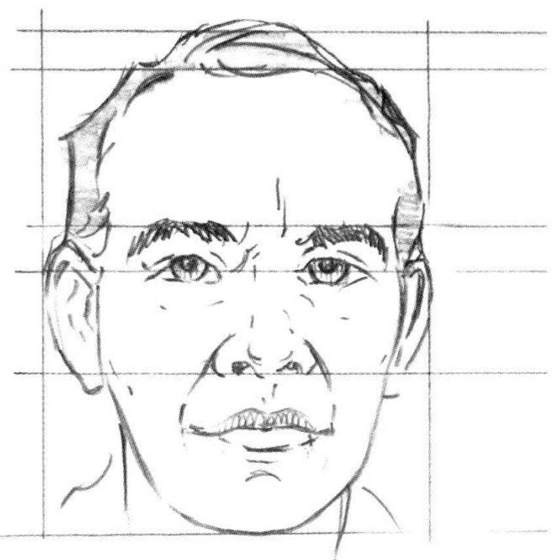

Art by William F. Powell

Gesichtszüge erfassen Bei jedem Gesicht stellen sich immer wieder die Fragen nach den individuellen Proportionen: Wie groß sind die Abstände zwischen Haaransatz und Augen, zwischen Augen und Nase, zwischen Nase und Kinn, und wo genau liegen die Ohren?

Wenn Sie kein Foto finden, auf dem eine Stimmung zu sehen ist, die Sie gerne abbilden würden, dann stellen Sie sich einfach vor den Spiegel und probieren Sie eine Emotion aus, die Sie anschließend zeichnen.

Viele verschiedene Stimmungen zu zeichnen kann lustig sein. Vor allem sehr extreme Emotionen sollten Sie aber nur als Studien auffassen und nicht als ernst zu nehmende Porträts. Arbeiten Sie völlig unverkrampft und legen Sie Kraft und etwas Spontanes in die Zeichnungen, als wären sie ein Schnappschuss. Gerade bei solchen Studien legen viele Künstler keinen Wert auf einen Hintergrund. Zeichnen Sie trotzdem nicht das nackte Gesicht, sondern noch Hals, Schultern und etwas Kleidung.

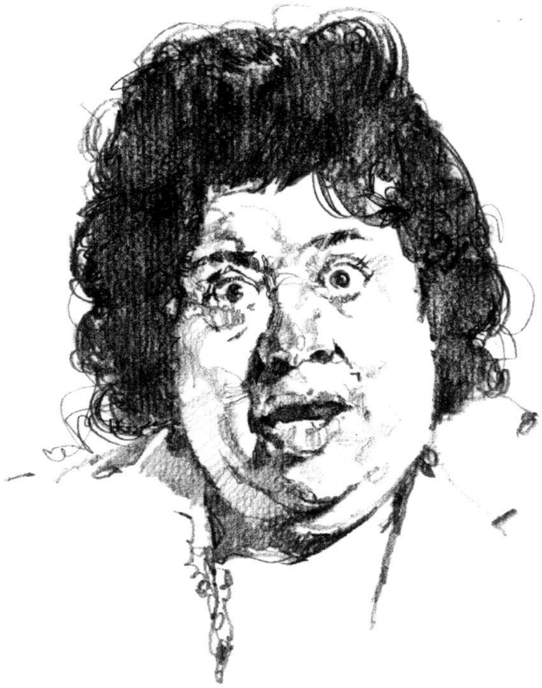

Bei starken Gefühlen sollten Sie sich auf die Augen- und Mundpartie konzentrieren. Hier zeigen schon die weit aufgerissenen Augen und der geöffnete Mund deutlich den Schockzustand.

Kleine Kinder haben zarte Gesichtszüge, die Sie am besten mit leichten Strichen zeichnen. Formen Sie ein solches Gesicht nur sanft mit Schraffuren, und nehmen Sie die Seite des Bleistifts, um die Mundpartie zu zeichnen. Die Augen sind etwas schmaler, da das glückliche Lächeln die Wangen des Jungen nach oben hebt.

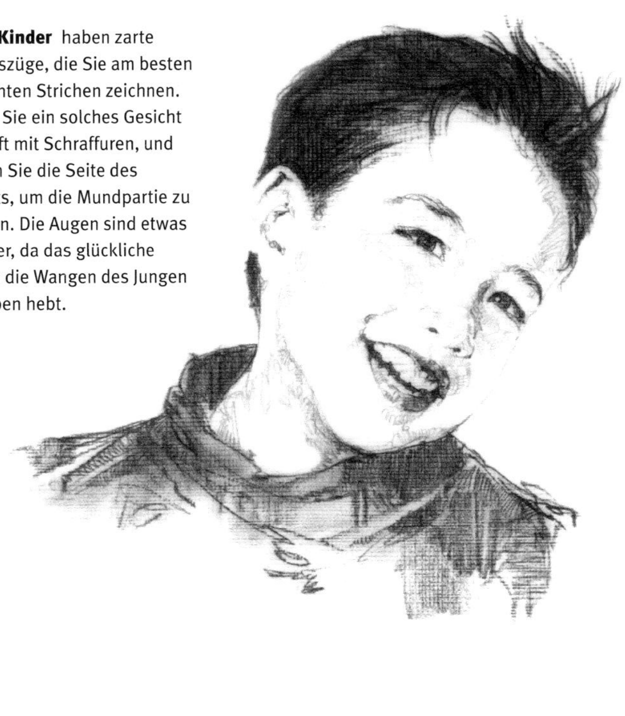

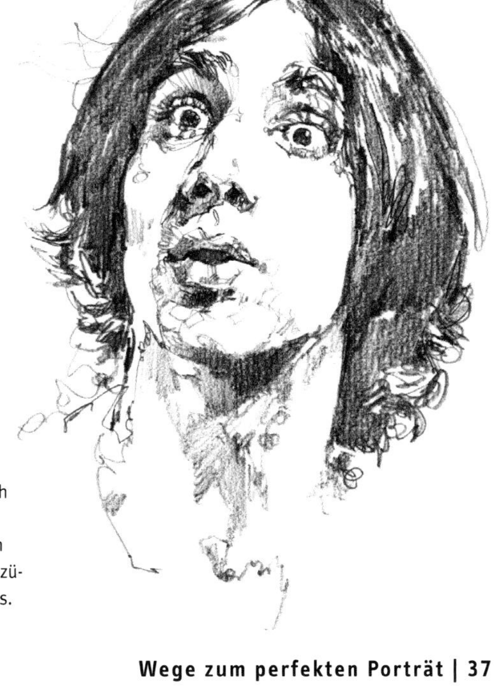

Viel vom Gesicht wurde hier weiß gelassen, damit man sich ganz auf Augen und Mund konzentrieren kann. Gestalten Sie das Haar und die Gesichtszüge nur mit der Spitze des Stifts.

Anatomie des Gesichts

Obwohl die Struktur der Knochen und die Muskeln, die ein Gesicht in der Tiefe formen, im fertigen Porträt nicht zu sehen sind, bilden sie doch den Halt für das Gesicht: Sie definieren die Kopfform und bestimmen den genauen Sitz von Augen, Mund, Nase und den anderen Gesichtsmerkmale. Wer die Anatomie kennt, wird ein Gesicht glaubwürdig und realistisch zeichnen.

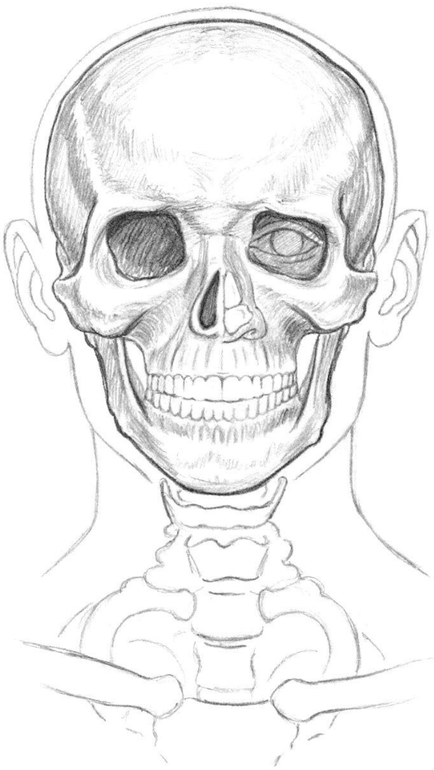

Die Schädelknochen Man kann sagen, dass unsere Gesichtshaut ist über die knöcherne Struktur des Schädels gespannt ist. Wenn Sie seine Knochenform mit den Wölbungen und Vertiefungen kennen, wird Ihnen die Struktur des Gesichts klarer.

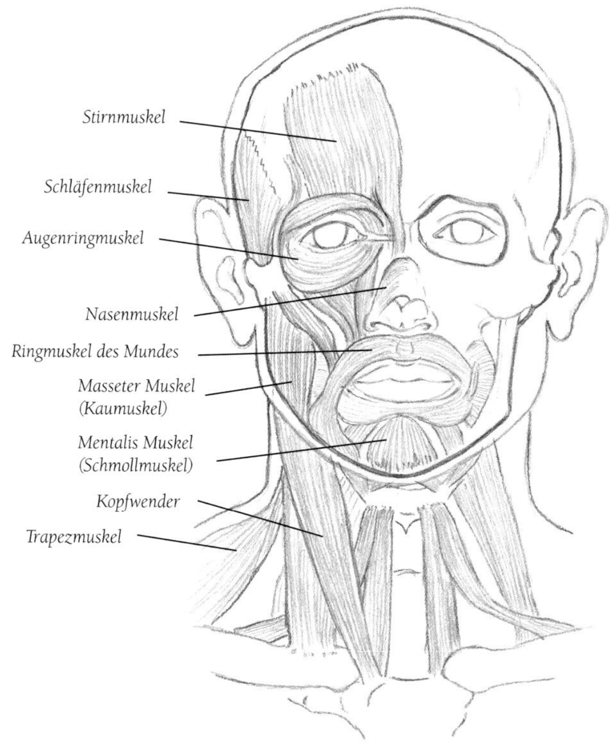

Die Struktur der Gesichtsmuskeln Für alle Bewegungen im Gesicht ist die Gesichtsmuskulatur verantwortlich. Wenn sie sich zusammenzieht oder dehnt, entsteht die Falten und andere Bewegungen, die wir Mimik nennen.

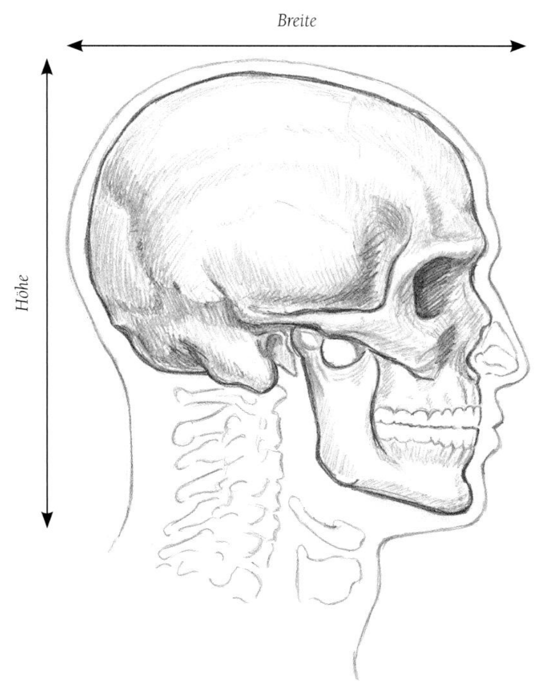

Schädel im Profil Von der Seite erkennt man, wie groß das Hinterhaupt ist. Sehen Sie, dass der Schädel genauso lang ist wie hoch ist, wenn man den Kiefer mitberücksichtigt?

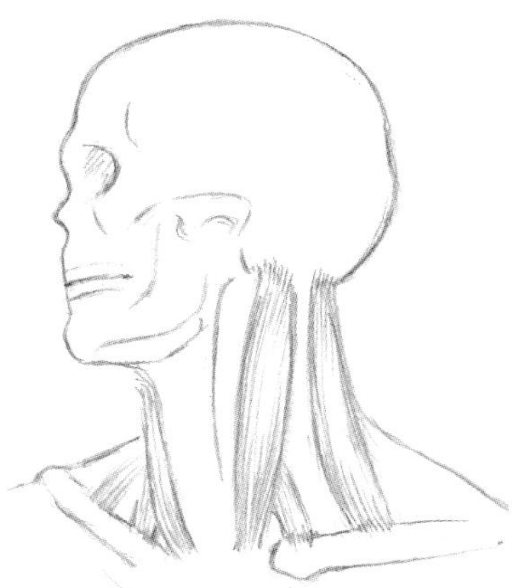

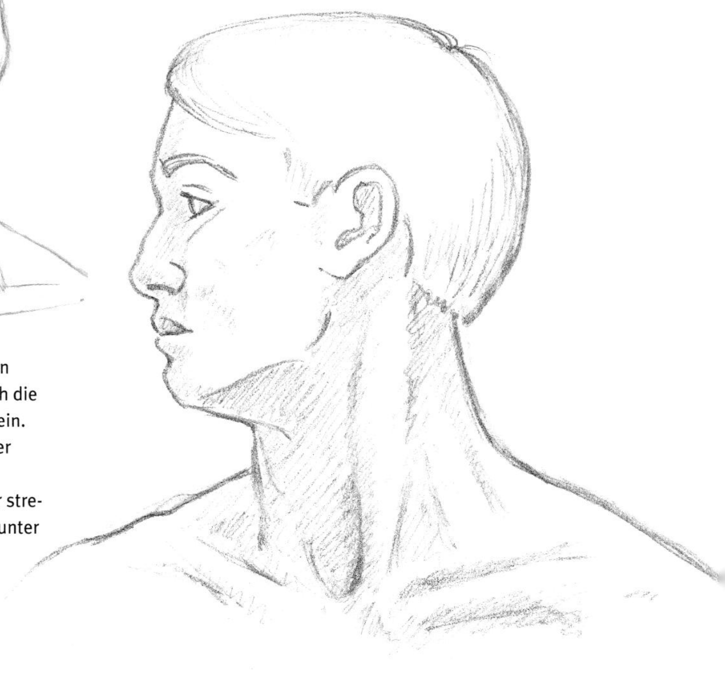

Gesichtsmuskeln im Profil Wenn man den Kopf dreht, bewegen sich die Halsmuskeln und das Schlüsselbein. Diese Muskeln kann man unter der Haut sehen, wenn sie sich in der Bewegung zusammenziehen oder strecken. Auch das Schlüsselbein ist unter der Haut sichtbar.

Gesichtsebenen

Beim Zeichnen von Porträts müssen Sie in der Lage sein, die einzelnen Ebenen eines Gesichts schnell zu erfassen. Sie brauchen diese Elemente beim Schraffieren, um Schatten, Licht und Reflexe richtig zu platzieren.

Lichteffekte im Gesicht

Licht von oben Wenn Licht von oben aufs Gesicht fällt, werden die vorstehenden Bereiche wie Wangenknochen oder Nasenrücken hervorgehoben. Die Augen dagegen treten unter den Brauen zurück. Auch die Nasenflügel, das Kinn und der Hals liegen im Schatten.

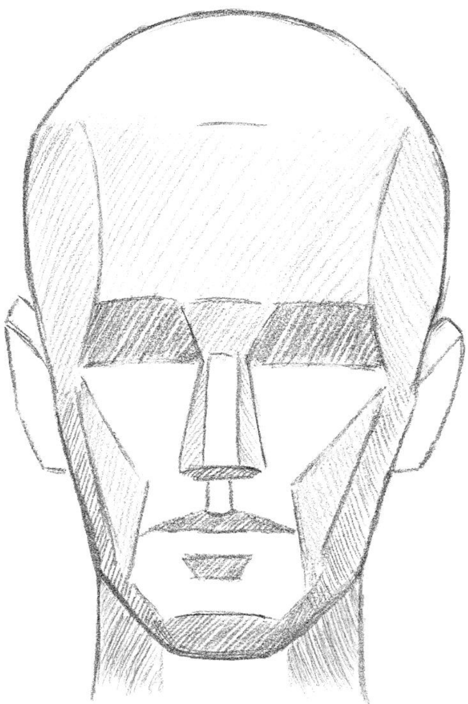

Licht von der Seite Hier liegen zwar die Augen auch im Schatten, aber die Seite des Gesichts und des Nackens sind jetzt im Hellen. Je weiter die Kopfpartie zum Nacken absinkt, umso dunkler werden die Schatten. Die Seite der Wangen wirkt wie eingesunken, und die Ohren werfen einen Schatten.

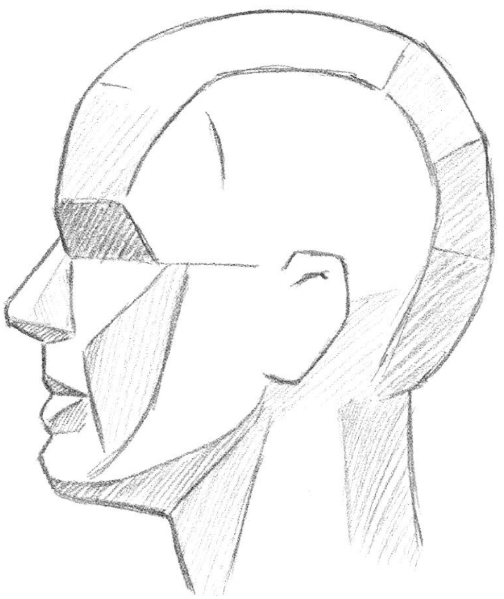

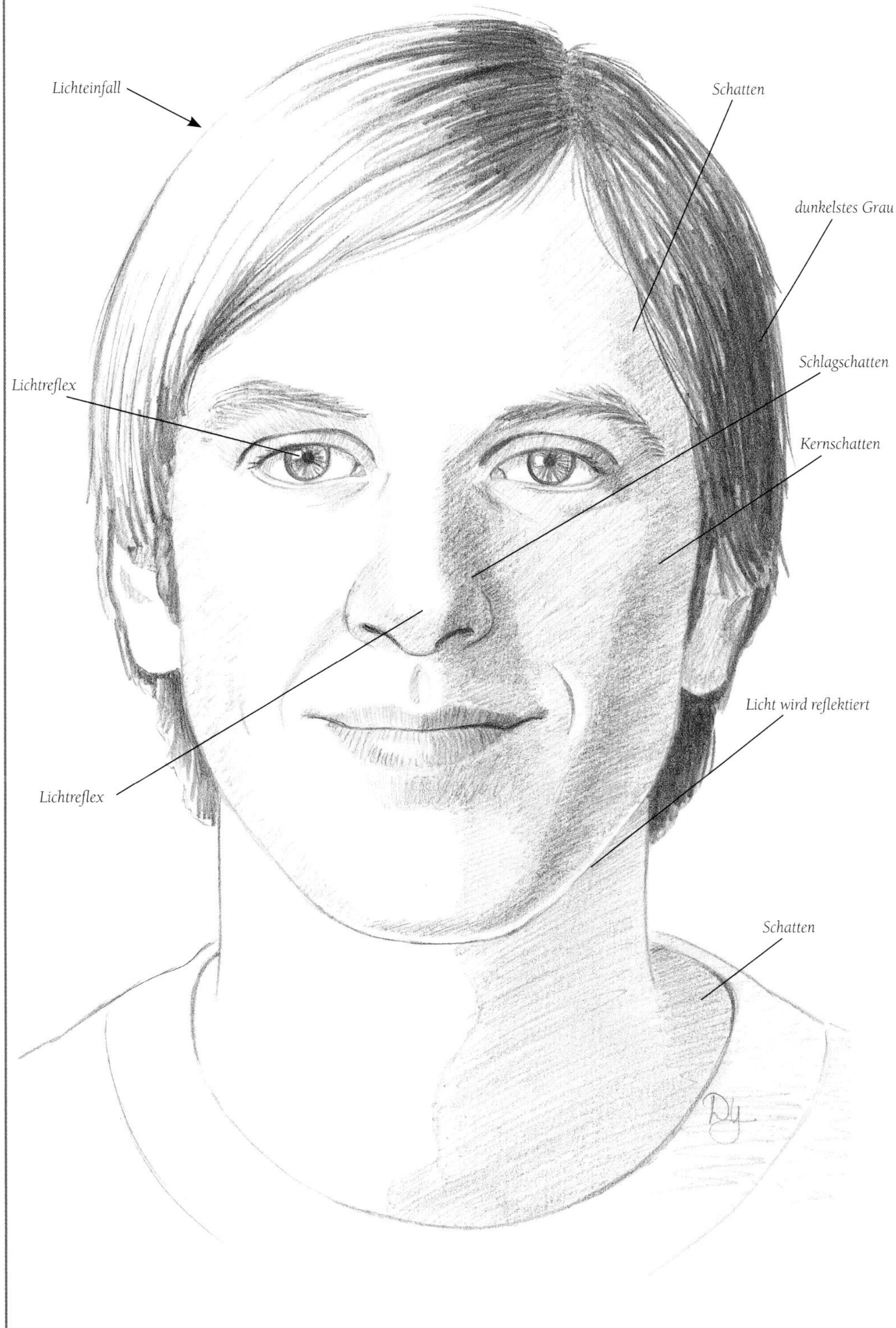

Es bedarf unterschiedlicher Schraffuren, um ein Gesicht mit Grautönen zu modellieren. Die dunkelsten Schatten (oder Kernschatten) entstehen dort, wo Licht bzw. Schatten und Gesichtspartie zusammenwirken. Vorstehende Elemente wie die Nase werfen dagegen Schlagschatten wie die Stelle rechts der Nase. Lichtreflexe erkennt man am besten, wenn sie direkt im Licht liegen. Bei diesem Porträt kommt das Licht von links oben. Deshalb sind das Haar links und die Stirn am hellsten, während alle Gesichtspartien, die gegenüberliegen, wie die linke Gesichtshälfte des jungen Mannes und sein Hals, mehr oder weniger im Schatten liegen und grau erscheinen. Außerdem gibt es eine Reihe von Flächen mit hellen Stellen wie hier das Kinn und die Stelle unter dem linken Auge.

Das Gesicht von vorne

Nur wer die Proportionen eines Gesichts korrekt erfassen kann, wird die Gesichtsmerkmale wie Augen, Nase, Mund, Ohren, Wangen, Kinn usw. richtig wiedergeben können. Wenn Sie ein Porträt zeichnen wollen, das wirklich Ähnlichkeit mit dem Vorbild hat, sollten Sie möglichst alles über das richtige Verhältnis der Gesichtsmerkmale zueinander sowie ihre Größe und Anordnung wissen.

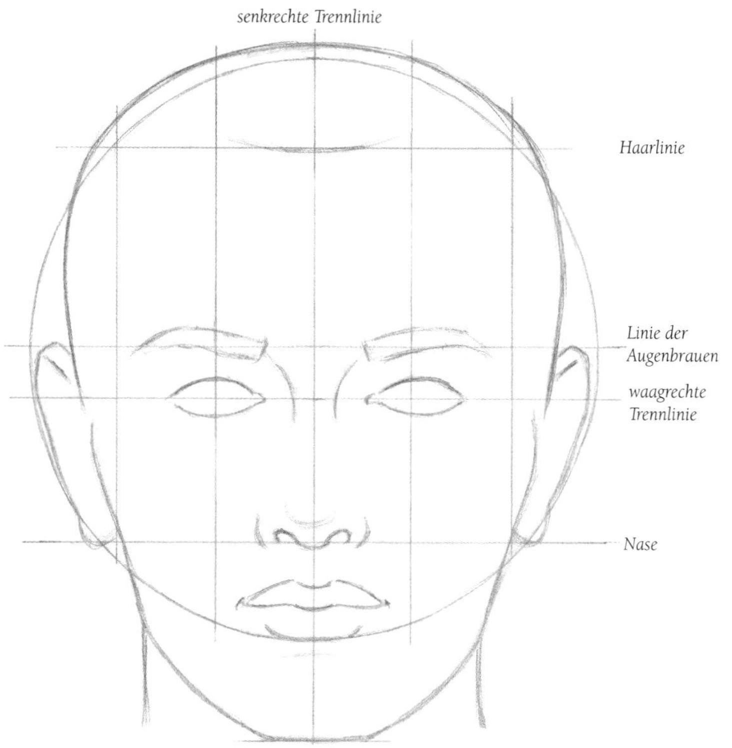

Hilfslinien Der Kopf ähnelt einem Ball, den man an den Seiten zusammengedrückt hat. Der Ball wird senkrecht und waagrecht halbiert, und das Gesicht lässt sich in drei waagrechte Abschnitte teilen durch die Haarlinie, die Linie der Augenbrauen und die Linie für die Nase. Mit diesen wenigen Hilfslinien können Sie im Prinzip jedes Gesicht erfassen.

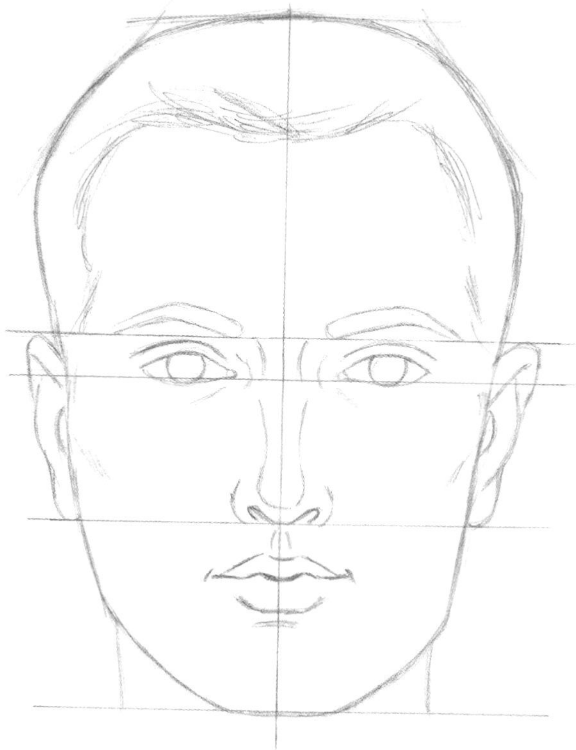

Gesichtsmerkmale Die Augen liegen genau zwischen der waagrechten Trennlinie und der Linie der Augenbrauen. Die Nasenspitze liegt in der Mitte zwischen der Linie der Augenbrauen und dem Kinn. Die Unterlippe endet in der Mitte zwischen Nase und Kinn. Die Ohren reichen von der Linie der Augenbrauen bis zur Höhe der Nasenspitze.

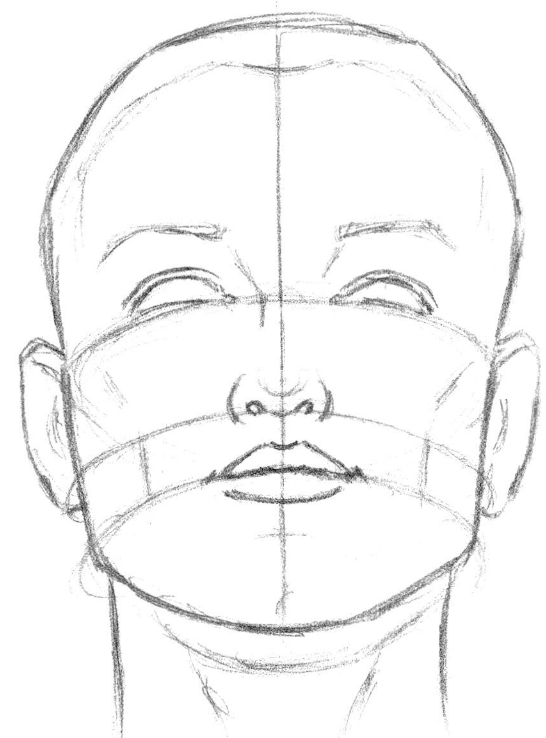

Den Blick heben Wenn man den Kopf hebt, wandern die waagrechten Hilfslinien als Bögen nach oben. Jetzt sind die Ohren etwas weiter unten, und von den Augen ist das Weiße besser zu sehen.

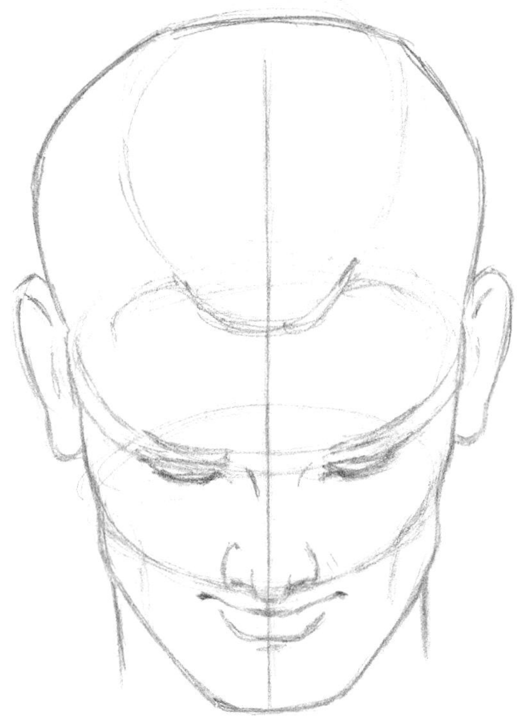

Den Blick senken Wen man den Kopf senkt, scheinen sich die Augen zu verengen und man kann viel mehr vom Kopf sehen. Die Ohren scheinen fast bis zur Haarlinie nach oben geschoben worden zu sein und werden von der waagrechten Trennlinie „festgehalten".

Andere Blickwinkel

Anfänger im Porträtieren wählen oft ein Profil, weil es leichter zu zeichnen ist und man sich nicht so sehr darum kümmern muss, die Gesichtsmerkmale parallel zu gestalten. Trotzdem müssen beim Profil und vor allem bei der anspruchsvolleren Dreiviertelansicht die Proportionen stimmen.

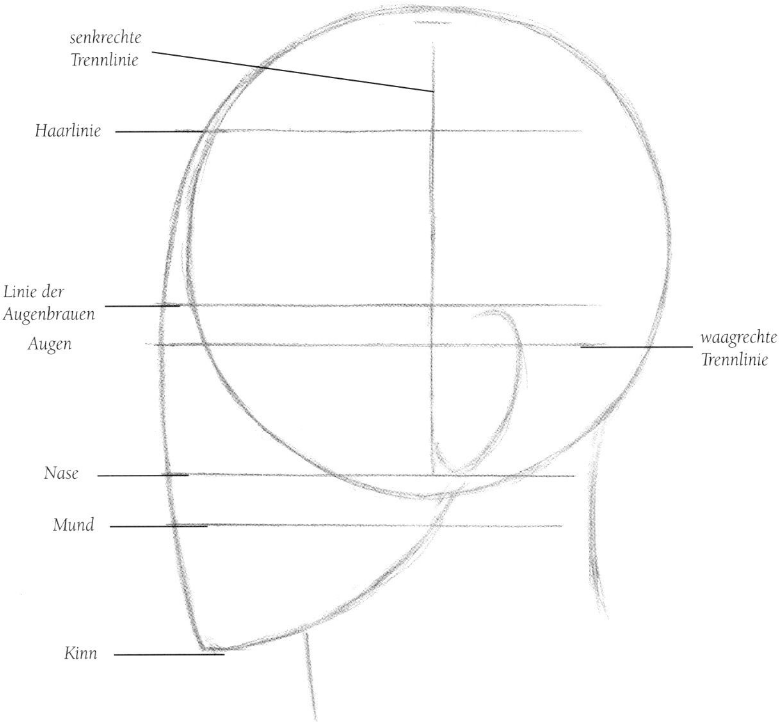

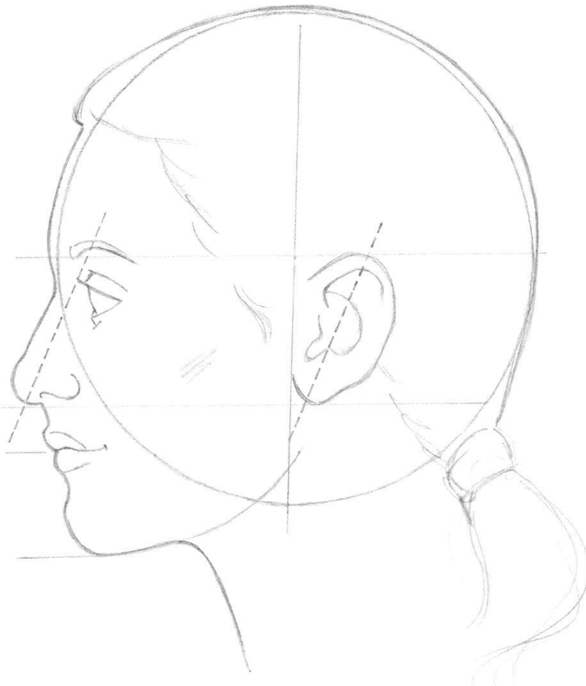

Grundwissen Profil Zeichnen Sie zunächst mit einem großen Zirkel einen Kreis. Mit zwei gebogenen Linien deuten Sie Gesicht und Kinn an. Platzieren Sie das Ohr gleich hinter der waagrechten Trennlinie.

Gesichtselemente einzeichnen Mithilfe des Zirkelkreises positionieren Sie die Elemente des Gesichts: Nase, Lippen und Kinn befinden sich außerhalb des Kreises, Augen und Ohren darin. Die gestrichelten Linien zeigen, dass Ohr und Nase parallele Hilfslinien haben.

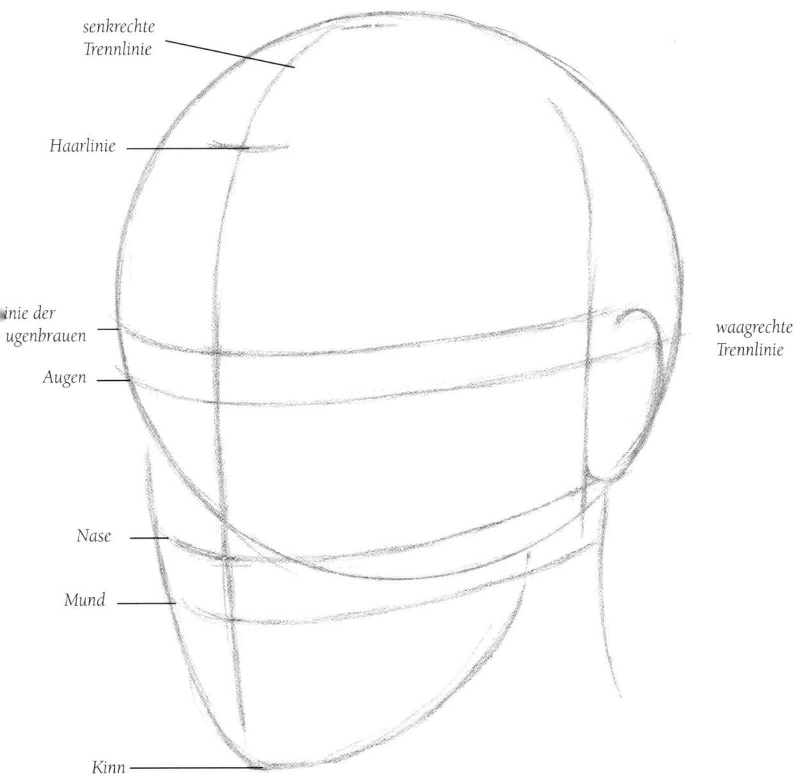

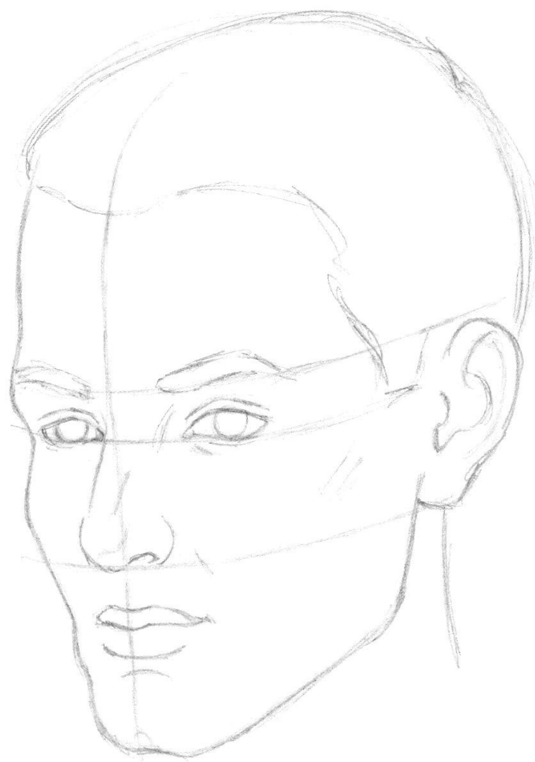

Bei einer Dreiviertelansicht kommt die senkrechte Trennlinie ins Spiel. Obwohl man mehr von der linken Gesichtshälfte sieht, ist die rechte zum Teil zu erkennen. Wenn man den Kopf so dreht, muss man die Hilfslinien als Bögen zeichnen.

Bei dieser Ansicht erscheint das linke Auge größer als das rechte. Dies ist Teil der sogenannten optischen Verkürzung, einer Technik, mit deren Hilfe Sie die Räumlichkeit eines Motivs erschaffen (▶ Seite 120ff.).

Die wichtigsten Elemente

Ein Gesicht zu zeichnen ist nicht schwieriger als alles andere auch. Das menschliche Gesicht hat eine gestaltete Oberfläche – ähnlich wie eine Landschaft oder auch ein Apfel. Seine Konturen bestehen aus Licht und Schatten wie bei jedem anderen Objekt auch. Allerdings sind die Konturen von Mensch zu Mensch verschieden. Und so besteht die Kunst des Porträtierens darin, diese Unterschiede zu erkennen und das Gesicht möglichst stimmig zu Papier zu bringen.

Proportionen auszählen

Wie Sie schon auf Seite 16 gesehen haben, sind die Proportionen des menschlichen Gesichts immer gleich. Damit Sie ein noch besseres Gefühl für die Verteilung der Elemente in einem Gesicht bekommen, hier noch ein paar Tricks: In diesem Beispiel sehen Sie auf einen Blick, wie sich die Abstände verteilen. Wichtig sind außerdem folgende Punkte:

- Die Augen liegen eine Augenlänge auseinander.
- Jedes Auge ist so lang wie die Nase breit.
- Der Mund reicht von der Mitte des einen Auges bis zur Mitte des anderen.

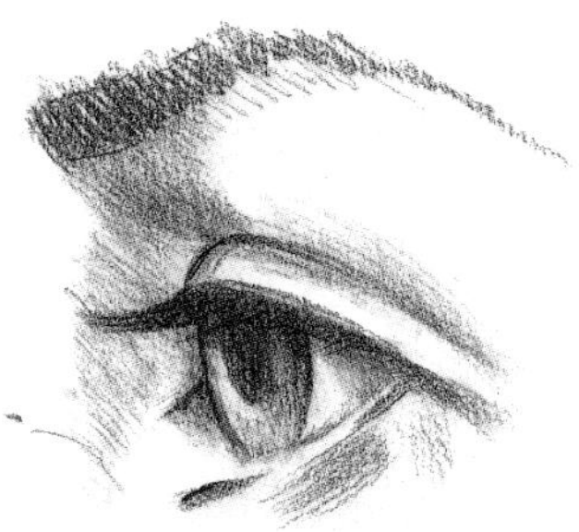

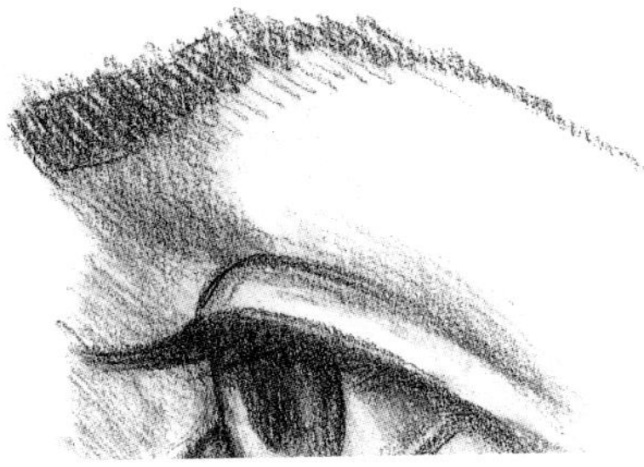

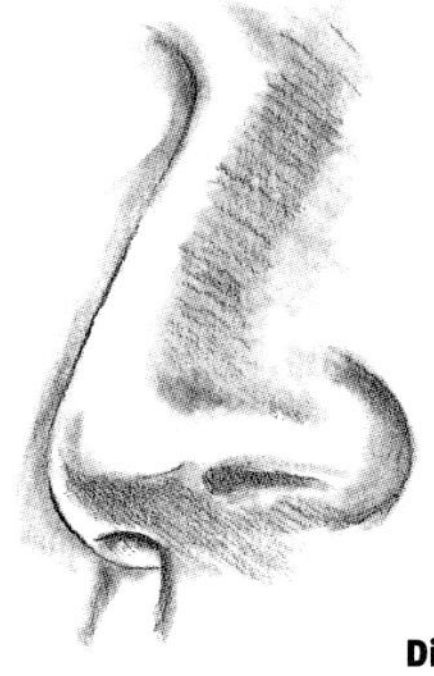

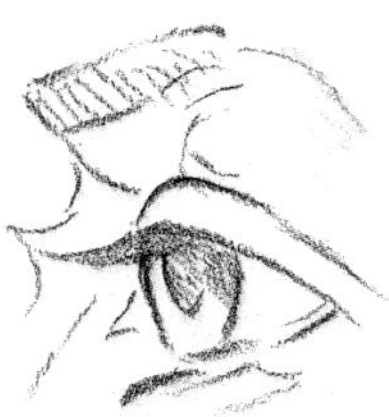

Augen im Profil Im Profil bleiben die Proportionen an sich erhalten. Auch wenn die Nase im Profil ein wichtiges Element ist, darf sie im Gesicht nicht dominieren.

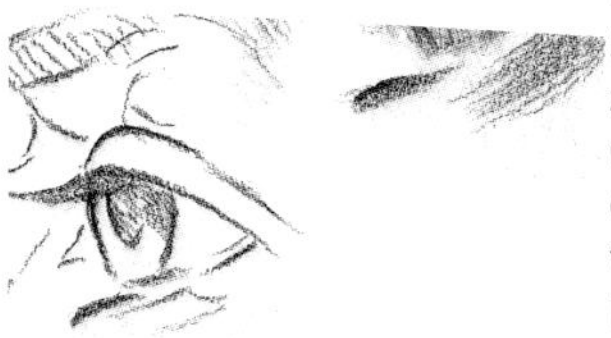

Der Mund von vorne Wenn Sie Lippen direkt von vorne zeichnen, dann hat die Oberlippe zwei „Gipfel" und dazwischen ein Tal. Die Unterlippe ist voller und ohne Bogen. Zeichnen Sie die Unterlippe, indem Sie die Stelle darunter schraffieren.

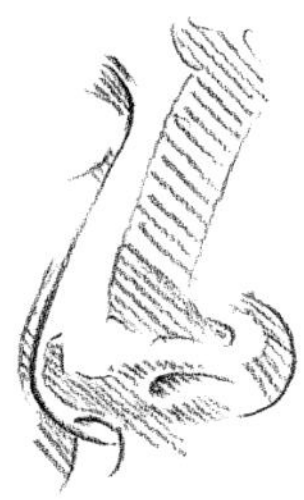

Die Dreiviertelansicht So eine Ansicht ist schwierig, weil Sie mit der Technik der optischen Verkürzung arbeiten müssen (▶ Seite 120). Denken Sie auch daran, dass Auge und Lippen hier gebogen erscheinen müssen.

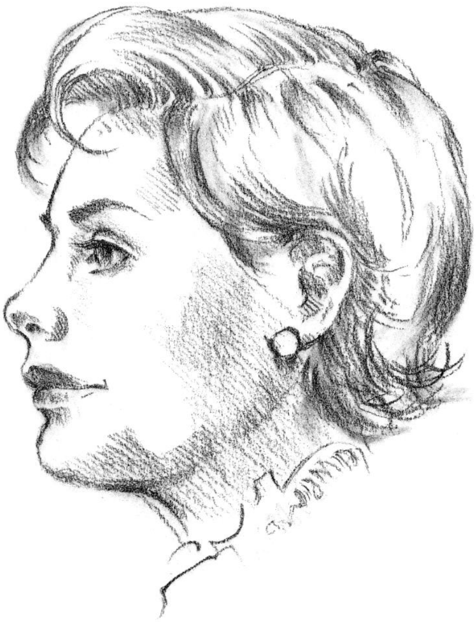

Profil Obwohl sich im Profil die Kopfform ändert, bleiben die Gesichtszüge an derselben Stelle. Es gilt: Die Nase nicht zu prominent zeichnen, auf den Sitz des Auges und auf den Übergang zwischen Unterlippe und Kinn achten.

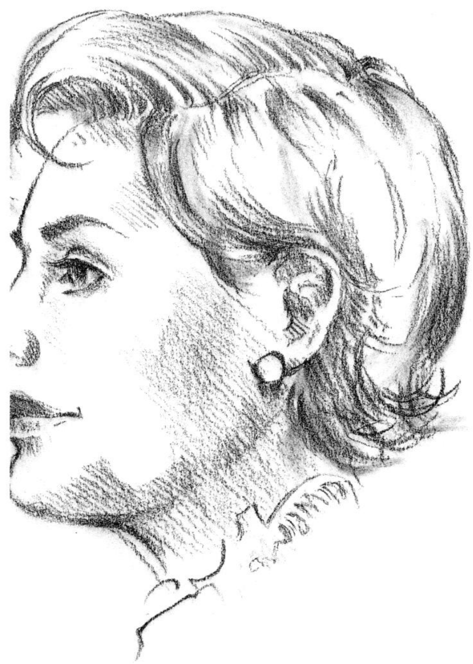

Von vorne In der Ansicht von vorne erkennt man, dass Gesichter nicht symmetrisch sind. Meist ist ein Auge oder ein Ohr und eine Seite des Mundes oder der Nase kleiner und anders positioniert.

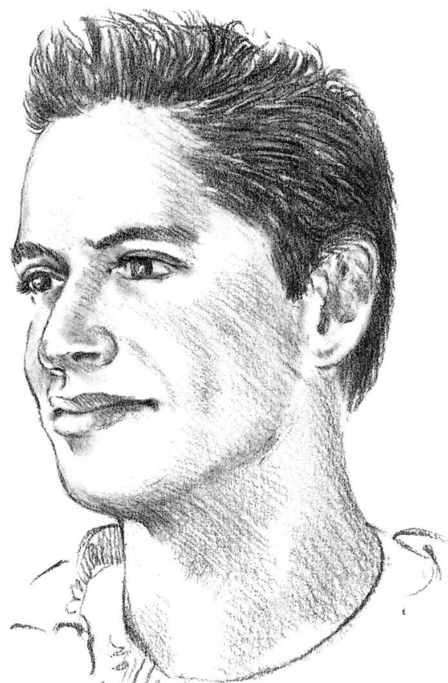

Dreiviertelansicht Dieser Blickwinkel ist eine Herausforderung, da Sie das Gesicht verändern müssen, damit es natürlich aussieht. Am besten machen Sie eine Umrisszeichnung, ehe Sie beginnen. Achten Sie auf die Linien von Augen und Lippen.

Grundaufbau eines Auges

Je besser Sie die Augen treffen, umso größer wird die Ähnlichkeit des Porträts mit Ihrem Modell. Augen sind aber auch wichtig, um die Stimmung und die Gefühle einer Person auszudrücken. Deshalb lohnt es sich sehr, wenn Sie die folgenden Abbildungen, die Augen von vorne oder von der Seite zeigen, genau studieren und immer wieder nachzeichnen. Achten Sie auch darauf, dass ein Auge von vorne gesehen eine völlig andere Form hat als von der Seite.

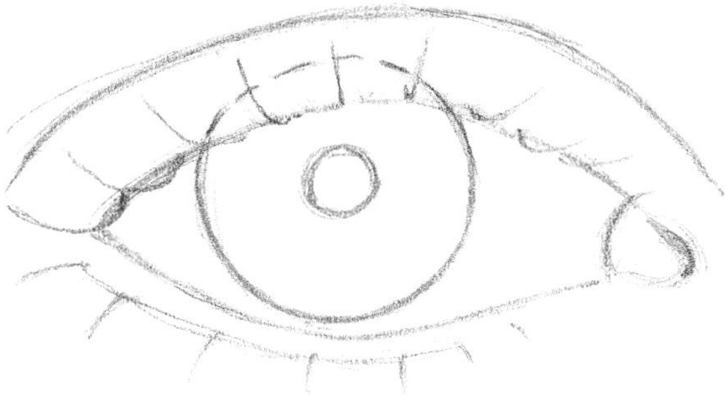

1 Zuerst den Kreis für die Iris zeichnen; dann das sichelförmige Augenlid darübersetzen. Wussten Sie, dass die Iris nie ganz zu sehen ist, da das Lid immer einen Teil überdeckt? Unterlid, erste Wimpern und den Augenwinkel vorzeichnen.

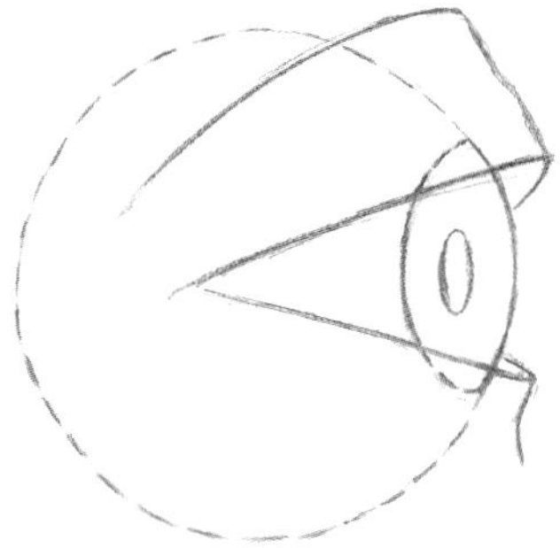

1 Da das menschliche Auge ein runder Körper ist, zeichnen Sie als Erstes einen gestrichelten Kreis, dann folgen das Ober- und das Unterlid. Von der Seite gesehen, haben Iris und Pupille die Form von Ellipsen, die oben und unten jeweils vom Lid überdeckt sind.

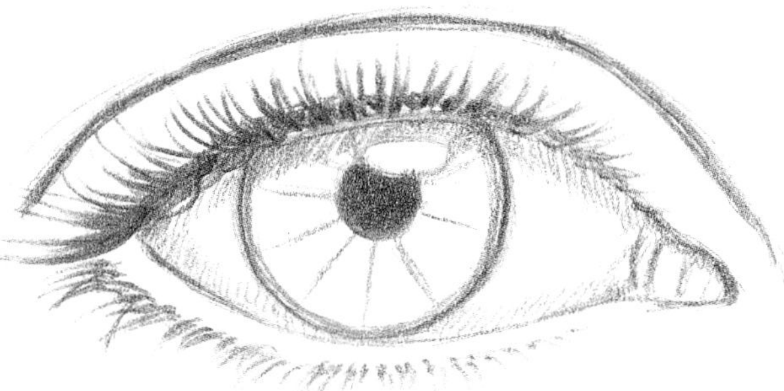

2 In die Iris zeichnen Sie jetzt Strahlen, die nach außen weisen. Dann folgen die Wimpern, der Schatten, den Oberlid und Wimpern aufs Auge werfen, sowie die schwarze Pupille und der Lichtreflex oben im Auge.

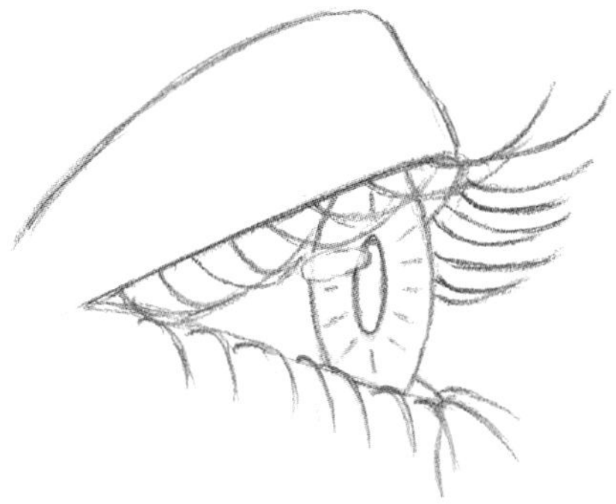

2 Wimpern zeichnen Sie bei der Seitenansicht vom inneren zum äußeren Augenwinkel mit kraftvollen Bögen. Die Wimpern sind über der Mitte des Auges länger als an den Seiten.

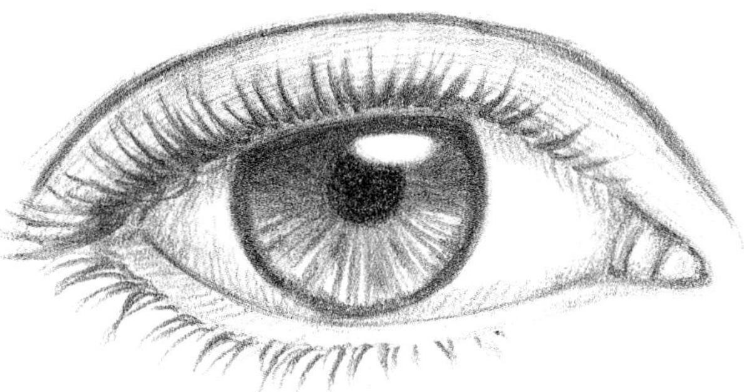

3 Der Iris mit strahlenförmigen Strichen mehr „Farbe" geben. Ober- und das Unterlid formen Sie mit Schraffuren.

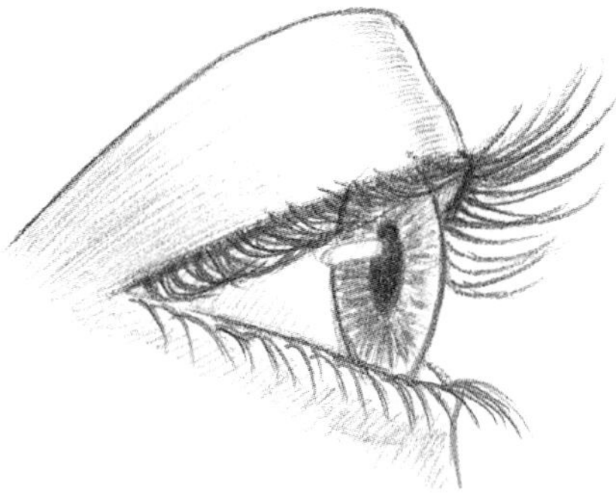

3 Beim Schraffieren der Lider arbeiten Sie die halbrunde Form heraus. Die Iris wird mit Strichen von innen nach außen „gefärbt". An den Lichtreflex denken!

Das Auge ist immer feucht, da seine Oberfläche konstant mit (Tränen-)Flüssigkeit überzogen wird. Deshalb schimmert auf der Hornhaut (E) immer ein weißer Lichtreflex.

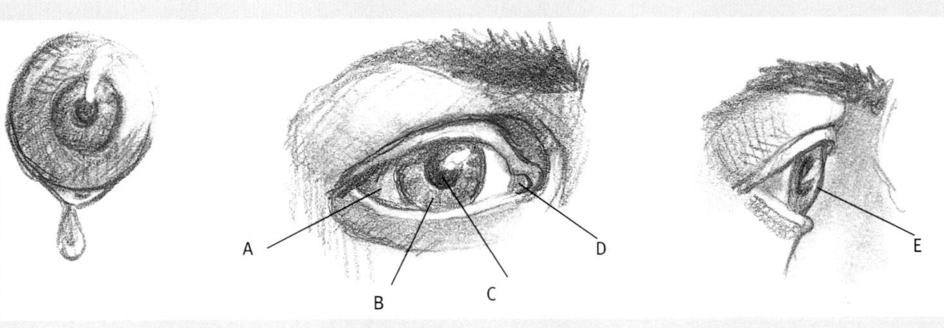

Tipps für Sie Das Weiße im Auge (A) ist der sichtbare Teil des Augapfels. Die Iris (B) ist eine flexible Scheibe, die den Lichteinfall in die Pupille (C) reguliert; ihre Pigmente bestimmen die Augenfarbe. Die Hornhaut (E) liegt über der Iris. Die Form des Augenwinkels (D) bestimmt in hohem Maß, wie ein Auge aussieht.

Die Augenpartie

1

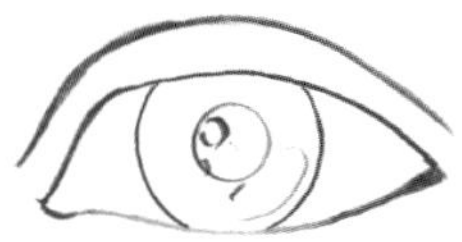

2

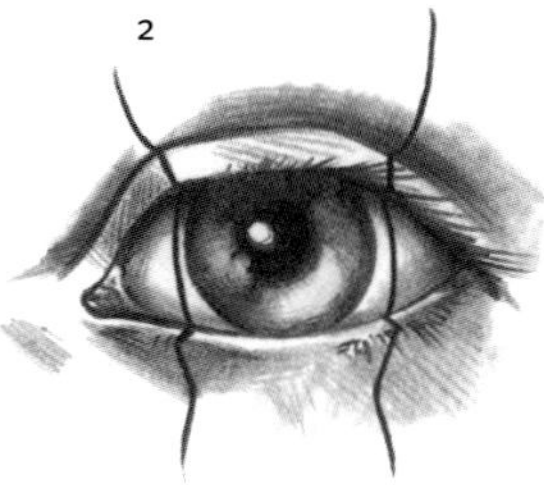

Augen und Augenbrauen Wenn Sie ein Auge ebenso gut von vorne wie von der Seite zeichnen können, ist es an der Zeit zu üben, wie man ein Augenpaar samt Augenbrauen und Ansatz der Nase so zu Papier bringt, dass die Proportionen stimmen und sich ein klarer Blick auf den Betrachter richtet.

- Beim Erwachsenen sind die Augen etwa die Länge eines Auges voneinander entfernt.
- Augen sind immer feucht – der Lichtreflex im Auge deutet dies an. An sich sollten Sie diese Stelle beim Schraffieren immer weiß lassen. Wenn Sie sie aus Versehen überzeichnen, radieren Sie den Reflex anschließend wieder aus.

1

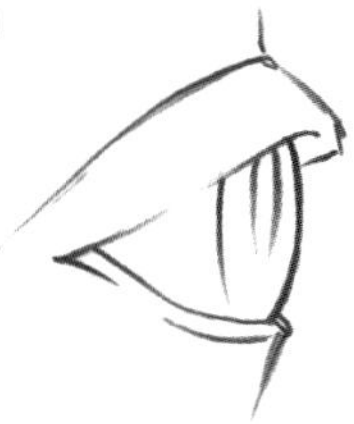

2

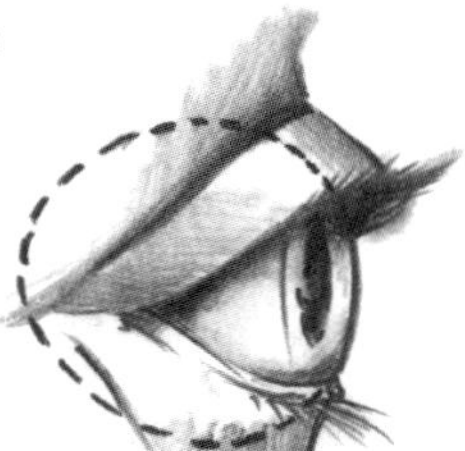

3

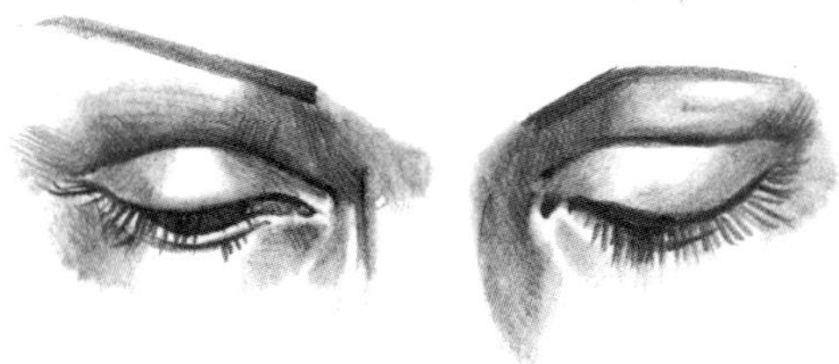

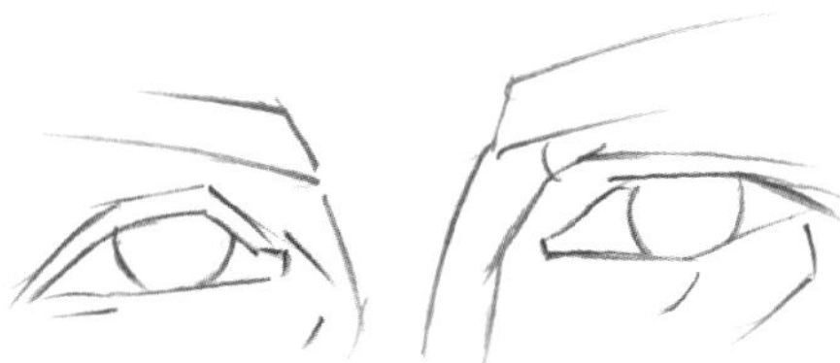

1

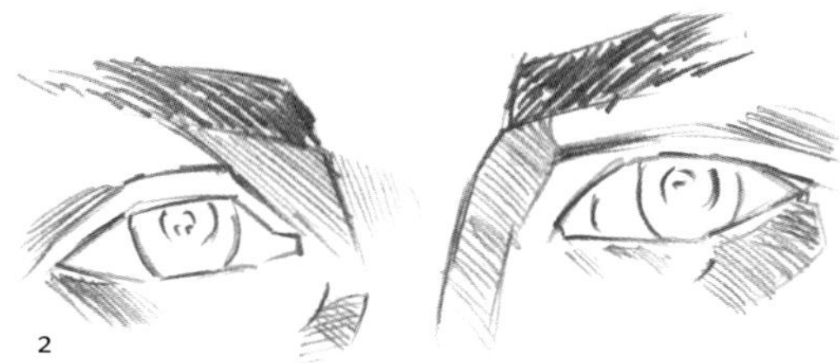

2

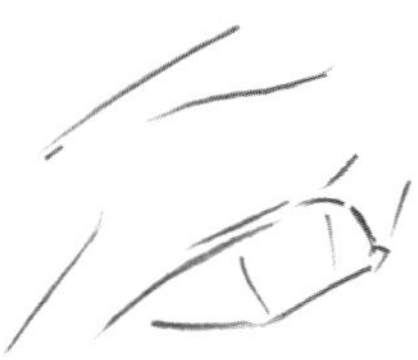

1

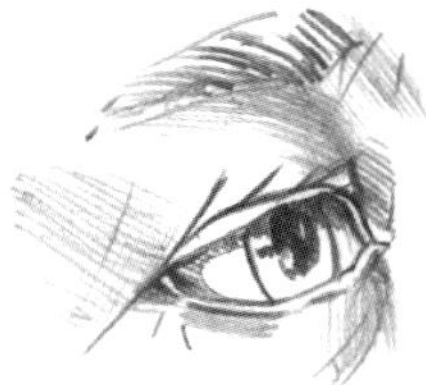

2

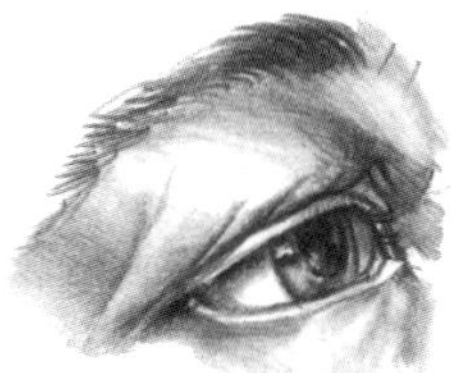

3

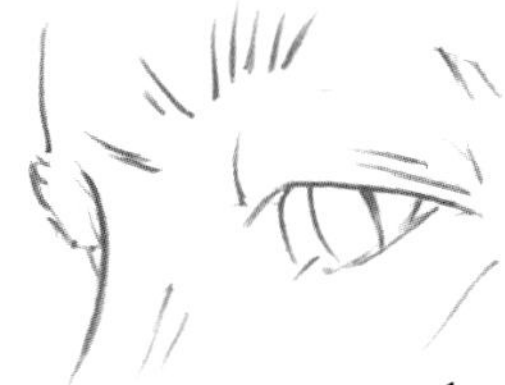

1

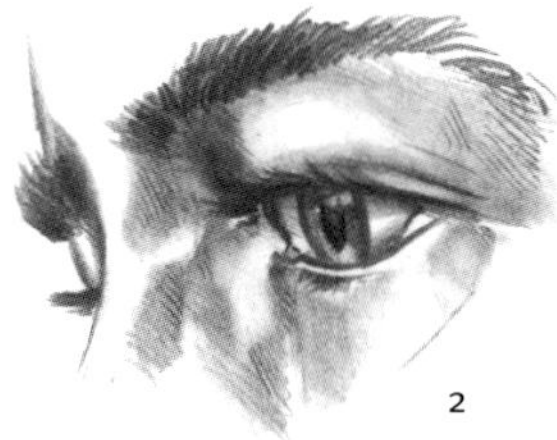

2

ÜBUNG

Die Augenpartie darstellen

Obwohl Augen ein so wichtiges Element eines jeden Porträts sind, sind sie erstaunlich einfach zu zeichnen – wenn man weiß, wie es geht. Üben Sie den Aufbau, den Sie auf ▶ Seite 43 nachsehen können, bis Sie ihn sicher beherrschen. Dann können Sie einen Schritt weitergehen und lernen, wie Sie Augen freihand aufbauen.

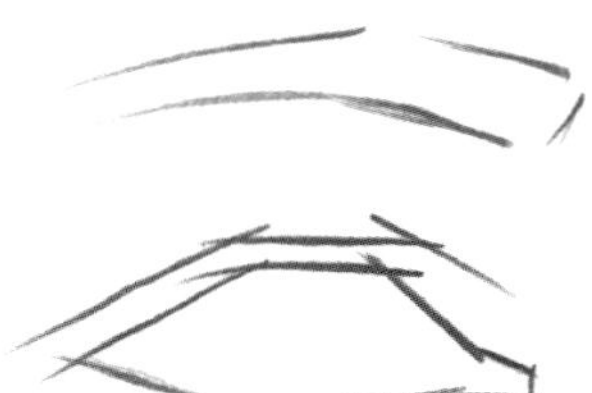

1

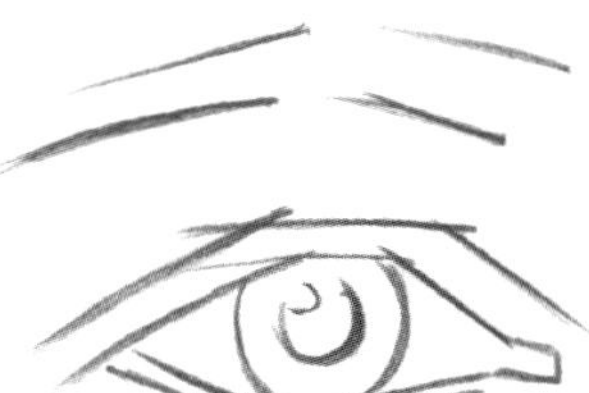

2

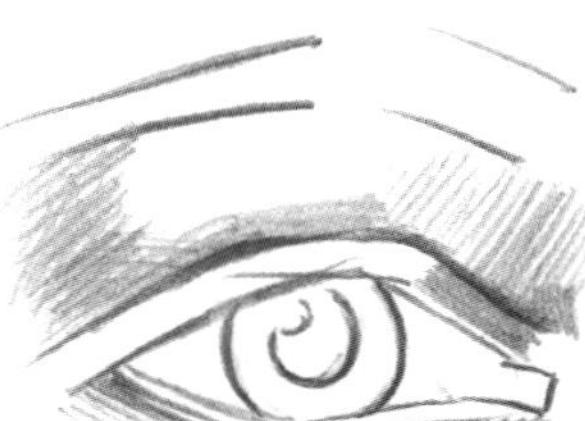

3

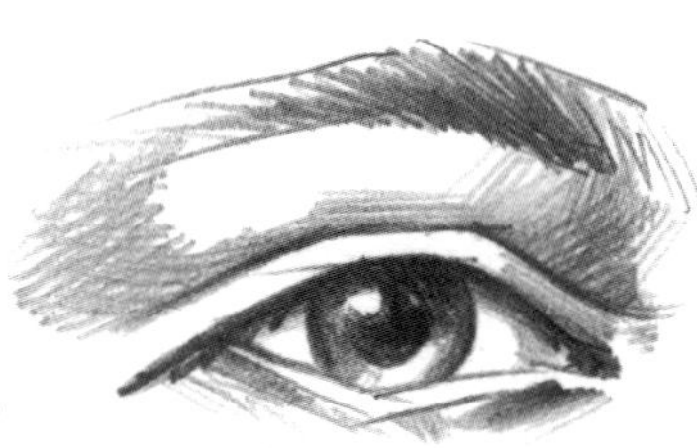

4

Der direkte Blick von vorne

Der wache und aufmerksame Blick ist eines der stärksten Signale, die wir an unsere Mitmenschen senden können. Es ist nicht ganz einfach, ihn darzustellen, ohne dass er stechend und unangenehm wird. Wie Sie diesen Blick einfangen und sich ihm schrittweise nähern können, ist in der Zeichnung unten dargestellt.

- Sehen Sie, dass in Schritt 1 die Iris zwar kreisrund ganz dargestellt ist, aber nur zum Teil zu sehen ist? Dieser kleine Trick hilft Ihnen, Iris und Pupille, also das Zentrum unseres Blicks, exakt zu positionieren.
- Zeichnen Sie zunächst die Augenbrauen nur in der Lage und in der Kontur richtig ein – sie werden nach und nach feiner ausgearbeitet.
- In Schritt 2 kreisförmige Strahlen in die Iris zeichnen – das verleiht ihr mehr Ausdruckskraft.
- Im letzten Schritt die Nase durch die Schatten der Nase links formen, sowie durch den Schatten im Augenwinkel rechts der Nase.

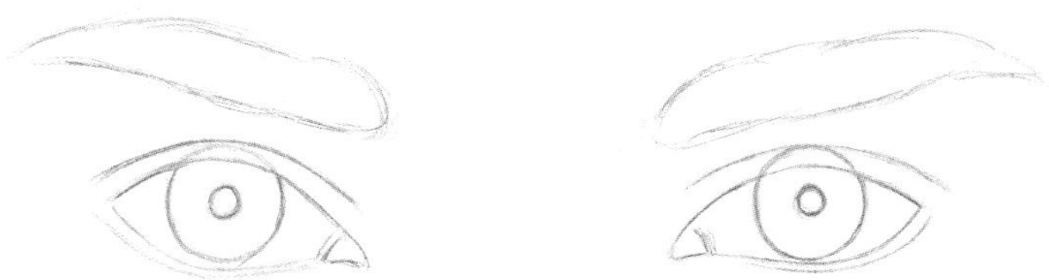

Schritt 1

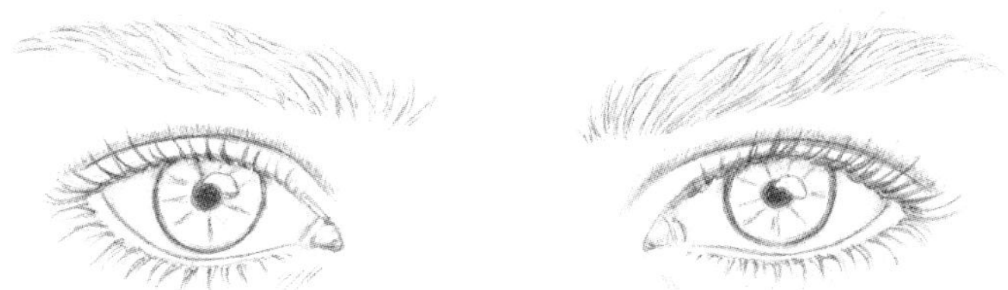

Schritt 2

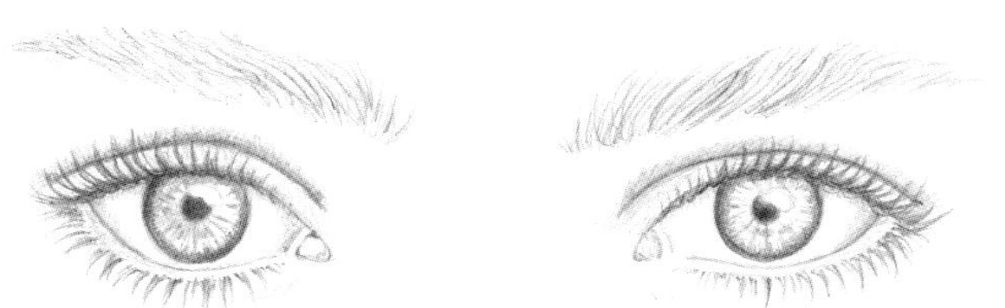

Schritt 3

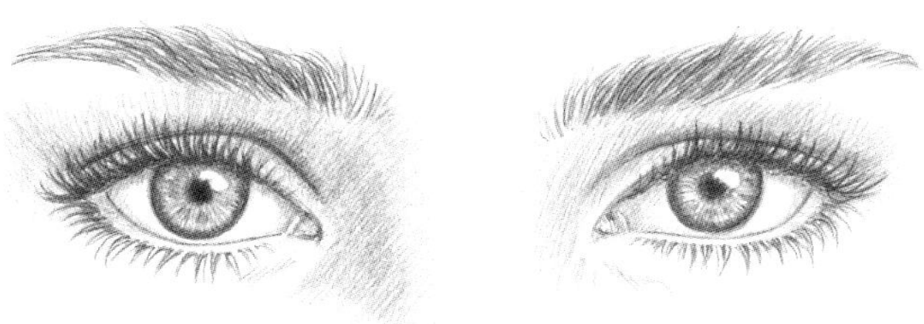

Schritt 4

Blicke und Persönlichkeit

Mehrere Elemente zusammen bewirken, dass Augen sehr unterschiedliche Wirkungen haben. Die Augenform, der Schwung der Brauen, die Länge und Form der Wimpern sowie die Fältchen und Falten rund ums Auge sagen dem Betrachter alles über das Alter, das Geschlecht und sogar die Stimmung eines Menschen. Studieren Sie die folgenden Beispiele einmal genau – hier können Sie sehen, wie die einzelnen Elemente eingesetzt wurden, um die Persönlichkeit eines Menschen so einprägsam wie möglich zu zeigen.

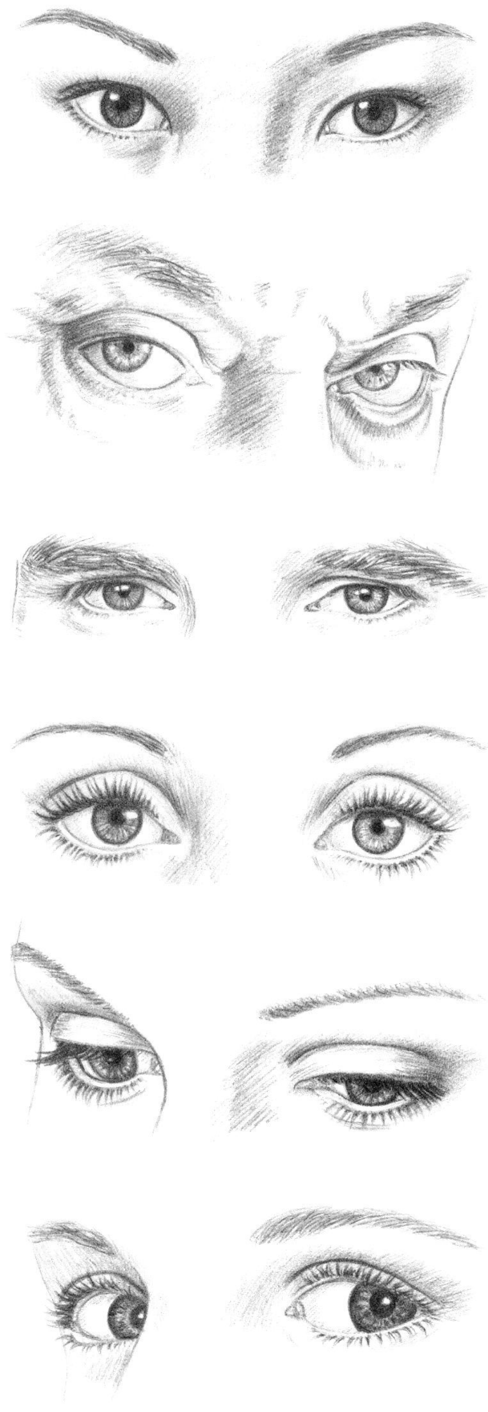

Ohren

Die Ohren stehen nicht senkrecht vom Kopf ab, sondern immer in einem leichten Winkel. Er ist bei jedem Menschen anders und es tut einem Porträt gut, wenn Sie genau darauf achten, den Winkel möglichst richtig wiederzugeben. Übrigens sind die Ohren oft recht unterschiedlich geformt – es gibt Fälle, in denen Menschen ein Segelohr haben, während das andere die herkömmliche Form aufweist.

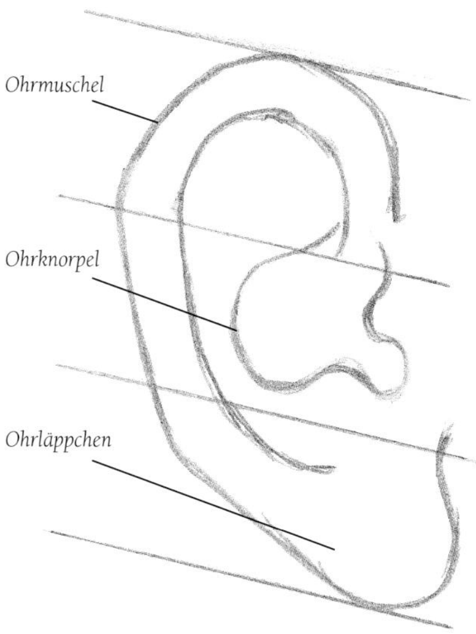

Aufbau Die Grundform des Ohrs entspricht einem Halbkreis, der aus drei Teilen besteht: Ohrmuschel, Ohrknorpel und Ohrläppchen.

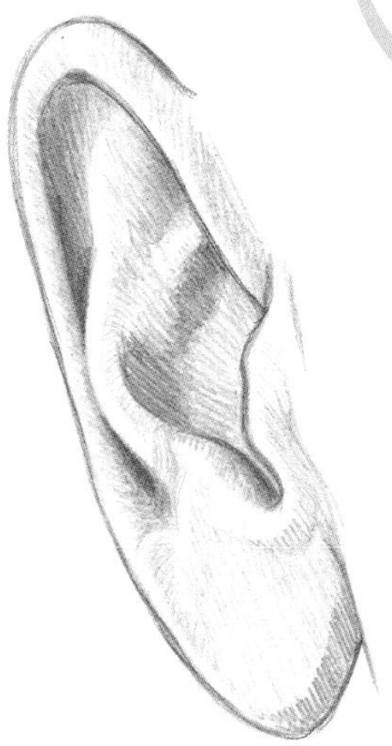

Sitz Das Ohr sitzt in einem leichten Winkel seitlich am Kopf und ist meist etwa doppelt so lang wie breit.

Achten Sie bei den Ohren auch auf die Form der Ohrläppchen!

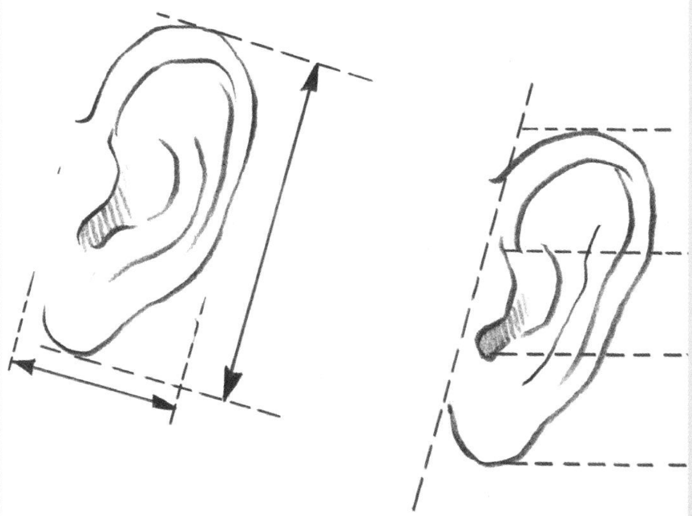

Ohren zeichnen Zeichnen Sie zunächst die Grundform des Ohrs mit seinen drei Teilen vor. Deuten Sie die gerundeten Formen der Ohrmuschel und die Falten durch erste detaillierte Schraffuren an. Schraffieren Sie dann das übrige Ohr sorgfältig fertig.

1

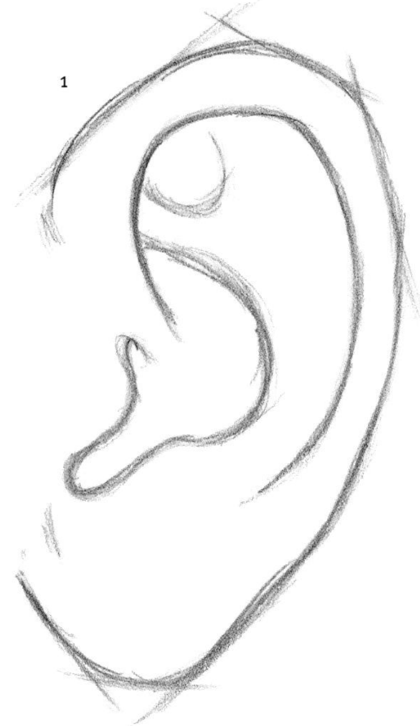

2

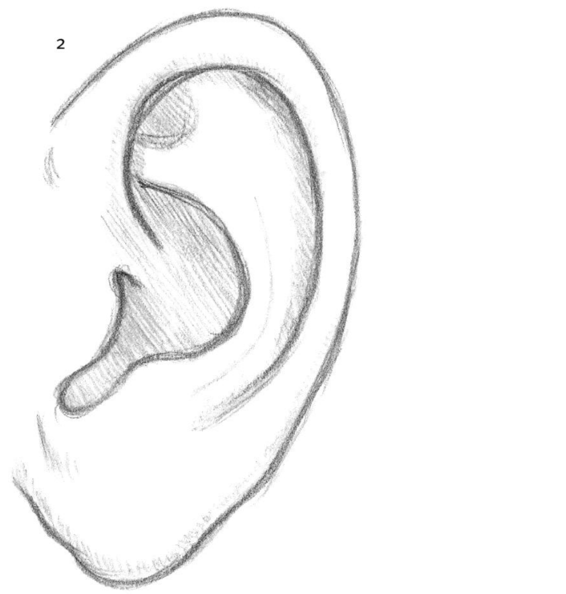

3

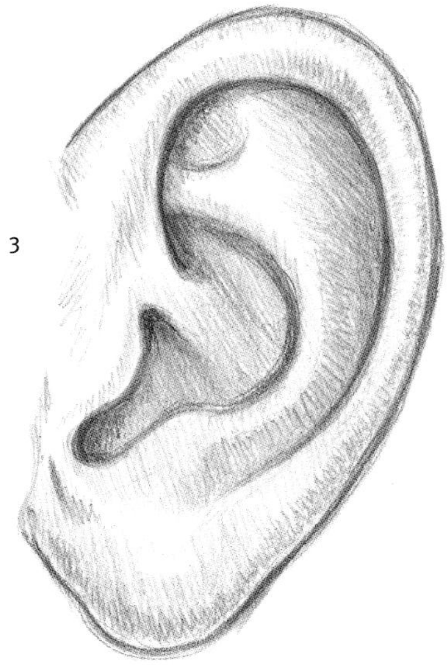

Nasen

Nasen haben eine komplexe Form und bestehen aus vier Ebenen, die Sie unten studieren können. Um die Nase einer bestimmten Person richtig darzustellen, zeichnen Sie zunächst genau diese viergeteilte Grundform: zwei Ebenen für den Nasenrücken, je eine Ebene für die Nasenflügel. Bevor Sie mit den Schraffuren beginnen, machen Sie sich bitte ein genaues Bild davon, wie das Licht auf die Nase fällt und wie es sie formt. Achten Sie darauf, dass die Nasenlöcher nur angedeutet sind – wenn sie zu dunkel erscheinen, ziehen sie den Blick des Betrachters auf sich und lenken vom Rest des Gesichts ab.

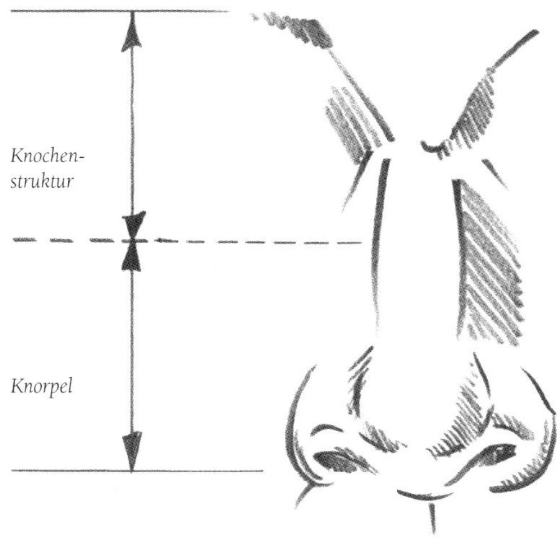

Denken Sie beim Zeichnen daran, dass der obere Teil der Nase auf knöchernen Strukturen aufgebaut ist, während der untere nur aus Knorpelmasse besteht. Die Nasenspitze hat übrigens meist eine kugelförmige Gestalt.

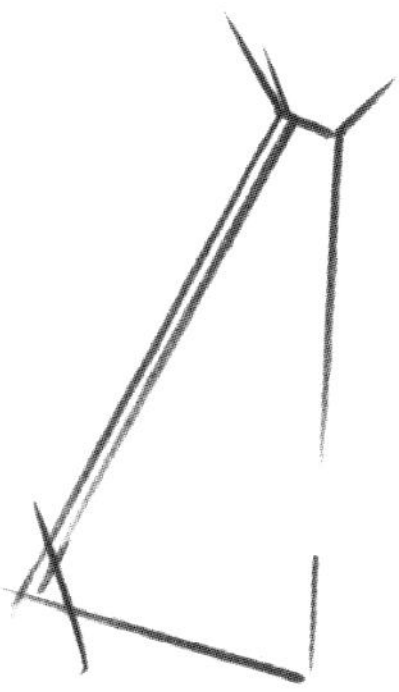

im Profil

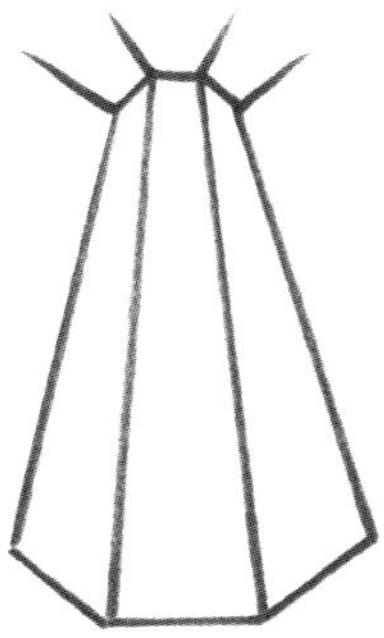

von vorne

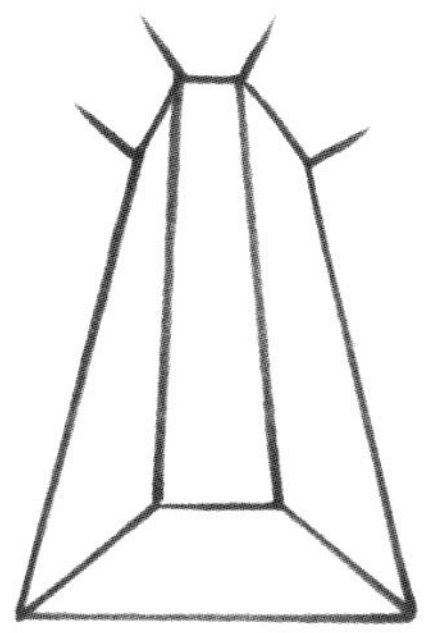

von oben

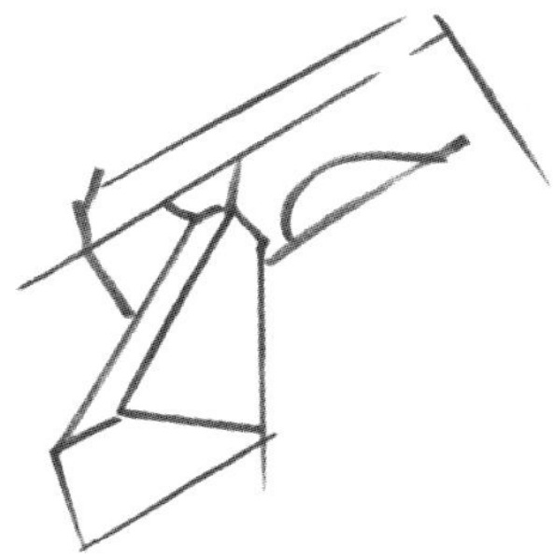

Dreiviertelansicht von unten

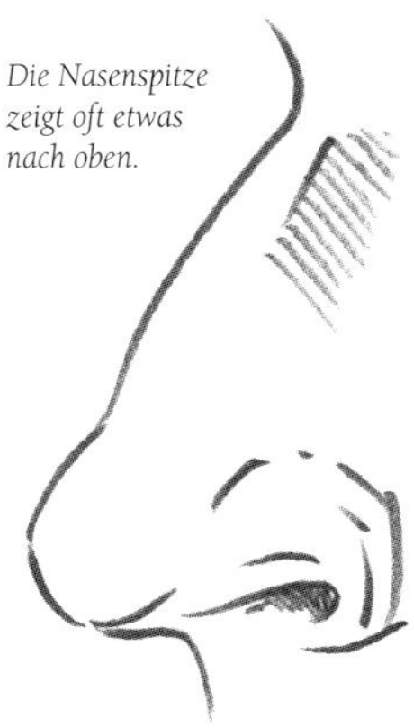

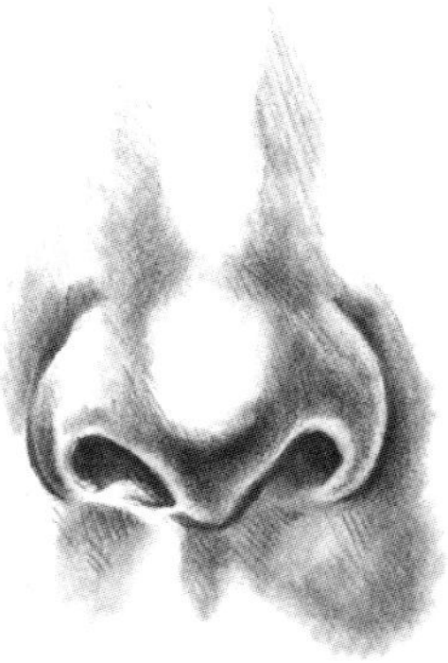

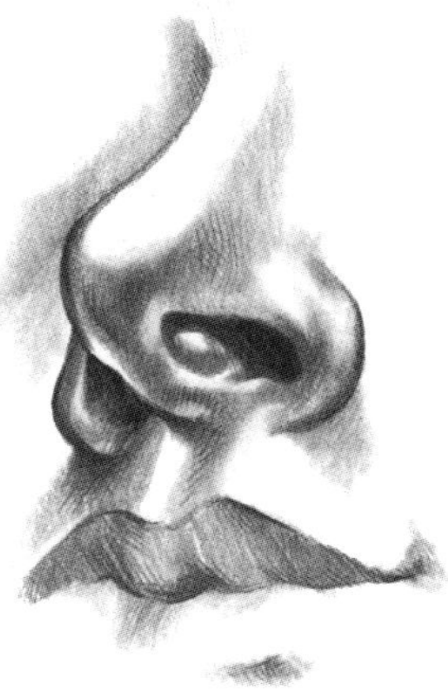

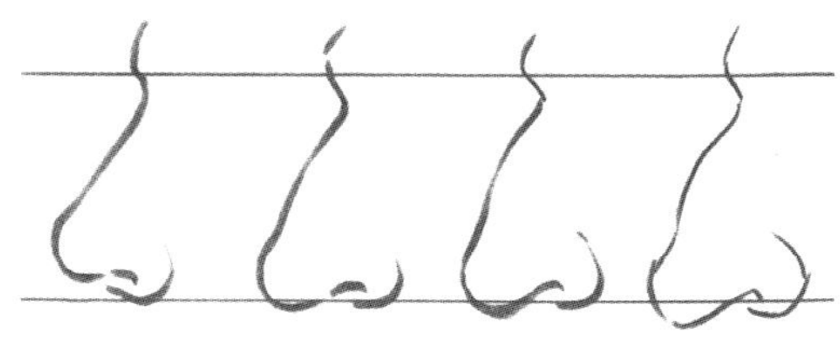

Alterungsprozess einer Nase

In der Abbildung oben sehen Sie, dass die Nase immer weiter nach unten sinkt, je älter wir werden. Oft sinkt sogar die Nasenspitze noch nach unten. Sehen Sie die Nase immer gut an und zeichnen Sie sie möglichst genau ab, wenn Sie ein realistisches Porträt anfertigen wollen.

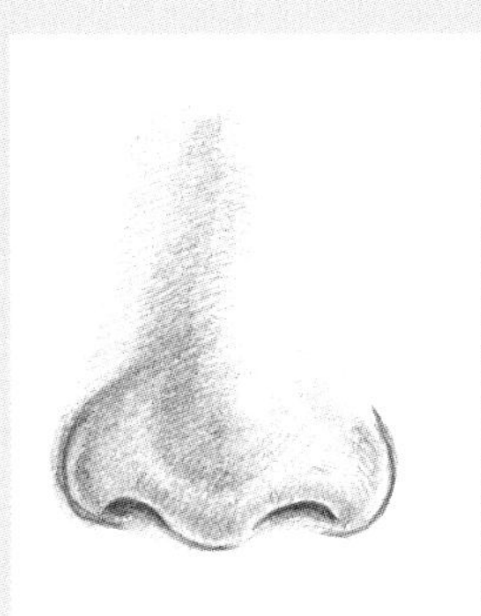

runde Nase

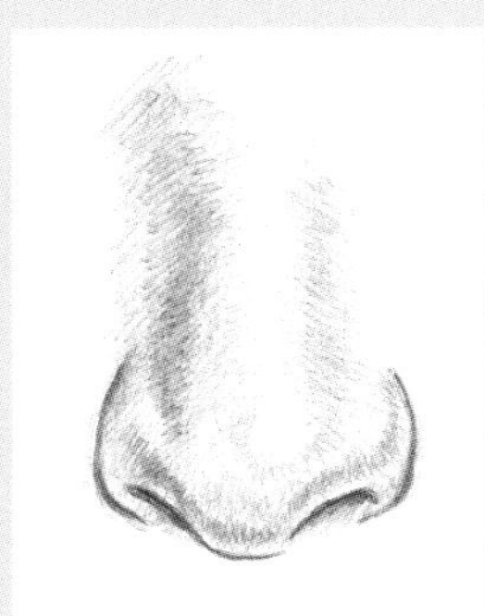

flache Nase

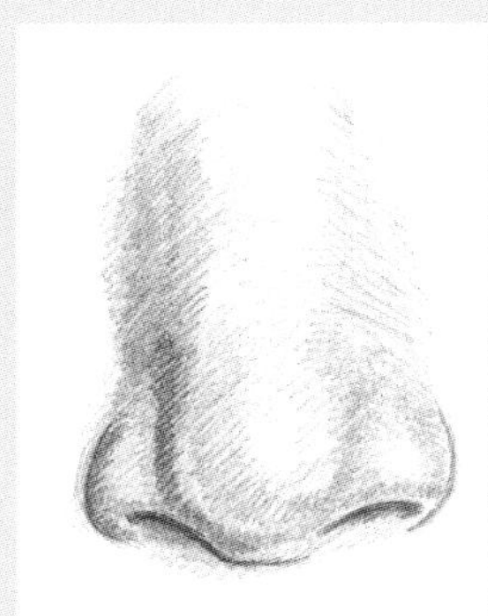

fleischige Nase

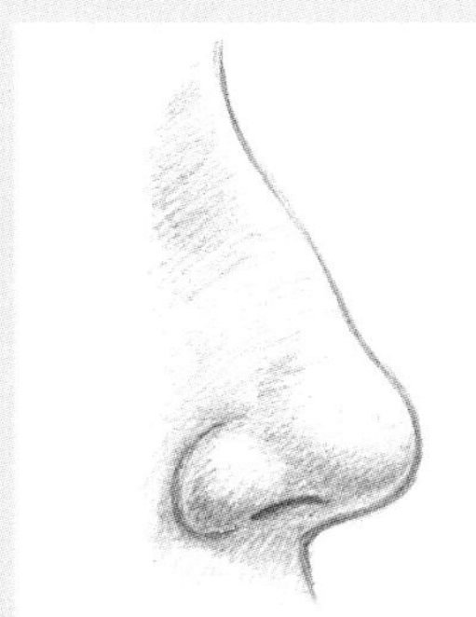

gerade Nase

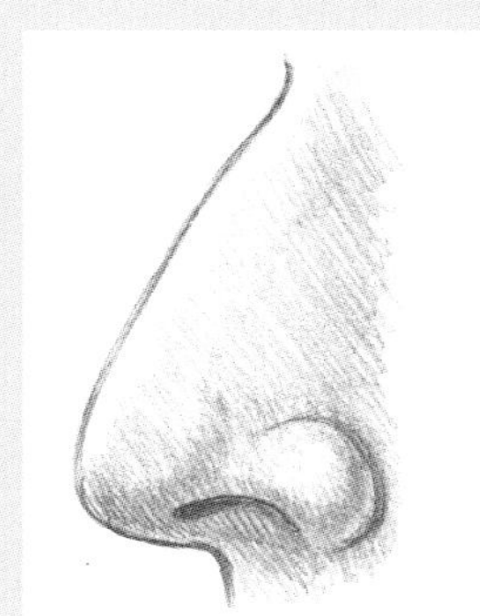

Hakennase

Mund und Lippen

Lippen sind einfach zu zeichnen, wenn Sie ein wenig Übung darin haben, die Grundform zu finden. Mit der Zeit wird es Ihnen immer leichter fallen, die individuelle Mundform, des Menschen, den Sie zeichnen, zu erkennen und wiederzugeben. Sehen Sie sich die einfachen Grundformen der Lippen auf dieser Seite an, die freihand gezeichnet wurden und Ihnen die Idee des Grundaufbaus von der Seite vermitteln.

1

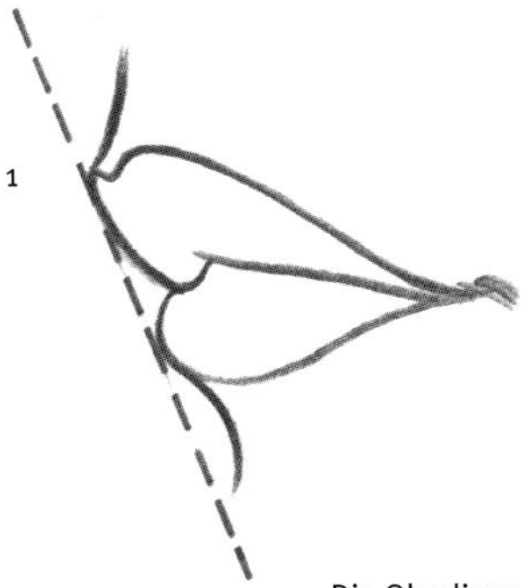

2

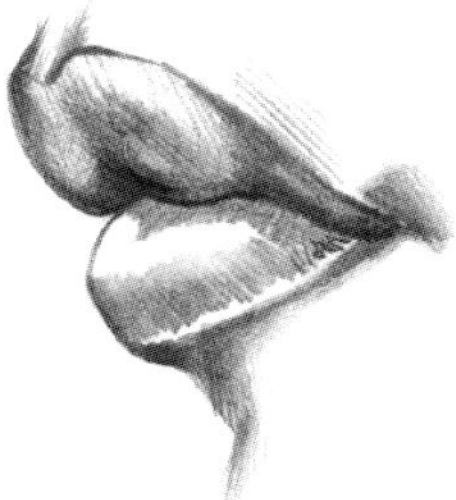

Die Oberlippe steht ein wenig über die Unterlippe über.

1

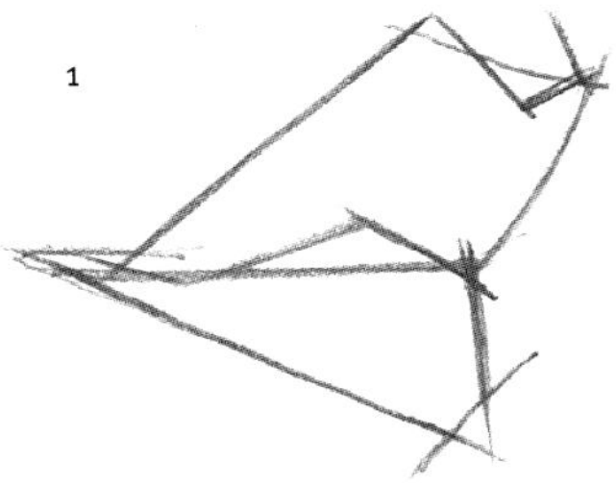

2

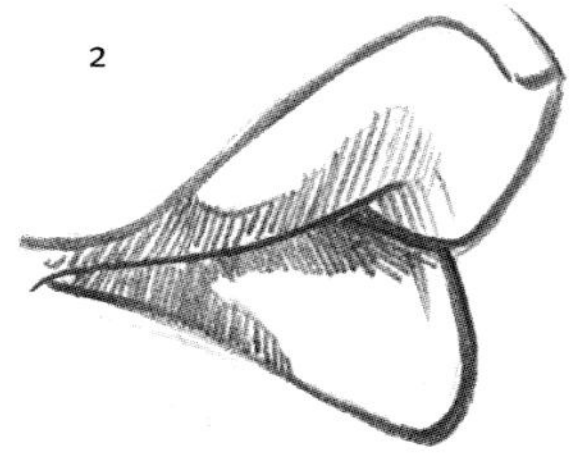

1

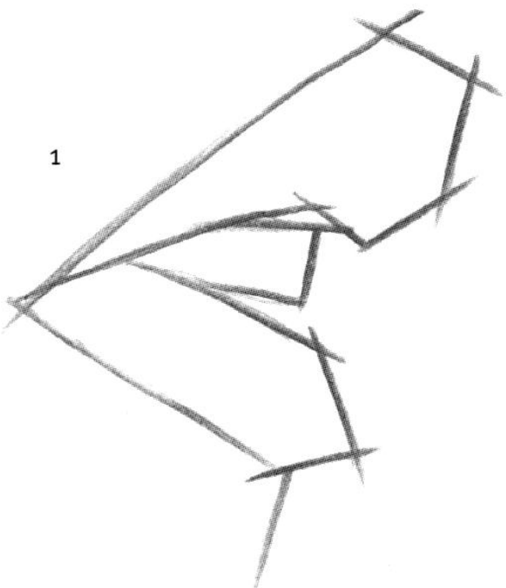

2

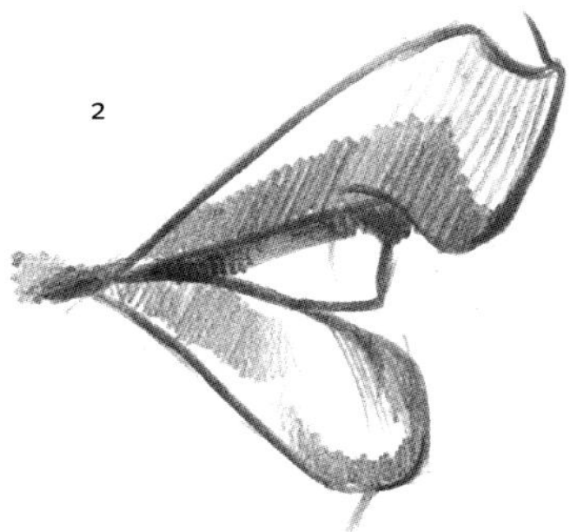

Beim Schraffieren mit gebogenen Linien die Wölbung zeigen.

1

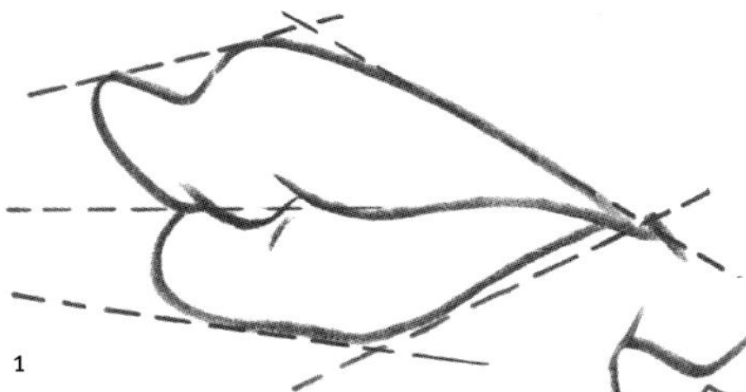

2

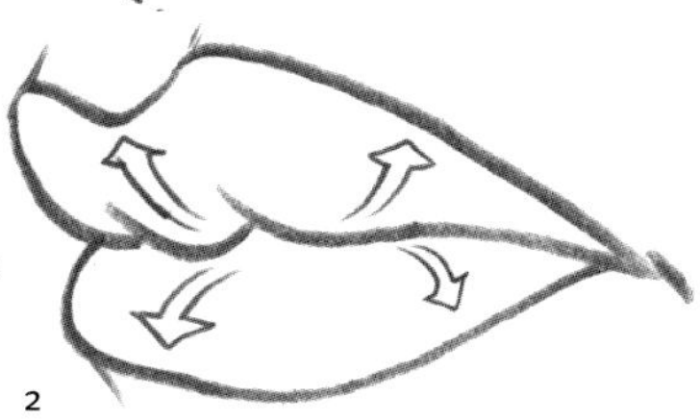

ÜBUNG Lippen zeichnen lernen

Für Anfänger ist es am leichtesten Lippen in drei Schritten zu zeichnen. Bringen Sie zuerst die Grundformen der oberen und der unteren Lippe zu Papier und geben Sie ihnen dann mit gebogenen Linien und Schraffuren nach und nach die gewölbte Form.

1 Die Nase deuten Sie mit vier Flächen an und fügen einen Kreis für die Nasenspitze dazu. Dann zeichnen Sie die Bögen der Lippen. Der kleine Kreis zwischen Oberlippe und Nase zeigt die Vertiefung dort an. Sehen Sie die Pfeile auf Ober- und Unterlippe? In dieser Richtung müssen Sie später jeweils schraffieren.

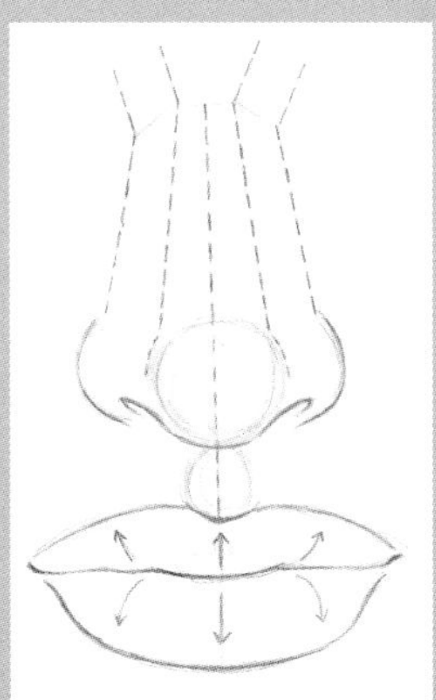

2 Anschließend setzen Sie links und rechts der Nase Ihre ersten Schraffen, dann zeichnen Sie die Nasenflügel ein und arbeiten die Vertiefung zwischen Lippe und Nase etwas mehr aus. Schraffieren Sie die Lippen in Pfeilrichtung und zeichnen Sie den Spalt zwischen den Lippen ein. Achten Sie darauf, die richtige Form darzustellen.

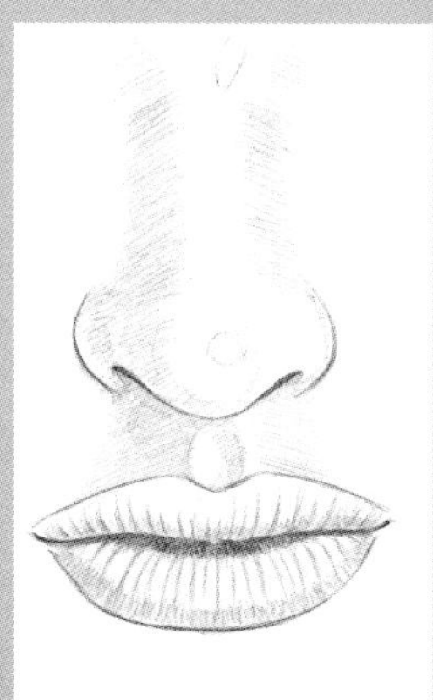

3 Mit den letzten Schraffuren geben Sie Nase und Mund ihre Formen. Wenn es sich anbietet, fügen Sie noch Lichtreflexe ein. Hier wurden mit einem Knetradiergummi nachträglich unterschiedlich helle Lichtreflexe auf der Oberlippe, an der Nasenspitze und auf dem Nasenrücken angebracht.

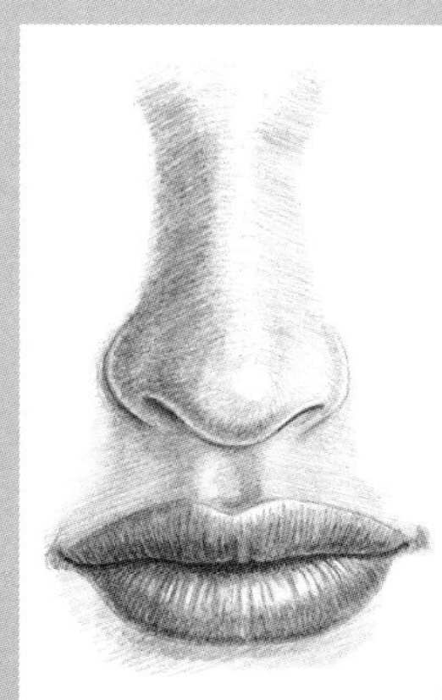

1

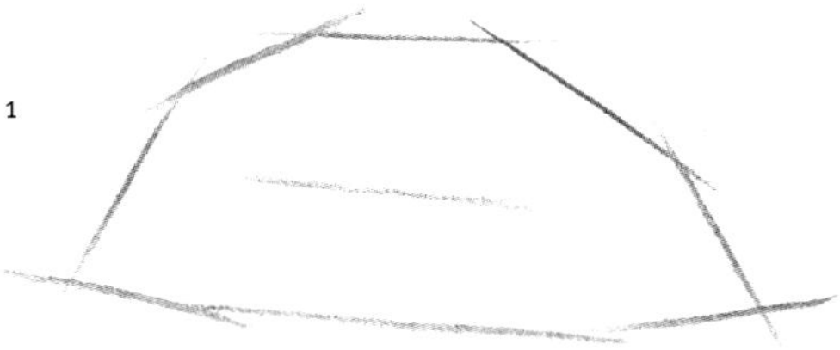

2

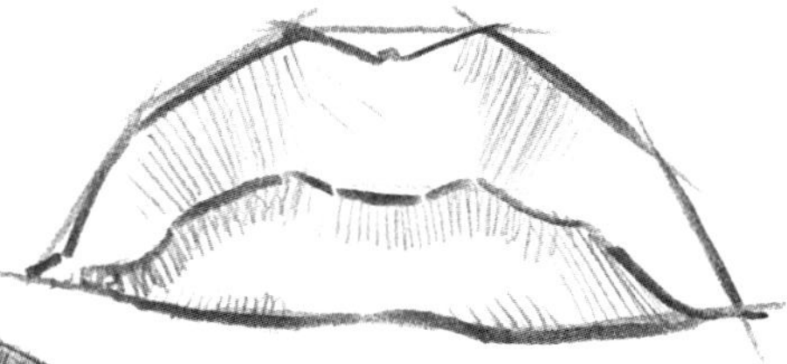

3

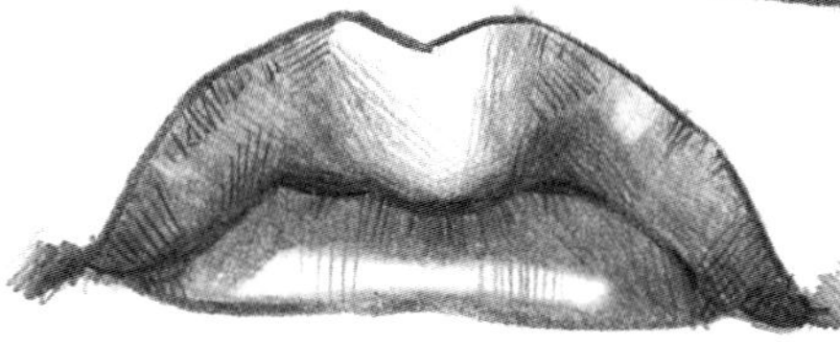

Zuerst die groben Umrisse der Lippen mit Hilfslinien vorzeichnen. Sobald Sie mit der Skizze zufrieden sind, können Sie mit dem Schraffieren beginnen. Achten Sie von vornherein auf die Lichtreflexe – von ihnen hängt ab, ob der Mund später voll oder schmal wirkt.

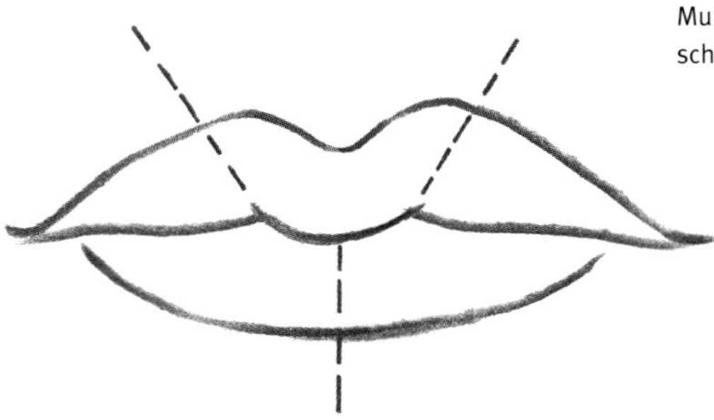

Die obere Lippe in drei Bereiche teilen – die untere Lippe in zwei. Dieser Trick hilft Ihnen die Proportionen des Mundes richtig zu treffen.

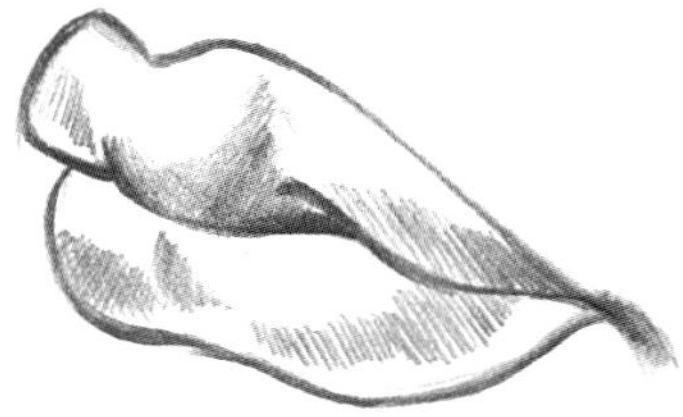

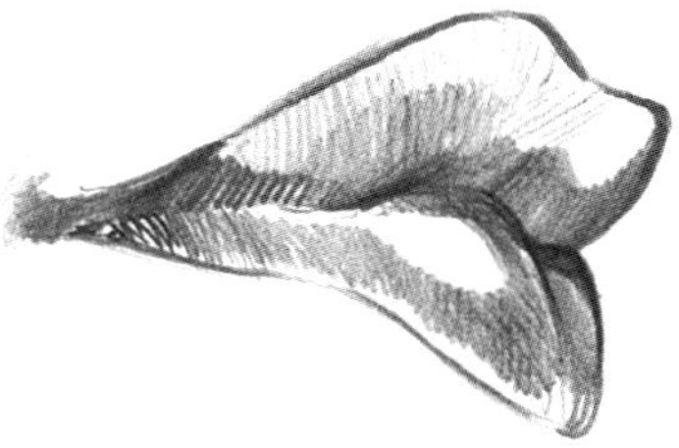

Bei einem Mann zeichnen Sie den Mund nur mit leichten Strichen und Schraffuren, sonst wirkt es, als würde er Lippenstift tragen. Männer haben auch schmalere Lippen als Frauen.

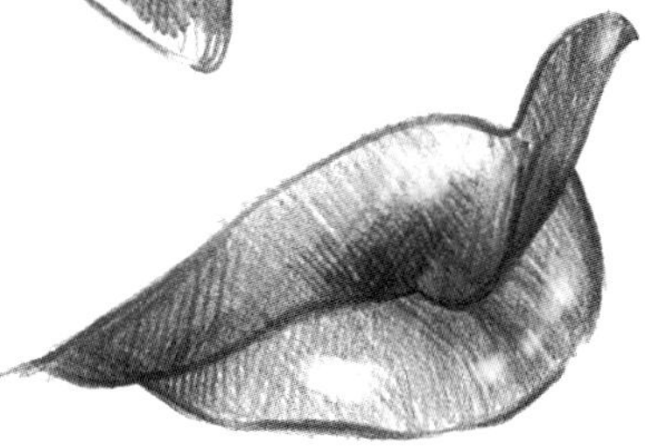

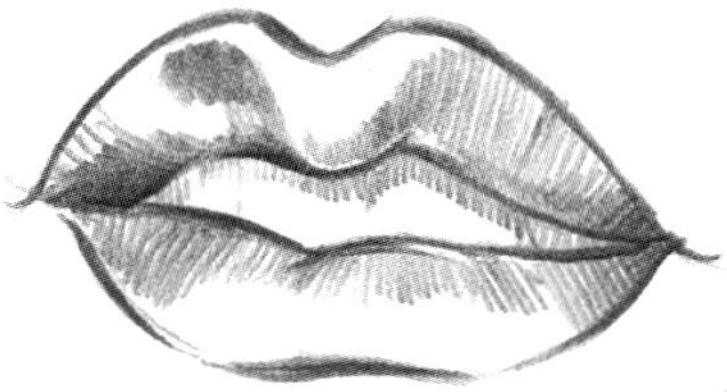

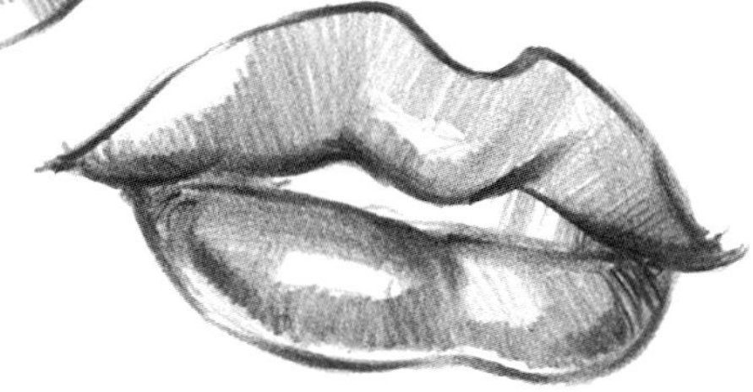

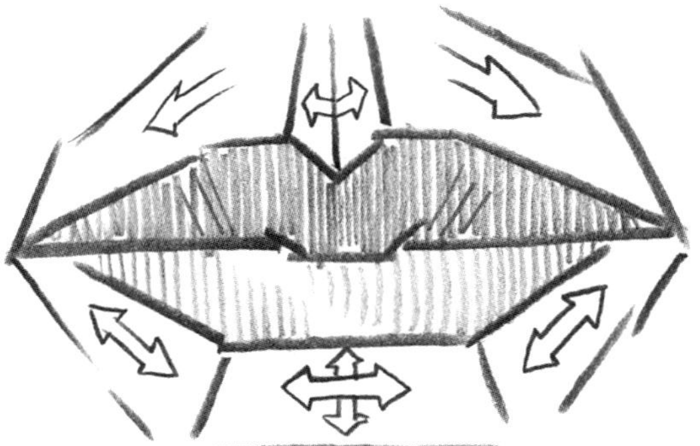

Gesichtsebenen rund um den Mund

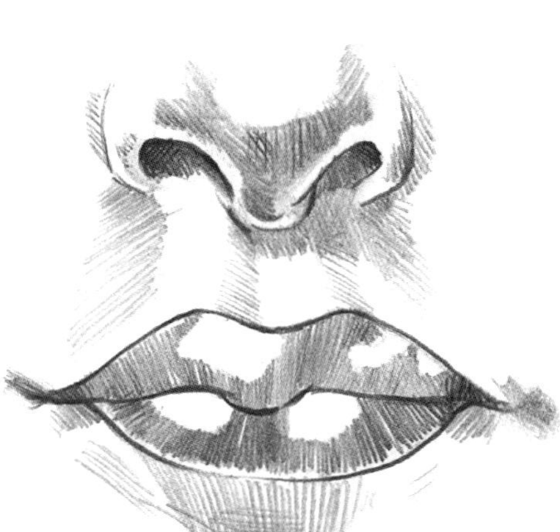

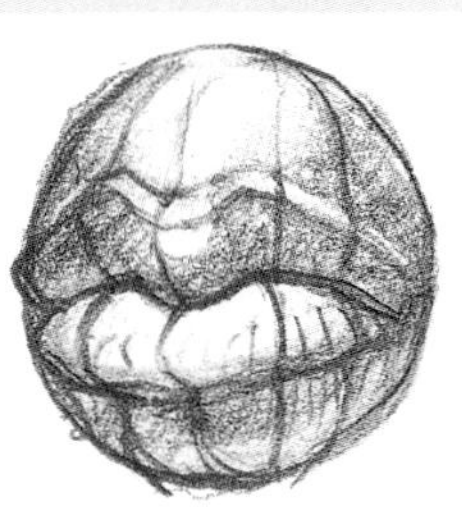

Zwischen Nase und oberer Lippe verläuft auf der Oberlippe eine senkrechte Spalte (A), die mehr oder weniger stark ausgeprägt sein kann. Die obere Lippe besteht aus einer leicht gewölbten linsenartigen Form in der Mitte (B) und zwei „Flügeln“ links und rechts davon. Die kleinen Muskeln am Mundwinkel (C) schließen den Mund ab.

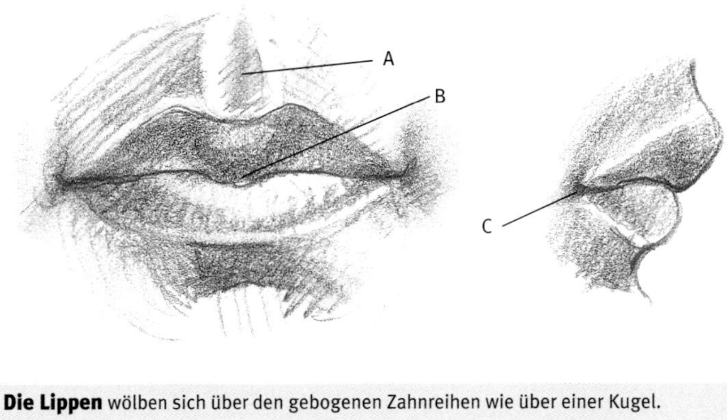

Die Lippen wölben sich über den gebogenen Zahnreihen wie über einer Kugel. Deshalb kann man den gesamten Mund aus einer Kugel heraus entwickeln.

A

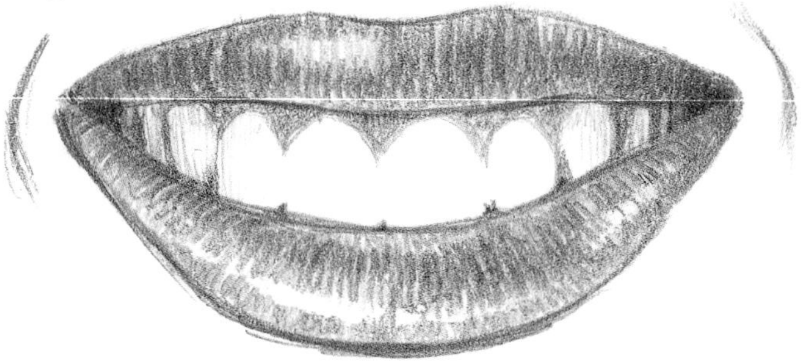

B

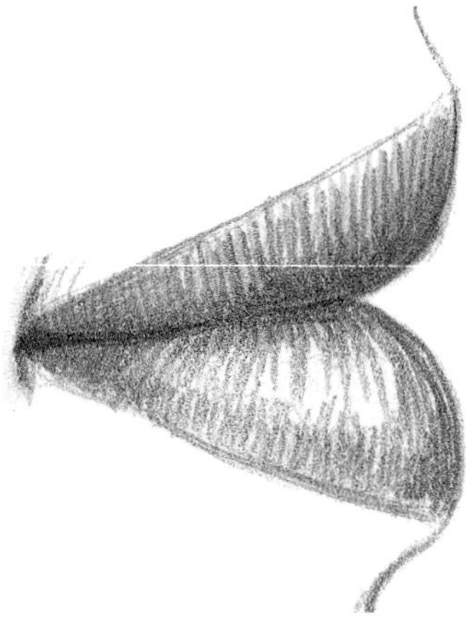

C

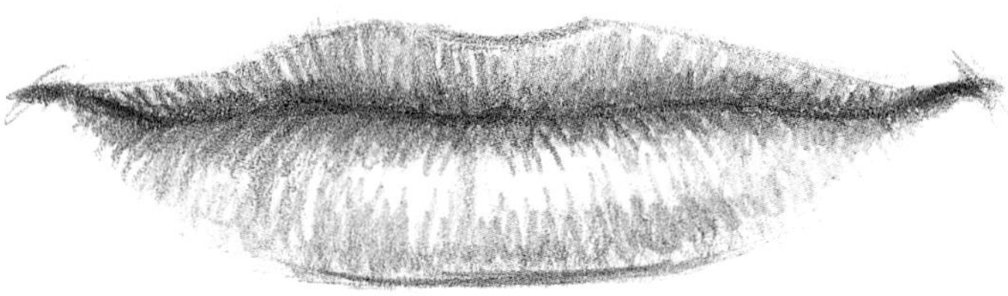

D

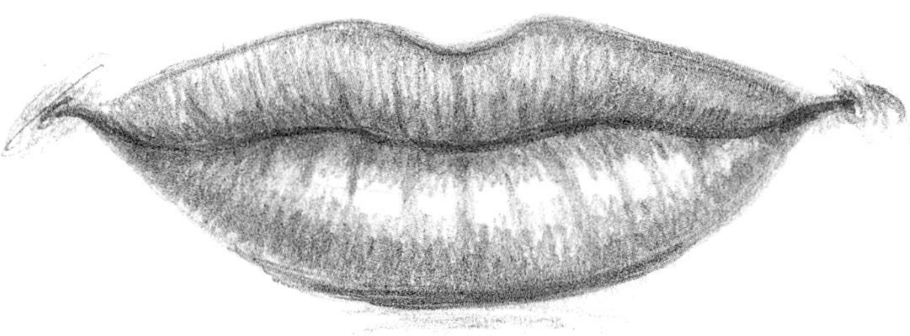

E

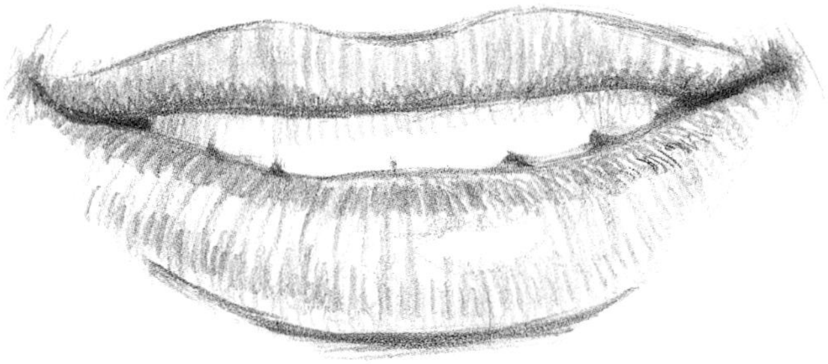

F

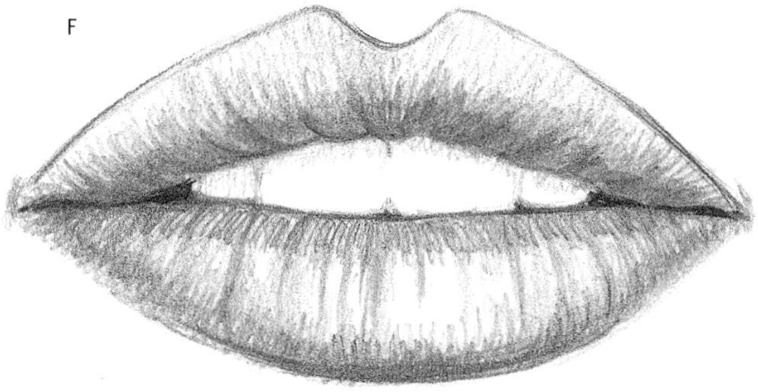

Erkennungszeichen Lippen Sie können bei jedem Bild selbst entscheiden, wie genau und detailliert Sie die Lippen darstellen möchten. In Abbildung A, B und D sehen Sie, wie man durch Grübchen ein Lächeln andeutet. In Abbildung A sind die Zähne einzeln ausgearbeitet, während E und F die Zahnreihen nur andeuten. Wie geschlossene Lippen wirken, zeigen Ihnen die Abbildungen B, C und D.

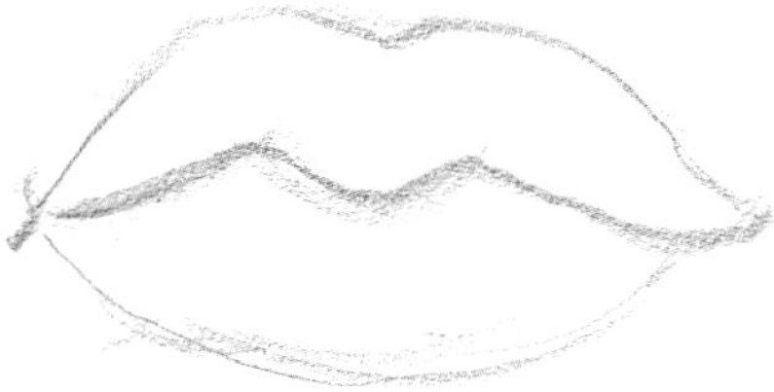

Nie den Mund als Umriss mit Wellen zeichnen – das führt zu Verwirrung.

Immer erst die Größe und die Winkel vorzeichnen.

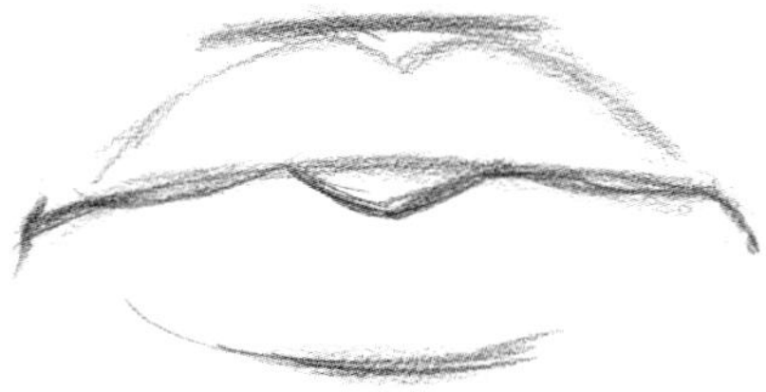

Dann die geschwungen Formen hinzufügen.

Das Lächeln

Vom Gesichtsausdruck hängt die Lebendigkeit eines Porträts ab. Es wirkt besonders anziehend, wenn das Modell lächelt. Wie Sie ein bezauberndes Lächeln richtig zeichnen, zeigen die folgenden Abbildungen.

A

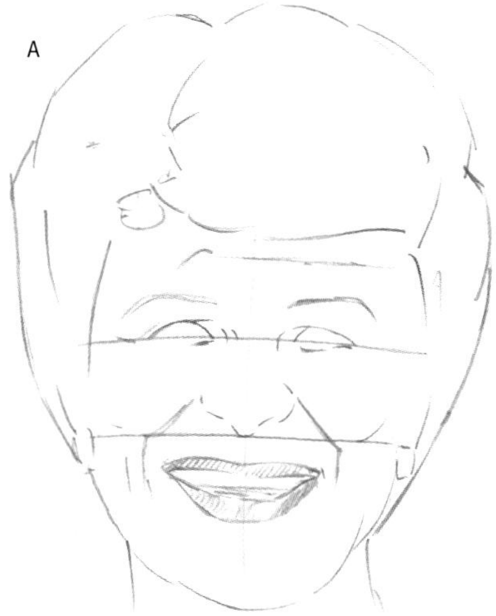

A

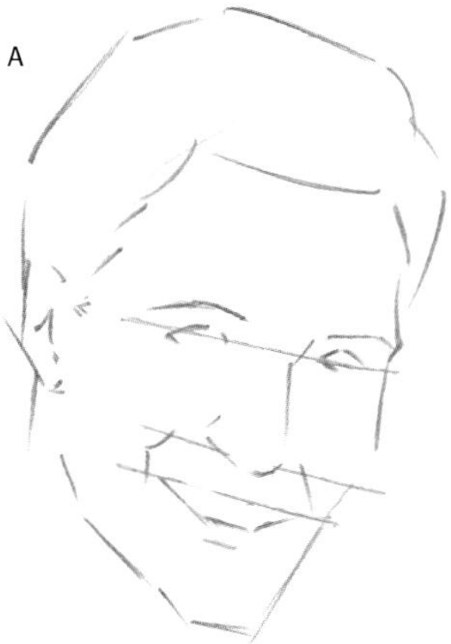

Beim Lächeln sind viele Elemente des Gesichts in Bewegung. So rutschen zum Beispiel die unteren Augenlider ein Stück nach oben, sodass die Augen schmaler werden.

B

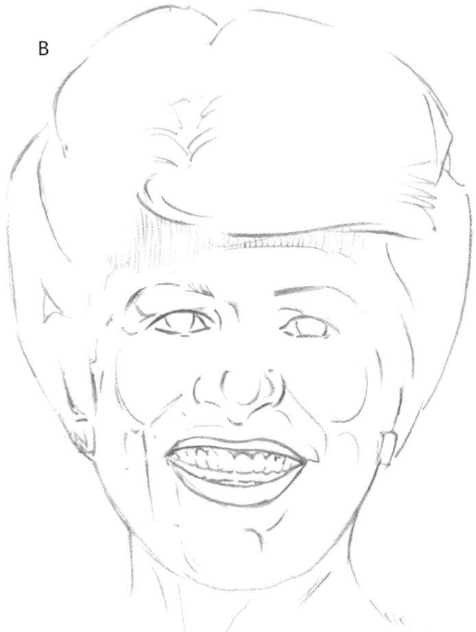

B

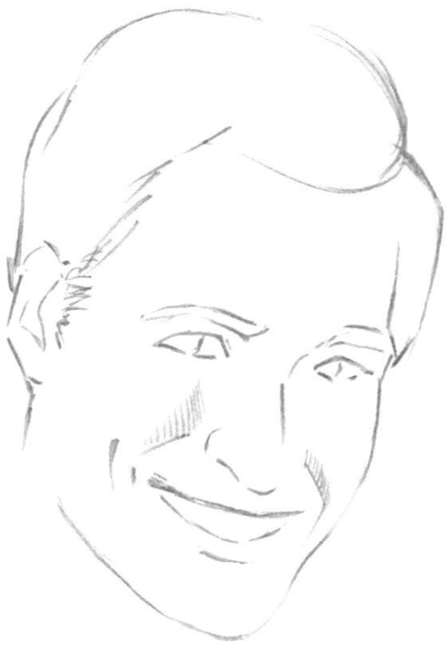

Sobald Sie die einzelnen Bereiche des lächelnden Gesichts richtig dargestellt haben, verbinden Sie sie zu einem harmonischen, freundlichen Gesamtausdruck. Ihr Wissen über die Proportionen und den Gesichtsaufbau mit Hilfslinien hilft Ihnen dabei.

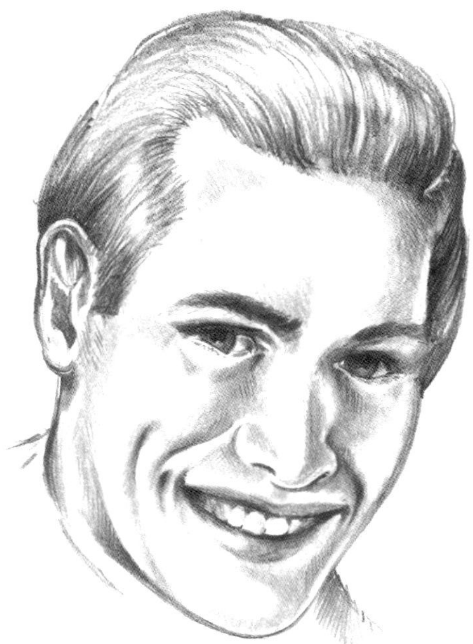

Beim Lächeln bilden sich Lachfältchen am Mund und auf den Wangen erscheinen größere Lichtreflexe, weil die Backen sich runden. Die Lippen dagegen erscheinen flacher und die Lichtreflexe verkleinern sich.

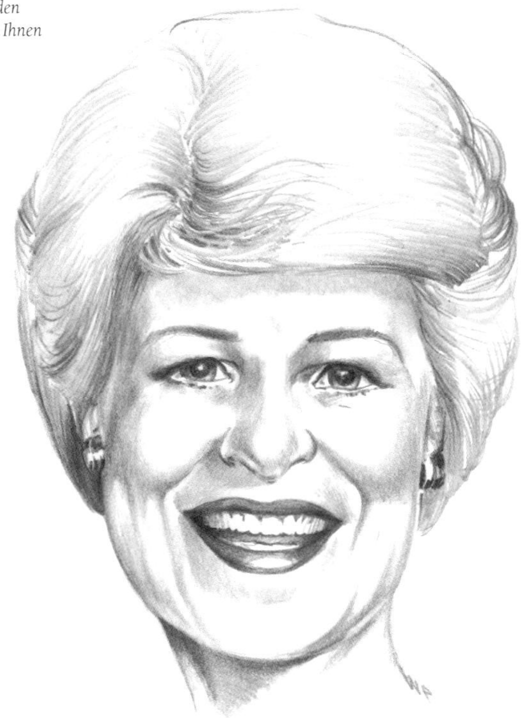

Junge Frau

Wenn Ihnen das Zeichnen von Porträts Freude macht, sollten Sie nach den ersten Anfängen dazu übergehen, Menschen nach einem Foto zu zeichnen. Am besten sind Schwarz-Weiß-Fotos geeignet, denn hier können Sie die Grautöne in aller Ruhe studieren und in Ihr Bild übertragen.

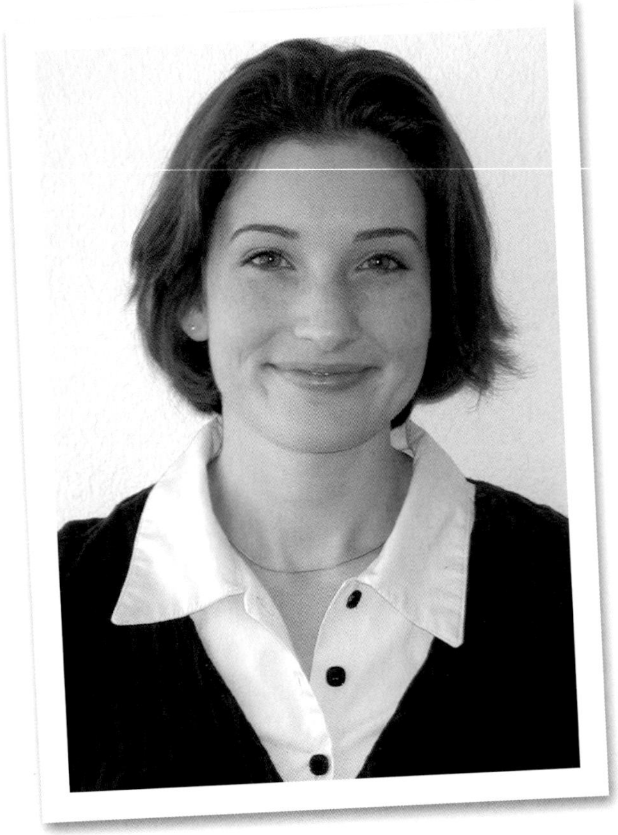

Auf dem Foto kommen die feinen Gesichtszüge, die zarte Haut und die strahlenden Augen sehr schön zur Geltung. Achten Sie aber auch auf die individuellen Besonderheiten, wie den leicht schiefen Mund, die Lachfältchen, die ziemlich weit auseinanderstehenden Augen und darauf, dass man die Nasenlöcher kaum sehen kann. Auf solche Details kommt es an, wenn Sie ein Porträt wirklichkeitsnah gestalten möchten.

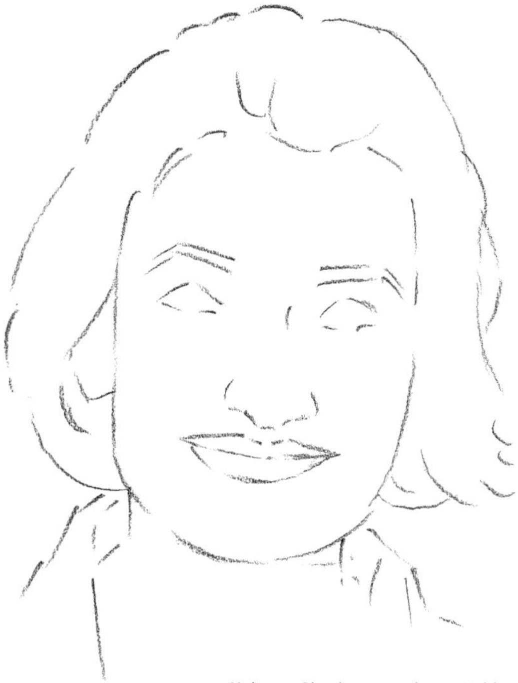

1 Nehmen Sie einen gespitzten Kohlestift und zeichnen Sie die ersten Umrisse von Kopf, Haar und Kragen mit leichten Strichen ein. (Für dieses Porträt eignet sich Kohle besonders gut, da Sie mit ihr auch feinste Grautöne leicht darstellen können.) Zum Schluss folgen die Gesichtszüge.

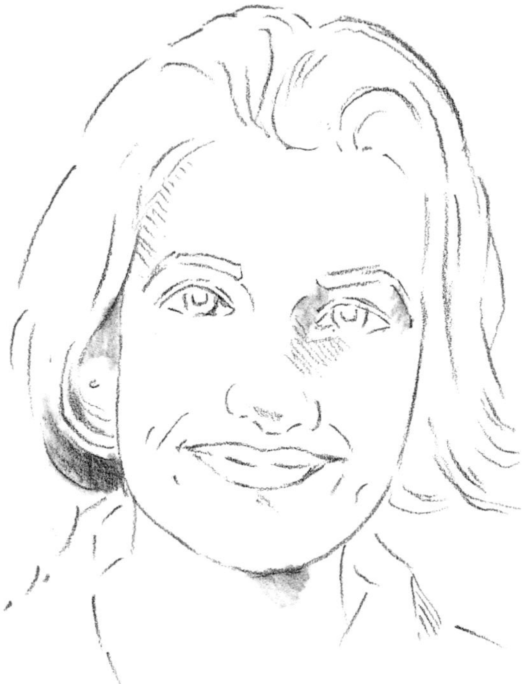

2 Mit der Arbeit am Gesicht geht es weiter: Sie zeichnen Iris und Pupille ein sowie die Lachfältchen. Jetzt ziehen Sie das Foto am besten nochmals zu Rate, damit Sie alle Feinheiten des Gesichts gut treffen. Dann folgen erste Schraffuren.

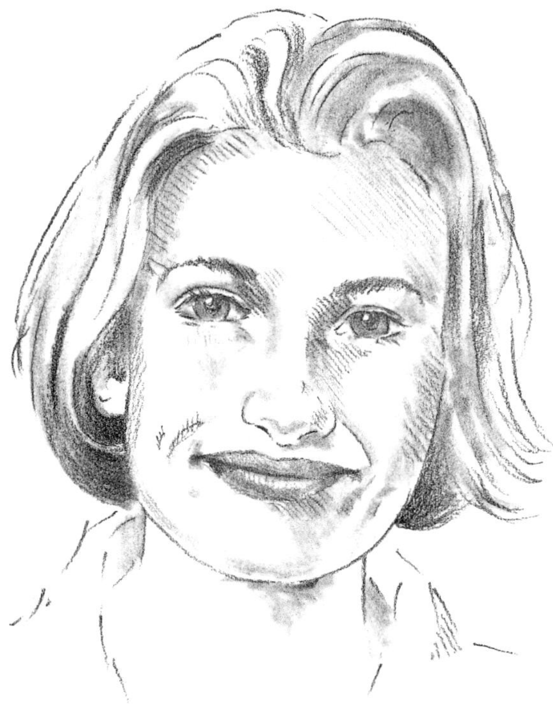

3 Nehmen Sie nun die Seite des Kohlestiftes und zeichnen Sie mit seiner Hilfe die Gesichtsebenen ein. Mit dem Knetradiergummi radieren Sie dann die Lichtreflexe im Auge heraus. Für die dichten Haarpartien nehmen Sie am besten ein Stück Kohle.

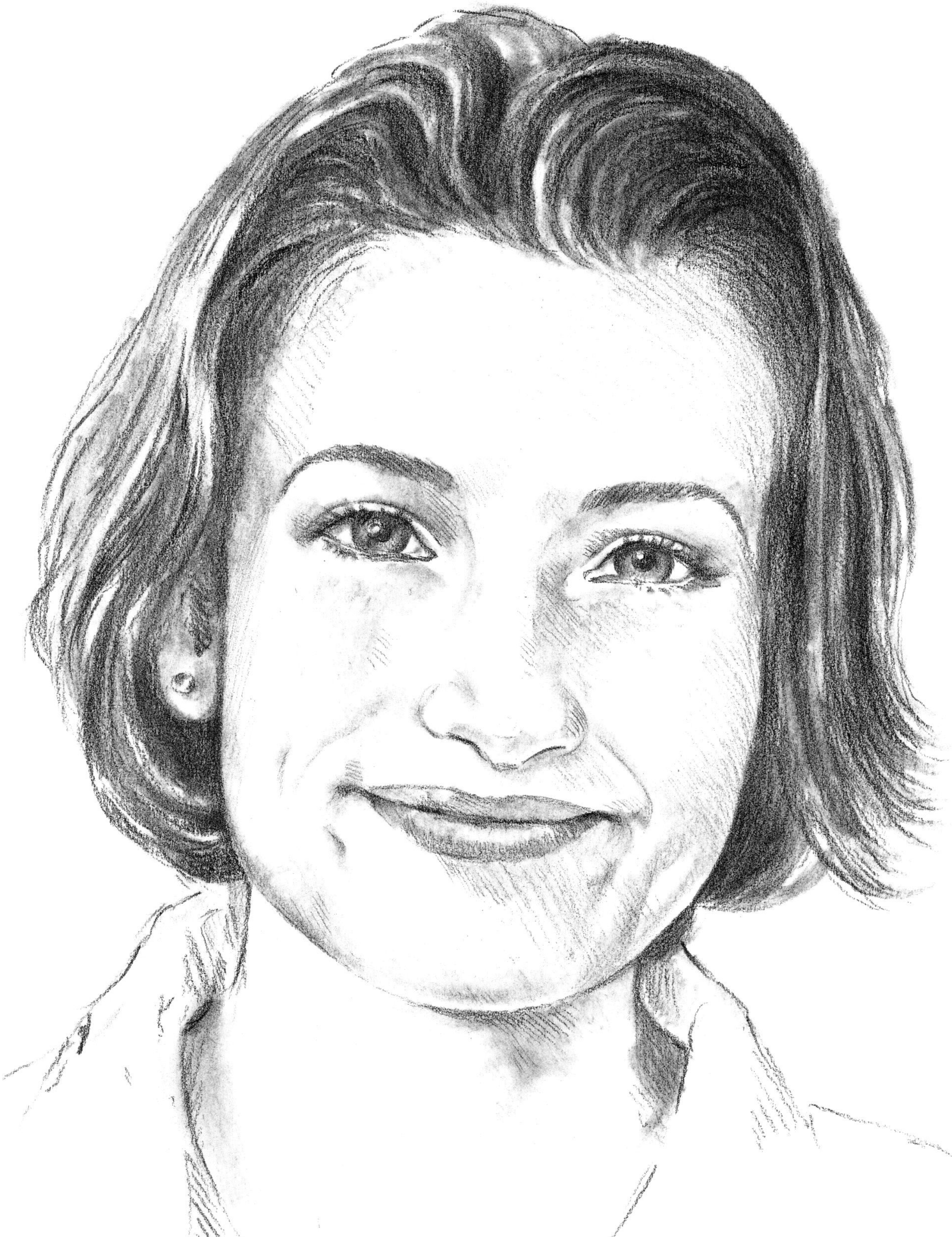

4 Arbeiten Sie weiter behutsam mit Kohlestift und Kohle am Gesicht. Für besonders feine Übergänge verwischen Sie die Farbe behutsam mit dem Finger oder mit einem Papierwischer. Überschüssige Kohle nie mit einem Tuch abreiben, sonst verschmiert das Bild.

Profil eines Mannes

Ein Profil kann sehr dramatisch wirken, denn von der Seite erkennt man die individuellen Charakteristika eines Menschen viel deutlicher als in der Frontansicht. Aber gerade deshalb müssen Sie darauf achten, dass nicht ein spezielles Merkmal zu stark betont wird.

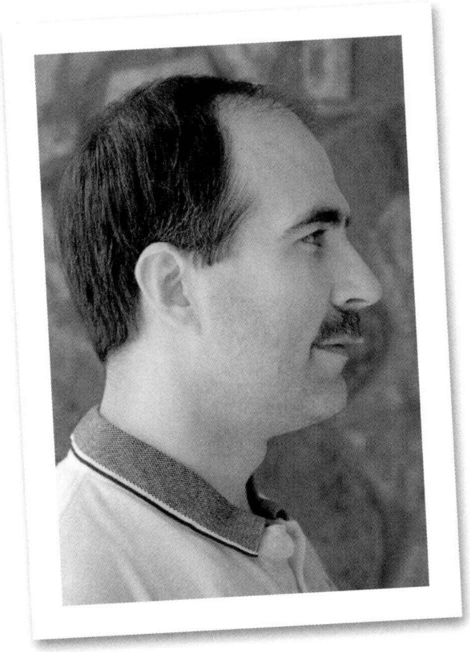

Bei einem Porträt von der Seite kommt es darauf an, die Hilfslinien ganz genau an der richtigen Stelle zu setzen, um die Proportionen des individuellen Gesichts, zu dem auch der Hinterkopf gehört, gut zu treffen.

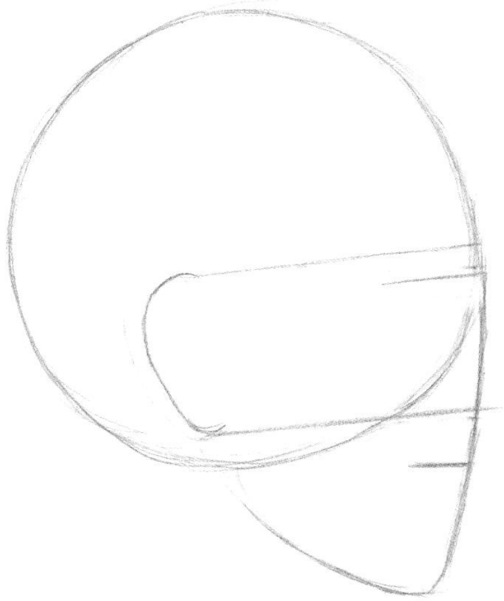

1 Nachdem Sie die Kopfform mit einem Kreis skizziert haben, nehmen Sie einen Bleistift in Härte HB und zeichnen Hilfslinien für Gesicht, Wangen und Kinn sowie für Augen, Nase, Mund und Ohr (► Seite 16 ff.). Arbeiten Sie dabei so nah wie nur möglich an Ihrer Vorlage.

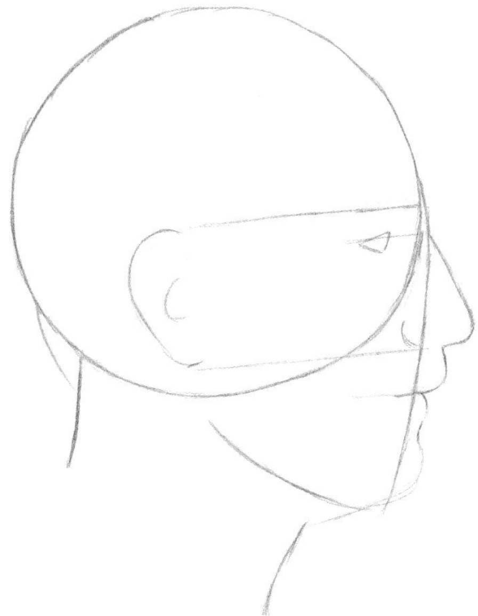

2 Anhand der Hilfslinien zeichnen Sie nun die Gesichtsmerkmale so ein, dass Sie das Individuelle, wie die etwas vorstehende Oberlippe, festhalten. Der Ausschnitt des Auges zeigt, wie klein das Auge im Profil wird (► Seite 21).

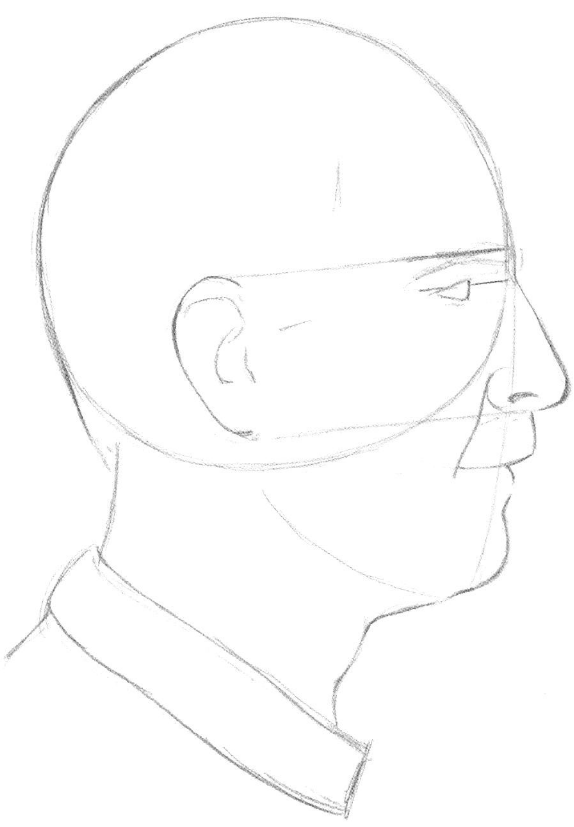

3 Beim Einzeichnen der Brauen achten Sie sehr genau auf die Abstände zwischen der Braue und den anderen Partien wie dem Auge und der Nase und versuchen den Bogen so exakt wie nur möglich zu treffen. Sobald Sie mit dem Umriss zufrieden sind, geht es an die ersten Details wie Hals und Adamsapfel.

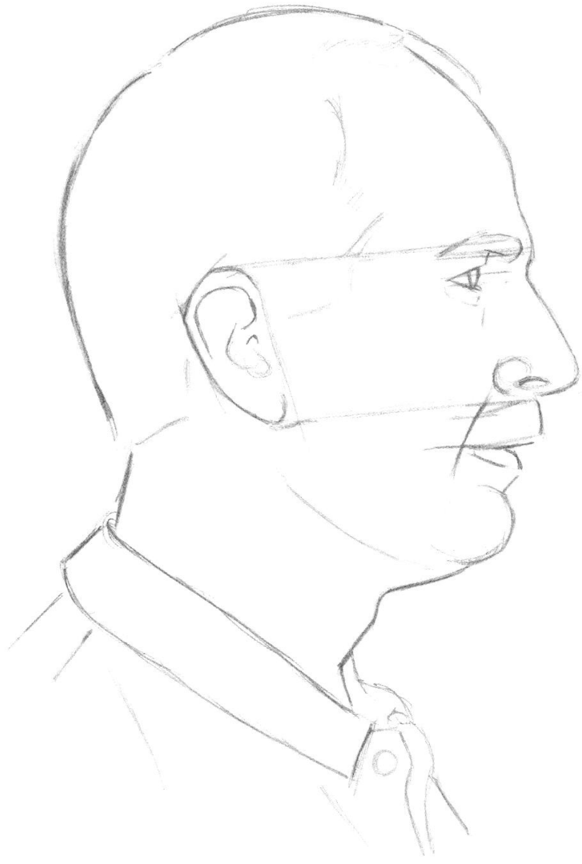

4 Beim Profil ist der Sitz der Haarlinie besonders wichtig, da sie großen Einfluss auf die Stirn hat und mitbestimmt, ob Ihr Bild Ähnlichkeit mit der Person hat, die Sie porträtieren: Hier ist die Stirn sehr hoch. Dann arbeiten Sie weiter an den Gesichtszügen.

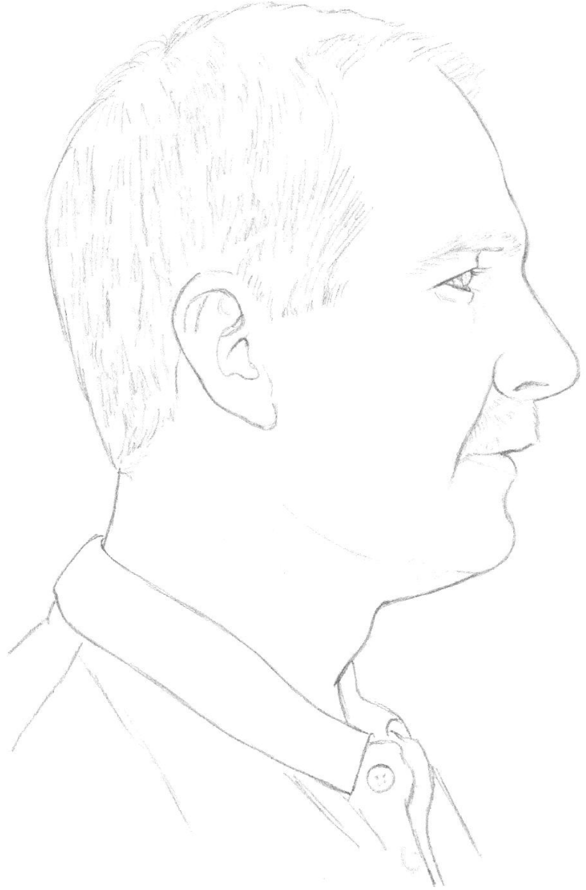

5 Nun sieht man die Ähnlichkeit schon. Deshalb nehmen Sie einen Bleistift in Härte 2B und bringen Räumlichkeit ins Bild: Nase und Wangen werden runder. Auf der Oberlippe deuten erste kleine Strichlein den Schnurrbart an – auf den Kopf setzen Sie kurze, rasche Striche fürs Haar. Es folgen Detailarbeiten an Auge, Ohr und Braue.

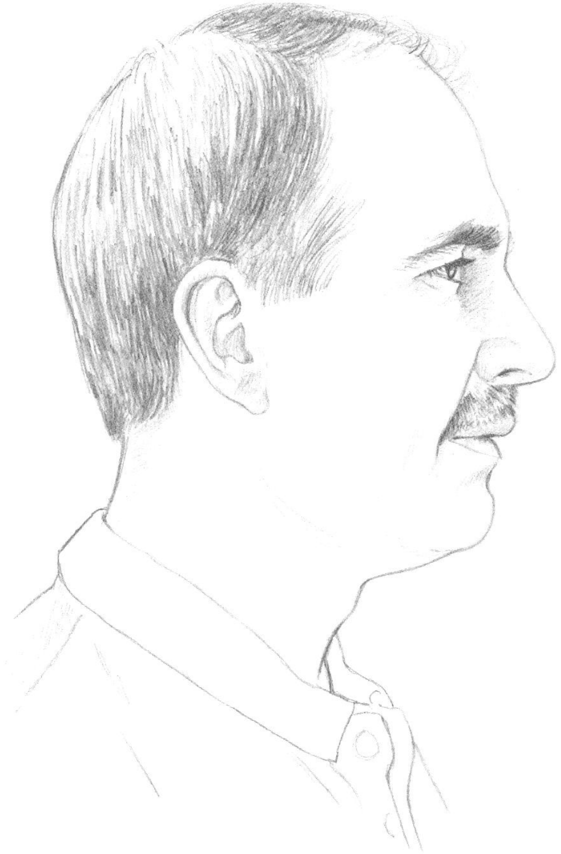

6 Arbeiten Sie weiter an Haaren, Augenbrauen und Schnurrbart mit dem Bleistift in Härte 2B mit Strichen in der Wuchsrichtung. Beim Haupthaar lassen Sie einige Stellen ganz weiß. Dann wenden Sie sich den Linien und Schatten im Gesicht zu und schraffieren Auge, Ohr und Nase in einem sanften Grau.

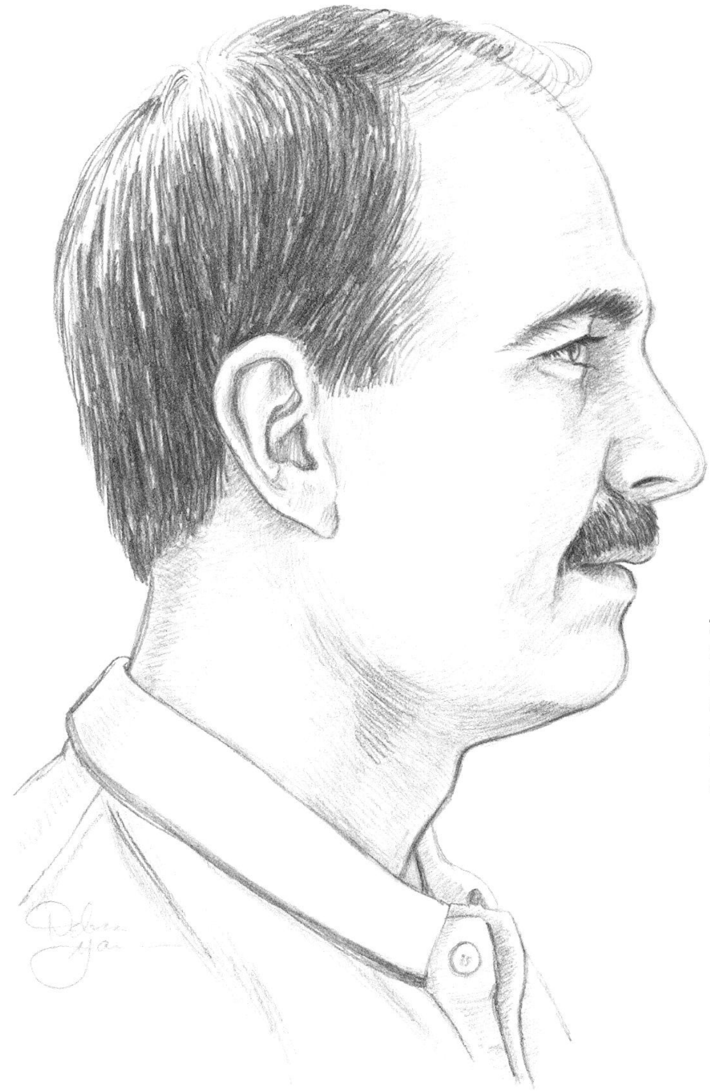

7 Am Mund die Lippen schraffieren und mit dem Knetradiergummi einen Lichtreflex setzen. Die Details am Ohr ausarbeiten und das Haar mit dunklen Strichen formen – dabei einige Lichtreflexe am Oberkopf erhalten. Stirn, Nase und Kinn schraffieren, nur auf den Wangen und der Stirn größere Stellen ganz weiß lassen, damit der Betrachter erkennt, dass das Licht seitlich von oben aufs Gesicht fällt.

Wirklichkeitsnah porträtieren

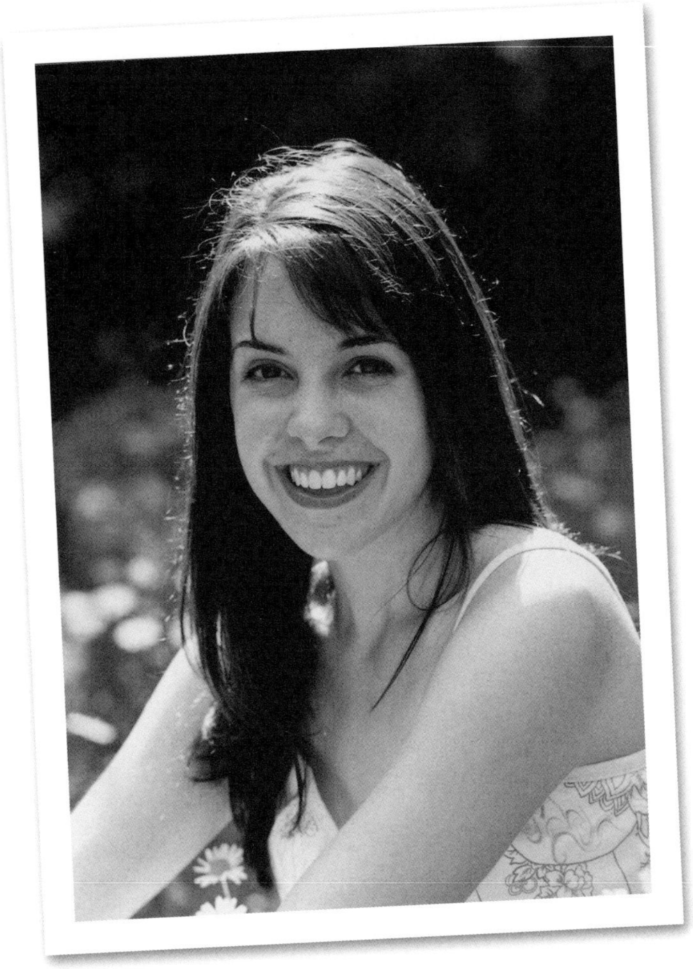

Jetzt können Sie zeigen, was Sie gelernt haben. Legen Sie die Proportionen mit Hilfslinien an und platzieren Sie die wichtigsten Elemente. Dann studieren Sie Ihr Modell genau: Wenn Sie wissen, was dieses Gesicht einzigartig macht, können Sie mit großer Sicherheit ein treffendes Porträt anfertigen.

Was man sieht Ein Foto hilft Ihnen, nur das zu zeichnen, was Sie wirklich sehen. Es hilft übrigens sehr, das Foto und auch die Zeichnung auf den Kopf zu stellen: Man kann viele Einzelheiten besser erkennen.

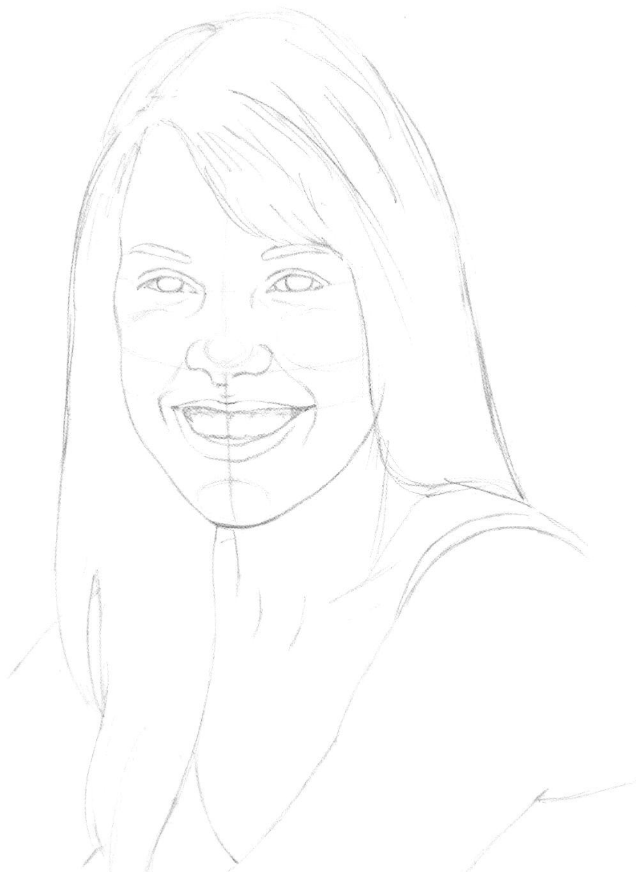

2 Mit einem Bleistift in Härte 2B zeichnen Sie die runden Elemente des Gesichts. Vergleichen Sie Zeichnung und Foto möglichst oft, damit Sie alle Eigenheiten des Gesichts wirklichkeitsgetreu wiedergeben, wie hier die Stupsnase, die etwas unsymmetrischen Augen und das große Lächeln.

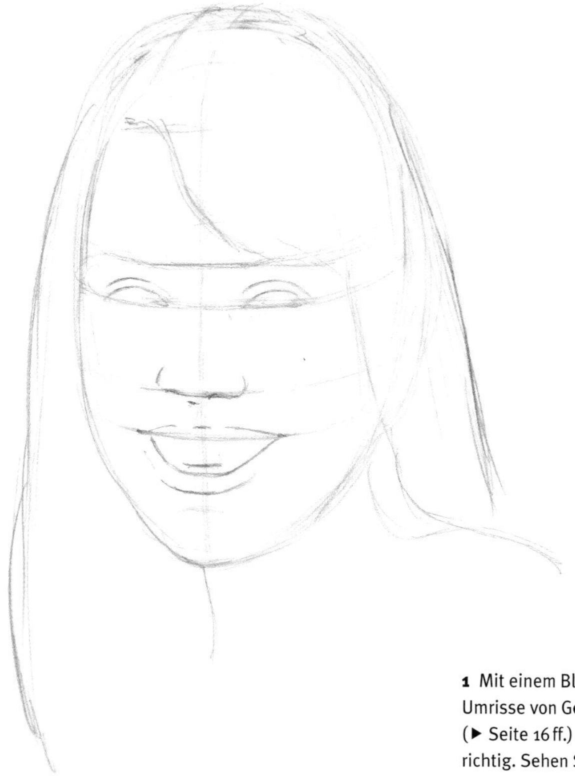

1 Mit einem Bleistift in Härte HB zeichnen Sie die groben Umrisse von Gesicht und Haaren. Setzen Sie die Hilfslinien (▶ Seite 16 ff.) und platzieren Sie Mund, Augen und Nase richtig. Sehen Sie, dass der Mund etwa ein Viertel des Gesichts ausmacht?

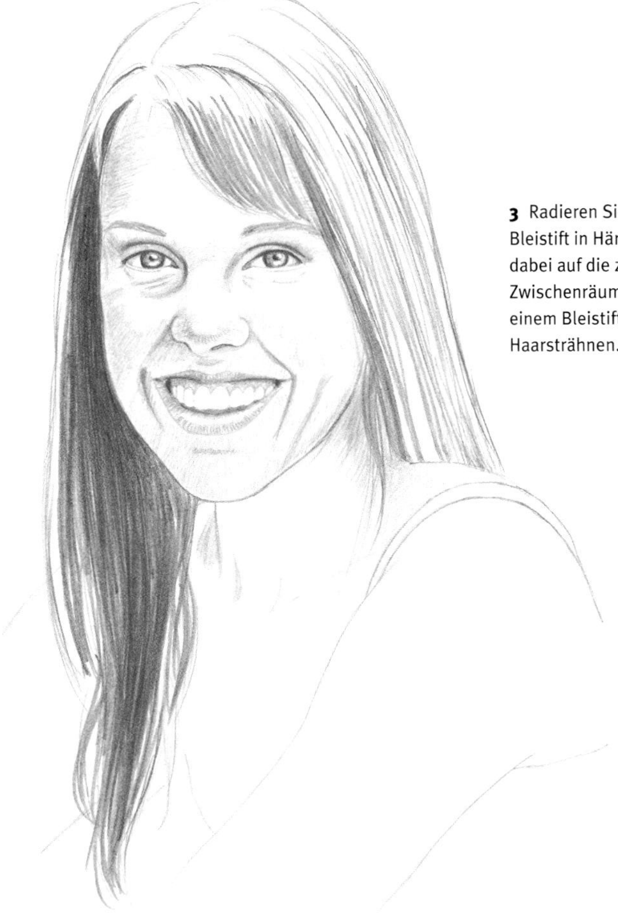

3 Radieren Sie die Hilfslinien aus und folgen Sie mit einem Bleistift in Härte 2B den Formen des Gesichts – achten Sie dabei auf die zarte Haut. Bei den Zähnen deuten Sie die Zwischenräume mit etwas unregelmäßigen Linien an. Mit einem Bleistift in Härte 3B formen Sie die ersten Haarsträhnen.

Gesichtszüge

Diese Zeichnung zeigt dieselbe junge Frau. Trotz der Veränderungen (Kleid, andere Pose, Ausdruck), erkennt man sie einwandfrei wieder. Das erreichen Sie nur, wenn Sie beim Zeichnen wirklichkeitsnah arbeiten und das einfangen, was einen Menschen einzigartig macht.

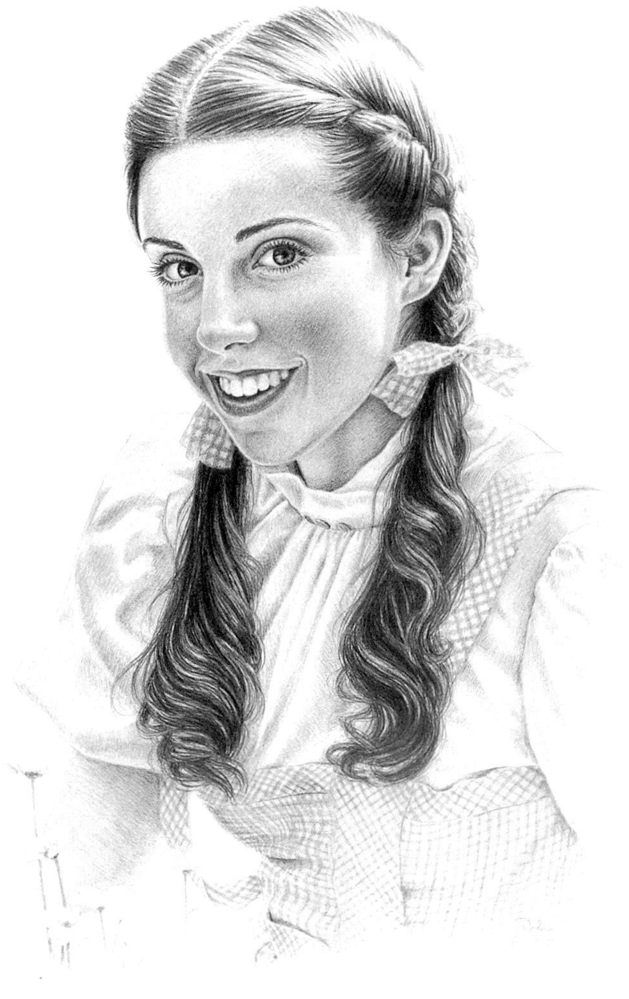

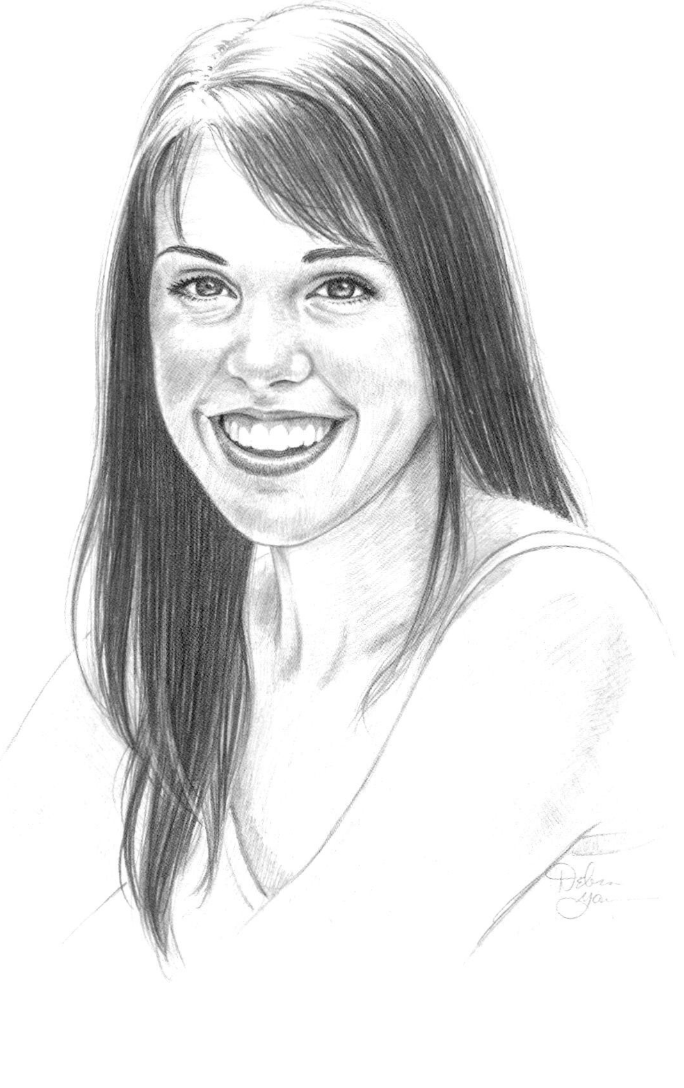

4 Um den Glanz des Haares schön wiederzugeben, arbeiten Sie mit einem Bleistift in Härte 4B und mit unterschiedlich langen Strichen. Am Oberkopf ziehen Sie behutsam einige Striche in die weißen Partien, damit der Übergang nicht so abrupt wirkt. Zum Schluss verfeinern Sie die Augen und den Mund.

Den Hintergrund gestalten

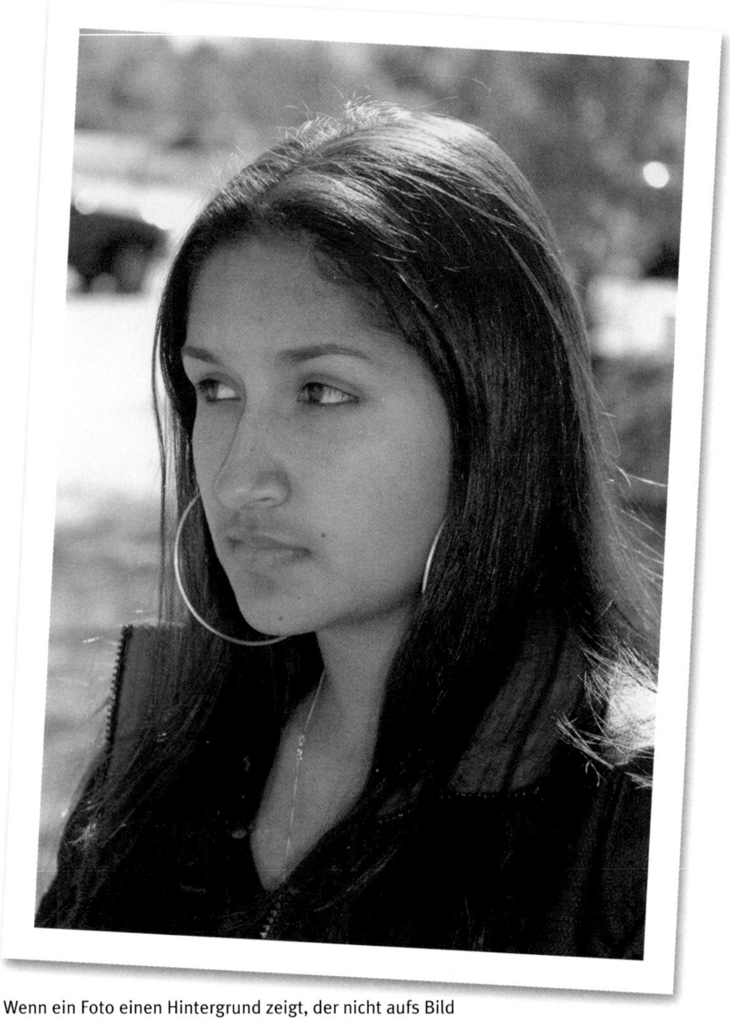

Wenn ein Foto einen Hintergrund zeigt, der nicht aufs Bild soll, haben Sie alle künstlerische Freiheit, ihn zu verändern. Wichtig ist, den Hintergrund zum richtigen Zeitpunkt zu zeichnen.

Der Hintergrund eines Bildes trägt viel zu dessen Stimmung bei. Er sollte das Motiv ergänzen und deshalb nicht stärker hervortreten als das Motiv selbst. Bei Porträts zeichnen Sie einen hellen Hintergrund bei Personen mit dunklem Haar und einen dunklen für Personen mit hellem Haar.

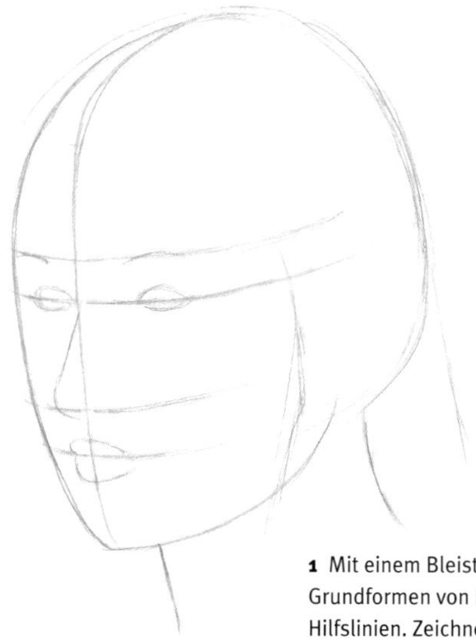

1 Mit einem Bleistift in Härte HB skizzieren Sie die Grundformen von Kopf und Gesicht sowie die wichtigsten Hilfslinien. Zeichnen Sie dann die Positionen von Auge, Augenbrauen, Nase und Mund ein. Achten Sie darauf, dass die senkrechte Trennlinie (▶ Seite 24 ff.) nicht in der Mitte liegt, sondern in der linken Hälfte des Gesichts, weil die junge Frau den Kopf gedreht hat. Deuten Sie dann Hals und Haar an.

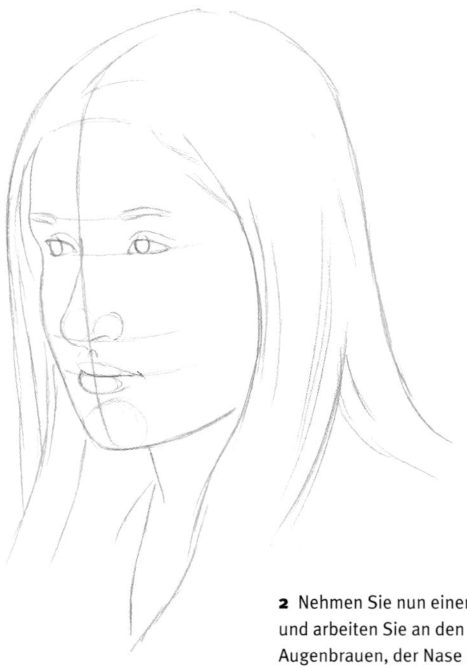

2 Nehmen Sie nun einen Bleistift in Härte 2B und arbeiten Sie an den Details der Augen, Augenbrauen, der Nase und am Mund. Nun folgt das Haar, dessen Fall Sie mit langen, schwingenden Linien bestimmen. Zeichnen Sie dann den Ausschnitt am Shirt ein.

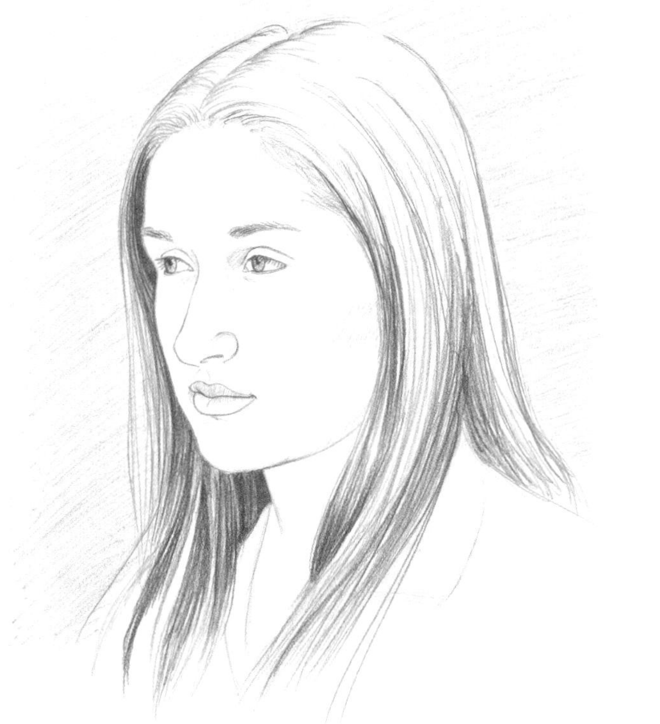

3 In diesem Schritt beginnen Sie mit dem Hintergrund. Als Erstes zeichnen Sie noch die Iris in beiden Augen ein, dann schraffieren Sie mit gleichmäßig verteilten, leicht diagonalen Strichen einen rechteckigen Raum ums Gesicht. Anschließend arbeiten Sie mit einem Bleistift in Härte 3B die ersten dunkleren Partien im Haar aus. Würden Sie erst am Haar arbeiten und dann den Hintergrund einzeichnen, könnten Sie dabei das Haar ganz leicht verschmieren und Ihre Zeichnung zunichtemachen.

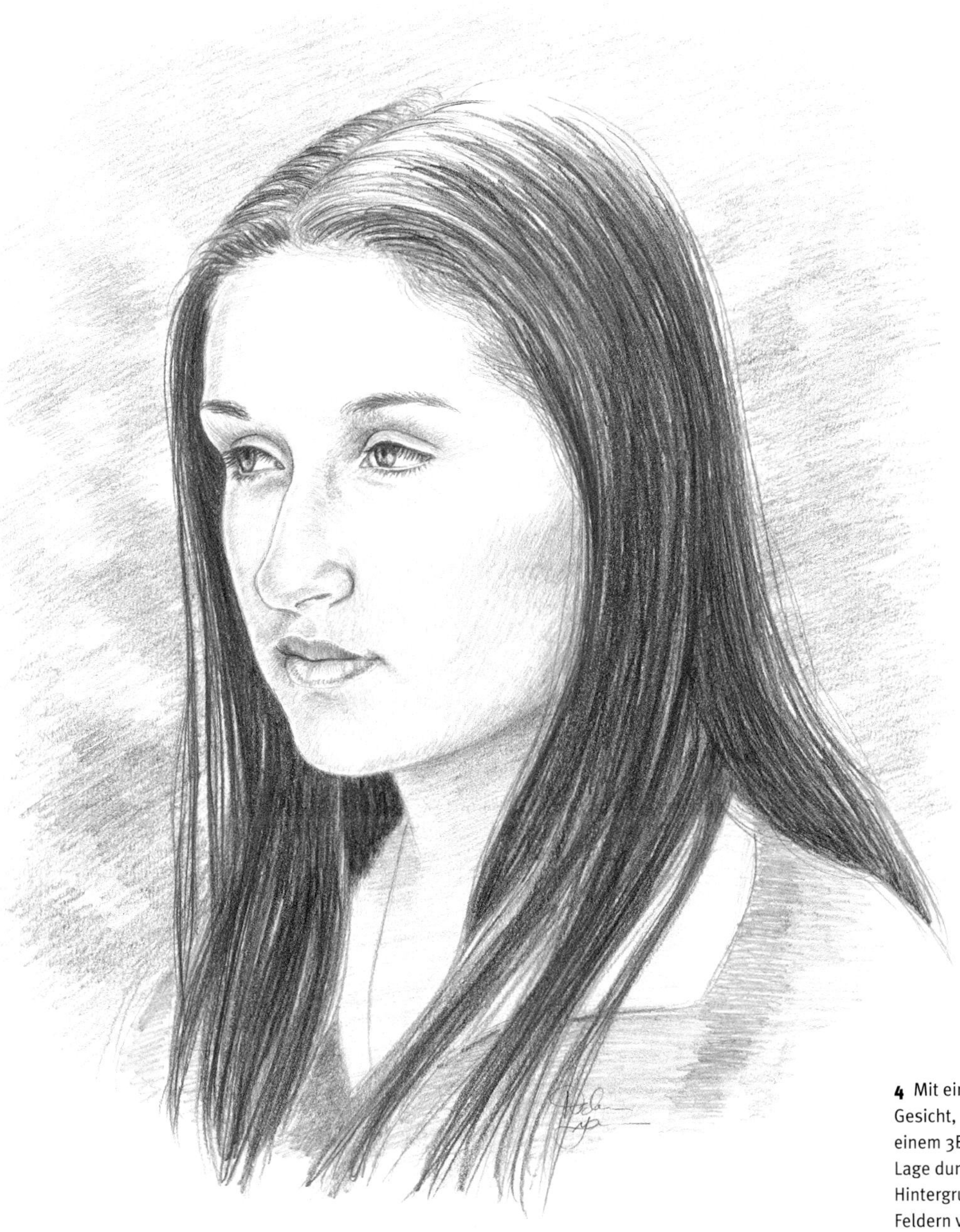

4 Mit einem Bleistift in Härte 2B arbeiten Sie die Details im Gesicht, am Hals und am Shirt weiter aus. Dann geht es mit einem 3B weiter: Füllen Sie das Haar auf mit einer weiteren Lage dunkler Striche. Dann beschäftigen Sie sich mit dem Hintergrund und gestalten ihn mit unterschiedlichen Feldern von Hell und Dunkel interessant. Zum Schluss glätten Sie die Übergänge mit einem Knetradiergummi.

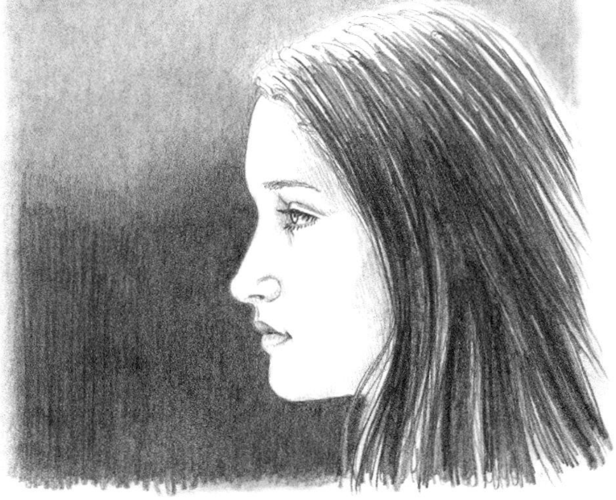

Dramatik

Ein sehr dunkler Hintergrund verleiht jedem Bild einen unwiderstehlich dramatischen Effekt. Da die junge Frau im Bild unten von der Seite zu sehen ist, treffen die hellsten Stellen ihres Gesichts direkt auf die dunkelsten Bereiche des Hintergrunds. Damit nun wiederum ihr dunkles Haar nicht vom Hintergrund verschluckt wird, wenden Sie einen kleinen Trick an: Sie zeichnen einen Verlauf von Dunkel nach Hell, der sich so verteilt, dass die helleren Partien direkt hinter den strahlenden Lichtreflexen im Haar auf dem Oberkopf erscheinen.

Arbeiten mit Licht und Schatten

Ob Sie nach einem Foto zeichnen oder mit einem lebenden Modell arbeiten, ob Sie in Freien zeichnen oder im Studio – entscheidend für die Atmosphäre eines Bildes ist das Licht. Weiches Licht lässt eine Person ruhiger erscheinen – angestrahlt von intensivem hellem Licht wirkt jeder Mensch dramatisch. Vom Licht hängen auch die Schatten ab, denn sie sind je nach der Beleuchtung mehr oder weniger kontrastreich. Für die Darstellung von Licht in einem Porträt gilt eine einfache Regel: Was direkt im Licht liegt, ist hell – was im Schatten liegt, dunkel.

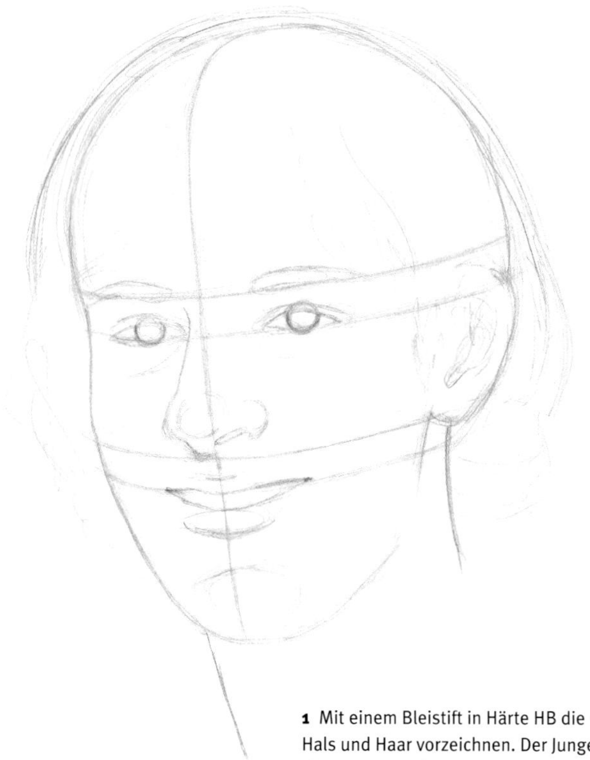

1 Mit einem Bleistift in Härte HB die Grundformen von Kopf, Hals und Haar vorzeichnen. Der Junge zeigt sein Gesicht in einer Dreiviertelansicht, deshalb muss die Mittellinie nach links versetzt werden (▶Seite 24 ff.). Die Gesichtszüge mit leichten Strichen vorzeichnen – vor allem die noch jugendlich runde Form von Nase und Kinn festhalten.

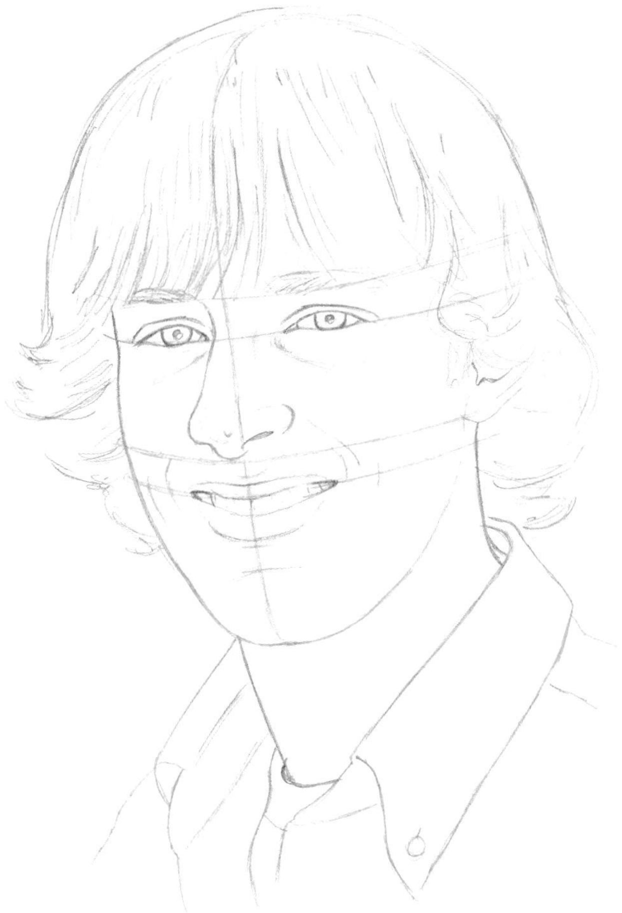

2 Mit einem Bleistift in Härte 2B erste Details von Mund, Nase, Augen und Augenbrauen einzeichnen. Die leichten Falten am Mund und um die Augen nicht vergessen! Anschließend vom Hemd Kragen und Knopf andeuten sowie den Saum des Shirts.

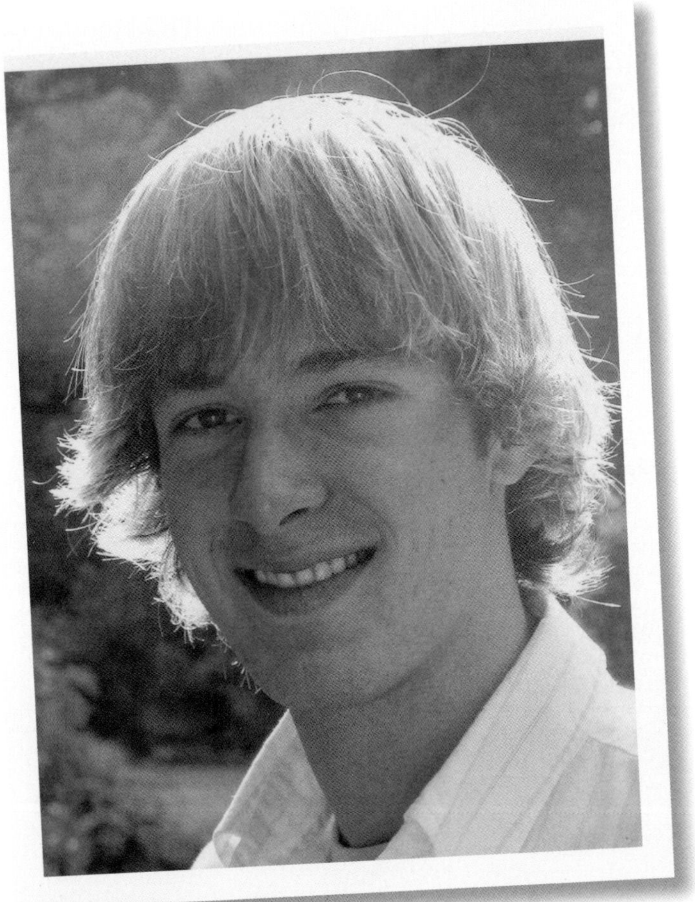

Für dieses Foto wurde ein Scheinwerfer hinter dem jungen Mann aufgestellt, sodass sein Gesicht im Schatten liegt, die Haare aber hell erscheinen. Lassen Sie um den Kopf herum weiße Stellen auf dem Papier stehen, damit das Haar lebendig wirkt und sich optisch gut vom Hintergrund trennt.

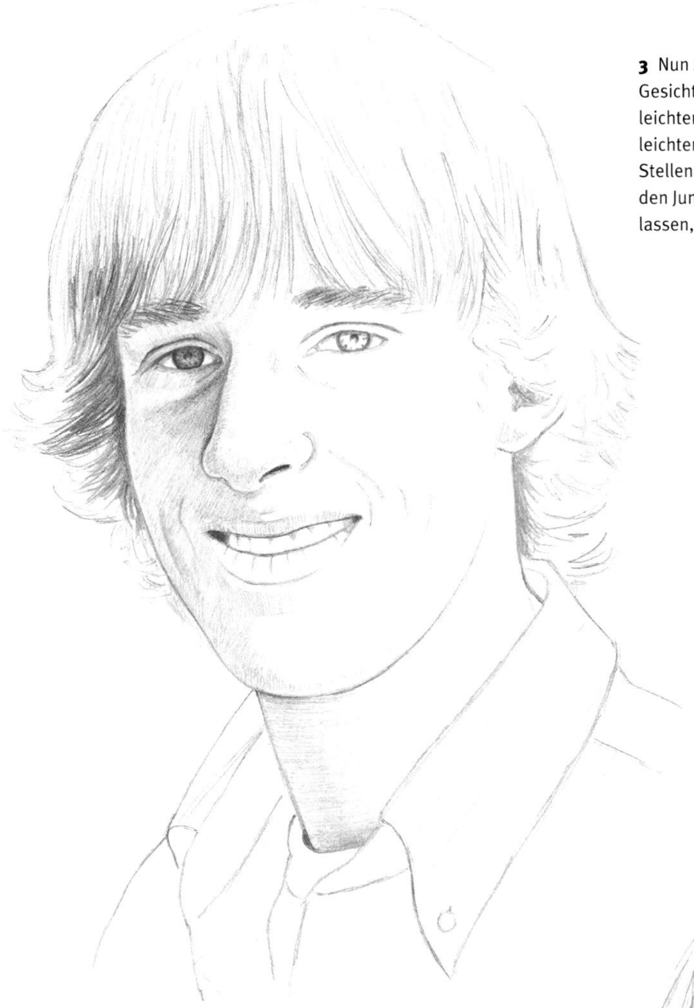

3 Nun zuerst mit einem Bleistift in Härte 2B die rechte Gesichtshälfte schraffieren: Als Erstes eine feine Schicht leichter kurzer Striche auftragen. Darüber eine Schicht leichter, aber längerer Striche legen. Beim Haar genug Stellen weiß lassen, denn hier scheint das Licht direkt auf den Jungen. Die langen Striche am Oberkopf auslaufen lassen, damit das Haar lebensecht aussieht.

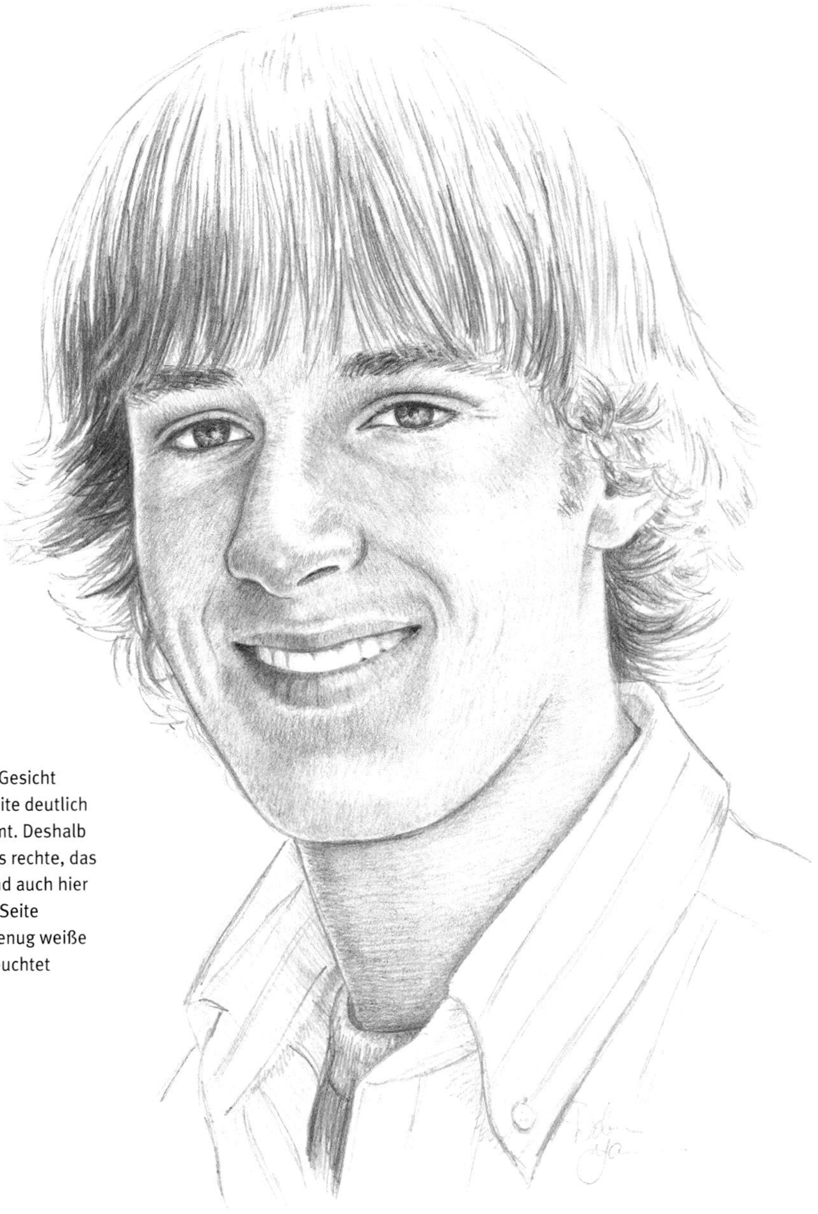

4 Immer noch mit dem Bleistift in Härte 2B das Gesicht feiner ausschraffieren – dabei bleibt die linke Seite deutlich heller als die rechte, da das Licht von links kommt. Deshalb auch das linke Auge jetzt stärker betonen als das rechte, das im Schatten liegt. Den Hals weiter bearbeiten und auch hier an den Unterschied zwischen linker und rechter Seite denken. Zum Schluss das Haar anpassen, und genug weiße Stellen beibehalten, damit das Haar hell durchleuchtet wirkt.

Zeichnen mit einem Modell

Beim Zeichnen nach einem lebenden Modell haben Sie einen unschätzbaren Vorteil: Sie können das Modell so ins Licht setzen, wie es Ihnen zusagt. Beim Arbeiten im Freien kann das Modell seine Position ändern, bis Sie zufrieden sind. Im Studio verändern Sie das Licht, bis alles passt.

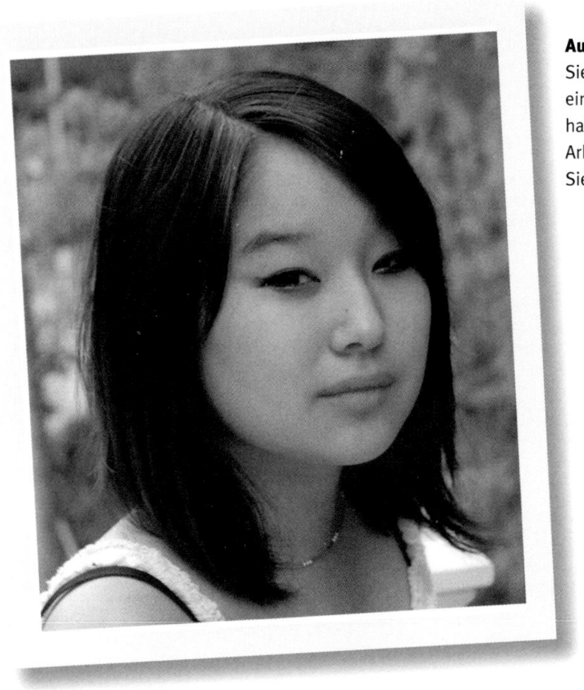

Auf Bequemlichkeit achten Sorgen Sie dafür, dass Ihr Modell eine Pose einnimmt, die es gut für einige Zeit halten kann. Unterbrechen Sie die Arbeit etwa alle halbe Stunde, damit Sie beide sich ausruhen können.

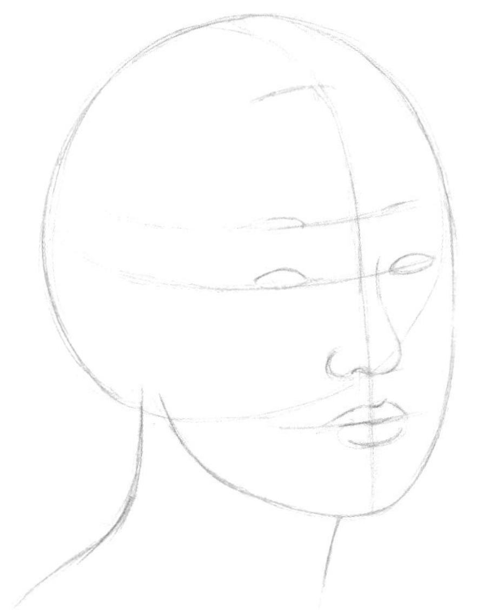

1 Mit einem Bleistift in Härte HB die Kopfform vorzeichnen. Da das Gesicht der jungen Frau in der Dreiviertelansicht zu sehen ist, ist die Mittellinie ein wenig nach rechts verschoben (▶ Seite 24). Dann entlang der Hilfslinien Augen, Nase und Mund an der richtigen Stelle einzeichnen. Zum Schluss den Hals andeuten.

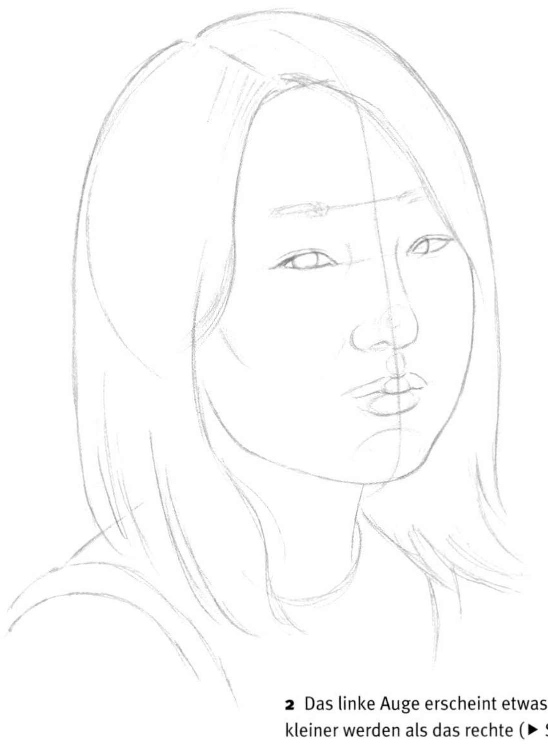

2 Das linke Auge erscheint etwas verkürzt, es muss also kleiner werden als das rechte (▶ Seite 24). In der Dreiviertelansicht ist nur ein Nasenloch zu sehen, und der Mund muss links kürzer erscheinen als rechts. Nur wenn alle Details des Gesichts, die dem Betrachter zugewendet sind, größer sind als auf der anderen Seite hat er den Eindruck, dass die gezeichnete Person sich ihm zuwendet.

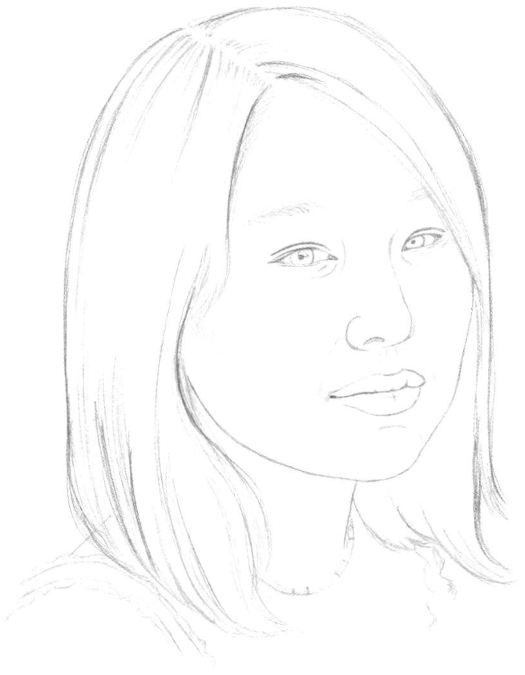

3 Während Sie die Proportionen überprüfen, kann sich das Modell ein wenig bewegen und ausruhen. Mit frischer Kraft werden dann die Details für Mund, Augen, Augenbrauen und Nase gezeichnet. Dann ist Zeit für das Rüschenhemd und den Halsreifen mit den ersten Details.

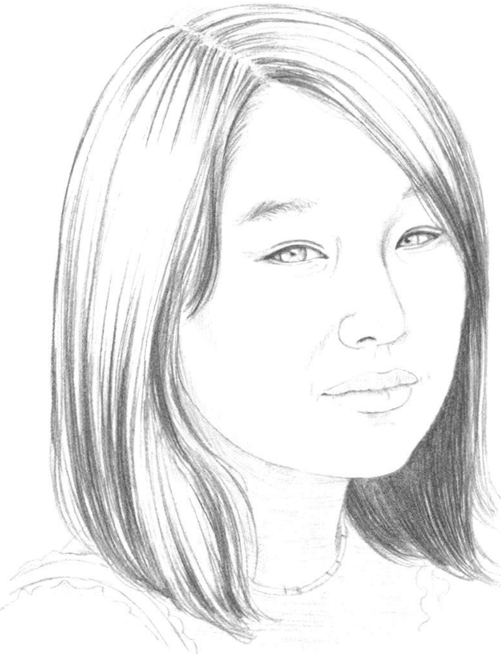

4 Zuerst die dunkelsten Stellen einzeichnen, dabei immer wieder zum Modell hinsehen und die Schatten genau erfassen. Mit einem Bleistift in Härte 2H das Haar zeichnen. Viele weiße Flächen für die Lichtreflexe stehen lassen. Zum Schluss die Form des Halses mit leichten waagrechten Strichen mehr andeuten als zeichnen.

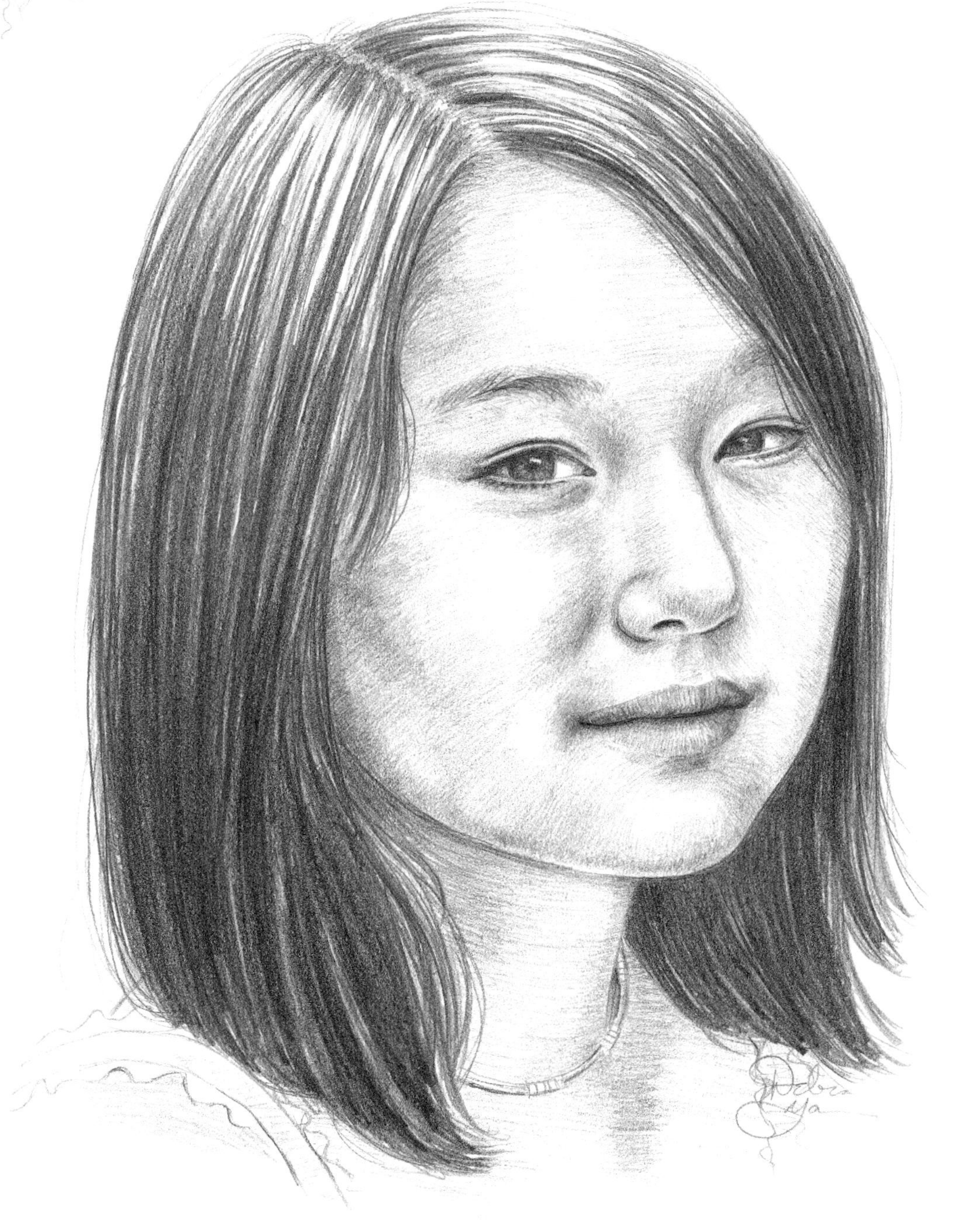

5 Nach einer weiteren kurzen Pause den Bleistift in Härte 3B zur Hand nehmen und das Haar dunkler gestalten. Die hellsten Stellen müssen auf dem Oberkopf entstehen, da das Licht in diesem Fall direkt von oben kommt. Zum Schluss das Modell noch einmal ganz genau in Augenschein nehmen und mit einem Knetradiergummi dort helle Stellen heraus radieren, wo die Zeichnung zu dunkel geraten ist, oder um weichere Übergänge zu schaffen.

Junge Frau mit Lockenkopf

Auffallend an dieser Frau ist ihr prachtvolles Haar. Und da Haare eines der wichtigsten Merkmale eines Menschen sind, sollten Sie die verschiedenen Haartypen und Frisuren gut darstellen können. Doch keine Angst: Sie müssen nie jedes Haar einzeln zeichnen! Viel wichtiger ist es, den Gesamteindruck zu treffen, da das Auge des Betrachters den Rest automatisch ergänzt.

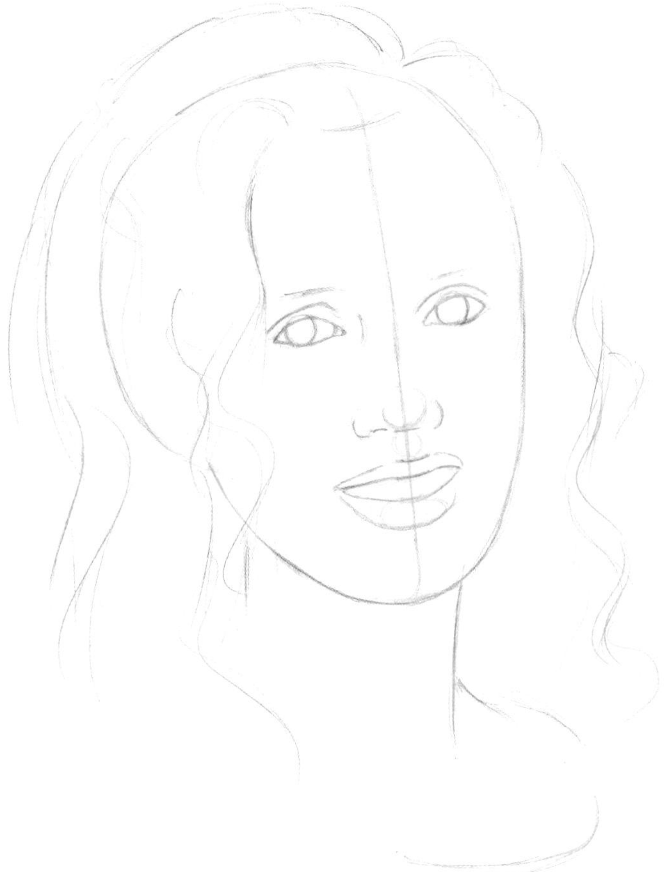

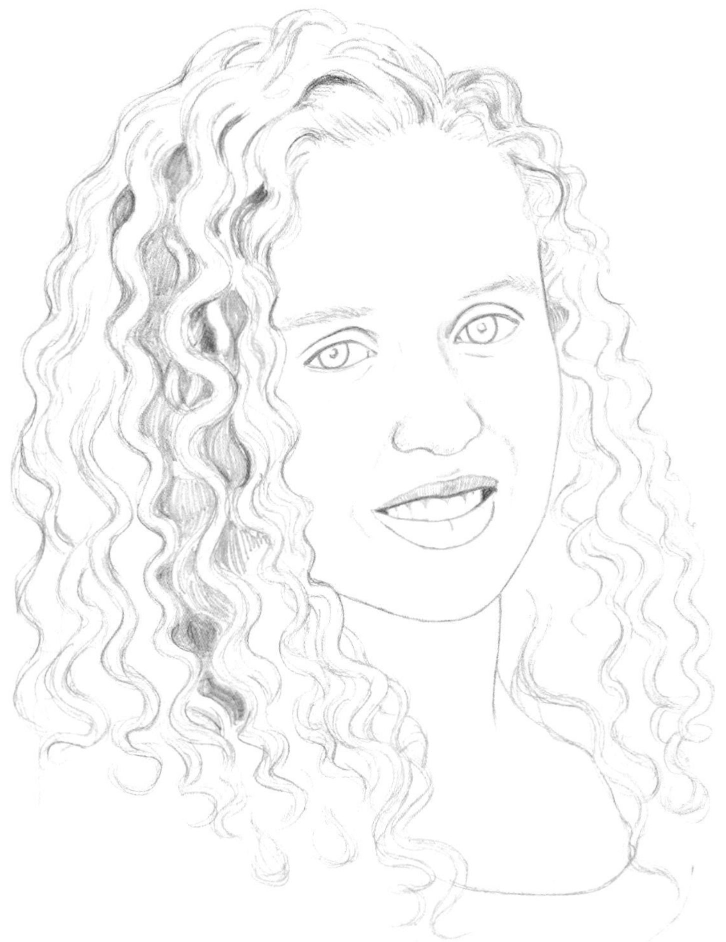

1 Mit einem Bleistift in Härte HB Kopfform und Gesicht vorzeichnen. Dann mit lockeren Linien den Umriss der Haare festlegen und die ersten Locken links in der Wuchsrichtung zeichnen. Machen Sie sich noch keine Gedanken über die einzelnen Locken. Es reicht, wenn im Moment der Umriss stimmt.

2 Mit einem Bleistift Härte 2B gestalten Sie die ersten Details an Augen, Augenbrauen, Nase und Mund. Dann folgt zunächst der Ansatz des Shirts, der die Körperform widergibt. Wenden Sie sich nun wieder dem Haar zu: Zeichnen Sie – von oben nach unten der Wuchsrichtung folgend – die ersten Locken ein. Zuletzt schraffieren Sie die untere Partie der Haare, damit die Frisur Fülle und Volumen bekommt.

Locken zeichnen

1 Zeichnen Sie mit S-förmigen Linien die Form der Locke vor. Wichtig ist, dass diese nicht gleichförmig aussehen, sondern wie in der Wirklichkeit einmal dicker, einmal dünner und unterschiedlich stark geringelt sind.

2 So erhalten die Locken Volumen: Die Augen zukneifen, dann werden die helleren und die dunkleren Stellen besser sichtbar. Oben am Ansatz die Locken heller halten – je weiter sie sich nach unten ringeln, desto dunkler werden sie.

3 Die dunkleren Grautöne entstehen mit vielen eng gesetzten Schraffuren.

4 Die dunklen Partien weiter verstärken und darauf achten, dass diese natürlich aussehen und die Linien nicht plötzlich die Richtung wechseln.

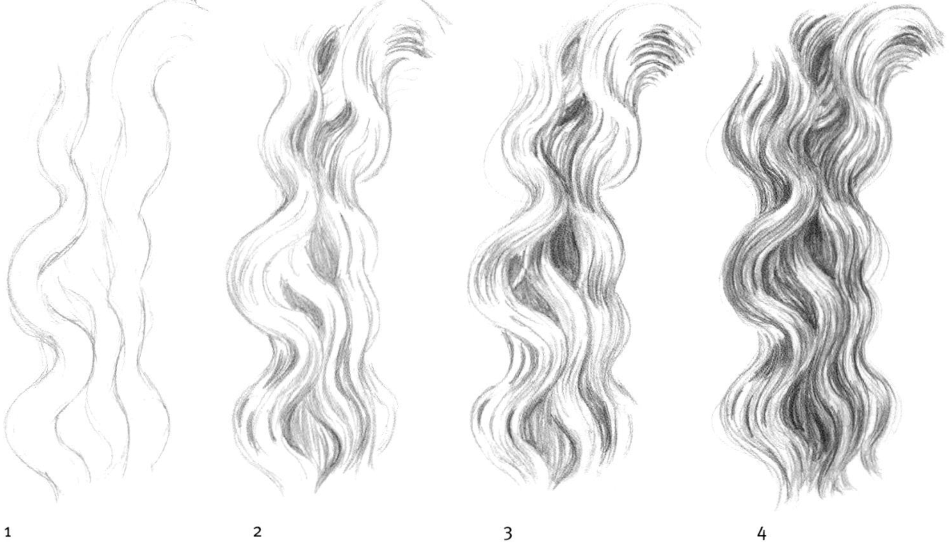

1 2 3 4

3 Mit waagrechten Strichen das Gesicht, den Hals und das Dekolletee schraffieren. Dann die Details an Augen, Lippen und Zähnen ausarbeiten – die rechte Schulter und das Shirt nicht vergessen! Um die einzelnen Locken noch besser zur Geltung zu bringen, einerseits die dunklen Stellen in den Locken verdichten, andererseits aber einige Stellen weiß lassen. So wird angedeutet, dass die junge Frau einzelne blonde Strähnen in der Haarpracht trägt. Auch wenn das Haar jetzt sehr detailliert zu sein scheint, dürfen Sie nicht zu pingelig werden, denn der Betrachter formt aus Andeutungen ein Ganzes. Zum Schluss noch einige Haare oder Strähnchen ergänzen, die aus der Frisur heraus lugen. Und überzeichnen Sie die hellen Stellen am Oberkopf nicht.

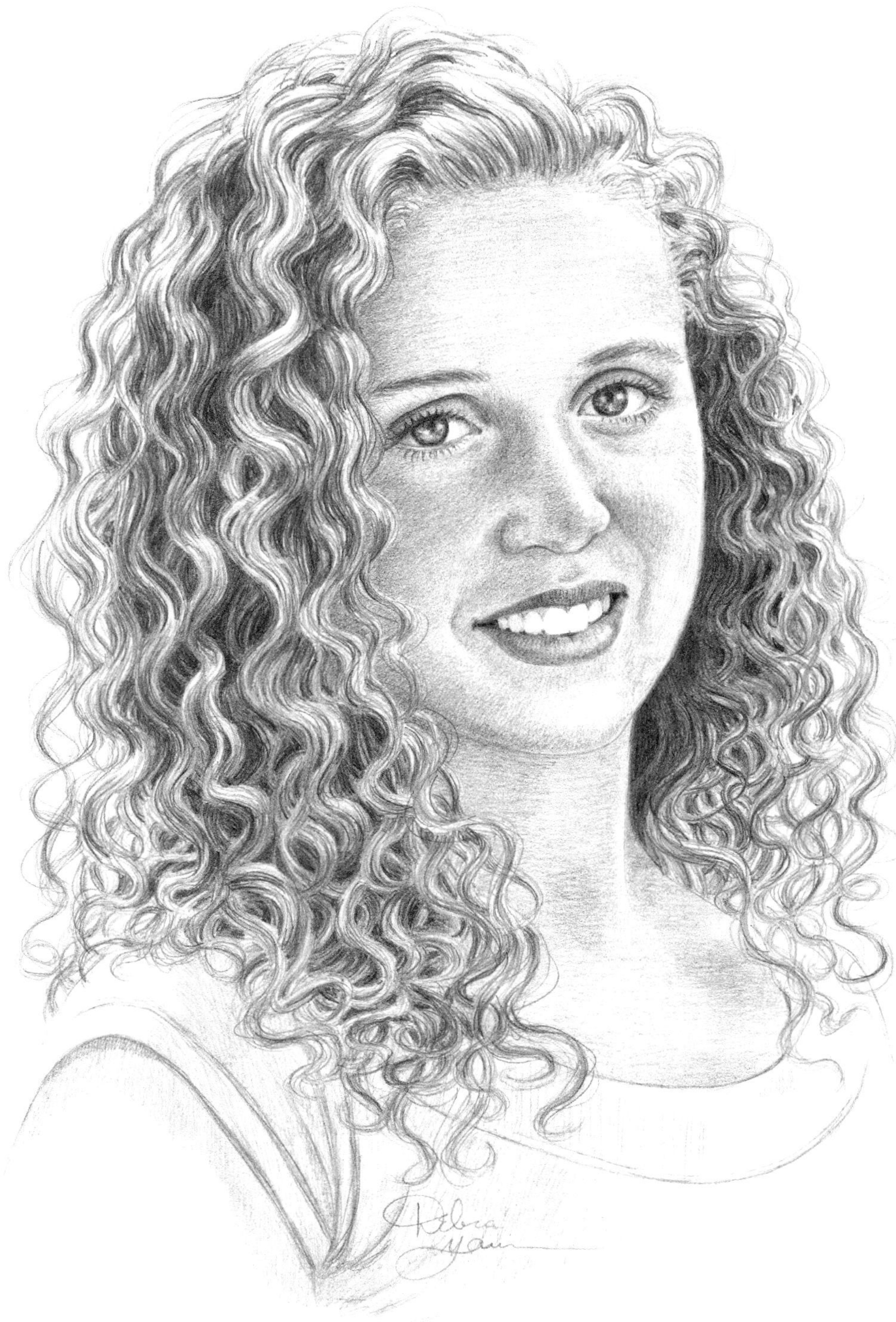

Zöpfe zeichnen

1 Die Umrisse jedes Zöpfchens einzeln zeichnen und dabei darauf achten, dass sie sich möglicherweise überlappen. Das untere Ende mit einigen unregelmäßigen Strichen andeuten und das Band skizzieren, das jeden Zopf fest umschließt.

2 Stück für Stück das Haar in jedem geflochtenen Segment mit kurzen Strichen und kleinen Bögen zeichnen. Einzelne Haare, die aus dem Zöpfchen heraus stehen, machen die Frisur realistisch.

3 Mit kräftigeren Strichen die Zeichnung fertigstellen. Noch einige Haare aus den Zöpfen heraus lugen lassen. Mit einem Knetradiergummi die Bänder aufhellen und noch einige leichte Lichtreflexe in die Zöpfchen einfügen.

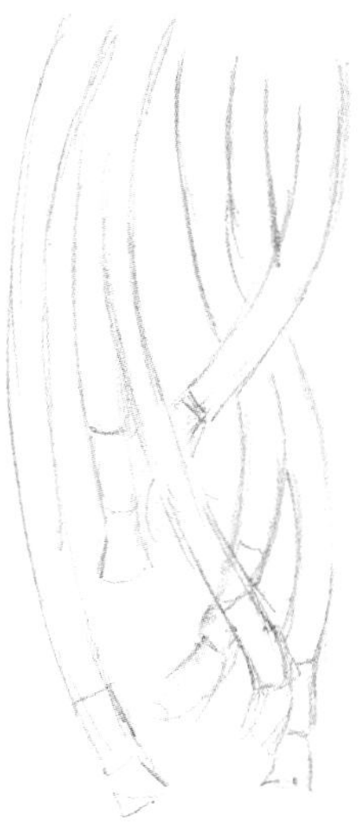

1

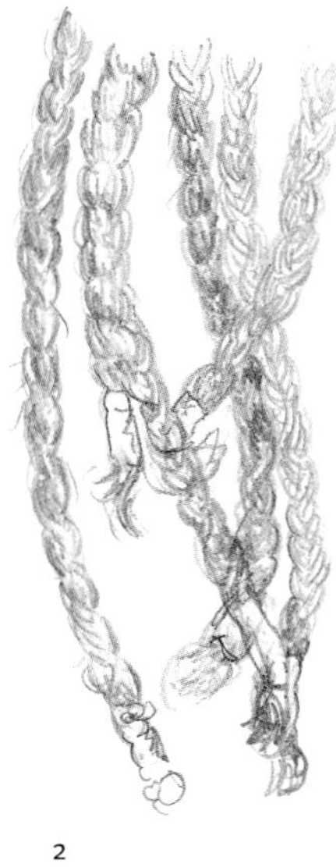

2

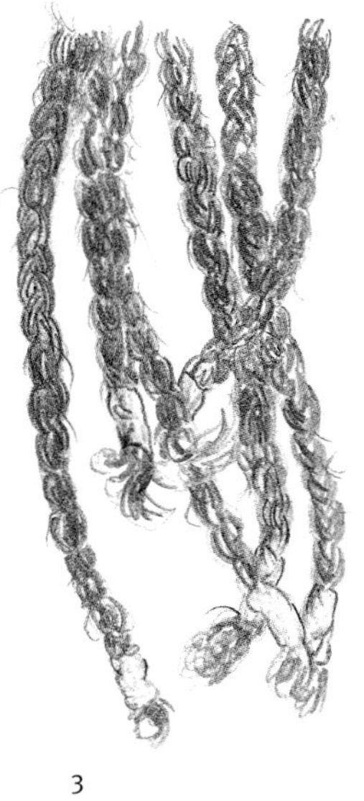

3

Ältere Frau mit Brille

Wenn wir Menschen älter werden, lässt die Elastizität unserer Haut nach: Die Haut wird faltig, Nase und Ohren sinken etwas nach unten, und die Lippen werden schmaler. Zunehmend lässt auch die Sehkraft nach, und so haben viele ältere Menschen eine Brille. An all dies müssen Sie denken und es wahrheitsgetreu wiedergeben, wenn Sie einen älteren Menschen porträtieren wollen.

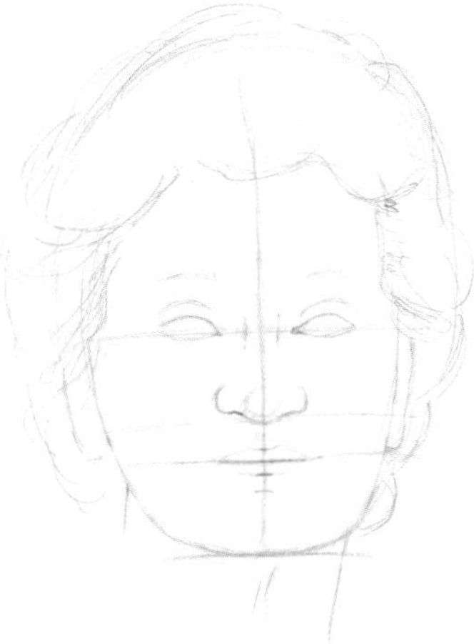

1 Zeichnen Sie zunächst den Umriss des Gesichts und dann die Hilfslinien, um Augen, Nase, Ohren, Augenbrauen und den Mund richtig zu positionieren. Da bei älteren Menschen die Lippen schmaler werden und sich zusammenziehen, zeichnen Sie die Lippen auch so. Dann deuten Sie noch die Umrisse des Haars an.

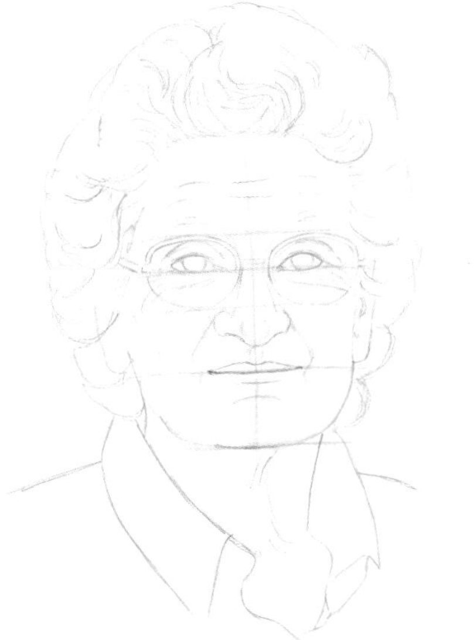

2 Nun zeichnen Sie die Umrisse der Brille und die ersten Anzeichen des Alters: Zarte Linien um die Augen (Krähenfüßchen) und die Falten auf der Stirn. Kinn und Wangen werden etwas breiter und weicher, da hier die Haut schon nachgegeben hat. Am Hals ist die Haut stellenweise sehr faltig und die Falten neben der Nase sind tief.

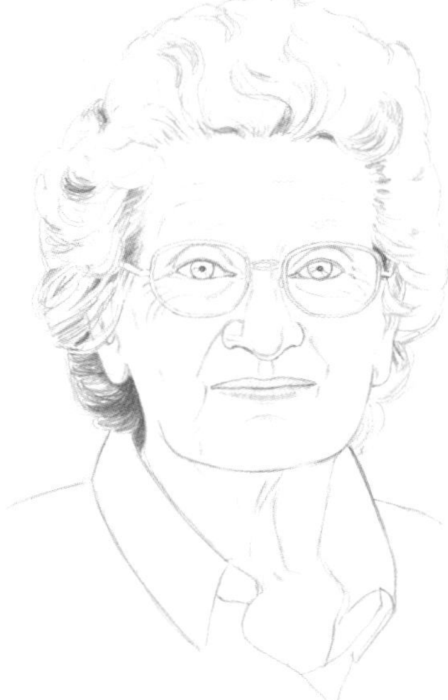

3 Nehmen Sie nun einen Bleistift in Härte 2B und beginnen Sie mit der Arbeit am Haar, an den Augen (Glanz und Leben durch Pupille und Iris) sowie mit den Falten rund um die Augen, um die Tränensäcke zu zeichnen. Dort, wo man die Fältchen durch die Brillengläser erkennen kann, verstärken Sie sie (► Kasten unten).

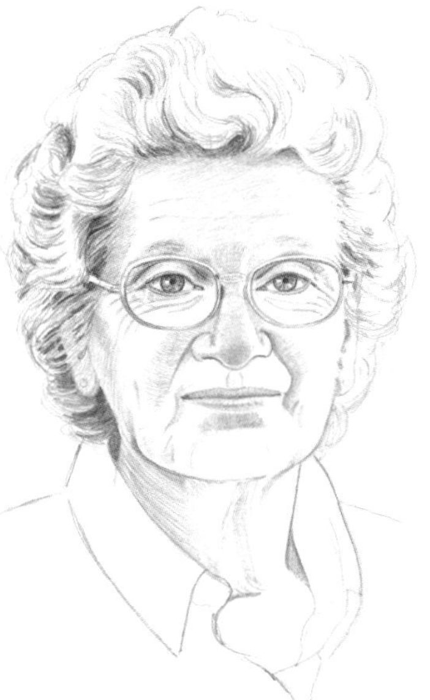

4 Mit demselben Stift arbeiten Sie nun weiter die Details wie die Falten am Hals und Schraffuren im Gesicht aus. Zeichnen Sie die Augen fertig und betonen Sie den rechten Wangenknochen. Mit Schraffuren rund um Mund und Nase entsteht der Eindruck von weicher Haut in diesen Bereichen. Dann gestalten Sie die dunkleren Bereiche im Haar sowie die Ohrringe.

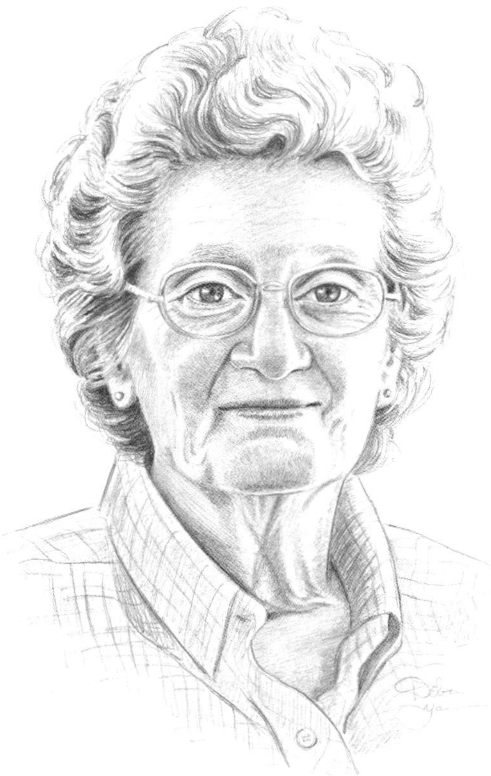

5 Zum Schluss wird das ganze Gesicht nochmals grau schraffiert – achten Sie dabei darauf, die entsprechenden Falten an den Augen zu vertiefen, damit sie nicht in der Fläche des Gesichts verschwimmen. Gehen Sie dabei aber behutsam vor und glätten Sie harte Übergänge mit dem Papierwischer (► Kasten rechts). Zeichnen Sie nun den Knopf an der Bluse sowie das Muster auf dem Stoff. Halten Sie das Bild ein Stück weg und prüfen Sie, ob Sie mit dem Gesamteindruck zufrieden sind und ob Sie die Knochenstruktur, die Haut und die Falten gut getroffen haben.

Fältchen und Falten am Auge

Das Geheimnis natürlich wirkender Fältchen und Falten ist einfach: Sie dürfen in der Zeichnung nicht auffallen. Deuten Sie Fältchen mit weichen, hellen Schraffuren an – nicht mit harten, eckigen Strichen! Nehmen Sie am besten einen leicht stumpfen Stift. Sie können zu dick oder grob geratene Linien auch gut mit dem Papierwischer oder einem Tuch verreiben oder zu starke Übergänge mit dem Knetradiergummi mildern.

Wenn Sie jemanden zeichnen, der eine Brille trägt, dann vergrößern Sie die Fältchen hinter den Gläsern. Das gelingt ganz leicht, wenn Sie die Fältchen und den Abstand dazwischen etwas vergrößern.

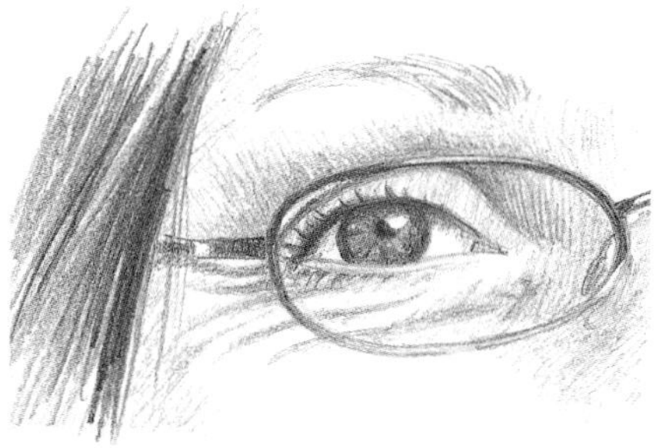

Älterer Mann mit Bart

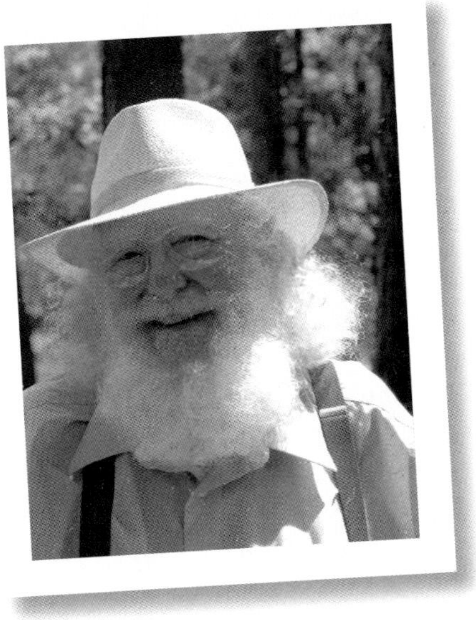

Das richtige Vorgehen Auch wenn das Gesicht, das Sie zeichnen wollen, teilweise verdeckt ist, zeichnen Sie es zunächst im Ganzen. Dann erst werden Hut, Bart, Sonnebrille etc. an ihre Stelle gesetzt. Obwohl der Kopf nicht vollständig zu sehen ist, müssen seine Grundformen stimmen, damit alle Accessoires richtig sitzen.

Bärte sind ein typisch männliches Merkmal. Mit kurzen, kräftig dunklen Strichen lässt sich ein dichter Bart gut darstellen, geschwungene Linien verleihen einem gebogenen Schnurrbart Schwung. Hat der Mann, den Sie Porträtieren, schon graue Stellen im Bart, zeichnen Sie den Bart mit hellen und dunklen Stellen im Pfeffer-und-Salz Stil. Für Bartstoppeln sind kleine kurze Striche ideal.

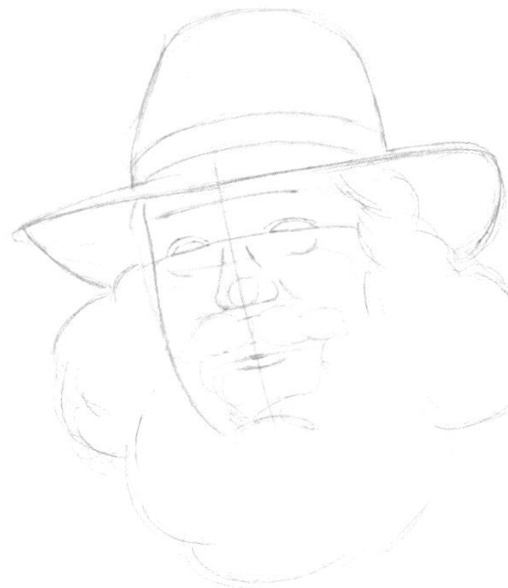

1 Zuerst das Gesicht mit einem Bleistift in Härte HB vorzeichnen. Dann die Hilfslinien und die Gesichtszüge skizzieren. Als Erstes mit lockeren runden Linien den Hut mit dem Hutband zeichnen sowie das Volumen des Gesichtshaars. Wie bei jeder anderen Frisur auch, werden nur die Umrisse der Haare zur Papier gebracht.

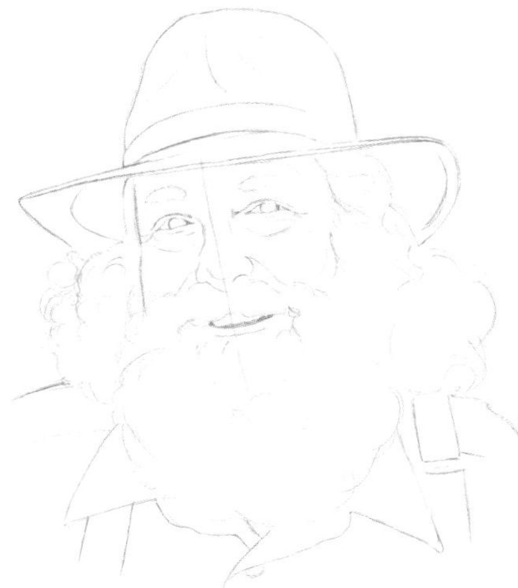

2 Mit einem Bleistift in Härte 2 bei den Augen, Augenbrauen und Zähnen mehr ins Detail gehen. Die Lachfältchen um die Augen und die Falten auf der Stirn vorskizzieren. Dann Hemd und Kragen, Hut und Hosenträger andeuten. Nun folgt das Haar mit kreisförmigen Strichen: Von oben nach unten arbeiten. Zum Schluss den Schnurrbart andeuten, der den Mund teilweise bedeckt.

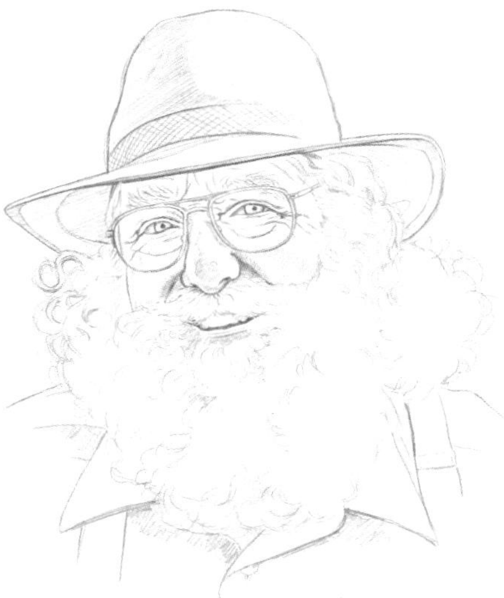

3 Zuerst die überflüssigen Hilfslinien ausradieren und die Augen mit der Brille feiner ausgestalten. Dann dem Hut mit ersten Schraffuren Form verleihen – das Hutband erhält saubere Kreuzschraffuren. Die Locken im Bart und im Schnurrbart erhalten durch kurze kleine Striche Leben. Die Locken auf der linken Seite unter dem Hut werden dunkler, denn sie liegen im Schatten.

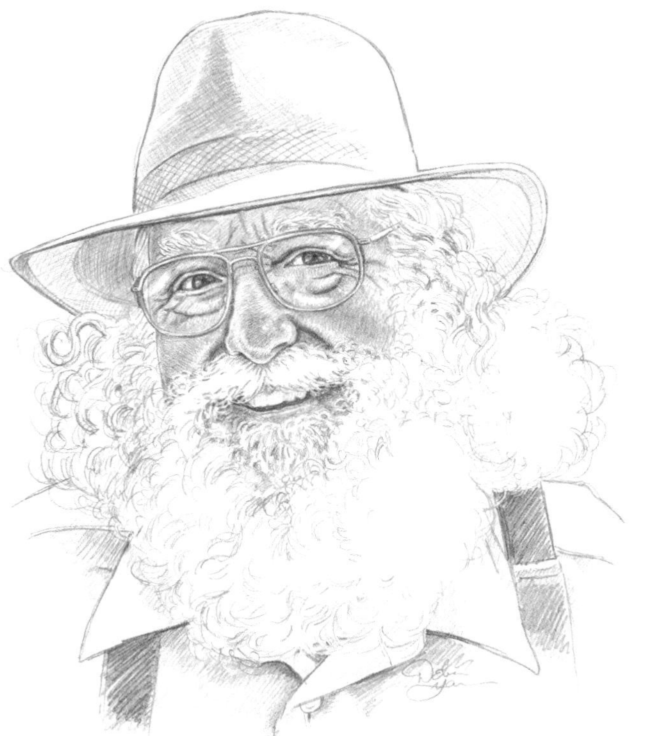

4 Nun erhält in beiden Augen die Iris ihre Farbe – an die Lichtreflexe denken und die entsprechenden Stellen weiß lassen. Mit einem Knetradiergummi auch auf der Brille helle Stellen für die Reflexe heraus radieren. Am Hut weiterarbeiten ebenso an den Hosenträgern und am Hemd. Zum Schluss Haare und Bart sorgfältig gestalten: Dazu zwischen engen, kleinen Kurven und schnellen geraden Strichen wechseln. Der Schnurrbart und die Barthaare nahe am Mund erhalten durch ganz kurze klare Linien Ausdruck – den Rest des Barthaares ergänzt das Auge des Betrachters.

Bärte

Wenn Sie, wie hier, einen weißen Bart zeichnen, dann deuten Sie ihn nur mit einigen wenigen Strichen an – aber Sie müssen auch genug Stellen weiß lassen. Mit Strichen in unterschiedlichen Richtungen wird das Interesse an dieser schönen Bartfülle geweckt. Ein Tipp: Geben Sie der Haut am Bartansatz einen schönen Grauton, damit man sie auch unter dem Bart sehen kann.

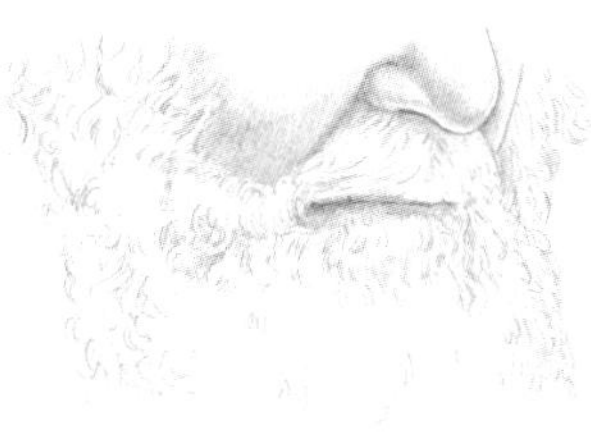

Alter Mann

Um das möglichst wirklichkeitsnahe Porträt eines älteren Mannes zu gestalten, brauchen Sie eine Reihe von unterschiedlichen Techniken, wie das Zeichnen von schütterem weißem Haar, Fältchen und alternden Gesichtszügen. Achten Sie gut auf alle Feinheiten, damit das Porträt nah am Vorbild bleibt.

1

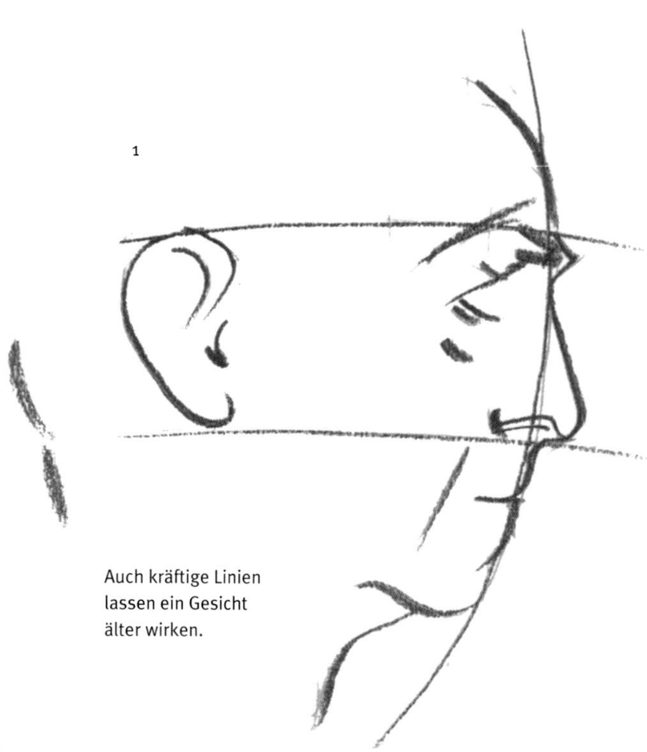

Auch kräftige Linien lassen ein Gesicht älter wirken.

Wenige feine Striche auf dem Kopf lassen schütteres Haar ahnen.

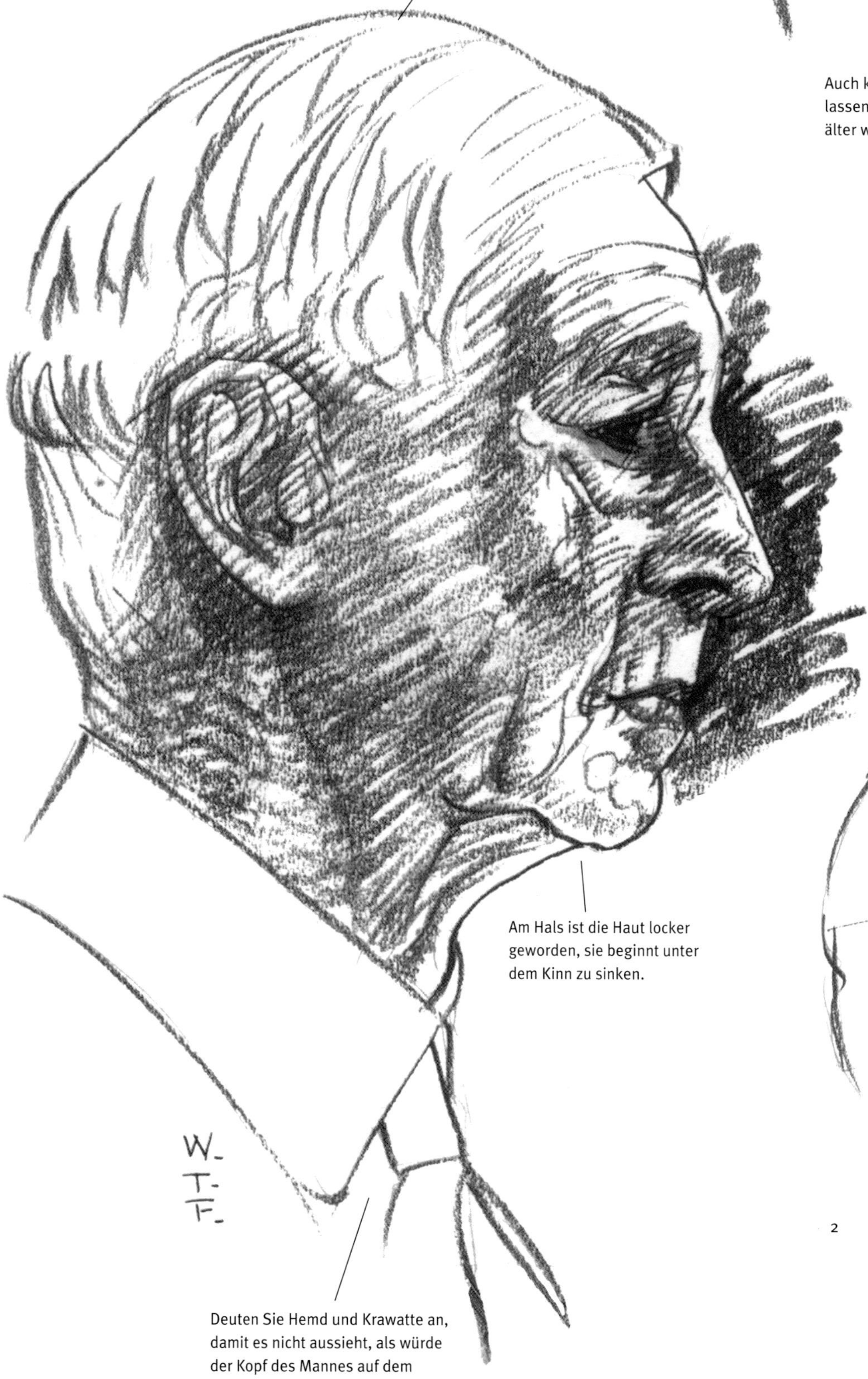

Man sieht, dass dieser Mann Sorgen hat. Zeichnen Sie deshalb schon in Schritt 1 die etwas herabgezogenen Augenbrauen. In Schritt 2 verwenden Sie klare Linien, um das Haar und die Gesichtsmerkmale festzulegen. Schraffieren Sie mit diagonalen Strichen, die aus unterschiedlichen Richtungen kommen, um die Anspannung im Gesicht zu zeigen.

Am Hals ist die Haut locker geworden, sie beginnt unter dem Kinn zu sinken.

Deuten Sie Hemd und Krawatte an, damit es nicht aussieht, als würde der Kopf des Mannes auf dem Papier schweben.

2

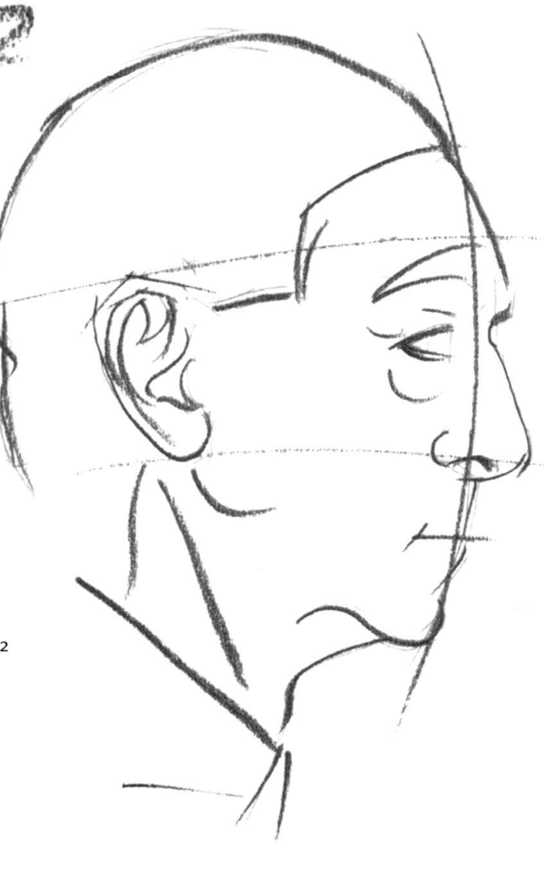

Porträt im Materialmix

Dieses Porträt wurde mit zwei unterschiedlichen Materialien angefertigt: Das Gesicht selbst wurde mit einem Zimmermannsbleistift in Härte 6B schraffiert. Zusätzlich wurden mit einem Pinsel und schwarzer Tusche ausgesuchte Details noch betont. Experimentieren Sie immer wieder mit solch unterschiedlichem Zeichenmaterial – so entstehen neue Effekte.

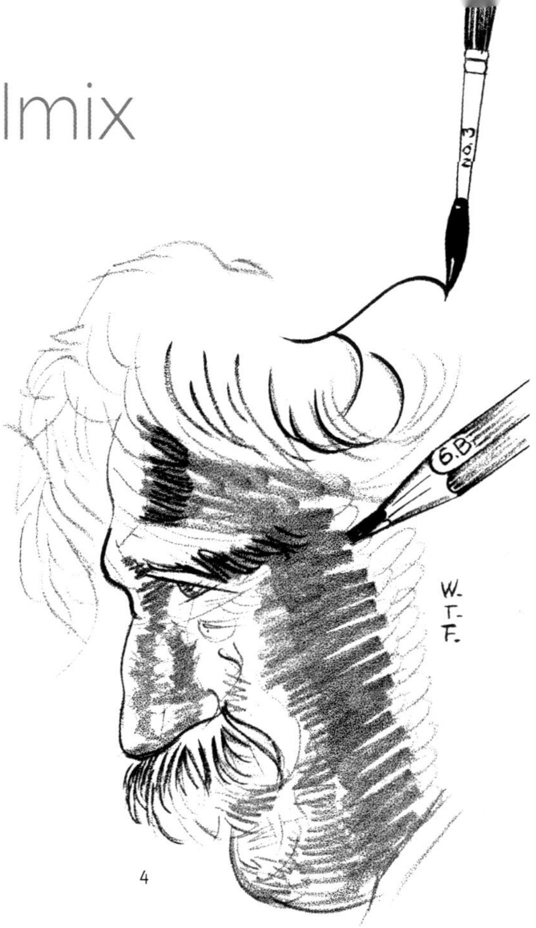

4

Mit Pinsel und Tusche feine Details hervorheben, wie einzelne Haarsträhnen oder Teile der Augenbraue und des Schnurrbarts. Nicht zu dunkel werden, damit der Eindruck von weißem Haar erhalten bleibt.

Wenn Sie mit der Zeit und mit mehr Erfahrung Ihren eigenen Zeichenstil finden – bleiben Sie ihm treu!

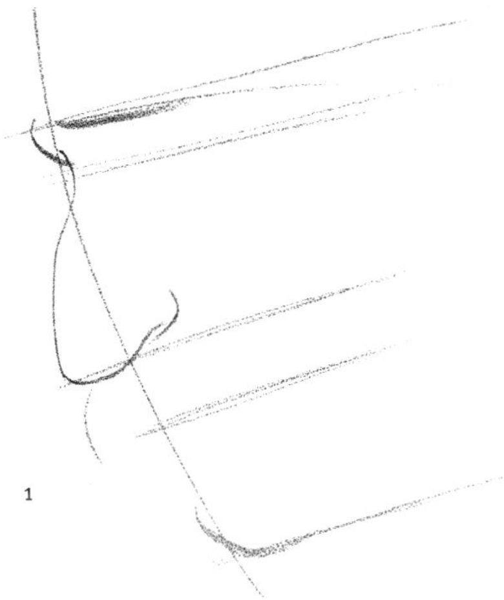

1

Mit den dunkelsten Stellen beginnen und darauf achten, dass die Stellen für die Lichtreflexe weiß bleiben.

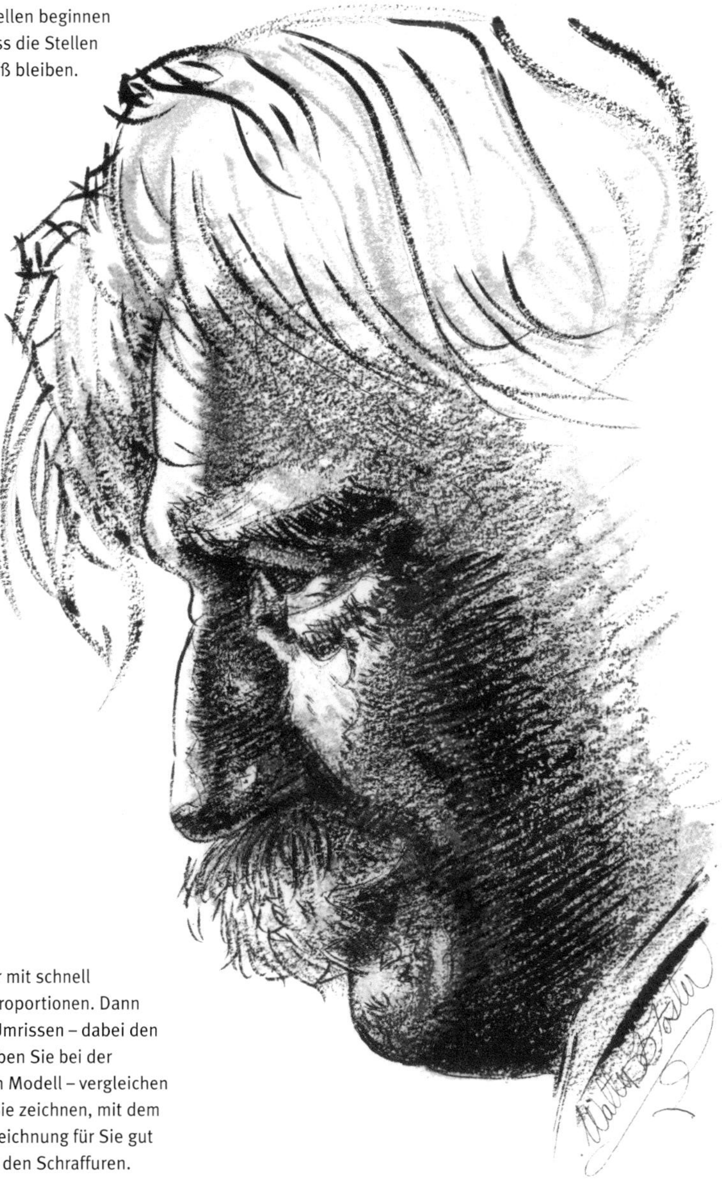

Studieren Sie Ihr Modell genau und halten Sie bewusst nach solchen charakteristischen Merkmalen Ausschau wie den dichten Augenbrauen oder dem Höcker der Nase.

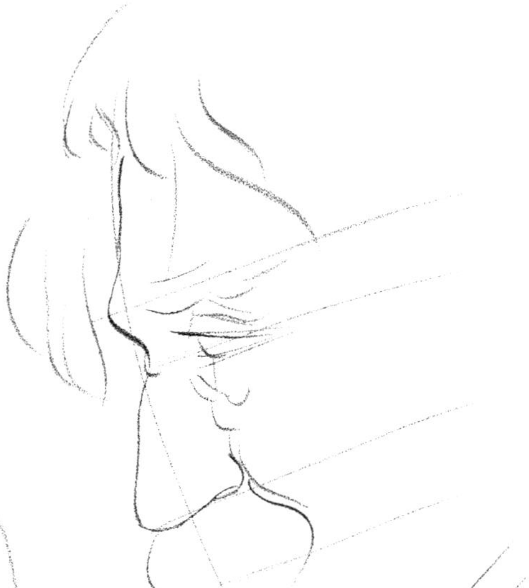

2

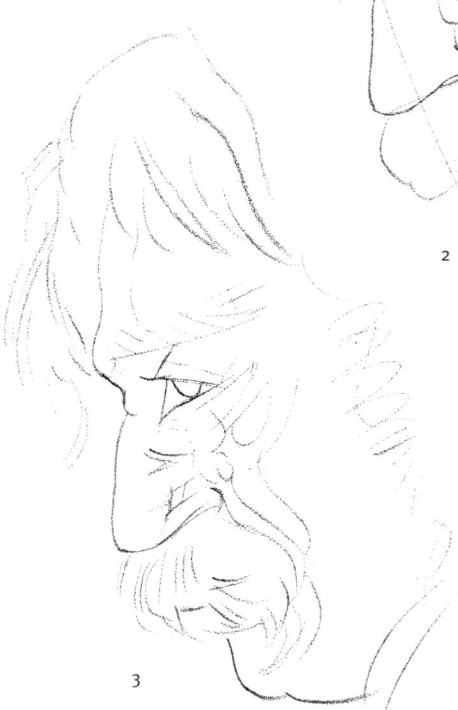

3

Beginnen Sie auch hier wie immer mit schnell vorskizzierten Hilfslinien für die Proportionen. Dann folgen die Gesichtszüge in ihren Umrissen – dabei den Schnurrbart nicht vergessen. Bleiben Sie bei der weiteren Arbeit ganz nah an Ihrem Modell – vergleichen Sie immer wieder die Linien, die Sie zeichnen, mit dem lebenden Vorbild. Erst wenn die Zeichnung für Sie gut und stimmig ist, beginnen Sie mit den Schraffuren.

Schwarzer Junge – Porträt in Kohle

Wie bei jedem anderen Porträt auch kommt es bei der Zeichnung von Kindern unterschiedlicher Völker und Nationen darauf an, genau hinzusehen. Obwohl Sie sicher spezielle typische Merkmale entdecken können, ist es das Wichtigste, den einzigartigen Menschen, den Sie zeichnen, gut zu treffen. Sehen Sie also genau hin und lassen Sie sich auf diese Herausforderung ein!
Beginnen Sie bei diesem jungen Schwarzen wie immer mit den Hilfslinien und einer groben Skizze der Kopf- und Gesichtsform. Dann suchen Sie nach den unverwechselbaren Besonderheiten dieses Jungengesichts – z.B. die großen runden Augen, die breite Nase und die vollen Lippen. Sehen Sie, wie dunkel die Augen sind und wie hell der Lichtreflex darin leuchtet?

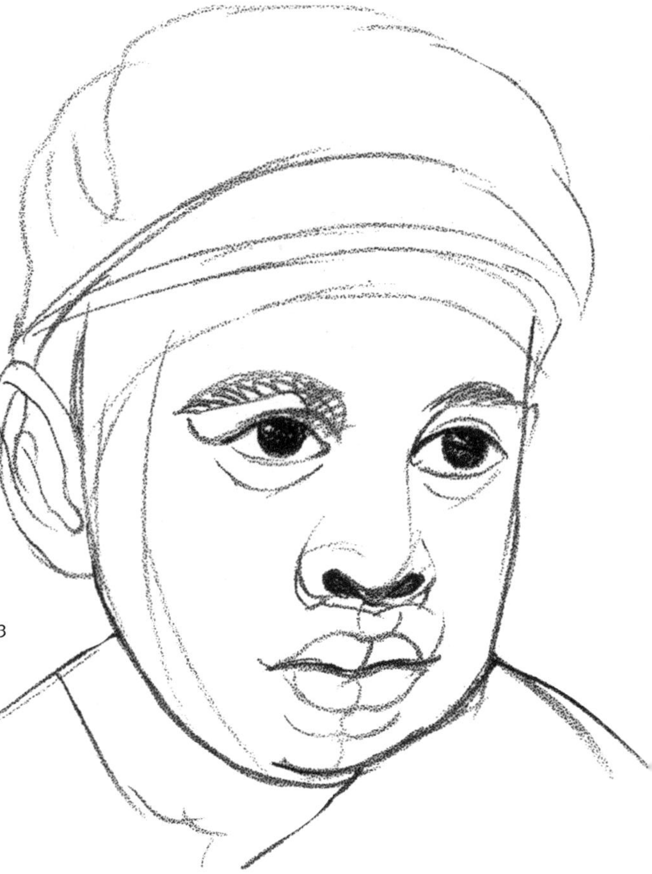

3

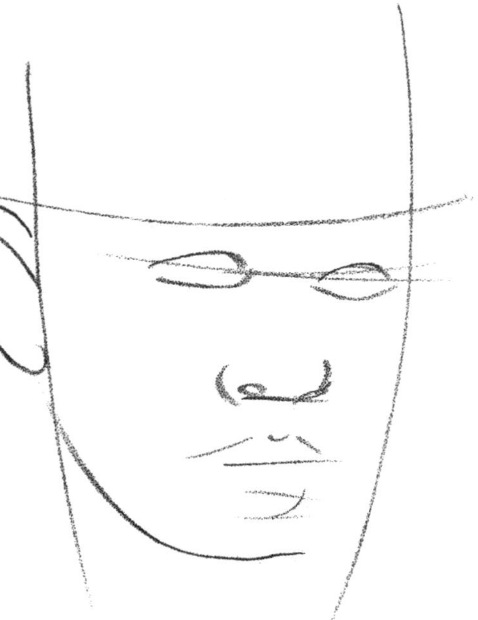

1

Um den dunklen Hautton wiederzugeben, verwenden Sie am besten Kohle und schraffieren das Gesicht mit gleichmäßigen parallelen Strichen. Lassen Sie weiße Stellen stehen für die Lichtreflexe – vor allem auf der Nasespitze und in der Mitte der Unterlippe. Wenn Sie keine Kohle zur Hand haben, nehmen Sie einen sehr weichen Bleistift.

Die Mütze hat einen Schild. Die Stellen in seinem Schatten sind besonders dunkel.

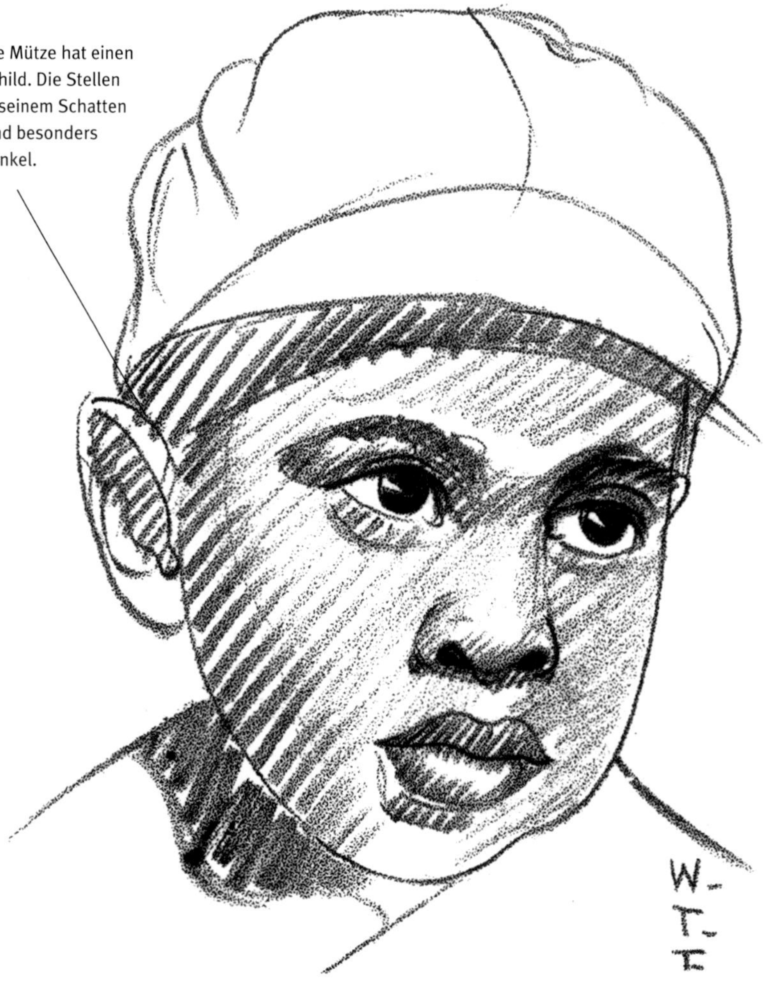

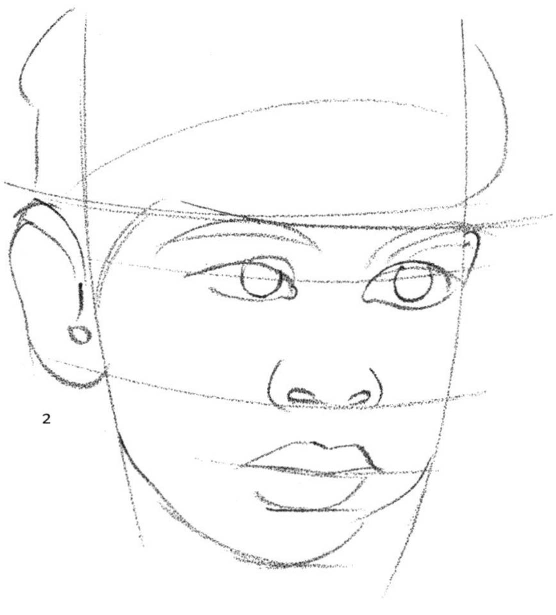

2

Die menschliche Vielfalt ist für jeden Porträtzeichner wie eine Schatztruhe der Formen und Möglichkeiten. Beobachten Sie die Menschen um sich herum und zeichnen Sie viele verschiedene Porträts – so werden Sie immer besser.

Asiatisches Mädchen – Porträt mit Tusche

Da dieses Mädchen den Kopf gesenkt hält, sind die Proportionen des Gesicht ungewöhnlich. Das Kinn ist so nahe an der Brust, dass die Länge des Gesichts sich optisch verkürzt und der Oberkopf stark ins Blickfeld rückt (▶ Seite 120).

Zeichnen Sie Menschen nie einfach aus der Erinnerung. Halten Sie sich an ein Foto oder an ein lebendes Modell.

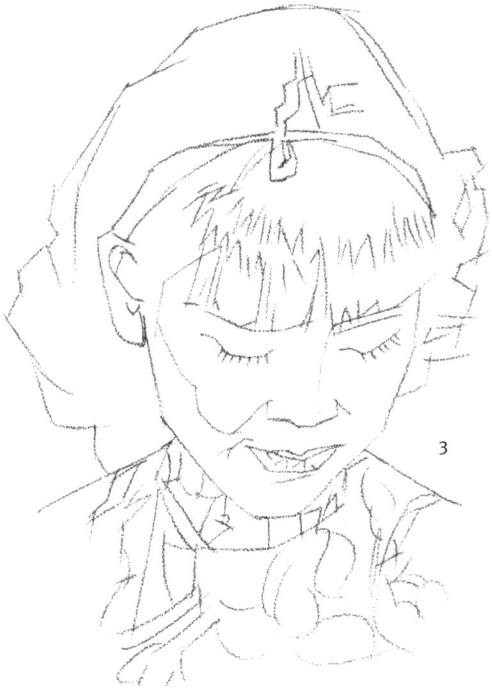

3

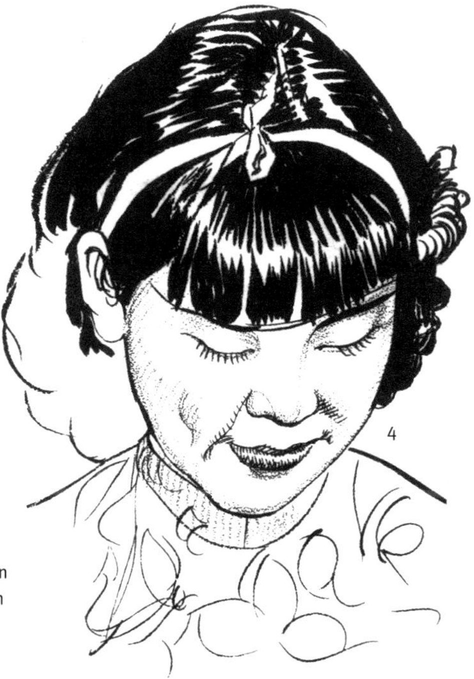

4

Die Augen als weiche Bögen zeichnen mit kurzen breiten Strichen für die Wimpern.

1

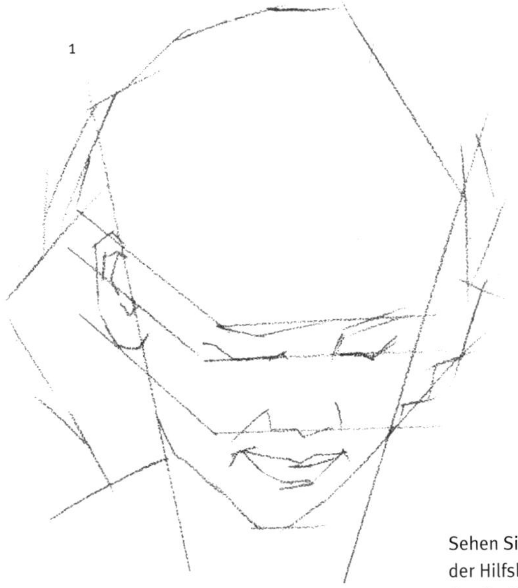

Sehen Sie den ungewöhnlichen Verlauf der Hilfslinien in Schritt 1? Studieren Sie das Gesicht genau, um die Abstände richtig einzuzeichnen. In Schritt 2 und 3 die Gesichtszüge konkretisieren sowie Haar und Kleidung andeuten. Da asiatische Menschen meist tiefschwarzes Haar besitzen, wurde es im vierten Schritt mit Pinsel und Tusche dargestellt. Die weißen Stellen im Haar erwecken den Eindruck von seidigem Glanz.

2

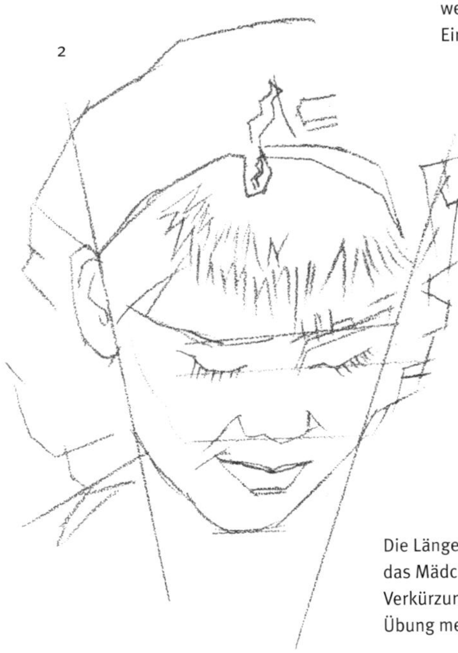

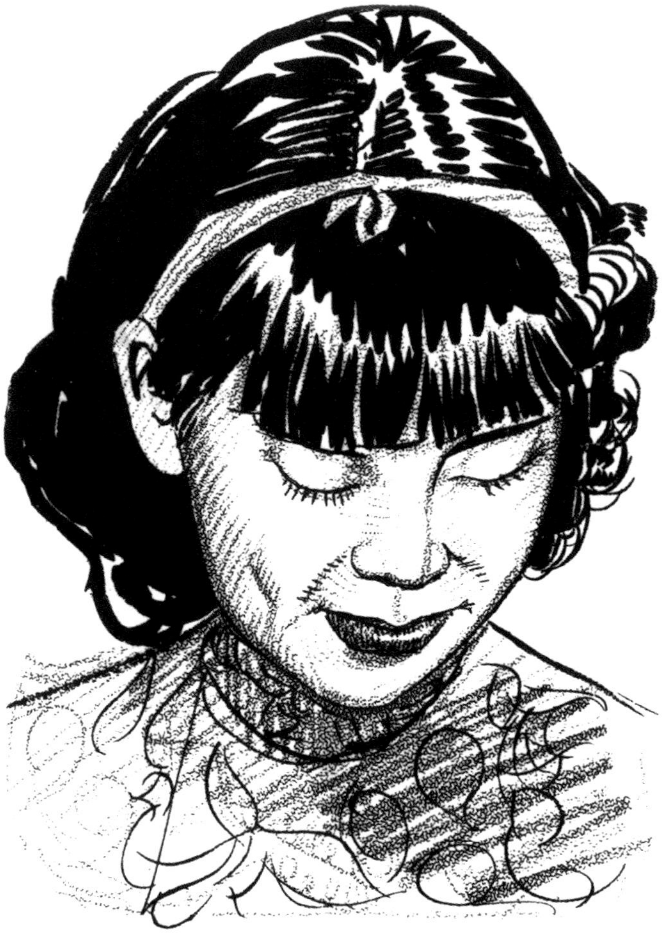

Die Länge des Gesichts wird verkürzt, da das Mädchen nach unten sieht. Solche Verkürzungen lassen sich nur mit viel Übung meisterlich zeichnen.

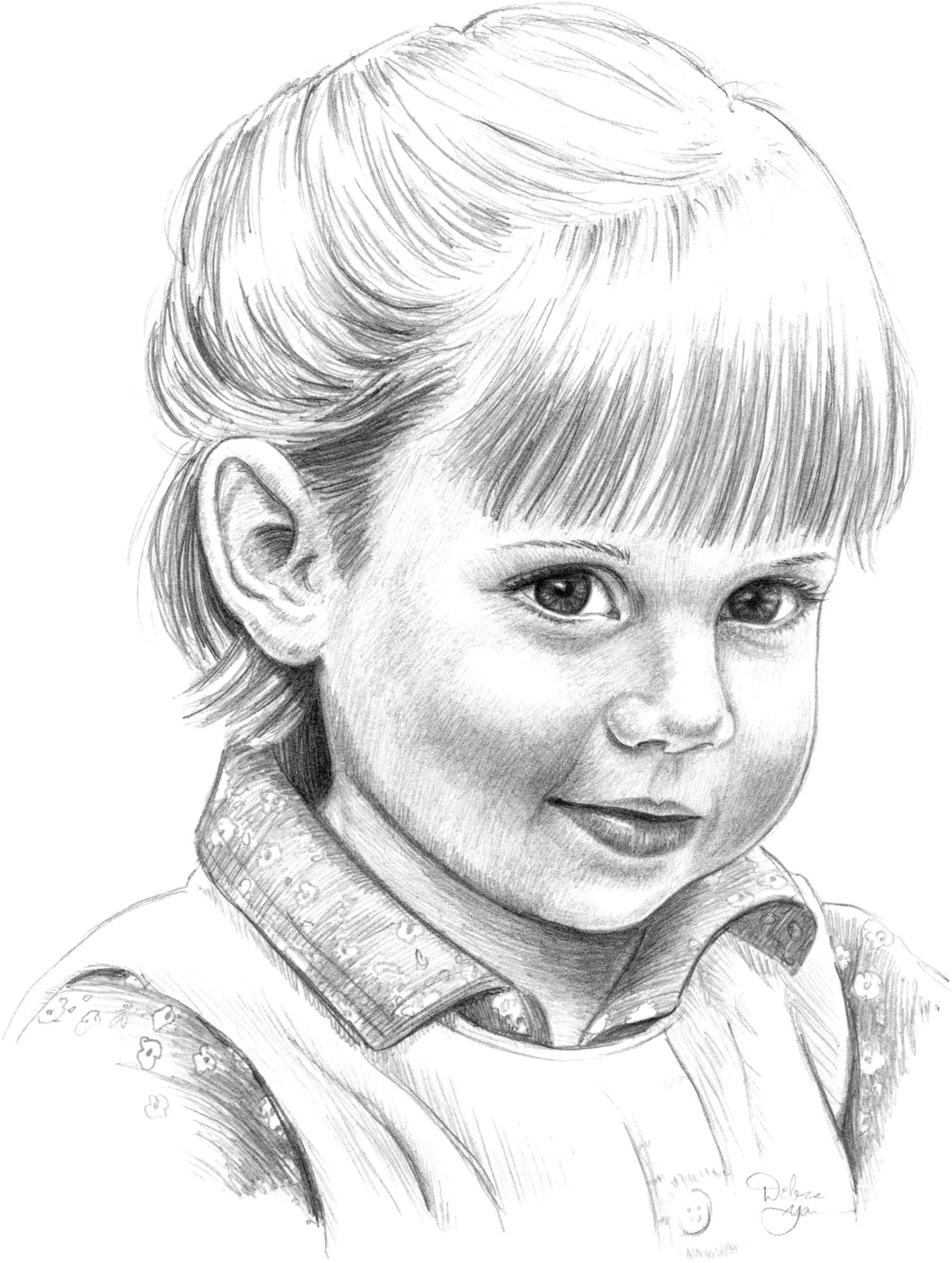

Die schönsten KINDERPORTRÄTS

Wenn sie nicht gerade schlafen, sind Kinder fast ständig in Bewegung. Stündlich entdecken die Kleinsten Neues und staunen über die Wunder unserer Welt. Unmittelbarer als Erwachsene zeigen sie ihre Gefühle – weinen und schreien oder lachen und freuen sich aus vollem Herzen. Ihnen dabei zuzusehen und sie auf ihrem Weg in die Welt zu begleiten, ist für Zeichner ein besonders reizvolles Thema. Gute Beobachtungsgabe, ein Gespür für den richtigen Moment und ein Auge für die kindlichen Proportionen vorausgesetzt, können Sie lebensnahe Porträts und Momentaufnahmen schaffen, in denen der Zauber der Kindheit für immer lebendig bleibt.

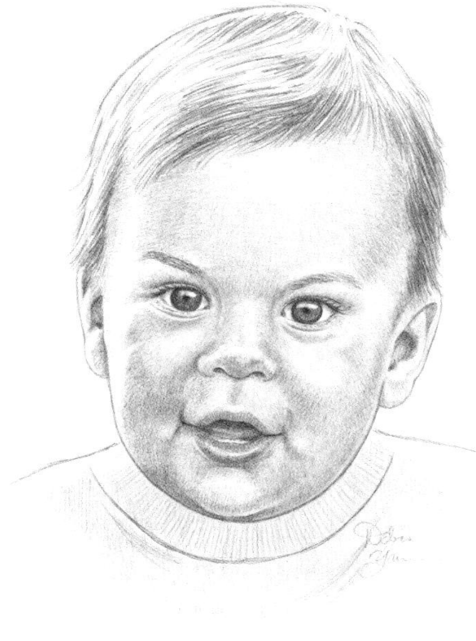

Kinder zeichnen leicht gemacht

Kinder sind fast immer in Bewegung und entdecken nahezu stündlich neue Wunder. Sie dabei zu beobachten und zu zeichnen ist eine schöne künstlerische Aufgabe. Wenn Sie keine eigenen Kinder haben, nehmen Sie Ihren Skizzenblock und gehen auf den nächsten Spielplatz oder an den Strand und halten Ihre Eindrücke fest. Oft ist es sogar besser, wenn man die Kinder nicht kennt – man sieht sie dann unvoreingenommener.

Da Kinder sich – anders als Erwachsene – rasch und ohne Selbstkontrolle bewegen, müssen Sie auch schnell arbeiten. Beobachten Sie eine Szene einige Minuten, schließen Sie die Augen und formen Sie ein inneres Bild. Dann zeichnen Sie schnell und unkompliziert aus der Erinnerung. So sind Kinder!

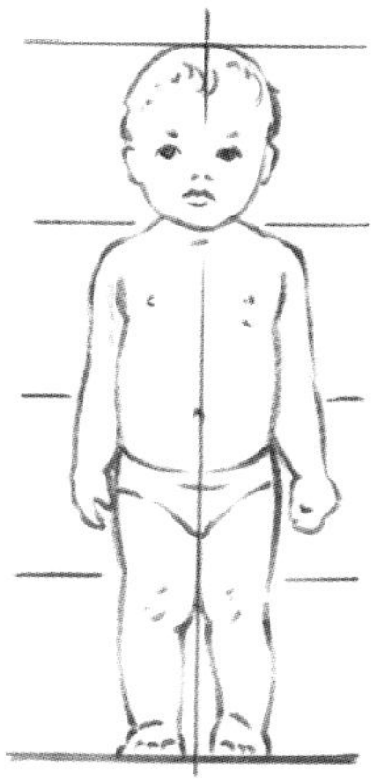

Das Kleinkind Am meisten fällt bei Kleinkindern der scheinbar unverhältnismäßig große Kopf auf.

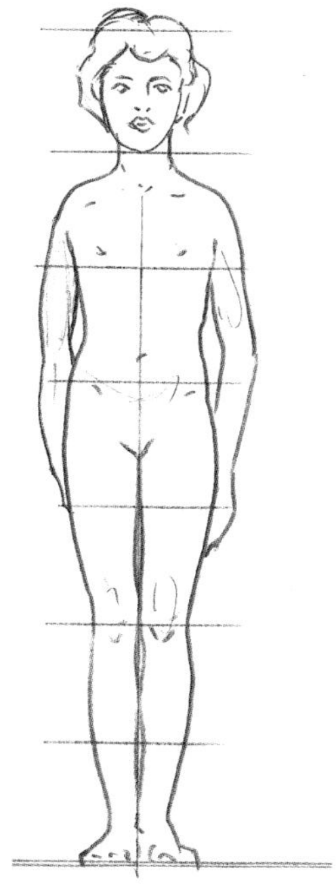

Ein Teenager Etwa mit 10 Jahren nähert sich der Körperbau dem eines Erwachsenen.

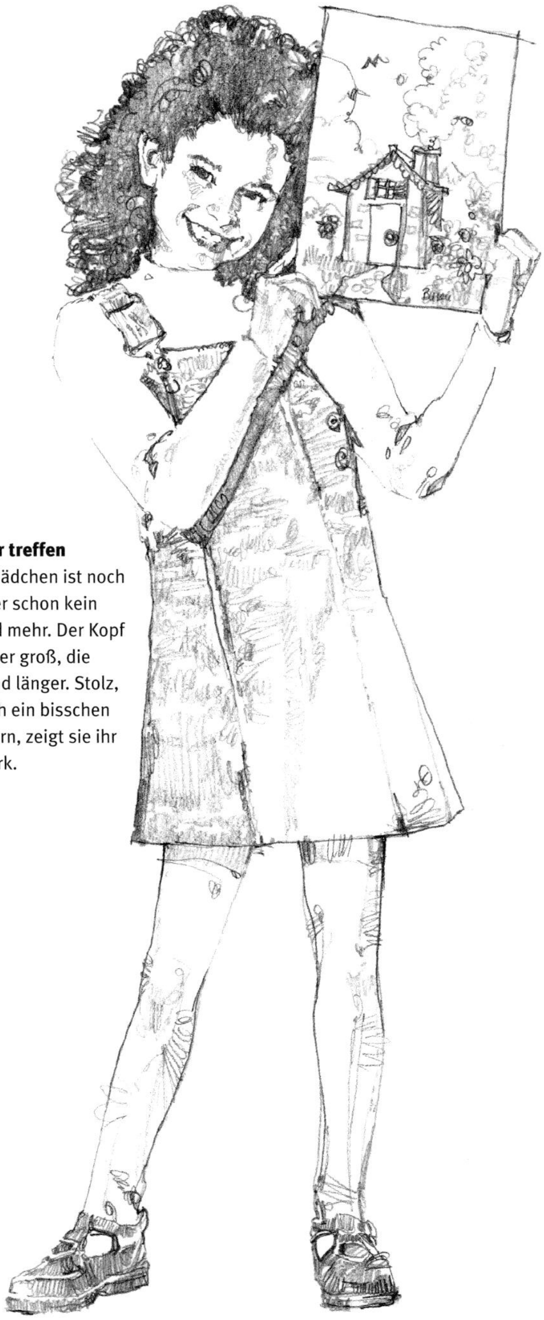

Das Alter treffen
Dieses Mädchen ist noch jung, aber schon kein Kleinkind mehr. Der Kopf ist weniger groß, die Beine sind länger. Stolz, aber noch ein bisschen schüchtern, zeigt sie ihr Kunstwerk.

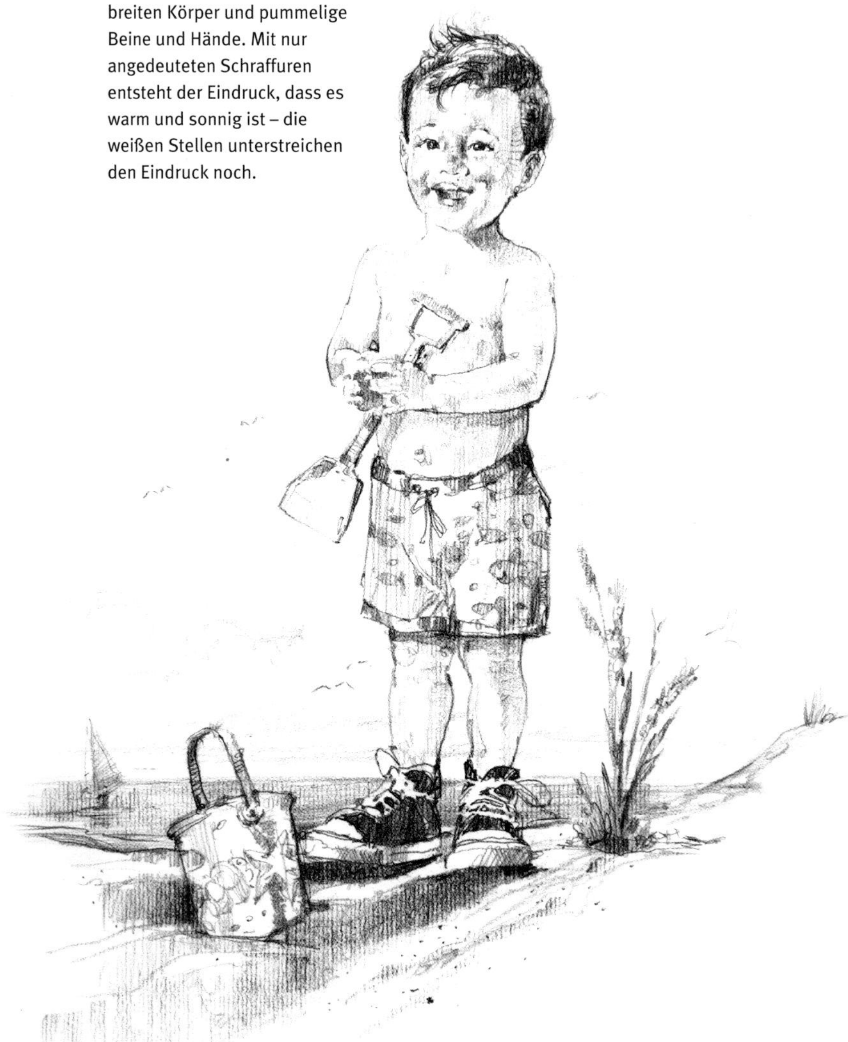

In der Praxis Dieser kleine Junge ist ein typisches Kleinkind. Er hat einen großen Kopf, einen breiten Körper und pummelige Beine und Hände. Mit nur angedeuteten Schraffuren entsteht der Eindruck, dass es warm und sonnig ist – die weißen Stellen unterstreichen den Eindruck noch.

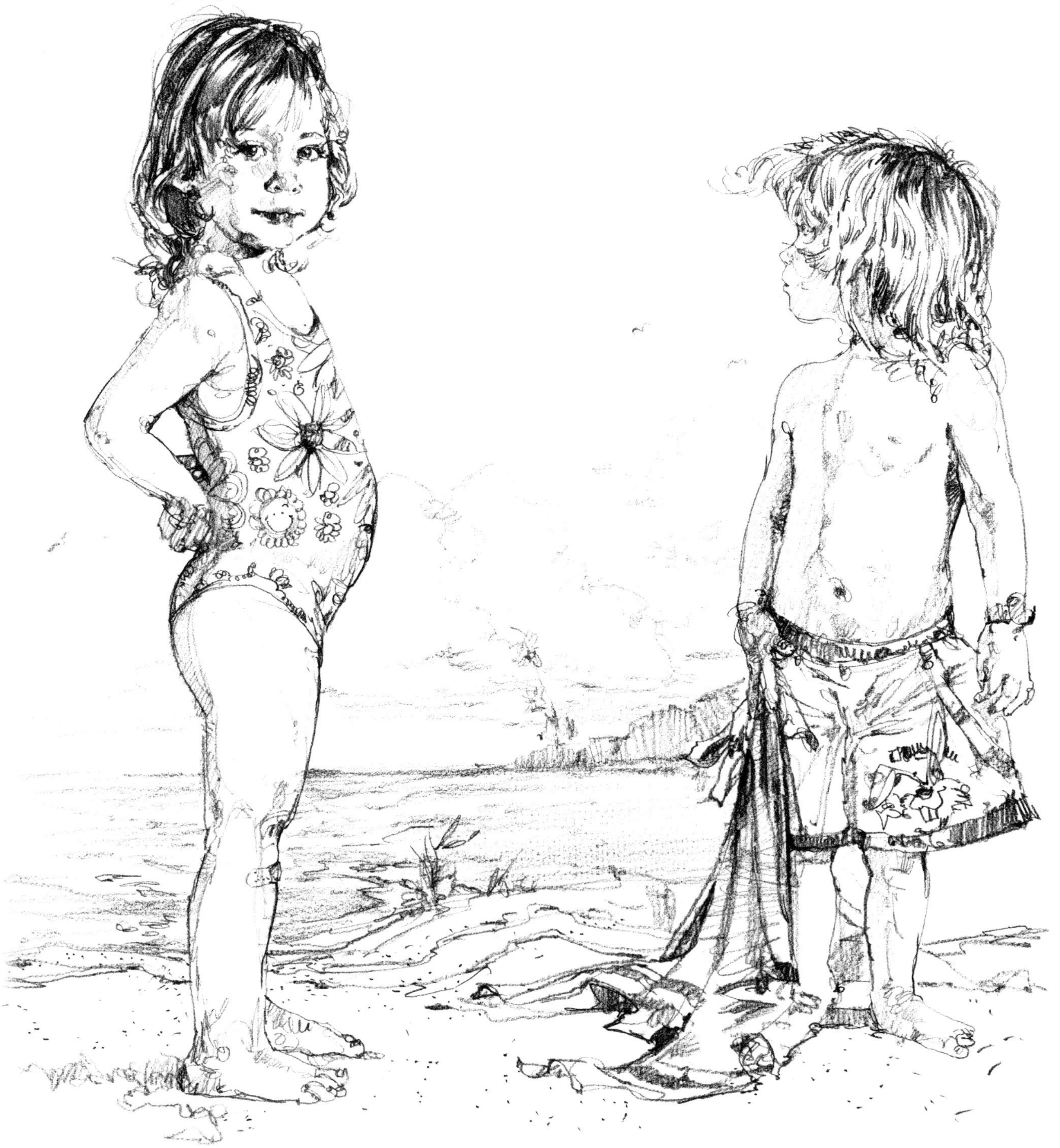

In Szene setzen Um die volle Aufmerksamkeit auf die Kinder zu lenken, wurden sie groß im Vordergrund gezeichnet.

Wichtige Unterschiede

Natürlich gehört mehr dazu, ein Kind richtig zu zeichnen, als die Proportionen von Kopf und Körper abzuzählen (▶ Seite 97). Nicht nur das Gesicht unterscheidet sich von dem eines Erwachsenen: Kinderhände sind pummeliger, ihre Hände und Füße haben kürzere Finger und Zehen. Nicht selten steht der Bauch ein wenig vor, und überhaupt sind Kinder weich und rundlich. Zeichnen Sie Kinder deshalb am besten mit feinen Strichen – locker und frisch.

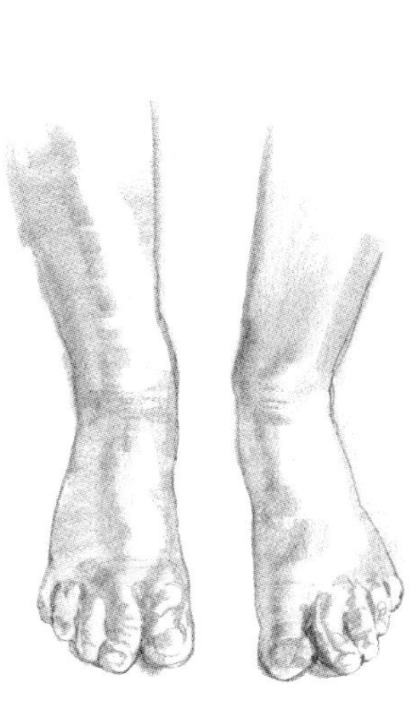

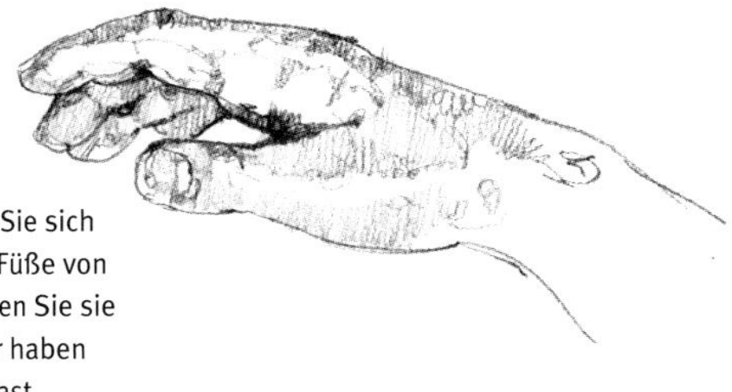

Hände und Füße Sehen Sie sich einmal diese Hände und Füße von Kindern an und vergleichen Sie sie mit Ihren eigenen. Kinder haben kurze, breite Finger, die fast dreieckig wirken. Die Füße sind weich, etwas mollig und auffallend rechteckig.

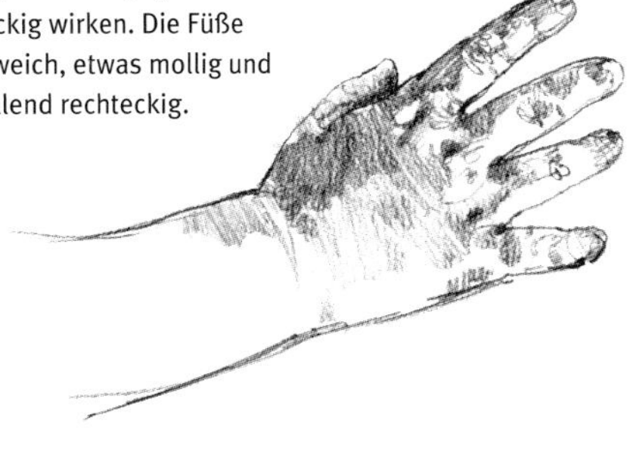

Kindliche Gesichtsproportionen

Kinder haben völlig andere Gesichtsproportionen als Erwachsene: Kleine Kinder haben runde Gesichter und große Augen, die weiter auseinanderstehen als bei den Erwachsenen. Außerdem liegen die Gesichtszüge ein bisschen tiefer: zum Beispiel beginnen die Augenbrauen auf der waagrechten Mittellinie, also dort, wo später beim Teenager oder beim Erwachsenen die Augen liegen. Mit zunehmendem Alter wird das Gesicht länger und die Proportionen verschieben sich.

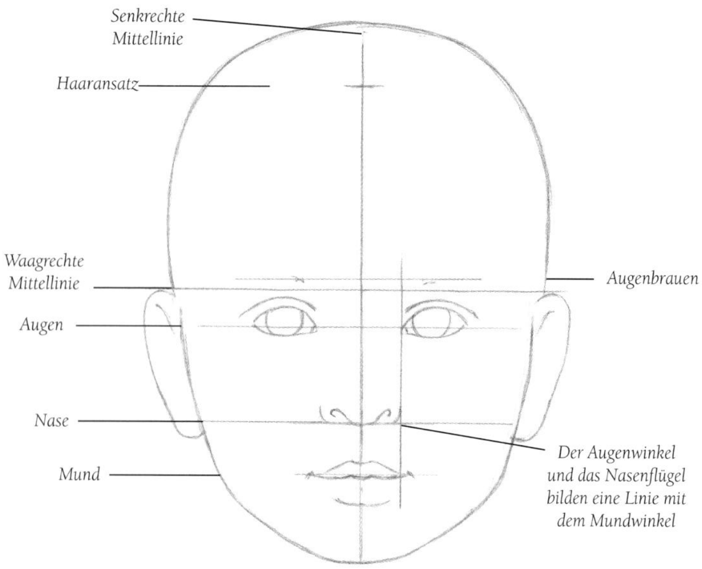

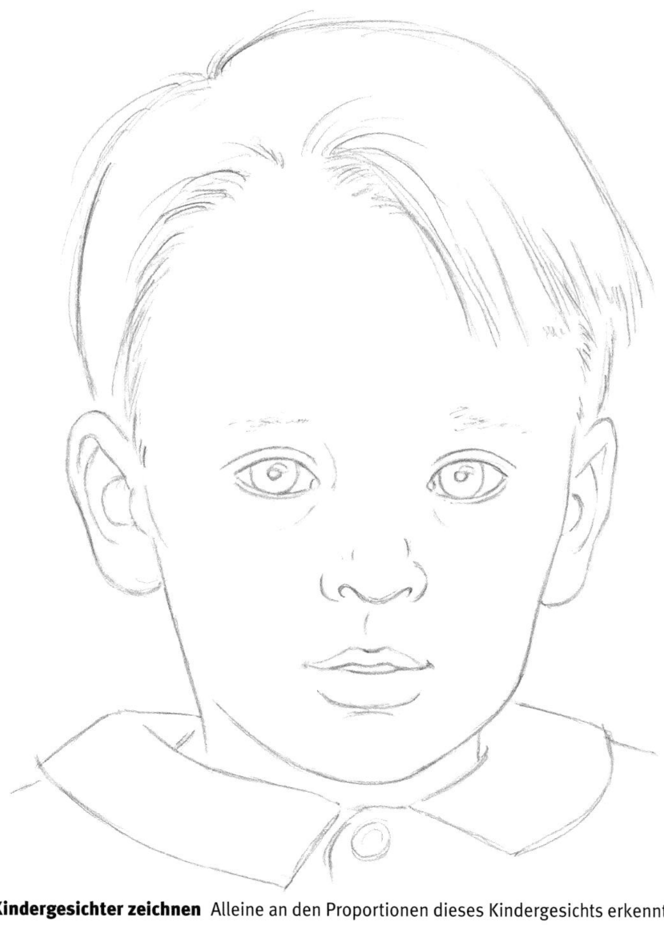

Kindergesichter zeichnen Alleine an den Proportionen dieses Kindergesichts erkennt ein geübter Zeichner, dass dieser Junge fünf oder sechs Jahre alt ist. Das Gesicht hat sich schon soweit gestreckt, dass die Augenbrauen bereits auf Höhe der Ohren sind. Noch aber stehen die Augen weit auseinander und verraten das Alter ebenso wie der Mund, der noch relativ weit unten liegt – nur wenig über dem Kinn.

Wie die Zeit vergeht

Die Lage der Gesichtszüge verändert sich im Lauf der Kindheit, da das Gesicht länger und schmaler wird. Ziehen Sie Hilfslinien, mit denen Sie das Gesicht ab der waagrechten Mittellinie in gleichmäßige Abschnitte teilen. So lässt sich die genaue Lage aller Gesichtszüge am leichtesten finden.

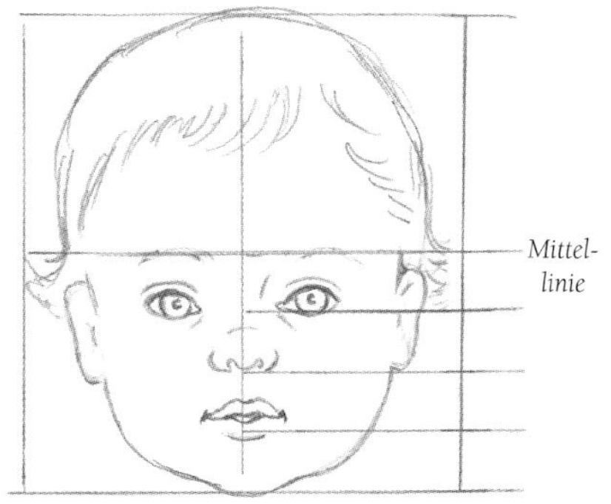

Babys
Dass Babygesichter genau in ein Quadrat passen, zeigt die Abbildung links. Babys haben eine so große Stirnpartie, dass ihre Augenbrauen auf der waagrechten Mittellinie sitzen und nicht die Augen, wie bei den Erwachsenen. Die Augen wirken sehr groß im Vergleich zum übrigen Gesicht, da sie bei der Geburt voll entwickelt sind und nicht mehr größer werden.

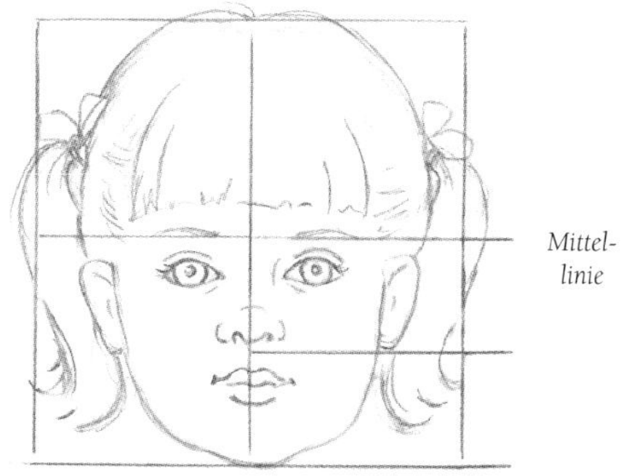

Kleinkinder
Mit drei oder vier Jahren ist die Stirnpartie bereits kleiner, das Kinn schmaler und die Enden der Augenbrauen ruhen auf der Mittellinie. Die Augen sind immer noch etwas weiter als eine Augenlänge voneinander entfernt, aber nicht mehr so weit wie beim Baby.

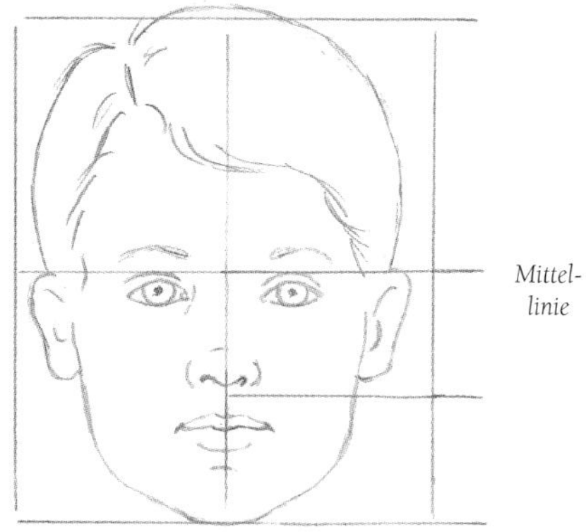

Kinder
Mit sechs oder sieben Jahren hat sich der Kinderkopf gestreckt und ähnelt in der Grundform bereits einem hochgestellten Rechteck. Die Augenbrauen liegen bereits ein gutes Stück über der waagrechten Mittellinie und die Augen sind näher an die senkrechte Mittellinie gerutscht. Die Ohren enden auf Höhe der Nasenwurzel.

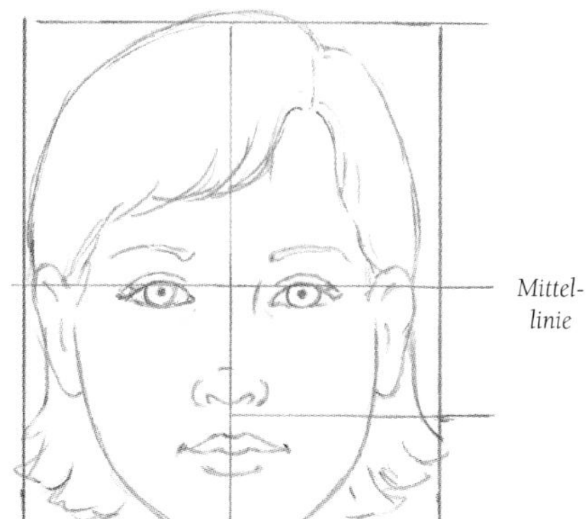

Teenager
Mit etwa 13 Jahren ist die Gesichtsform länglich. Das Gesicht hat seine Rundungen weitgehend verloren und wirkt oval. Die Augen liegen schon fast so weit auf der waagrechten Mittellinie wie beim Erwachsenen. Und die Ohren enden auf Höhe der Augenbrauen. Nur die runden Augen und der runde Mund tragen noch kindliche Züge.

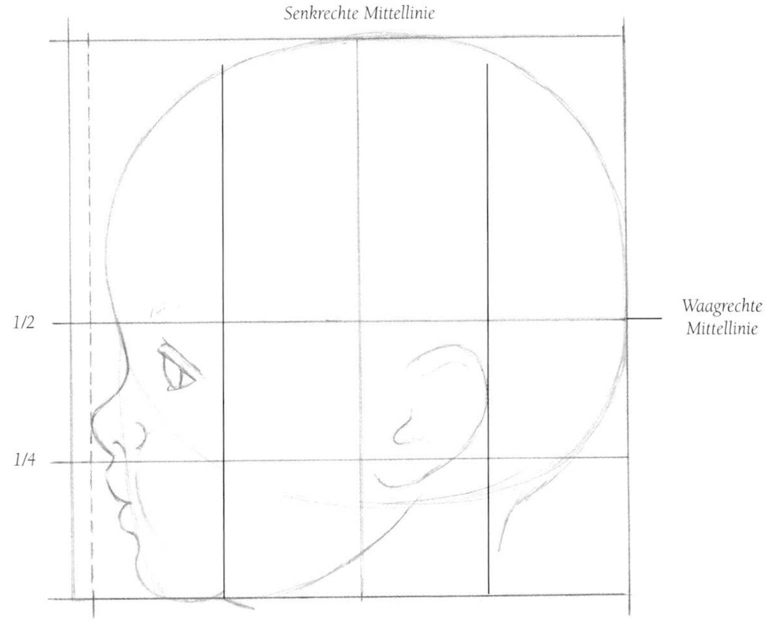

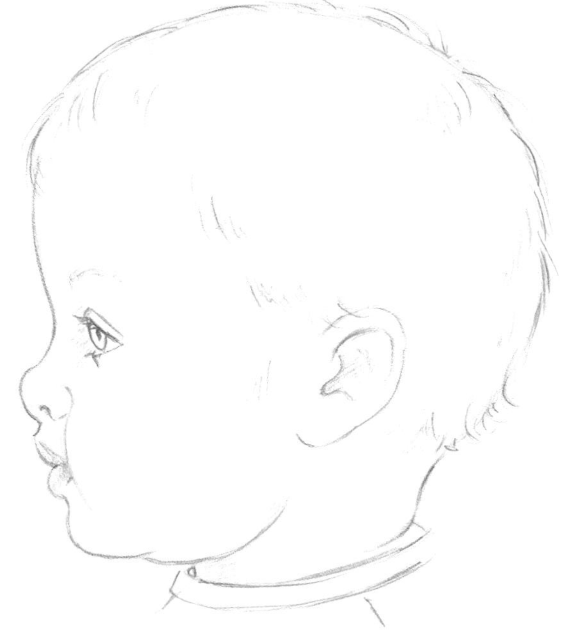

Baby im Profil Kinderköpfe im Profil wirken fast rund. Die Kleinen haben eine große Stirnpartie, die weiter nach vorne ausgeprägt ist, als bei Erwachsenen. Die Nase ist dagegen klein und recht rund, sodass der Kinderkopf im Profil gut in ein gedachtes Quadrat passt. Am besten beginnen Sie mit einem Kreis für den Hinterkopf und zeichnen dann die Grundformen der Gesichtszüge vor. Die Augenbrauen liegen auf der waagrechten Mittellinie, die Nase liegt in der unteren Gesichtshälfte und nimmt etwa ein Viertel des Profils ein. Sehen Sie genau hin und setzen Sie alle Gesichtszüge mithilfe der Hilfslinien an die richtige Stelle. Babys erkennt man auch an den zarten Augenbrauen und am feinen Haar; das Haar wird in aller Regel erst mit zunehmendem Alter dichter.

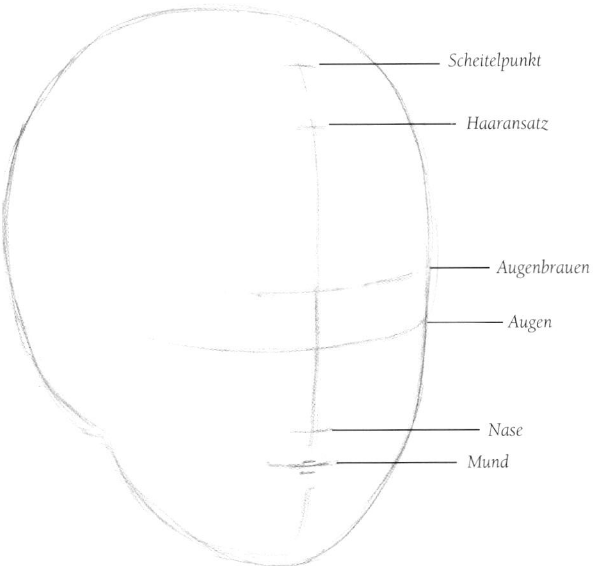

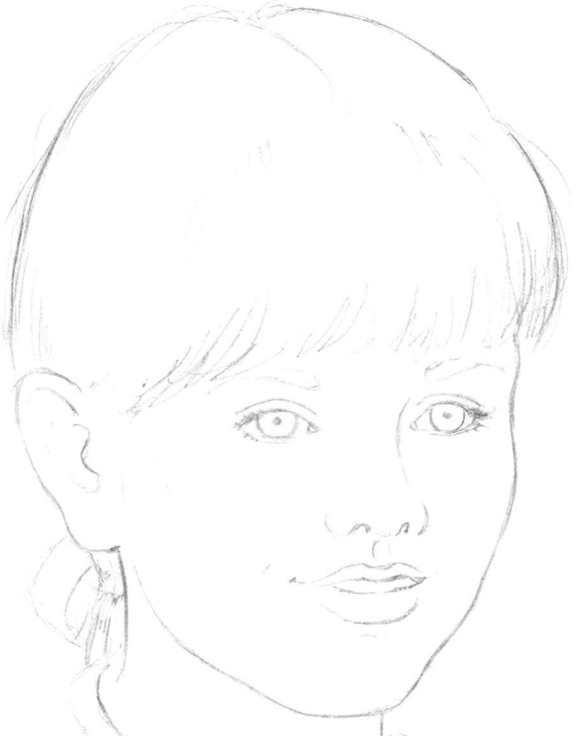

Die Gesichtszüge ändern sich In der Dreiviertelansicht ändern sich die Gesichtszüge. Auch wenn Babygesichter anders geformt sind, so ändert sich ihre Ansicht nach demselben Grundprinzip wie Sie es in der Abbildung oben sehen – je nachdem, wie der Kopf gewendet wird. Übernehmen Sie die Hilfslinien und setzen Sie die Gesichtszüge mit ihrer Hilfe an die richtige Stelle. Übrigens helfen Frisuren, Kleidung und Accessoires das richtige Alter zu erkennen.

Profile anpassen

Mit zunehmendem Alter verändert sich auch das Profil eines Kindes. Mit jedem Jahr wird der Kopf länglicher. Beobachten Sie die durchgehende Linie, auf der beim Baby noch der Brauenbogen liegt: Beim Kleinkind ist es der Brauenansatz, beim Kind ist es die Mitte zwischen Auge und Augenbrauen und beim Teenager ist es das obere Augenlid.

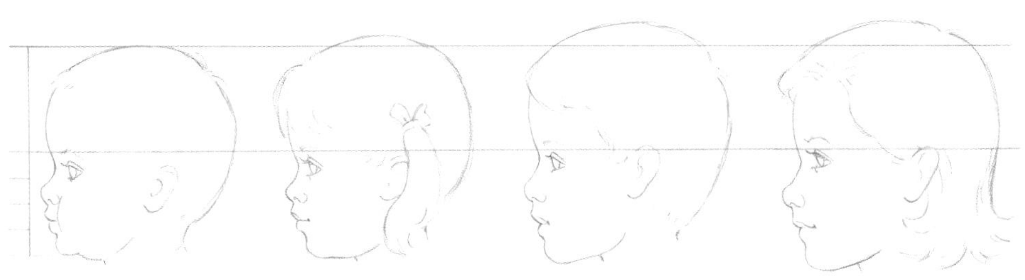

Kleines Mädchen

So faszinierend es ist, Kinder darzustellen, Sie müssen beim Zeichnen ein paar Punkte beachten, damit Ihr Porträt den kindlichen Charme einfängt. Achten Sie vor allem darauf, die Gesichtszüge dem Alter entsprechend richtig im Gesicht zu platzieren. Denken Sie auch daran, dass Mund und Augen runder sind, als beim Erwachsenen, und dass das Haar noch fein und dünn ist.

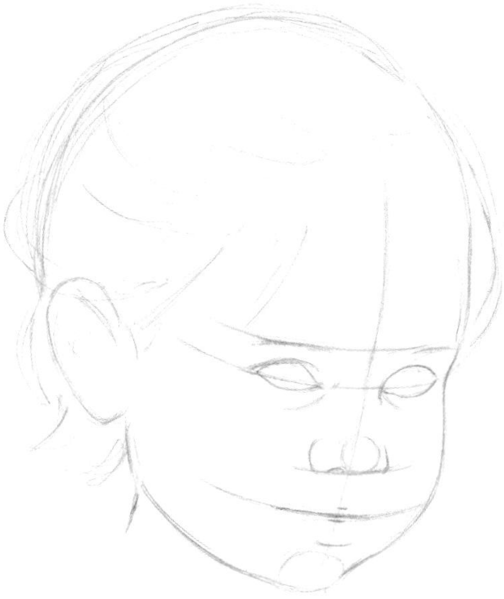

1 Mit einem frisch gespitzten Bleistift die Grundform des Gesichts festhalten. Dann die Hilfslinien passend zur Neigung des Kopfes einzeichnen. Die Augenbrauen liegen auf der waagrechten Mittellinie, die übrigen Gesichtszüge darunter. Die Augen sind rund und liegen etwas weiter auseinander als eine Augenlänge. Dann noch die runde Nase, den kleinen Mund und die Umrisse des feinen Haars zeichnen, das das Gesicht einrahmt.

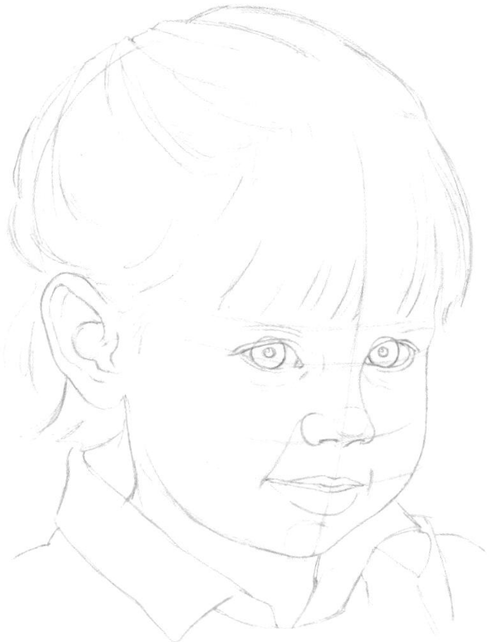

2 Die Augen detaillierter zeichnen und dabei an die Lichtreflexe denken – sie geben Kinderaugen diesen neugierigen, kindlichen Ausdruck. Das Ohr und die Lippen formen. Dann eine geschwungene Linie vom Nasenflügel zum linken Auge ziehen und eine weitere Linie von der Nase zum Mund, um die Wange zu zeigen. Mit wenigen, sanften Linien den weichen Bereich unterhalb der Augen und die Stirnfransen andeuten.

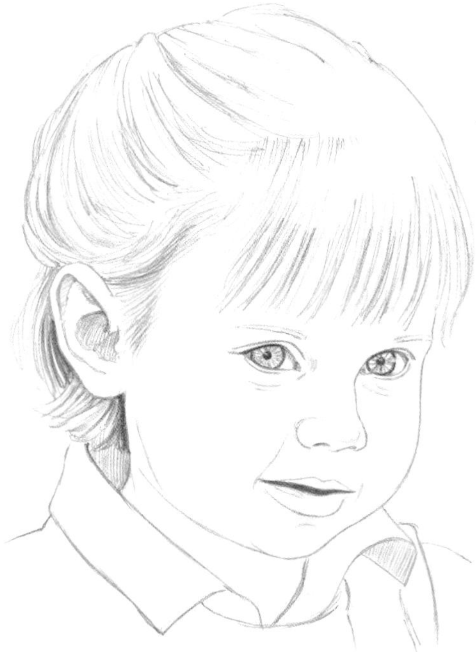

3 Mit einem Bleistift in Härte 3B den Bereich zwischen den Lippen ausarbeiten, die Pupille schwarz färben und die Iris umrahmen. Das Haar zwischen dem Oberkopf und dem Ohr zeichnen, dabei die Partien im Schatten hinter dem Ohr dunkler gestalten: Mit zarten, kurzen Striche geben Sie dem Haar ein weiches Erscheinungsbild. Dann wieder zum Bleistift in Härte 2B greifen. Die Ohrmuschel innen und die Unterseite des Kragens zeichnen – wichtige Details, die den Einfallswinkel des Lichts zeigen. Zum Schluss die Augenbrauen und die Linien um Mund und Augen andeuten.

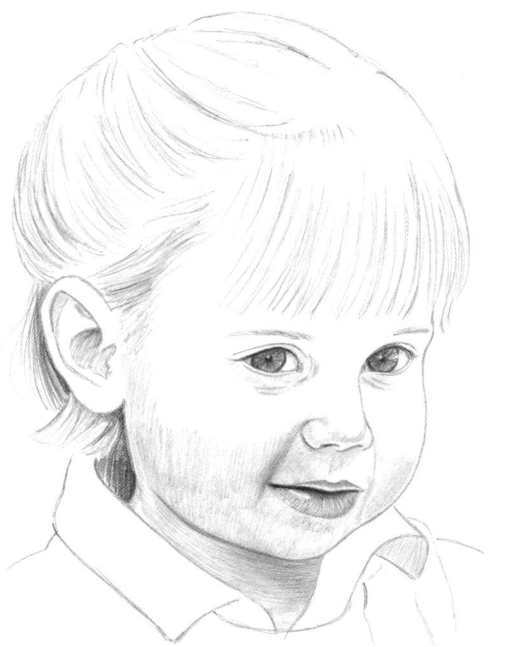

4 Die Lippen ausarbeiten, dabei einen Bereich auf der Oberlippe auslassen, damit sie Glanz erhält. Die Rundung des Halses schraffieren. Die Augenbrauen sehr fein einzeichnen, damit das Gesicht kindlich wirkt, und die untere Gesichtshälfte sanft schraffieren. Die Wangen sollen weich und rosig erscheinen.

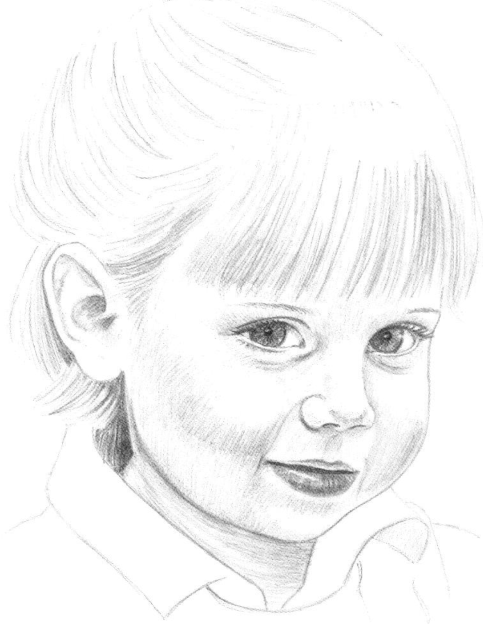

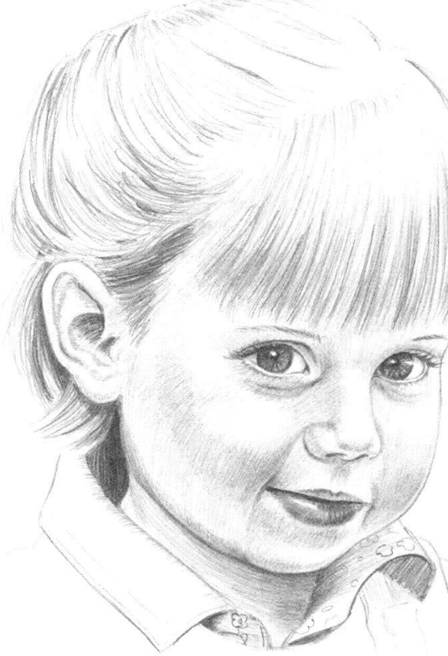

5 Zwischen Augenbraue und Auge zeigen feine, weiche Linien, wie zart dieser Bereich noch ist. Mit geschwungen Strichen die Wimpern einzeichnen und den Oberkopf mit weichen Auf- und Abstrichen formen. Die rechte Wange erhält durch weiche Schraffuren ihre Form und die Stirnfransen durch weitere weiche Striche. Einige Stellen bleiben weiß, damit das Haar locker fällt.

6 Das Ohr und den Übergang zwischen Oberlippe und Nase ausformen. Die Mundwinkel deutlicher hervorheben. Das Haar erhält dunklere Partien, damit es voller erscheint. Am Kragen ein feines Blümchenmuster auftragen. Generell verstärkt passende kindliche Kleidung, wie Overalls, Shirts, Bänder, Schleifen und Kappen oder Mützen den charmanten Eindruck von Kindlichkeit.

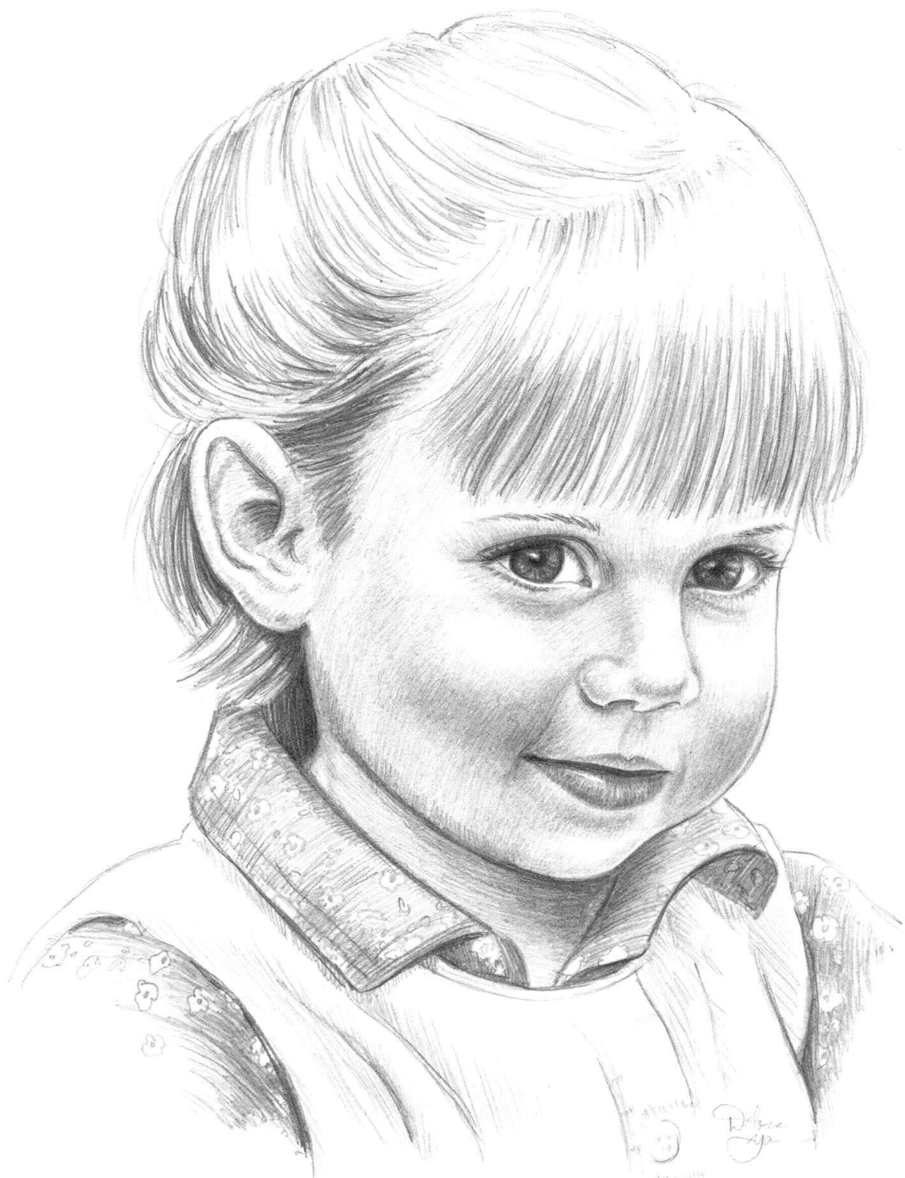

7 Mit dem Radiergummi weiße Stellen im oberen Bereich der Fransen heraus radieren, damit das Haar hell und blond wirkt. Mit dem Bleistift in Härte 3B die Bluse und das Cord-Oberteil gestalten. Zum Schluss den Knopf aufzeichnen. Sehen Sie sich das Porträt nun mit etwas Abstand an und prüfen Sie, ob es harte Übergänge oder harte Striche hat, die dem Gesamteindruck des kleinen Mädchens schaden.

Babyporträt

Babys zu zeichnen, ist nicht so leicht wie es aussieht, weil sie schnell viel älter wirken, als sie sind. Vor allem nimmt die Stirnpartie viel Platz ein und die Augen liegen in der unteren Gesichtshälfte. Außerdem sind die Augen geradezu übernatürlich groß verglichen mit dem restlichen Gesicht – also müssen Sie sie auch so groß zeichnen!

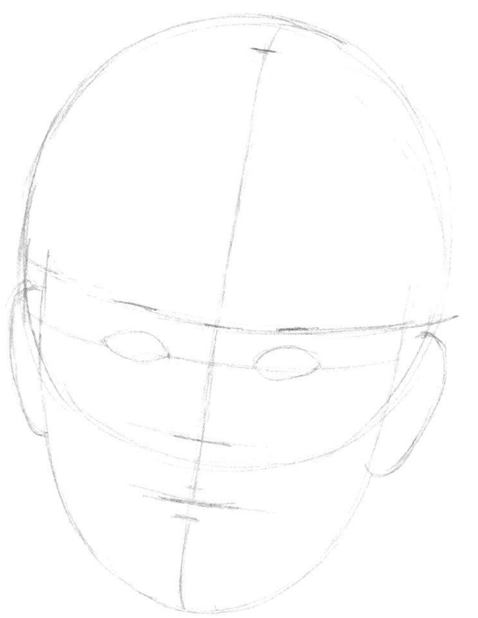

1 Mit einem Bleistift in Härte HB die Kopfform skizzieren und die Hilfslinien an die richtige Stelle setzen (▶ auch Seite 76 ff.).Der Kopf ist leicht nach vorne und etwas nach links geneigt – diese Position müssen die Hilfslinien wiedergeben. Die Augenbrauen auf die waagrechte Mittellinie setzen und die Augen in der unteren Gesichtshälfte platzieren.

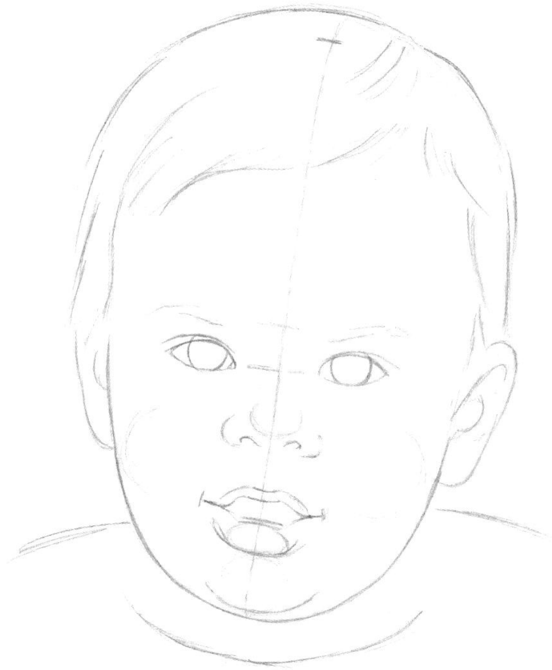

2 Das feine Babyhaar mit einem Bleistift in Härte B mit zarten Linien andeuten. Den geöffneten Mund einzeichnen, mit der Unterlippe, die aufs Kinn gesunken ist. Die Iris ist so groß, dass sie fast das ganze Auge ausfüllt, die Linse dagegen klein und rundlich. Der weiche Bogen unten am Kinn unterstreicht den weichen Eindruck des Babygesichts. Nun noch die Schultern andeuten sowie den Halsansatz und den Bund des Hemdchens.

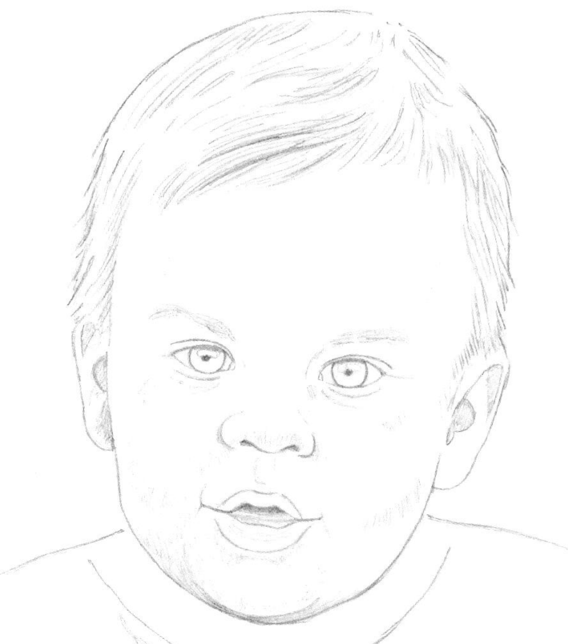

3 Nach und nach die Hilfslinien ausradieren. Die Pupillen schwarz zeichnen und die Lichtreflexe setzen. Die Augenbrauen und das Haar mit wenigen feinen Strichen weiterarbeiten. Dann den kurzen Halsansatz unterm Kinn weich anschraffieren und die Ohrmuscheln ausformen. Die Zeichnung des Mundes vervollständigen und die nach oben weisenden Mundwinkel weich einzeichnen. Den Mund innen schraffieren, damit man sieht, dass noch keine Zähen da sind. Dann am Bund des Hemdes weiterarbeiten.

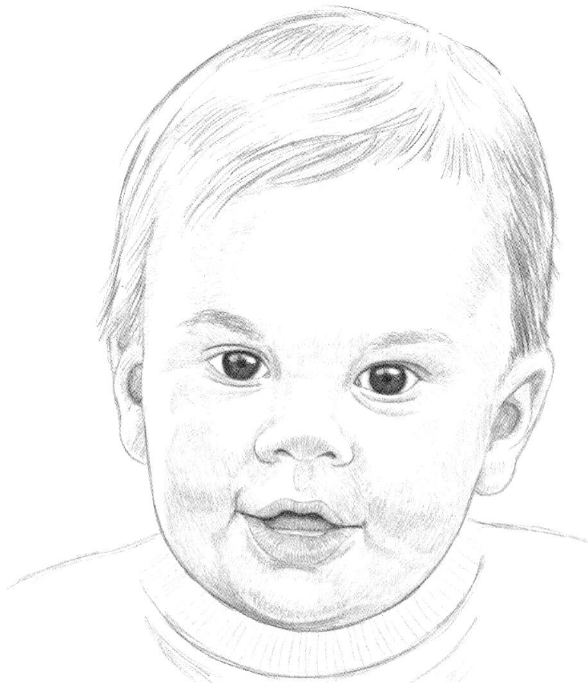

4 Mit einem Bleistift in Härte 2B die Iris erst einfärben, dann mit dem Knetradiergummi die Reflexe fein heraus radieren. Das Haar und die Augenbrauen mit weiteren feinen Strichen bearbeiten – ebenso Mund und Gesichtsform weiter ausfromen. Mit Fingerspitzengefühl die Lachfältchen am Mund formen, damit es ein typischer weicher Babymund wird. Das Hemd braucht noch stärkere Schulterlinien.

5 Das Gesicht behutsam weiter schraffieren und auch die Lippen nochmals verstärken. Den Lichtreflex auf der Unterlippe mit der Spitze eines Knetradiergummis setzen. Nur ganz zarte Wimpern einzeichnen. Das Haar und die Augenbrauen behutsam noch etwas stärker ausarbeiten – ebenso die Backen abrunden. Das Hemd stärker schraffieren. Treten Sie dann einen Schritt zurück und prüfen Sie, ob das Gesicht insgesamt niedlich und rund wirkt. Achten Sie vor allem auf den Mund, die Nase und die Augen. Mit einem Papierwischer über das Gesicht gehen, damit die Haut babyzart wirkt.

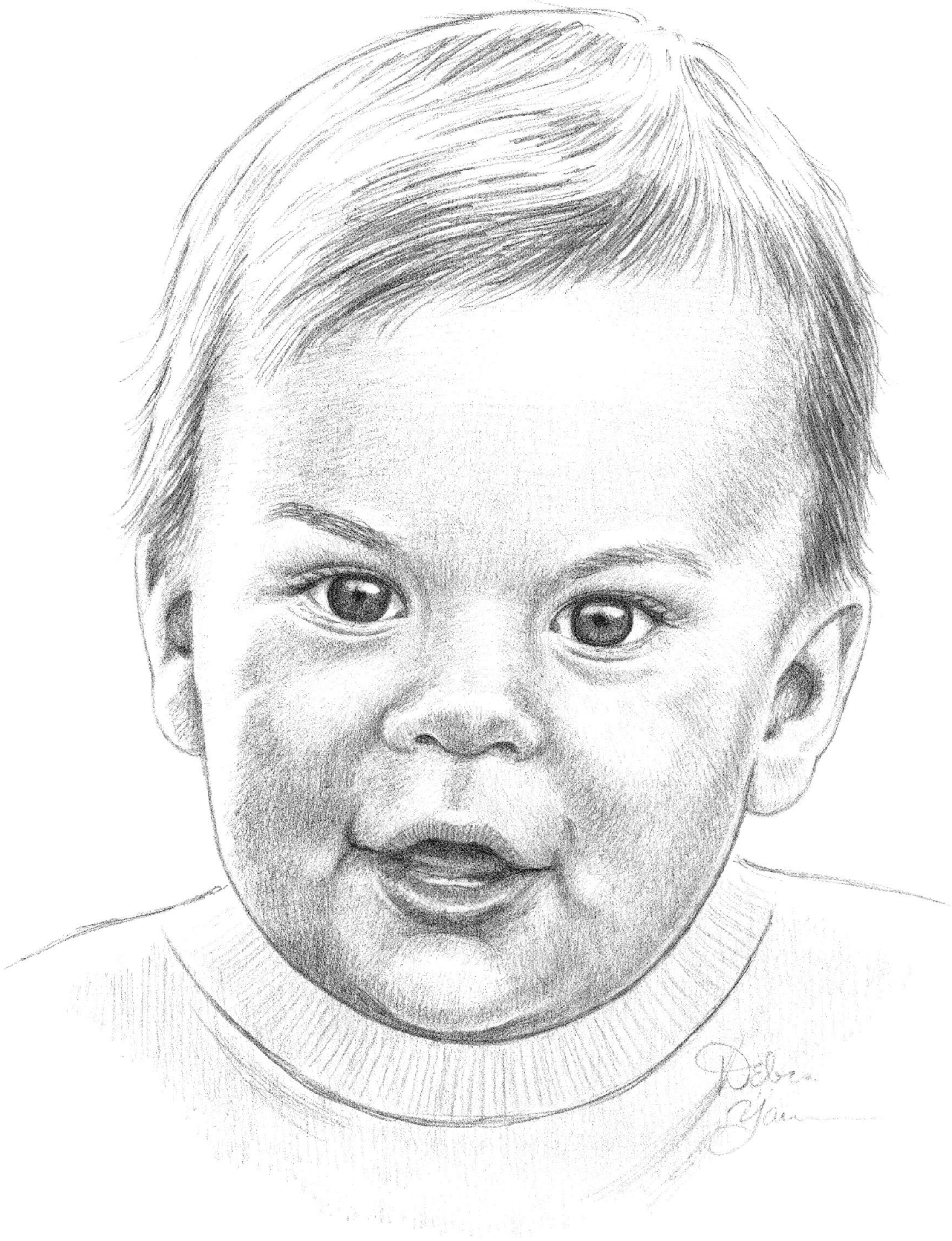

Achtung: Baby!

Babys sehen meist mit ihren großen Augen neugierig in die Welt. Versuchen Sie den Augenbrauen einen Schwung nach oben zu geben, um die kindliche Neugier darzustellen; durch Lichtreflexe wirken die Augen groß und lebendig. Ein Baby hat weiche und volle Lippen, aber der Mund ist viel kleiner als bei einem Erwachsenen. Durch Lichtreflexe auf der Ober- oder Unterlippe wirkt der Mund sanft, und die Fältchen in den Mundwinkeln verstärken den Eindruck von süßen Pausbacken.

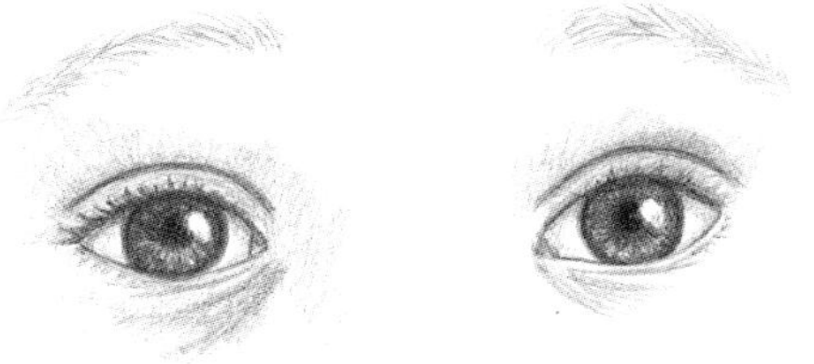

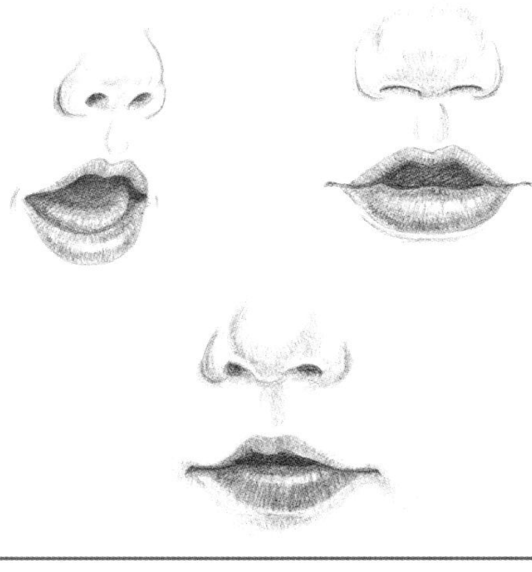

Das beste Foto wählen

Arbeiten Sie beim Porträtieren möglichst nie mit nur einem einzigen Foto des Kindes. Erst eine kleine Sammlung guter Aufnahmen, die das Kind aus verschiedenen Blickwinkeln und in unterschiedlichen Lichtsituationen zeigen, ermöglicht es Ihnen, einen guten Gesamteindruck zu bekommen. Wenn Sie also ein Foto mit optimalem Licht haben, sich aber zu einem anderen Foto hingezogen fühlen, auf dem das Kind selbst Sie besonders anspricht, dann kombinieren Sie in Ihrer Zeichnung einfach diese beiden Punkte.

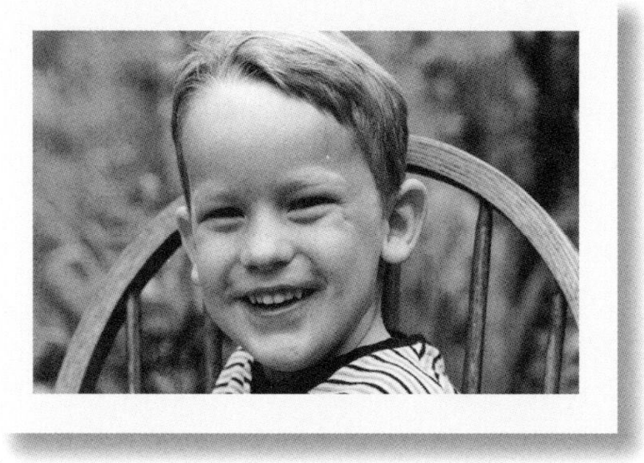

A

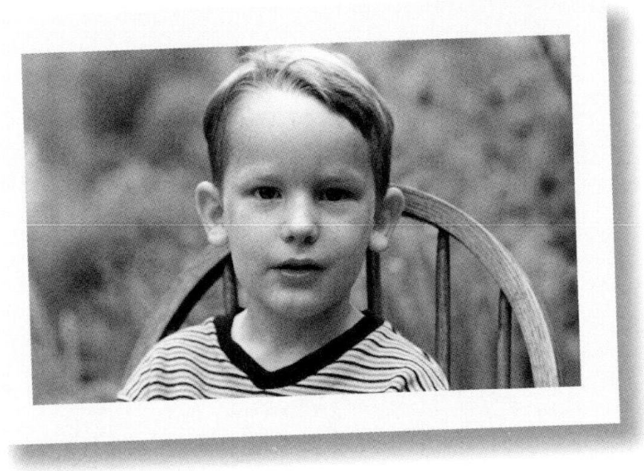

B

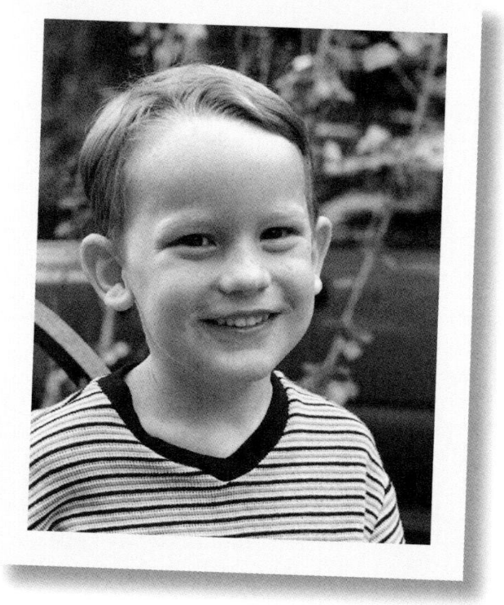

C

Die beste Pose
In Foto A sind die Augen nicht richtig zu sehen. Auf Foto B wirkt der Junge steif und sieht erschrocken in die Kamera. Aber in Foto C stimmen der Ausdruck und die Pose!

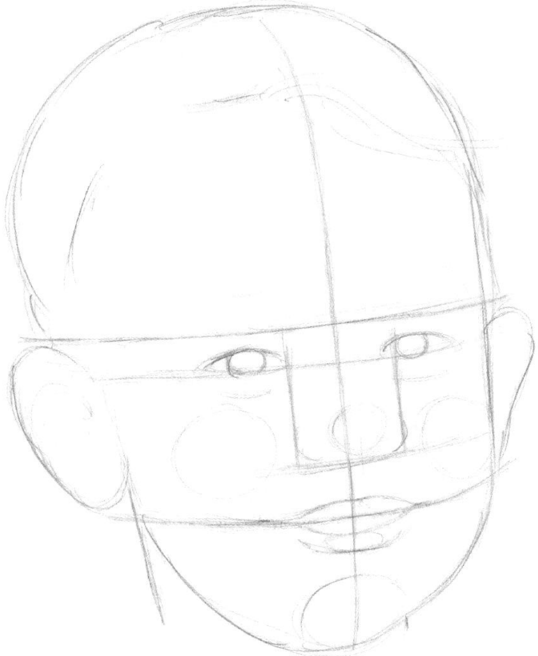

1 Mithilfe der verschiedenen Fotos entsteht ein Eindruck des Jungen. Für ein Porträt verwendet man am besten ein Foto, wie hier das Foto C. Die Kopfform skizzieren und dem Gesicht mit den Hilfslinien erste Züge verleihen.

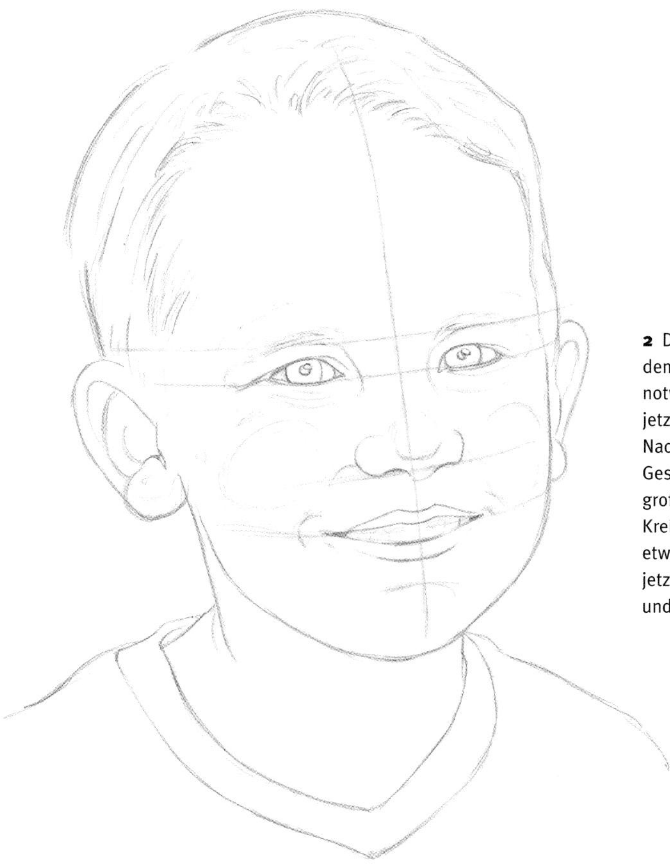

2 Die erste Zeichnung mit dem Foto abgleichen und notwendige Änderungen jetzt gleich vornehmen. Nach dem Besonderen des Gesichts suchen und die großen Ohrläppchen mit Kreisen andeuten. Auch die etwas vorstehenden Zähne jetzt skizzieren. Den Hals und das Shirt skizzieren.

3 Die Hilfslinien ausradieren. Mit einem Bleistift in Härte 2B die Augen und die Augenbrauen zeichnen. Auf dem Foto kommt das Licht von oben, deshalb sind der Oberkopf und die Stirn am hellsten, während die untere Gesichtshälfte und der Hals stärker schraffiert werden.

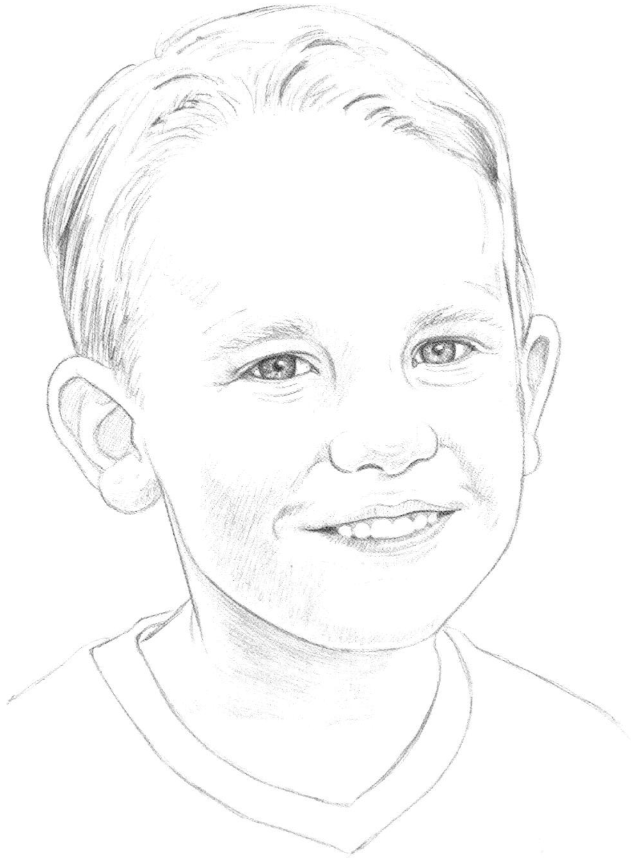

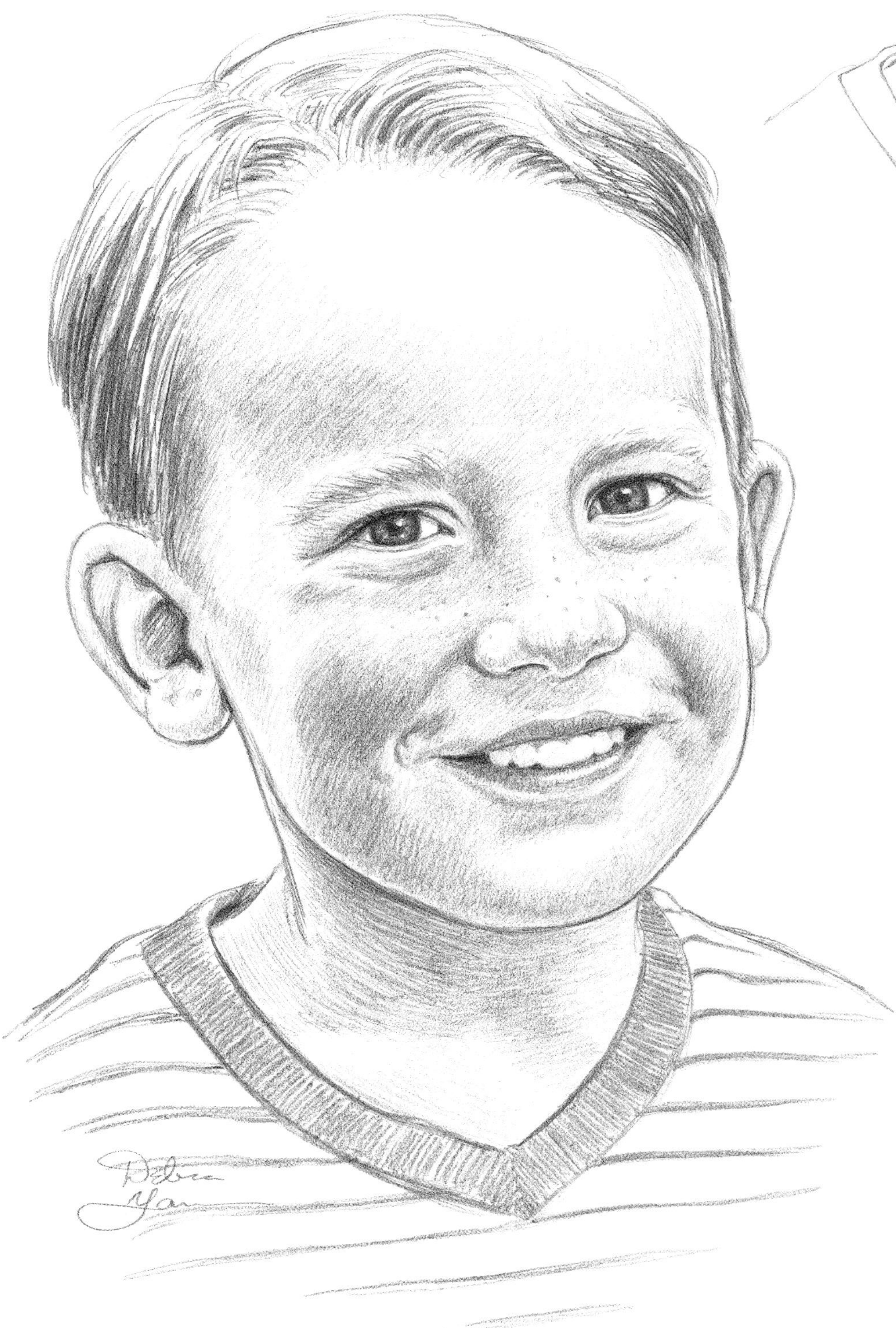

4 Das Haar wird durch mehr Strichschraffuren dunkler, das Gesicht und der Hals werden behutsam weiter abgedunkelt. Mit der Bleistiftspitze einige wenige Sommersprossen über die Nase verteilen (▶ Seite 85). Die Mundhöhle schraffieren, damit die Zähne mehr Gestalt annehmen. Das Shirt mit dem Bündchen und den Streifen zu Ende zeichnen. Zum Schluss das fertige Porträt mit dem Foto vergleichen und prüfen, ob die Zeichnung gelungen ist.

Mädchen mit blondem Haar

Bei Menschen mit heller Haut und blondem Haar kommt es darauf an, nur sehr verhalten zu schraffieren: Es sollen zwar die Formen erkennbar sein, aber der Eindruck von Farbigkeit darf nicht entstehen. Bei blondem Haar skizzieren Sie am besten mit wenigen Strichen die Frisur, doch um die Fülle anzudeuten, setzen Sie nur noch einige wenige Linien.

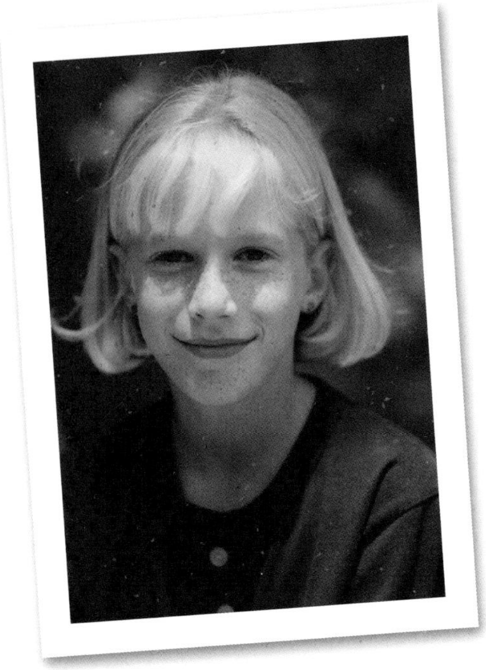

Ein heller Typ Auf diesem Foto sind einige Stellen so hell, dass Wangen, Nase und Pony fast ganz weiß wirken. Für diese Partien lassen Sie in der Zeichnung viel weißes Papier stehen.

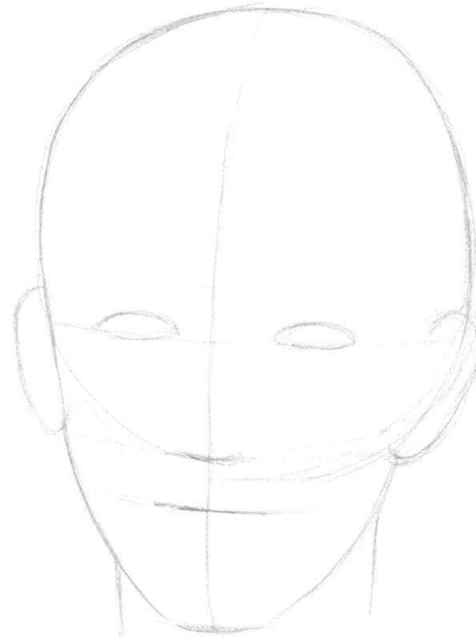

1 Mit einem Bleistift in Härte HB skizzieren Sie die Form von Kopf und Gesicht. Da das Mädchen den Kopf ein wenig nach links neigt, müssen Sie auch die senkrechte Trennlinie (▶ Seite 41) etwas nach links versetzen. Nun noch Augen, Nase und Mund auf den Hilfslinien platzieren und zum Schluss den schmalen Hals vorzeichnen.

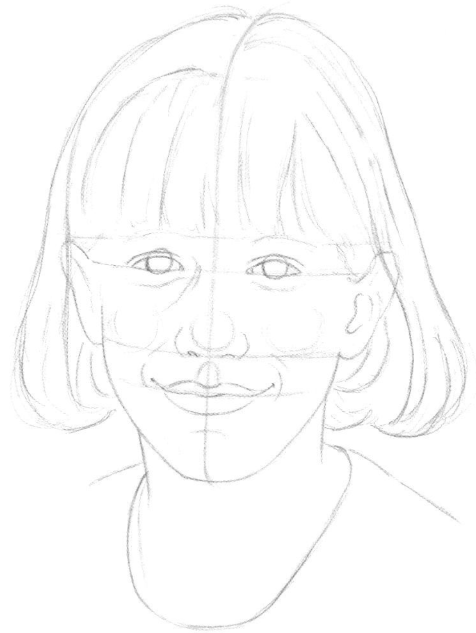

2 Nun zeichnen Sie mit einem Bleistift in Härte 2B die Gesichtsmerkmale detaillierter ein. Obwohl Sie sich möglichst genau ans Foto halten sollten, ist hier auch künstlerische Freiheit gefragt: Der Pony fällt jetzt gerade über die Stirn, und die eine Haarsträhne, die der Wind nach links geblasen hat, wird ordentlich nach innen gebogen.

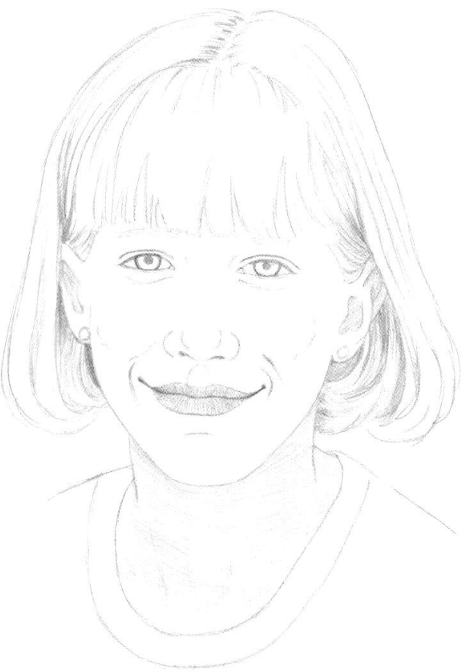

3 Während Sie weiter an den Details des Gesichts arbeiten, radieren Sie nach und nach die Hilfslinien aus. Lassen Sie sich beim Haar Zeit, damit Scheitel und Strähnen authentisch wirken – lassen Sie viel Papier weiß. Die dunkelsten Stellen sind neben dem Ohr, dort wo die Haare im Dunklen liegen. Denken Sie an die Ohrringe und an die Innenseiten der Ohren. Zeichnen Sie die Lippen ein und mit zarten waagrechten Linien den Hals.

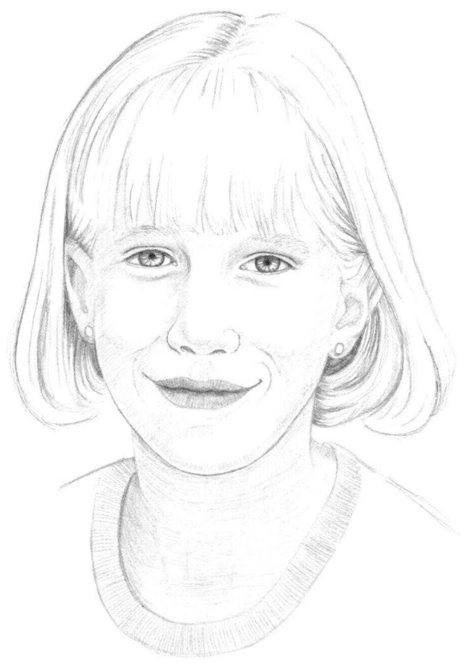

4 Für das Gesicht selbst verwenden Sie nur ganz feine leichte Striche, damit die Haut so hell wie möglich leuchtet. Mit wenigen kurzen Strichlein entstehen die Grundformen der blonden Augenbrauen. Zeichnen Sie die Iris mit Strichen, die von der Pupille nach außen gehen und stricheln Sie den Kragen des Shirts vor.

Feines Haar

Vor allem bei Kindern ist blondes Haar sehr oft feiner als dunkles Haar. Zeichnen Sie diese Haarstruktur mit engen Partien, zwischen denen viel Weiß stehen bleibt; mit einigen kurzen Haarsträhnen an der Stirn rahmen Sie das Gesicht ein.

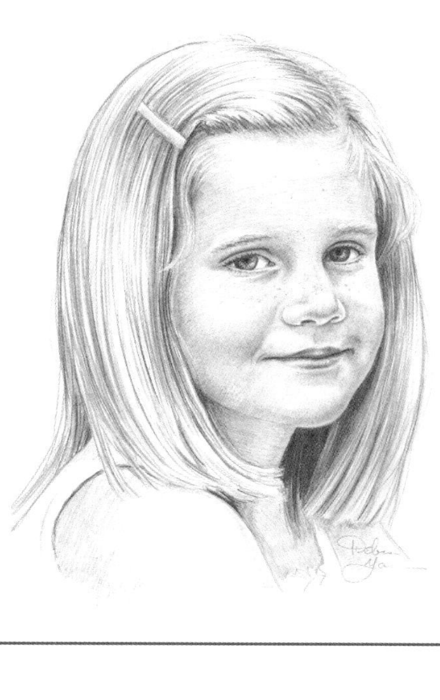

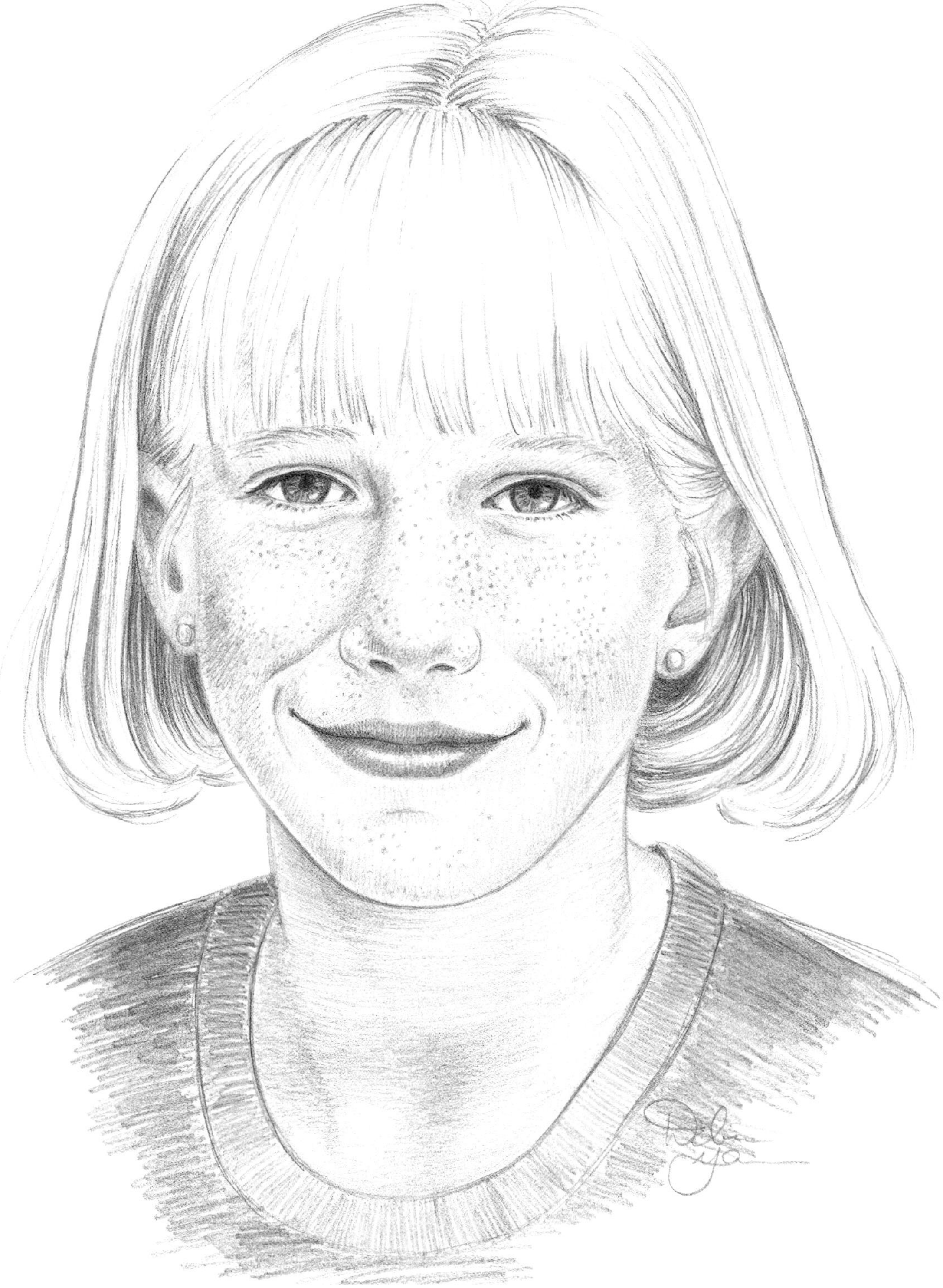

5 Mit einem Knetradiergummi setzen Sie einen Lichtreflex auf der Unterlippe. Dann zeichnen Sie noch einige dunklere Strähnchen ein und gestalten die Augenbrauen detaillierter. Dann machen Sie sich an die Sommersprossen (▶ Kasten unten). Das Shirt dagegen beenden Sie mit relativ dunklen Grautönen. Sie betonen nicht nur die hellen Farben des Mädchens, sondern verhindern auch, dass das Porträt ausgeblichen wirkt – was bei sehr hellen Menschen immer eine Gefahr ist.

Sommersprossen

Sommersprossen wirken nur echt, wenn Sie jede einzeln zeichnen. Variieren Sie die Größe der Fleckchen ebenso wie den Abstand voneinander. Sie müssen natürlich nicht jede Sommersprosse zeichnen, die Ihr Modell hat! Einige reichen – und das Auge addiert die übrigen.

Tipp Einige Sommersprossen sollten sich überlappen, einige dürfen heller oder dunkler als die übrigen sein – ändern Sie den Druck des Bleistifts.

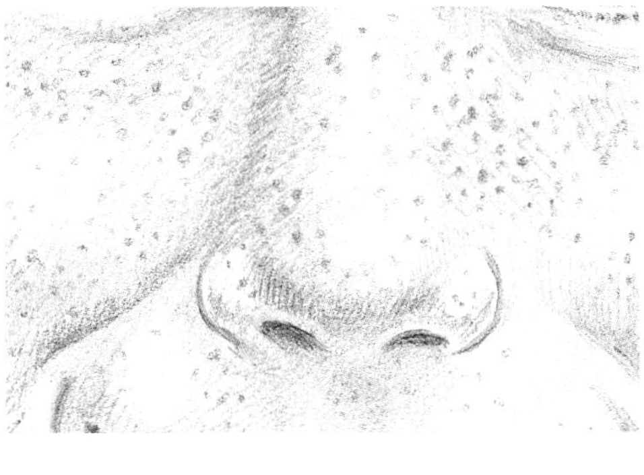

So nicht! Wenn Sie Sommersprossen so regelmäßig zeichnen wie hier, dann sehen sie unweigerlich wie Ausschlag aus.

Kinder der Welt

Die Hautfarbe und die Form von Mund und Nase zeigen den Unterschied zwischen den zwischen den menschlichen Völkern und Nationen am deutlichsten. Bei dunklerer Haut ist es wichtig, genau auf den Ton der Haut zu achten und beim Zeichnen den im Verhältnis zu den Gesichtszügen richtigen Ton zu treffen. Wenn die Haut sehr dunkel ist, müssen zum Beispiel die Lippen einen noch tieferen Grauton erhalten. Achten Sie auch unbedingt auf die Form von Augen, Mund und Nase oder die Struktur der Haare – also auf alle Besonderheiten und Unterschiede.

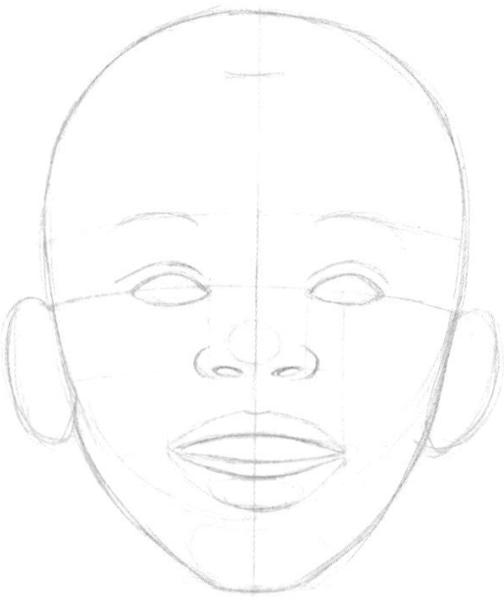

1 Mit einem Bleistift in Härte 2B die Grundform des Kopfes vorskizzieren. Die Gesichtszüge mithilfe der Hilfslinien einzeichnen und dabei genau auf die Formen achten: Die Augen sind mandelförmig, die Lippen voll und die Nase breit. Dann noch Zähne, Haaransatz, Augenbrauen und Ohren andeuten.

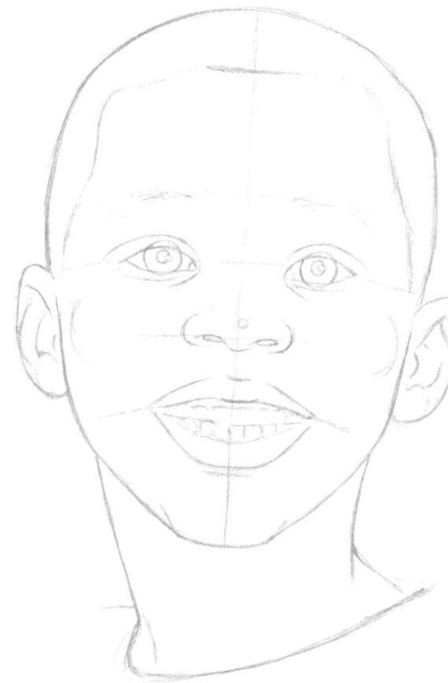

2 Den Hals und das Kinn einzeichnen. Den Augen sorgfältige erste Details und den Augenbrauen mit kurzen schnellen Strichen ihre Form geben. Anschließend die Zähne und die Ohren definieren. Dann den Haaransatz vervollständigen und den Bund des Shirts einzeichnen.

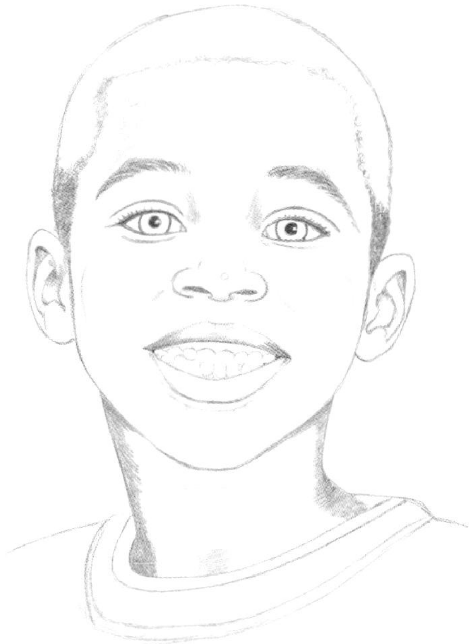

3 An Nase, Hals und der Oberlippe weiterarbeiten, bei der Oberlippe darauf achten, dass sie voll wirkt. Die Nasenlöcher relativ dunkel schraffieren, sie sollen sich vom dunklen Hautton noch abheben. Mit kleinen Kreisbewegungen lässt sich das fein gekrauste Haar am besten darstellen – beginnen Sie über den Ohren. Weitere Details an den Augen und Augenbrauen ausarbeiten und die halsnahe Partie des Shirts sauber vorstrukturieren.

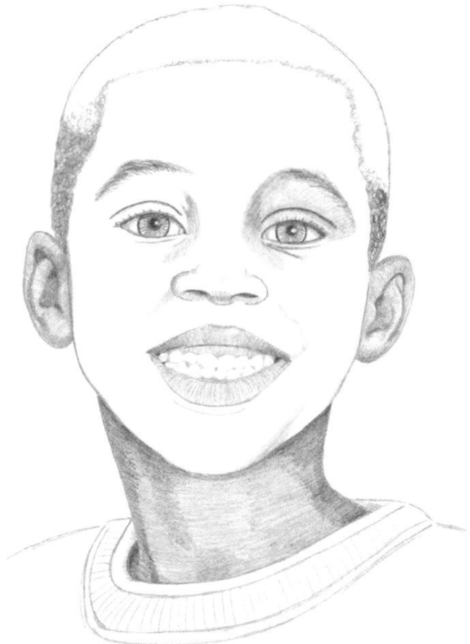

4 Mit weiteren feinen und möglichst gleichmäßigen Schraffuren die Form der Lippen weiter ausgestalten. Dann das Zahnfleisch zeichnen und dabei sorgfältig auf Sitz und Form der Zähne achten und um sie herum arbeiten. Prüfen Sie dabei immer wieder, ob diese Partien nicht zu dunkel werden – sie sollen gut mit dem Hautton des Gesichts harmonieren, denn wenn sie zu dunkel geraten, wirkt das Gesicht unnatürlich. Dann das Haar weiter ausformen, und den Hals mit waagrechten Strichen, die der Rundung des Halses folgen, schraffieren. Betrachten Sie die Zeichnung: Sehen Sie, wie die neuen Schraffuren die schon bestehenden überlappen?

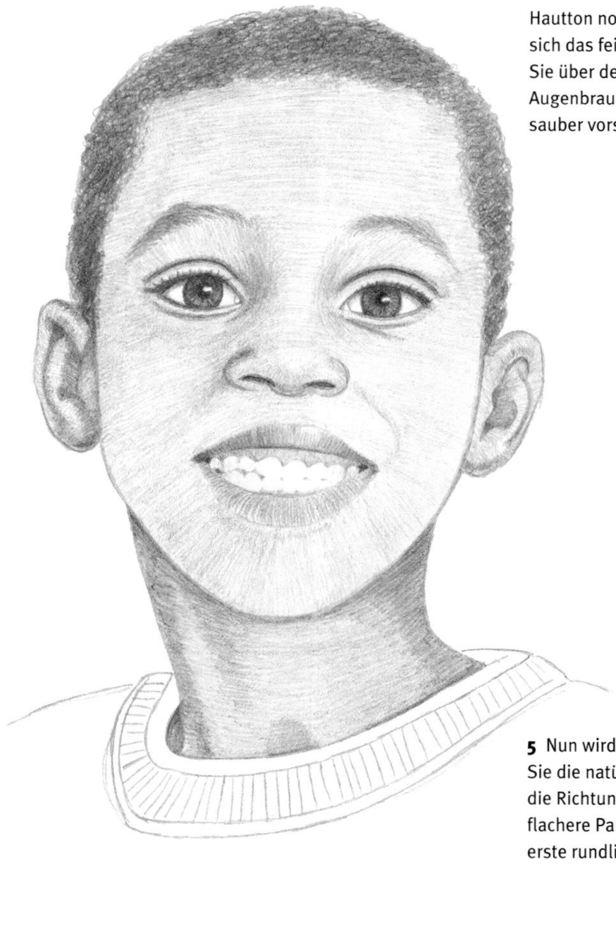

5 Nun wird der Hautton des Gesichts aufgetragen. Gestalten Sie die natürlichen Gesichtsebenen (▶ Seite 39), indem Sie die Richtung der Striche variieren und an Rundungen oder flachere Partien anpassen. Nun nimmt das Gesicht schon erste rundliche Züge an.

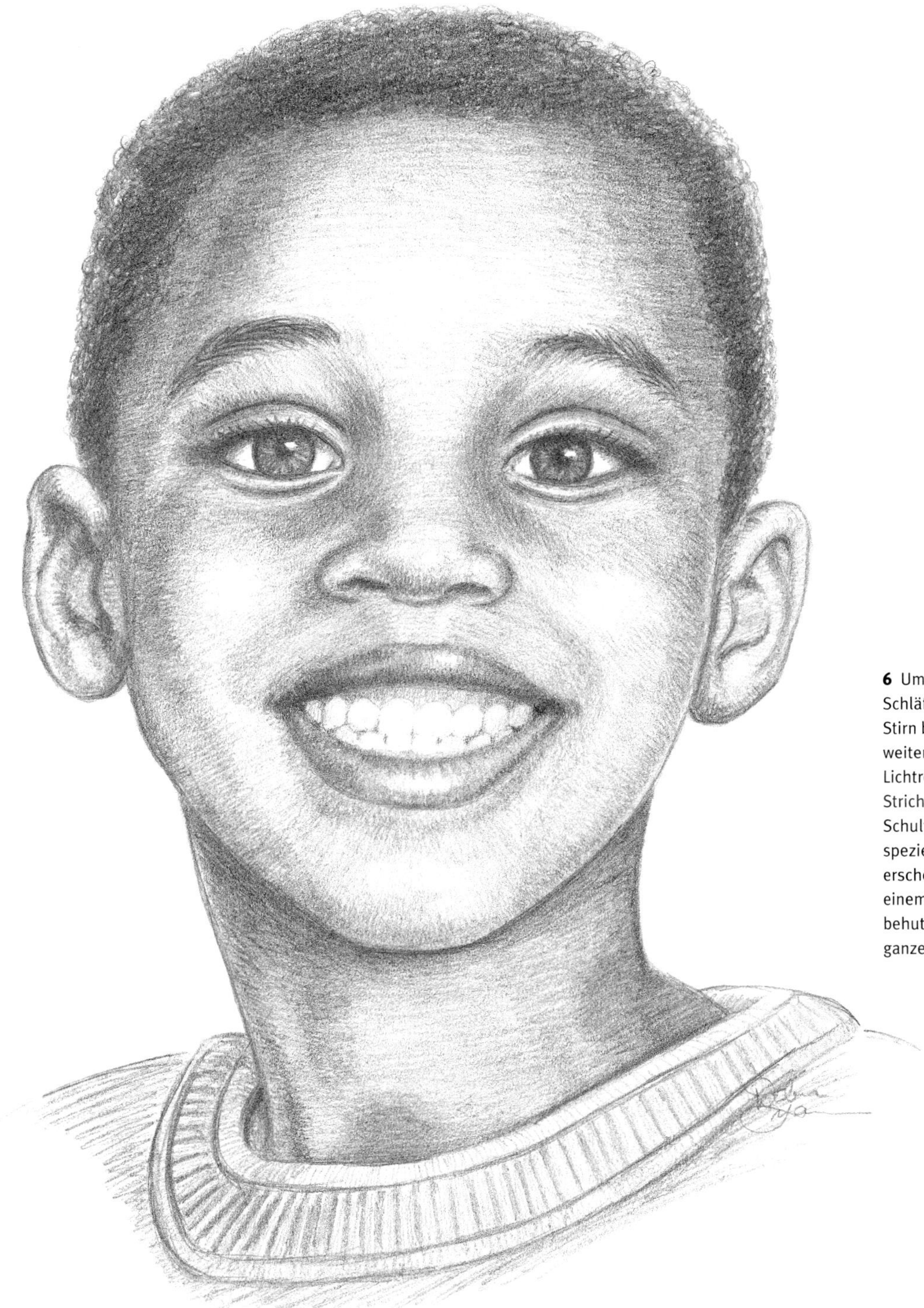

6 Um die Form des Gesichts noch deutlicher zu zeigen, die Schläfenpartie links und rechts dunkler schraffieren – die Stirn bleibt hell, da das Licht auf ihr liegt. Die Nase mit weiteren Schraffuren heraus arbeiten, dabei einen Lichtreflex auf die Nasenspitze setzen. Nun mit weichen Strichen den Kragen des Shirts ausarbeiten und die Schulterpartie betonen. Dann die Lippen noch einmal speziell bearbeiten, damit sie richtig rund und voll erscheinen, und den Lichtreflex auf der Oberlippe mit einem Knetradiergummi heraus radieren. Zum Schluss sehr behutsam mit dem Knetradiergummi nochmals über das ganze Porträt gehen und die Übergänge sanft verwischen.

Verschiedene Hautfarben

In jedem Gesicht spiegeln sich Licht und Schatten in einer Vielfalt unterschiedlicher Töne, die sich mit dem Bleistift wunderbar einfangen lassen. Sehen Sie sich ein Gesicht, das Sie zeichnen wollen, vorher genau an. Suchen Sie nach den dunkelsten Stellen ebenso wie nach den hellsten – ganz gleich, ob der Menschen, den Sie zeichnen wollen, weiße Haut hat oder farbige. Das schwarze Haar sowie die mittleren Grautöne des Gesichts vermitteln bei den Jungen links und in der Mitte jeweils den Eindruck von heller Haut. Der Junge rechts außen hat dunkle, voll ausgeformte Wangen und wirkt sonnenverbrannt und abgehärtet.

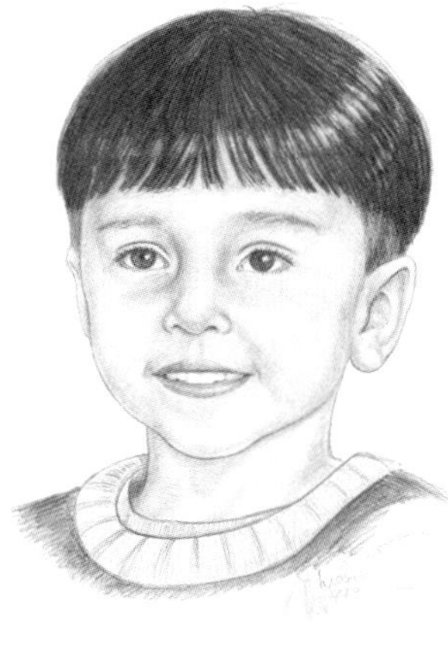

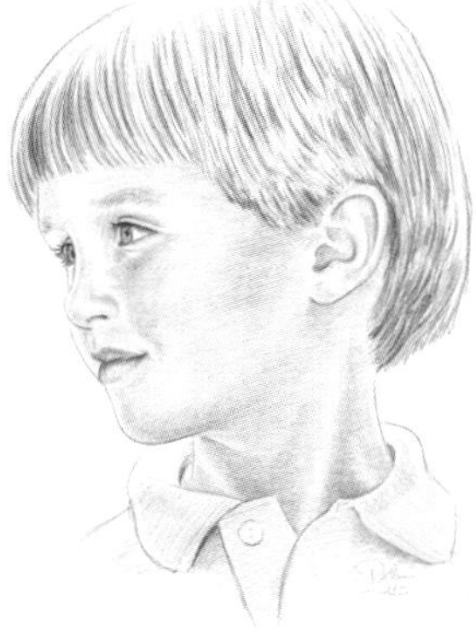

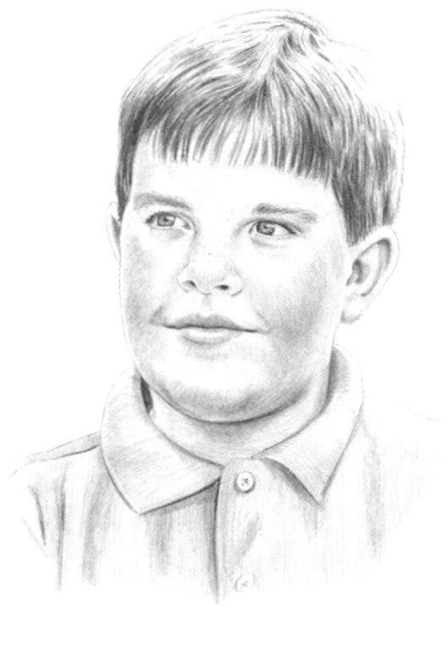

Arbeiten mit einem jungen Modell

Eine sehr künstlerische Art des Umgangs mit Licht und Schatten zeigt der Aufbau dieses Porträts in sieben Schritten. Hier wird der Anfang ohne Hilfslinien gemacht. Dann folgt die subtile Arbeit am Gesicht mit Bleistiften in verschiedenen Härtegraden und mit unterschiedlichen Papierwischern, die genau erklärt wird.

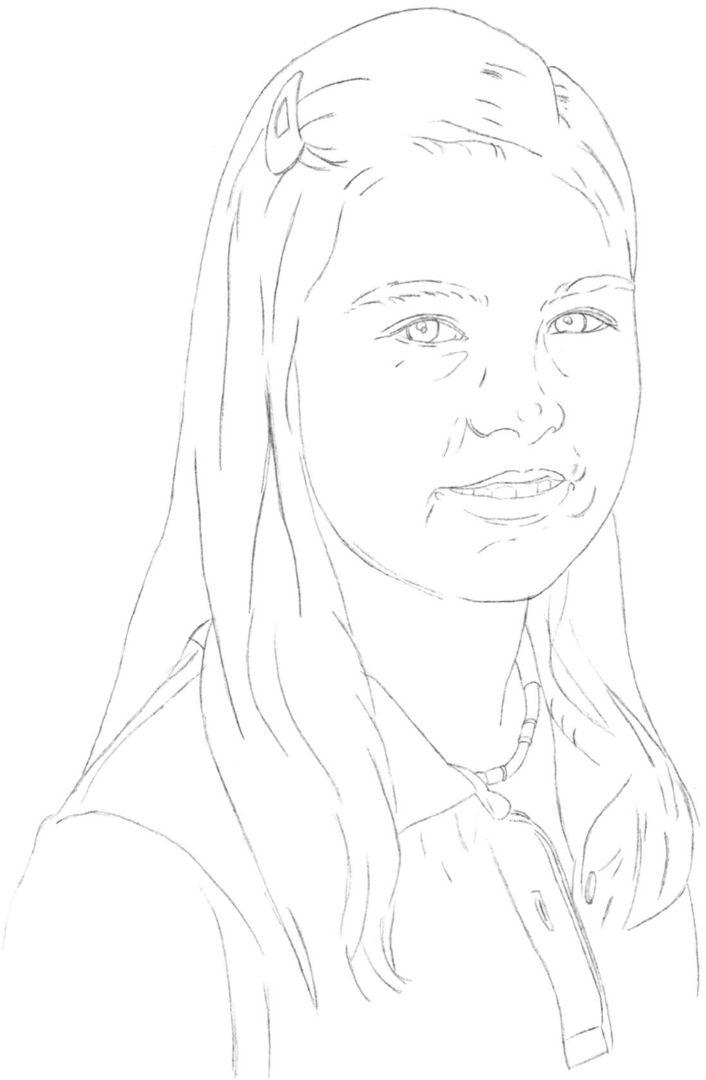

1 Überlegen Sie zunächst, in welcher Pose Sie Ihr Modell abbilden möchten, denn schon Haltung und Blickwinkel sagen viel über den Charakter aus. In diesem Fall drückt sich das nette und dynamische Wesen des Mädchens in der Zuwendung zum Betrachter und im offenen Blick aus. Es wurde ein kleines Lächeln gewählt, da man die Augen je mehr zusammenkneift, je mehr man lächelt. Und dann würden die Augen viel von ihrer Ausdruckskraft verlieren. Das Poloshirt deutet an, dass die junge Dame sportlich ist. Die Kette ist ein Hingucker, der das Bild insgesamt interessanter macht. Dieses Porträt wurde mit einem gespitzten Stift in Härte HB auf weich beschichtetem Zeichenkarton angefertigt, da man so auch feine Details gut darstellen kann. Lassen Sie sich beim Zeichnen der ersten Umrisse Zeit. Prüfen Sie immer wieder, ob Ihre Zeichnung mit dem Modell übereinstimmt. Kleine Fehler, die Sie jetzt stehen lassen, rächen sich später.

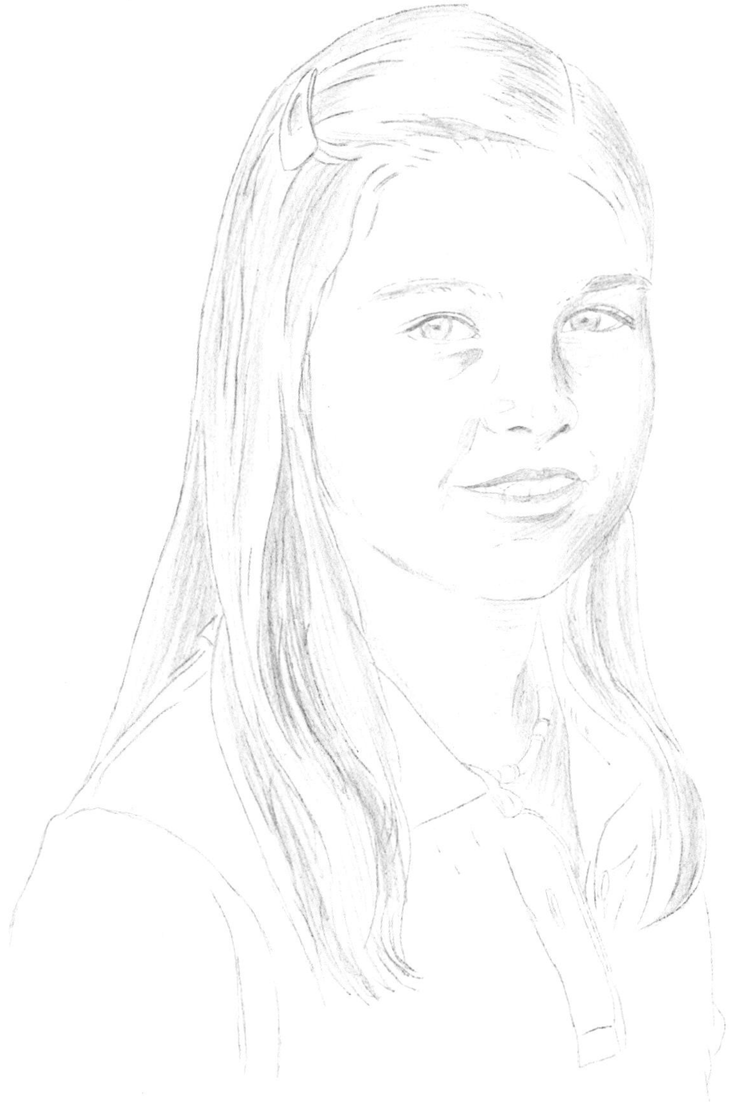

2 Mit der Seite eines Stifts in Härte 2B und langen fließenden Bewegungen zeichnen Sie das weich herabfallende Haar. Dann mit kleinen kreisenden Bewegungen etwas Farbe auf die Iris legen. Unter dem rechten Auge liegt eine kleine Fläche, die nach unten gerichtet ist und deshalb im Schatten liegt – diese Fläche schraffieren Sie leicht. Für die Nasenflügel längere, leicht gebogene Striche verwenden. Die Nasenspitze ähnelt eher einer Kugel – setzen Sie hier auch gebogene, aber kürzere Linien ein. Auch die Seiten des Gesichts formen Sie mit gebogenen Linien, die den natürlichen Gesichtsebenen folgen. Den Schatten unter der Unterlippe und die Rundung des Halses andeuten. Zum Schluss den Schatten unter dem Kragen des Polohemdes zeichnen.

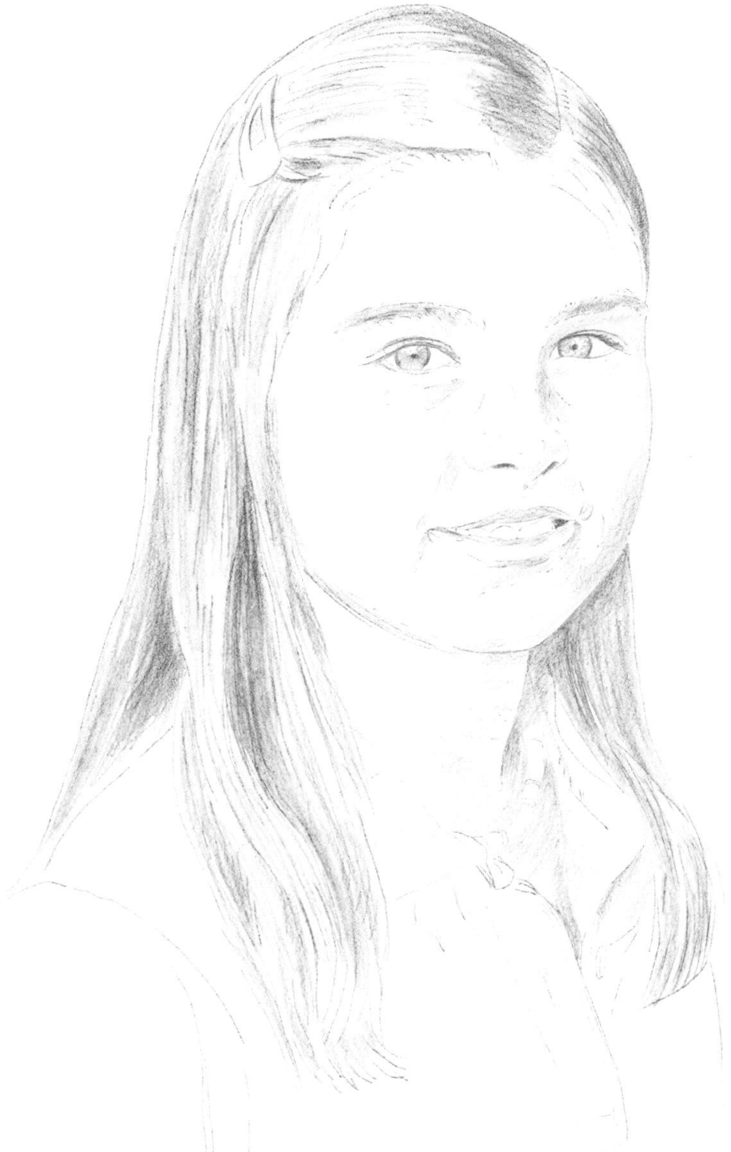

3 Mit einem großen Papierwischer die ersten Haarpartien leicht verwischen. Dann tragen Sie mit einem Stift in Härte 4B weitere Schraffuren im Haar auf, und zwar am Scheitel und am Gesicht. Beginnen Sie nun mit federleichten Schraffuren im Gesicht – dort, wo die Schatten am dunkelsten sind, und arbeiten Sie sanft und sorgfältig die runden Formen der Wangen heraus. Mit einem feinen Papierwischer sachte über die Partien rund um Augen, Mund, Nase und Augenbrauen wischen. Mit einem Stift in Härte 2B die Nasenlöcher, die Mundwinkel und die Pupillen einzeichnen. Dann die Augen etwas hervorheben und die Linien am Auge verstärken, damit man die Wimpern besser erkennt. Mit sehr feinen Schraffuren weiter an den Gesichtszügen arbeiten. In diesem Stadium sehen Sie das Gesicht Ihres Modells oft und genau an. Sie sollten jetzt ein Gefühl für Licht und Schatten im Gesicht entwickeln, denn in den kommenden Phasen arbeiten Sie mit dunkleren Schraffuren, die schlecht wieder auszuradieren sind.

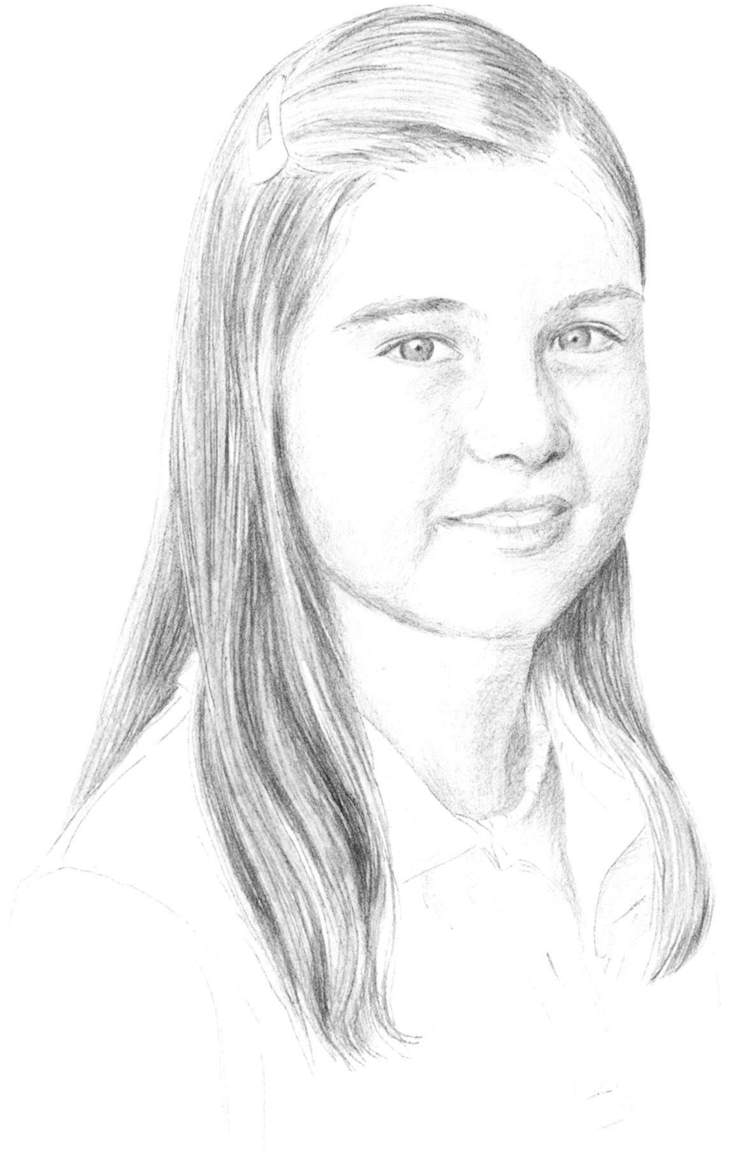

4 Mit der Spitze eines Stifts in Härte 2B und mit dem Papierwischer die einzelnen Strähnen besser zur Geltung bringen. Das Gesicht behutsam mit einem Geflecht aus Kreuzschraffuren weiter ausarbeiten – dabei mit einem Stift in Härte HB und langen leichten Strichen die zarte Haut auf der Stirn andeuten. Ein wenig Grau auf die Zähne geben. Mit einem Stift in Härte 2B die Iris dunkler färben, dabei auf die Lichtreflexe achten und zu dunkel geratene Stellen gleich ausradieren. Die Schatten am Hals kräftig abdunkeln. Dann mit der Arbeit am Shirt mit dem Kragen beginnen. Arbeiten Sie langsam mit Schraffuren, die nicht zu nahe aneinander stehen, um ein Gespür für den Stoff zu bekommen.

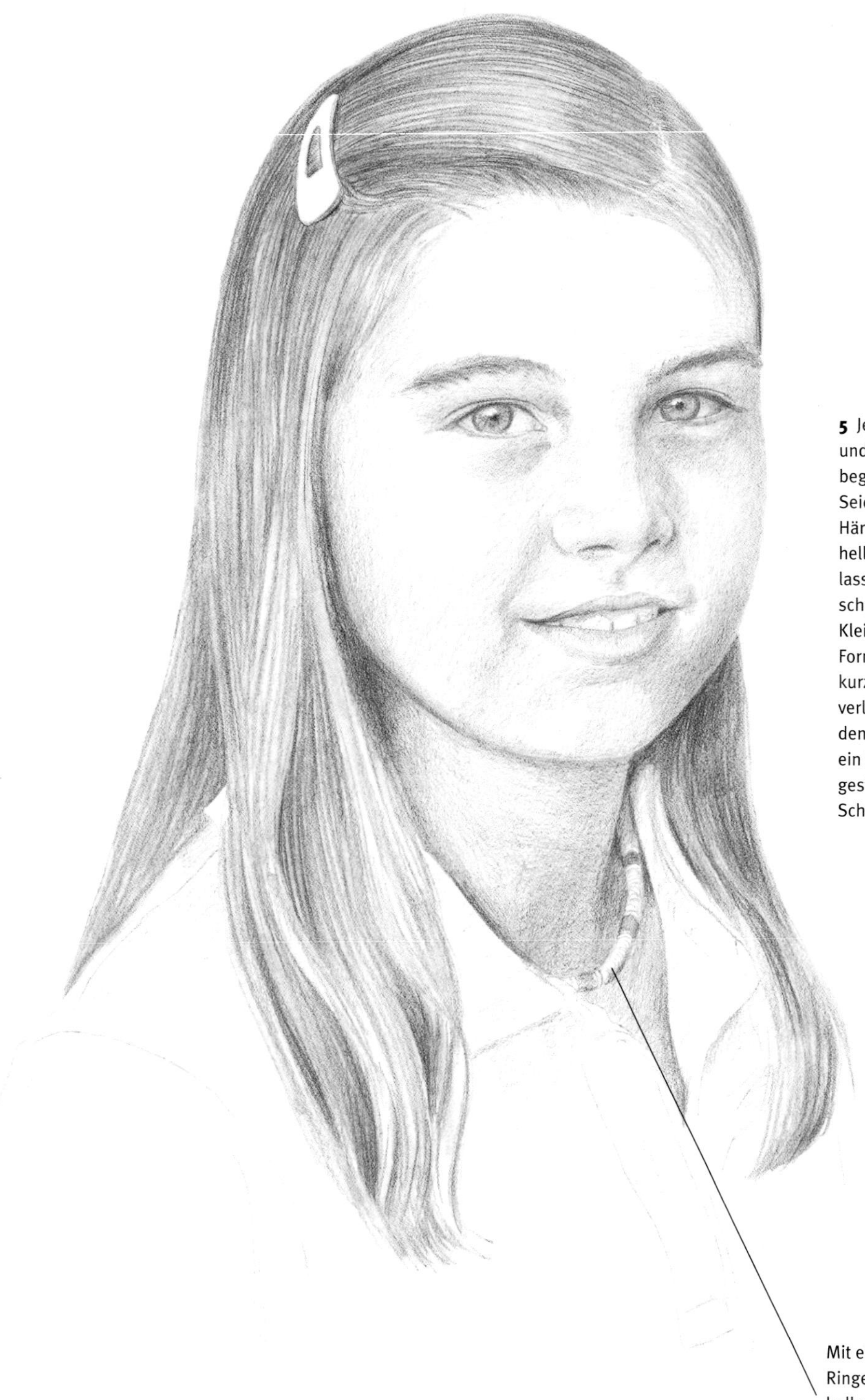

Mit dem Knetradiergummi nehmen Sie am besten sofort Grau weg, wenn Sie merken, dass Sie eine Stelle zu sehr abgedunkelt haben. In dieser Phase arbeitet man oft mehr mit dem Radiergummi als mit dem Stift!

5 Jetzt sind die Formen der Gesichtszüge bereits fest gefügt und Sie können mit den Details und dem Verfeinern beginnen. Arbeiten Sie am Haar weiter, damit es einen Seidenschimmer erhält – dazu nehmen Sie einen Stift in Härte 4B für die dunklen und einen Stift in Härte 2B für die helleren Stellen. Die Partien auf der Unterseite des Haars lassen das Gesicht heller strahlen, wenn Sie sie dunkler schraffieren.
Kleine kurze Striche für die Augenbrauen zeichnen, um ihre Form naturgetreu wiederzugeben. Von der Mitte weg mit kurzen Strichen des Stifts in Härte 2B der Iris mehr Kraft verleihen. Dort, wo Sie sehr ins Detail gehen müssen, wie in den Lidfalten des Auges oder in den Mundwinkeln, bringt ein Stift in Härte HB die besten Resultate. Den Hals gestalten Sie dunkler als das Gesicht, denn er liegt im Schatten, den das Gesicht wirft.

Mit einzelnen gebogenen Linien die Ringe der Halskette zeichnen – die hellen Teile mit wenigen Strichen, die dunklen Perlen mit vielen kräftigen, dicken Strichen.

Ungewöhnliche Blickwinkel

Dieses Mädchen blickt aufmerksam nach oben. Ihr Kopf ist nach hinten geneigt und deshalb sehen wir viel von ihrem Hals und Kinn und weniger von ihrem Kopf. Die Ohren scheinen ein Stück nach unten gerutscht zu sein und man hat einen guten Blick auf die Partie unter den Augen. Wer genau hinsieht, wird sogar die Unterseite des Oberlids und die Wimpern darüber erkennen. Doch selbst aus solchen ungewöhnlichen Blickwinkeln bleiben es Kinder mit ihren runden und kindlichen Gesichtszügen. Hier ist vor allem der Blick sehr gut getroffen: Dass das Mädchen etwas ganz fasziniert erkennt man gut, obwohl man es nicht direkt von vorne sieht. Die Nasenlöcher sind zwar gut zu sehen, aber sie sind zart mit einer weichen Form.

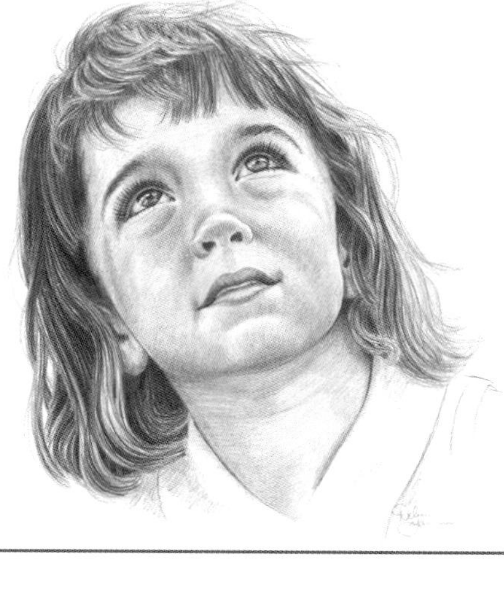

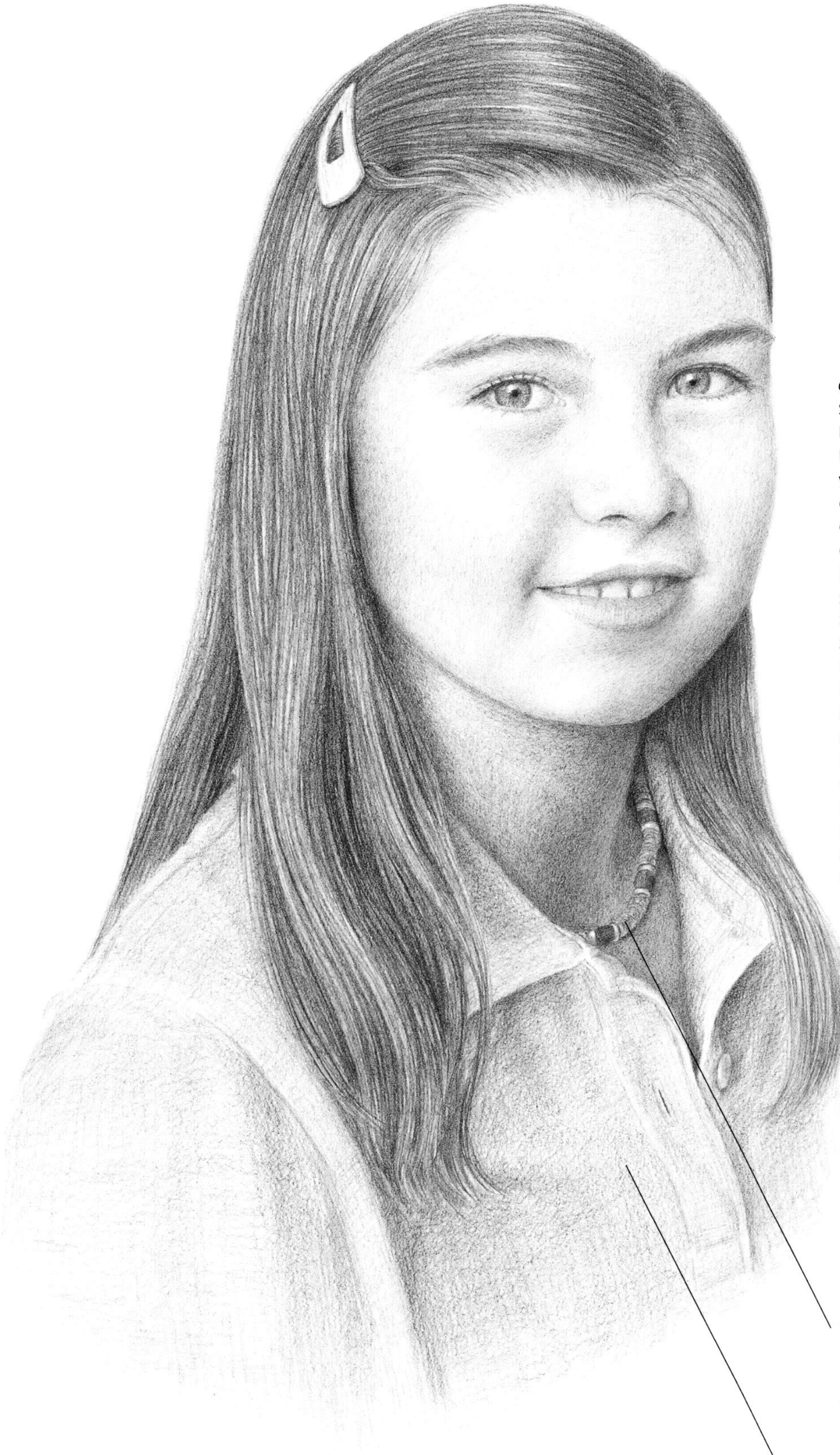

6 Das Haar wird nochmals dunkler gezeichnet, und die Spange erhält mit einem spitzen Stift klare Schatten an den Rändern. Arbeiten Sie das ganze Gesicht mit feinen Kreuzschraffuren nach, um die Übergänge zwischen den verschiedenen Grautönen sanfter zu gestalten. Nehmen Sie dafür einen Stift in Härte HB und einen Stift in Härte 2H für die hellsten Stellen. Die Wimpern am Ober- und Unterlid durch dunklere Striche betonen. Dann die Nase und den Mund weiter verfeinern. Auf der Unterlippe können die gebogenen Strich deutlicher zu sehen sein, damit man die Struktur der Lippe gut erkennt. Das Zahnfleisch, die Spalten zwischen den Zähnen und den Schatten im Mund deutlicher hervorheben. Bei der Kette können Sie einen interessanten Effekt erzielen: Zeichnen Sie die dunklen Perlen mit einem Stift in Härte 6B nach, drücken Sie fest auf und nützen Sie so auch den körnigen Effekt des Papiers. Am Ende der Perlen sitzen jeweils kleine Metallglieder, die das Licht reflektieren – radieren Sie hier die Reflexe fast weiß heraus. Dann folgt das Polohemd: Mit zarten Kreuzschraffuren zeichnen Sie die Struktur des Stoffes fein nach, nach zeichnen Sie deutlich mit dunklen Strichen den Knopf und das Knopfloch ein.

Bei der Kette können Sie einen interessanten Effekt erzielen: Zeichnen Sie die dunklen Perlen mit einem Stift in Härte 6B nach, drücken Sie fest auf und nützen Sie so auch den körnigen Effekt des Papiers. Am Ende der Perlen sitzen jeweils kleine Metallglieder, die das Licht reflektieren – radieren Sie hier die Reflexe fast weiß heraus.

Beim Polohemd zuerst die Struktur des Stoffes mit zarten Kreuzschraffuren ganz fein nachzeichnen. Dann mit dunklen Strichen den Knopf und das Knopfloch deutlich und kräftigen einzeichnen.

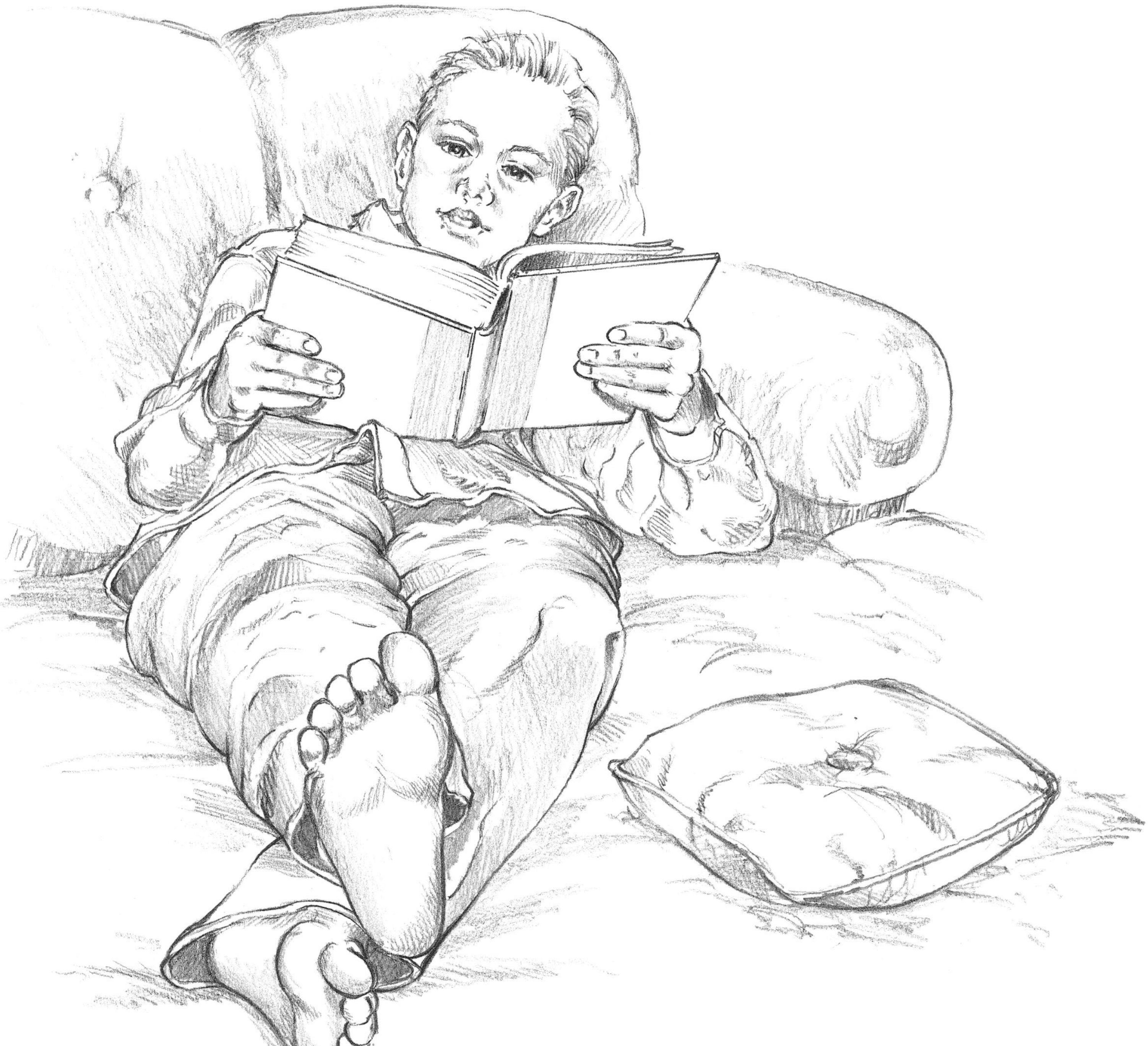

Dem MENSCHEN auf der Spur

So interessant es ist, ein Gesicht zu zeichnen – erst die Abbildung des ganzen Körpers macht ein Menschenbildnis komplett. Und obwohl wir Menschen so verschieden aussehen, gibt es doch Regeln, die dem Zeichner die Arbeit erleichtern: Ob bekleidet oder unbekleidet – unsere Proportionen folgen einem Maß, das sich jedem aufmerksamen Betrachter rasch erschließt. In diesem Kapitel können Sie in Ruhe die Anatomie des Menschen betrachten und anhand kleiner Übungen Ihr Können testen. Sie lernen, wie Sie mithilfe einfacher Skizzen auch die komplexesten Bewegungen rasch erfassen und festhalten können. Sie entdecken außerdem die optische Verkürzung und lernen viele weitere Kniffe erfahrener Zeichner kennen.

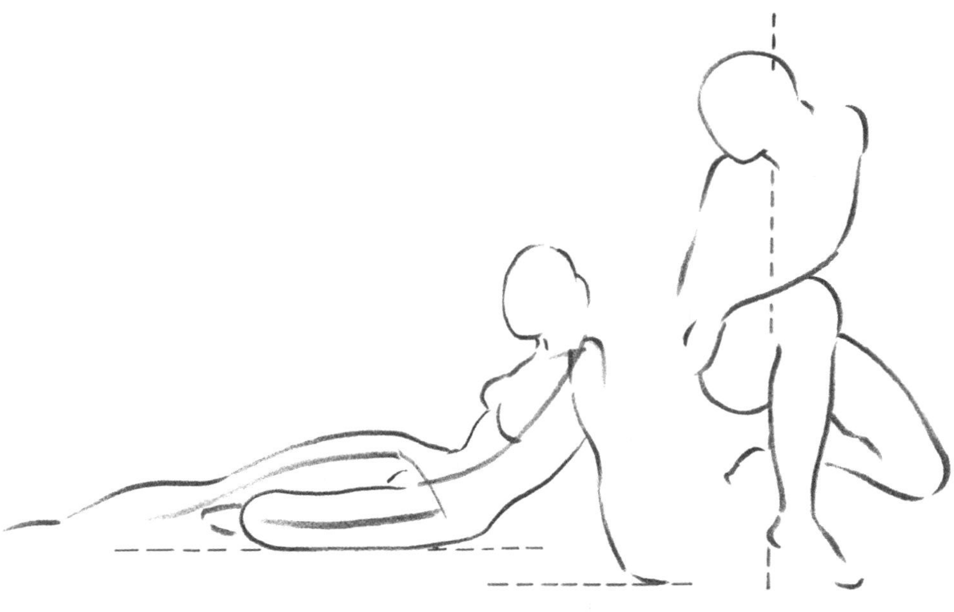

Menschen zeichnen leicht gemacht

Wer Menschen von Kopf bis Fuß zeichnen will, sollte sich mit den Elementen beschäftigen, die unseren Körper tragen. In vielen Kunstklassen müssen die Studenten erst einmal einige Zeit Skelette zeichnen – das ist eine ausgezeichnete Grundübung. Sie brauchen das nicht zu tun; doch die Zeichnung auf Seite 98 sollten Sie gut beherrschen und ebenso die Strichmännchen mit Kopf, Schultern und Rumpf, mit Armen, Beinen, Händen und Füßen. Sobald Sie ein Gefühl für die richtigen Proportionen entwickelt haben, geht es weiter.

Bewegung darstellen

Bewegungen halten Sie immer in einer schnellen Skizze fest. Fangen Sie dabei nur die Grundbewegung ein. Anschließend nehmen Sie sich dann zehn Minuten Zeit, um die ganze Person darzustellen, die gerade tanzt oder springt, schwimmt etc. Die Zeitbeschränkung zwingt Sie dazu, sich auf das Wesentliche zu konzentrieren.

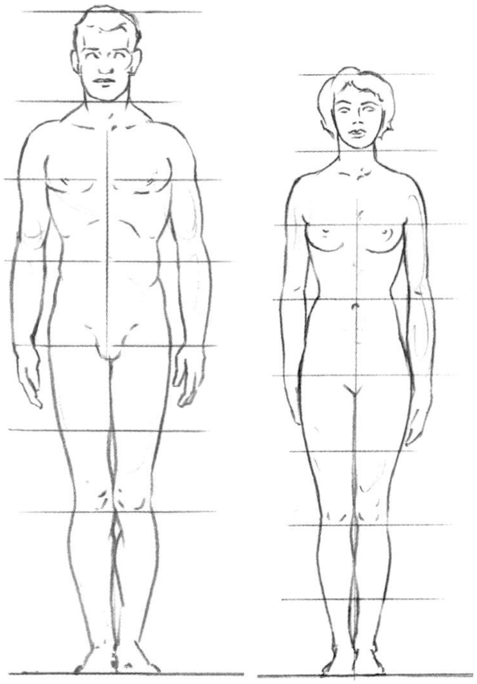

Proportionen von Erwachsenen Erwachsene sind im Durchschnitt etwa 1,75 Meter groß, doch Künstler zeichnen sie oft ab 1.80 Meter, damit sie größer wirken. Männer haben breite Schultern und schmale Hüften, während Frauen schmale Schultern und breitere Hüften haben. Der Mittelpunkt ist nicht in Taillenhöhe, sondern liegt auf den Hüften, und die Finger reichen bis zur Hälfte der Oberschenkel. Behalten Sie diese Abbildung im Kopf, wenn Sie Erwachsene zeichnen.

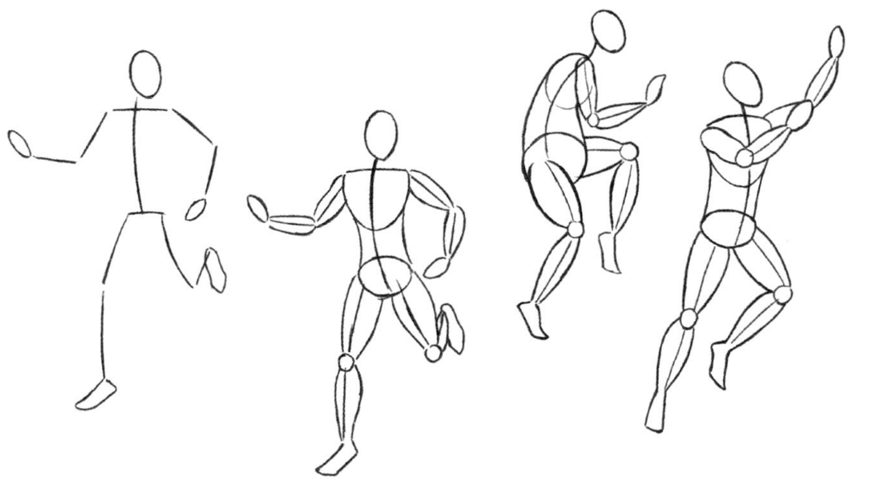

Der menschliche Körper lässt sich auf einige wenige Grundformen reduzieren. Sie bekommen ein besseres Gefühl für den Aufbau, wenn Sie lernen, Menschen aus Dreiecken und anderen Formen zu zeichnen.

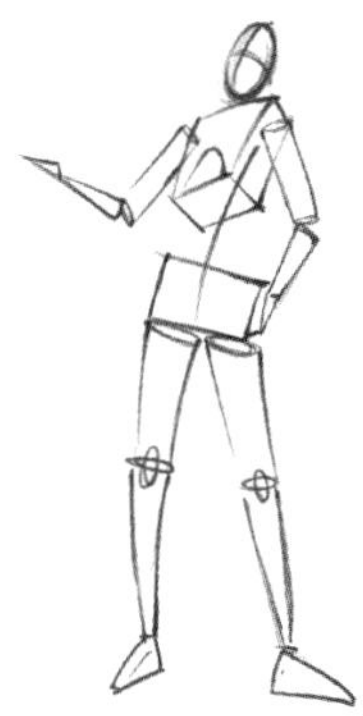

Mit Strichmännchen anfangen Beginnen Sie mit einfachen Strichmännchen, um ein Gefühl für Bewegungen zu bekommen. Zeichnen Sie dann für den Körper Ovale und Kreise dazu.

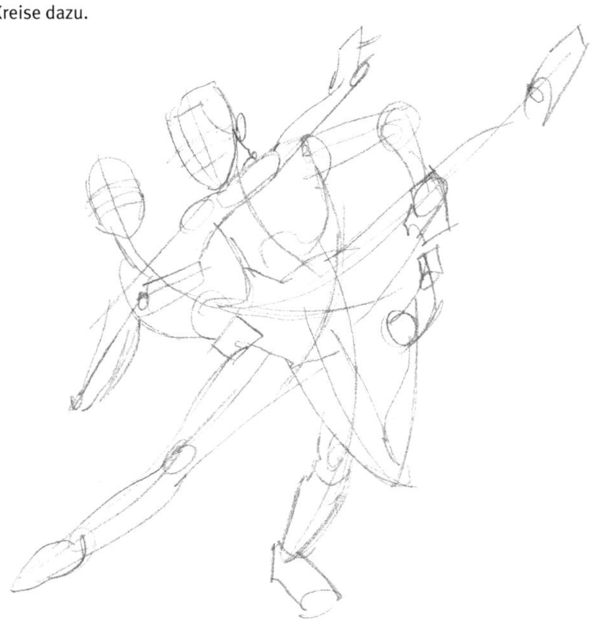

Bewegungen festhalten Zeichnen Sie zuerst Arme und Beine mit Hilfslinien vor, dann folgen Ovale und Kreise für Kopf und Rumpf. Zum Schluss zeichnen Sie die groben Umrisse.

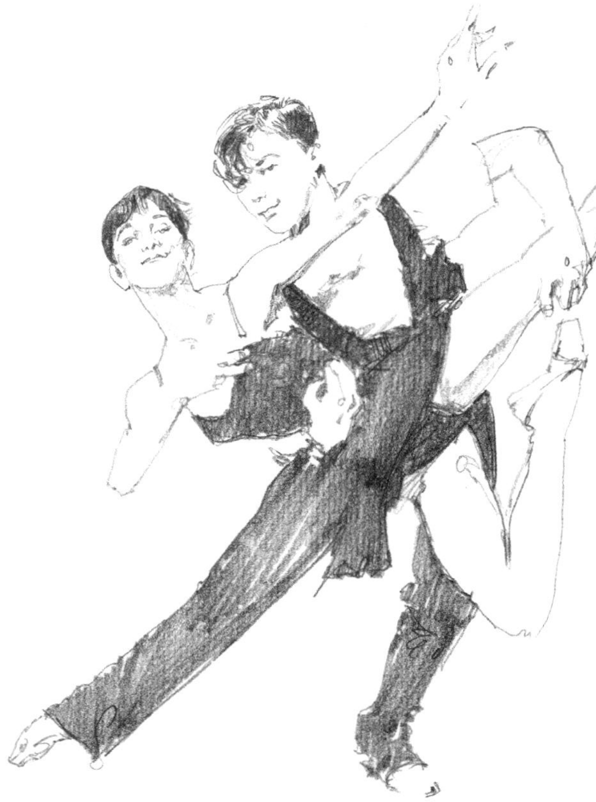

Den Eindruck einer Bewegung verstärken Sie, indem Sie keine durchgezogenen Linien und keine perfekten Schatten zeichnen. Wichtiger ist es hier, sich auf die Umrisse der Tänzer zu konzentrieren und die Kleidung nur mit schnellen breiten Strichen anzudeuten.

Menschen beim Sport

Natürlich eignen sich vor allem Sportszenen dafür, Bewegungen zu studieren und zu zeichnen. Obwohl viele Künstler es lieben, Menschen beim Sport zu beobachten, zeichnet kaum jemand vor Ort. Viel besser ist es, Fotos zu machen! Zeichnen Sie auch dabei zuerst die Aktionslinie (▶ Seite 15), dann folgt der Körper. Achten Sie vor allem darauf, dass der Körper auf Ihrer Zeichnung im Gleichgewicht ist.

Kurz vor dem Wurf balancieren zum Beispiel Baseball-Spieler für einen Moment auf dem linken Bein. Für eine solche Bewegung zeichnen Sie ein S, das zeigt, wie der Spieler sich von Kopf bis Fuß im Gleichgewicht hält. Dies ist die Aktionslinie.

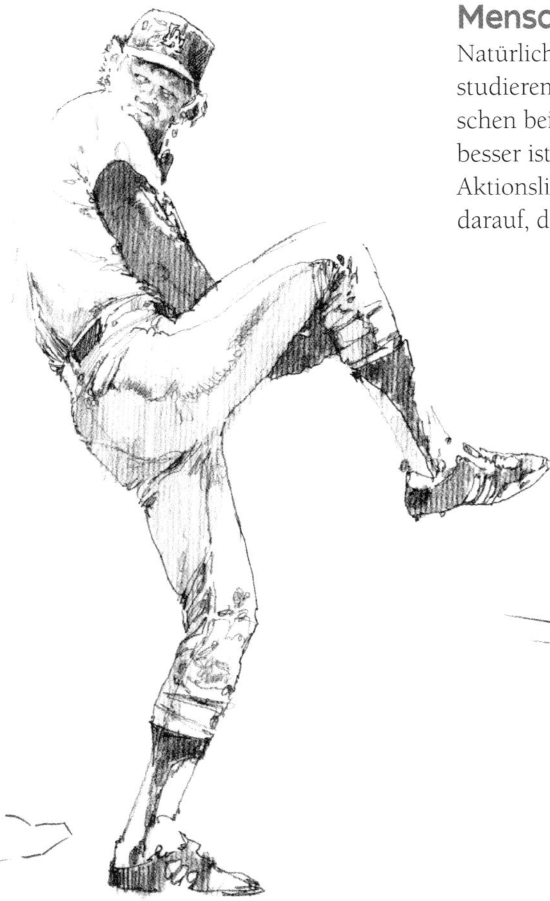

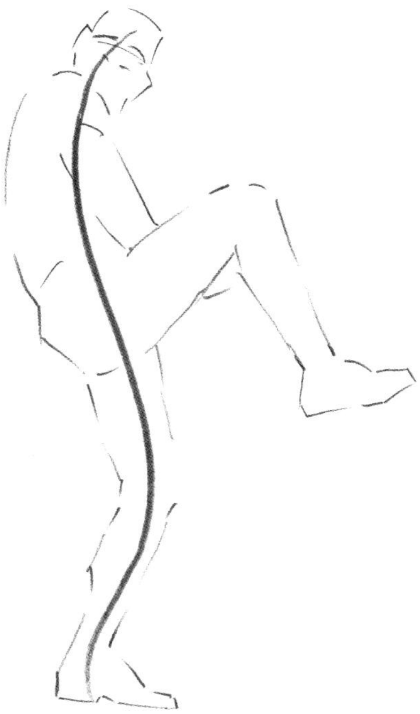

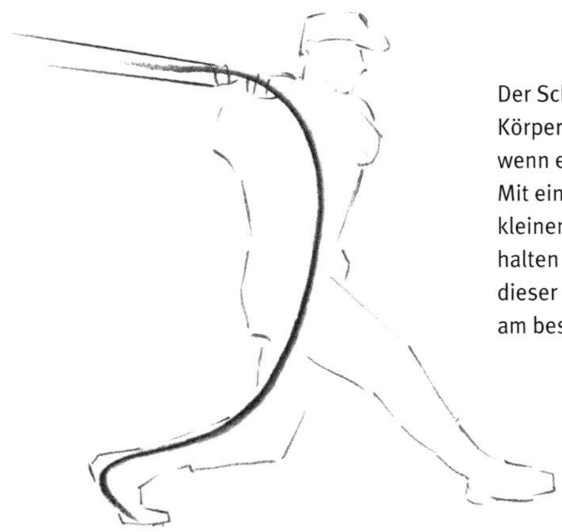

Der Schläger balanciert seinen Körper mit beiden Beinen aus, wenn er zum Schlag ausholt. Mit einem großen C und einem kleinen für den linken Fuß halten Sie die Aktionslinie dieser weit ausholenden Geste am besten fest.

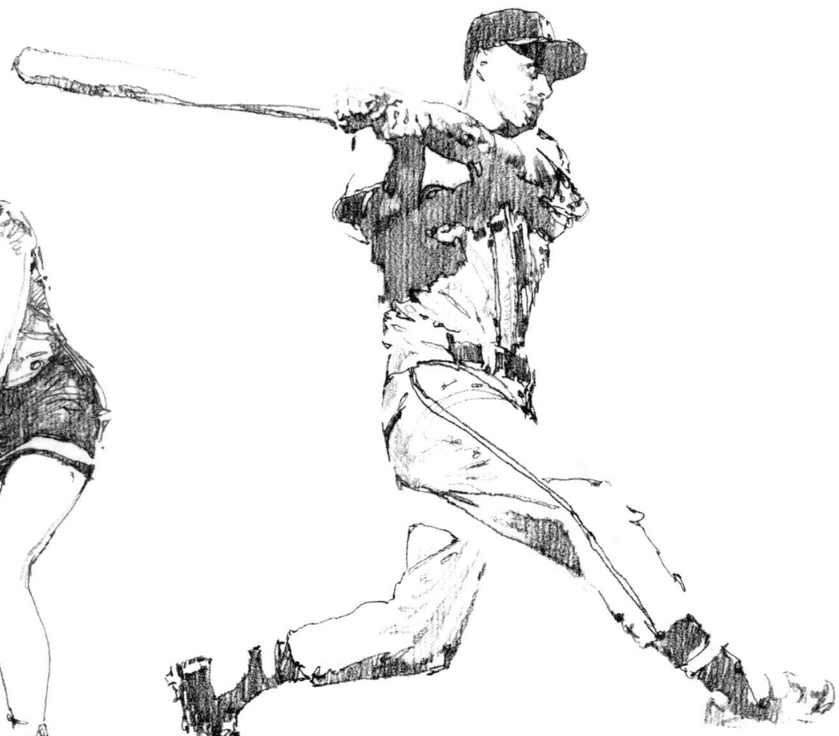

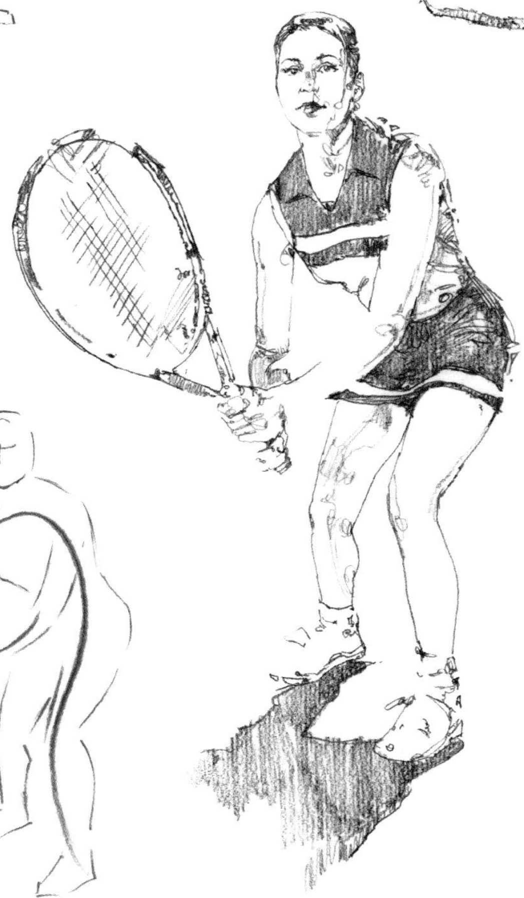

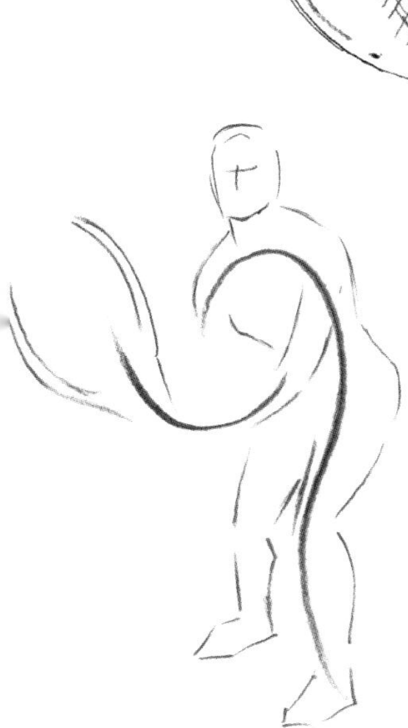

Selbst wenn ein Sportler nur steht, zeigt er Bewegung. Die Tennisspielerin bereitet sich auf den Rückschlag vor. Sie steht geduckt und hat den Schläger erhoben. Zeichnen Sie zwei Bewegungslinien – eine für den Körper, eine für den Arm.

Körperproportionen

Obwohl die Proportionen jedes Menschen ein wenig vom allgemeinen Maß abweichen, ist es für den Zeichner wichtig zu verstehen, wie Menschen im Prinzip gebaut sind. Ein Blick auf das Skelett und die Muskeln helfen uns, besser zu verstehen, wie der Körper als Ganzes aufgebaut ist und sich im Gleichgewicht hält.

Erwachsene – Frauen und Männer

Das Zeichnen der Gesamtansicht eines Menschen wird leichter, wenn man als Maßeinheit für die Proportionen die Länge seines Kopfes nimmt – also den Abstand zwischen dem Scheitel und dem Kinn. Schon wenn die groben Maße stimmen, ist der Körper im Grund richtig dargestellt. Das System funktioniert auch andersherum: Wenn in einem Bild der Kopf zu groß oder zu klein ist, können Sie ihn an den übrigen Proportionen ausrichten.

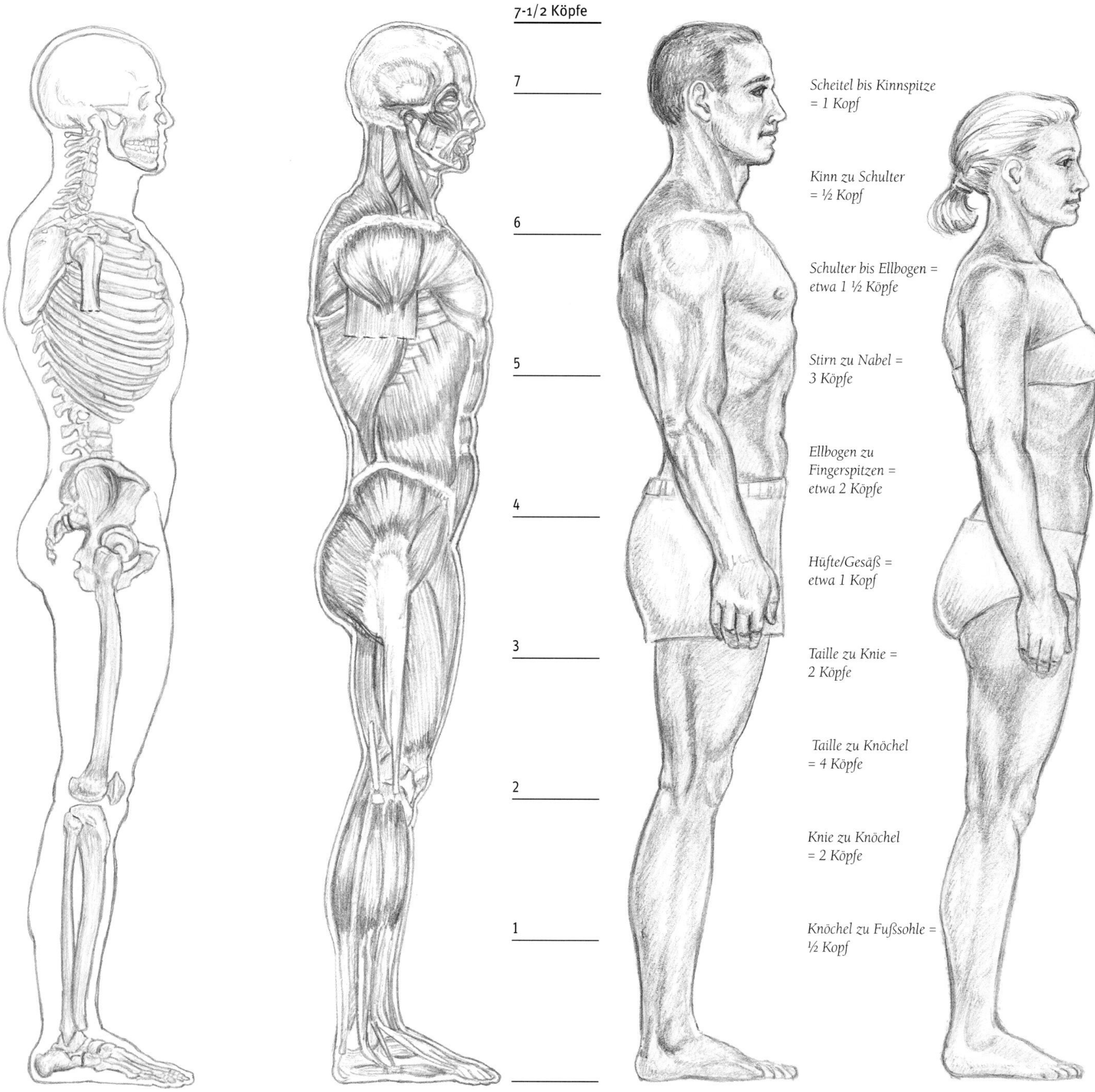

Knochenstruktur Wenn man sich die Knochenstruktur des Menschen einmal in Ruhe ansieht, erkennt man sofort die Länge der wichtigsten Knochen zueinander und im Ganzen. Für genauere Informationen blättern Sie bitte weiter zu den Seiten 98 ff.

Muskelaufbau Nicht nur die Länge der einzelnen Körperpartien ist wichtig. Auch der Umfang der einzelnen Elemente muss im Gleichgewicht sein. Auch die Muskelausstattung ist von Mensch zu Mensch verschieden – sie schwankt mit dem Trainingsstand. Dennoch gibt die Zeichnung oben einen guten Überblick.

Proportionen des Mannes Im Durchschnitt ist der Mann etwa 7 1/2 Köpfe groß. Natürlich variieren alle Angaben mit den verschiedenen Körperformen. Viele Künstler zeichnen Männer übrigens mit einer Größe von 8 Köpfen als Idealgröße.

Proportionen der Frau Frauen sind im Durchschnitt einen halben Kopf kleiner als Männer, also 7 Köpfe. Wenn Künstler ideale weibliche Figuren zeichnen, zeichnen sie sie schlanker und größer. Frauen haben im Allgemeinen schmalere Schultern, eine schmalere Taille, aber breitere Hüften.

Kinder

Anhand der Abbildung unten auf der Seite können Sie auf einen Blick erkennen, wie Sie mithilfe der Größe des Kopfes eines Kindes die richtige Körpergröße für das jeweilige Alter finden. Da das Verhältnis von Kopf und Körper bei Kindern so wichtig ist, sollten Sie unbedingt die richtige Kopfgröße abmessen, wenn Sie ein Kind zeichnen wollen.

Die Zeichnung des kleinen Mädchens beginnen Sie mit einem einfachen Strichmännchen. Nehmen Sie dann Kreise, Ovale und Rechtecke, um die groben Körperformen festzulegen. Dann entwickeln Sie daraus den Körper und zeichnen die Umrisse der Kleidung ein.

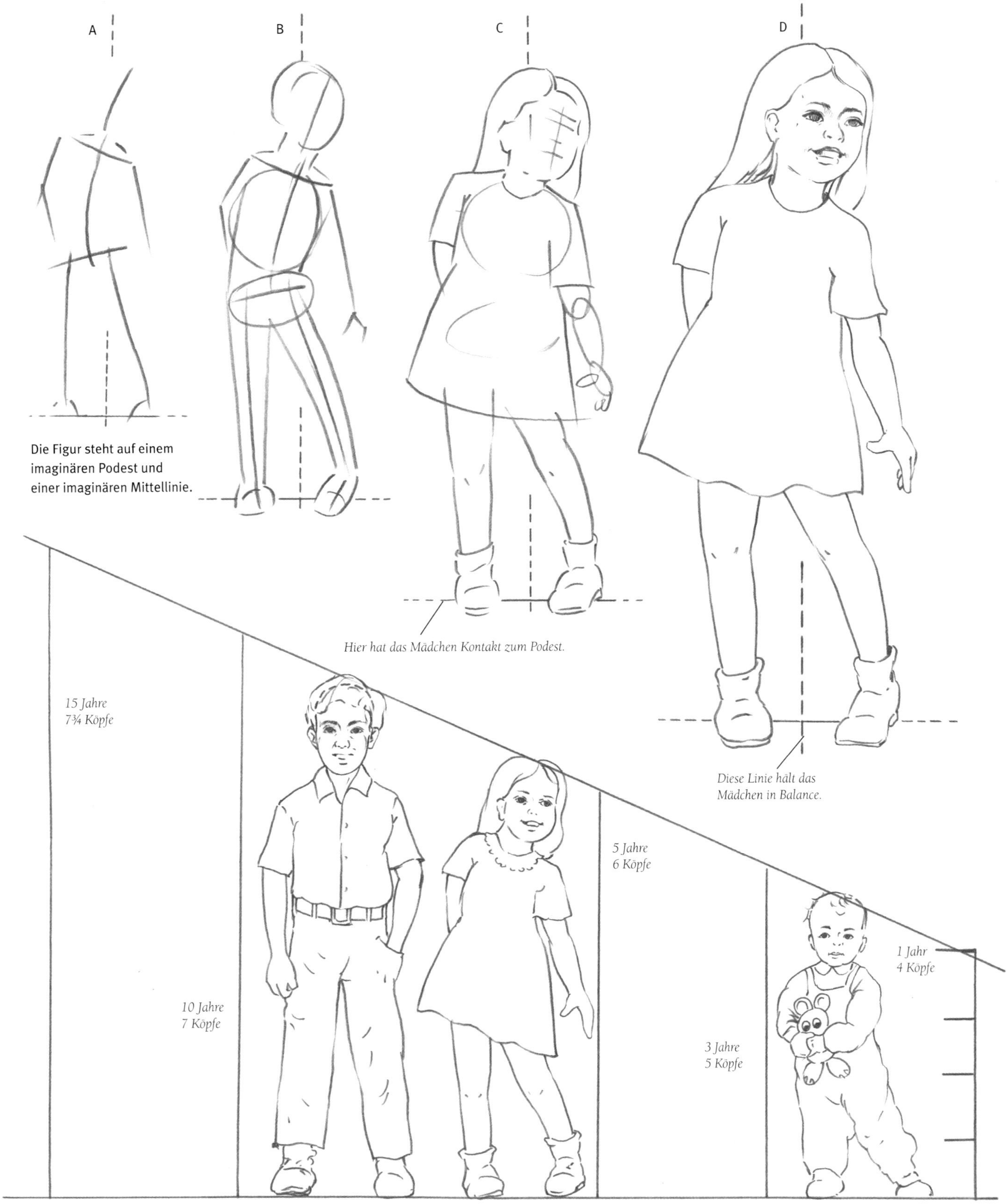

So nett Kleinkinder als Motive sind – da sie kaum je stillhalten, ist es besser, sie nach einer Fotografie zu zeichnen.

Brustansicht

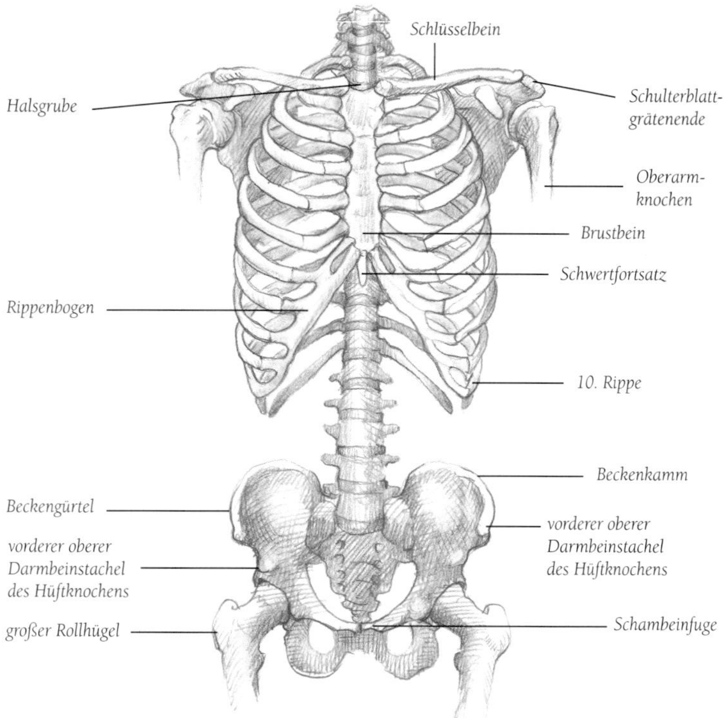

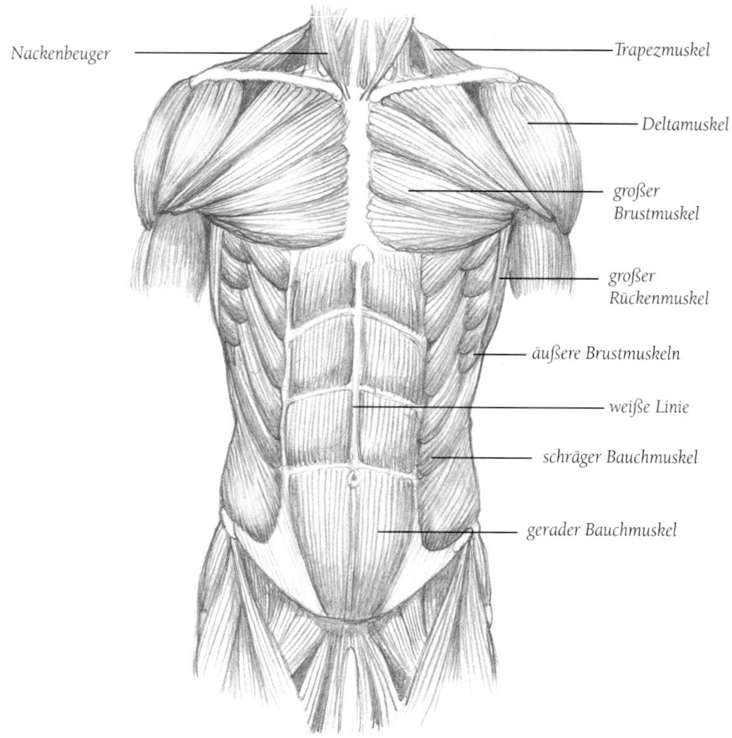

Knochenstruktur Einige Knochen des Skeletts sollte der Zeichner kennen, da sie ihm als Wegweiser dienen können. Gerade in der Ansicht von vorne können wir selbst unter der Haut einige Knochen erkennen wie die Schlüsselbeine, die Schulterblattgrätenenden, das Brustbein, den Rippenbogen, die zehnte Rippe, den Beckenkamm links und rechts und den Rollbogen des Oberschenkelknochens links und rechts. Die Wirbelsäule besteht aus 24 Wirbeln und wird in drei Abschnitte geteilt: die 7 Halswirbel, die 12 Brustwirbel und die 5 Wirbel der Lendenwirbelsäule.

Rumpfmuskulatur Alle Bewegungen, die wir mit dem Rumpf ausführen können, werden von der Wirbelsäule bestimmt – Brust und Hüfte können sich nur im Einklang mit unserer flexiblen und doch auch festen Wirbelsäule bewegen. Die Rumpfmuskulatur selbst spannt sich über dem Rippenbogen, den Schultern und der Hüfte. Die Brustmuskeln (z. B. pectoralis major) werden vom das Brustbein (Sternum) getrennt, die untere Bauchmuskulatur von der weißen Linie (Linea alba).

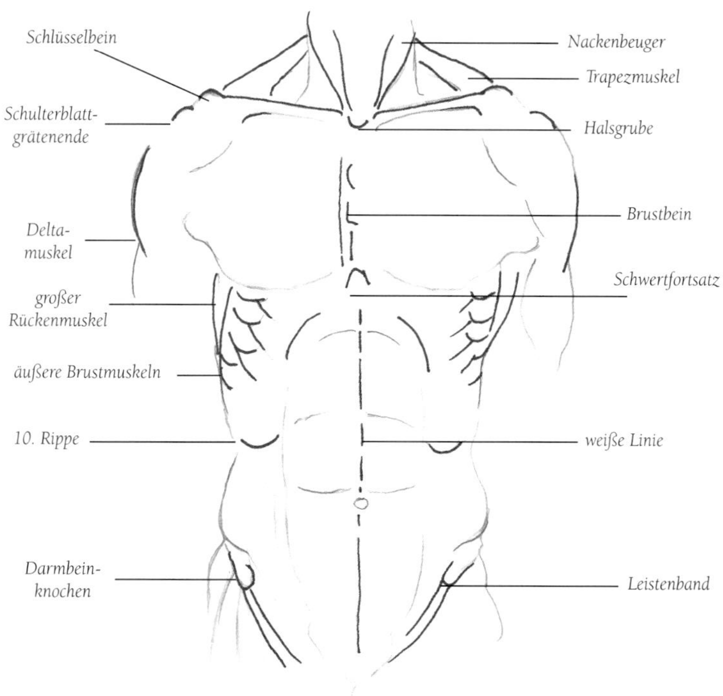

Wegweiser für den Zeichner Die Muskeln und Knochen in der Abbildung oben sind für jeden wichtig, der einen unbekleideten Menschen von vorne zeichnen will. Wenn Sie sich bemühen, diese wichtigen Partien exakt abzubilden, kann Ihnen eine Zeichnung wie die rechte gelingen.

ZEICHENTIPPS

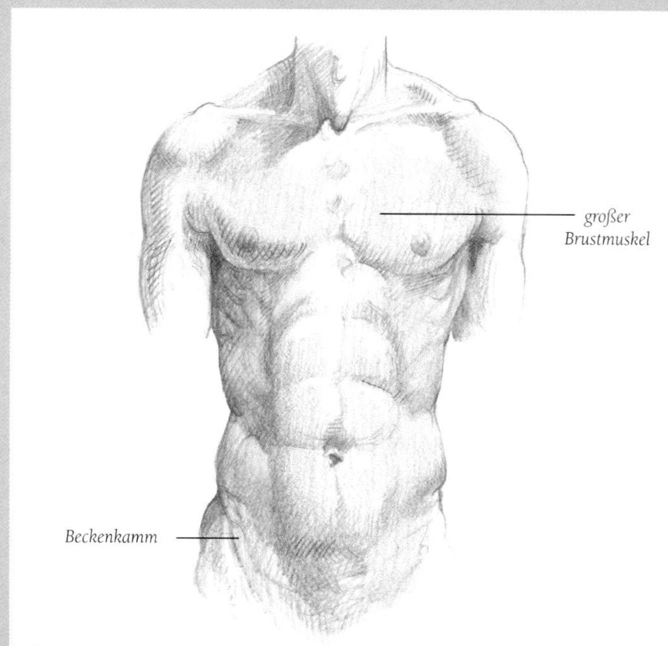

Die wichtigsten Strukturen unseres Körperbaus zu kennen, hilft, den Rumpf anatomisch richtig und optisch ansprechend zu gestalten. Wenn Sie genau hinsehen, können Sie erkennen, dass zum Beispiel die Brustwarzen mit dem Beckenkamm auf einer senkrechten Linie liegen. Außerdem liegt der große Brustmuskel über der ganzen Brust, zieht sich über die Schulter und endet auf Höhe der Brustwarzen am Oberarm.

Rückenansicht

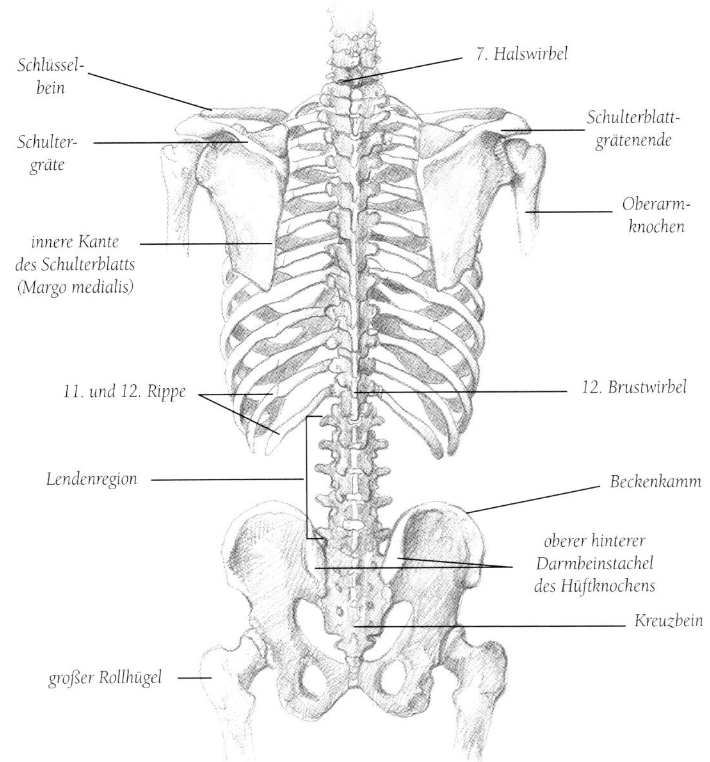

Knochenstruktur Aufgrund der Komplexität seiner Anatomie ist es eine gewisse Herausforderung einen Rücken zu zeichnen. Aus künstlerischer Sicht sind die wichtigsten Partien der siebte Wirbel der Halswirbelsäule, die sichtbaren Ränder des Hüftknochens (Darmbeinstachel) und das Kreuzbein, die zusammen ein umgekehrtes Dreieck am unteren Rückenbilden bilden, eine deutlich erkennbare Konstellation.

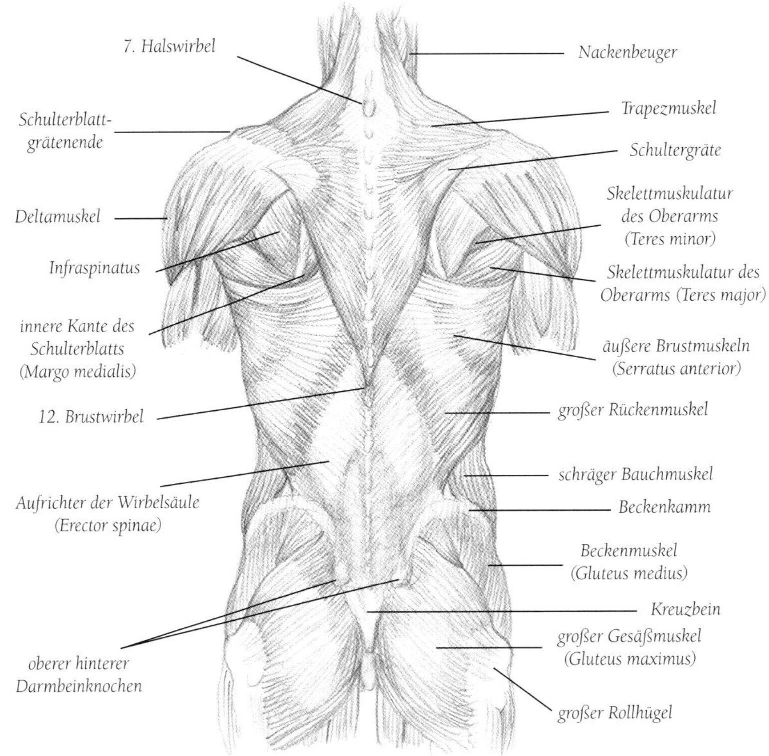

Rückenmuskulatur Die Rückenmuskulatur ist aus mehreren Schichten aufgebaut, von denen nur die oberste sichtbar ist und den Zeichner interessiert. Der Trapezmuskel verbindet den Schädel mit der Schultermuskulatur, dem Deltamuskel, dem Infraspinatus und der Muskulatur des Oberarms, die wiederum Schulter und Arm verbindet. Nach unten schließt die Rückenmuskulatur an, die zum Becken hinunter reicht. Die Gesäßmuskulatur hebt sich deutlich über dem Becken ab.

ZEICHENTIPPS

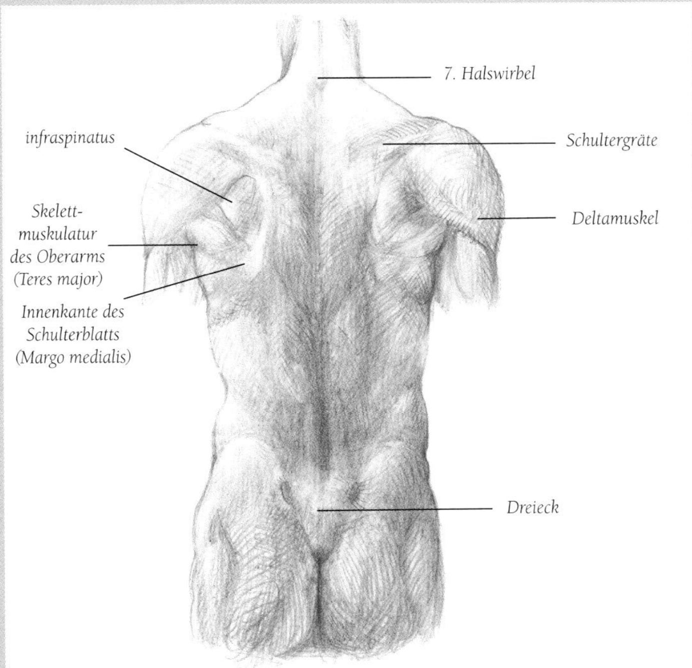

Die Knochen und Muskeln des Rückens sind nicht so gut zu erkennen, wie die der Brustseite. Suchen Sie nach den oben genannten Muskeln, und zeichnen Sie eine lange Linie für die Wirbelsäule und ein umgedrehtes Dreieck für die Region über dem Steißbein.

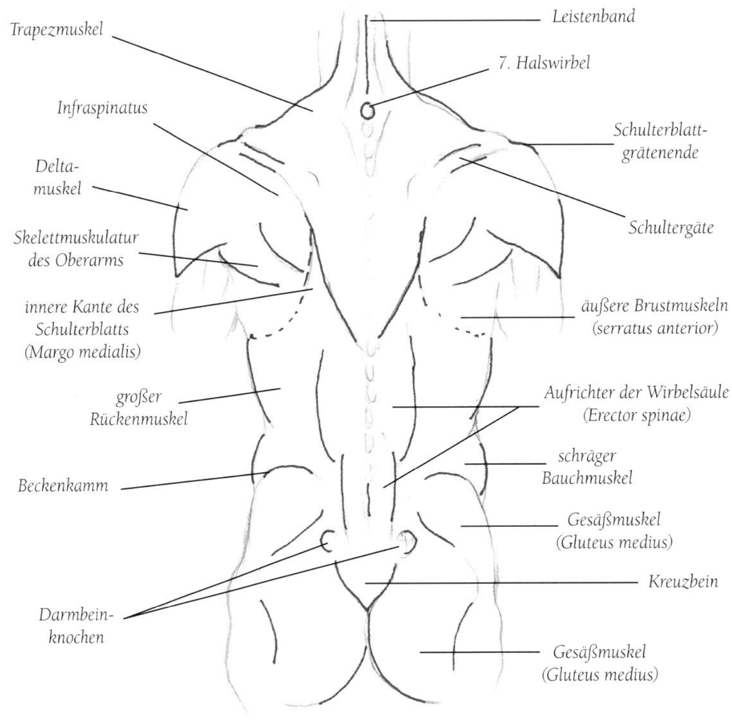

Wegweiser für den Zeichner Die Partien des Rückens, die Sie oben auf der Abbildung sehen, sind die wichtigsten Punkte für jemanden, der den Rücken nicht nur ansprechend, sondern auch anatomisch richtig darstellen möchte, wie es im Beispiel links gelungen ist.

Seitenansicht

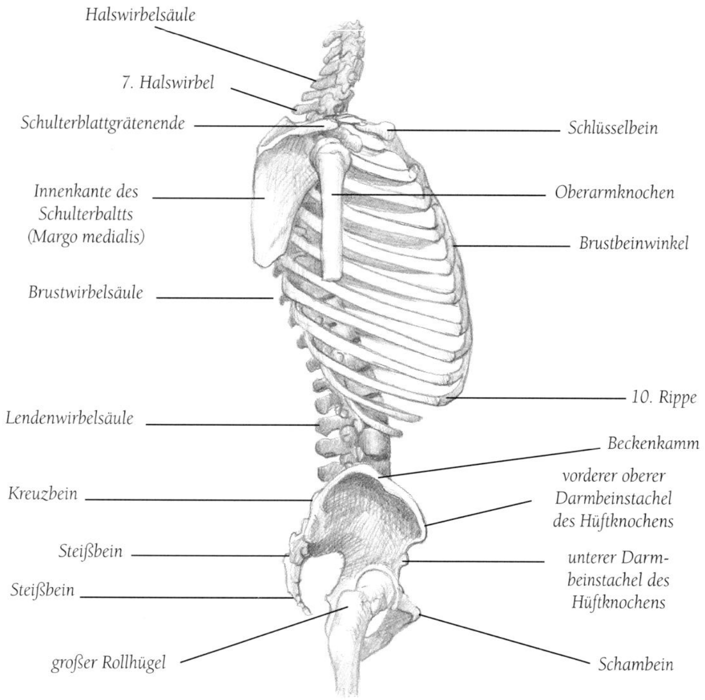

Knochenstruktur Von der Seite sieht man vor allem den siebten Halswirbel, das Schulterblattgrätenende, die Innenkante des Schulterblatts und das Rückgrat. Die vier Abschnitte der Wirbelsäule – Hals-, Brust- und Lendenwirbelsäule sowie Steißbein – balancieren das Körpergewicht so aus, dass es optimal auf den Beinen liegt.

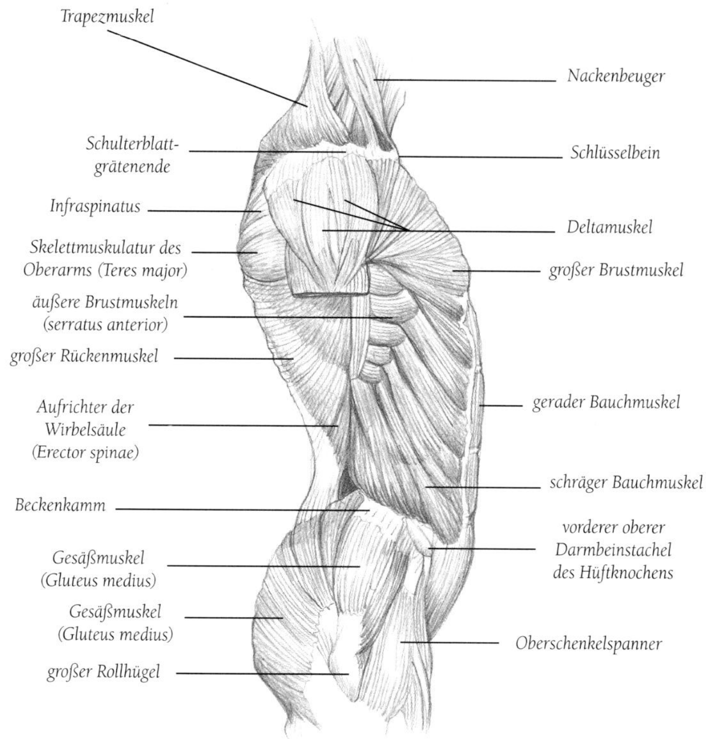

Rumpfmuskulatur Einerseits bewegt die obere Rumpfmuskulatur die Schulterblätter, Wirbelsäule, Rippen und Arme; andererseits folgt sie all ihren Bewegungen. Im mittleren Rumpfbereich sorgen die glatte und die schräge Bauchmuskulatur für die Beweglichkeit der Rippen und des Beckens. Die darunter liegenden Muskelgruppen des Beckengürtels bewegen die Beine.

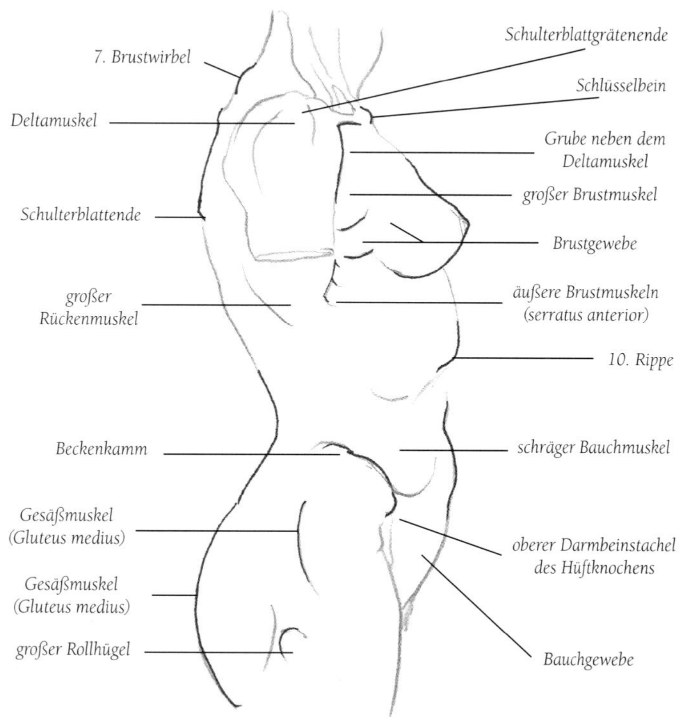

Wegweiser für den Zeichner Die Balance zwischen Körperfett und Muskelstärke bestimmt das Aussehen des Körpers. Beim weiblichen Körper sind an bestimmten Stellen typische Fettpolster angelegt wie an Flanke, Hüfte und Gesäß. Das Fettgewebe der Brüste macht den weiblichen Busen weich.

ZEICHENTIPPS

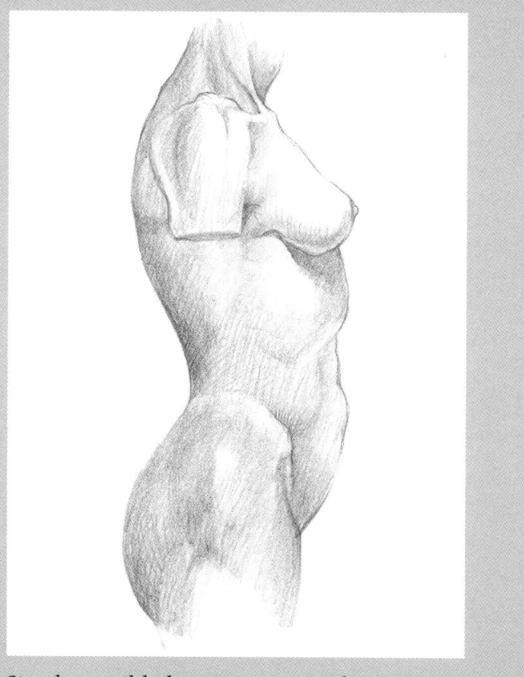

Versuchen Sie, den weiblichen Körper von der Seite zu zeichnen. Die Konturen des weiblichen Körpers sind wesentlich weicher und fließender als die männlichen Konturen. Das liegt in erster Linie an den zusätzlichen Fettdepots, die Frauen während der Schwangerschaft brauchen, aber auch an der Form der weiblichen Muskelmasse. An sich ist die Muskelausstattung beider Geschlechter sehr ähnlich, aber der weibliche Körper hat im Hüftbereich eine andere Struktur.

Den Körper skizzieren

Obwohl es nicht einfach ist, den menschlichen Körper zu zeichnen, hilft das anatomische Wissen auf den Seiten 98 bis 103 ein tieferes Verständnis für die komplexen Formen zu entwickeln. Das Gesehene und Gelernte in eine einfache Übung umzusetzen, hilft Ihnen, ein Gefühl für den Körper zu bekommen.

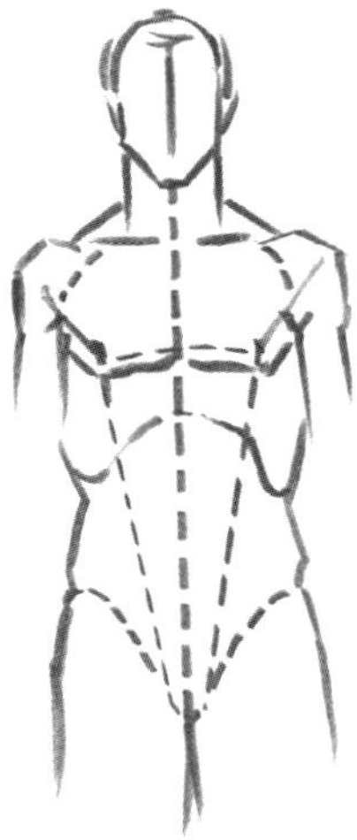

Ansicht von vorne

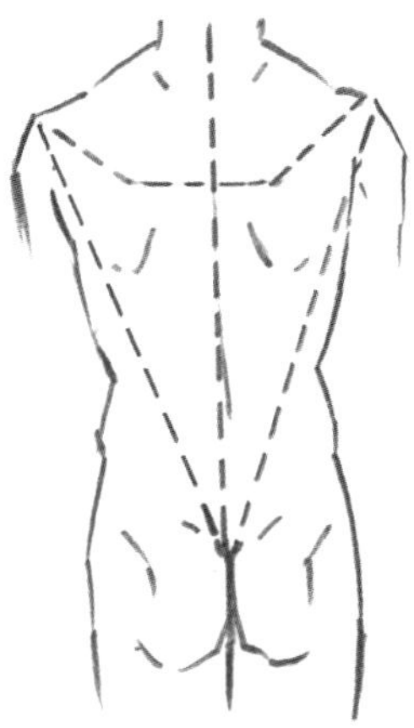

Der Rumpf hat eine dreieckige Form

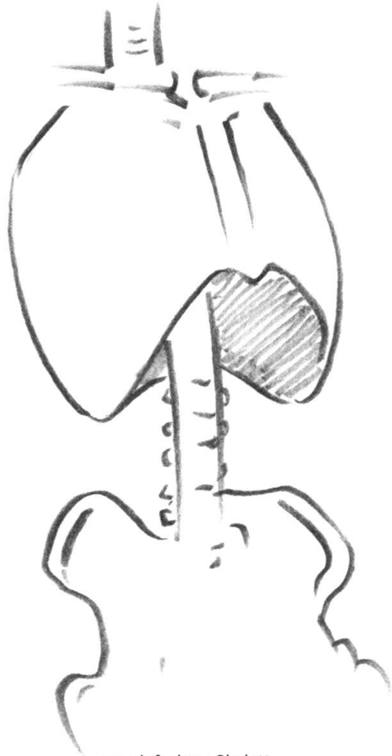

vereinfachtes Skelett

Michelangelo hat Leichen seziert, um das Geheimnis unseres Körperbaus zu lüften!

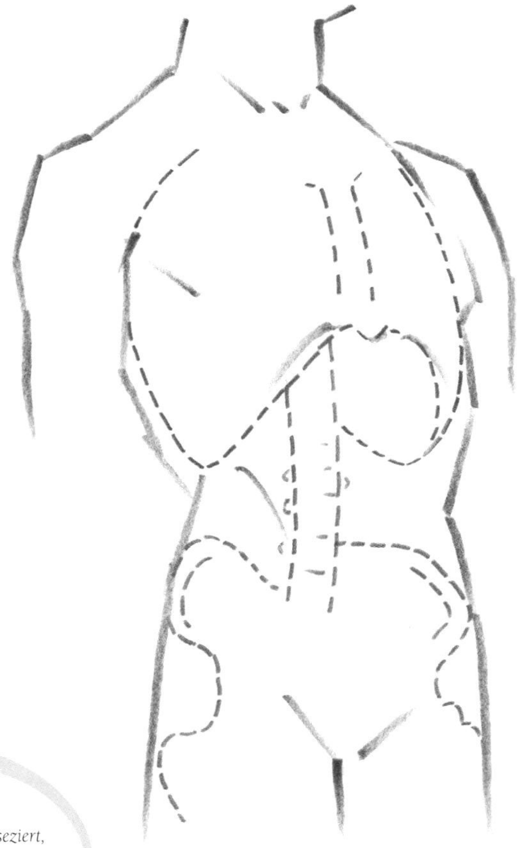

So hält das Skelett den Körper.

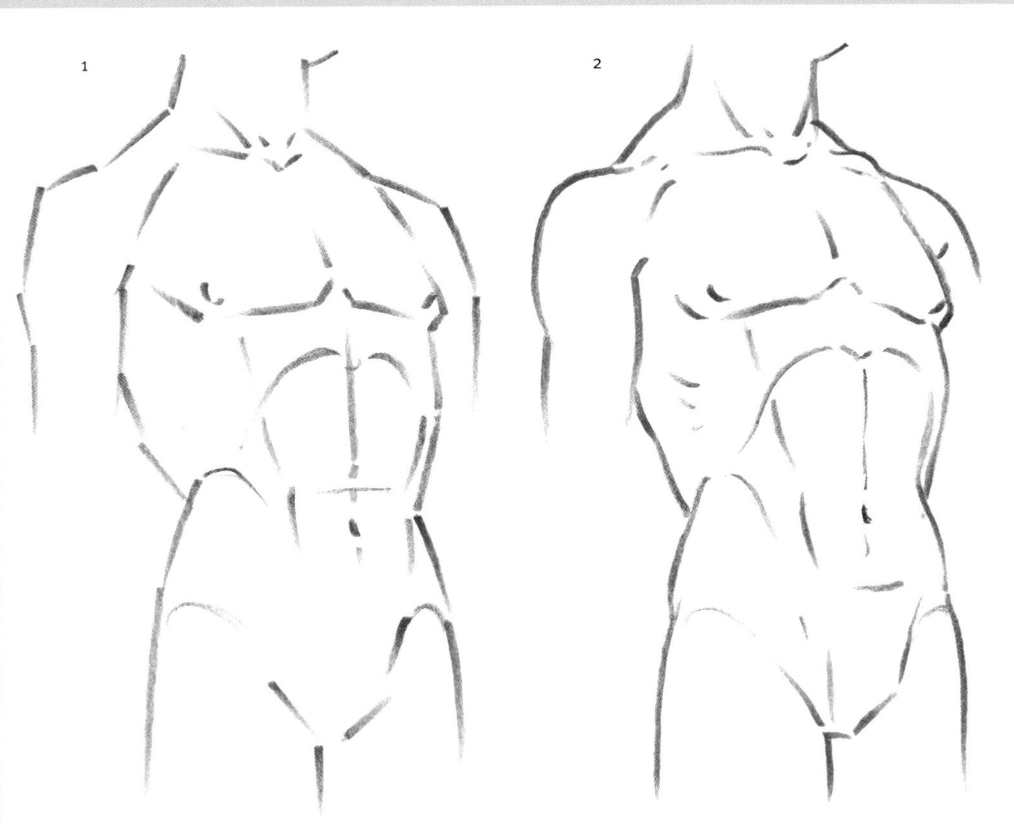

ÜBUNG

Einen Körper zeichnen

Zeichnen Sie einen männlichen Körper von vorne mit all seinen Ebenen. Achten Sie darauf, dass der männliche Körper mit Schultern und Taille ein Dreieck bildet.
Bei Frauen ist das Dreieck weniger stark ausgeprägt – ihr Körper kann sogar wie ein umgekehrtes Dreieck geformt sein mit den Hüften als längste Seite.

Dem Körper auf der Spur

Ansicht von vorne

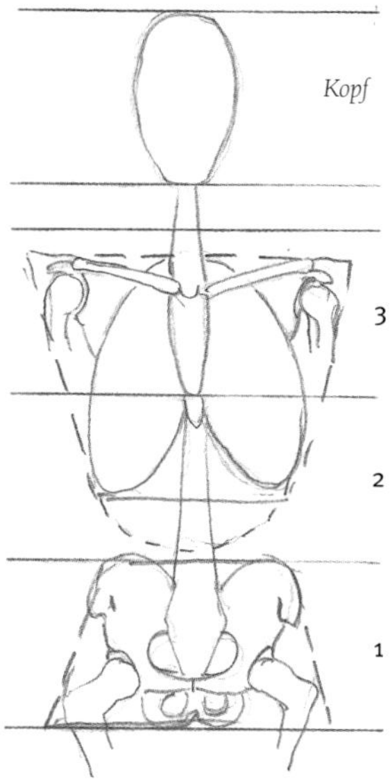

Der Beckengürtel ist ungefähr einen Kopf hoch. Der gesamte Leib vom letzten Nackenwirbel bis zum Beginn des Oberschenkelhalsknochens ist etwa drei Köpfe hoch.

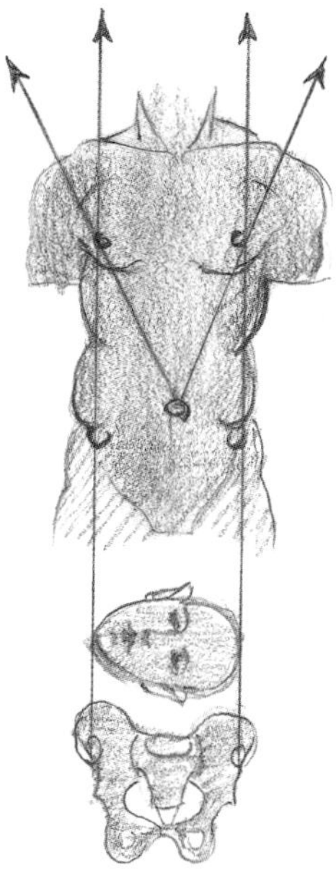

Die Brustwarzen sind etwa einen Kopf sowie etwa eine Beckenbreite voneinander entfernt.

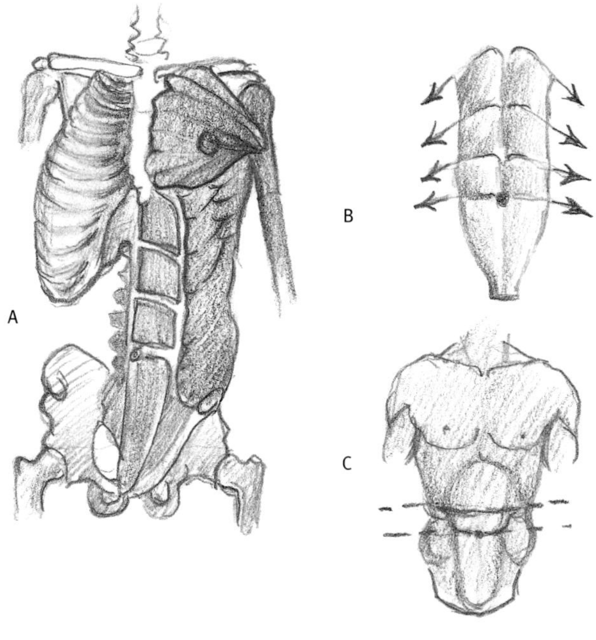

Abbildung A zeigt, wie eng Muskeln und Knochen miteinander verbunden sind. Abbildung B zeigt, wie die Bauchmuskeln sich über dem Nabel in Richtung Hals als sogenanntes „Sixpack“ gestalten – und in Abbildung C kann man die beiden waagrechten Trennlinien über dem Nabel und am Ende des Rippenbogens ganz deutlich erkennen.

Ansicht von hinten

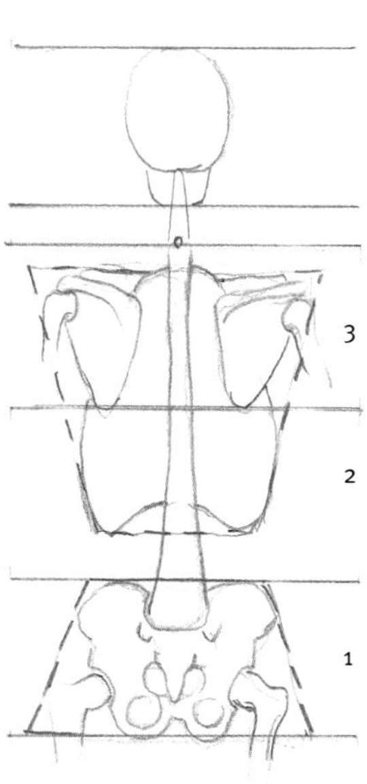

Ober- und Unterkörper lassen sich als zwei Dreiecke beschreiben - in der Rücken- ebenso wie in der Vorderansicht.

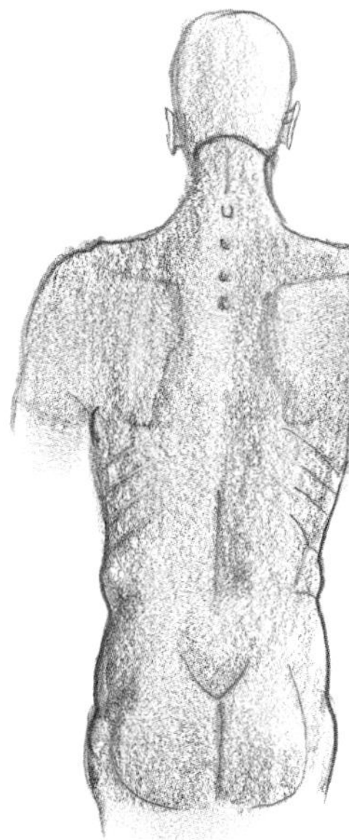

Bei einer Rückenansicht sind immer die unteren Rippen, einige Halswirbel und die Pobacken zu sehen.

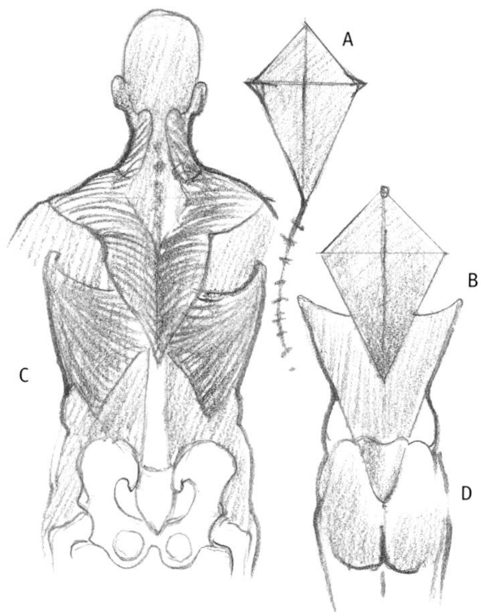

Die obere Partie des Rückenmuskels (Trapezius) sieht wie ein Drache oder wie ein vierstrahliger Stern aus (Abbildung A und C). Die große Rückenmuskulatur (Latissimus dorsi) dagegen erinnert an ein umgedrehtes Dreieck (Abbildung B).

Ansicht von der Seite

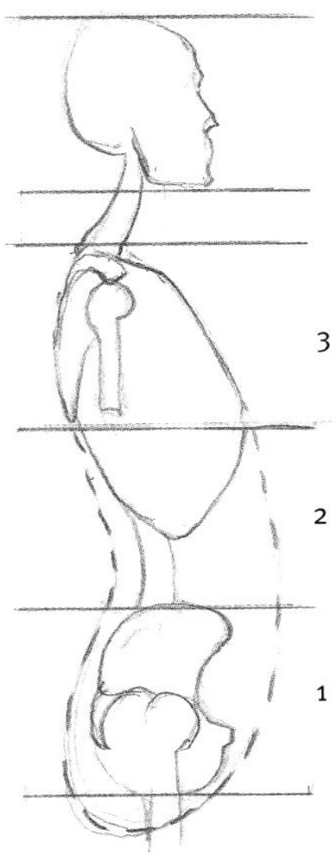

Von der Seite hat der menschliche Körper die Form einer Bohne. Denken Sie aber daran, die Proportionen einzuhalten – sie gelten immer.

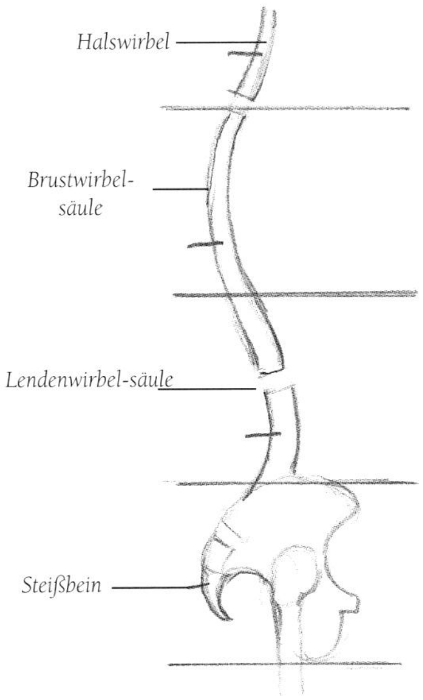

Die Wirbelsäule ist nicht gerade, sondern schwingt in vier Bögen, von denen der Bogen der Brustwirbel am längsten ist.

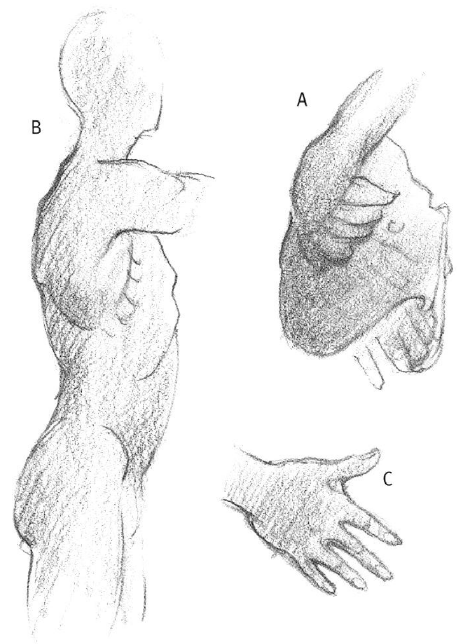

Auf Höhe der ersten Rippen beginnt der serratus anterior Muskel, der an den Schulterblättern endet (Abbildung A).Den Muskel erkennt man gut als Ausformung unterhalb des großen Rückenmuskels (Latissimus dorsi) wie in Abbildung B. Am Ansatz hat der Muskel in etwa die Form von Fingern.

ÜBUNG

Der Form auf der Spur

Versuchen Sie diese drei Ansichten so oft zu zeichnen, bis Ihnen die Grundform des menschlichen Körpers von vorne, von hinten und von der Seite geläufig ist. Eine Figur mit wenigen Strichen und simplen Formen anzulegen ist die beste Grundlage jeder figürlichen Zeichnung.

Achten Sie bei der Ansicht von hinten auf ein wichtiges Detail unserer Körperbalance – die Linie, die zwischen Nackenansatz und der Mitte des Kreuzbeins im Becken verläuft.

Im Stand sind in der Seitenansicht des Menschen die Bohnenform sowie einige Ovale zu erkennen.

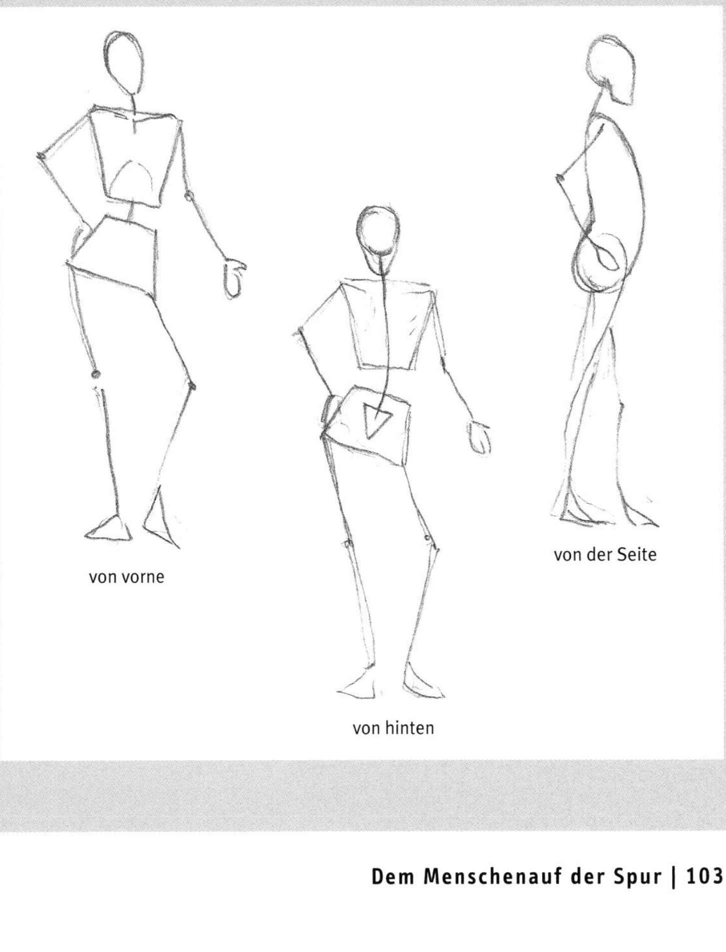

Der Arm von vorne

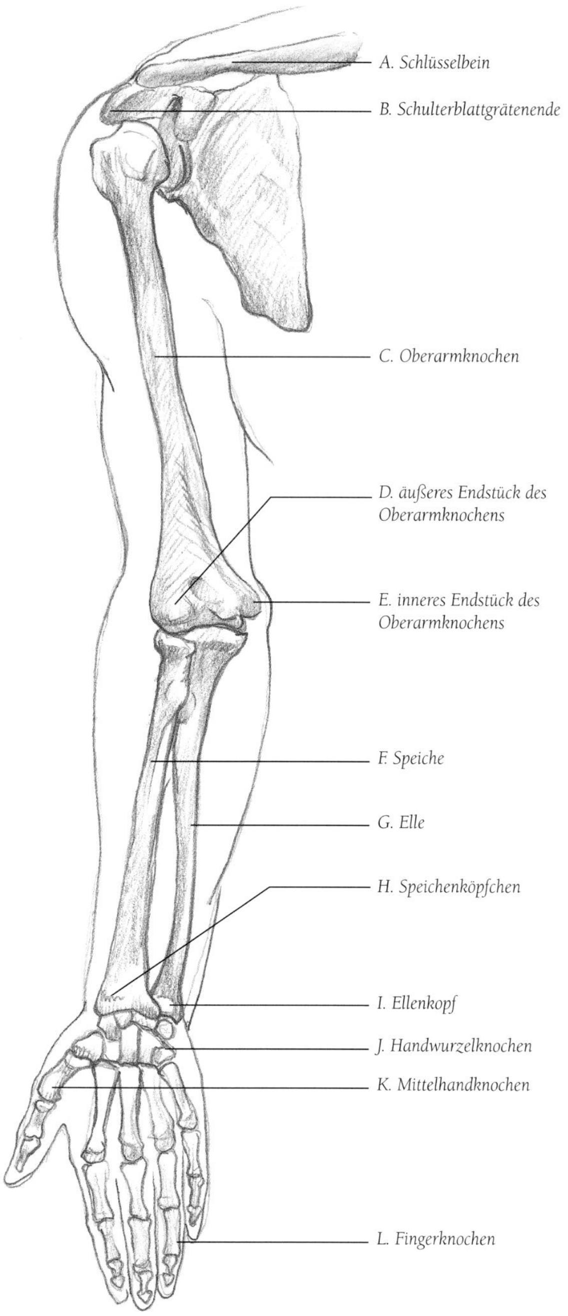

1 Knochenbau

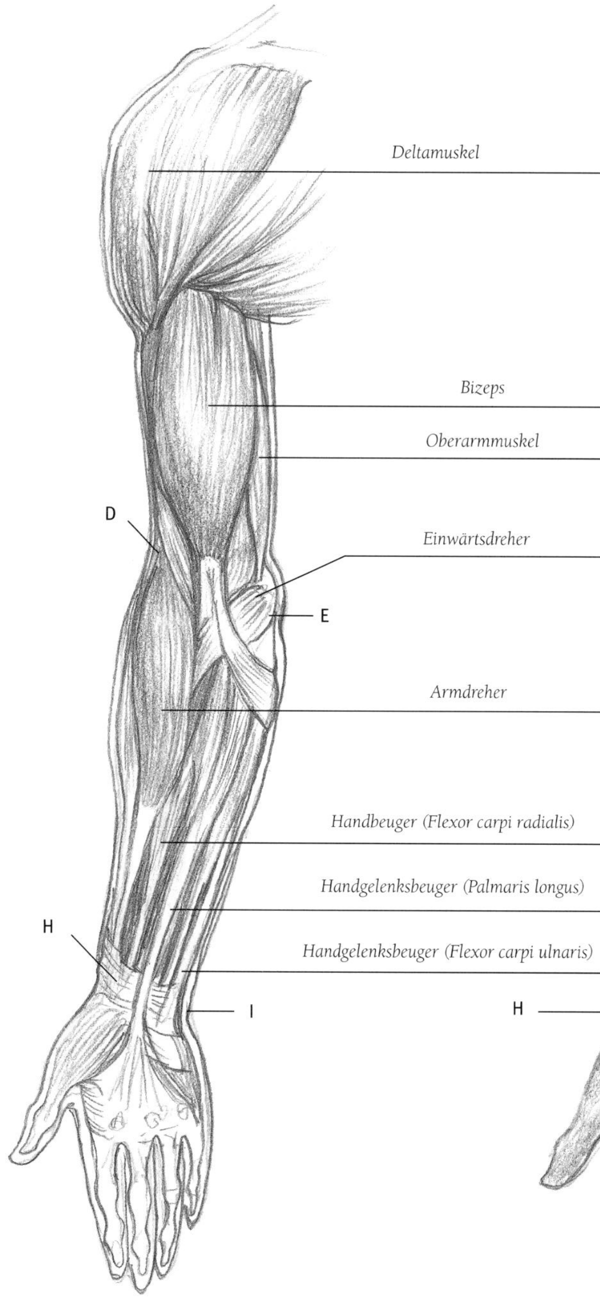

2 Armmuskulatur

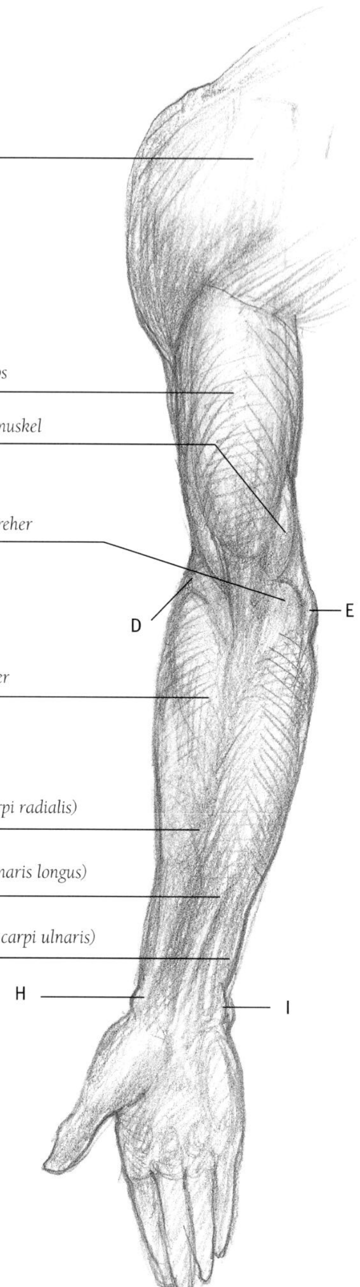

3 Arm

Knochenstruktur Die Knochenstruktur bestimmt, wie unser Arm aussieht (1 Knochenbau). Knöcherne Elemente wie das innere und äußere Endstück des Oberarmknochens (Epicondylen) sind unter der Haut sichtbar. Sie sind wichtige Anhaltspunkte für den Zeichner.

Muskeln Ober- und Unterarm bestehen aus je drei Muskelgruppen. Bizeps und Oberarmmuskel (Brachialis) beugen den Arm, der Trizeps streckt ihn. Der Deltamuskel hebt den ganzen Arm. Im Unterarm sitzen die Flexoren (Beuger), um die Hand zu schließen und die Faust zu ballen. Die Extensoren (Strecker) auf der Rückseite des Arms öffnen die Hand. Die Supinatoren wie der Armdreher (Brachioradialis) drehen den Arm. Ein weiterer, kleinerer Muskel ist der Einwärtsdreher (Pronator teres), der die Hand nach innen dreht.

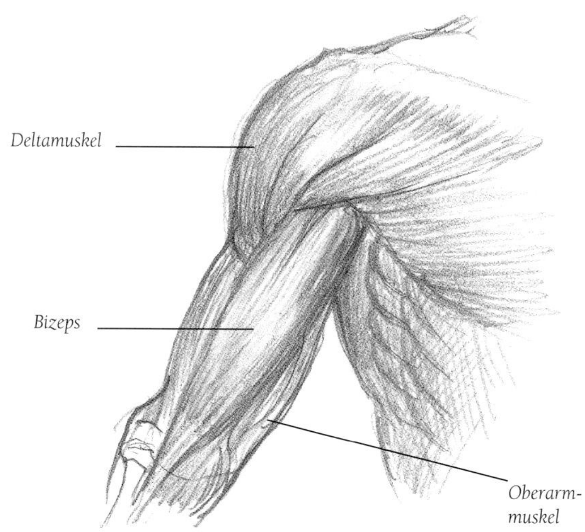

Zeichentipps Der Bizeps zieht sich nicht über den ganzen Arm. Zwischen ihm und dem Brachialis endet der Deltamuskel.

Der Arm von hinten

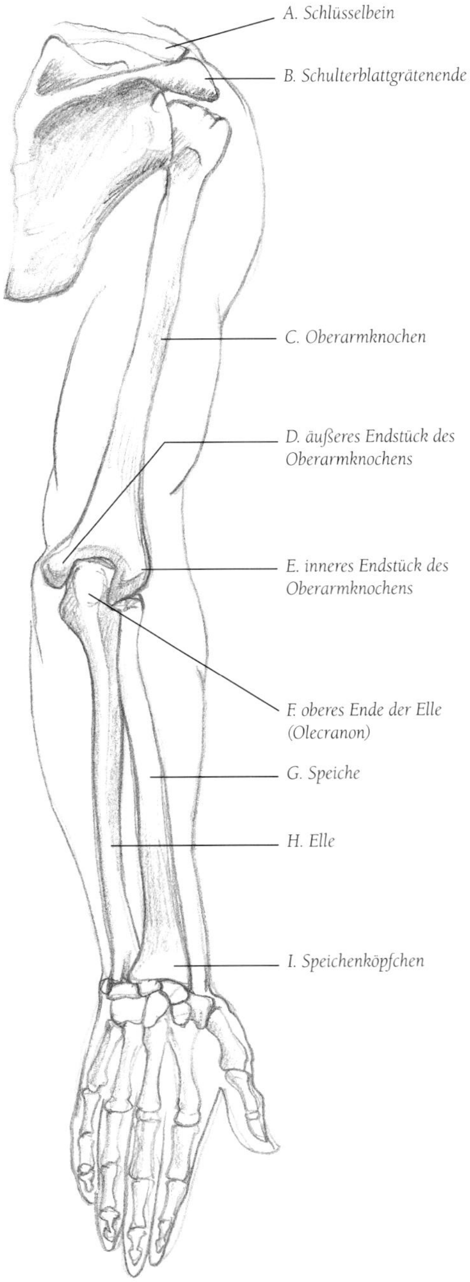

1 Knochenbau

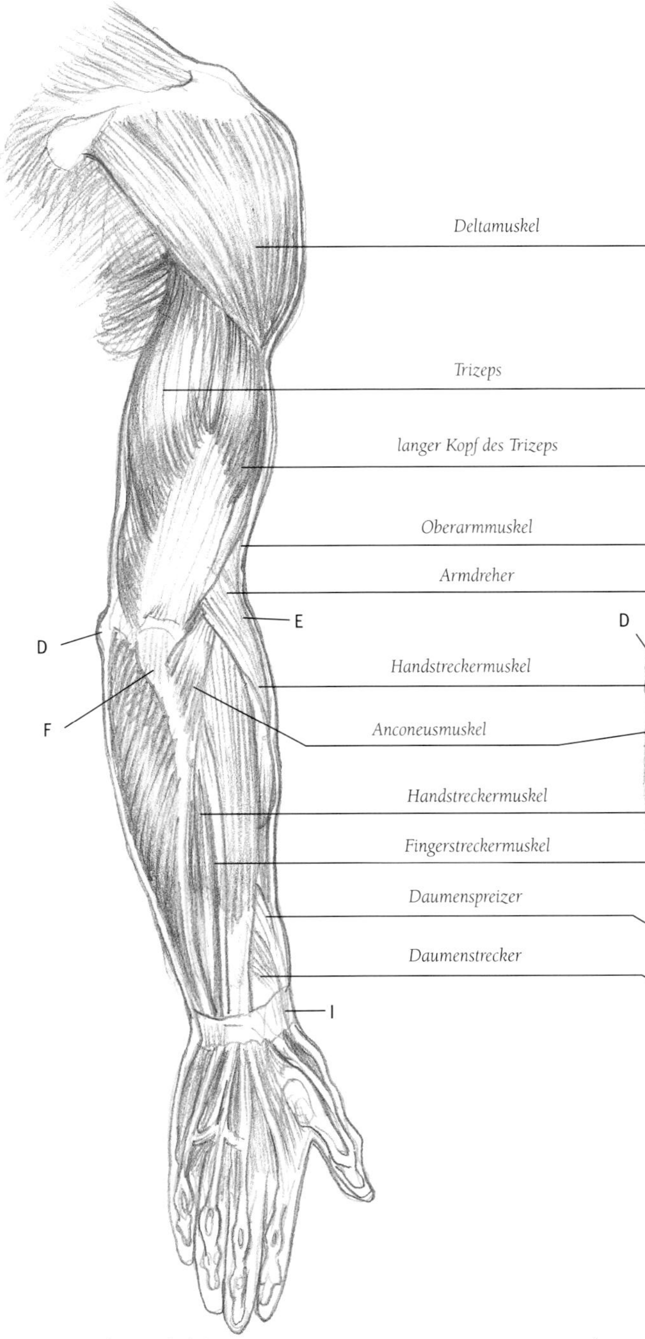

2 Armmuskulatur

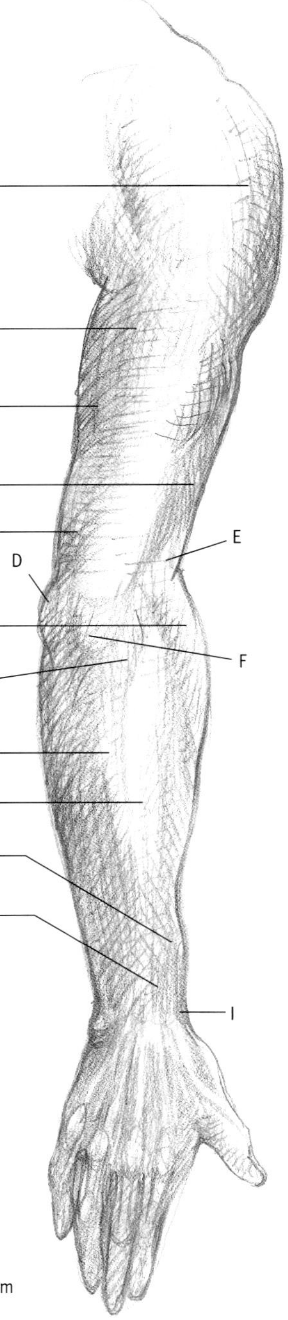

3 Arm

Die Knochenstruktur Wie in der Ansicht von vorne sind die deutlichsten sichtbaren Teile der Knochenstruktur die Epicondylen, also das innere und äußere Endstück des Oberarmknochens (D und E). In dieser Ansicht ist auch der Ellbogen (F) gut zu erkennen.

Muskeln Muskeln arbeiten immer paarweise gegen einander: Die Flexoren (▶ Seite 104) beugen, die Handstreckermuskeln (Extensoren) strecken. Wenn ein Extensor oder ein Flexor arbeitet, ist sein Gegenstück in Ruhe. In der Ansicht von hinten sieht man, dass die Extensoren deutlich hervortreten, wenn die Hand nur herabhängt. Der Trizeps oder Oberarmmuskel ist der kräftigste Muskel am Oberarm. Am Unterarm ist die Gruppe der Extensoren gut zu erkennen, die alle am Oberarm angesetzt sind.

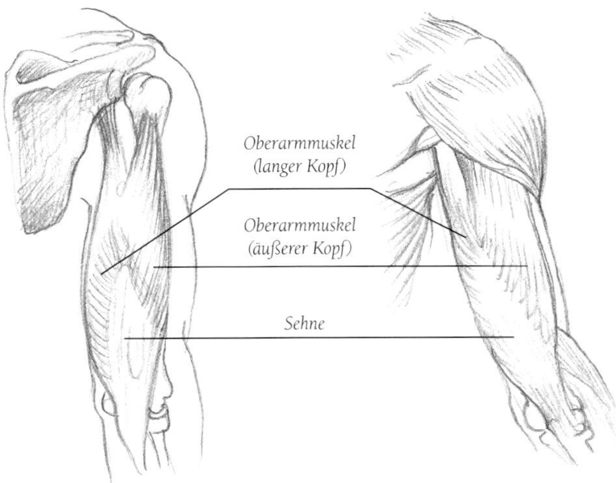

Zeichentipps Der Trizeps besteht aus drei Teilen. Den äußeren und den langen Kopf sehen Sie in der Abbildung rechts – der mittlere Teil liegt verborgen darunter. Alle Teile des Trizeps werden von einer Sehne bewegt, deren flaches Gewebe man über dem Ellbogen erkennt.

Der Arm von der Seite

Geballte Faust

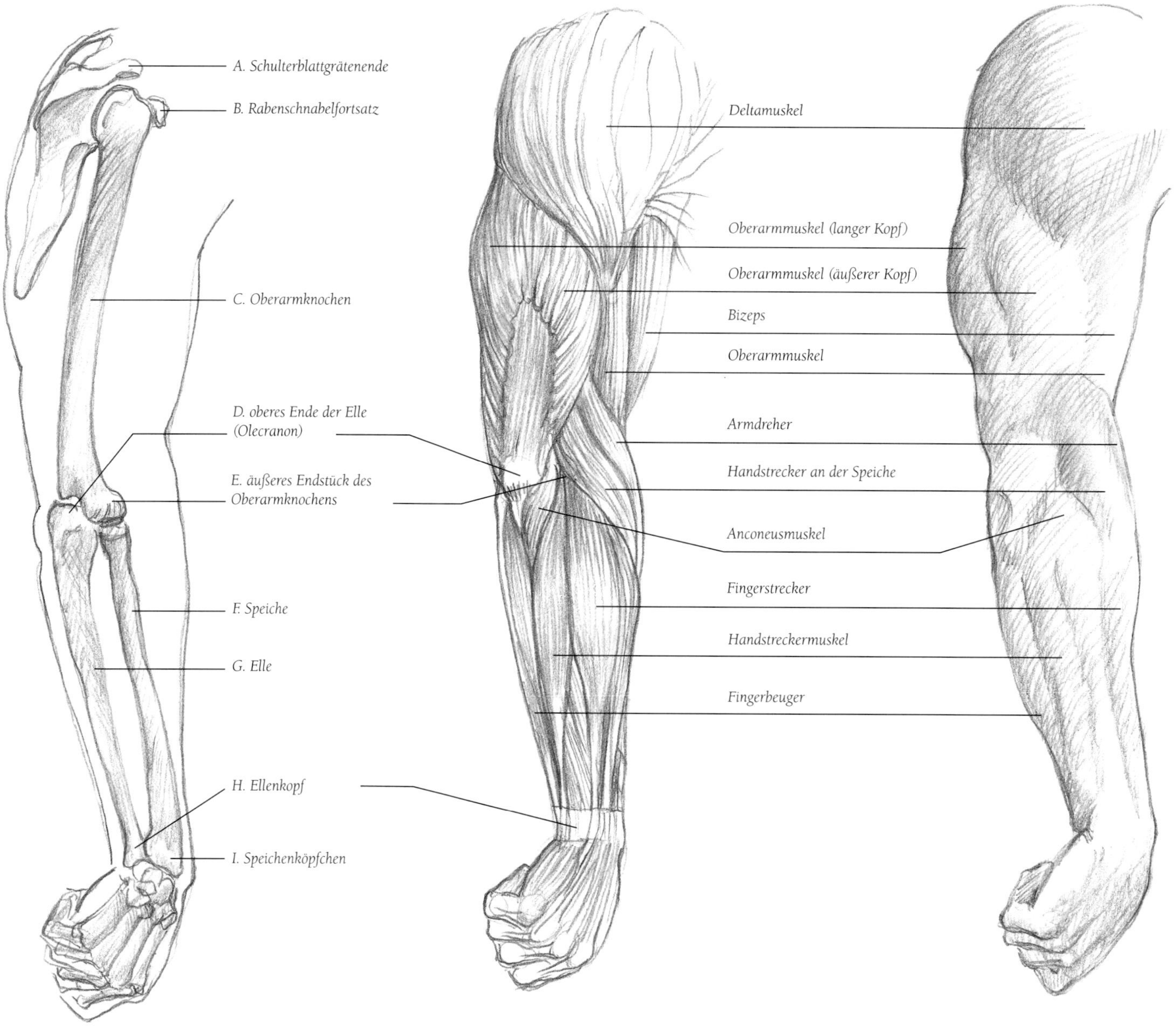

Knochenstruktur In dieser halben Seitenansicht treten vor allem drei Elemente der Knochenstruktur deutlich unter der Haut in Erscheinung: der Ellbogen, das äußere Endstück des Oberarmknochens und der Ellenkopf.

Muskeln Gerade von der Seite kann man die Beuge- und die Streckmuskulatur am Arm besonders gut erkennen. Der Armdreher, der Ober- und Unterarm verbindet, tritt deutlich hervor. Er zieht sich vom äußeren Knochenvorsprung (Epicondylus) an der Seite des Oberarmknochens (C) bis zum Speichenköpfchen.

Zeichentipps

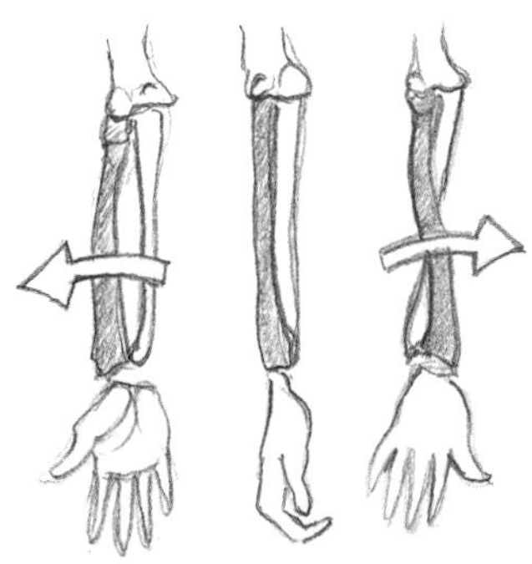

Gedrehter Arm

Dem Armdreher verdanken wir die Kraft, unsere Hand nach oben drehen zu können – dank des Pronator teres können wir sie nach unten drehen. Die Speiche ist beweglich, sie kann sich um die feststehende Elle bewegen und ermöglicht das Drehen der Hand.

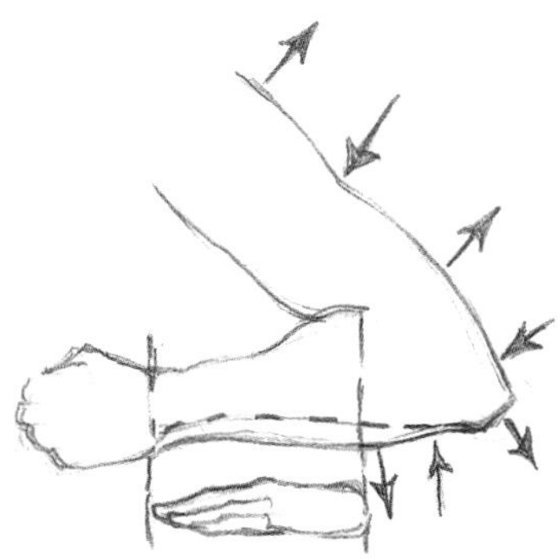

Abgewinkelter Arm

Der Abstand zwischen dem gebeugten Ellbogen und dem Handgelenk beträgt meist eine Handlänge. Die Pfeile in der Abbildung oben zeigen die Beugung der Muskeln beim Beugen und Strecken, die gestrichelte Linie markiert die Lage der Elle.

Das Bein von vorne

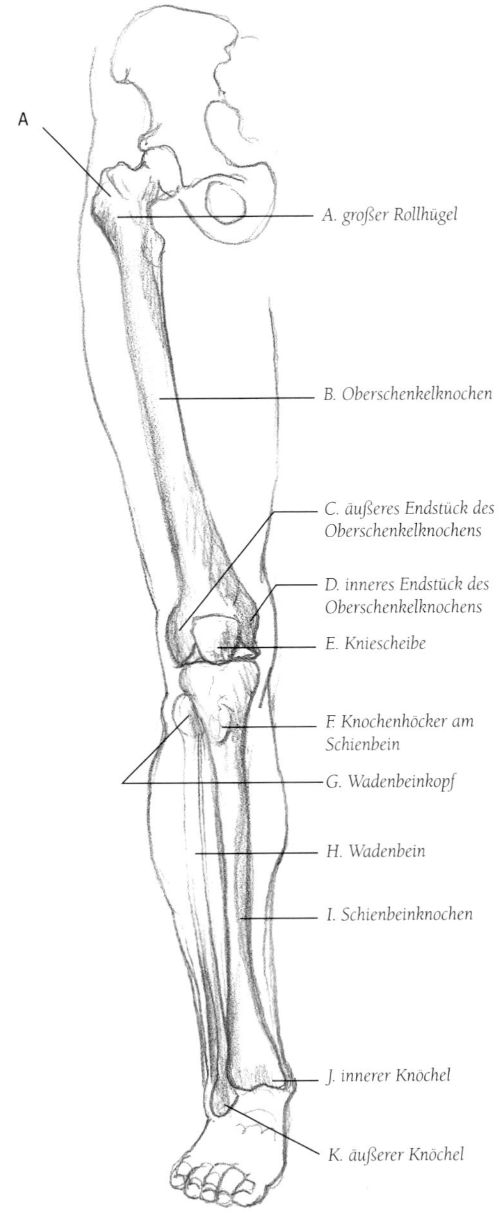

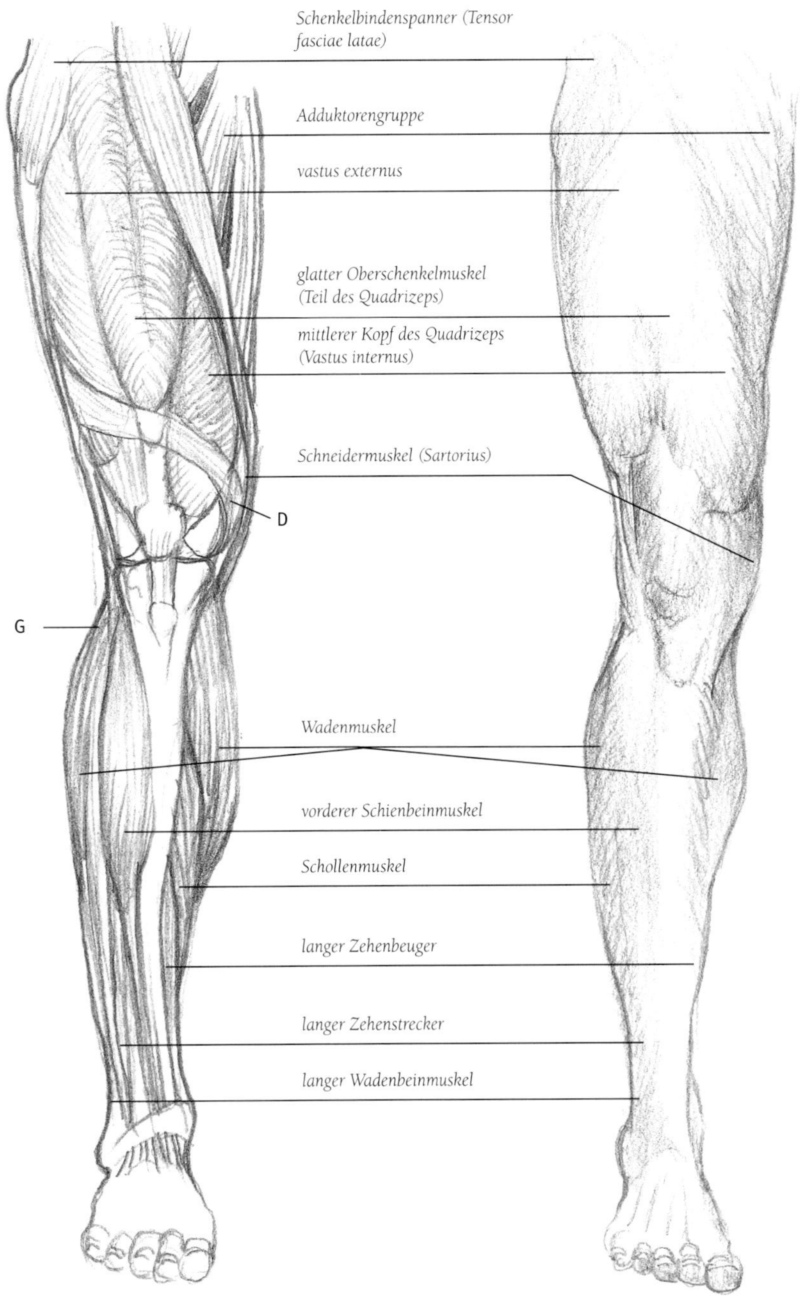

Knochenstruktur Der Oberschenkelknochen (B) mit dem auffallenden großen Rollhügel (Trochanter A) und dem inneren und äußeren Knochenvorsprung am Oberschenkelknochen, den Epicondylen (C und D) am Ende ist der schwerste und längste unserer Knochen. Die Kniescheibe sitzt zwischen den beiden Epicondylen. Der Unterschenkel wird vom kräftigen Schienbeinknochen (I) und dem schmalen Wadenbein (H) gebildet. Die knöchernen Höcker am Schienbein (F) und der Wadenbeinkopf (G) sind ebenso gut unter der Haut zu erkennen wie die beiden Knöchel (J und K).

Muskeln Der Oberschenkel wird von vier Muskeln bewegt, dem Quadrizeps, zu dem der Vastus externus gehört, der an der Kniescheibe ansetzt (E) und sich bis zum Knochenhöcker am Schienbein (F) zieht. Auch der Vastus internus, der deutlich an der Innenseite des Oberschenkels zu sehen ist, ist ein Teil des kraftvollen Quadrizeps. Der Schneidermuskel (Sartorius) ist der längste Muskel des Körpers. Am Unterschenkel fallen vor allem sechs lange Muskeln auf. Der Wadenmuskel, der links und rechts vom Schienbein zu sehen ist, der Schienbeinmuskel selbst, der Schollenmuskel, die beiden Zehenstrecker und der lange Wadenbeinmuskel.

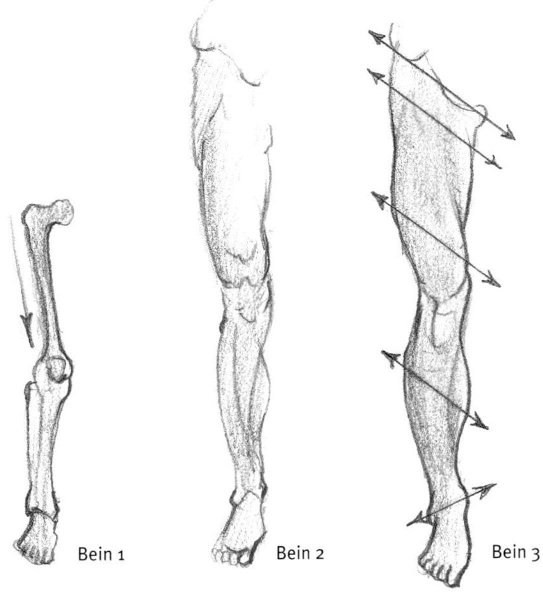

Zeichentipps Die Beine biegen sich am Knie ein wenig nach innen, weil sie so das Körpergewicht besser ausbalancieren können (Bein 1 und 2). Die Muskeln am Oberschenkel setzen höher an als am Innenschenkel (Bein 3). Dagegen liegt der innere Knöchel höher als der äußere.

Das Bein von hinten

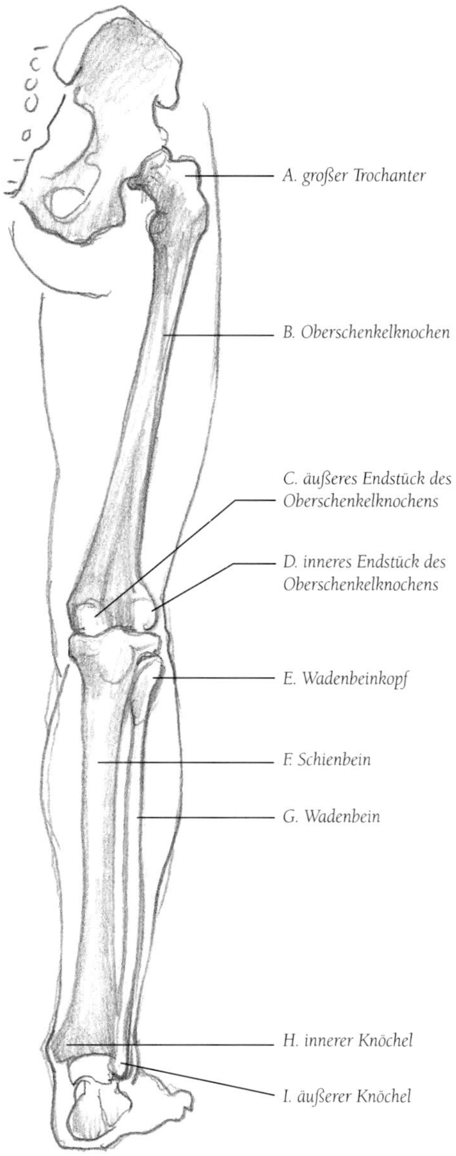

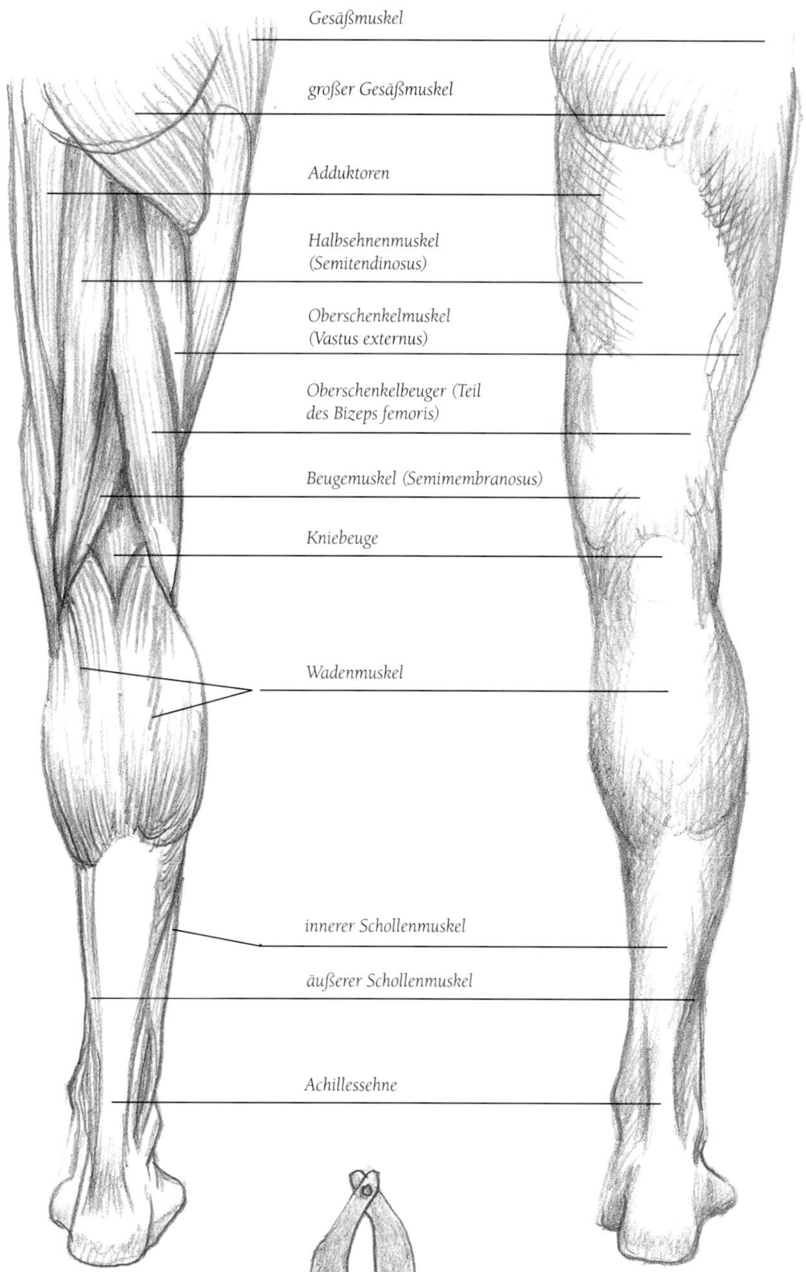

Knochenstruktur Alle Knochen, die man von vorne sieht, kann man auch von hinten erkennen. Allerdings ergeben sich einige Unterschiede durch die Funktion und den Bau der Muskulatur, die auf der Vorderseite des Beins dafür sorgt, dass das Bein gestreckt werden kann, während die Muskulatur auf der Rückseite das Bein beugt.

Muskeln Die Oberschenkelmuskulatur setzt sich aus fünf großen Muskelgruppen zusammen. Der Gluteus maximus und der Gluteus medius sind die wichtigsten Teile der Gesäßmuskulatur. Zu den hinteren Oberschenkelmuskeln gehören der Bizeps femoris, der Semitendinosus und der Semimembranosus sowie der Gruppe der Adduktoren. Der Vastus externus ist der einzig sichtbare Muskelstrang des vierköpfigen Quadrizeps, der hinter dem Oberschenkelbeuger (Bizeps femoris) liegt.

Am Unterschenkel finden sich ebenfalls fünf Muskelgruppen: Die größten Muskeln sind der Wadenmuskel (Gastrocnemius) und die Achillessehne, über die die Wade mit der Ferse verbunden ist. Deutlich kleiner sind der große und der kleine Schollenmuskel (Soleus). Auffallend ist auch die Kniebeuge auf der Rückseite des Knies. Hier sind die Sehnen angewachsen.

Zeichentipps Die Wade erscheint an der Innenseite des Beins weicher und runder als auf er Außenseite (Wade 1). Die Kniesehnen wirken wie eine Zange (Wade 2).

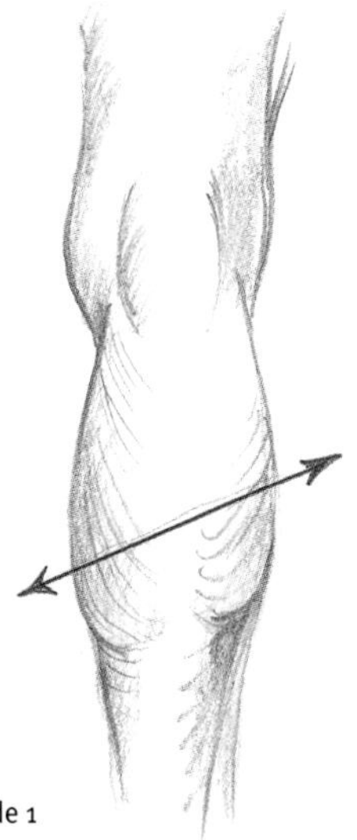

Wade 1

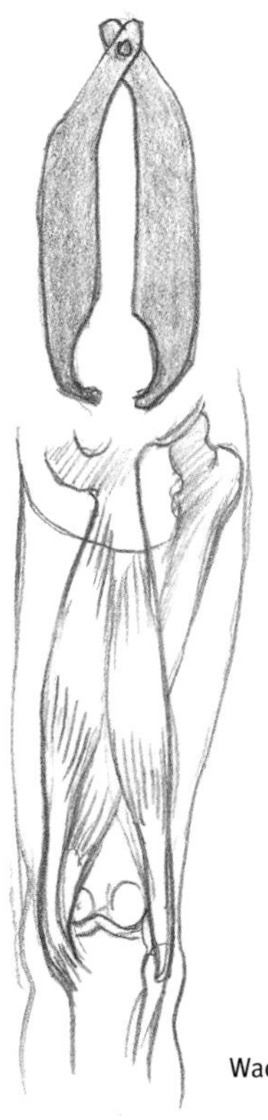

Wade 2

Das Bein von der Seite

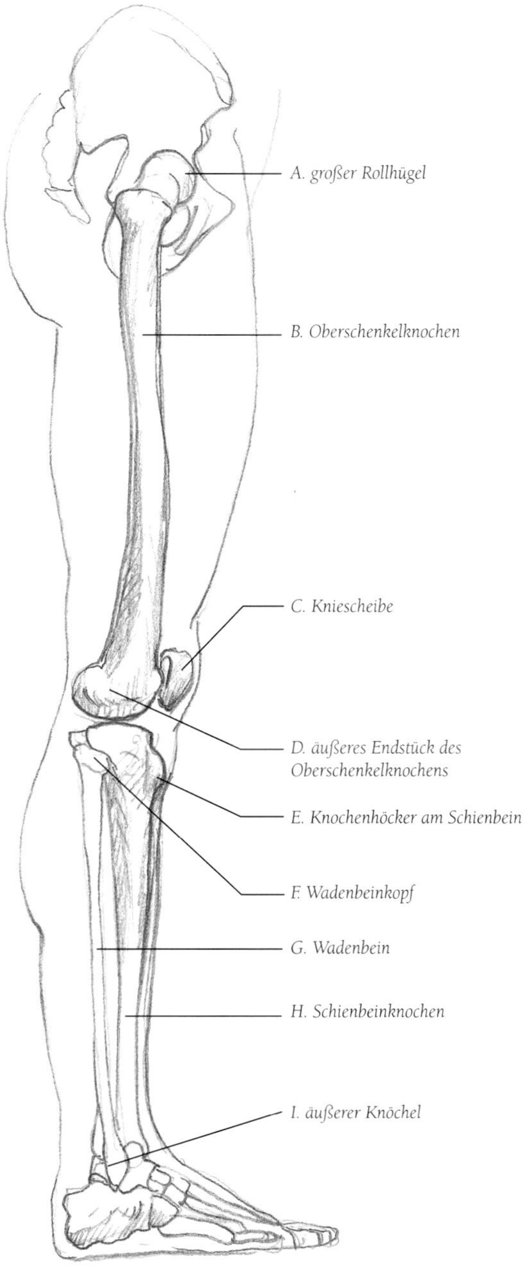

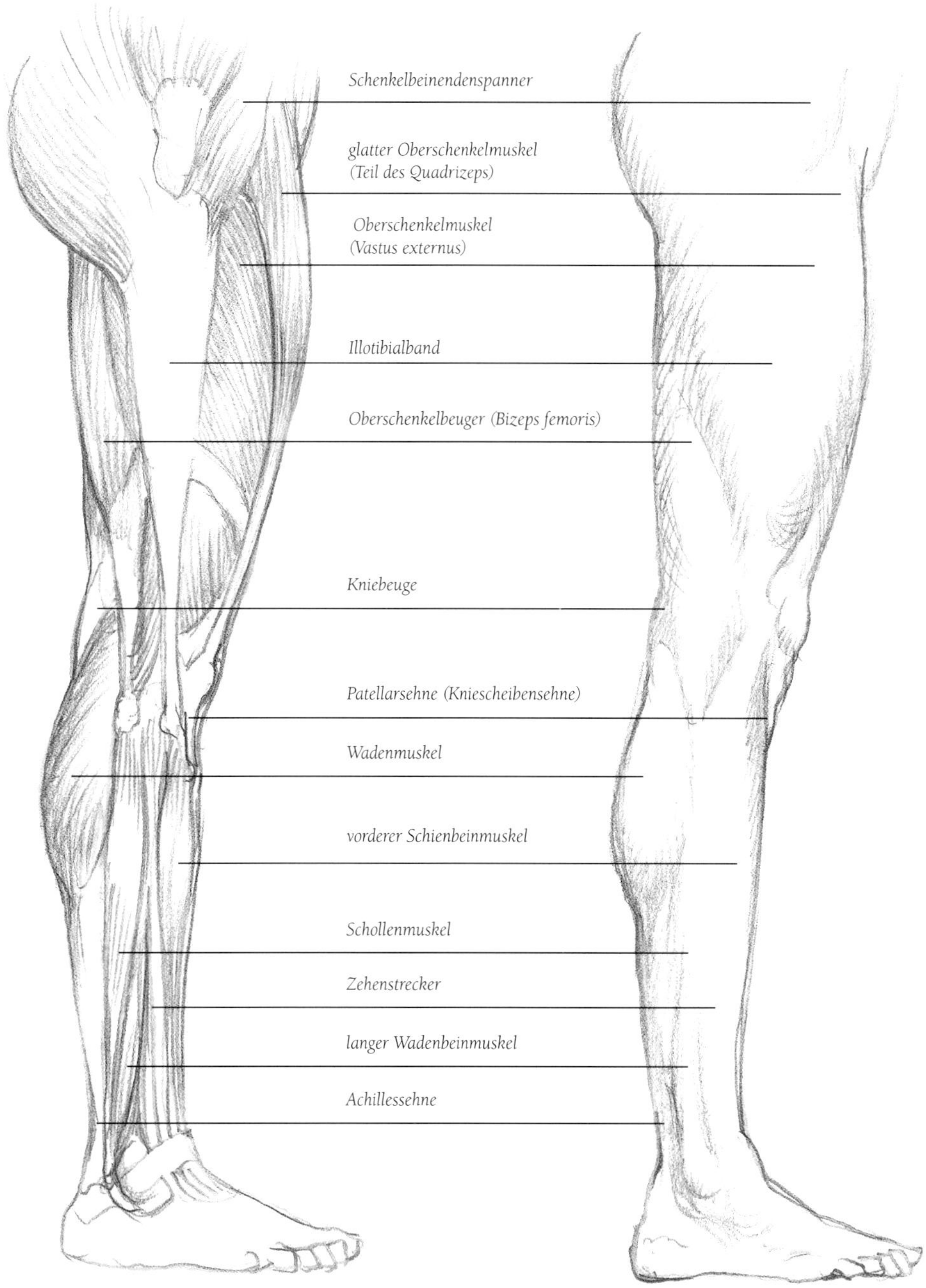

Knochen und Muskeln Da das ganze Gewicht unseres Körpers auf dem langen Oberschenkelknochen und dem starken Schienbein lastet, sitzen diese Knochen direkt übereinander. In der Seitenansicht wirkt es allerdings, als hätte das Bein zwei Stufen. Direkt unter der Muskelmasse des Oberschenkels senkt sich das Bein zur Kniescheibe.

Beim Unterschenkel muss der Zeichner darauf achten, wie die folgenden Partien geformt sind: der Wadenmuskel, die Achillessehne, der lange Wadenmuskel und der Schienbeinmuskel.

Zeichentipps Die sechs Pfeile in der Abbildung 1 zeigen, wie man das Bein von der Seite am besten zeichnet (Bein 1) und aus welchen Hauptbausteinen es besteht (Bein 2). In Abbildung 3 sehen Sie das Muster, das die Sehnen am Fuß bilden.

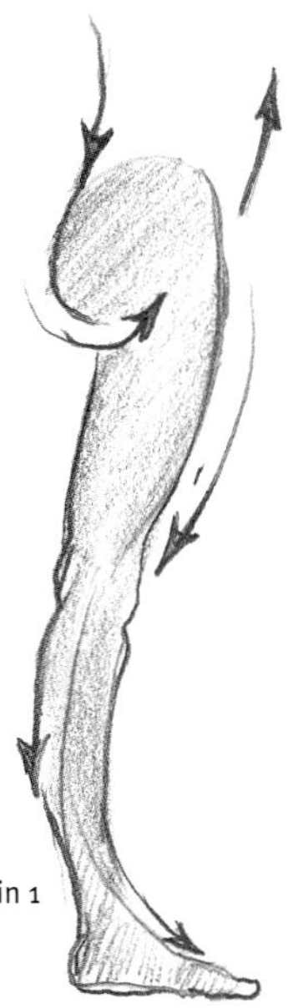

Bein 1

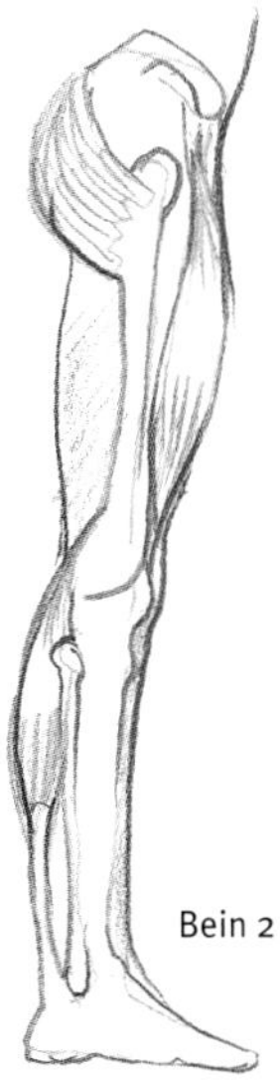

Bein 2

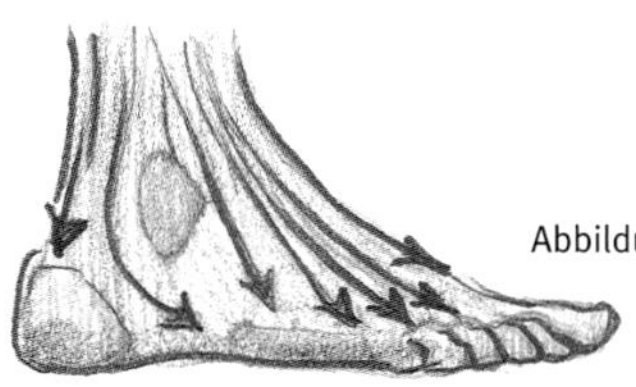

Abbildung 3

Hände

Die offene Handfläche

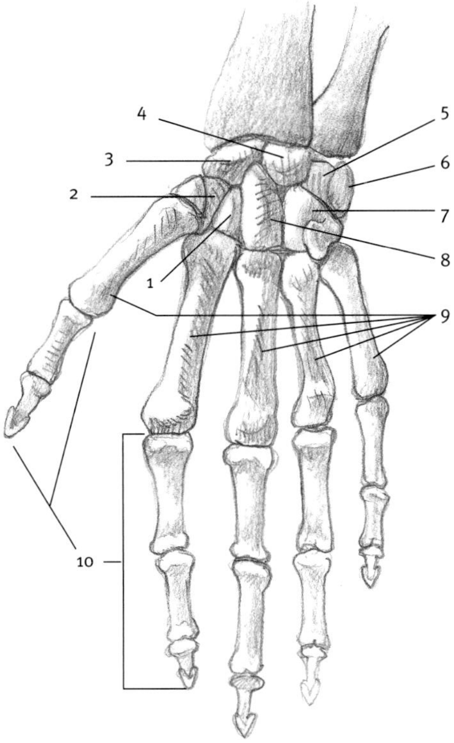

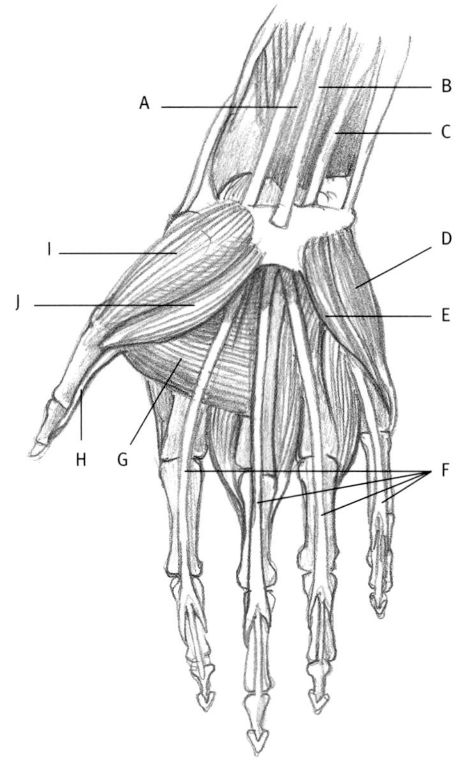

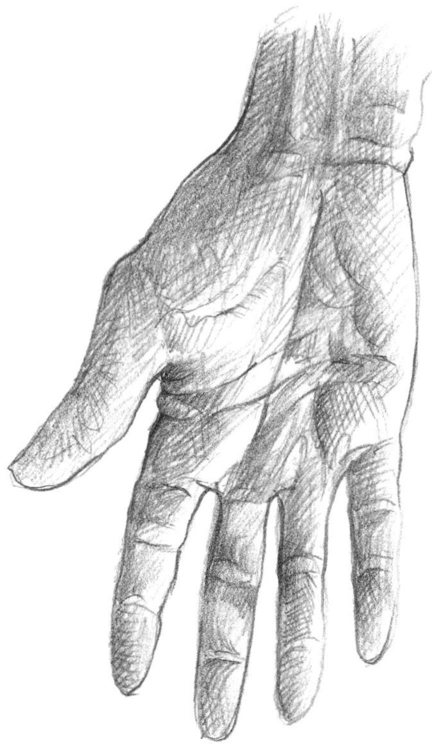

Unser Handgelenk besteht aus acht Handwurzelknochen (Ossa carpi). Sie heißen Kahnbein (1), Mondbein (2), Dreiecksbein (3), Erbsenbein (4), großes Trapezbein (5), kleines Trapezbein (6), Hakenbein (7) und Kopfbein (8). Außerdem gehören die fünf Mittelhandknochen (9) sowie die 14 Fingerknochen (10) zum Skelett unserer Hände.

Die Sehnen A, B und C des Unterarms laufen bis in die Hand (▶ Seite 104/105). Die tränenförmigen Muskeln des Daumenballens (I und J), die Muskeln des Kleinfingerballens (D) und der Beugemuskel des kleinen Fingers (E) sind die markanten Punkte der Handinnenfläche. Der Adduktor des Daumens (F) liegt unter der Sehne. Die Muskeln und das Fettgewebe schaffen die Erhebungen und Senken unserer Handflächen.

Der Handrücken

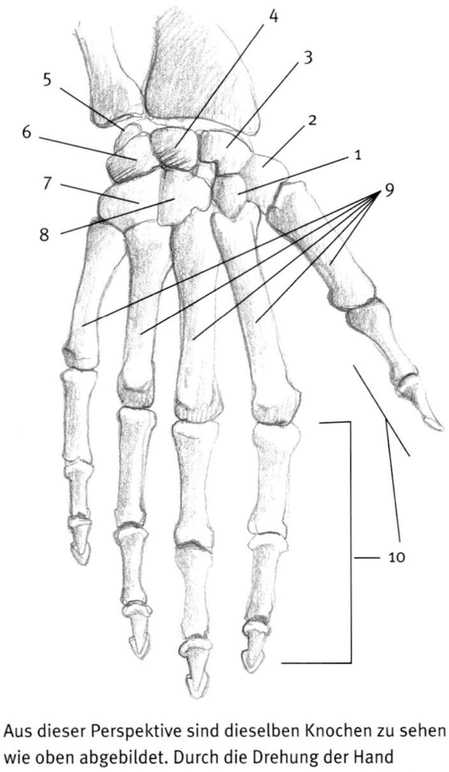

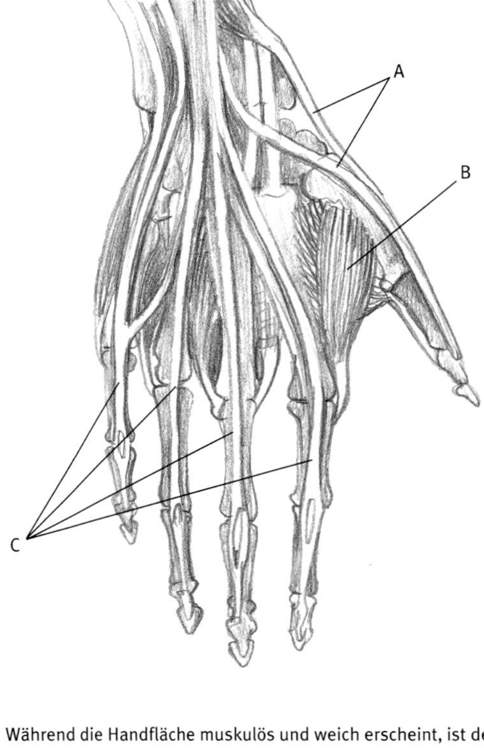

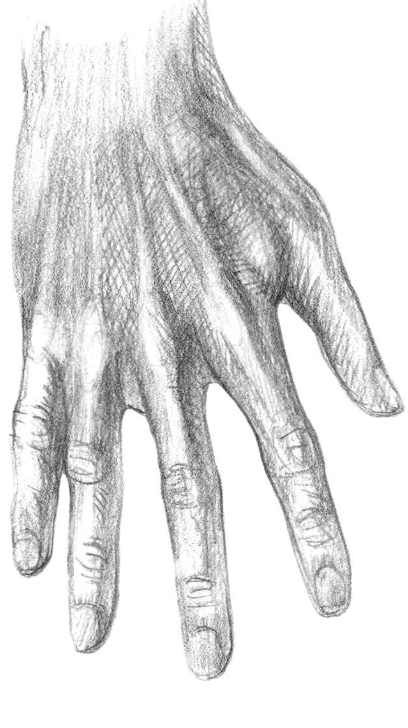

Aus dieser Perspektive sind dieselben Knochen zu sehen wie oben abgebildet. Durch die Drehung der Hand erscheinen jedoch die Handwurzelknochen wie Erhebungen und die ganze Hand wirkt viel knochiger.

Während die Handfläche muskulös und weich erscheint, ist der Handrücken knochig und sehnig. Die Sehen, die den Daumen strecken (A), werden sichtbar, wenn wir sie bewegen – ebenso die Sehen der andern vier Finger (C). Die Finger werden von den Zwischenknochenmuskeln (Musculi interossei) der Hand bewegt, von denen nur der größte (B) zu sehen ist. Seine tränenförmige Gestalt zeigt sich, wenn der Daumen gebeugt ist.

Hände in Bewegung

Hände sind sehr komplexe Körperteile und können vielfältigste Bewegungen ausführen. Anfänger sollten oft Hände in unterschiedlichsten Positionen zeichnen, um Übung zu bekommen. Achten Sie beim Zeichnen vor allem auf diese drei Punkte: Licht und Schatten gut beobachten. Die kräftigeren Männerhände mit kräftigeren Strichen abbilden, Frauenhände sind leichter und anmutiger. Eine Hand ist immer etwa so lang wie das Gesicht (Abstand zwischen Haaransatz und Kinn).

Zeichnen Sie nur die Finger, die Sie auch sehen. Es wirkt völlig unnatürlich, wenn man Finger zeichnet, die nicht da sind.

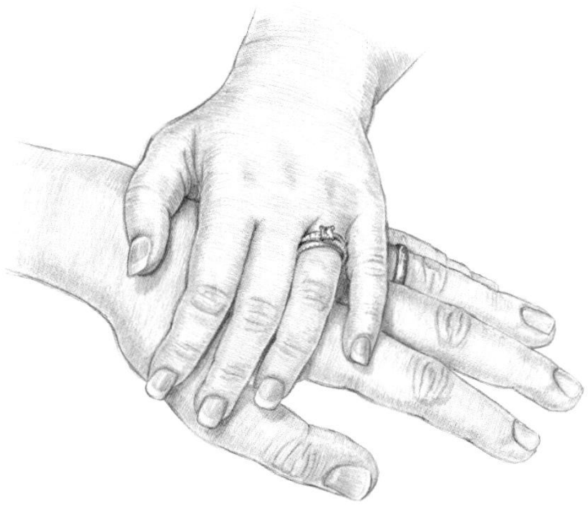

Unterschiede sehen Diese Hände gehören einem jung verheirateten Paar. Deutlich ist der Unterschied zwischen der Männer- und der Frauenhand zu erkennen. Helles Licht kommt von oben und sorgt für die fast weißen Stellen auf dem Handrücken der Frau.

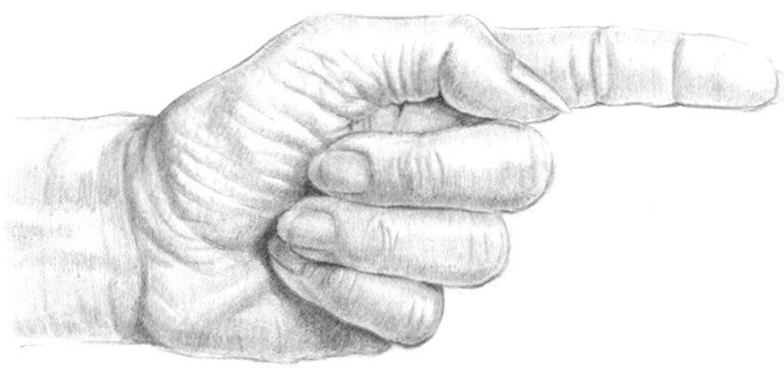

Zeigefinger Ein Finger ist gestreckt, die anderen abgewinkelt. Deutlich sind die Falten am Handballen unter dem Daumen zu erkennen. das Licht kommt von oben und so ist die Oberseite der Finger hell, die Unterseite im Schatten.

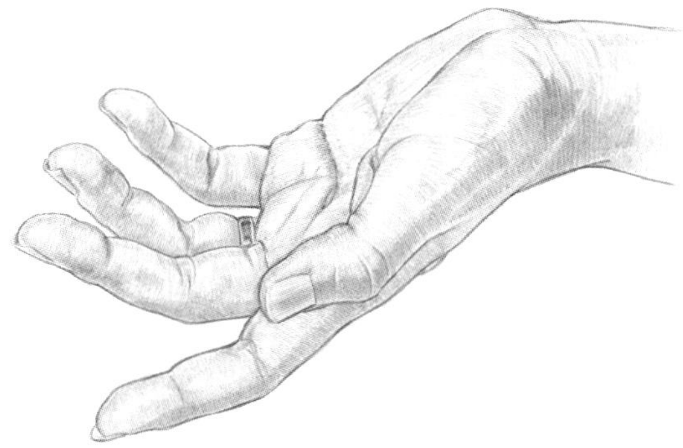

Offene Handfläche Mit der geöffneten Handfläche zeigt die Frau etwas oder sie will nach etwas greifen. Hier kommt das Licht von oben – die Handfläche ist hell, der Handrücken dunkel.

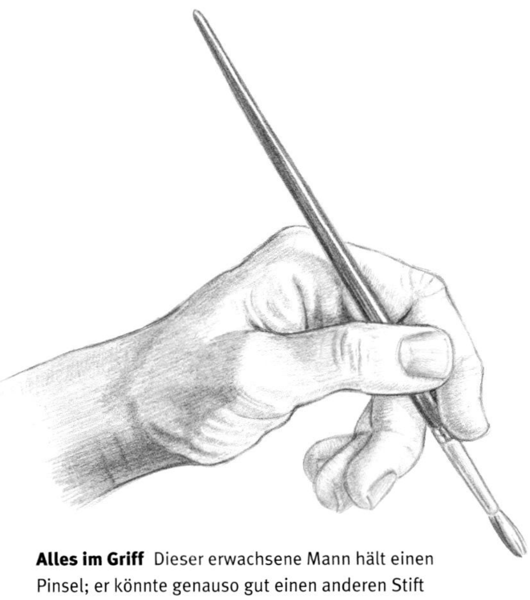

Alles im Griff Dieser erwachsene Mann hält einen Pinsel; er könnte genauso gut einen anderen Stift halten. Hier kommt helles Licht von rechts: Die Finger sind hell, aber Handrücken und Handgelenk liegen im Schatten.

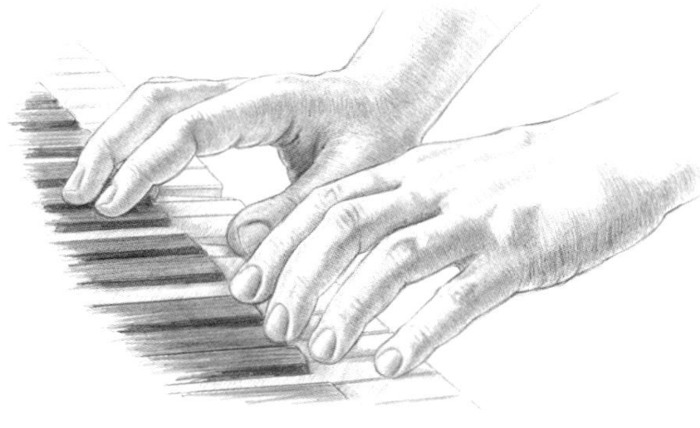

Am Klavier Bei einem solchen Griff in die Tasten sind nicht alle Finger der Hände zu sehen. So sehen Hände auch aus, wenn man etwas ergreifen will. Da das Licht von oben kommt, sind die Handrücken hell.

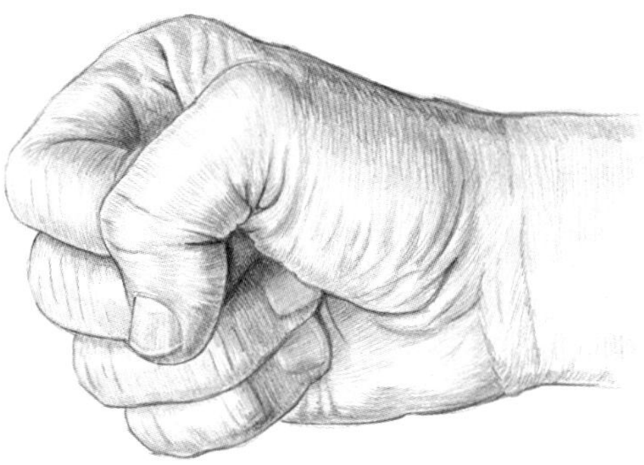

Faust Mit so einer Faust halten Männer zum Beispiel ein Werkzeug fest. Sanftes Licht fällt von links auf die Hand.

Füße

Von oben

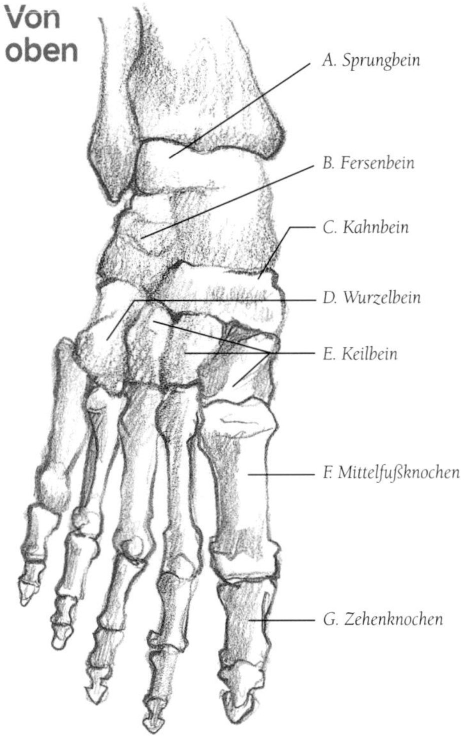

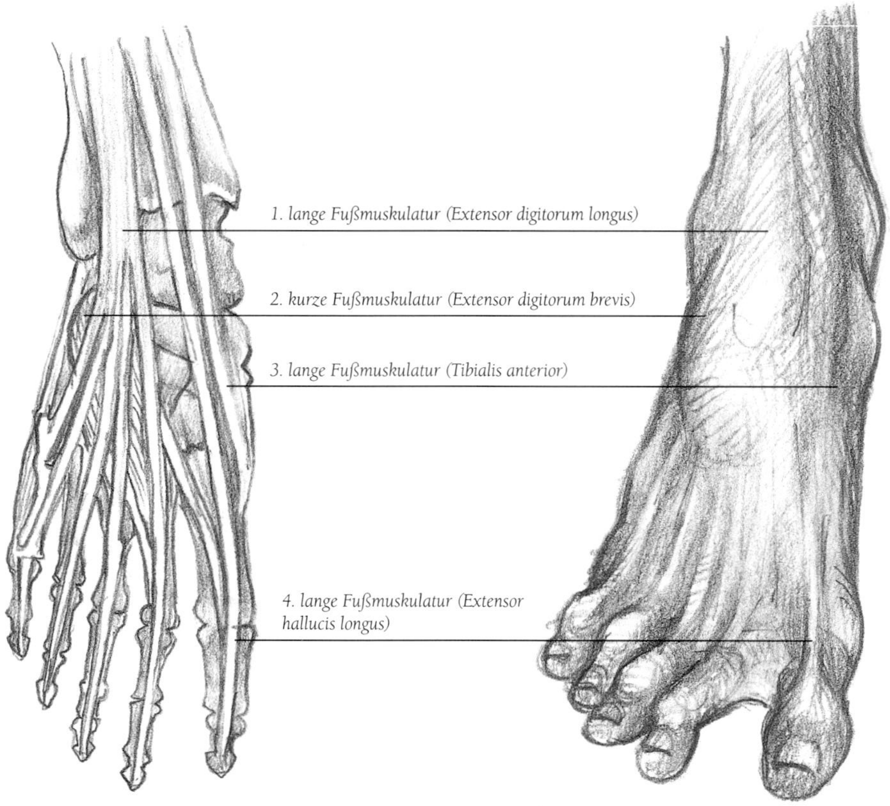

Von der Seite

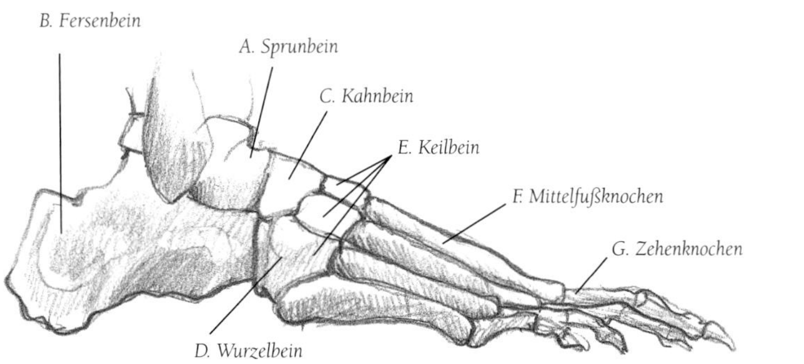

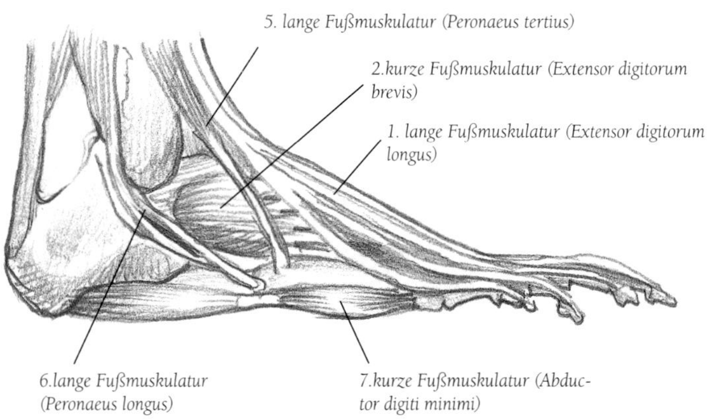

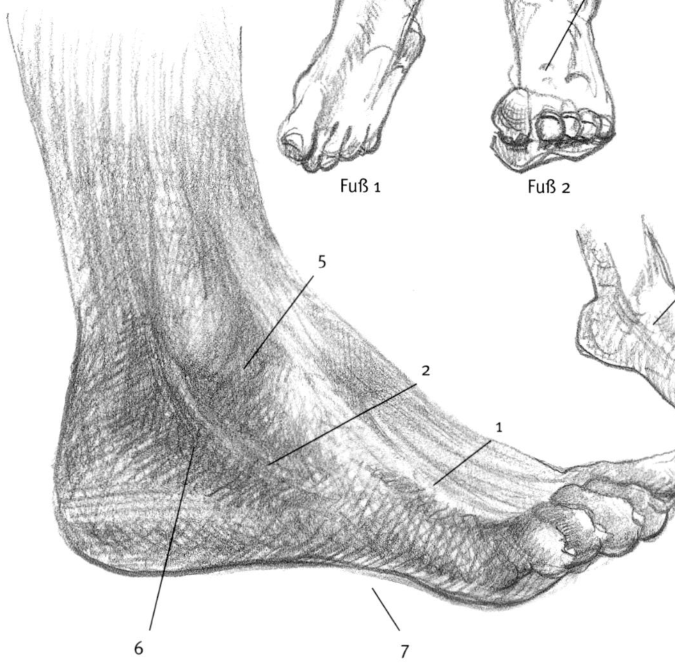

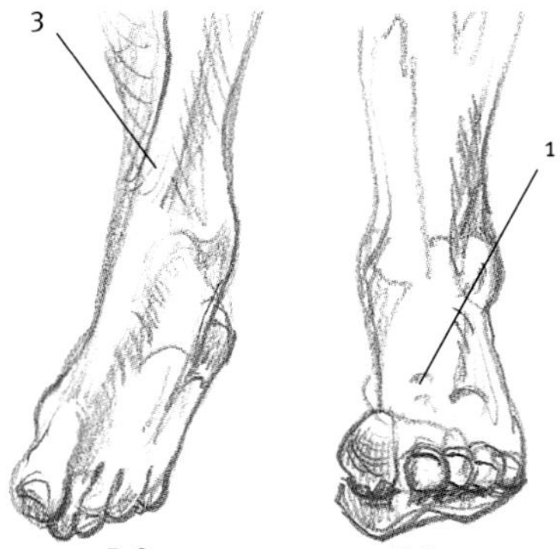

Fuß 1 Fuß 2

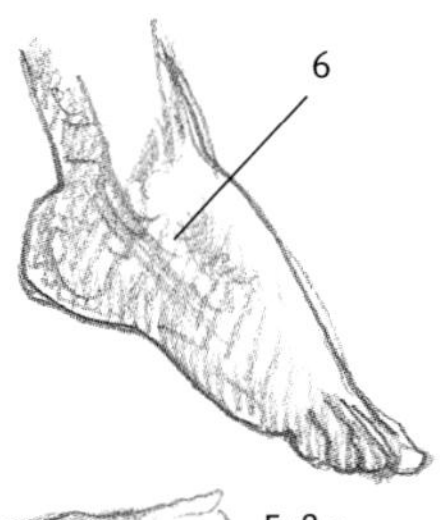

Fuß 3

Knochenstruktur Wie auch die Hand ist der Fuß aus drei Teilen zusammengesetzt: den Gelenkknochen (A bis E), fünf Mittelfußknochen (F) und vierzehn Zehenknochen (G). Die Knochen des Sprunggelenks bestehen aus dem Knöchel, der Ferse und dem Spann. Die Mittelfußknochen sind wesentlich länger und kräftiger als die fünf Mittelhandknochen. Dagegen sind die Zehenknochen kürzer als die knöchernen Glieder der Finger und des Daumens.

Fußmuskeln Wird der Fuß nach oben gebogen, werden einige Sehnen gut sichtbar, dies sind vor allem der Extensor digitorum longus (1), der Extensor digitorum brevis (2), der Tibalis anterior (3) und der Extensor hallucis longus (4). Der Peronaeus longus (6) läuft um den Knöchel und der Abductor digiti minimi (7) erscheint wie eine Beule an der Außenseite des Fußes, wenn er bewegt wird. Die vier kleinen Zehen sind nach unten geneigt und berühren den Boden, der große Zeh hat oft einen Schwung nach oben.

Zeichentipps Von den langen Muskeln des Mittelfußes ist der Tibialis anterior am besten zu erkennen (3). Man kann das gut in der Abbildung sehen (Fuß 1). Wird der Fuß angehoben, erscheint der Extensor digitorum (1) wie in der Abbildung Fuß 2 gezeigt. Wird der Fuß gestreckt, sieht man die Form des Peronaeus ganz deutlich.

Füße in Bewegung

Da Füße nicht ganz so beweglich sind, wie Hände ist es leichter sie zu zeichnen. Trotzdem lohnt es sich, Füße genau zu betrachten und zu üben, wie man sie am besten abbildet. Achten Sie auf das Zusammenspiel von Muskeln, Sehnen und Knochen, das unsere Füße formt.

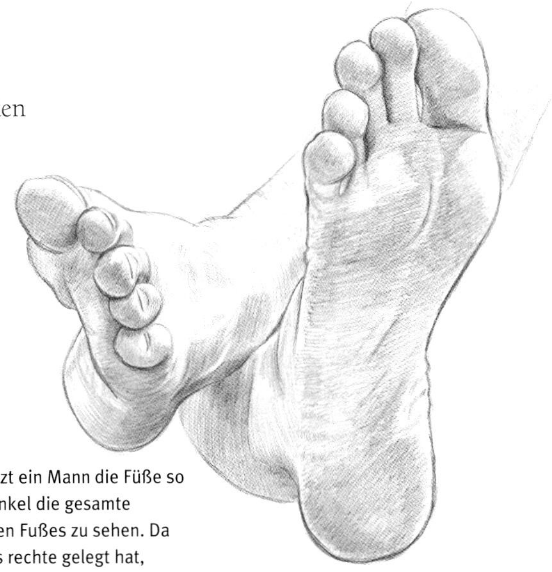

Gekreuzte Füße Kreuzt ein Mann die Füße so ist aus diesem Blickwinkel die gesamte Fußsohle seines rechten Fußes zu sehen. Da er das linke Bein übers rechte gelegt hat, erscheint der rechte Fuß ganz stark verkürzt (► Seite 120). Die Zehen sind dann nur noch kleine Ovale.

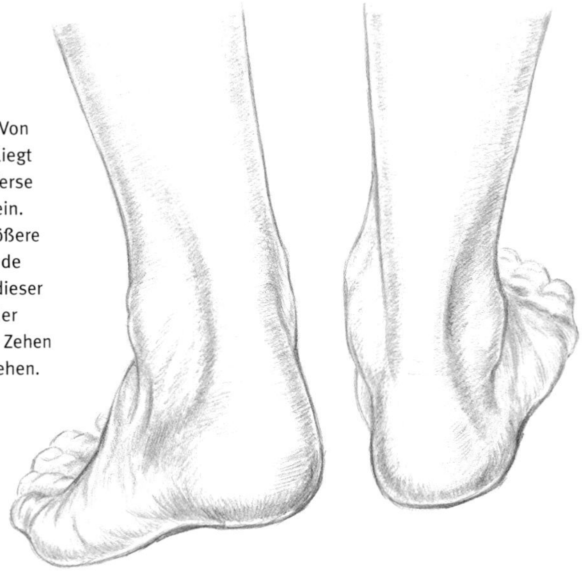

Füße von hinten Von hinten betrachtet liegt das Licht auf der Ferse und dem Wadenbein. Sie bilden eine größere zusammenhängende helle Fläche. Aus dieser Perspektive sind der Vorderfuß und die Zehen fast gar nicht zu sehen.

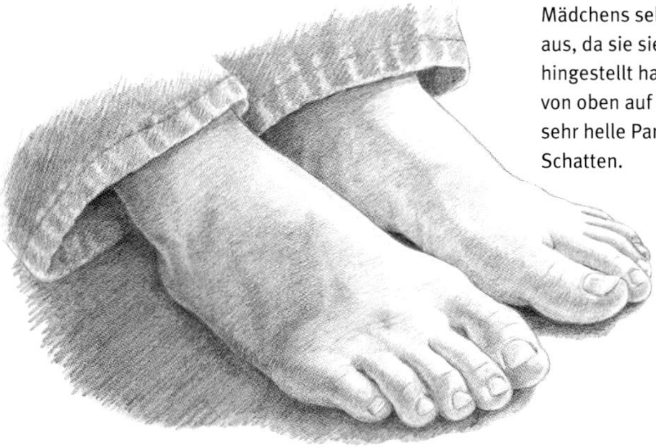

Mädchenfüße Die Füße dieses jungen Mädchens sehen ganz weich und zart aus, da sie sie gerade vor sich hingestellt hat. Das Licht fällt direkt von oben auf die Füße: So entstehen sehr helle Partien, aber auch dunkle Schatten.

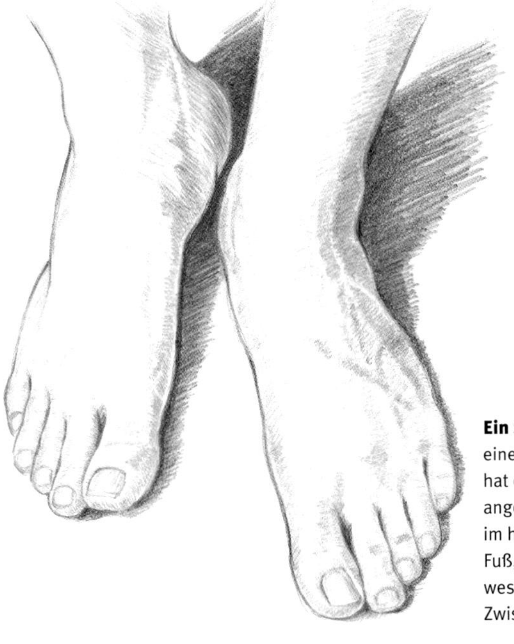

Ein Schritt Dieser Mann will einen Schritt machen. Dazu hat er seinen Fuß schon etwas angehoben. Dieser Fuß liegt im hellen Licht, während der Fuß, der ganz am Boden steht, wesentlich mehr Schatten und Zwischentöne hat.

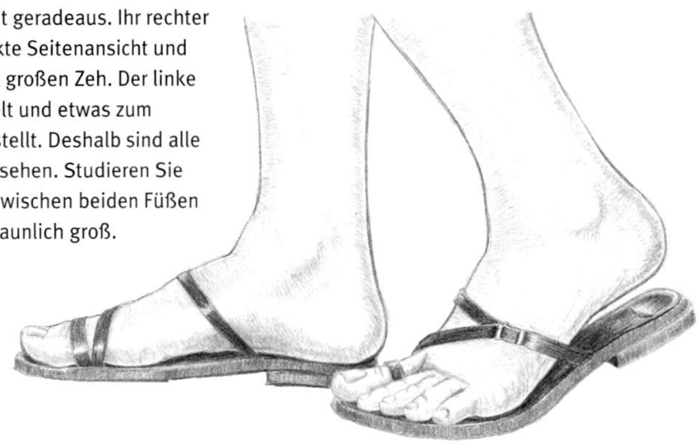

Füße von der Seite Diese junge Frau in Sandalen und geht geradeaus. Ihr rechter Fuß ist eine perfekte Seitenansicht und man sieht nur den großen Zeh. Der linke Fuß ist angewinkelt und etwas zum Betrachter ausgestellt. Deshalb sind alle fünf Zehen gut zu sehen. Studieren Sie den Unterschied zwischen beiden Füßen genau – er ist erstaunlich groß.

Babyhände und Füße

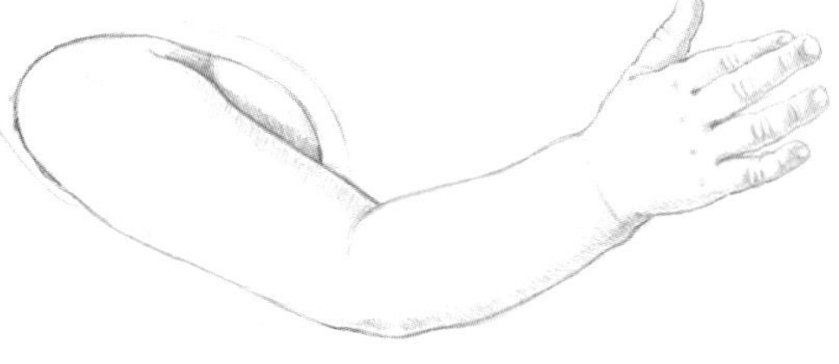

Arm mit Hand Arme von Zweijährigen sind in aller Regel noch etwas pummelig und weich und an den Achseln wirkt die Haut faltig. Auch der Ellbogen und das Handgelenk haben Falten, während die Fingergelenke und der Ellbogen oft Grübchen tragen.

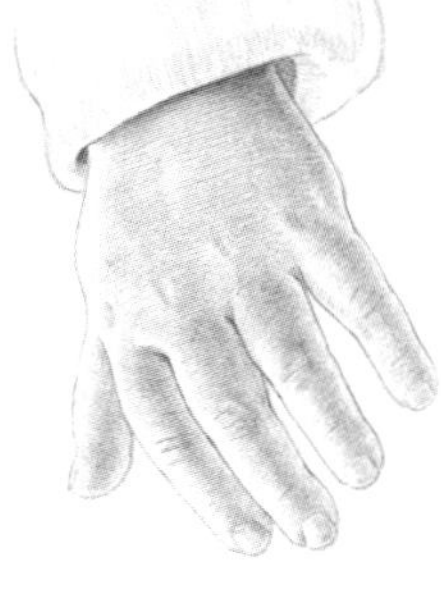

Hände Der Handrücken von Kleinkindern ist weich und rund. Die kleinen Finger sind pummelig bis zu den Fingerspitzen.

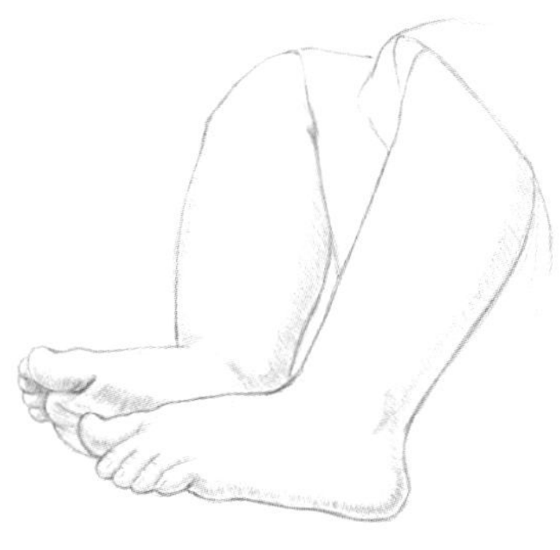

Beine und Füße Die Beine sind vergleichsweise kurz, was sie zusätzlich dicker erscheinen lässt. Die Zehen sind ebenfalls dick und von rundlicher Form. Man kann nur erahnen, dass sich die Fußsohle wölben wird.

Menschen in Bewegung

Um eine Person in Bewegung richtig darzustellen, brauchen Sie nicht nur die sogenannte Aktionslinie (▶ Seite 95). Es gibt zwei weitere Linien, die Sie als Hilfen benützen können: Wer sein Auge für die Wirbelsäulen-Hilfslinie sowie für die Balance-Linie entwickelt, hat wenig Schwierigkeit damit, seine Figuren überzeugend in Balance zu halten.

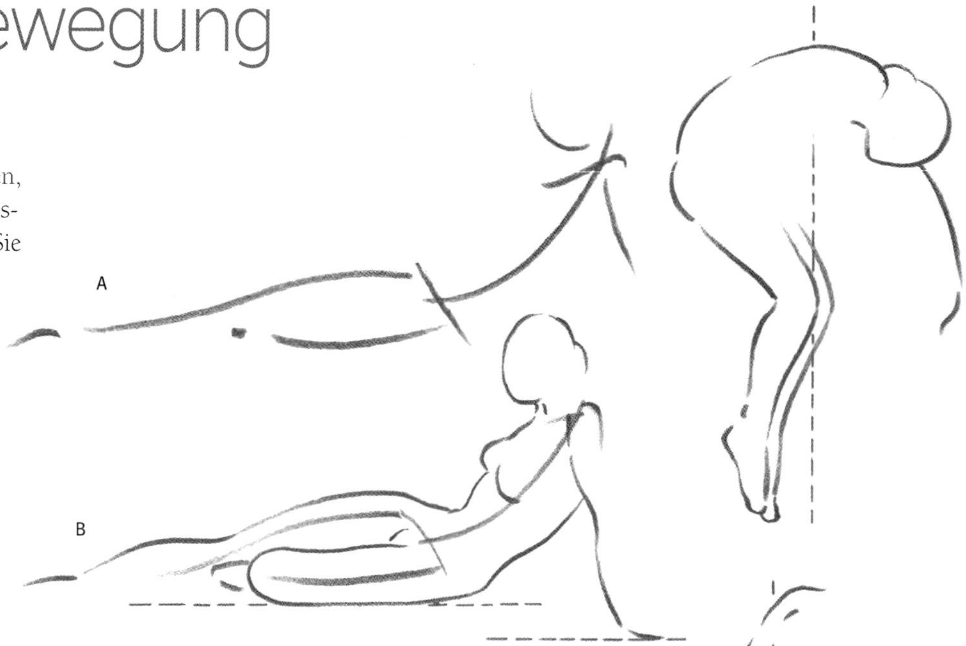

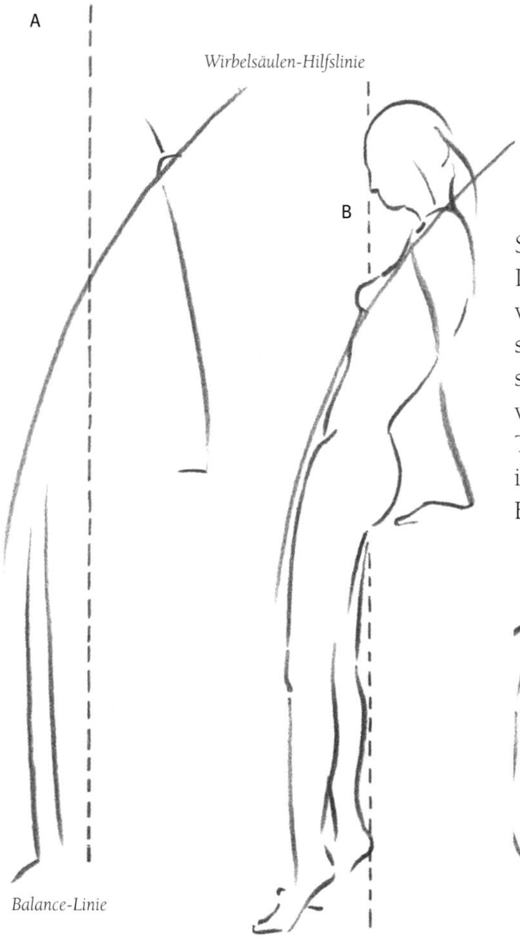

Stellen Sie sich vor, es gäbe eine Linie, die Ihre Figur in Balance hält. Diese Linie ist wichtig, da Ihre Personen sonst nicht richtig stehen, sitzen, laufen, springen usw., sondern so wirken, als hätten sie keinen Halt und würden im nächsten Moment umfallen. Ein Tipp: Verteilen Sie das Gewicht des Körpers in etwa gleich auf die beiden Seiten der Balance-Linie.

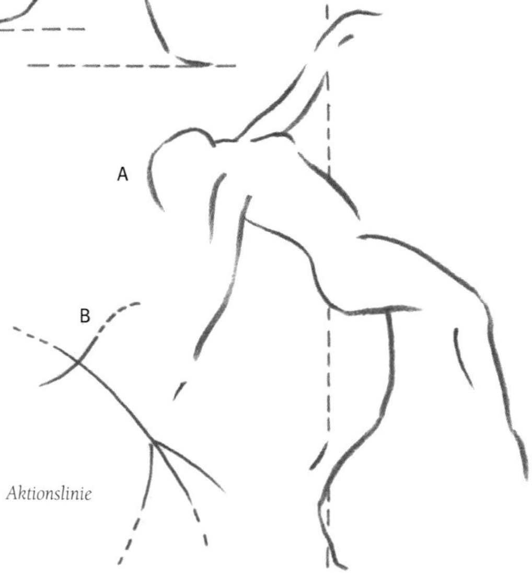

Eine andere Hilfe ist, sich vorzustellen, wo die Wirbelsäule ist, wenn sich Ihre Figur bewegt. Diese imaginäre Wirbelsäule nennt man Wirbelsäulen-Hilfslinie. Mit diesen beiden Linien wird es leicht, eine ansprechende Darstellung eines Menschen in Bewegung zu zeichnen.

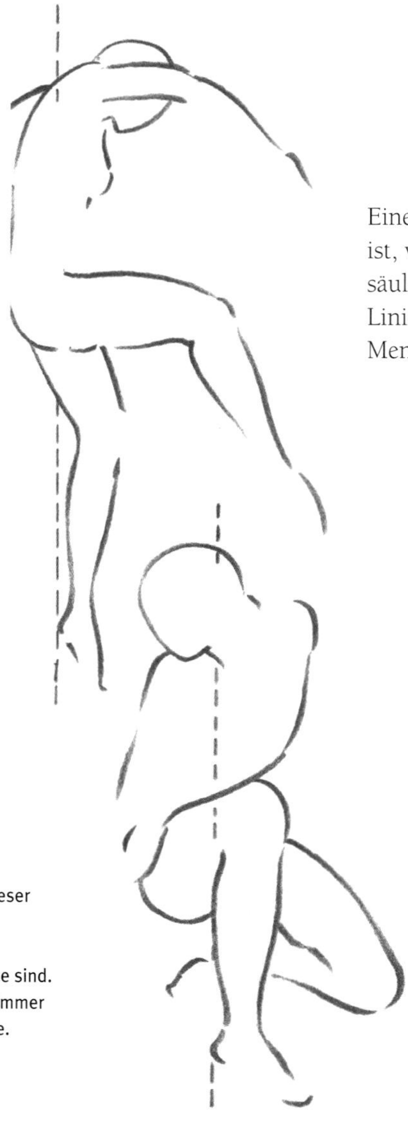

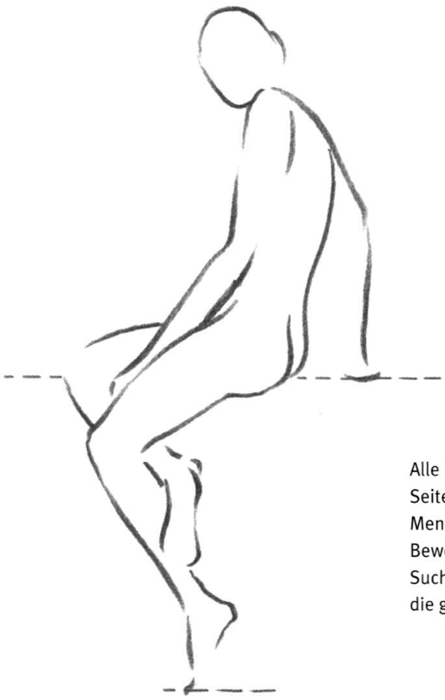

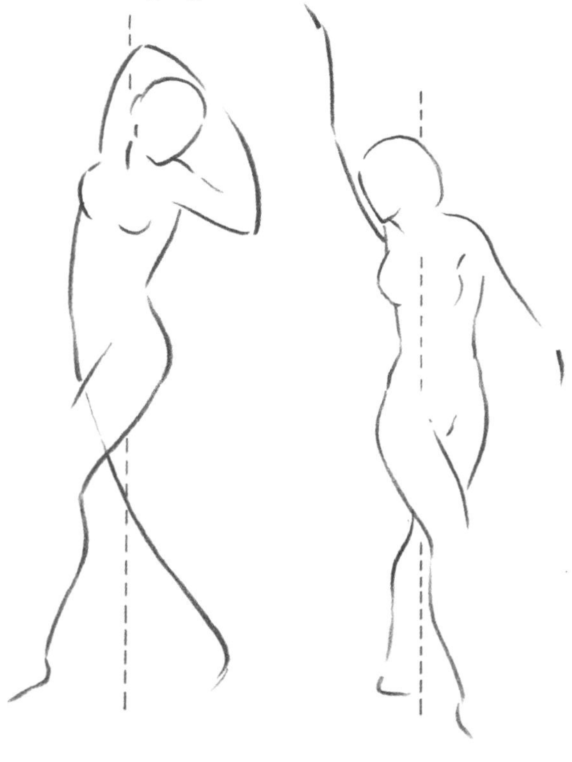

Alle Beispiele auf dieser Seite zeigen, dass Menschen bei jeder Bewegung in Balance sind. Suchen Sie einfach immer die gestrichelte Linie.

Die Kleidung macht mit

Bei fast jeder Bewegung arbeiten alle Körperteile zusammen, um die Balance zu halten. Durch die Flexibilität der Gelenke sowie der Muskeln und Sehnen kann der Mensch äußerst komplexe Bewegungen ausführen.
Um zum Beispiel das Beugen und Strecken richtig zu zeichnen, sehen Sie sich einmal diese Motive an. Achten Sie dabei auf den Sitz der Kleidung – und vor allem auf die Falten. Mehr zu diesem wichtigen Thema finden Sie anschließend auf Seite 116 ff. Wenn Sie in der Lage sind, auch solche extreme Posen wie diese zu erfassen, dürften Ihnen selbst die Sportszenen auf Seite 118/119 schon gut gelingen.

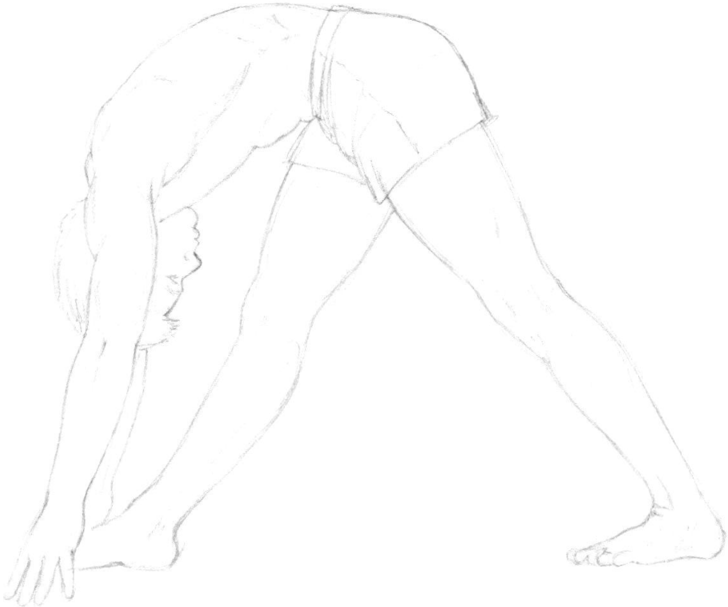

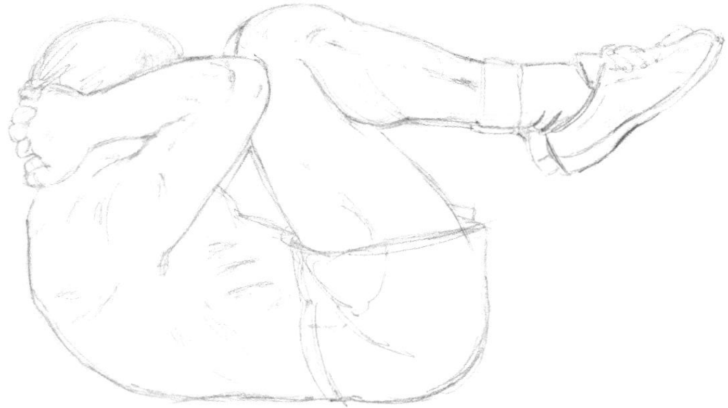

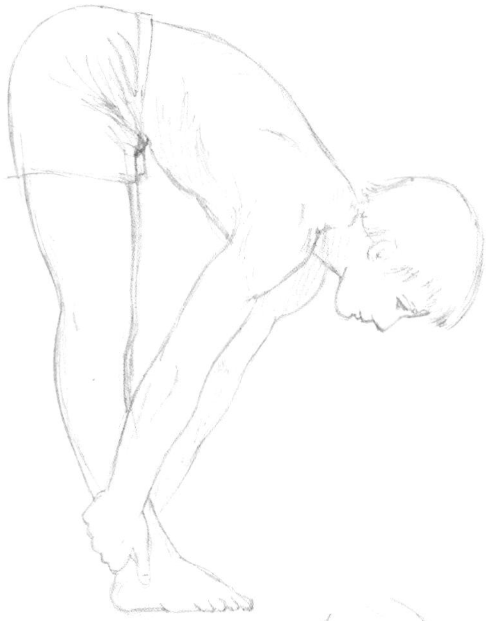

Zusammen- und auseinanderziehen Die Wirbelsäule ist ausgesprochen beweglich und daher können wir unseren Körper selbst in so starkem Maß zusammenkrümmen, wie der junge Mann auf diesen drei Abbildungen.

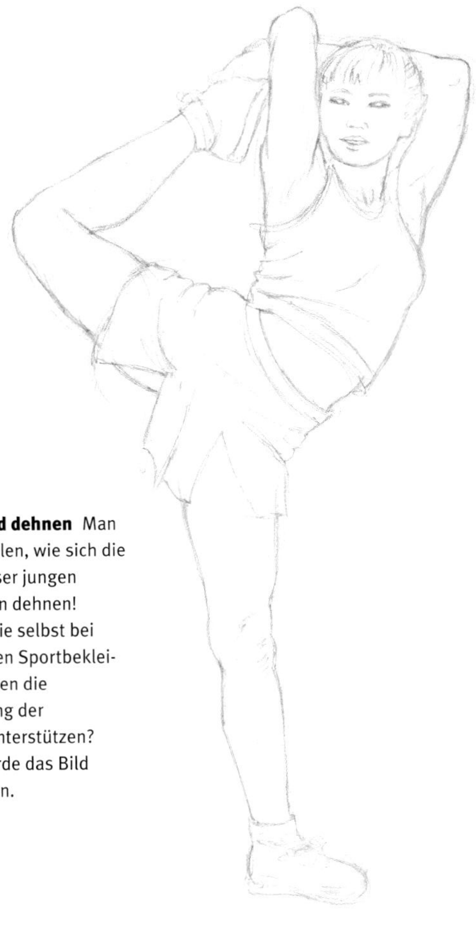

Strecken und dehnen Man kann fast fühlen, wie sich die Muskeln dieser jungen Cheerleaderin dehnen! Sehen Sie, wie selbst bei dieser leichten Sportbekleidung die Falten die Wahrnehmung der Bewegung unterstützen? Ohne sie würde das Bild unecht wirken.

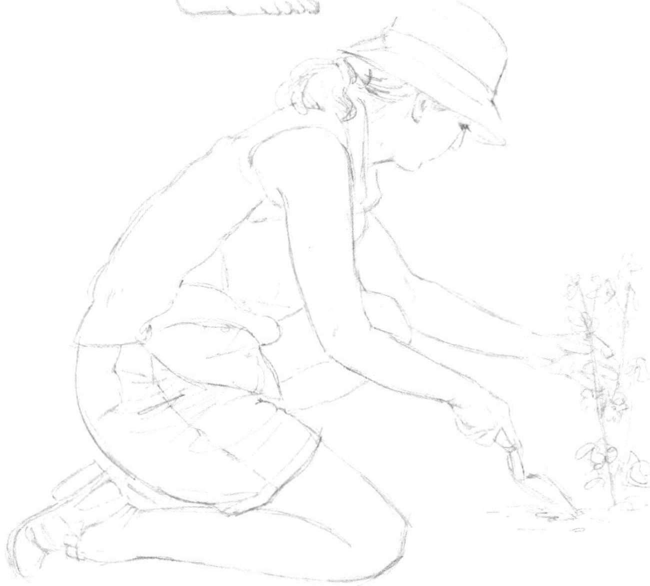

Alltagsbewegungen Selbst bei einfachen Arbeiten wird unser Körper oft stark gefordert, wie hier beim Knien. Der Körper bildet ein S, sodass alle Falten der Kleidung auf der Körpervorderseite entstehen, während der Stoff am Rücken sich glatt spannt. Die Drehung des Kopfes nach links ist so gering, dass er die Aktionslinie des Körpers nicht beeinflusst.

Kleidung und Falten

Wenn Sie ein zeichnerisches Verständnis für den menschlichen Körper entwickelt haben, werden Techniken wichtig, um Ihre Darstellungen lebendiger und realistischer zu machen. Das richtige Abbilden von Kleidung ist dabei ein wesentlicher Faktor.

A

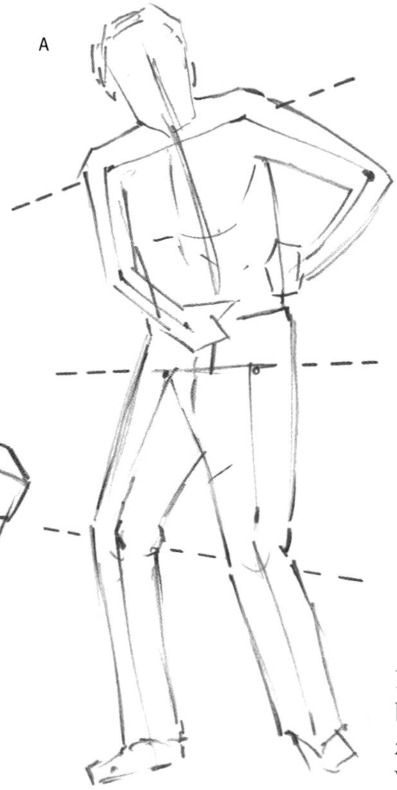

B

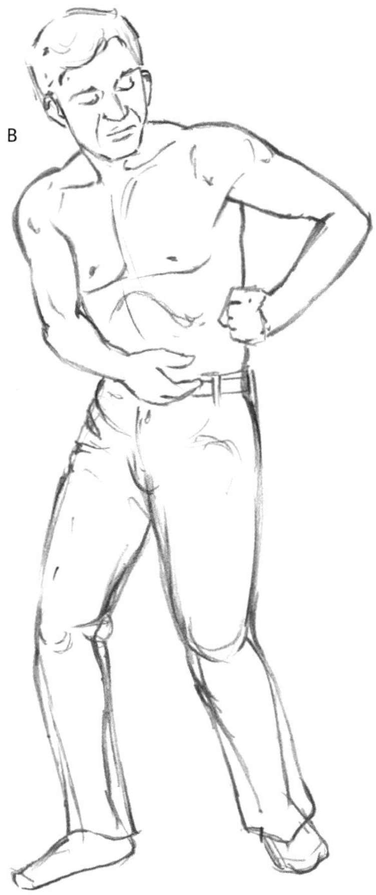

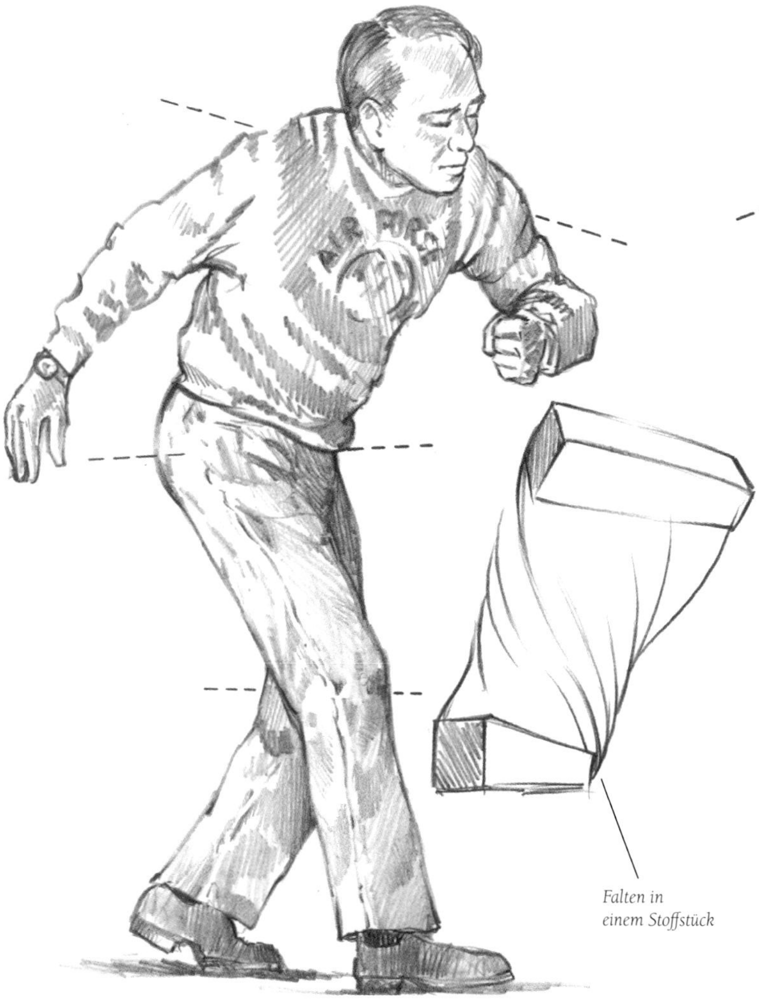

Falten in einem Stoffstück

Bewegung können Sie immer am besten mit einigen Hilfslinien zeichnen. Achten Sie auf den Winkel von Schultern, Hüften und Knien, wie sie in diesen Abbildungen eingezeichnet sind.

B

A

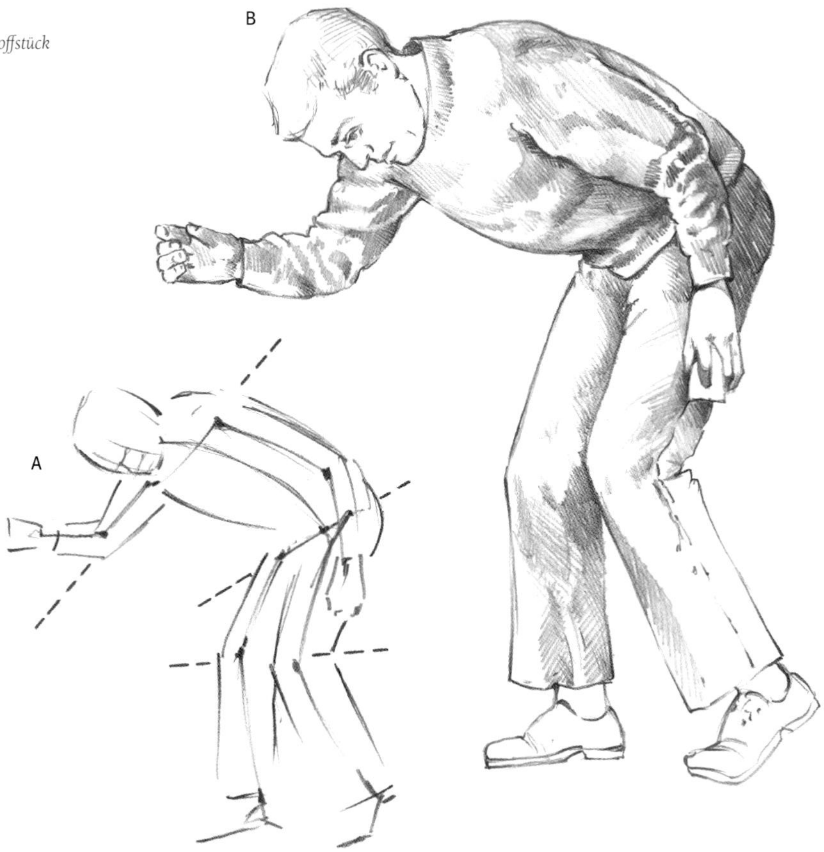

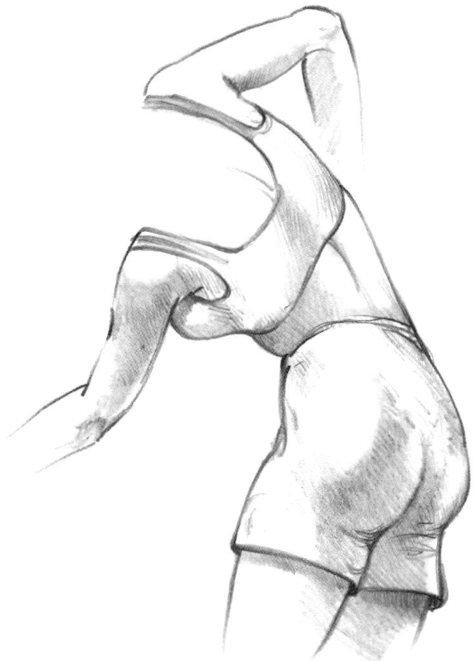

Falten Schritt für Schritt

Wie eng Falten und Körperhaltung zusammengehören, können Sie an diesem Beispiel sehr gut studieren. Zeichnen Sie das Motiv langsam nach. Je bewusster Sie dabei vorgehen, umso klarer werden Ihnen die Zusammenhänge und der Aufbau einer stimmigen Darstellung einer faltenreichen Kleidung.

1

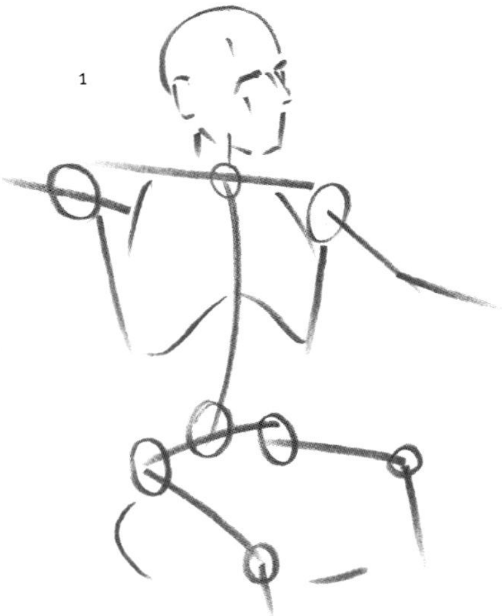

2

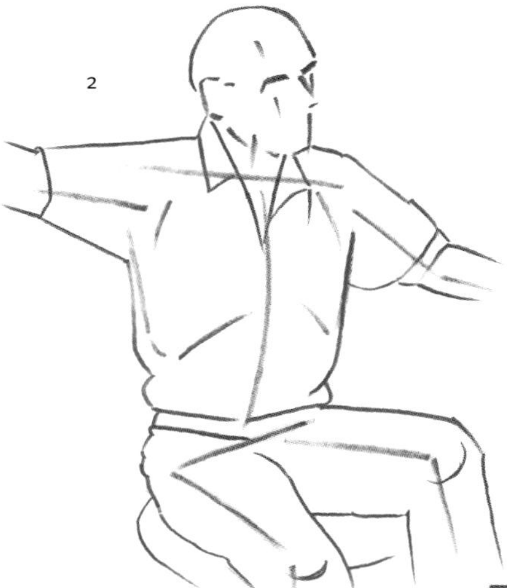

3

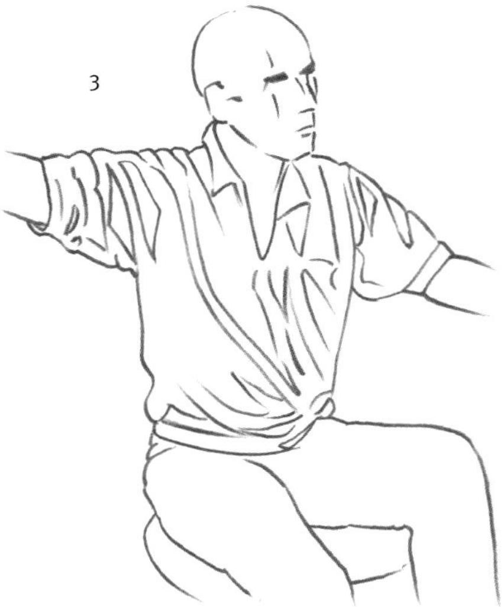

Mit einem Strichmännchen beginnen und die Gelenke mit kleinen Kreisen markieren. Dann wird die Kleidung grob skizziert mit ersten Hilfslinien für die Falten; sie helfen später beim Schraffieren. In diesem Stadium werden nur die wichtigsten Falten beachtet.

4

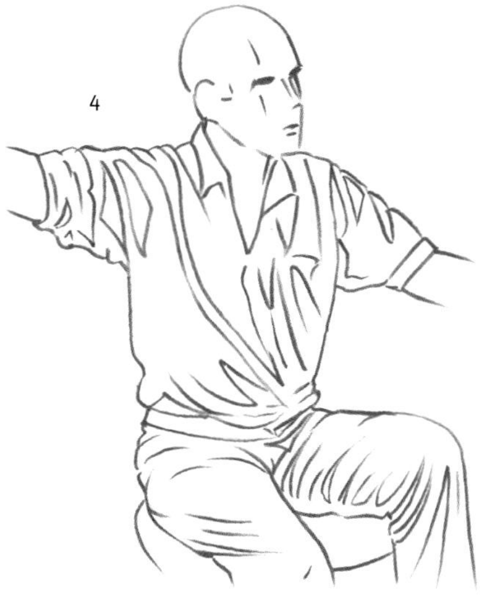

5

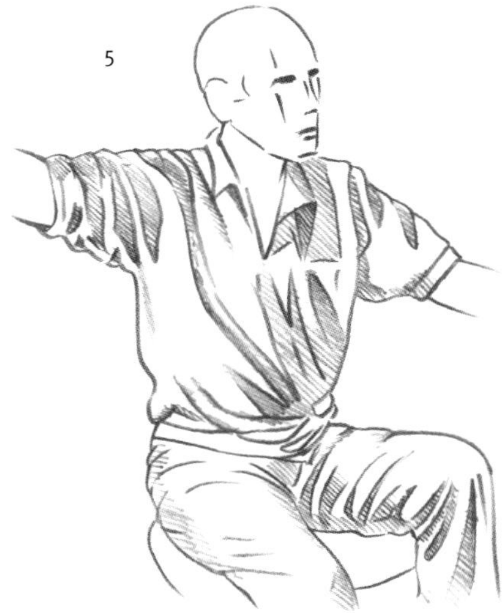

6

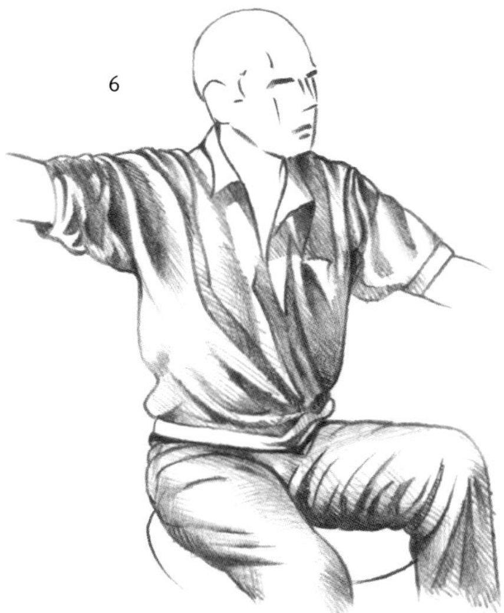

Beim Schraffieren zuerst die dunkelsten Stellen in den Falten mit kleinen kurzen Strichen zeichnen. Dazu einen Bleistift in Härte 2B nehmen. Mit Kreuzschraffuren über den ersten Schraffuren weiterarbeiten, um die Stellen immer weiter abzudunkeln. Mit einem Papierwischer die Kanten der Falten glätten. Man kann auch einige Linien stehen lassen, damit die Zeichnung künstlerischer wirkt.

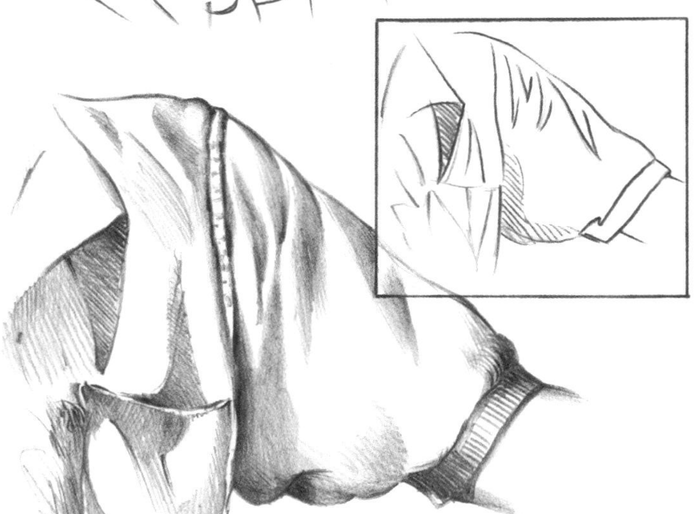

Hemdfalten aus der Nähe

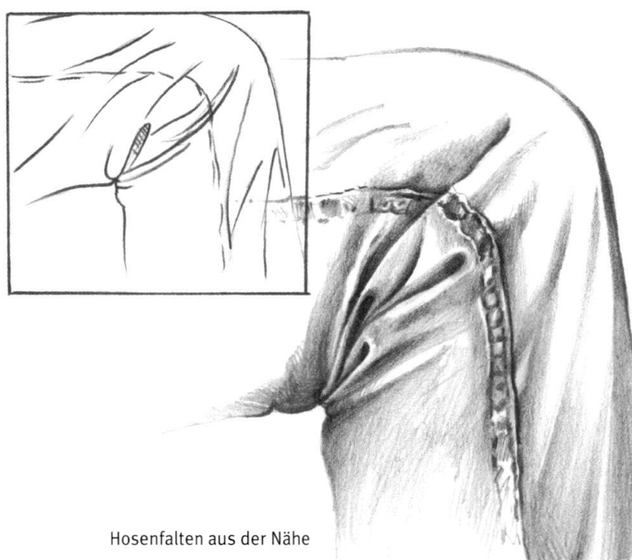

Hosenfalten aus der Nähe

Bewegungen festhalten

Um die schnellen Bewegungen von Kindern einzufangen, sind kleine Bewegungsskizzen (▶ Übung unten) die beste Vorbereitung. Durch die Skizzen trainieren Sie Ihr Auge und entwickeln eine lockere Herangehensweise an den flüchtigen Moment einer Bewegung. Am besten zeichnen Sie zuerst die Aktionslinie (▶ Seite 95). Das muss schnell gehen. Dann halten Sie noch rasch einige Linien des Körpers, die Ihnen ins Auge fallen, fest. Diese kleinen Skizzen reichen aus, um daraus später in Ruhe eine spannende Szene zu entwickeln.

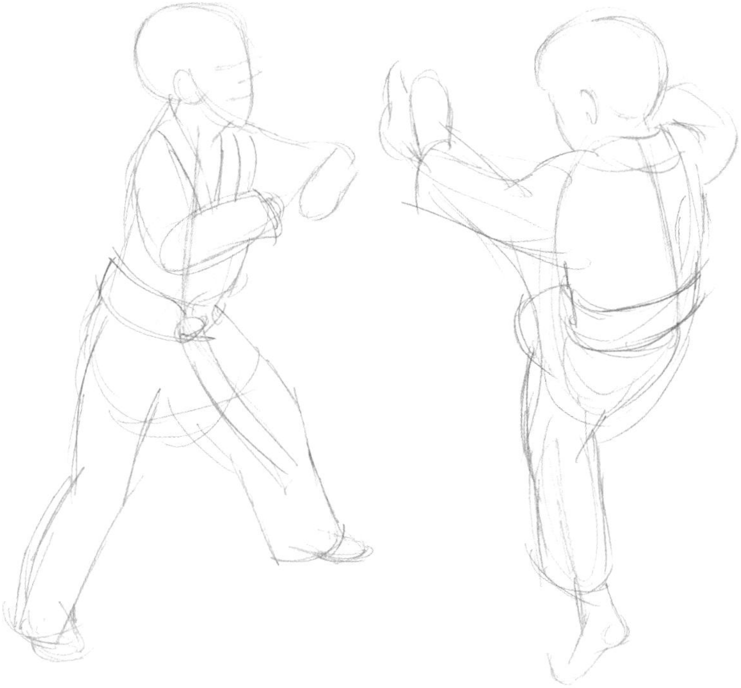

1 Zeichnen Sie rasch die Aktionslinien bei beiden Jungen ein; dann die Umrisse des Körpers skizzieren. Beim Jungen links im Bild folgt die Aktionslinie der Wirbelsäule und geht ins linke Bein, auf dem sein Gewicht liegt. Der Junge rechts tritt mit dem rechten Bein zu – sehen Sie, wie sein Körper sich nach vorne neigt, um die Balance zu halten? Dadurch rundet sich die Aktionslinie im Rücken.

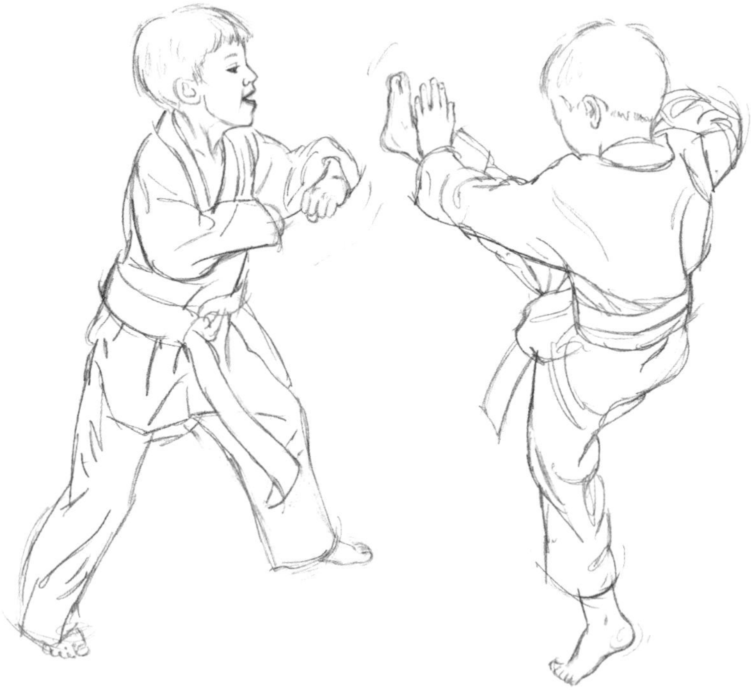

2 Wenn die Aktionslinien und die Umrisse stimmen, braucht es nur noch wenig: Ergänzen Sie mit lockeren Strichen die wichtigsten Details des Gesichts, die Hände und Füße sowie eine Ahnung der Kleidung. Obwohl die Karateanzüge sehr locker sitzen, hat die Bewegung sie an einigen Stellen gestrafft.

ÜBUNG Skizzen

Bewegungsskizzen sind, wie der Name schon sagt, kleine Studien, mit denen der Zeichner eine Bewegung festhalten möchte. Wichtig ist dabei, das wichtigste einer Bewegung innerhalb von Sekunden aufs Blatt zu bannen. Auf Details kommt es nicht an, aber Sie müssen das Gesamtbild rasch zu erfassen suchen. Übertragen Sie das, was Sie sehen, gefühlsmäßig in die Linien, die Sie zeichnen. Dabei mit dem ganzen Arm arbeiten – der Ellbogen soll sich frei bewegen können.

Versuchen Sie die beiden Figuren möglichst rasch nachzuzeichnen. Fertigen Sie auch viele andere Bewegungsskizzen an, denn sie sind die beste aller Vorübungen, wenn man Menschen zeichnen will und sein Auge trainieren möchte. Es kommt nur auf den Moment an – Sie müssen noch nichts schraffieren.

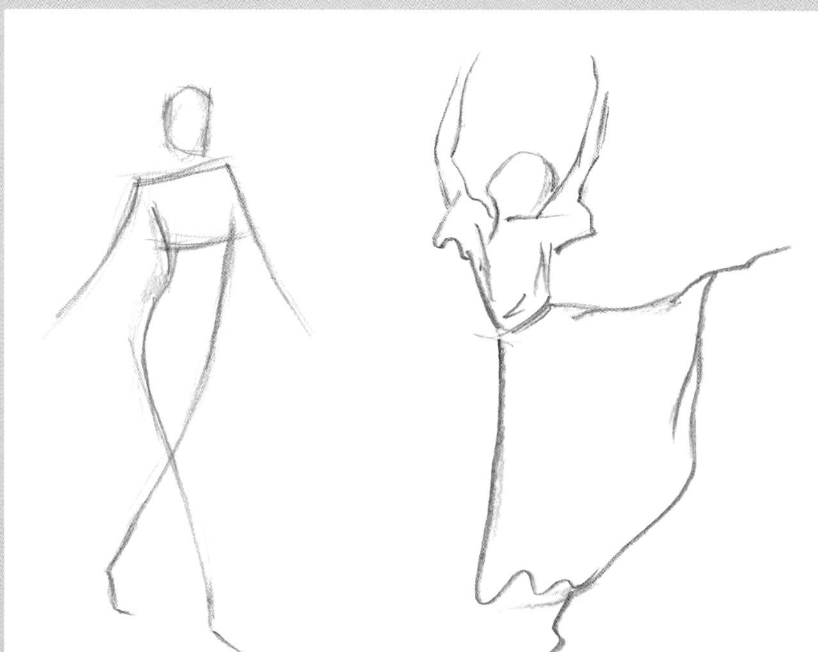

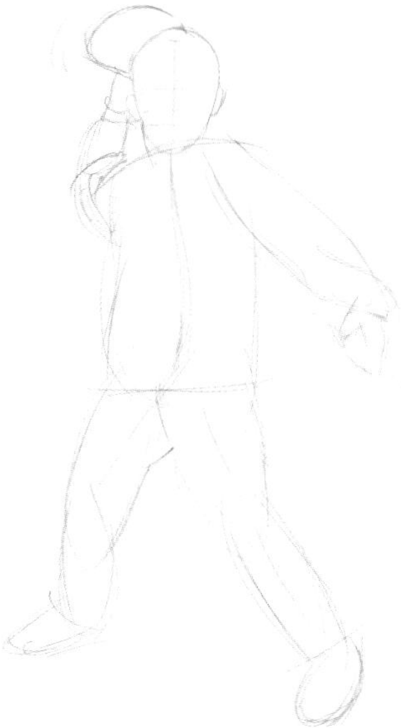

1 Dieser kleine Junge hat sich weit zurückgelehnt, um den Ball mit Kraft zu werfen. Sein ganzes Gewicht ruht auf dem rechten Bein. Mit dem linken Arm und dem linken Bein balanciert er sich aus. Die Aktionslinie läuft durch sein Rückgrat ins linke Bein; aber es gibt eine zweite kleinere Linie ins rechte Bein.

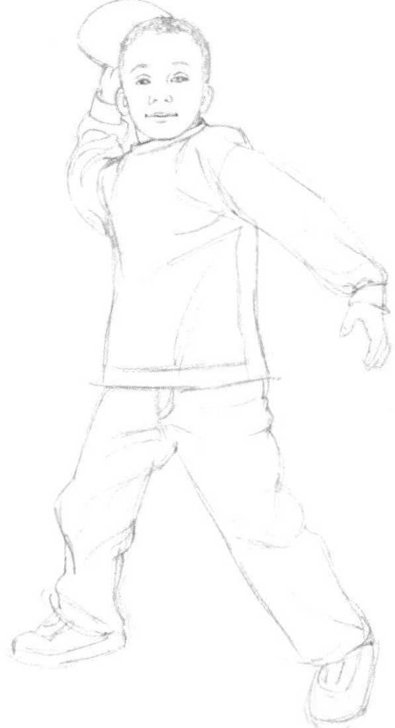

2 Wenn die Basis gelungen ist, ergänzen Sie einige Details. Auf den Sitz der Falten und die Blickrichtung achten – sie müssen zur Bewegung passen.

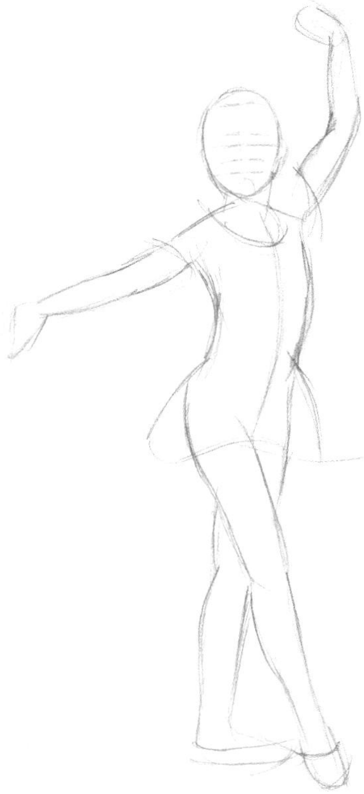

1 Diese Ballettpose wurde auf zwei Aktionslinien aufgebaut. Die eine wölbt sich mit dem Rumpf nach außen, die andere beginnt in der linken Hand, geht über die Brust in den linken Arm bis zur rechten Hand. Das Gewicht ruht gut auf dem linken Bein, das rechte Bein ist ausgetreckt, um das Gleichgewicht zu halten. Diese Grundzeichnung muss stimmen, sonst sieht es schnell so aus, als würde das Mädchen umkippen.

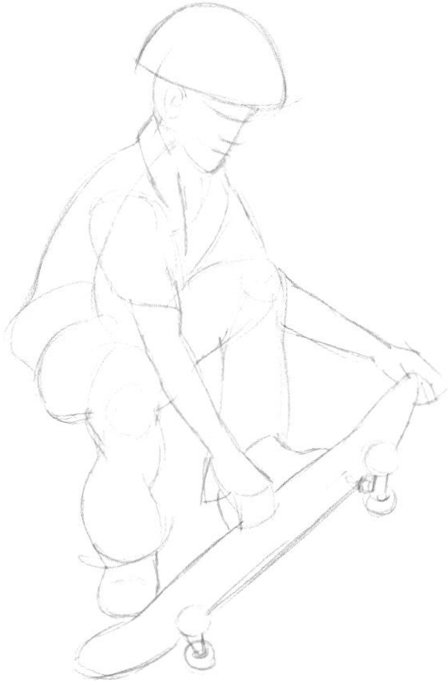

1 Skateborder sind immer eine Herausforderung, da es so aussieht, als würden sie fliegen! Gehen Sie auch eine solche Herausforderung wie jede andere Bewegungsskizze an: Sie zeichnen die Aktionslinie entlang der Wirbelsäule und folgen ihr mit einem scharfen Knick in die linke Hüfte. Dann folgen die Arme und das rechte Bein für die Balance. Der Kopf führt der Bewegung der Wirbelsäule fort.

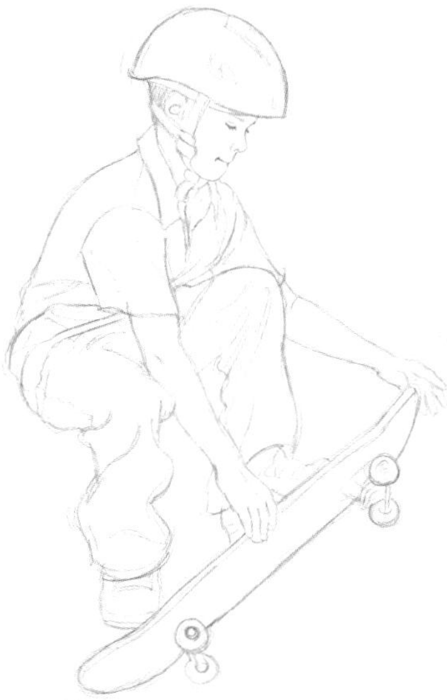

2 Nun zeichnen Sie nur wenige Schatten und wenige Details, denn so bleibt die Leichtigkeit am besten erhalten. Ergänzen Sie noch einige luftige Linien an Helm, Hand und Skateboard – sie signalisieren Geschwindigkeit.

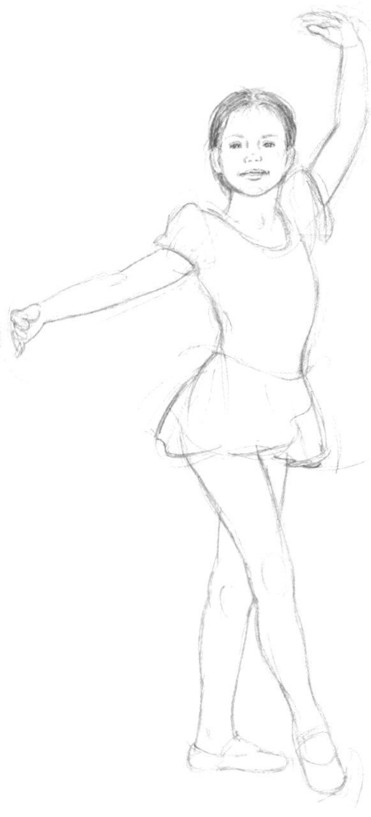

2 Beim Ausarbeiten des Bildes müssen Sie an mehrere Dinge denken, wie die optische Verkürzung (▶ Seite 120 ff.) oder die Gesichtsproportionen (▶ Seite 40 ff.).

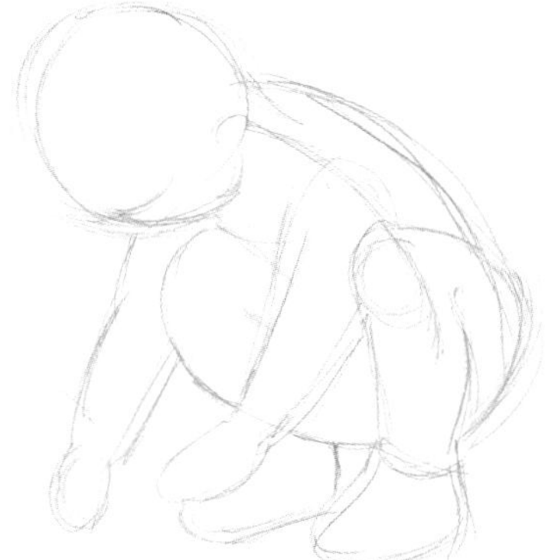

1 Gewöhnen Sie sich an, genau hinzusehen – dann entdecken Sie auch so berührende kleine Szenen, wie dieses Mädchen, das eine Blume pflückt. In der Hocke liegt das Gewicht fest auf beiden Füßen, und die Aktionslinie beginnt am Kopf und rundet sich am Rücken.

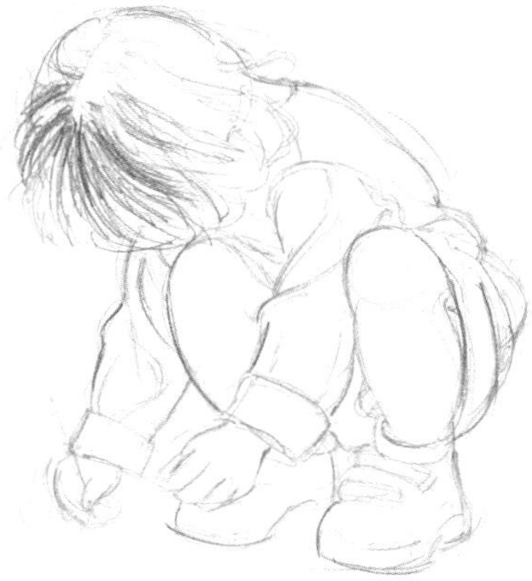

2 Wenige lockere Details halten das Motiv luftig und lebendig. Die Falten in der Kleidung und das verwuschelte Haar unterstreichen diesen Eindruck noch.

Optische Verkürzung

Einen wirklichkeitsnahen Eindruck machen Bilder und Zeichnungen immer dann, wenn die Technik der sogenannten optischen Verkürzung meisterlich angewendet wurde. Durch das bewusste Verkürzen wird eine Illusion erzeugt: Bestimmte Partien des Körpers werden nicht in der tatsächlichen Länge oder Breite dargestellt, sondern nur so lang oder breit, wie sie sich dem Betrachter zeigen. Deshalb müssen Sie beim Zeichnen sichergehen, dass Sie alles wirklich so darstellen, wie es für Sie aussieht. Das optische Verkürzen lässt Menschen wirklichkeitsnah im Raum aussehen und hilft bei der Betonung wichtiger Bildaussagen. Einige Beispiele für gelungenes Verkürzen sehen Sie hier.

Frontansicht Jetzt weisen die Beine direkt zum Betrachter – und erscheinen dadurch stark verkürzt. In dieser Position sind die Füße näher am Betrachter. Sie müssen also größer abgebildet werden – die Beine dagegen verkürzt. Oberkörper, Kopf und Arme sind dagegen gleich weit vom Betrachter entfernt, liegen optisch auf derselben Ebene – bei ihnen stimmen also die normalen Proportionen.

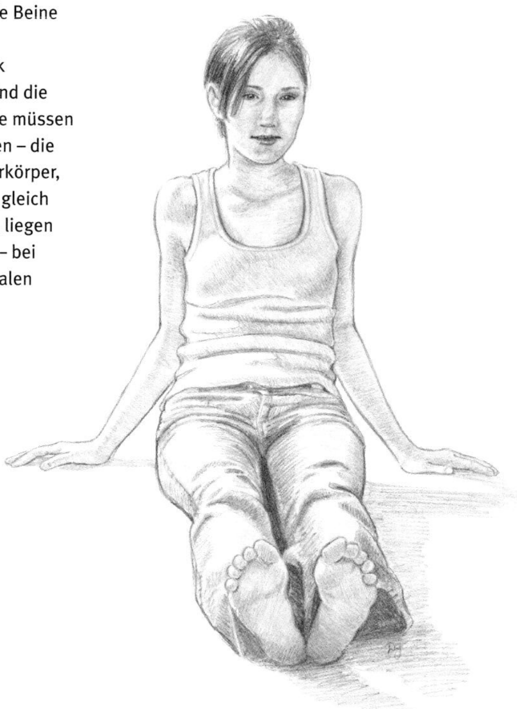

Von der Seite Hier ist der ganze Körper des Mädchens ohne Verkürzungen dargestellt, denn so direkt von der Seite gibt es keinen Winkel, der eine Körperpartie „verzerrt“ und alle Körperbereiche sind in derselben Distanz zum Betrachter zu sehen. Nur die Finger der linken Hand sind etwas verkürzt, da sie ein wenig näher am Betrachter sind.

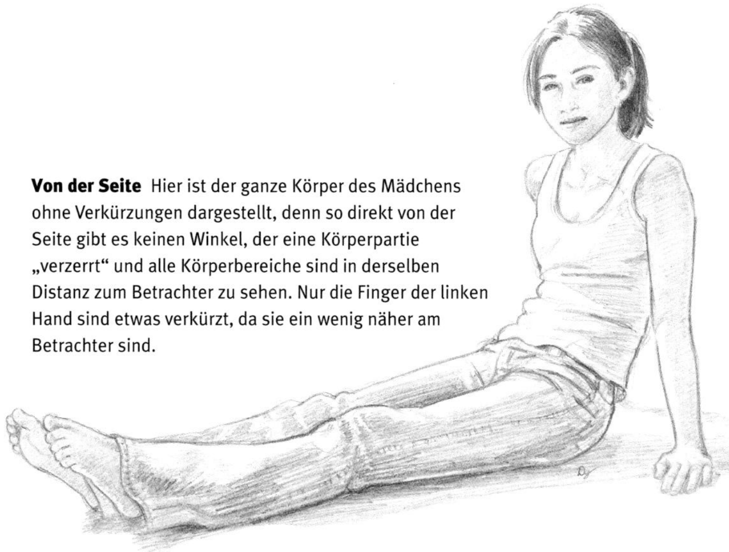

Abgeknickt Von diesem Blickwinkel aus gesehen, ist der Kopf näher am Betrachter als die Füße. Die Hüfte verstellt den Blick auf die Oberschenkel. Der linke Fuß muss verkürzt gezeichnet werden, da er aus dieser Perspektive im Verhältnis zum Rest des Körpers recht klein wirkt. Den rechten Arm und den Hinterkopf sehen wir in voller Größe – der Rücken dagegen und die Hüfte weisen vom Betrachter weg und müssen verkleinert werden. Der linke Oberschenkel wird vollständig vom Körper verdeckt, der rechte fast ganz.

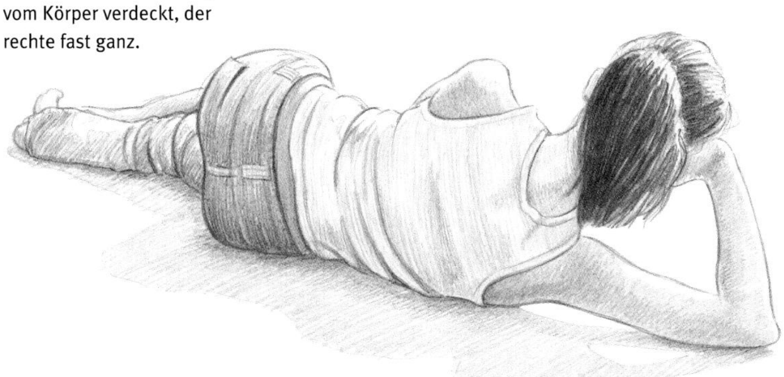

Mit den Füßen voran Bei dieser Ansicht sind die Füße ganz nah am Betrachter – der Kopf dagegen ist weit entfernt. Das heißt, dass die Füße im Verhältnis zum Rest des Körpers größer aussehen. Die Unterschenkel zeichnen Sie bei so einer Perspektive so, wie Sie sie sehen – also stark verkürzt. Da die Arme und fast der ganze Oberkörper aus diesem Blickwinkel nicht zu sehen sind, erscheinen sie auch nicht auf der Zeichnung.

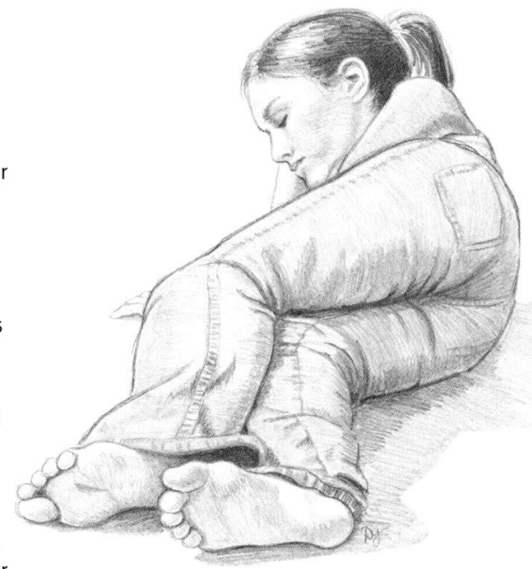

Rückenansicht Von hinten gesehen, befindet sich der größte Teil des Körpers im selben Abstand vom Betrachter. Nur der Kopf und die Arme sind so abgewinkelt, dass sie im Verhältnis zum übrigen Körper verkleinert erscheinen und verkürzt dargestellt werden müssen.

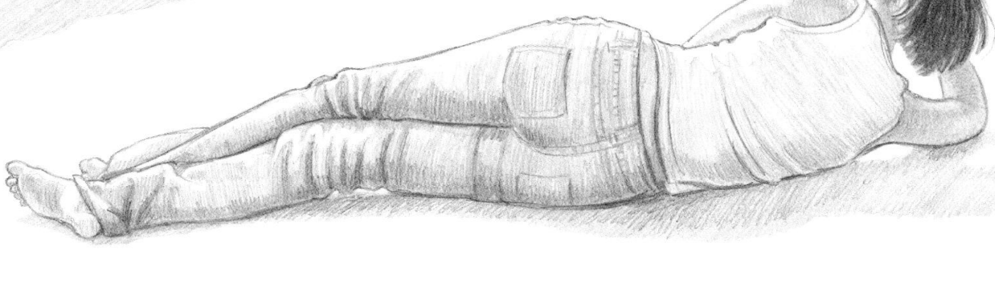

Verkürzung im Detail

Das Hauptproblem beim verkürzten Zeichnen von Menschen ist, dass Menschen keine klaren geometrischen Formen haben. Man muss die Körperteile, die man verkürzt darstellen möchte, teilweise recht seltsam zeichnen, damit sie optisch richtig aussehen.

1

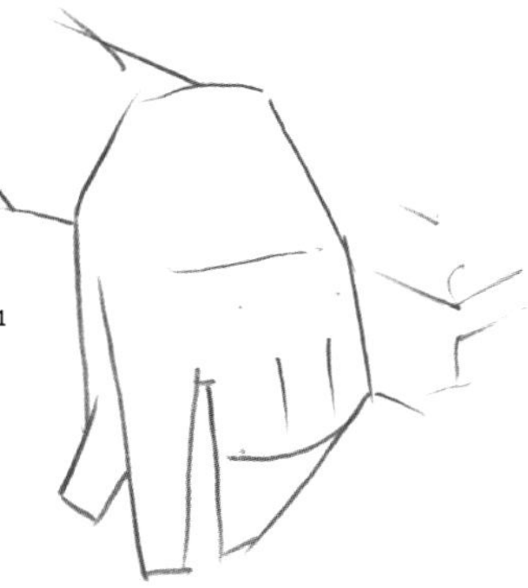

2

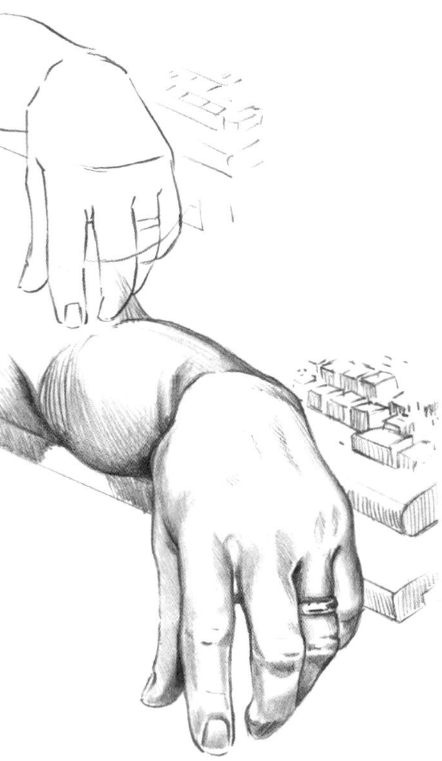

Der Arm, der hier neben der Tastatur auf dem Schreibtisch liegt, wirkt, als sei er verkümmert. Denken Sie immer daran: Die Körperteile, die nah am Betrachter sind, dürfen nur wenig schraffiert werden – und alles, was weiter weg ist, muss undeutlicher gezeigt werden.

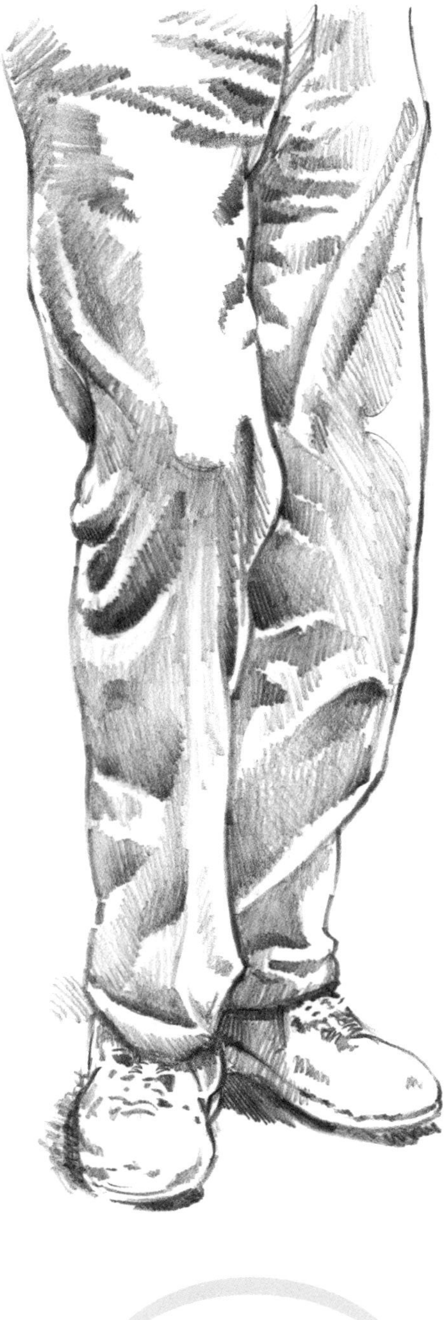

Die optische Verkürzung können Sie gut bei Tisch beobachten: Wenn Ihnen jemand etwas reicht, erscheint der Arm kürzer, als er ist.

1

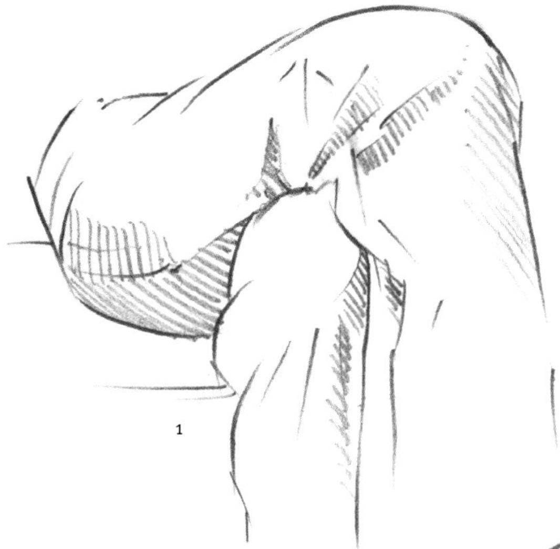

Beim Sitzen mit überkreuzten Beinen schraffieren Sie die Unterseite des rechten Oberschenkels am dunkelsten, da er am weitesten vom Betrachter entfernt ist. Wichtig ist, die Beine und die Falten der Hose korrekt vorzuzeichnen, ehe Sie mit den Schraffuren beginnen.

2

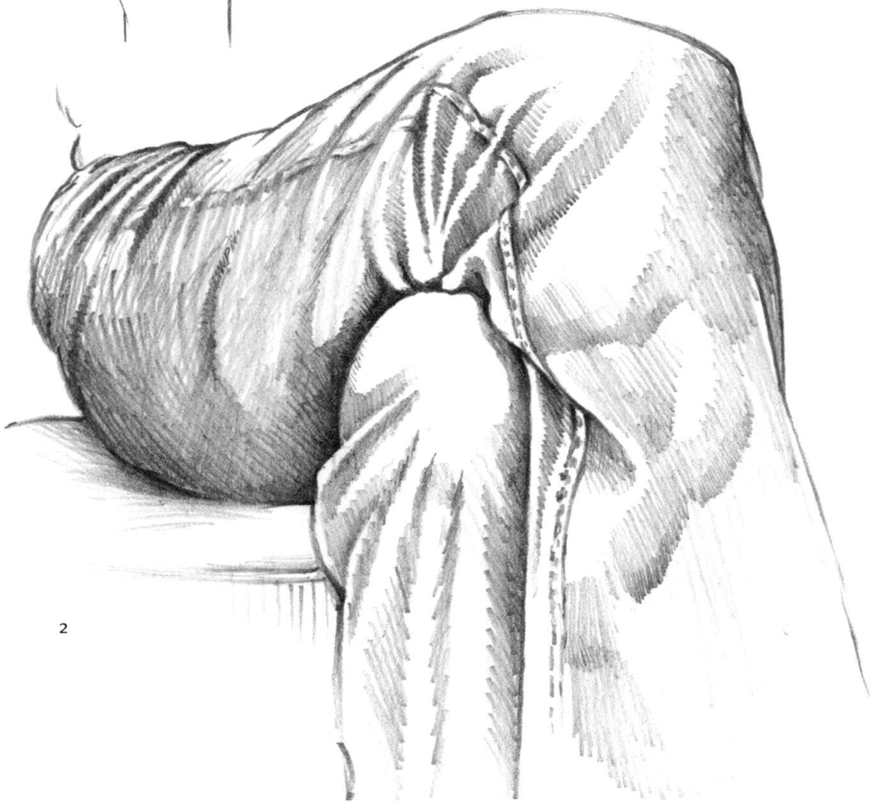

Optische Verkürzung in der Praxis

Zeichnen und Malen haben viel mit Zauberei zu tun – natürlich nicht mit billiger Jahrmarktsmagie, aber jeder Zeichner kann die Illusion erschaffen, dass ein Mensch, ein Tier, eine Pflanze oder jeder beliebige Gegenstand dreidimensional wirkt. Damit eine Person auch in der optischen Verkürzung ganz natürlich wirkt, müssen Sie das Bild Schritt für Schritt aufbauen.

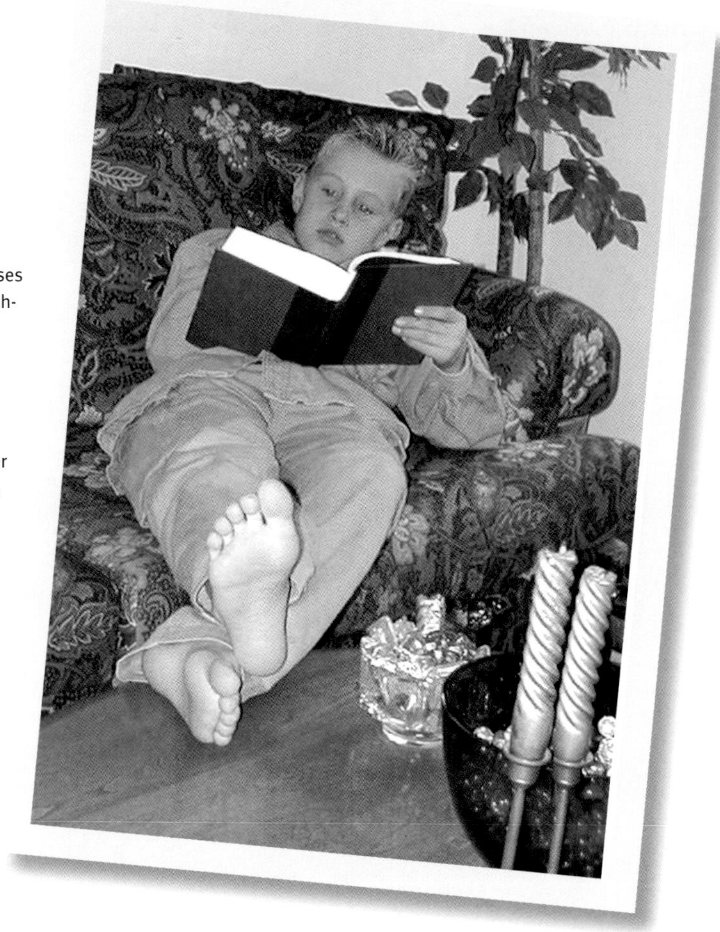

Optische Verkürzung erkennen Das Foto dieses Jungen ist ein ausgezeichnetes Beispiel für die optische Verkürzung. Sehen Sie den Unterschied zwischen dem kleinen Kopf und den Riesenfüßen? Dieser Effekt entsteht dadurch, dass die Füße näher am Betrachter sind als der Kopf. Natürlich weiß man, dass seine Beine viel länger sind und der Kopf etwa ebenso groß wie ein Fuß. Aber durch den Blickwinkel, aus dem das Foto aufgenommen wurde, entsteht der Effekt der optischen Verzerrung oder Verkürzung.

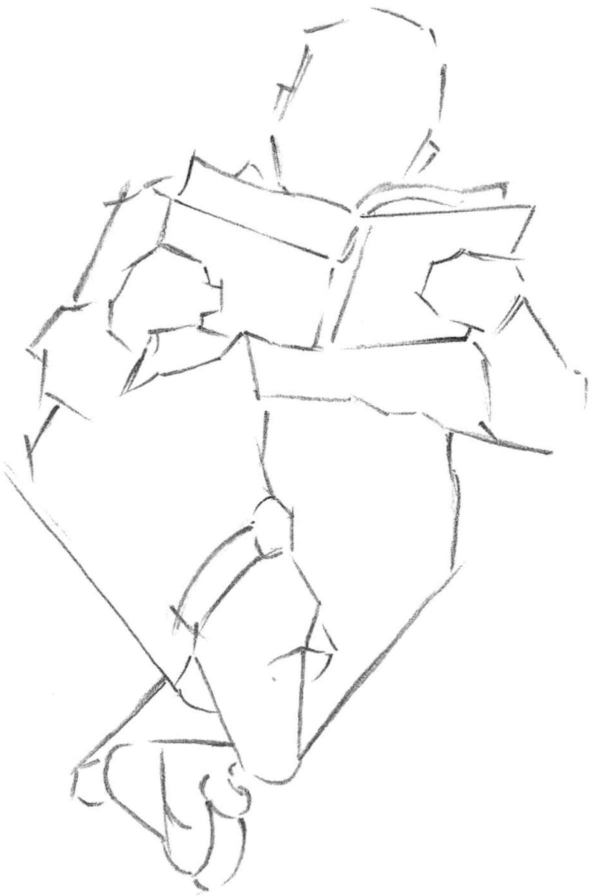

1 Zunächst nur die Umrisse zeichnen – keine Details darstellen. Das Wichtigste ist in diesem Fall, das Foto sehr genau zu betrachten und sich bei allen Körperteilen sicher zu sein, dass sie in der richtigen Größe und Relation dargestellt sind. Achten Sie einmal auf das Buch. Auf dem Foto sieht es nicht fremd aus, doch wenn man genau hinsieht, entdeckt man, dass es irgendwie unnatürlich wirkt. Also wurden der Unterarm und die Hand ergänzt. Obwohl es beim Zeichnen darauf ankommt, das zu zeigen, was Sie sehen, müssen Sie hin und wieder Änderungen vornehmen, damit etwas tatsächlich realistisch aussieht.

Sie können immer entscheiden, was Sie darstellen möchten. Lassen Sie weg, was Sie stört – nehmen Sie nur das aufs Bild, was Sie wirklich zeigen wollen.

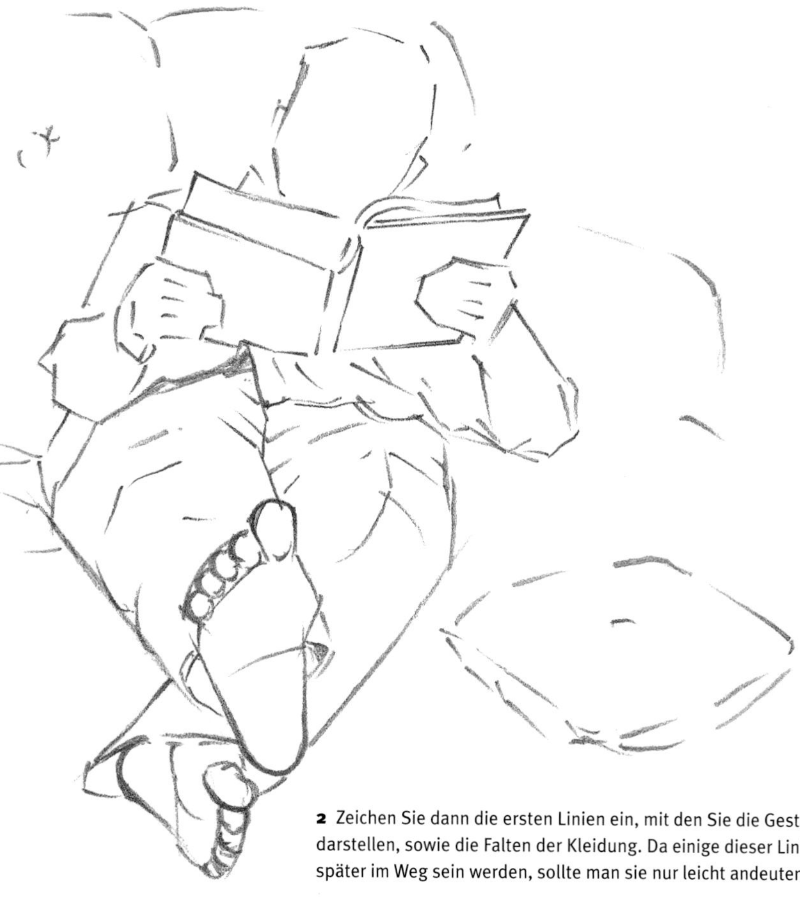

2 Zeichen Sie dann die ersten Linien ein, mit den Sie die Gestalt darstellen, sowie die Falten der Kleidung. Da einige dieser Linien später im Weg sein werden, sollte man sie nur leicht andeuten.

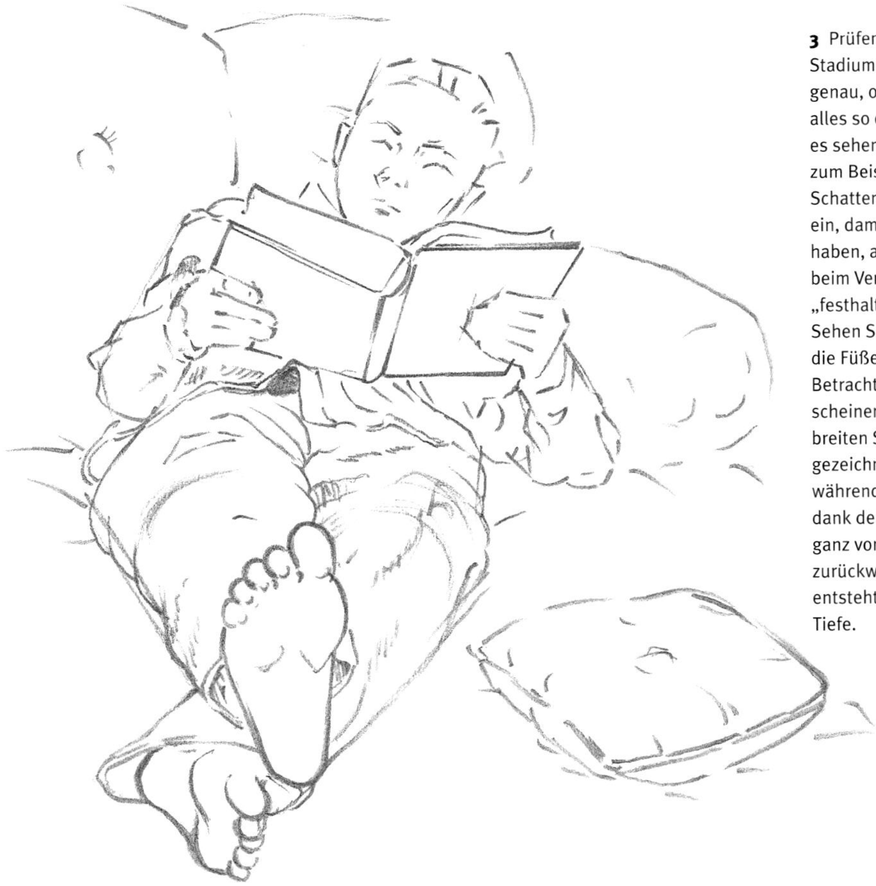

3 Prüfen Sie in diesem Stadium immer wieder genau, ob Sie wirklich alles so darstellen, wie Sie es sehen. Zeichnen Sie zum Beispiel einen Schatten unter dem Auge ein, damit Sie eine Stelle haben, an der Sie sich beim Vergleichen „festhalten“ können. Sehen Sie, wie schon jetzt die Füße auf den Betrachter zuzukommen scheinen, weil sie mit breiten Strichen gezeichnet wurden, während der Oberkörper dank der zarteren Striche ganz von selbst ein Stück zurückweicht? Dadurch entsteht mehr räumliche Tiefe.

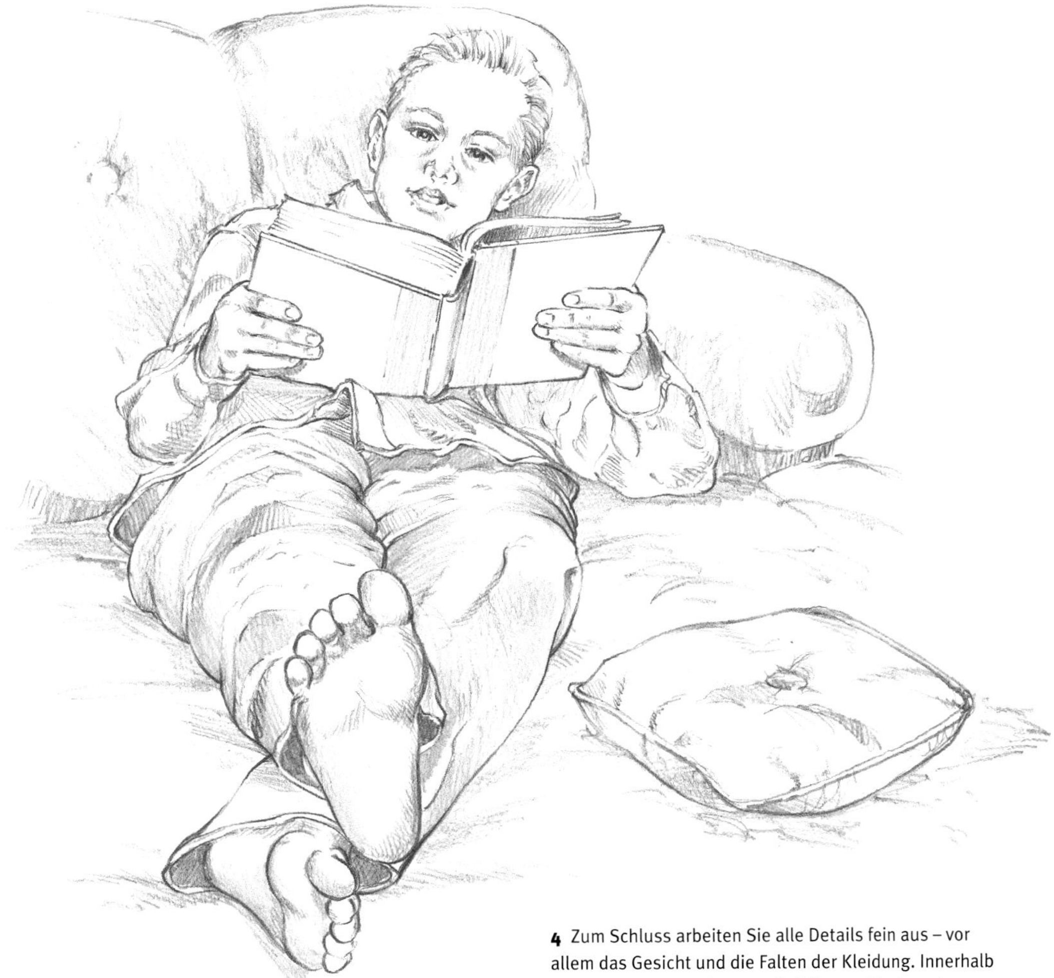

4 Zum Schluss arbeiten Sie alle Details fein aus – vor allem das Gesicht und die Falten der Kleidung. Innerhalb der allgemeinen Verkürzung bei diesem Motiv, geht es auch um kleinere Stellen, die nicht naturgetreu, sondern verkürzt wiedergegeben werden. So sind die Handrücken, Unterarme und Handgelenke verkürzt – die Finger dagegen sind es nicht.

Verkürzung im Detail

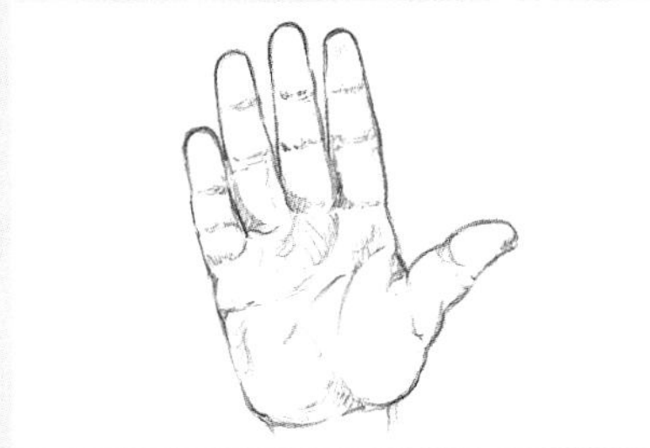

Handfläche von unten Halten Sie die Hand mit der Handfläche nach vorn in den Spiegel. Jetzt sehen Sie die Finger und die Handfläche in der natürlichen Größe. Nichts ist verkürzt.

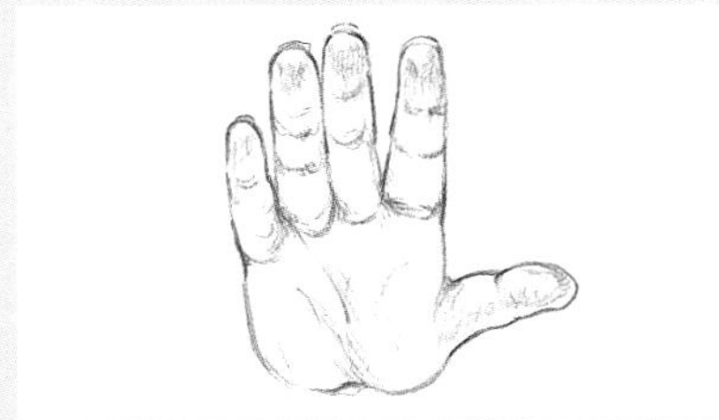

Finger nach vorne geneigt Neigen Sie die Hand ein wenig nach unten und schauen Sie zu, wie die Handfläche und die Finger im Spiegel immer kürzer werden.

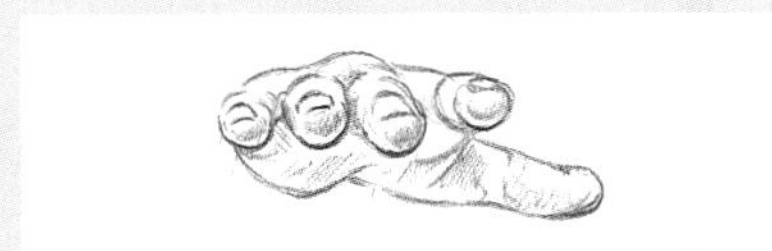

Hand von vorne Jetzt zeigt die Hand genau auf Sie – das ist der extremste Fall der optischen Verkürzung! Die Finger sehen nur noch wie kleine Stumpen aus. Achten Sie auch auf die Form der Fingernägel, die nur kleine Ovale sind, und auf die Fingerspitzen: Man kann sie in dieser Ansicht genau sehen.

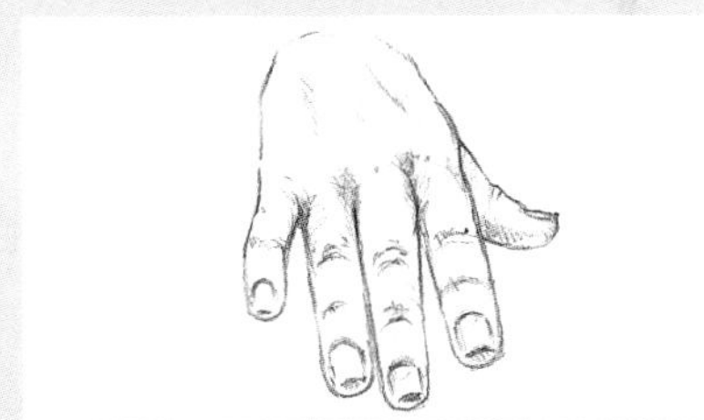

Blick auf den Handrücken Sie neigen die Hand weiter nach unten und die Finger werden länger. Noch kann man die Fingerspitzen sehen. Die Verkürzung erkennt man daran, dass die gezeichneten Finger viel länger sind als der Handrücken und auch dicker.

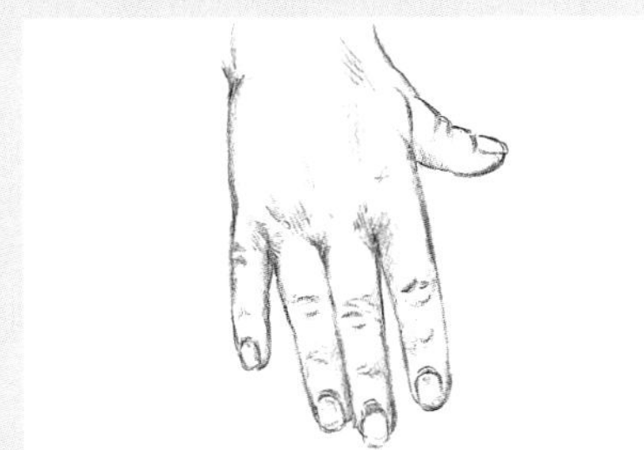

Hand nach unten Nun ist nichts mehr verkürzt. Die Hand hängt entspannt nach unten. Sie sehen jedes Detail auf dem Handrücken und auf den Fingerrücken im natürlichen Winkel und in der natürlichen Größe.

Mann im Schaukelstuhl

Wenn Sie die Gelegenheit haben, mit einem Modell zu arbeiten, dann nützen Sie sie bitte. Sie können in diesen Sitzungen sehr viel lernen. Der menschliche Körper ist immer wieder voller Überraschungen, und Sie werden mit Freude entdecken, dass Sie immer wieder neue Motive finden. Sie werden dabei auch erleben, dass es einen Unterschied macht, ob Sie schnell arbeiten müssen, um den Augenblick nicht zu verlieren und eine bestimmte Bewegung oder einen anziehenden Gesichtsausdruck festzuhalten, ehe sich Ihr Modell bewegt. Nutzen Sie die Chance, wenn Sie Familie und Freunde haben, um die Menschen, die Ihnen nahestehen, zu zeichnen. Wichtig ist übrigens, dass es Ihr Modell bequem hat, während Sie arbeiten; machen Sie genügend Pausen - das tut auch Ihnen gut -, und verlangen Sie nicht, dass jemand die ganze Zeit lächelt, denn dann verkrampfen sich die Gesichtsmuskeln.

Da Sie mit einem Modell wesentlich schneller zeichnen als sonst, wird sich Ihr Stil verändern und leichter und spontaner werden. Und Sie werden unvergessliche Momente „erwischen", wie diesen, in dem sich ein kleines Lächeln in die Augenwinkel des Mannes auf dem Schaukelstuhl gestohlen hat.

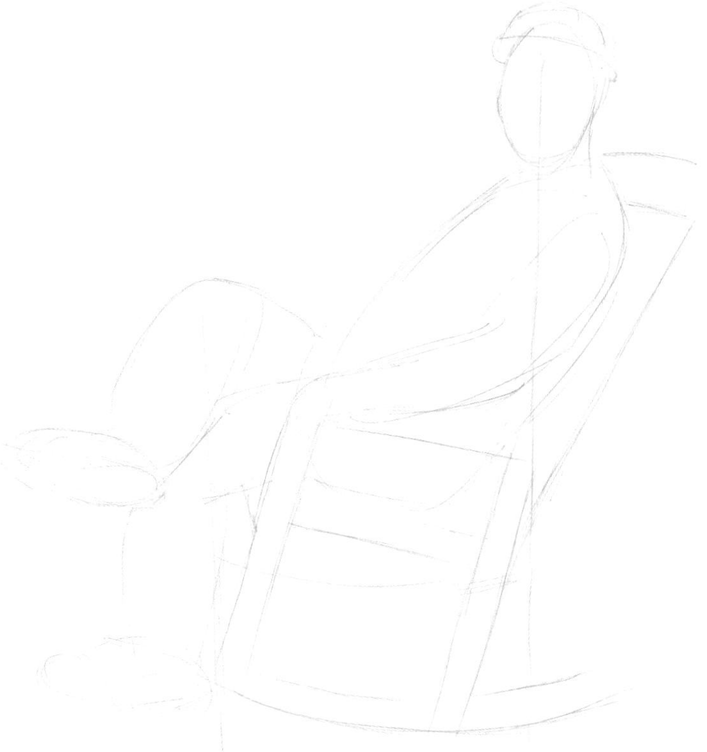

1 Mit einem Bleistift in Härte HB zeichnen Sie den Umriss des Mannes im Schaukelstuhl vor. Achten Sie darauf, dass Sie die Proportionen richtig erkennen und dass es nicht aussieht, als würden beide gleich umkippen. Sehen Sie, dass sich der Rücken des Mannes leicht nach vorn neigt, während die Rückenlehne des Schaukelstuhls nach hinten geneigt ist, und dass der Kopf des Mannes eine Linie mit dem hinteren Stuhlbein bildet? Verkürzen Sie das rechte Bein optisch (▶ Seite 120), aber zeichnen Sie den rechten Fuß größer als den linken, da er zum Betrachter weist.

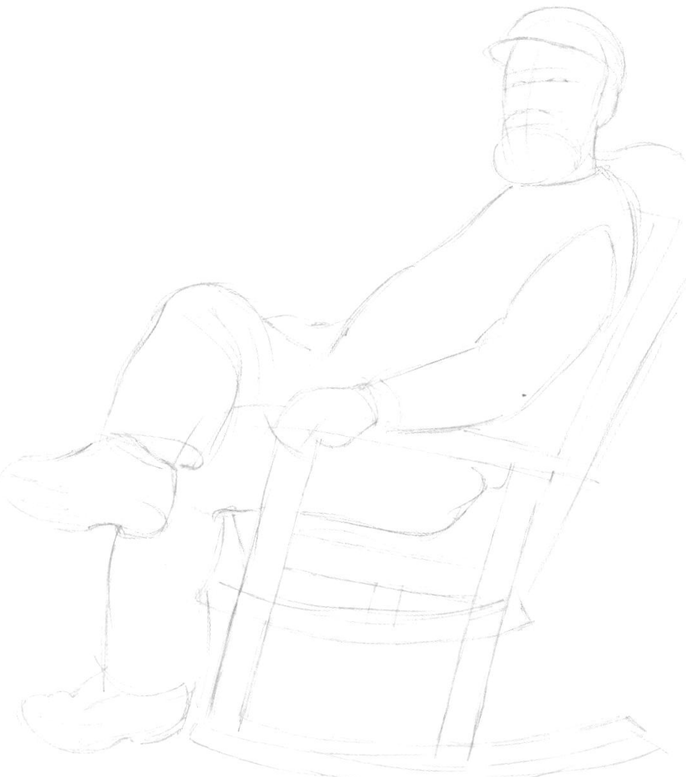

2 Arbeiten Sie die ersten Details der Formen aus – einschließlich der Kleidung und der Schuhe. Bart und Hilfslinien für die Gesichtsmerkmale kommen dazu. Achten Sie beim Gesicht darauf, dass die Proportionen stimmen und dass Ihre Zeichnung Position, Größe und Eigenheiten des Gesichts richtig zeigt.

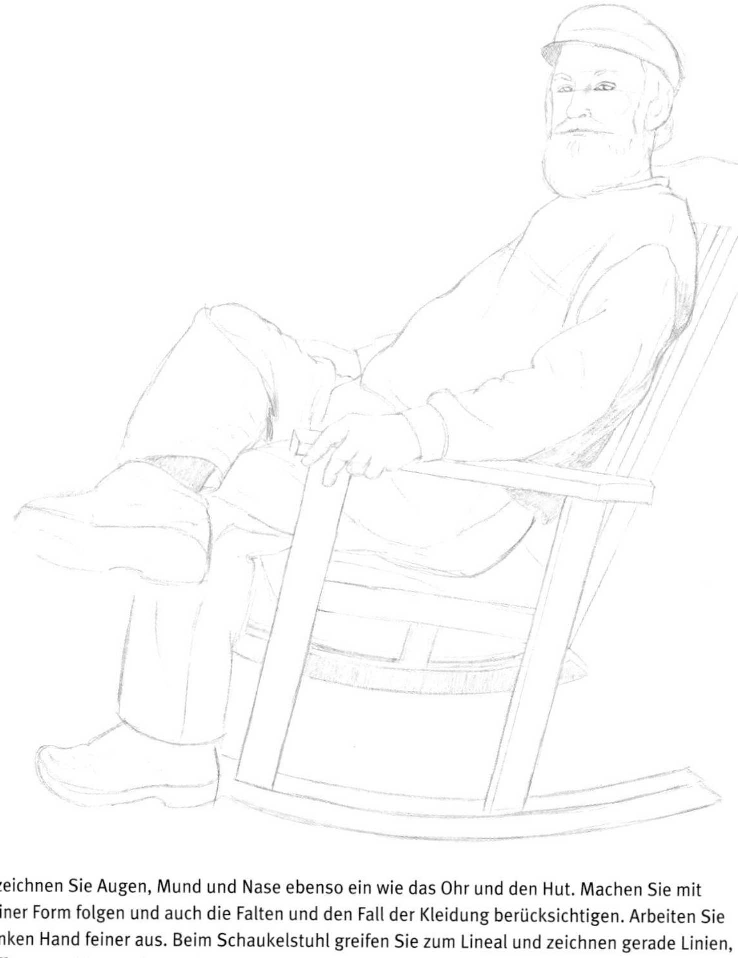

3 Mit einem Bleistift in Härte B zeichnen Sie Augen, Mund und Nase ebenso ein wie das Ohr und den Hut. Machen Sie mit dem Körper weiter, indem Sie seiner Form folgen und auch die Falten und den Fall der Kleidung berücksichtigen. Arbeiten Sie die Finger und den Rücken der linken Hand feiner aus. Beim Schaukelstuhl greifen Sie zum Lineal und zeichnen gerade Linien, wo nötig. Dann setzen Sie Schraffuren am Hut, an der Socke, an der hinteren Kufe und am Rücken.

4 Nun schraffieren Sie mit einem Bleistift in Härte 2B zunächst den Hut: Lassen Sie aber die Lichtreflexe frei und variieren Sie die Grautöne. Mit kurzen Strichen setzen Sie weitere Details im Bart und an den Haaren. Die Kleidung erfordert etwas Aufmerksamkeit, da das Licht von der Seite kommt und viele Stellen sehr hell oder weiß bleiben. Achten Sie besonders auf die Falten und darauf, wie sich das Licht dort verhält. Arbeiten Sie auch am Schaukelstuhl weiter und zeichnen Sie den Schatten vor.

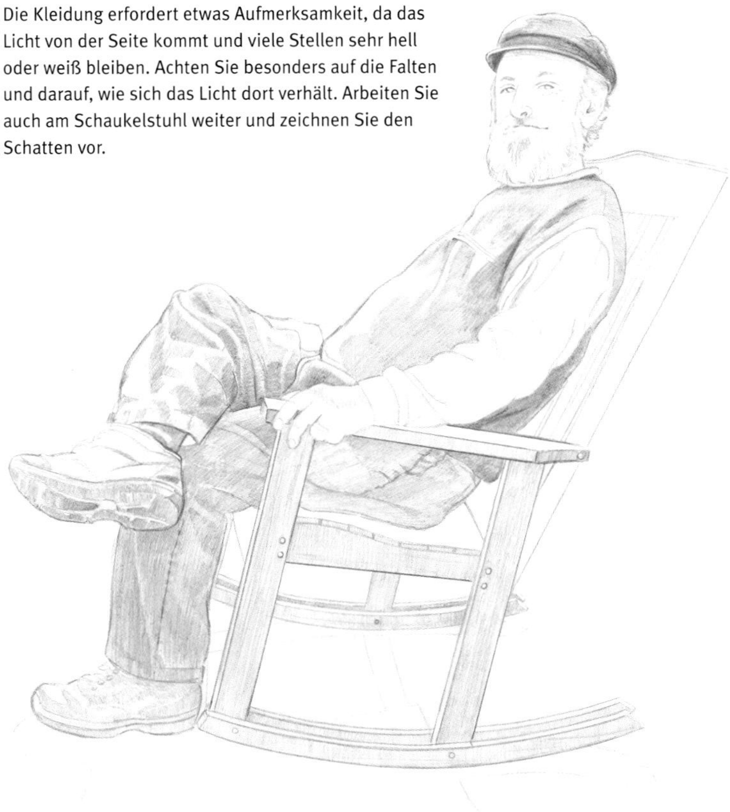

Das Gesicht

Bei einem Vollbart wie diesem betonen Sie mit sehr dunklen Strichen die Lücken zwischen den Haargruppen. Lassen Sie aber die Stellen ganz weiß, an denen sich das Licht im Bart fängt. Bei der Feinarbeit im Gesicht deuten Sie die Falten und Fältchen nur leicht an, sonst wirkt das Gesicht alt und wie zerknittert. Das feine Lächeln in den Augen entsteht, wenn Sie mit einem Knetradiergummi kleine weiße Stellen in den Pupillen ausradieren.

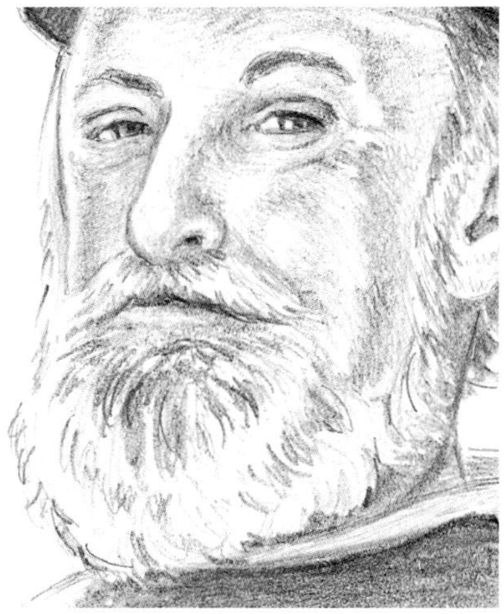

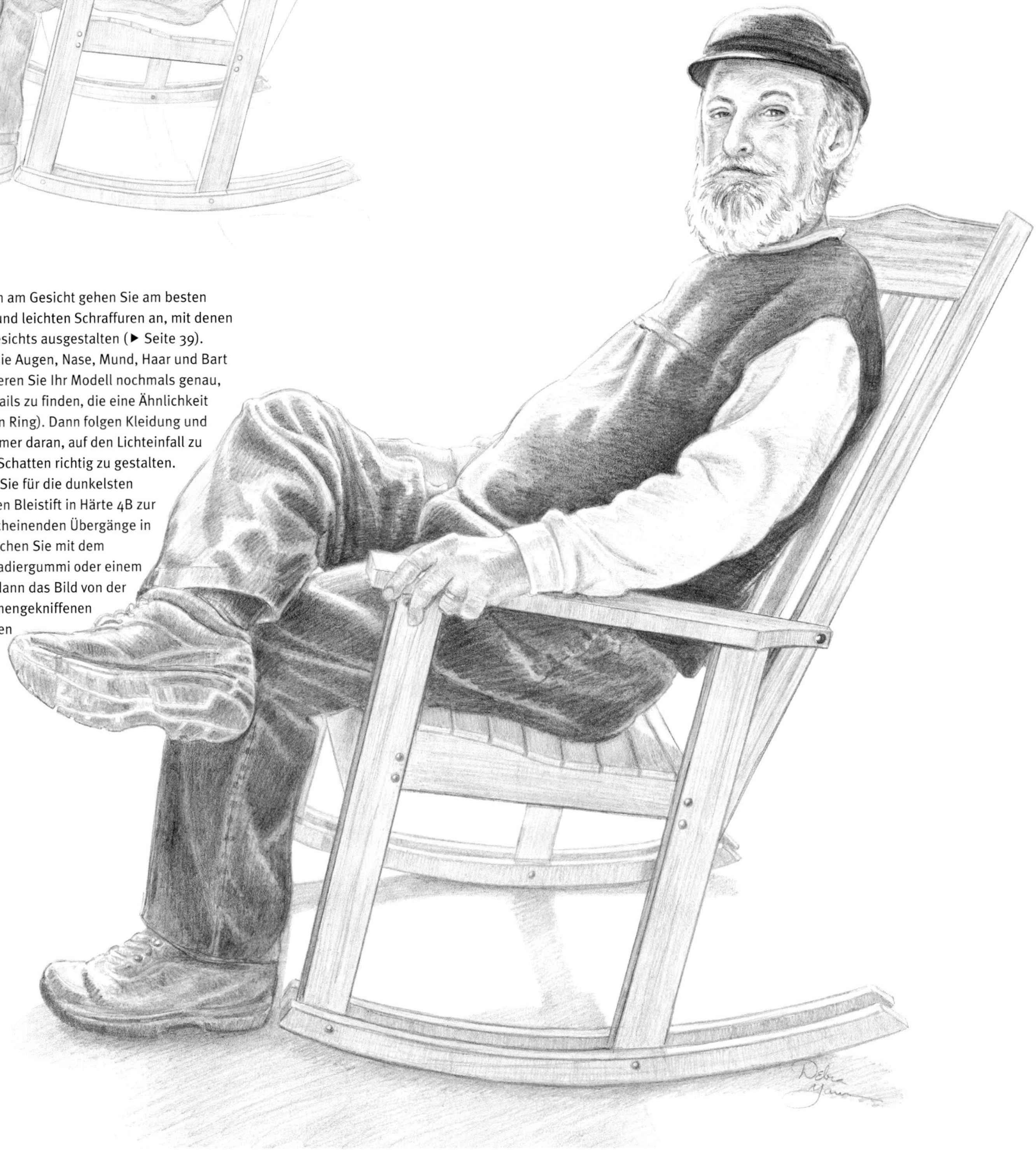

5 Die letzten Arbeiten am Gesicht gehen Sie am besten behutsam mit feinen und leichten Schraffuren an, mit denen Sie die Ebenen des Gesichts ausgestalten (▶ Seite 39). Verbessern Sie auch die Augen, Nase, Mund, Haar und Bart noch ein wenig. Studieren Sie Ihr Modell nochmals genau, um weitere kleine Details zu finden, die eine Ähnlichkeit noch erhöhen (wie den Ring). Dann folgen Kleidung und Stuhl – denken Sie immer daran, auf den Lichteinfall zu achten, um Licht und Schatten richtig zu gestalten. Zum Schluss nehmen Sie für die dunkelsten Schattenbereiche einen Bleistift in Härte 4B zur Hand. Alle abrupt erscheinenden Übergänge in den Grautönen verwischen Sie mit dem Papierwischer, dem Radiergummi oder einem Tuch. Sehen Sie sich dann das Bild von der Ferne und mit zusammengekniffenen Augen an – so erkennen Sie am leichtesten, wo Sie noch etwas verbessern können.

Frau am Fenster

Vor allem wenn man Menschen abbildet, ist einer der wichtigsten Aspekte beim Zeichnen das Arbeiten mit Licht. Licht kann die Wirkung eines Menschen sehr dramatisch gestalten und im Betrachter eine Reihe von Emotionen auslösen. Sanftes Licht verströmt Ruhe. Es lässt Gegenstände hell und etwas sonnig erscheinen, und wir neigen dazu, die Stimmung von Menschen, die von ruhigem Licht umgeben sind, als heiter oder gar fröhlich zu empfinden. Kräftigere Striche dagegen betonen den Kontrast zwischen Hell und Dunkel, lassen die Details scharf hervortreten und wirken immer ausgesprochen dramatisch. Längere Schatten tauchen jedes Bild in größere Düsternis - Menschen wirken mit längeren Schatten bedrückt. Im Beispiel auf dieser Seite liegen deutliche Schatten auf dem Gesicht, und so erscheint das Lächeln eher nachdenklich statt heiter.

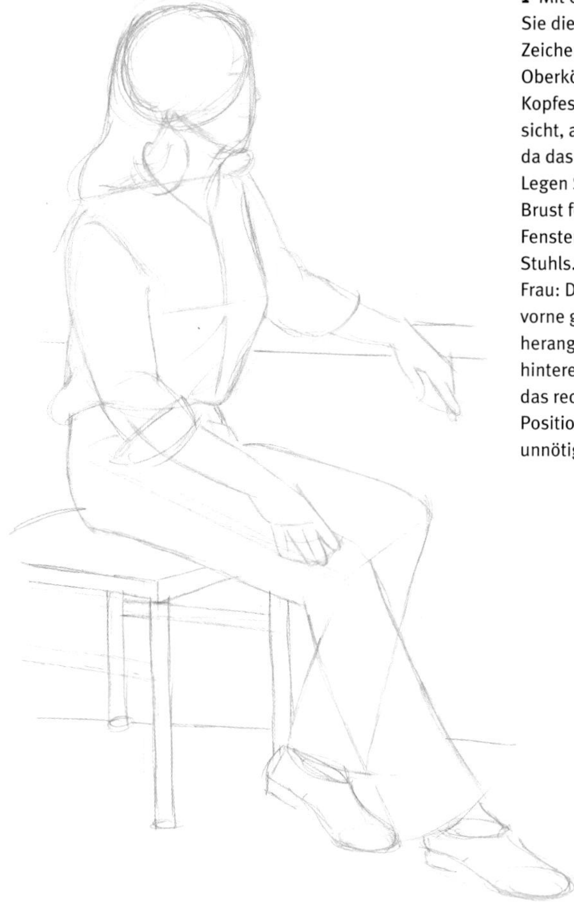

1 Mit einem Bleistift in Härte HB umreißen Sie die Figur der Frau auf feinem weißem Zeichenpapier. Beginnen Sie mit dem Oberkörper und mit den Umrissen des Kopfes: Der Körper ist eine Dreiviertelansicht, aber das Gesicht erscheint im Profil, da das Modell aus dem Fenster sieht. Legen Sie die Positionen von Schulter und Brust fest; zeichnen Sie den unteren Fensterholm, beide Arme und den Sitz des Stuhls. Dann erst folgen die Beine der Frau: Das rechte Bein hat sie ganz nach vorne gestreckt, das linke zu sich herangezogen. Deuten Sie das linke, hintere Bein nur an, aber zeichnen Sie das rechte Bein ganz durch, damit die Positionen richtig sind. Radieren Sie alle unnötigen Hilfslinien aus.

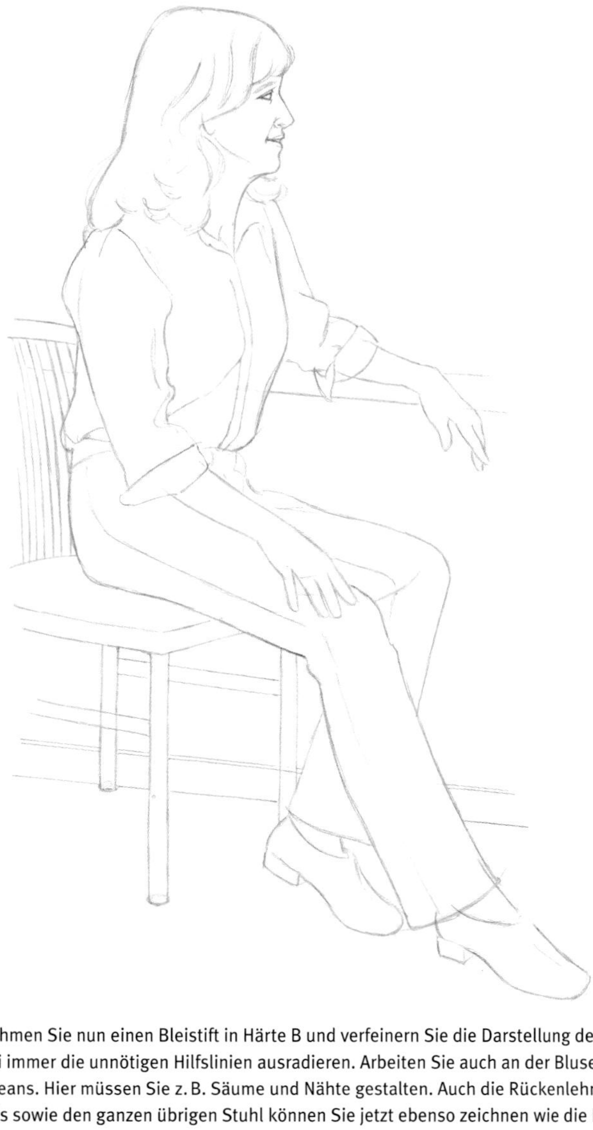

2 Nehmen Sie nun einen Bleistift in Härte B und verfeinern Sie die Darstellung des Kopfs – dabei immer die unnötigen Hilfslinien ausradieren. Arbeiten Sie auch an der Bluse und an den Jeans. Hier müssen Sie z. B. Säume und Nähte gestalten. Auch die Rückenlehne des Stuhls sowie den ganzen übrigen Stuhl können Sie jetzt ebenso zeichnen wie die Hände und die Form der Sandalen. In diesem Schritt ist es zunächst nur wichtig, die Gesamterscheinung der Frau richtig einzufangen. Schraffuren und Stimmungen folgen anschließend.

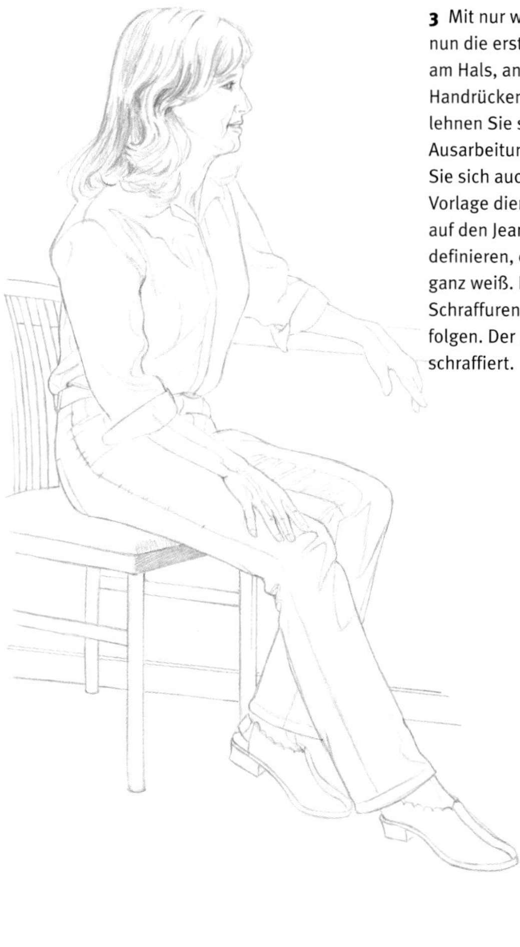

3 Mit nur wenig Druck zeichnen Sie nun die ersten Schatten im Gesicht, am Hals, an den Armen und am Handrücken. An diese ersten Stellen lehnen Sie später die gesamte Ausarbeitung der Schatten an. Sehen Sie sich auch die Fotografie an, die als Vorlage dient, um die hellsten Stellen auf den Jeans und auf der Bluse zu definieren, denn diese Partien bleiben ganz weiß. Das Haar erhält erste Schraffuren, die dem Fall der Strähnen folgen. Der Stuhl wird nur vorne schraffiert.

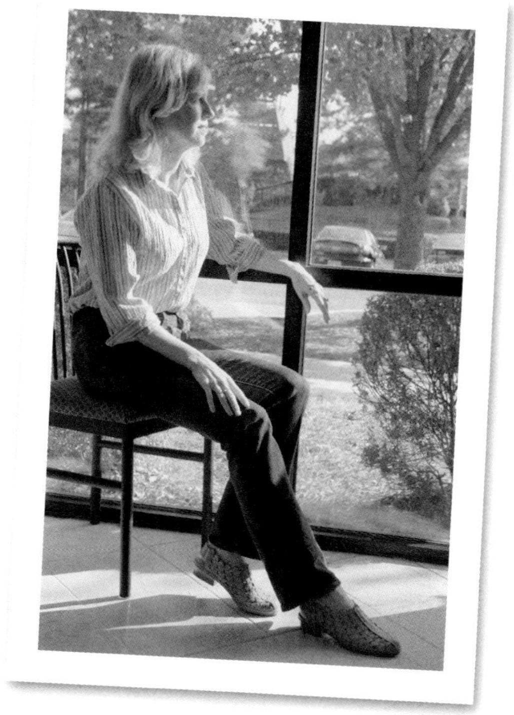

Helles Tageslicht Die Frau sitzt vor einem bodentiefen Fenster. Deshalb fällt helles Sonnenlicht von der Seite und von vorne auf das Modell. Dieses sehr helle Licht macht das Motiv interessant, weil es helle Partien ebenso entstehen lässt wie tiefe dunkle Schatten.

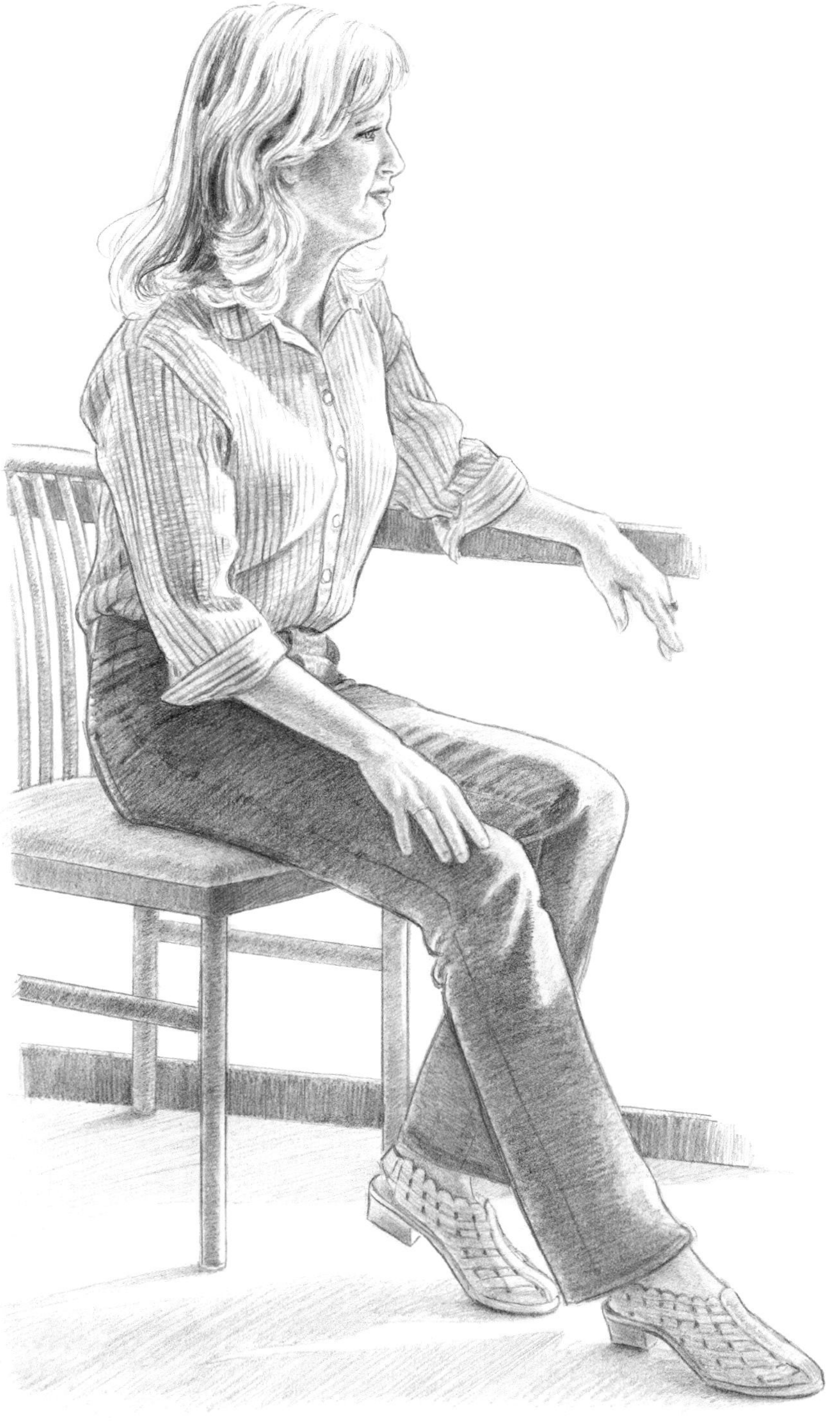

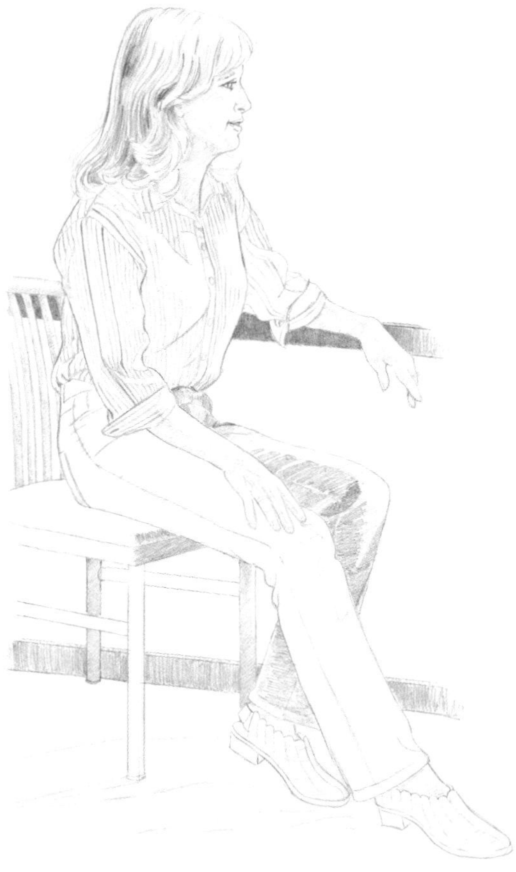

5 Für die letzten Details nehmen Sie einen gut gespitzten Bleistift in Härte B. Mit ihm akzentuieren Sie das Haar und die Streifen der Bluse. Die Jeans werden der Form der Beine folgend weiter ausgearbeitet. Um das Gesicht zu vollenden, nehmen Sie nur die äußerste Spitze eines Stifts und legen eine weitere Schicht zarter Schraffuren auf die Haut. Licht, das von der Bluse reflektiert wird, beleuchtet den Kiefer. Solche Lichtreflexe sehen Sie auch auf ihren Armen und Fingern. Schraffieren Sie die Unterarme behutsam, um ihre Form zu zeigen. Nun folgt der übrige Stuhl, auch hier lassen Sie die hellsten Stellen weiß. Da dieses Porträt eine Frau in hellem Sonnenschein zeigt, bleiben relativ viele Stellen auf dem Bild weiß – wie z. B. das rechte Knie oder die Kehle. In einem anderen Licht wäre das Porträt viel weniger intensiv. Zum Schluss arbeiten Sie am Flechtwerk der Schuhe und an den Schatten, die der Stuhl und die sitzende Frau werfen. Nehmen Sie klassische diagonale Schraffuren (► Seite 8) und zeigen Sie den Verlauf des Schattens, der nach hinten weist.

4 Gestalten Sie das Gesicht mit leichten Strichen, lassen Sie nur die Stellen frei, an denen das Licht am hellsten ist. Radieren Sie alle Hilfslinien aus, die Sie fürs Schraffieren eingezeichnet haben. Machen Sie mit den Streifen auf der Bluse weiter und folgen Sie den Falten und Kurven des Stoffs. Lassen Sie auch hier die hellsten Stellen weiß. Nachdem Sie noch die ersten Details der Schuhe festgehalten haben, nehmen Sie einen Bleistift Stärke 2B und zeichnen die ersten auffallenden Schatten an der Innenseite des linken Beins und im Haar ein. Skizzieren Sie dann die Umrisse des Schattens auf dem Boden. Sehen Sie sich nochmals die Lichtpunkte und die Schatten in der Fotovorlage an. Mit den Schatten am Rücken und auf den Beinen des Stuhls beenden Sie diesen Arbeitsschritt.

Junge im Gras

Nicht jedes Foto ist gut, und nicht jede Haltung oder Pose eines Menschen ist eine geeignete Vorlage für eine Zeichnung. Wichtig ist, dass die Haltung natürlich und ausgewogen ist. Es gibt bestimmte Bewegungen, die ein Bild zum Hingucker machen. Und andere, die steif oder langweilig wirken. Achten Sie darauf, dass Arme und Beine nicht in alle möglichen Richtungen weisen – es sei denn, Sie wollen einen Menschen in Bewegung zeigen (▶ Seite 114ff.). Es ist besser, wenn Ihr Modell entspannt ist und seine oder ihre Haltung geschlossen wirkt. Im Idealfall zeigt sich in der gewählten Pose die Persönlichkeit oder man sieht etwas, das die Person interessiert. Machen Sie immer viele Fotos und wählen Sie nur das beste aus.

Fotos auswählen

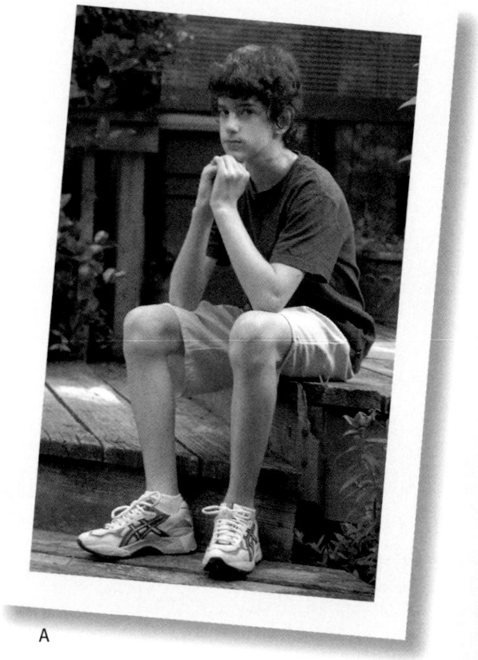

A

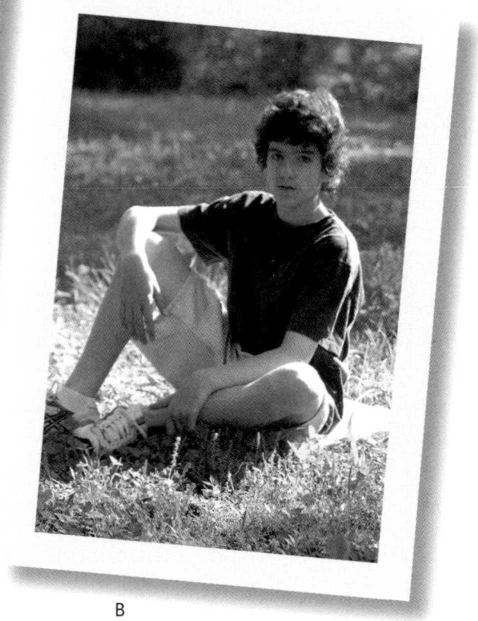

B

C

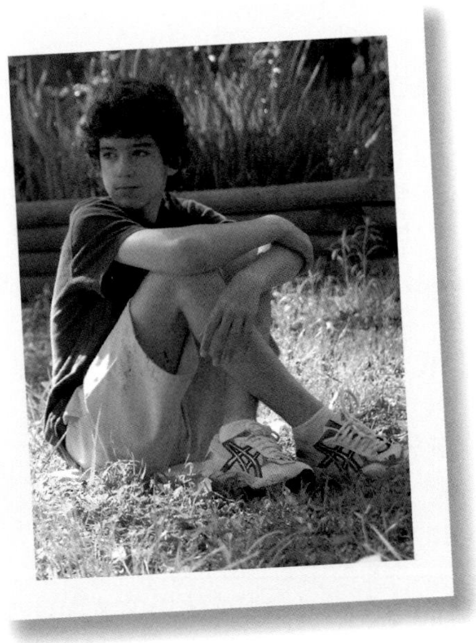

Tipps für die Auswahl Im Foto A hat der Junge zwar eine stabile und geschlossene Haltung, aber er wirkt steif und abweisend – so, als er würde er seine Persönlichkeit verstecken wollen. In Foto B ist seine Haltung zwar wesentlich entspannter, aber seine Arme und Beine wirken etwas verdreht und die ganze Haltung ist nicht richtig ausbalanciert. Dazu kommt noch, dass das Licht hinter ihm ausbricht. Foto C dagegen ist eine sehr gelungene Aufnahme dieses jungen Mannes. Er fühlt sich wohl, Hände und Füße sind in einer guten und natürlichen Haltung. Die Drehung des Kopfes um 90° bringt angenehme Spannung ins Bild und macht die Pose interessanter. Nur das Licht ist nicht optimal. Trotzdem ist dieses Foto die beste Vorlage von allen.

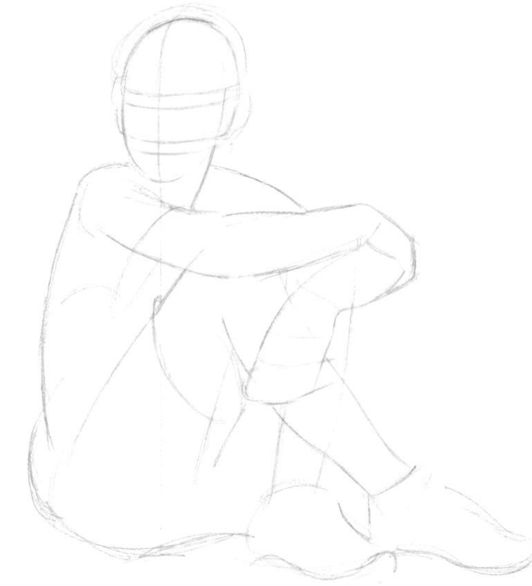

1 Mit einem Bleistift in Härte HB zeichnen Sie die Grundformen. Den Kopf positionieren Sie über dem Körper – orientieren Sie sich dabei an einer senkrechten Hilfslinie wie in Schritt 1. Deuten Sie die Formen von Armen und Beinen an, aber achten Sie darauf, die Position genau zu treffen. Dass es sich um eine Dreiviertelansicht des Gesichts handelt, sehen Sie an der senkrechten Linie, die den Kopf in ungleiche Hälften teilt. Zeichnen Sie dann die waagrechten Linien ein, die Sie für die Gesichtszüge brauchen. Dann folgen noch die groben Umrisse der Schuhe, der Saum der Shorts und die Ärmel des T-Shirts.

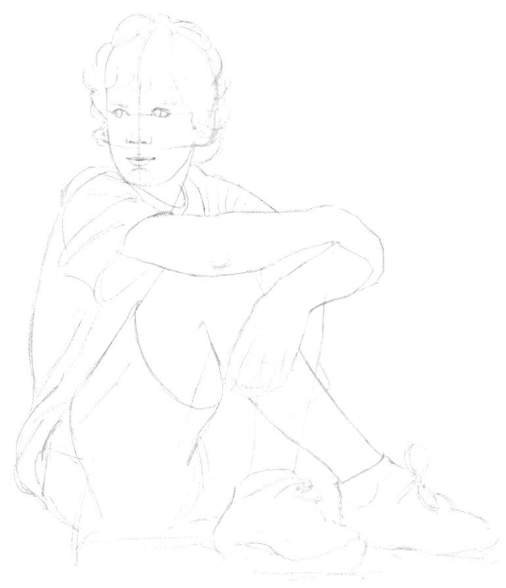

2 Nun wird es schon genauer. Als Erstes setzen Sie die ersten Linien der Gesichtszüge auf die Hilfslinien. Lassen Sie sich dabei nicht von Ihrer Erinnerung leiten, sondern sehen Sie immer wieder auf das Foto, nach dem Sie zeichnen, um eine möglichst große Ähnlichkeit zu erzielen. So kommt es bei diesem Bild eines Jungen darauf an, seine hohe Stirn und die weit auseinanderstehenden Augen zu zeigen. Umreißen Sie dann noch das Haar und geben Sie der Kleidung erste Falten. Zeichnen Sie zum Schluss die Finger der linken Hand und den rechten Ellbogen und verfeinern Sie die Details an den Schuhen – die Schnürsenkel nicht vergessen!

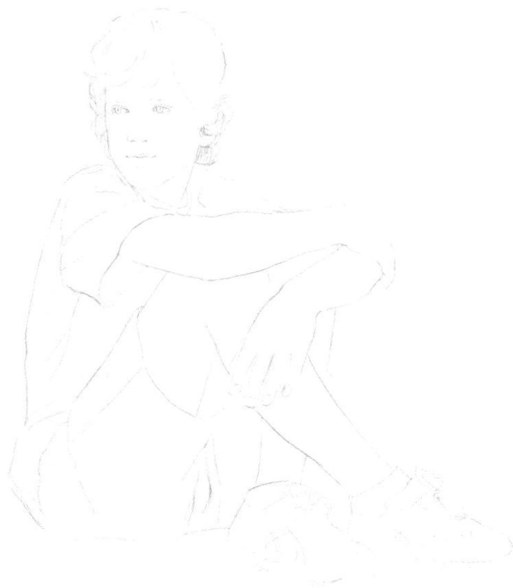

3 Bevor Sie weiter ins Detail gehen, sollten alle Proportionen stimmen. Radieren Sie dann alle Hilfslinien aus. Mit einem Bleistift in Härte B arbeiten Sie das Haar und die Gesichtszüge feiner aus. Dann werden die Finger und die Fingernägel detaillierter dargestellt – ebenso die Arme, Beine und die Kleidung. Radieren Sie alle Linien, die Sie dabei nicht mehr brauchen, vorsichtig mit einem Knetradiergummi aus. Da in der Originalfotografie die Schnürsenkel etwas komisch aussehen, „biegen" Sie sie etwas gerade.

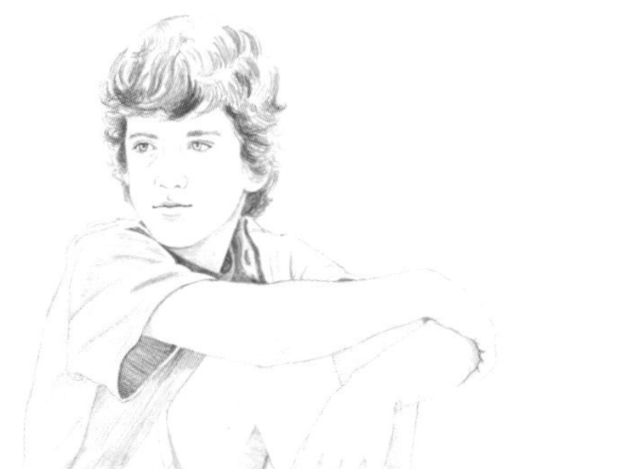

4 Das Haar zeichnen Sie mit einem Bleistift in Härte 2B in der natürlichen Wuchsrichtung – an den Stellen, an denen Lichtreflexe im Haar sind, lassen Sie das Papier einfach weiß. Die entsprechenden Stellen um die Augen, auf den Wangen, unterhalb der Lippen und den Hals schraffieren Sie etwas dunkler. Für Augenbrauen und Wimpern nehmen Sie einen sehr spitzen feinen Bleistift. Bestimmte Bereiche der Beine, die Fingerspitzen, die Arme und andere Stellen, die auf dem Foto im Schatten liegen, werden ebenfalls dunkler. In diesem Arbeitsschritt gestalten Sie gleichzeitig die Form von Armen und Beinen mit (► Kasten rechts). Beim Schraffieren der Kleidung an die Falten im Stoff denken!

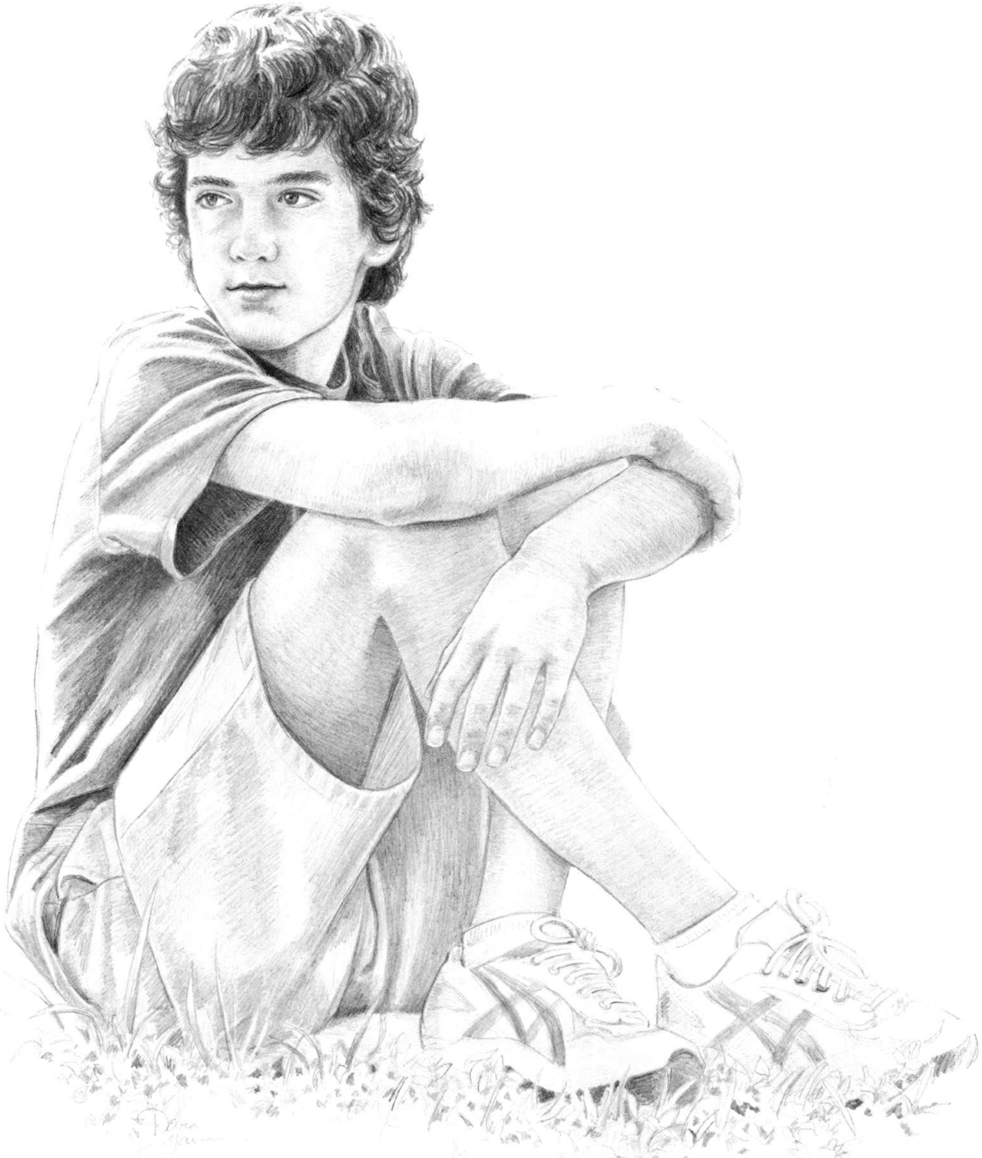

5 Nehmen Sie nun einen gut gespitzten Bleistift in Härte 2B zur Hand, um mit leichten Strichen das Gesicht zu gestalten. Die Stellen, die im direkten Sonnenlicht liegen, wie der Punkt auf der Nasenspitze und einige Stellen auf den Wangen, bleiben weiß. Um die zarten jugendlichen Gesichtszüge am besten wiederzugeben, sollten Sie die Formen behutsam ausarbeiten und die Richtung der Striche öfter einmal wechseln. Der rechte Arm bleibt oben weiß, da er direkt im Licht liegt. Sonnenschein fällt auch am Rücken auf das T-Shirt sowie auf einige Falten der Kleidung – hier bleibt das Papier ebenfalls weiß. Mit einem Bleistift in Härte 3B zeichnen Sie zuerst die dunkelsten Stellen im Haar und auf der Kleidung, ehe Sie wieder den Stift Härte 2B zur Hand nehmen. Zum Schluss zeichnen Sie die Schuhe fertig, ohne zu sehr ins Detail zu gehen. Nun deuten Sie mit einigen Grashalmen, Blättern und kleinen Schatten den Boden an, auf dem der Junge Platz genommen hat.

Körper gestalten

Nur durch unterschiedliche Grautöne – vom tiefsten Schiefergrau bis hin zu weißen Stellen auf dem Papier - werden mit dem Bleistift die Formen des Körpers gestaltet. Arme und Beine sowie andere zylindrische Grundformen (► Seite 12 ff.) zeichnen Sie mit geschwungenen Strichen, mit denen Sie die natürlichen Körperformen abbilden. Im nebenstehenden Beispiel mit der übertriebenen Darstellung der Striche können Sie das Prinzip der wechselnden Linienführung gut erkennen.

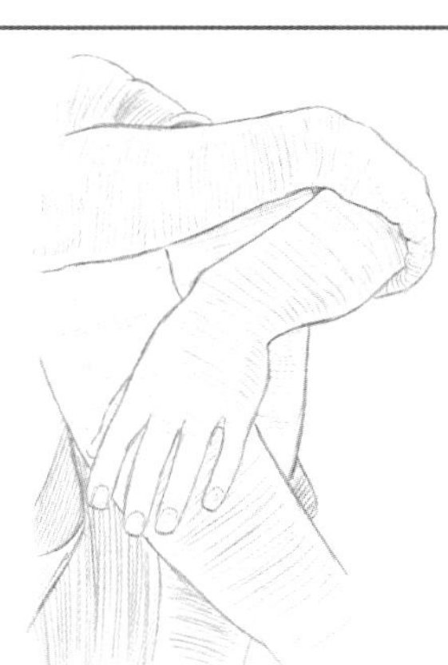

Ein Sommertag

Nach all den unterschiedlichen Einzel-Motiven und Techniken können Sie sich bereits an so einem großen Motiv versuchen. Hier sind Menschen aller Altersgruppen in Bewegung oder Ruhe dargestellt. Außerdem hat das Bild einen durchdachten Aufbau, arbeitet mit Perspektiven. Sie sollten sich immer wieder solchen Herausforderungen stellen, um Ihr Können zu testen und zu erweitern.

Wenn Sie eine Szene wie diese draußen im Freien skizzieren, dann halten Sie nur das Wichtigste fest und arbeiten auf dieser Grundlage das Bild in Ruhe zu Hause aus. Nicht vergessen: Erfolg braucht Geduld und häufiges Üben.

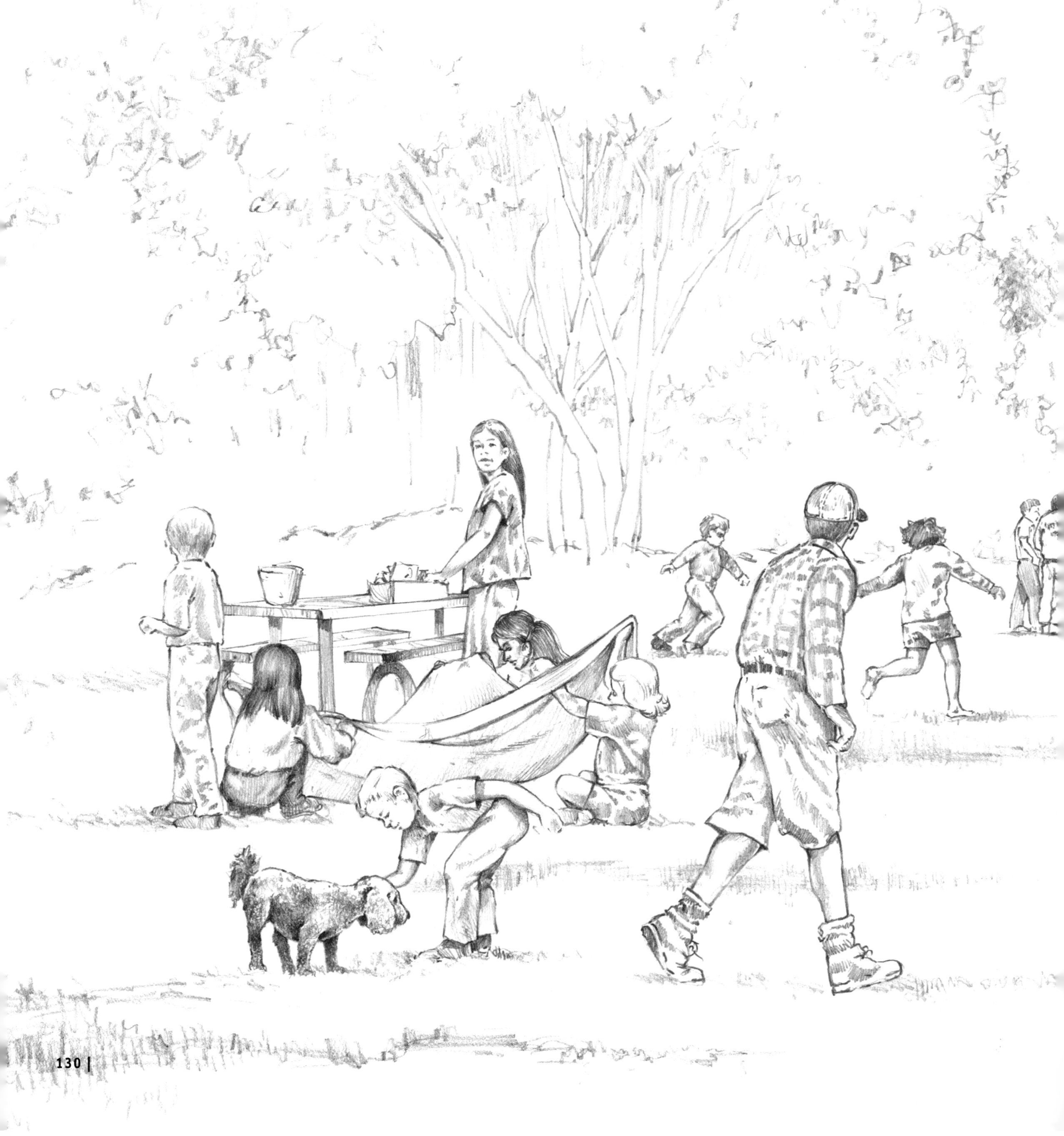

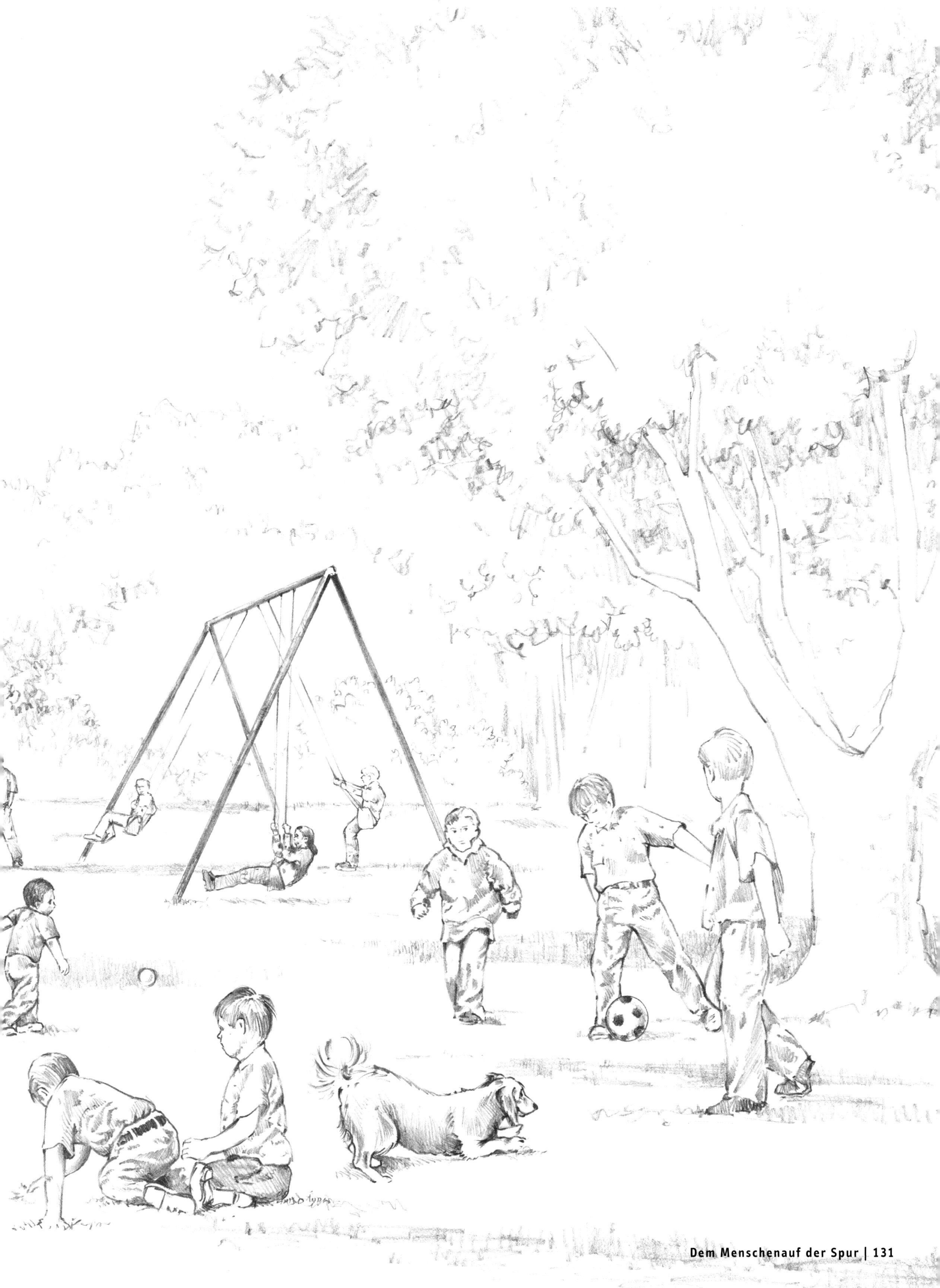

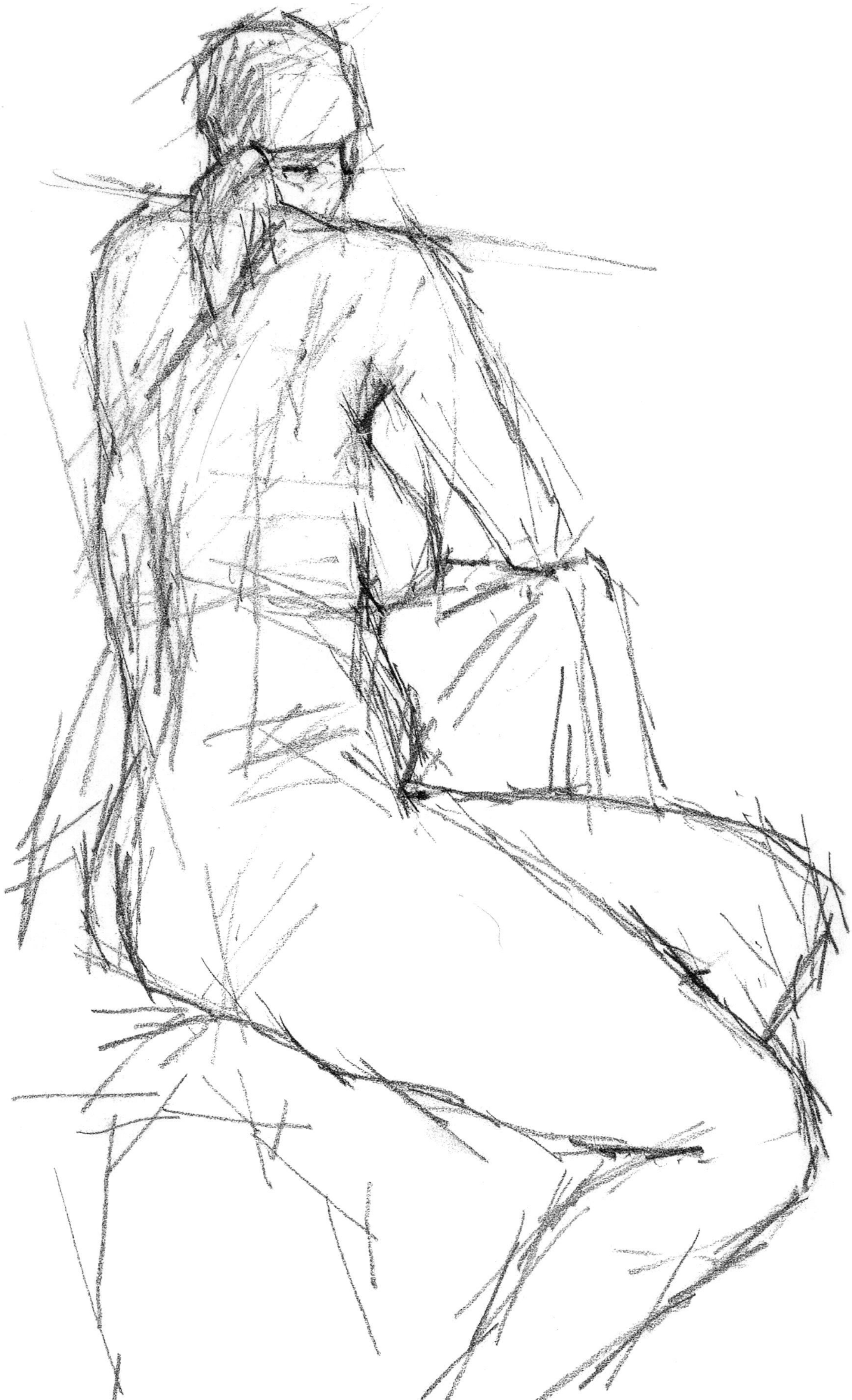

AKT ZEICHNEN
für Einsteiger

Eine schöne Herausforderung ist es, den menschlichen Körper unbekleidet zu zeichnen. Seine Rundungen und Wölbungen sind wie eine Landschaft, die sich mit jedem Atemzug und bei jeder Bewegung verändert. Unerschöpflich, wie das Thema, sind auch die technischen Möglichkeiten, einen Akt zu zeichnen. Doch wer zunächst einmal die Basis der Aktzeichnung kennenlernen möchte, findet in diesem Kapitel Antworten auf die wichtigsten Fragen: Den richtigen Anfang finden, das Motiv optimal auf dem Blatt positionieren, verschiedene Schraffurtechniken anwenden, Skizzen nach dem lebenden Modell anfertigen, Entwürfe ausarbeiten usw. So wird der Einstieg ins Aktzeichnen zum Vergnügen.

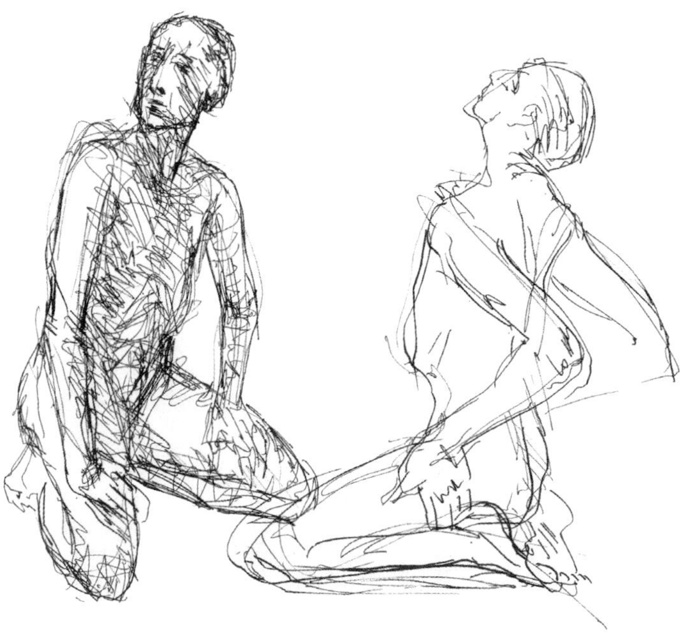

Sitzende Frau

Obwohl anatomisches Grundverständnis für das Zeichnen eines menschlichen Aktes einen wesentlichen Baustein darstellt, ist doch das fortschreitende Entwickeln eines Gespürs für den Körper ebenso wichtig. Beginnen Sie mit so einfachen Posen wie dieser, bei der Sie zudem den Vorteil haben, nicht den ganzen Körper gestalten zu müssen.

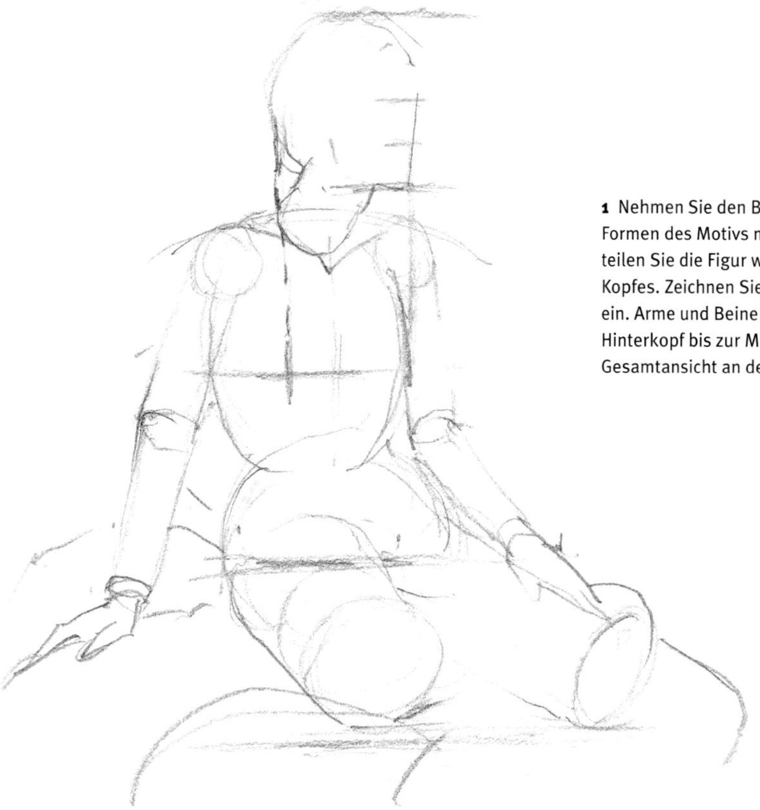

1 Nehmen Sie den Bleistift in die lockere Position (▶ Seite 8) und setzen Sie die ersten Formen des Motivs mit lockeren Strichen aufs Papier. Damit die Proportionen stimmen, teilen Sie die Figur waagrecht in vier gleich große Partien von jeweils der Länge des Kopfes. Zeichnen Sie dann den Brustkasten, die Schultern und das Becken als Kreise ein. Arme und Beine deuten Sie mit zylindrischen Formen an. Die Hilfslinie, die vom Hinterkopf bis zur Mitte der linken Brust verläuft, brauchen Sie, damit der Kopf in der Gesamtansicht an der richtigen Stelle sitzt.

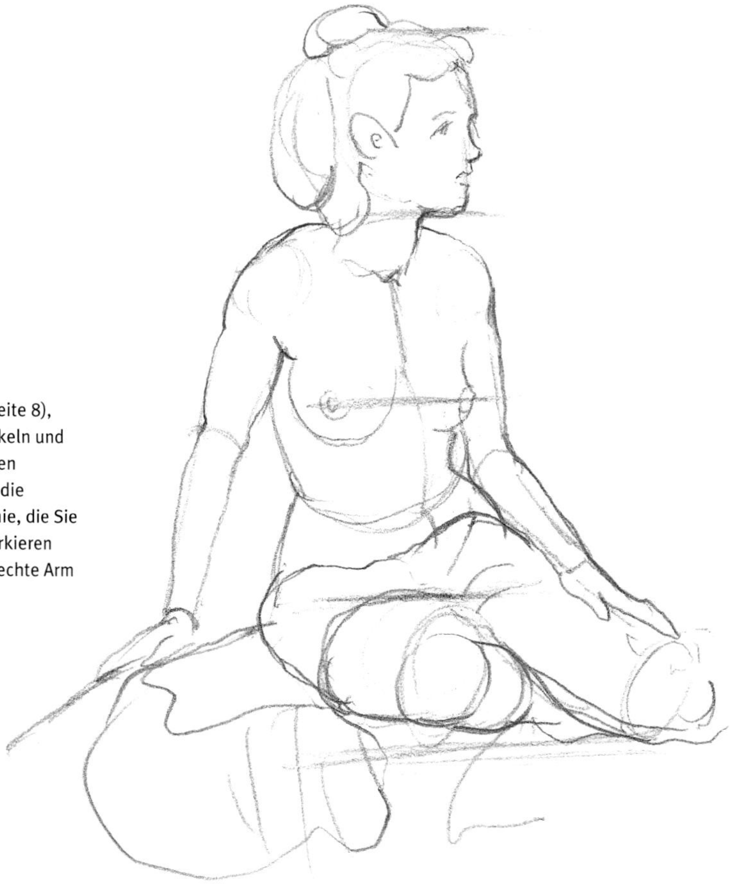

2 Nachdem der Grundaufbau steht, wechseln Sie in die Schreibhaltung (▶ Seite 8), um jetzt die Feinheiten auszuarbeiten. Es geht vor allem darum, Skelett, Muskeln und Sehnen, die unseren Körper formen, anatomisch richtig zu zeichnen, um diesen weiblichen Körper zum Leben zu erwecken. Achten Sie jetzt vor allem darauf, die Proportionen richtig weiterzuführen. Ein gutes Werkzeug dazu ist eine Hilfslinie, die Sie von der Mitte des Halsansatzes durch den Nabel nach unten zeichnen. So markieren Sie die Mitte des Körpers. Der linke Oberarm ist parallel zu dieser Linie. Der rechte Arm dagegen bildet einen Winkel zum Körper und balanciert so die Pose aus.

3 Sie halten den Stift noch immer in Schreibposition, wenn Sie sich nun daranmachen, die ersten Details auszuarbeiten: Gesicht, Haare, Brüste, Tuch und Podest. Dann arbeiten Sie mit unterschiedlichen Schraffuren die Schatten des Modells und des Podests aus. Gehen Sie noch nicht zu sehr in die Details, sondern konzentrieren Sie sich auf möglichst gleichmäßige Schraffuren.

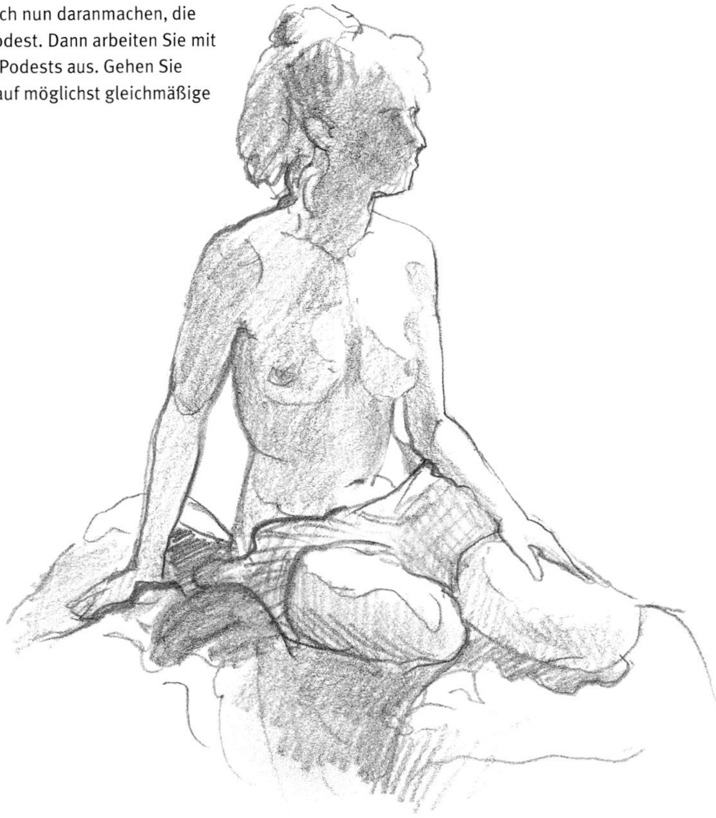

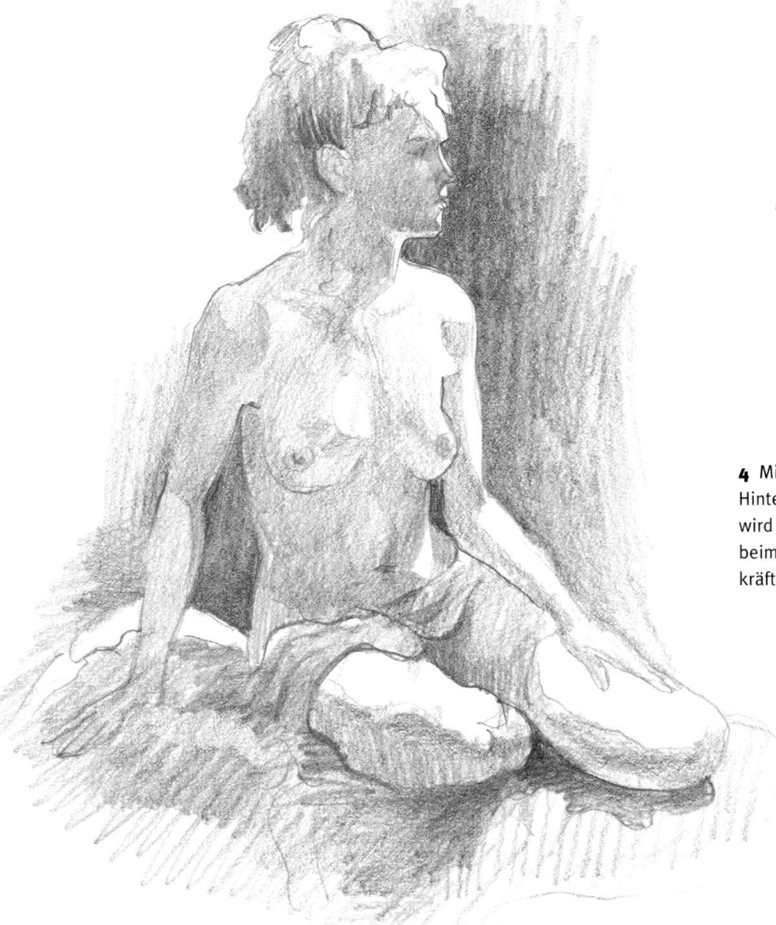

4 Mit stärkeren und entschiedeneren Strichen füllen Sie zunächst den Hintergrund und die Zwischenräume zwischen Armen und Körper – dadurch wird der Umriss des Körpers definiert. An einigen Partien wie beim Haar, beim Gesicht oder beim gebeugten Arm zeichnen Sie die Konturen klar und kräftig. Andere Konturen wie der gestreckte Arm bleiben eher sanft.

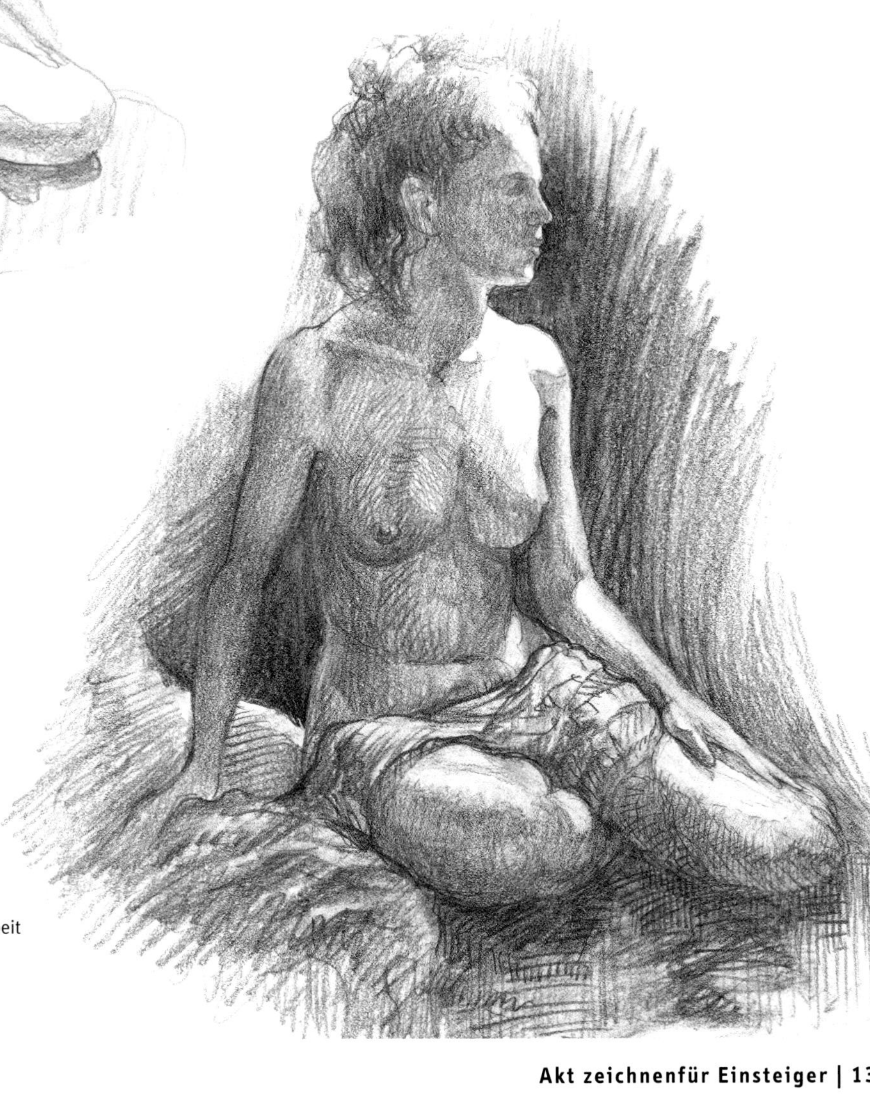

5 Mit klassischen Schraffuren und mit Kreuzschraffuren wird das Bild fertiggestellt. Auf der Brust und am Bein setzen Sie am besten gerade Striche ein, um die Formen herauszumodellieren. Ein wichtiges dramaturgisches Mittel ist der dunkle Hintergrund. Das Auge wird dadurch wie magisch von den hellen Stellen des Bildes angezogen. Ganz zum Schluss kommt der Knetradiergummi zum Einsatz. Er ist besser als jedes andere Instrument dazu geeignet, helle Stellen aus dem Bild herauszuarbeiten. Sie können mit ihm Stellen sehr gut aufhellen und damit betonen und auch noch am Ende der Arbeit Lichtreflexe dort setzen, wo sie am besten zur Geltung kommen.

Stehende Frau

Fast alle Anfänger wählen für einen Akt eine Vorderansicht. Dagegen ist nichts zu sagen, denn so sind Anatomie und Proportionen besonders gut zu erkennen. Doch diese Akte sind im Grunde langweilig. Die hier gewählte Pose dagegen ist eine Herausforderung für den Zeichner und weckt das Interesse des Betrachters, denn diese Rückenansicht mit herausgerecktem Po bietet einen ungewöhnlichen Anblick und einen frischen Zugang zum Thema. Selbst der Kopf ist nicht einfach gerade, sondern geneigt, und verleiht dem Motiv zusätzliche Spannung. Experimentieren Sie unbedingt mit Ansichten und Posen, bis Sie Ihren eigenen Stil gefunden haben.

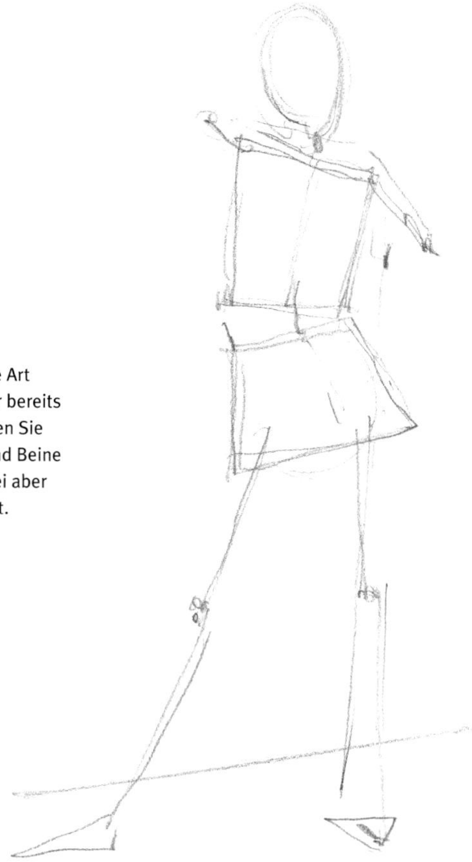

1 Am einfachsten ist es, zunächst eine Art Strichmännchen zu zeichnen, das aber bereits die richtige Haltung einnimmt. Zeichnen Sie also Kopf, Brustkorb, Becken, Arme und Beine mit wenigen Strichen. Achten Sie dabei aber darauf, dass die Körpersprache stimmt.

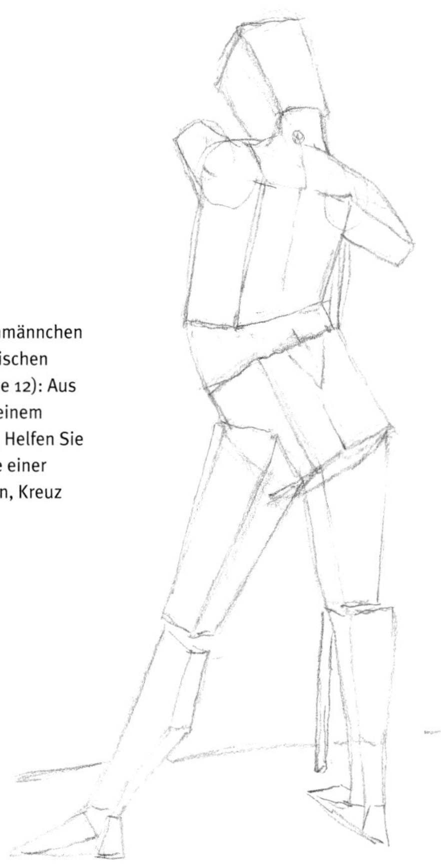

2 Machen Sie nun aus dem Strichmännchen eine Figur, indem Sie die geometrischen Grundformen einzeichnen (▶ Seite 12): Aus einem Kreis wird eine Kugel, aus einem Dreieck wird eine Pyramide usw.). Helfen Sie sich auch mit wichtigen Linien wie einer Verbindung zwischen Hals, Rücken, Kreuz und Becken.

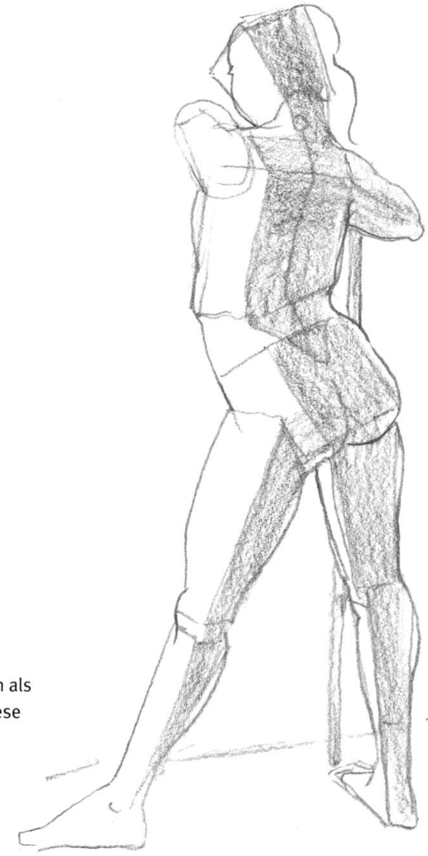

3 Beginnen Sie dann mit relativ großflächigen Schraffuren, die Ihnen als Wegweiser für die hellen und dunklen Stellen dienen. Sie können diese Schraffuren auch auf einem extra Blatt anfertigen, um sich über das Schraffuren-Konzept für die Figur klar zu werden.

4 Mit dem Stift in der lockeren Position (▶ Seite 8) zeichnen Sie die Muskeln und Formen des Körpers. Beobachten Sie sorgfältig und zeichnen Sie so aufmerksam wie möglich. Durch die Stärke und Länge der Striche sowie durch das Betonen interessanter Stellen wirkt die Figur dramatisch. Sehen Sie sich dann Ihre Figur aus Schritt 3 an und arbeiten Sie die Schatten aus. Dort wo sie enden, betonen Sie den Wechsel zum Licht mit kräftigen Strichen.

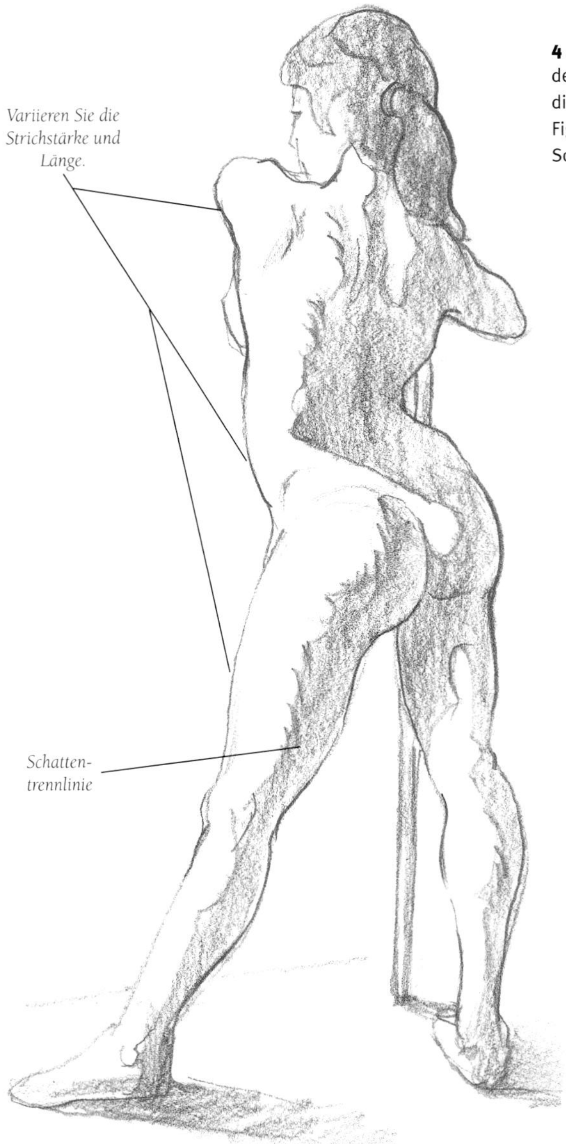

5 Im Hintergrund betonen die harten, dunklen Striche den Kontrast zum weichen, gerundeten Körper. So erreichen Sie zweierlei: Die hellen Stellen an der linken Seite der Figur wirken strahlender, während die dunklen Schatten etwas abgemildert werden. Dann arbeiten Sie Gesicht, Haare und den Boden feiner aus und betonen die Schattenlinien noch etwas. Zum Schluss nehmen Sie einen Knetradiergummi und hellen die Lichtreflexe am Rücken auf.

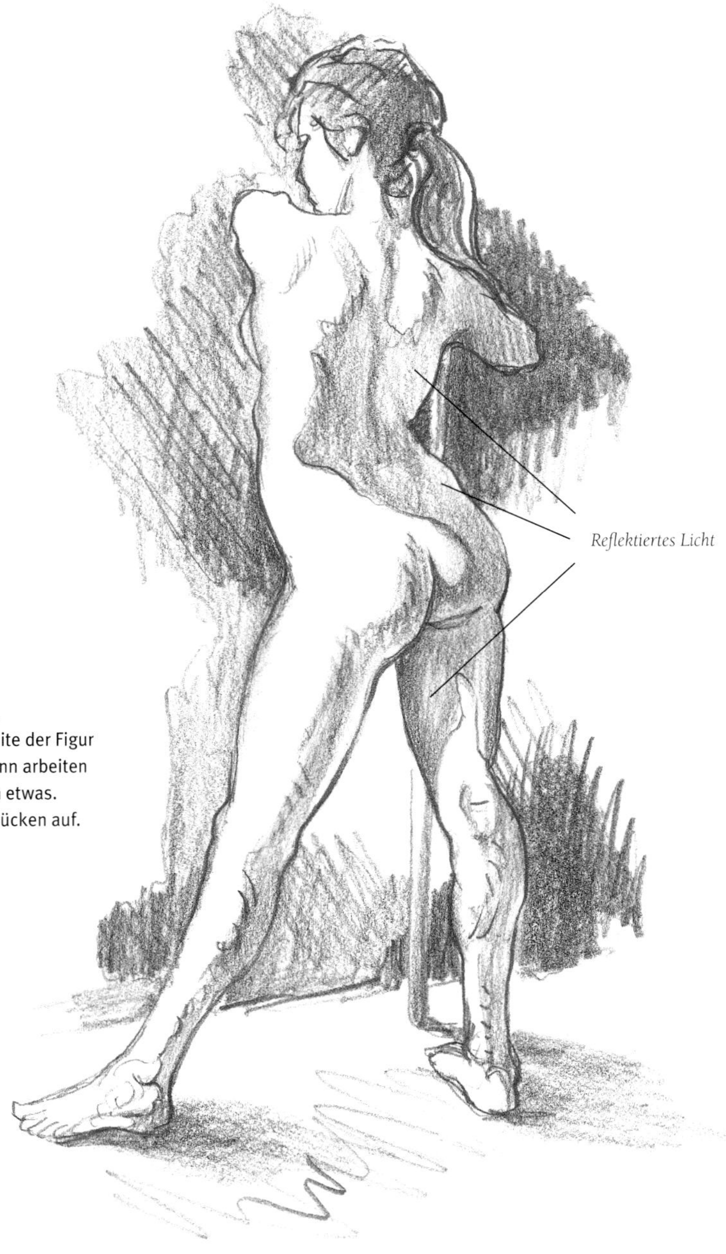

Liegender Mann

Wenn Sie die Anfänge des Aktzeichnens gemeistert haben, werden Sie nach neuen Herausforderungen Ausschau halten. Versuchen Sie sich einmal an einer etwas schwierigeren Pose wie dieser. Um diese Figur „richtig“ wiederzugeben, müssen Sie die Regeln der Proportion außer Acht lassen: Nur wenn Sie manche Körperteile optisch verkürzt darstellen (▶ Seite 120) entsteht der Eindruck einer harmonischen Figur. So ist etwa der Unterschenkel winzig im Vergleich zum Fuß oder zum prominenten Oberschenkel. In diesem Fall müssen Sie den jungen Mann so zeichnen, wie Sie ihn sehen, und nicht so, wie es anatomisch richtig wäre.

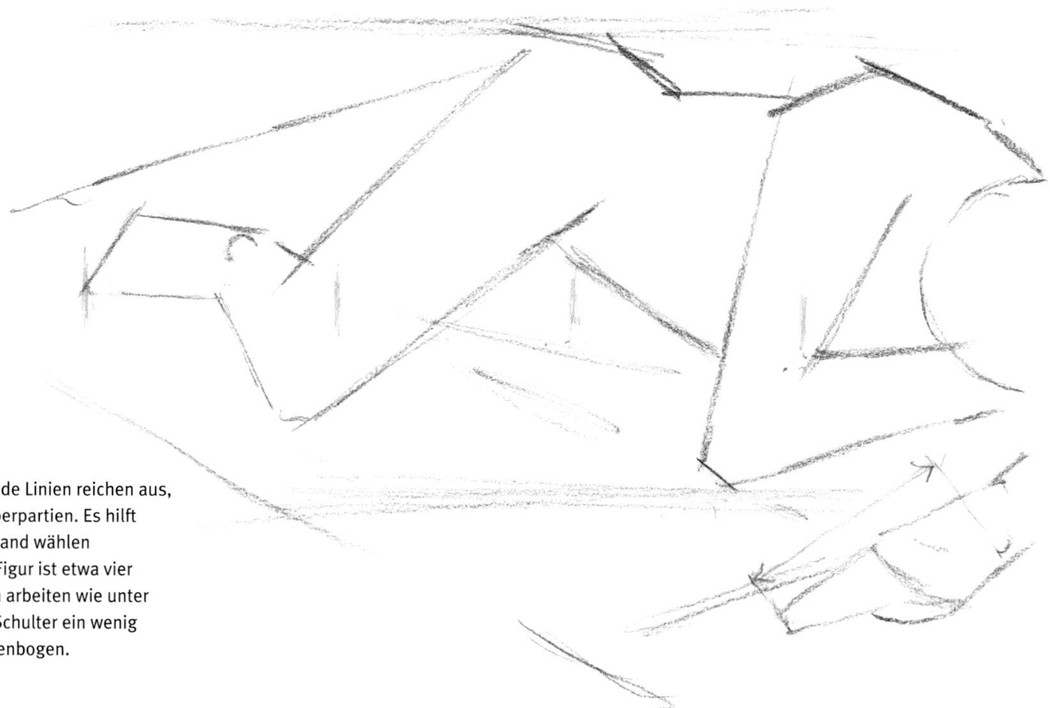

1 Beginnen Sie mit einer Skizze. Wenige leichte, gerade Linien reichen aus, aber achten Sie auf die optische Darstellung der Körperpartien. Es hilft Ihnen, wenn Sie als Maß für die Figur die Länge der Hand wählen (Fingerspitze bis Handwurzelknochen). Die gesamte Figur ist etwa vier Hände lang. Beim Zeichnen können Sie mit Hilfslinien arbeiten wie unter dem Ellbogen und über der Hüfte. Platzieren Sie die Schulter ein wenig unterhalb der Hüfte und das Knie etwas über dem Ellenbogen.

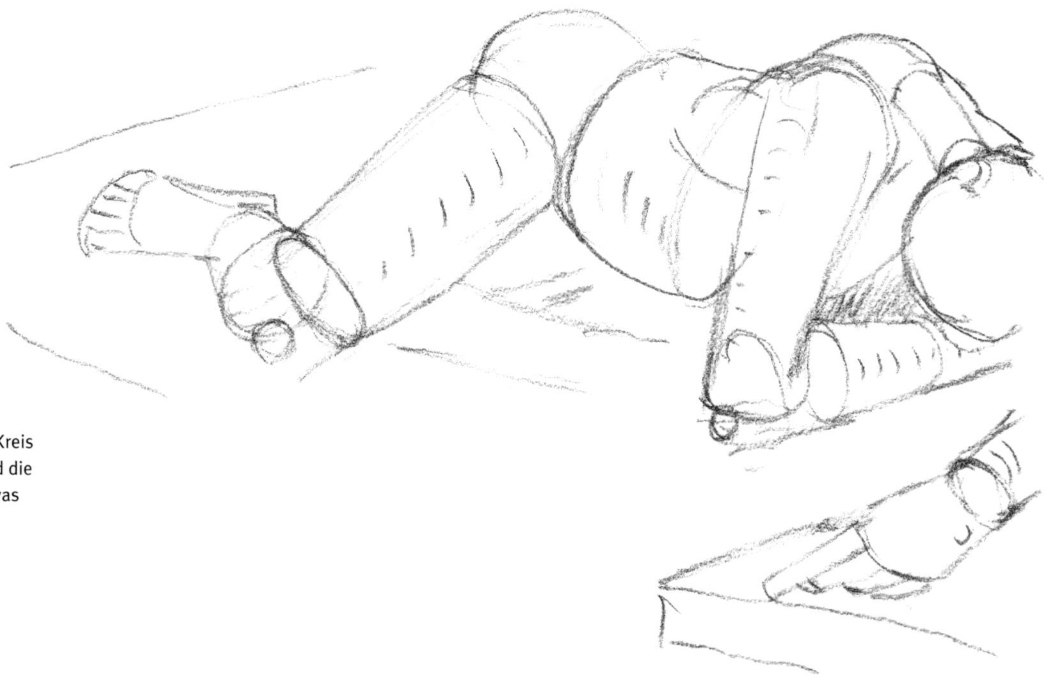

2 Wenn die Grundlagen stimmen, bauen Sie die geometrischen Grundformen auf (▶ Seite 12): einen Kreis für den Kopf, zylindrische Formen für Arme, Beine und die Körperpartien. Hände und Füße werden ebenfalls etwas ausgearbeitet.

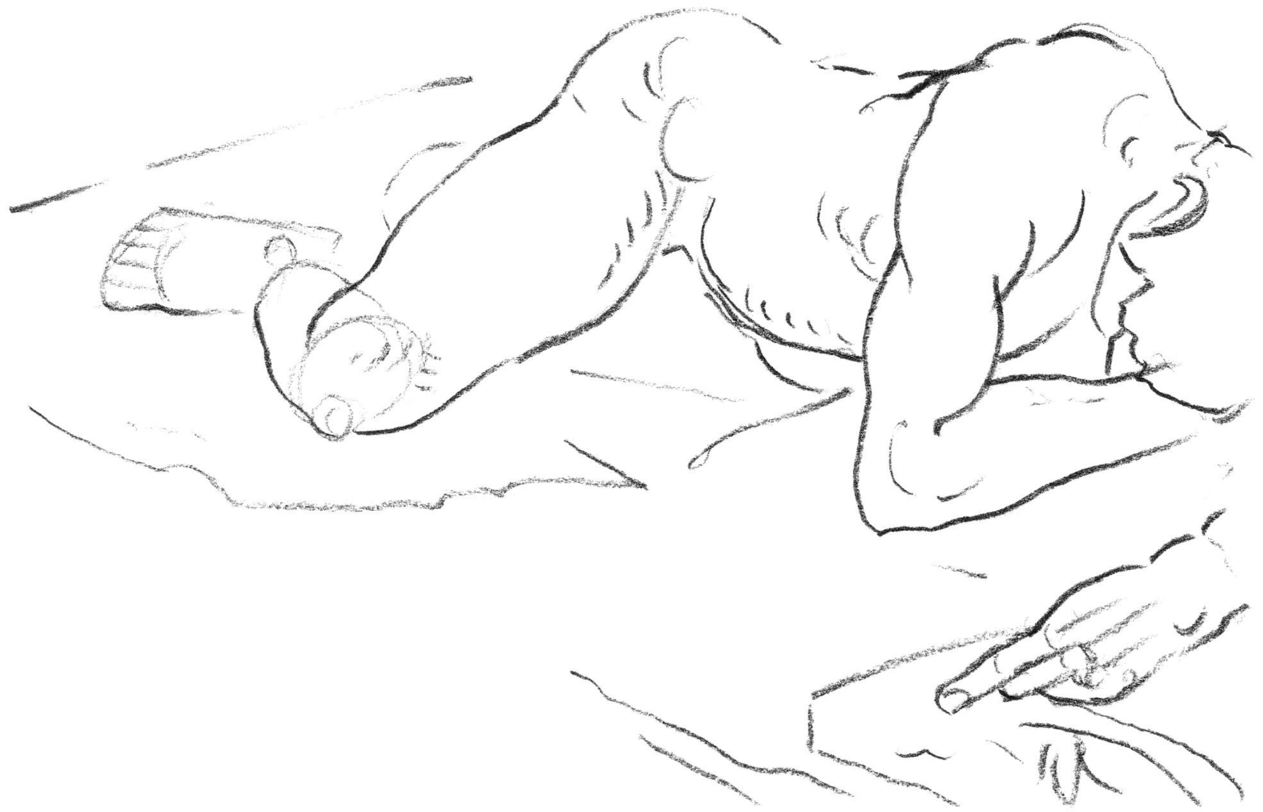

3 Ehe Sie weiterarbeiten, sollten Sie sich nochmals vergewissern, dass die Figur gut und richtig liegt, denn jetzt sind Korrekturen noch ohne Weiteres möglich. Mit dem Stift in der lockeren Position (▶ Seite 8) zeichnen Sie Muskeln und andere auffallende Stellen der Körperlandschaft sorgfältig ein. Sie können auch ein Anatomiebuch zur Hilfe nehmen und sich intensiver mit Muskel- und Skelettteilen befassen.

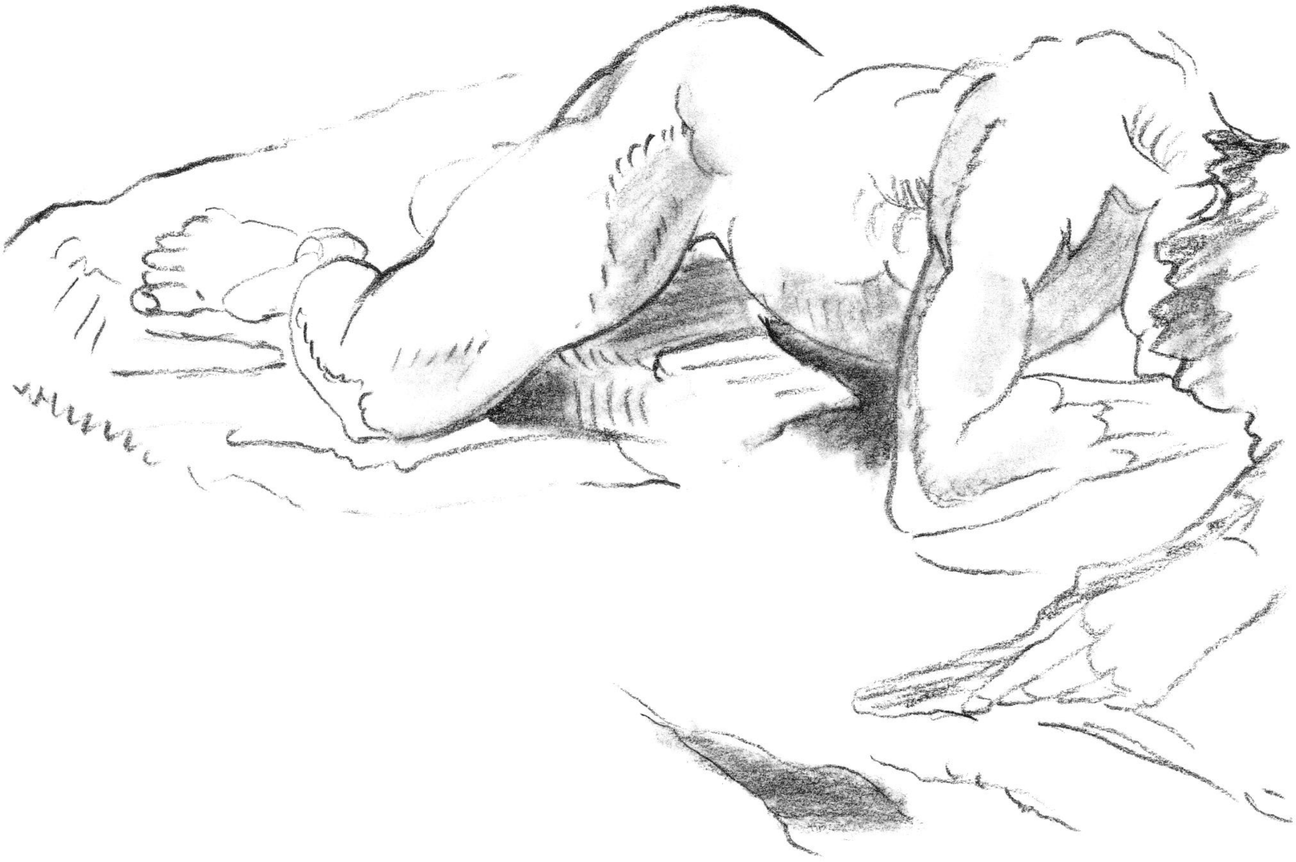

4 Nun sind die Konturen richtig ausgearbeitet, aber erst das Schraffieren macht den Körper wirklichkeitsnah. Zeichnen Sie die Schatten aber nach einem Plan ein: Sehen Sie sich die Lage und die Beschaffenheit der Schraffuren genau an, ehe Sie zum Stift greifen. Wenn Sie die Schattenbereiche gut kennen, zeichnen Sie die Bereiche zunächst leicht ein und füllen Sie sie dann aus. Achten Sie auf die Schattenlinien und auf die unterschiedlichen Grautöne.

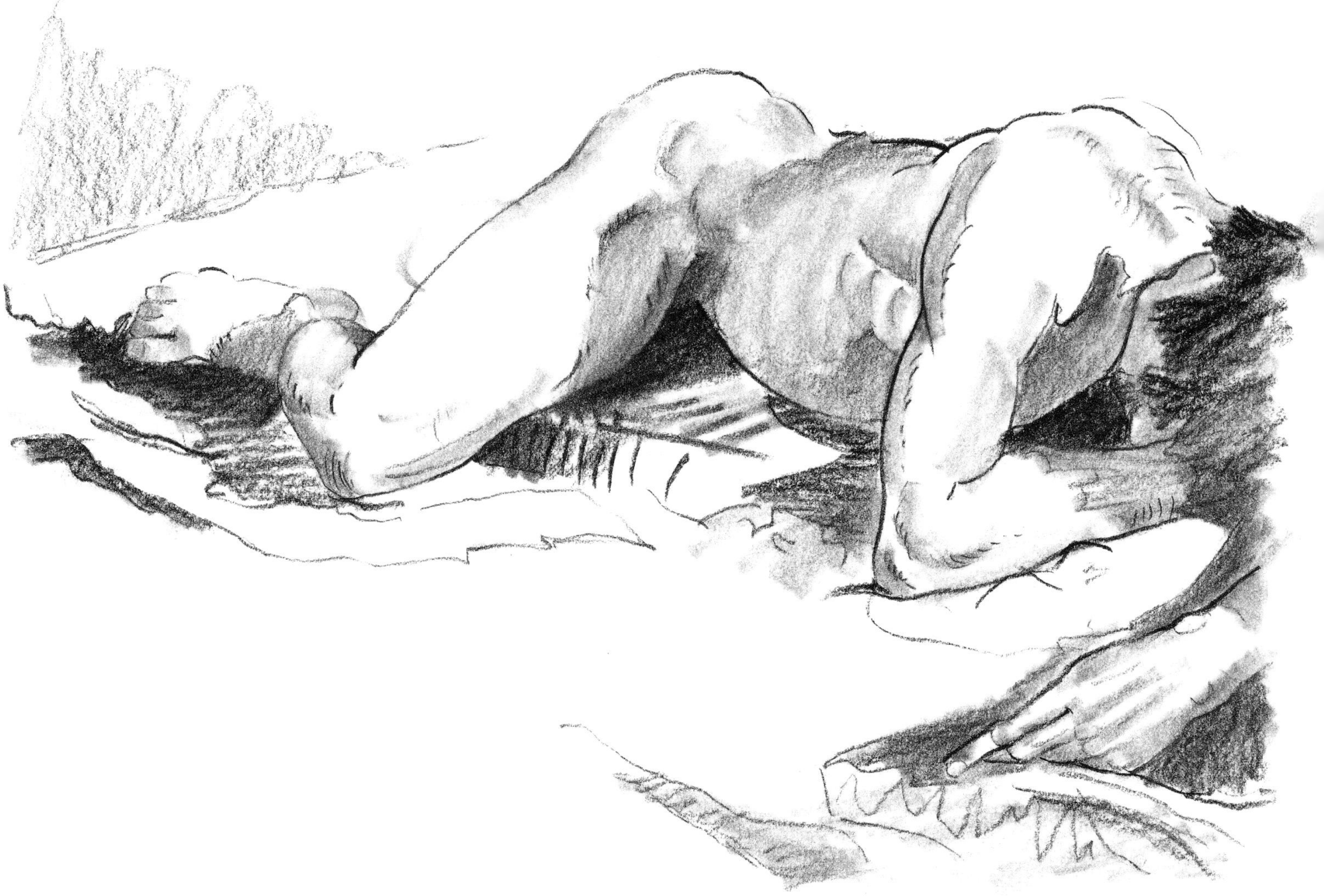

5 Für die Details die Kohlestifte schärfen. Dazu einen Spitzer, ein Künstlermesser oder Sandpapier nehmen (▶ Seite 11). Den Stift im lockeren Schraffurgriff halten und mit der Seite der Mine die Schatten als weiche Striche einzeichnen. Die Striche sollten sehr leicht sein, da Kohle dunkler wird, wenn man sie verreibt: Dazu einen Papierwischer zur Hand nehmen und die mit A, B und C gekennzeichneten Stellen sanft verreiben. An manchen Stellen mit dem Knetradiergummi wieder etwas Kohle entfernen. So werden zum Beispiel die Sehnen auf der linken Hand (D) gut sichtbar.

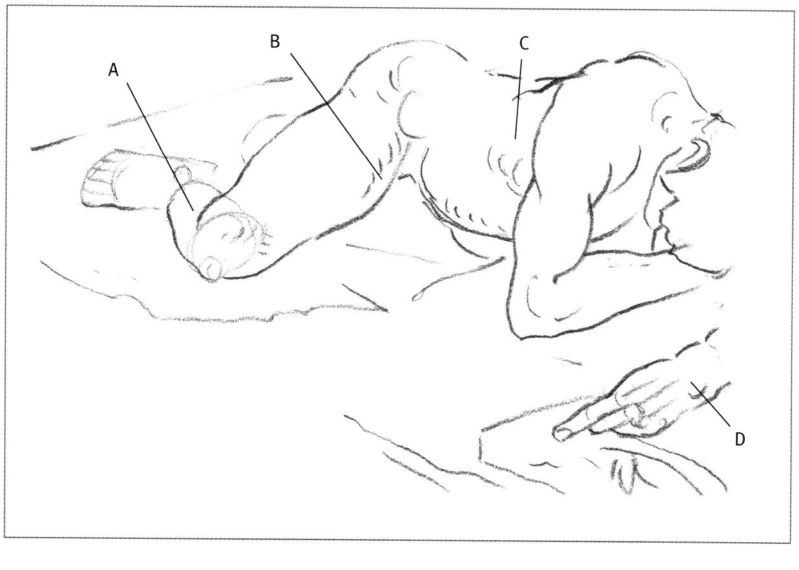

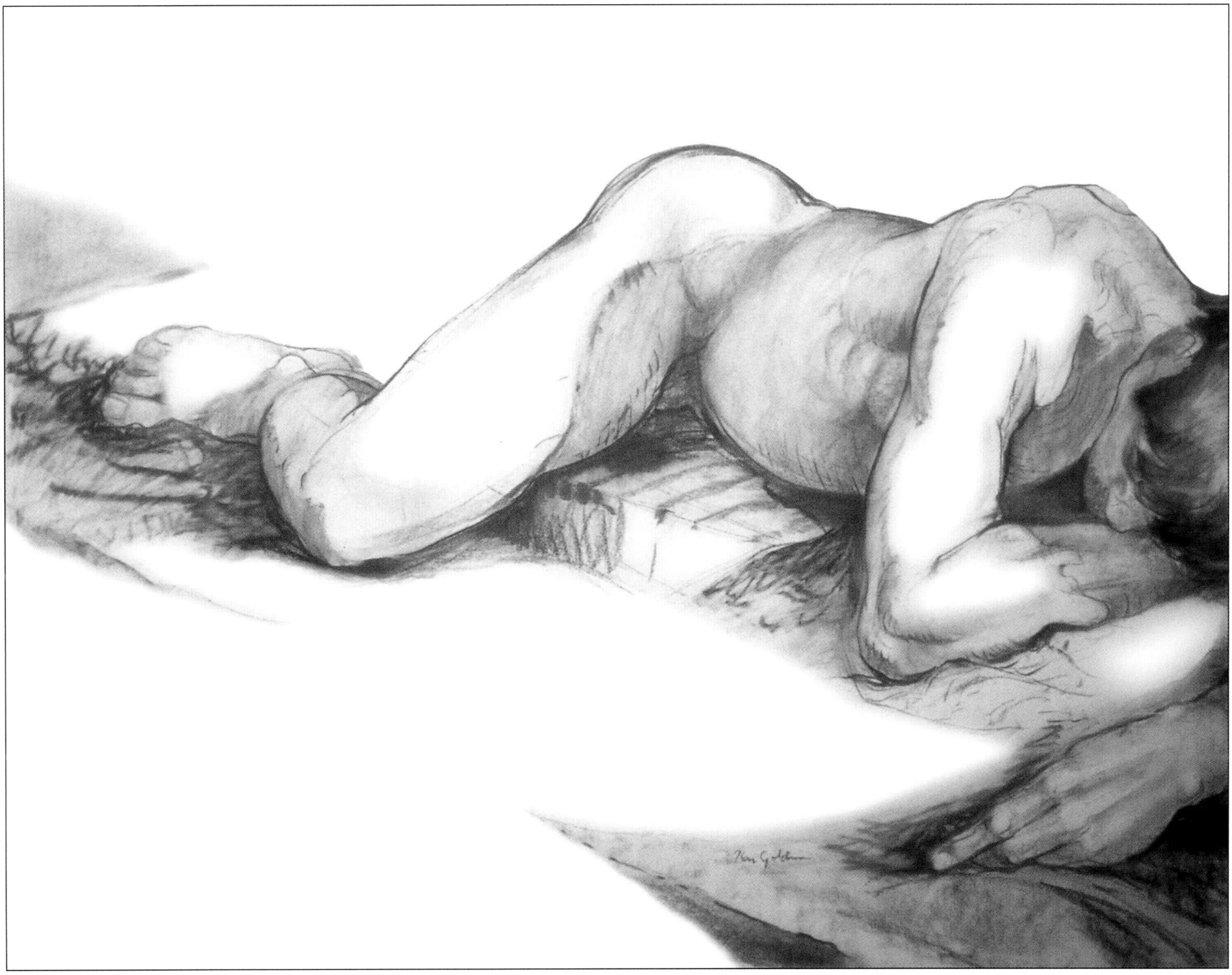

6 Zum Schluss das Bild einer genauen und kritischen Prüfung unterziehen. Mit dem Knetradiergummi alle Stellen, die nach dem Verreiben zu dunkel geworden sind, vorsichtig so lange aufhellen, bis Ihnen der Gesamteindruck gefällt. Mit dem Knetradiergummi können Sie auch sehr schön abgestufte Zwischentöne wie bei A, B, C gestalten oder Formschatten (D) und Schlagschatten (E, F). Zum Schluss noch einige Linien setzen, um dem Trapezmuskel (G) und dem großen Gesäßmuskel mehr Akzent zu verleihen.

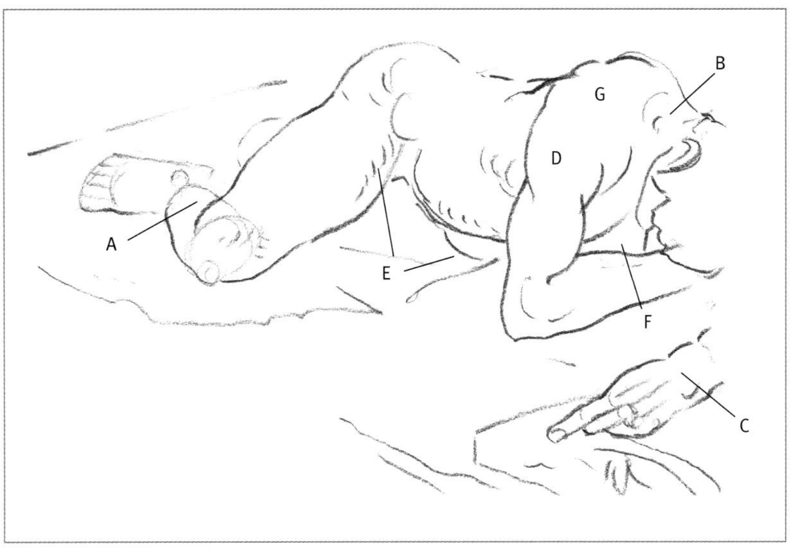

Freies Aktzeichnen

Wenn Sie frei und mit lebenden Modellen arbeiten wollen, ist das Wichtigste die Frage: Womit beginne ich? Und die Antwort ist einfach: Sie müssen dafür sorgen, dass die Figur ausbalanciert und auf dem Blatt gut positioniert ist. Womit Sie beginnen, bleibt Ihnen selbst überlassen.

Die Balance finden

Damit es nicht aussieht, als würde die Figur umfallen, gibt es bewährte Hilfsmittel: den Gleichgewichtspunkt und die Gleichgewichtslinie. Der Gleichgewichtspunkt ist verhältnismäßig leicht zu finden. Bei Ansichten von vorne liegt er im Nacken, bei seitlichen Ansichten in der Mitte des Ohrs und von hinten gesehen liegt er am Halsansatz. An jedem dieser Punkte beginnt die Gleichgewichtslinie, die Sie so finden: Sie nehmen einen Bleistift und halten ihn mit ausgestrecktem Arm mit der Spitze an den Gleichgewichtspunkt. Dort, wo der Bleistift auf den Fuß oder die Füße trifft, endet die Linie.

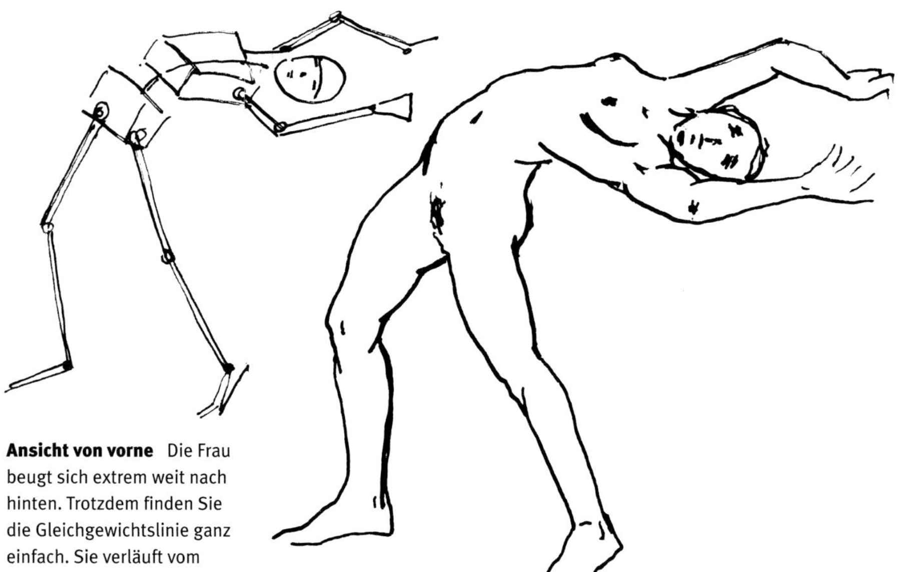

Ansicht von vorne Die Frau beugt sich extrem weit nach hinten. Trotzdem finden Sie die Gleichgewichtslinie ganz einfach. Sie verläuft vom Nacken senkrecht nach unten zum Fuß.

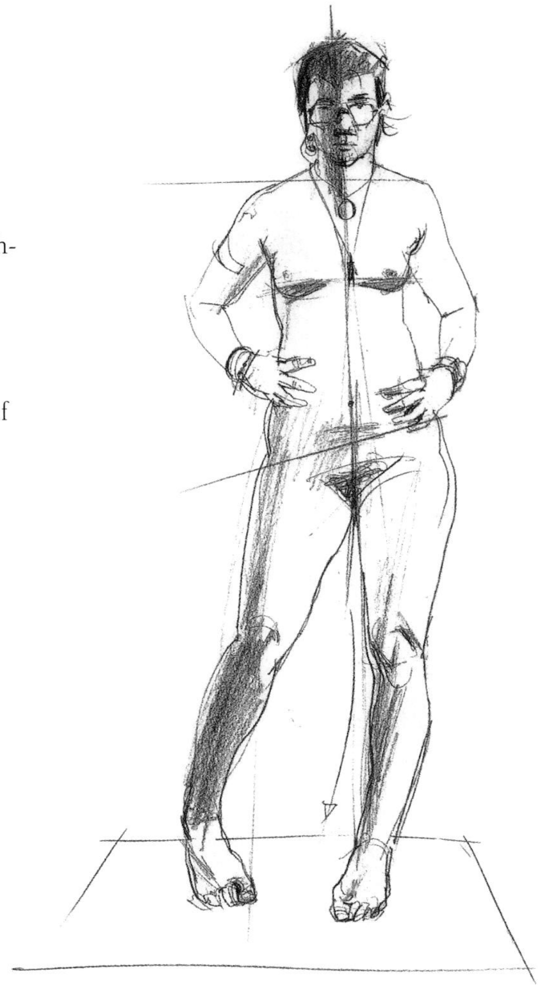

Ansicht von vorne Der Gleichgewichtspunkt liegt im Nacken. Die Gleichgewichtslinie läuft senkrecht nach unten und endet zwischen den Füßen.

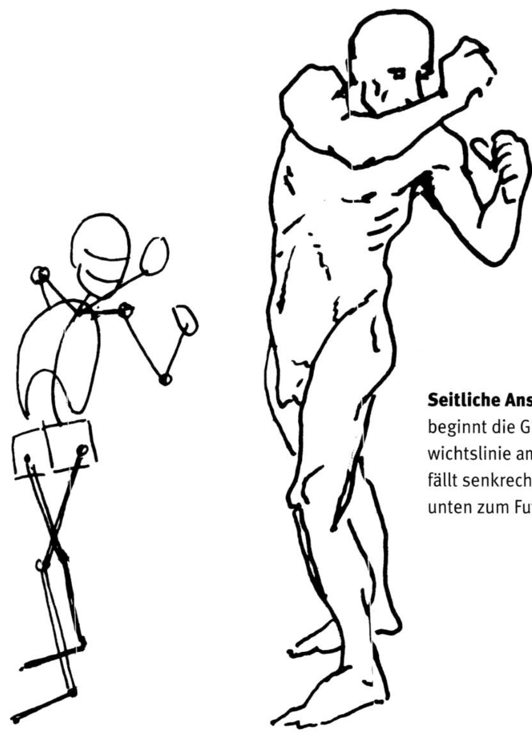

Seitliche Ansicht Hier beginnt die Gleichgewichtslinie am Ohr und fällt senkrecht nach unten zum Fuß.

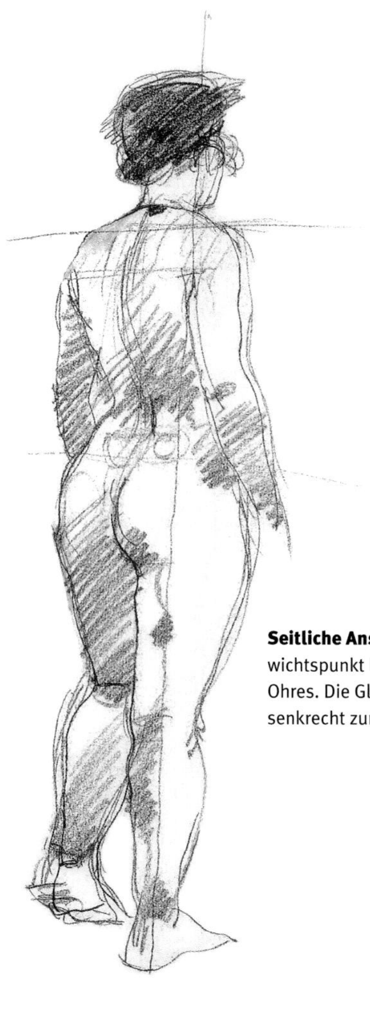

Seitliche Ansicht Der Gleichgewichtspunkt liegt in der Mitte des Ohres. Die Gleichgewichtslinie läuft senkrecht zum rechten Fuß.

Die Grundformen

Ebenso wichtig ist es, die Grundform der Figur und die Pose, die sie einnimmt, zu erfassen. Nur dann können Sie den Platz optimal einteilen. Arbeiten Sie mit einfachen geometrischen Figuren und mit Hilfslinien.

Sehen Sie Ihr Modell genau an und zeichnen Sie dann folgende Hilfslinien leicht ein: Linie für den Stand auf dem Boden, Linie des Verlaufs der Hüften, Linie des Verlaufs der Schultern, Linie für den Scheitel. Wenn Sie anschließend noch die Gelenke (Knöchel, Knie, Ellbogen) und/oder die Wirbelsäule einzeichnen, haben Sie einen ersten Entwurf.

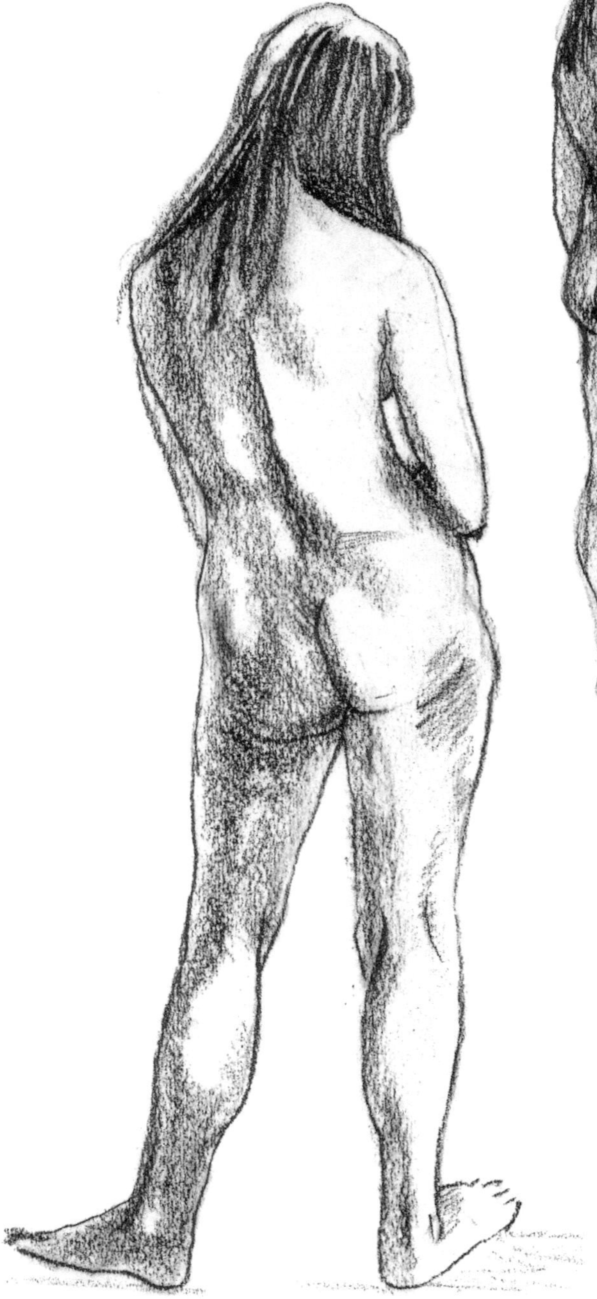

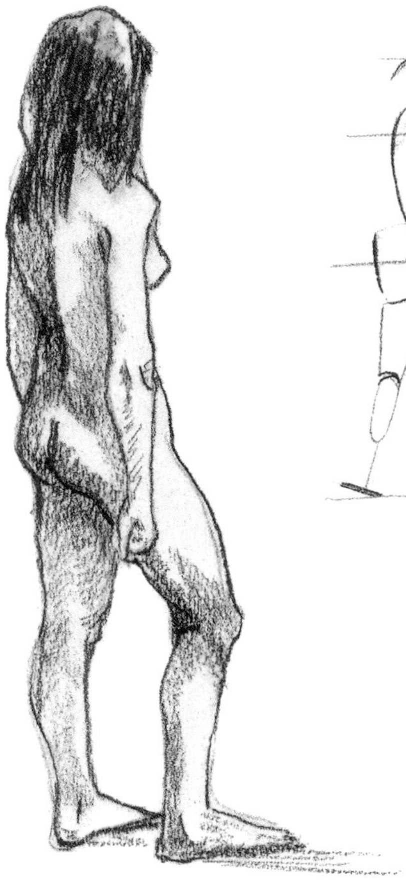

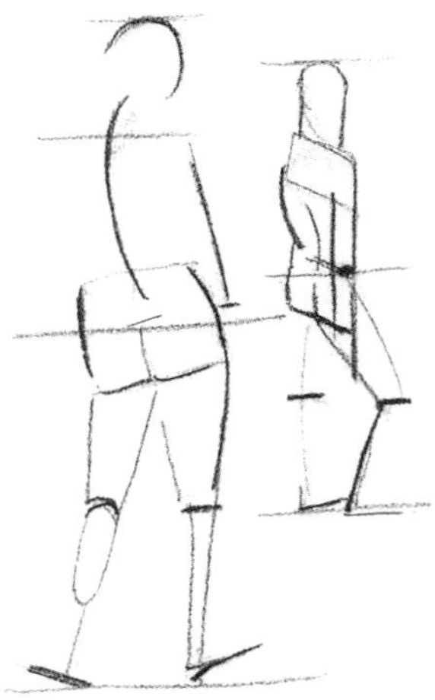

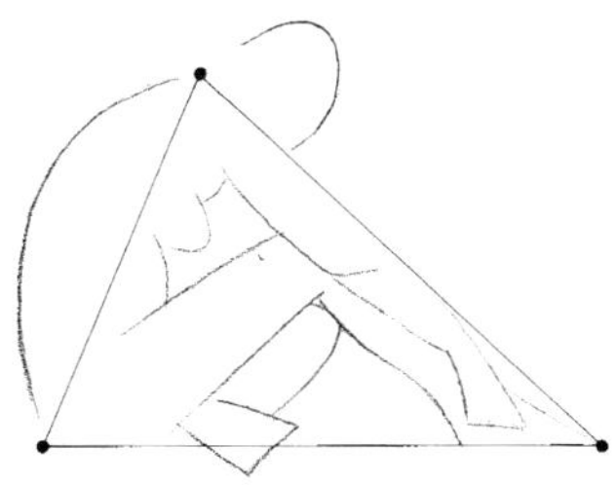

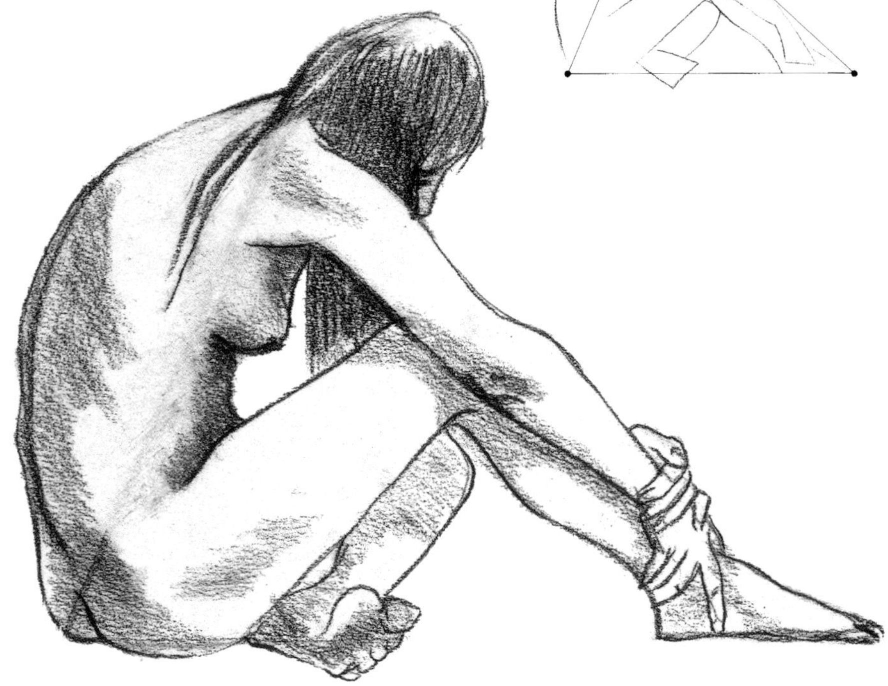

Ein Gefühl für den Körper

Unser Körper ist eine komplexe dreidimensionale Gestalt, und gerade zu Anfang ist es nicht einfach, dies auch in ein Bild zu übertragen. Zwei Methoden haben sich sehr gut bewährt, um ein Gefühl für das Volumen des Körpers zu entwickeln – das Zeichnen der reinen Körpermasse mit Kohle und die Darstellung mit einfachen geraden Strichen.

Kohleskizzen

So schön subtile Zeichnungen sind, es besteht die Gefahr, dass sie etwas blutleer und schwächlich wirken. Die pure Präsenz des Körpers ist etwas Wundervolles und es gibt eine einfache und effektive Methode, um das nicht zu vergessen: Kohleskizzen der Körpermasse.

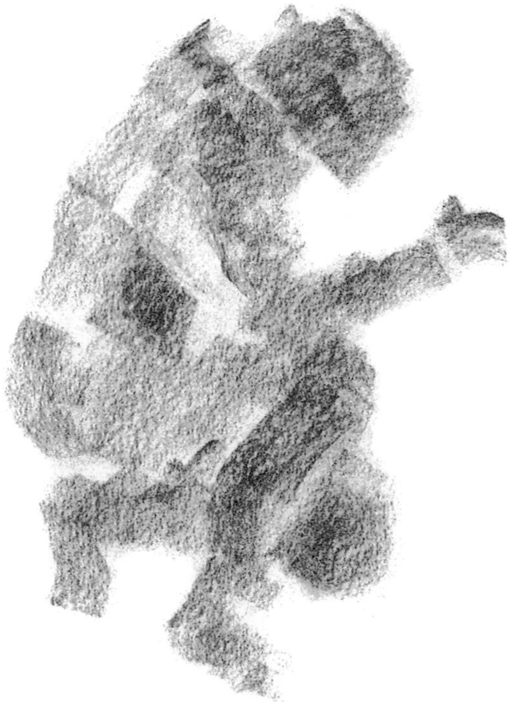

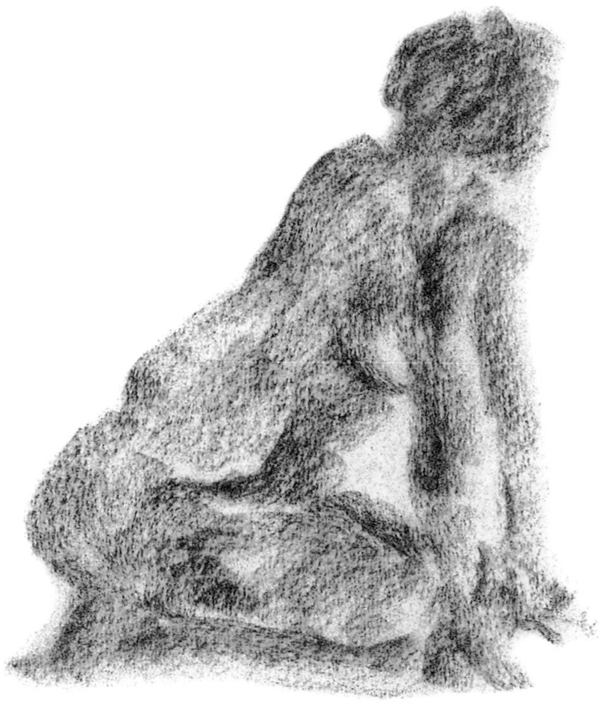

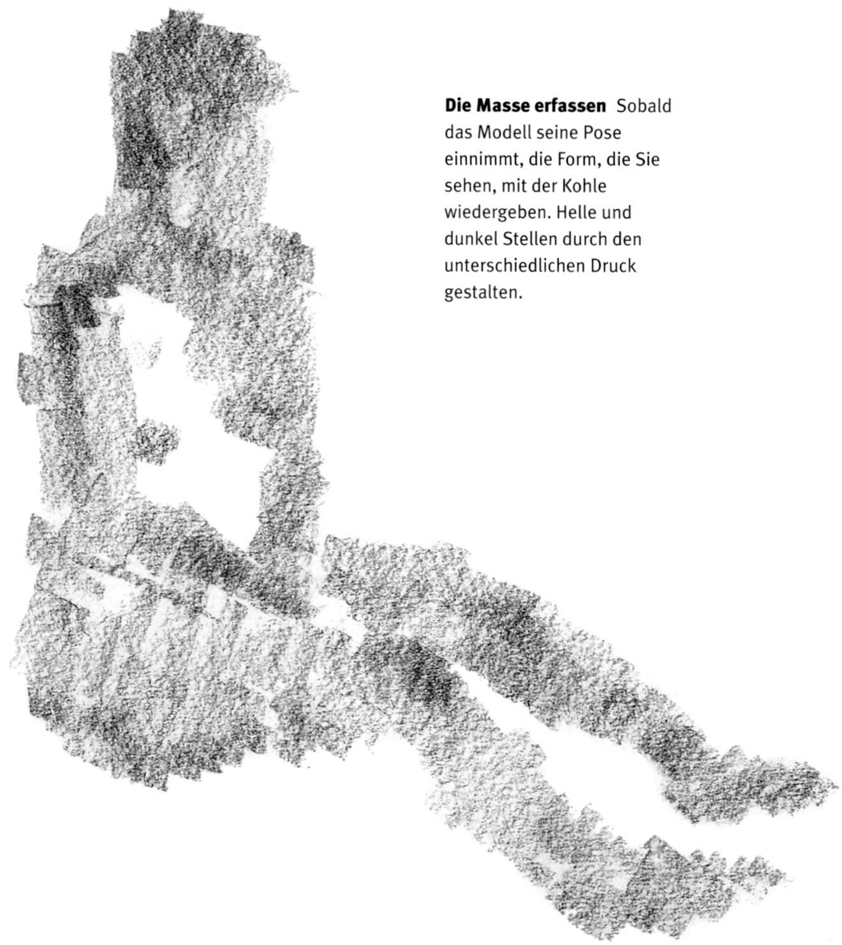

Die Masse erfassen Sobald das Modell seine Pose einnimmt, die Form, die Sie sehen, mit der Kohle wiedergeben. Helle und dunkel Stellen durch den unterschiedlichen Druck gestalten.

Machen Sie vorher Lockerungsübungen: Die Kohle zur Hand nehmen und zunächst mit der Spitze, dann mit der flachen Seite einfache Formen zeichnen – dabei den Druck ändern.

Körper aus Kanten und Strichen

Obwohl unser Körper aus Masse und Rundungen besteht, ist es eine gute Übung, ihn mit einfachen geraden Strichen zu zeichnen. Dazu müssen Sie sehr genau hinsehen, um zu erkennen, wo die Ebenen des Körpers wechseln.

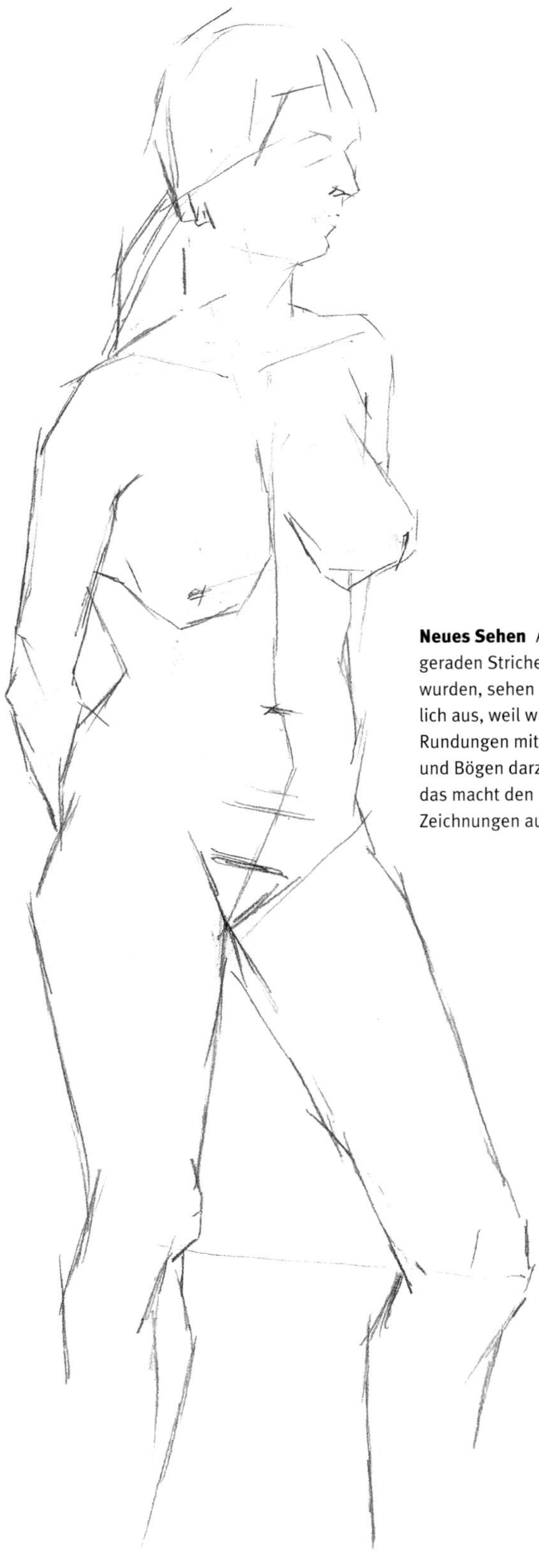

Neues Sehen Akte, die mit geraden Strichen gezeichnet wurden, sehen immer ungewöhnlich aus, weil wir es gewohnt sind, Rundungen mit gerundeten Linien und Bögen darzustellen. Gerade das macht den Reiz dieser Zeichnungen aus.

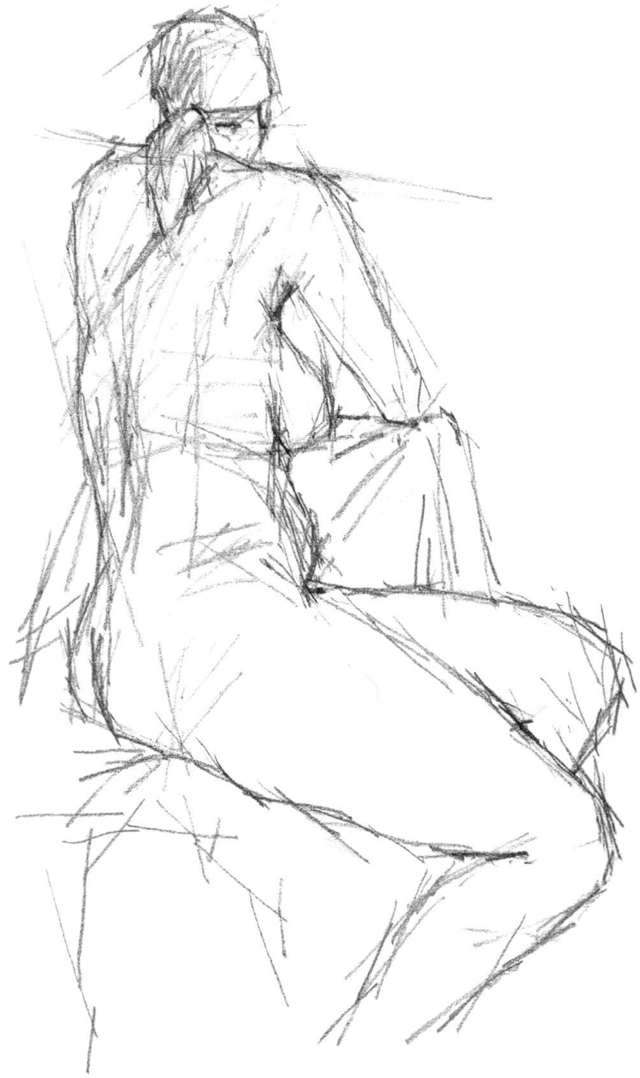

Genau hinsehen Dass es nicht einfach ist, neue Techniken auszuprobieren, kann man hier gut erkennen. Obwohl der Künstler mit gutem Gespür und gutem Auge den Körper sehr schön erfasst und gezeichnet hat, ist ihm ein Fehler unterlaufen: Im Verhältnis ist der Kopf zu klein.

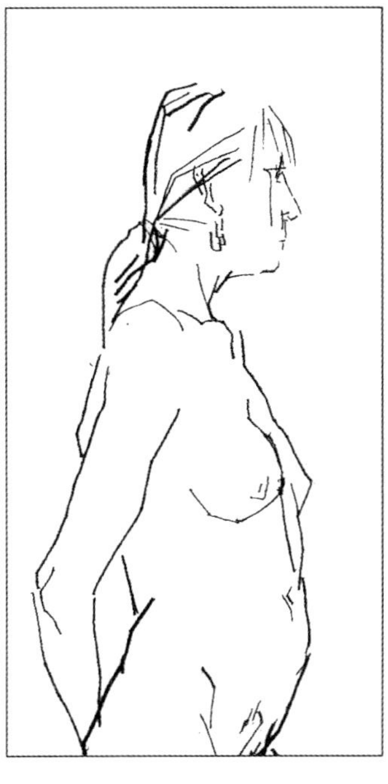

Abstrakte Kunst Akte mit Strichen zu zeichnen können Sie so weit perfektionieren, dass Sie nur noch ganz wenige Linien brauchen. Das Ergebnis ist so markant, dass Sie es sogar als Grundlage für einen Linolschnitt verwenden könnten.

Linien, Licht und Schatten

Wie gut Kohleskizzen und Linienakte als Vorübung sind, kann man an den Aktbildern auf dieser Seite sehen. Den Künstlern ist es gelungen, mit sicherem Körpergefühl das Volumen und die Präsenz des Körpers perfekt eingefangen, obwohl die Bilder alle „nur“ mit Bleistift gezeichnet wurden.

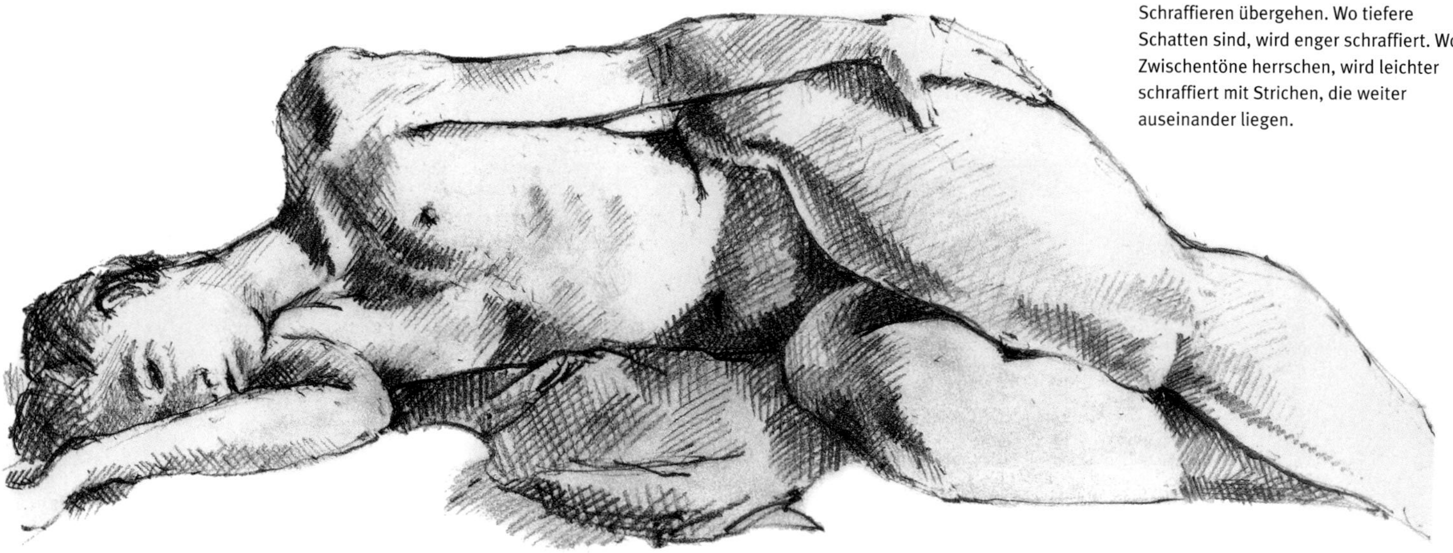

Kreuzschraffuren Mit schlichten Kreuzschraffuren wurde dieser anrührende Akt geschaffen. Zuerst die Umrisse als gebrochene Linien zeichnen. Dann zum Schraffieren übergehen. Wo tiefere Schatten sind, wird enger schraffiert. Wo Zwischentöne herrschen, wird leichter schraffiert mit Strichen, die weiter auseinander liegen.

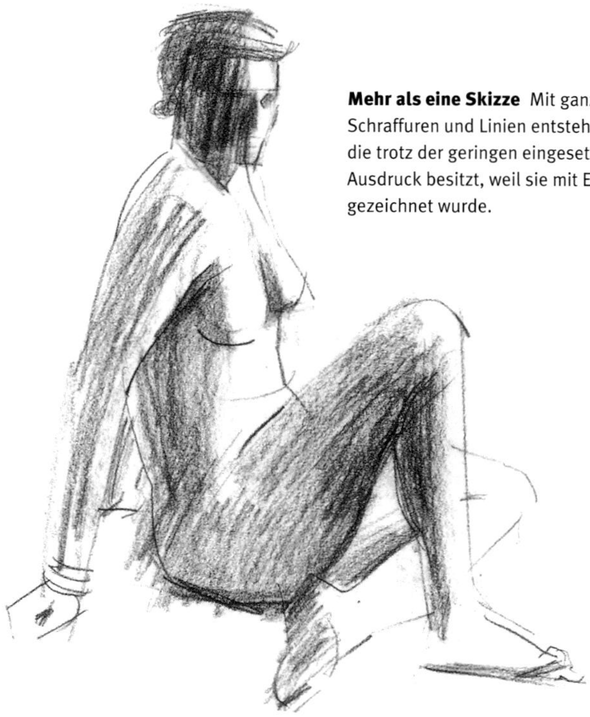

Mehr als eine Skizze Mit ganz einfachen Schraffuren und Linien entsteht diese Aktstudie, die trotz der geringen eingesetzten Mittel viel Ausdruck besitzt, weil sie mit Entschiedenheit gezeichnet wurde.

Licht und Schatten Nur mit dem Bleistift entstand auch diese anmutige Rückenansicht. Ihr Geheimnis: Die Spannung zwischen dem schraffierten Oberkörper und dem fast rein weißen Unterkörper, der zu schweben scheint.

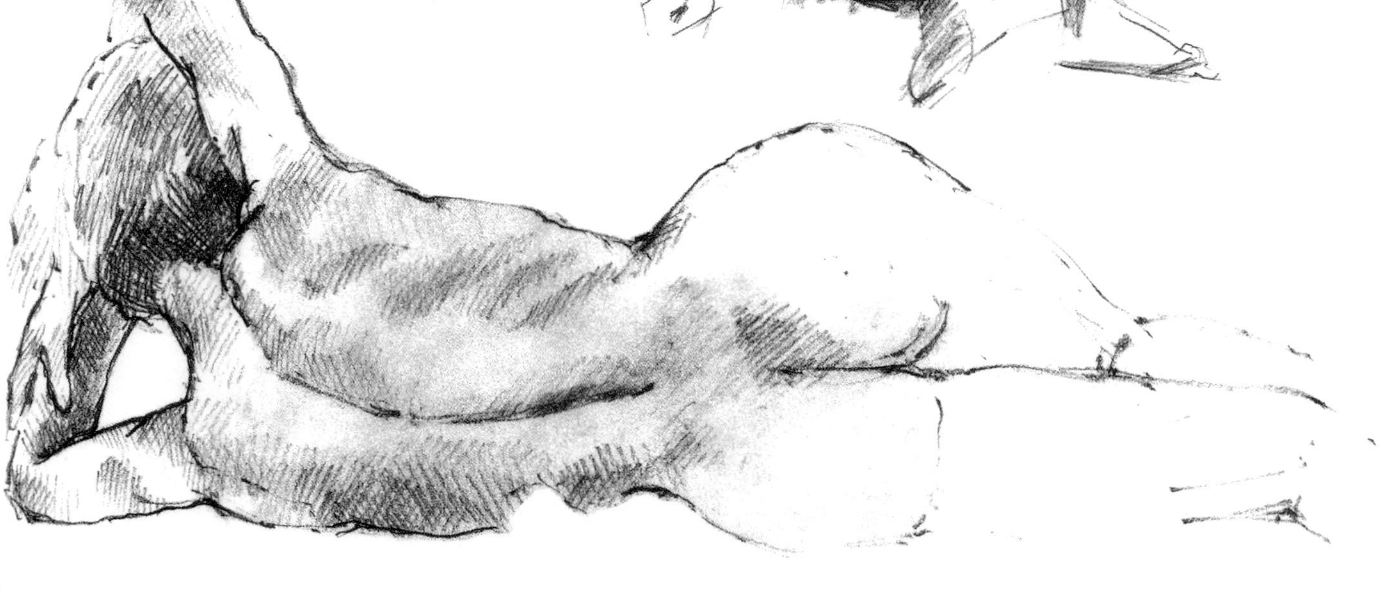

Eine Frage der Zeit

Natürlich spielt es auch eine Rolle, wie viel Zeit Sie für ein Bild haben. Der liegende Frauenakt konnte auch deshalb so sorgfältig ausgearbeitet werden, weil das Modell bequem lag und die Pose über lange Zeit halten konnte. Die Männerstudien sind dagegen jeweils innerhalb von 5 Minuten entstanden.

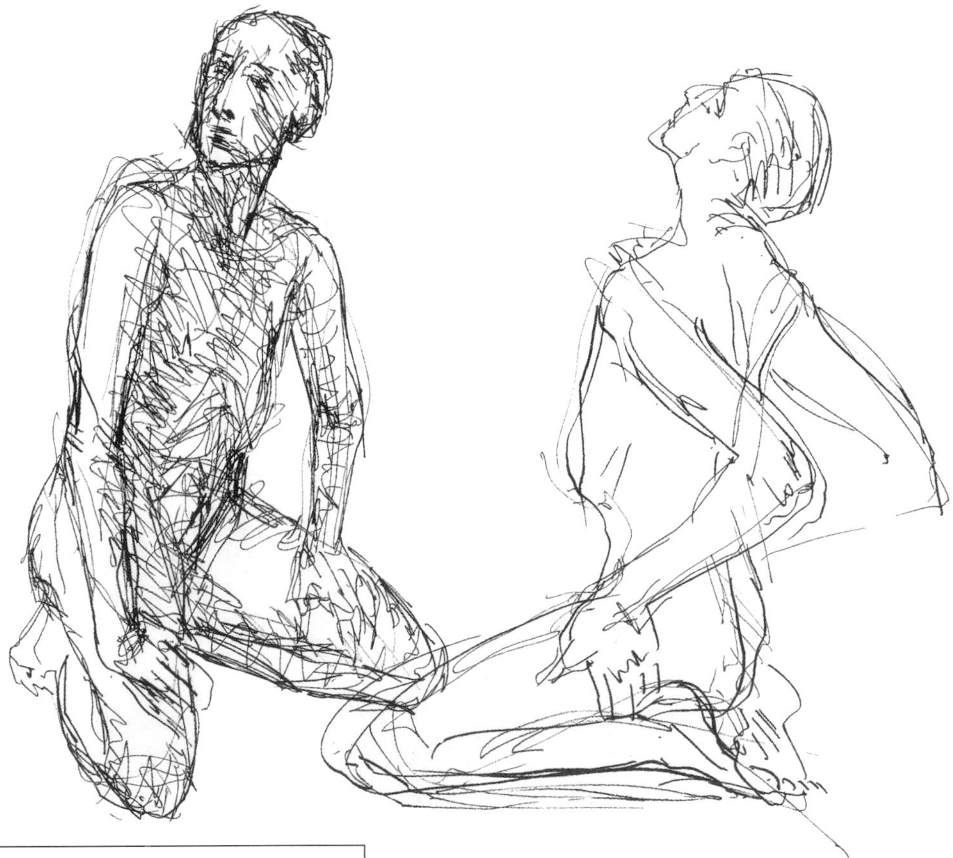

In Kunstkursen wechselt das Modell oft sehr schnell die Position. Dann heißt es, rasch zu arbeiten. Trotzdem gelang im linken Bild eine Skizze der Schatten. Eine solche Studie kann man später zu einem detaillierten Bild ausarbeiten.

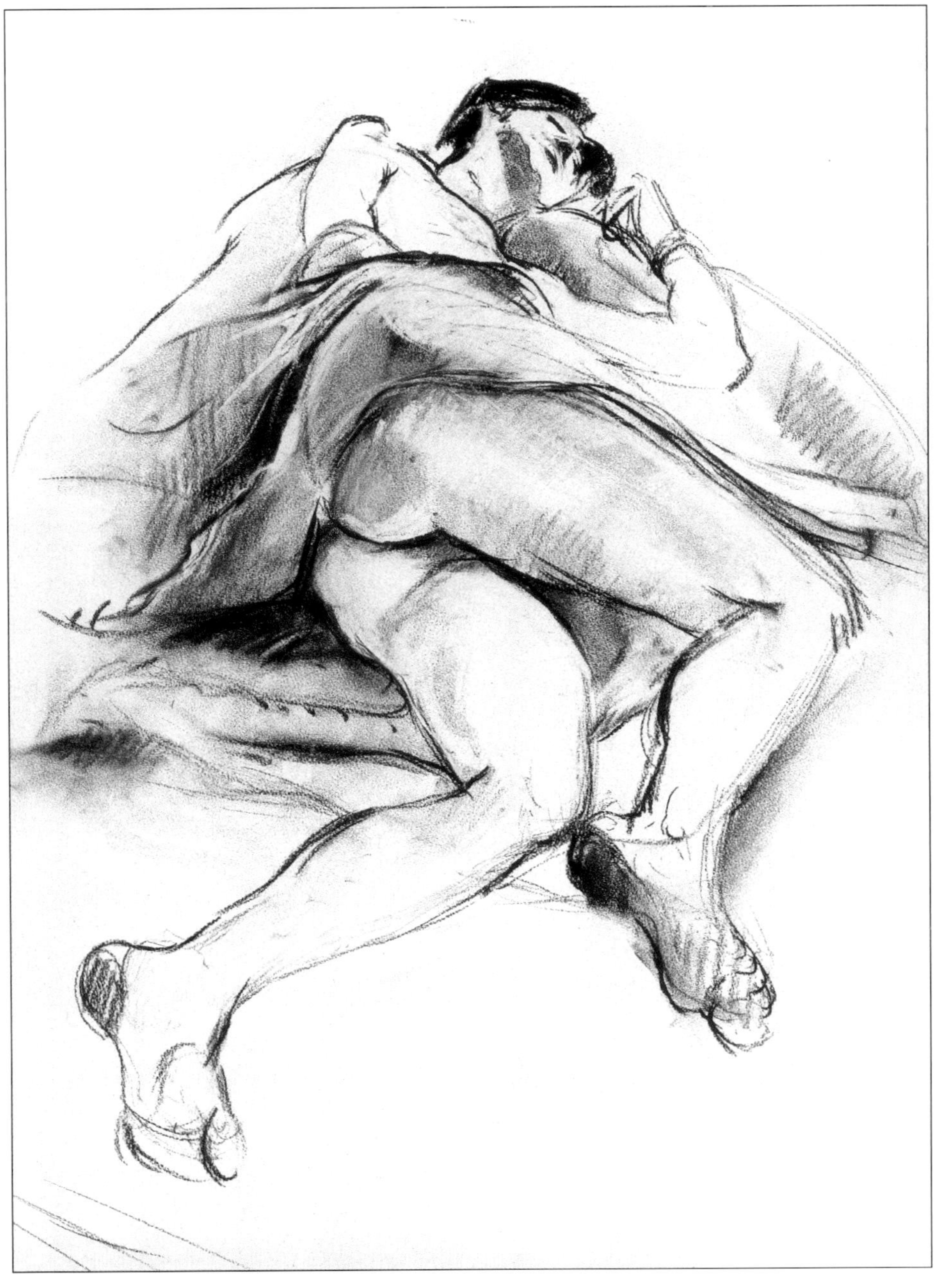

Die optische Verkürzung ist perfekt gelungen, obwohl der Künstler sehr nah am Modell stand, was zur starken Verschiebung der natürlichen Proportionen führt.

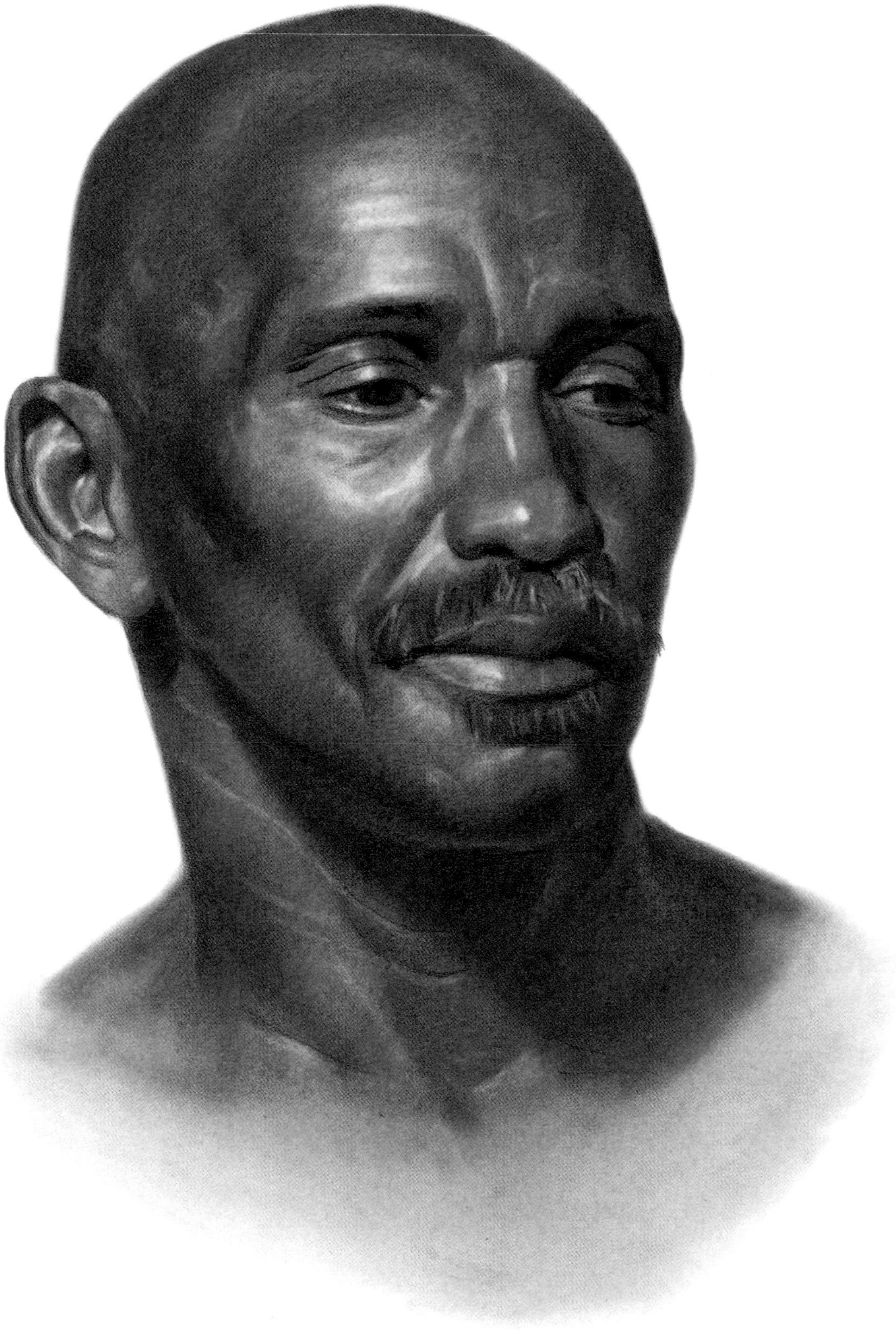

Meisterklasse PORTRÄTIEREN

In diesem Buchabschnitt lernen Sie eine spezielle Methode des Ausarbeitens von Bleistiftzeichnungen kennen - und Sie lernen auch, wie man professionell nach einem lebenden Modell zeichnet. Anders als beim Arbeiten nach einem Foto kann man im Atelier ein Modell mit einfachen Hilfsmitteln so „vermessen", dass die Gesichtszüge optimal aufs Papier übertragen werden können. Steht die erste Skizze, werden mit einem einfachen, aber wirkungsvollen Prinzip in weiteren sechs Schritten die Gesichtszüge so ausgearbeitet, dass Bilder von packender Eindringlichkeit entstehen. Viele Tipps aus dem Atelier eines erfahrenen Zeichenlehrers helfen, die Anatomie und den Aufbau eines Gesichts besser zu erfassen sowie eigene Fehler zu erkennen und zu vermeiden.

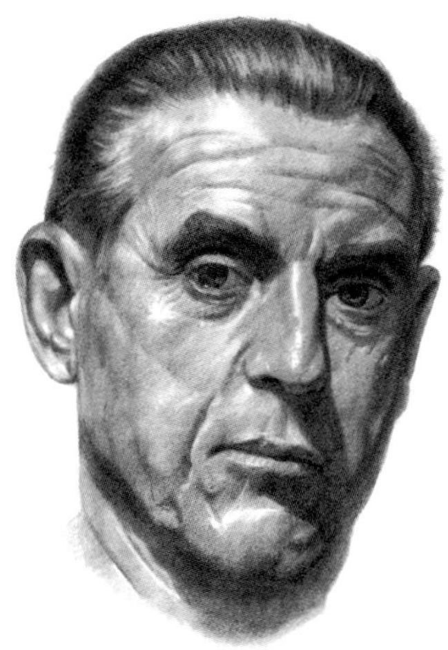

Material und Basistechniken für Fortgeschrittene

Um die anspruchsvollen Zeichnungen in diesem Kapitel optimal umsetzen zu können, brauchen Sie folgende Stifte und Hilfsmittel:

- Bleistifte in Härte 9B, 8B, 5B und 2B sowie einen Spitzer
- Papierwischer in verschiedenen Stärken
- Ein Glas (oder eine Dose) mit selbst hergestelltem Grafitstaub: Einen geeigneten Grafitstift mit dem Sandpapier klein reiben. Keinen Bleistift verwenden! Das Pulver im Glas aufheben. Sie brauchen es z.B. für blauschwarzes Haar.
- Puderquasten und Makeup-Schwämmchen zum Verreiben und zum Auftragen von Grafitpulver. Sie sind oft hilfreicher als ein Papierwischer.
- Stricknadel oder Lineal
- Es gibt spezielles Papier für Markerstifte. Nehmen Sie nichts unter 70 g/m^2 – alles andere ist zu dünn
- Zeichenkarton mit rauer Oberfläche
- Zeichenbrett mit Halterungen fürs Papier
- Knet- und Vinylradiergummis, einen elektrischen Radierer und einen Radierstift

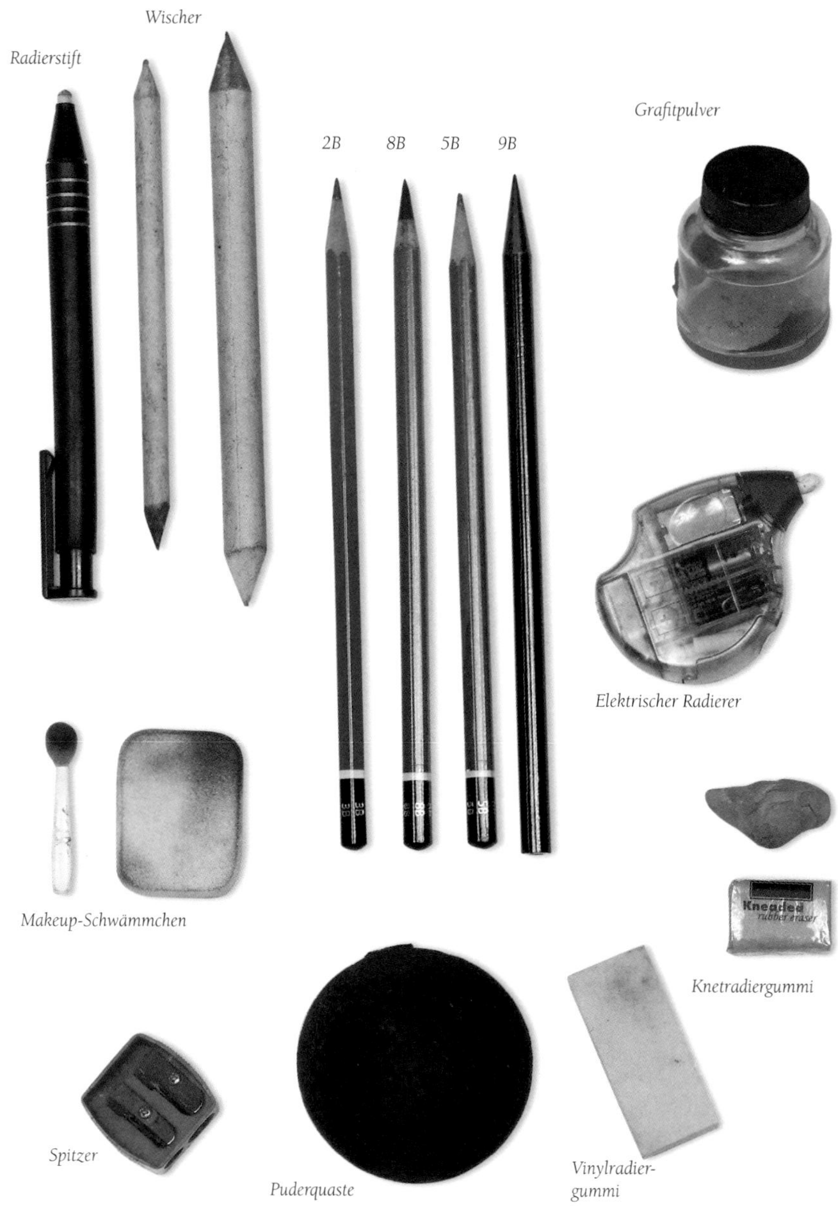

Papier

Die Porträts in diesem Kapitel werden auf zwei spezielle Papiere gezeichnet. Markerpapier ist ideal für Porträts, die nicht größer sind als eine geballte Faust. Es ist aber auch für lebensgroße Porträts geeignet. Das Markerpapier ist immer dann richtig, wenn es schnell gehen muss – seine weiche Oberfläche hat einen leichten Schimmer und man muss die Übergänge nicht so intensiv zeichnen. Dagegen sollte Zeichenkarton mit rauer Oberfläche niemals für kleine Porträts verwendet werden – die eingearbeiteten Holzstücke sind zu groß – sie würden bei kleinen Details stören. Er ist die erste Wahl für große Bilder, für die Sie viel Zeit haben. Das Papier ist kräftig und es absorbiert mehr Grafit, sodass wunderbare dunkelgraue und schwarze Töne entstehen. Der Nachteil ist, dass man kontinuierlich an den Übergängen arbeiten muss, damit sie weich und angenehm wirken. Probieren Sie unbedingt beide Papiersorten aus.

Schraffieren

Um den besonderen Schwarz-Weiß-Effekt der Porträts zu erzielen, der sie so unnachahmlich lebensecht erscheinen lässt, zeichnen Sie in erster Linie mit dem Bleistift in Härte 9B. Nur bei den feinen Details kommen der 5B oder der 2B ins Spiel. Arbeiten Sie mit der Seite des Stifts für die Flächen – nur bei Details und zarten Linien nehmen Sie die Spitze des Stifts.

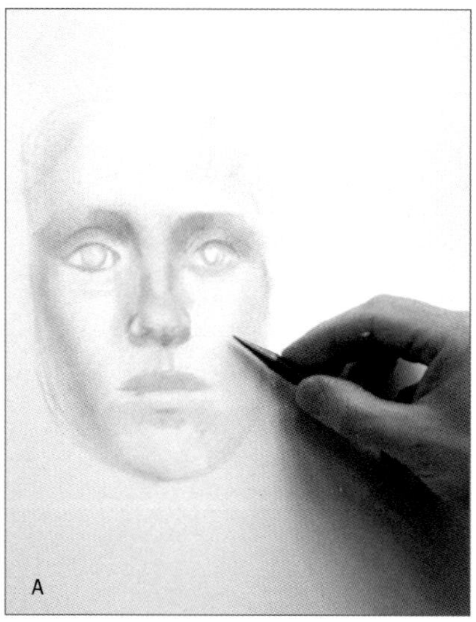

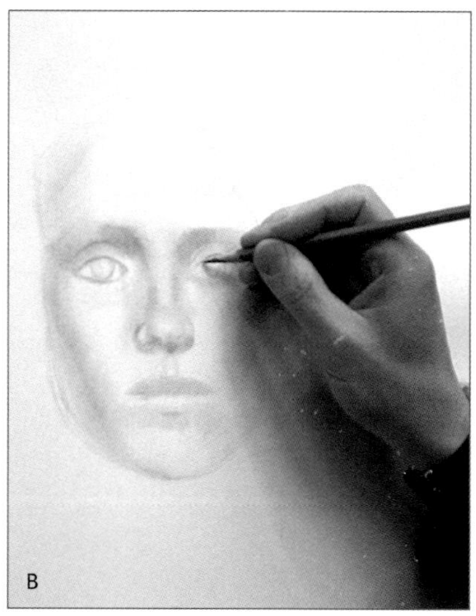

Hier sehen Sie einige Basistechniken für das Zeichnen geometrischer Formen. Üben Sie diese Methoden, ehe Sie an die Porträts in diesem Kapitel gehen, damit Sie mit Sicherheit immer den richtigen Grauwert treffen und die jeweilige Form exakt abbilden können.

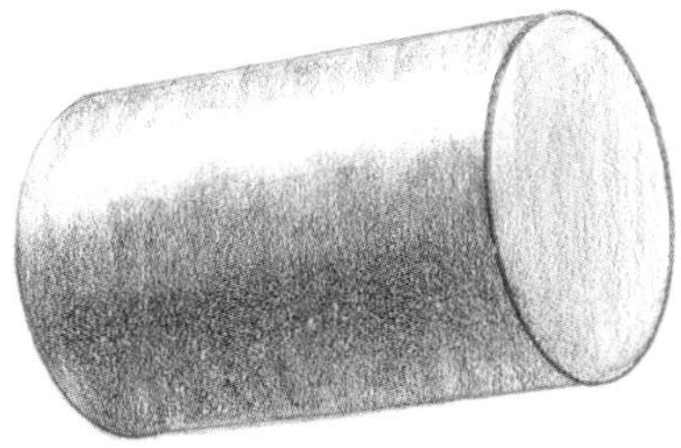

Der Breite nach schraffieren Sehr echt wirken Objekte, wenn Sie mit Strichen schraffieren, die über die ganze Breite der Form laufen. Die Seite der Mine benutzen.

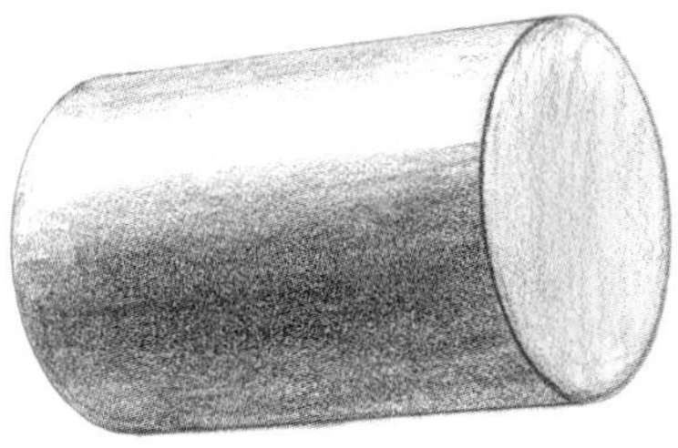

Der Länge nach schraffieren Einen ähnlich guten Effekt erzielen Sie, wenn Sie den Schatten der Länge nach schraffieren.

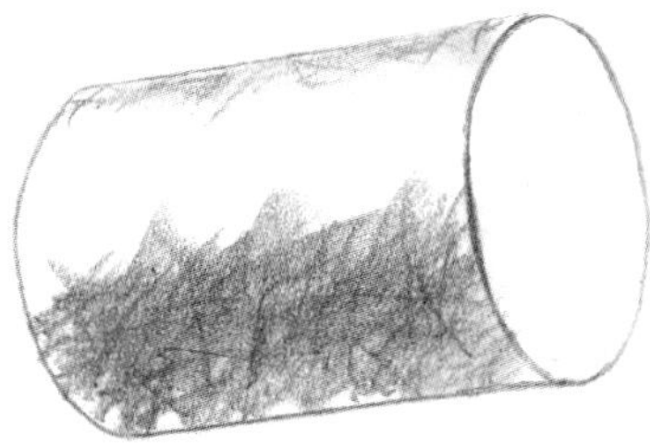

Nicht chaotisch vorgehen Wirr und schlampig sieht es aus, wenn der Schatten ohne Plan und einfach drauflos in verschiedene Richtungen gezeichnet wird.

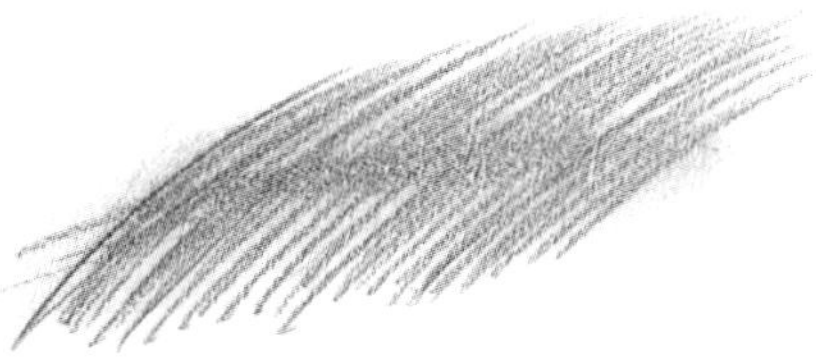

Parallelschraffuren Viele Zeichner benützen regelmäßige parallele Striche mit der Bleistiftspitze, um Flächen zu schraffieren.

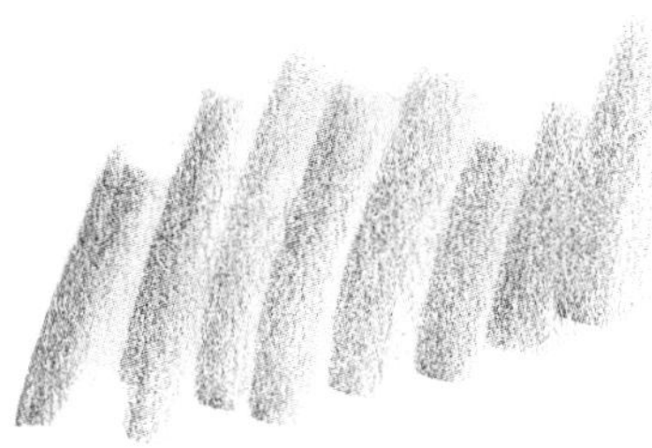

Lassen Sie keine weißen Zwischenräume stehen.

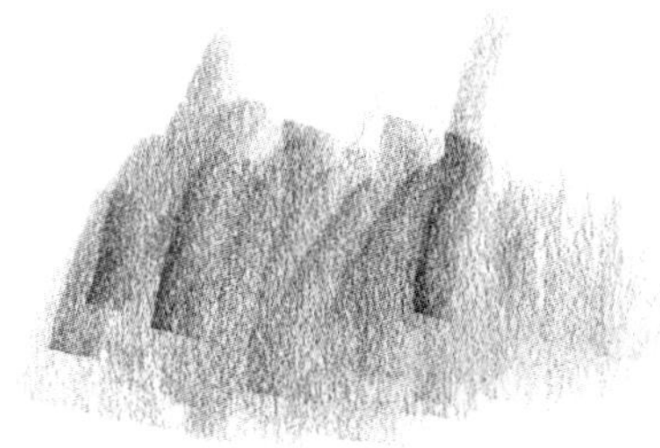

Gleichmäßig aufdrücken Immer mit derselben Kraft aufdrücken. Die Ergebnisse sind weicher und schöner, wenn Sie das Papier mit dem Stift „streicheln".

Wischeffekte

Sobald Sie mit den ersten Arbeitsschritten, also mit dem Skizzieren und Schraffieren fertig sind – das sind die Arbeitsschritte 1 bis 5 bei den Porträts dieses Kapitels –, nehmen Sie einen Papierwischer oder ein Makeup-Schwämmchen zur Hand und verreiben die dunkelsten Schattenbereiche des Bildes. So werden die Grautöne noch intensiver.

Schlusspolitur

Nach dem Verreiben des Grafits auf den Schatten wird das ganze Bild „poliert". Dazu brauchen Sie eine Puderquaste oder ein Wattepad und gehen sachte über das ganze Porträt. Helle Lichtreflexe werden anschließend heraus radiert. Alle rein weißen Stellen bearbeiten Sie am besten vorsichtig mit dem elektrischen Radierer. Beim Verwischen ist es wichtig, dass dies wirklich der letzte Arbeitsschritt ist. Wenn man zu früh damit beginnt, sieht das Porträt unfertig und stümperhaft aus. Trotz dieser Gefahr ist das Polieren der Schritt, der das Bild perfekt macht. Halten Sie sich einfach an diese beiden Regeln, dann stimmt das Ergebnis:

1) Beginnen Sie mit der Schlusspolitur erst, wenn das Bild zu mindestens drei Vierteln fertig ist.

2) Reiben Sie nur so viel Grafit über die hellsten Stellen, dass Sie die Reflexe wieder heraus radieren könnten. Es ist ganz normal, dass man danach andere Stellen wieder dunkel nacharbeiten muss.

A

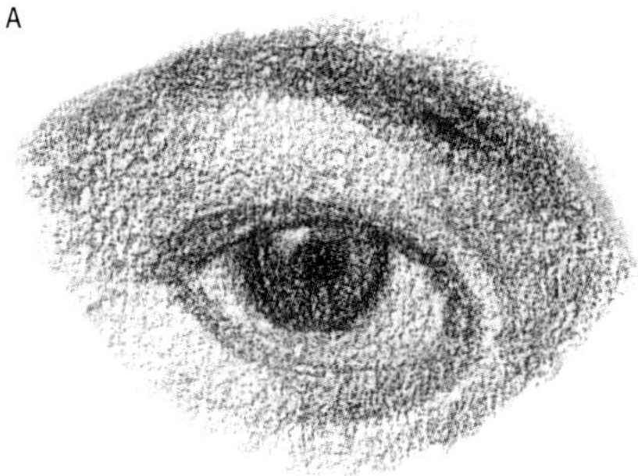

B

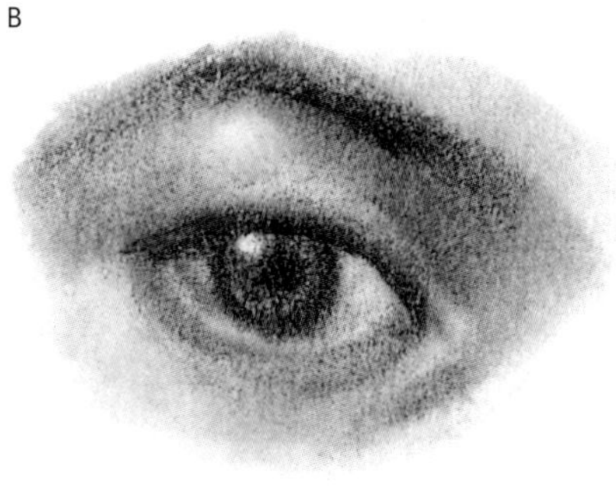

Das Polieren verleiht dem Porträt einen angenehmen Schimmer. Vergleichen Sie das Auge vor dem Polieren (A) und danach (B).

Schatten und Licht

In der Zeichnung unten sehen Sie, wie Licht und Schatten einen Gegenstand formen. Jedes Motiv – ob es Gesichter sind, Landschaften oder Kleidung – erhält durch das Schraffieren von Licht und Schatten die Form, die wir sehen. In Bleistiftzeichnungen stehen nur die verschiedenen Grauwerte zur Verfügung, um ein Motiv zu formen. Je realistischer und wirklichkeitsnaher Sie Schatten und Licht darstellen, desto besser kann der Betrachter die Räumlichkeit Ihres Motivs sehen.

Licht und Schatten zeichnen Schatten sind keine hässlichen schwarzen Flecken! Ein Schatten entwickelt sich immer aus dem Licht, wird dunkler und kann sehr sauber gezeichnet werden. Blättern Sie also nicht weiter, weil diese Seite langweilig ist. Wenn Sie wirklich zeichnen können wollen, dann muss Ihnen jedes Wort auf dieser Seite in Fleisch und Blut übergehen. Sehen Sie sich die Entwicklung von Licht und Schatten auf diesem Ei genau an, und suchen Sie immer in Gesicht Ihres Modells nach den entsprechenden Grauwerten.

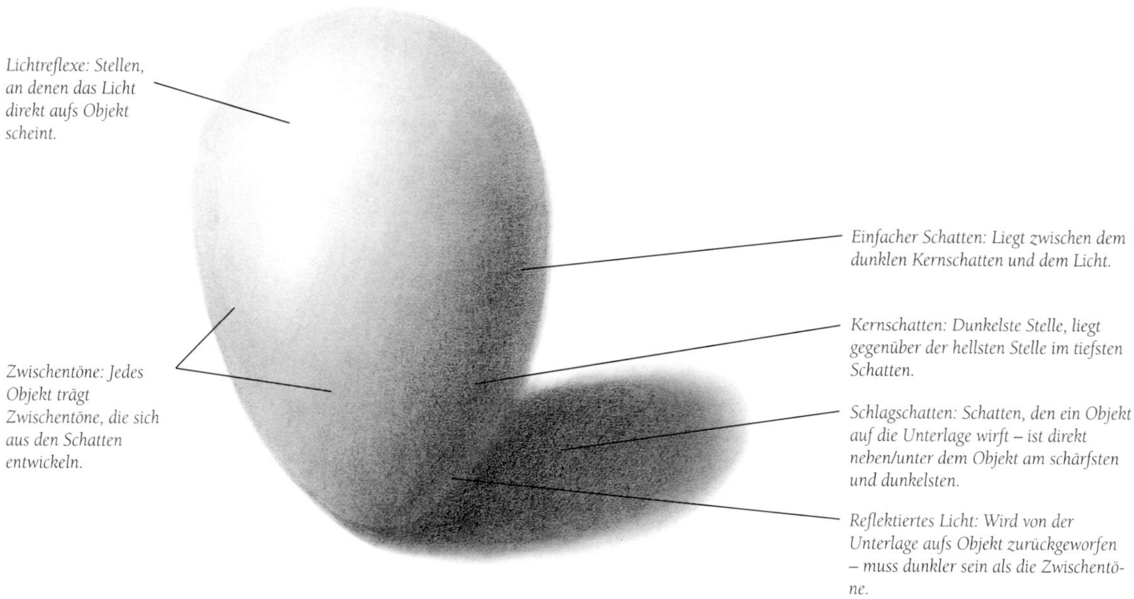

Dieses Porträt wurde ausschließlich in Zwischentönen gezeichnet, damit Sie den Effekt studieren können.

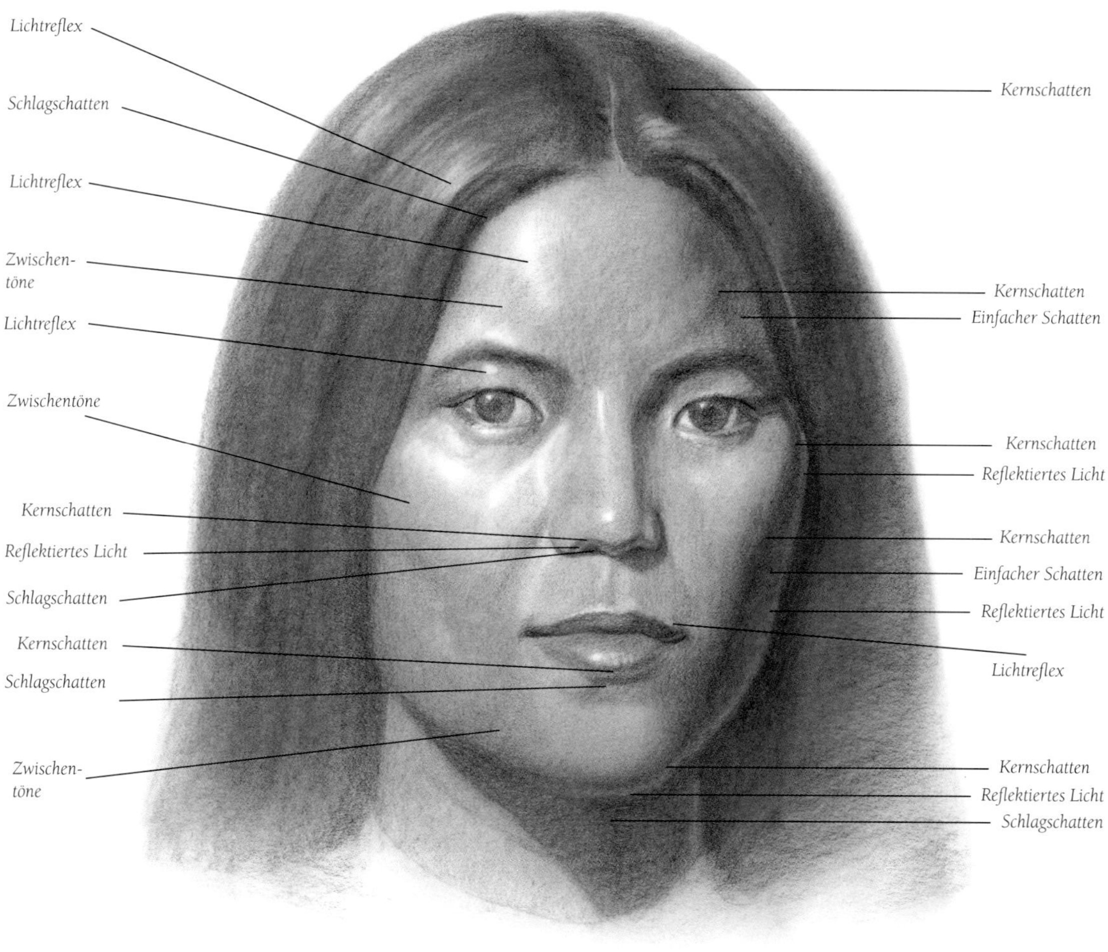

Das Modell ausleuchten

Beleuchten Sie Ihr Modell immer nur mit einer Lichtquelle. Wenn der Raum an sich erleuchtet ist, stört ein weiteres helles Licht nicht. Doch wenn mehrere Lichter konkurrieren, wird das Gesicht nur flach, und Sie können die Gesichtszüge nicht mehr richtig erkennen. Die beiden Porträts unten zeigen dieselbe Frau in zwei unterschiedlichen Beleuchtungssituationen, wie sie Rembrandt und Van Dyke, zwei der großen alten Meister, verwendet haben. Beim Rembrandtstil links kommt das Licht hart und klar von der Seite - so entstehen tiefe Schatten und harte Kontraste. Rechts dagegen scheint das Licht sanft von vorne und das Resultat ist ein weiches, feminines Porträt derselben Frau.

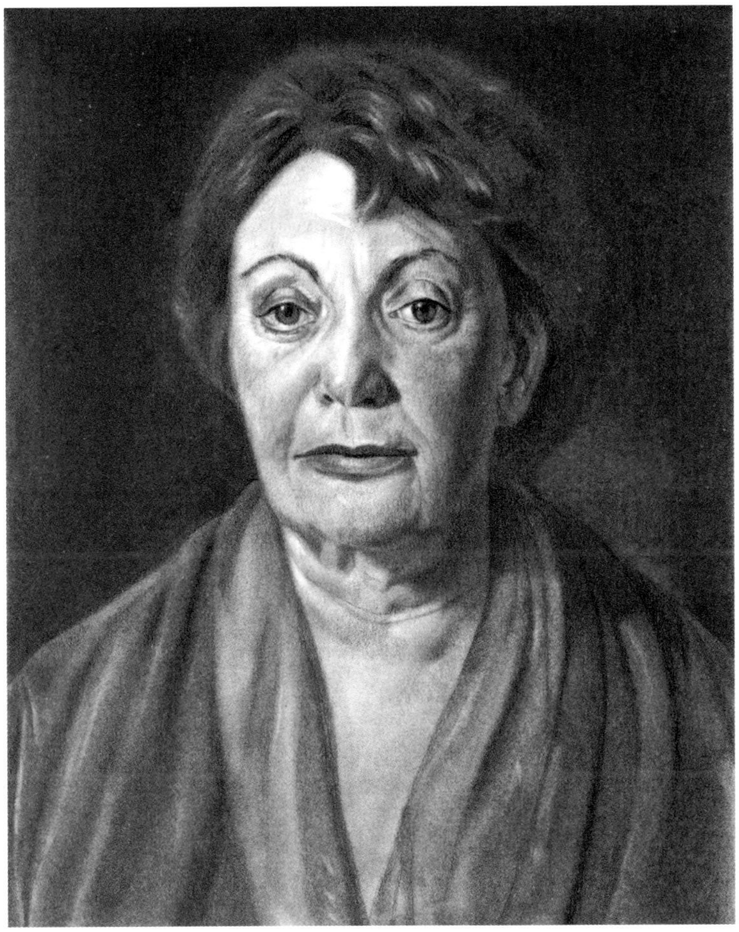

Licht von der Seite Bei diesem Bild wurde mit nur einer starken Lichtquelle gearbeitet, die rechts vom Modell stand. Ansonsten war das Atelier dunkel. Rembrandt hat viele seiner Bilder mit dieser Lichtsituation gemalt. So ausgeleuchtet wirkt jeder Mensch älter und ernster, denn das Licht wirft tiefe Schatten und alle Falten und Linien treten deutlich hervor. Dieses Licht verleiht jedem Porträt eine Aura von Macht und Bedeutung.

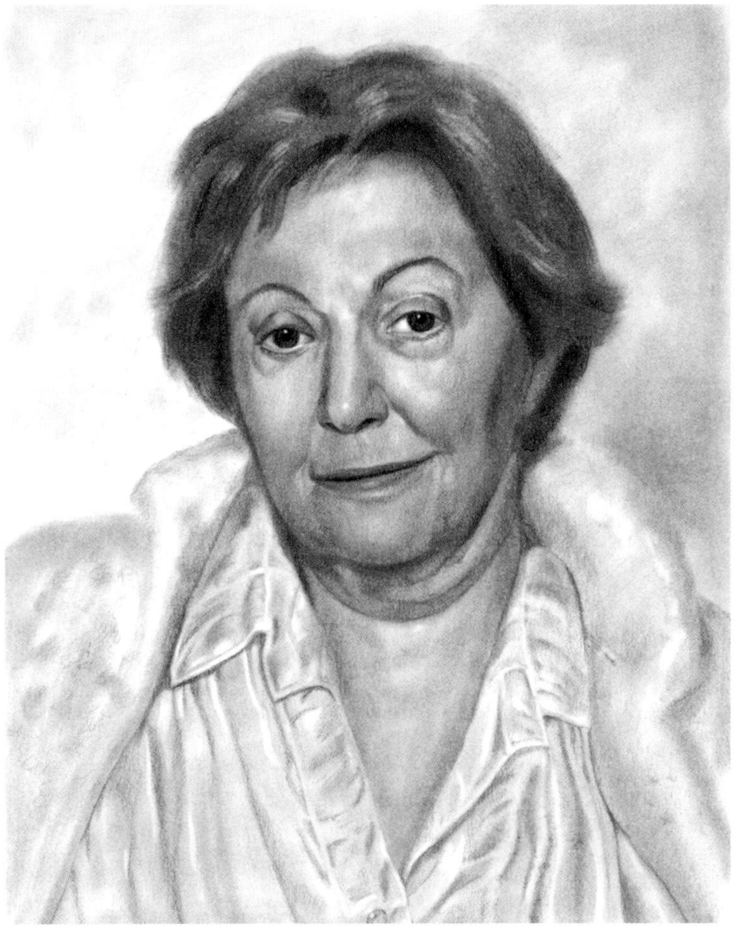

Licht von vorne Der weltberühmte Porträtmaler Van Dyke liebte diese Lichtsituation, bei der in einem an sich gut erleuchteten Raum eine Lichtquelle direkt von vorne auf das Modell scheint. Auch Ingres hat viele seiner Modelle mit dieser Beleuchtung gemalt, und natürlich waren die Kunden von ihren Bildern begeistert ... Wenn Sie mit diesem Lichtarrangement arbeiten wollen, stellen Sie das Frontlicht weit genug weg, damit das Licht dem Modell nicht in den Augen wehtut.

Den Eindruck verstärken

Mit ein paar kleinen Tricks können Sie jeden Gesichtsausdruck noch betonen.

B

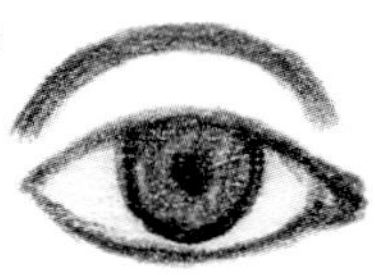

C

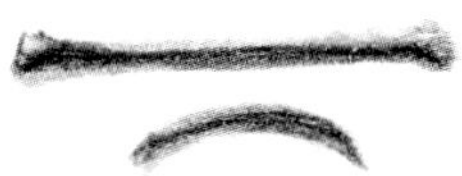

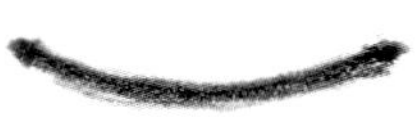

A

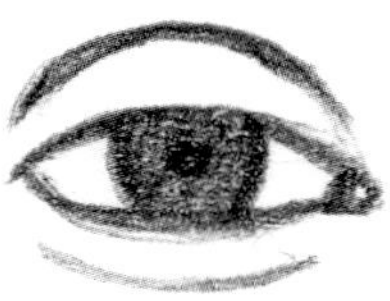

D

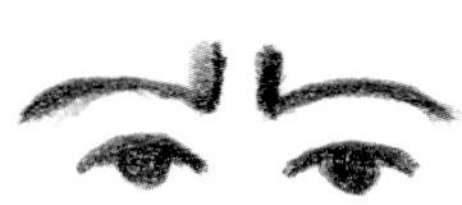

E

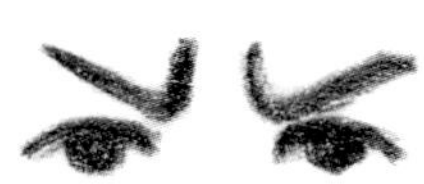

Wenn das Licht von vorne kommt, darf das Lächeln nicht schmal aussehen. Verstärken Sie das Lächeln, indem Sie den Lippenbogen ganz klar zeichnen und betonen.

Im linken Bild wurde das untere Lid angehoben und die Iris unten verdeckt, was den Eindruck von Lächeln verstärkt (A). Wenn man dagegen das Weiße unter der Iris sieht (B), wirkt das immer ernst.

Die Intelligenz des Models zeigt sich im rechten Bild auch durch den kritisch auf den Betrachter gerichteten Blick. Die Unterlippe ist etwas vorgeschoben (C) und die Brauen zusammengezogen (D). Achtung auf die Brauen – nicht nach unten ziehen, das sieht gemein aus.

Genau hinsehen – die Ebenen des Gesichts

Wenn Sie ein klares Bild von dem haben, was beim Zeichnen eines Gesichts auf Sie zukommt, fällt Ihnen die Arbeit leichter. Je mehr Sie sich mit den Elementen von Kopf und Gesicht, die Sie auf dieser Seite sehen, befassen, desto rascher werden Sie sie bei Ihrem Modell wiedererkennen – und richtig darstellen.

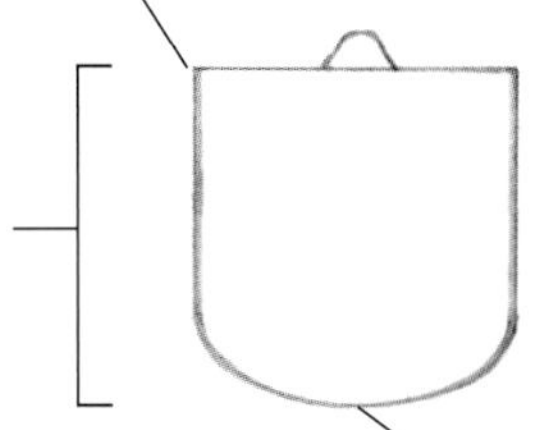

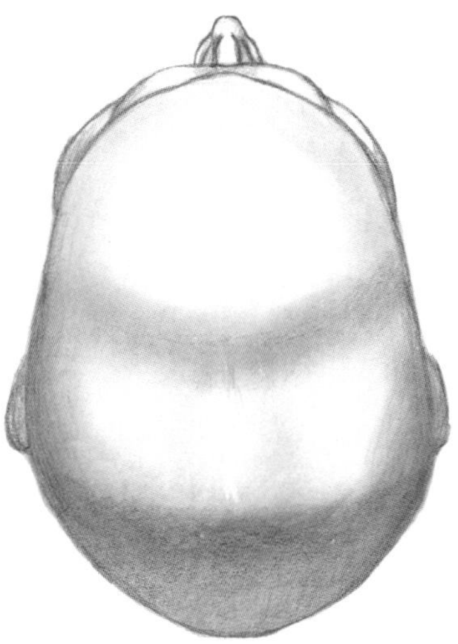

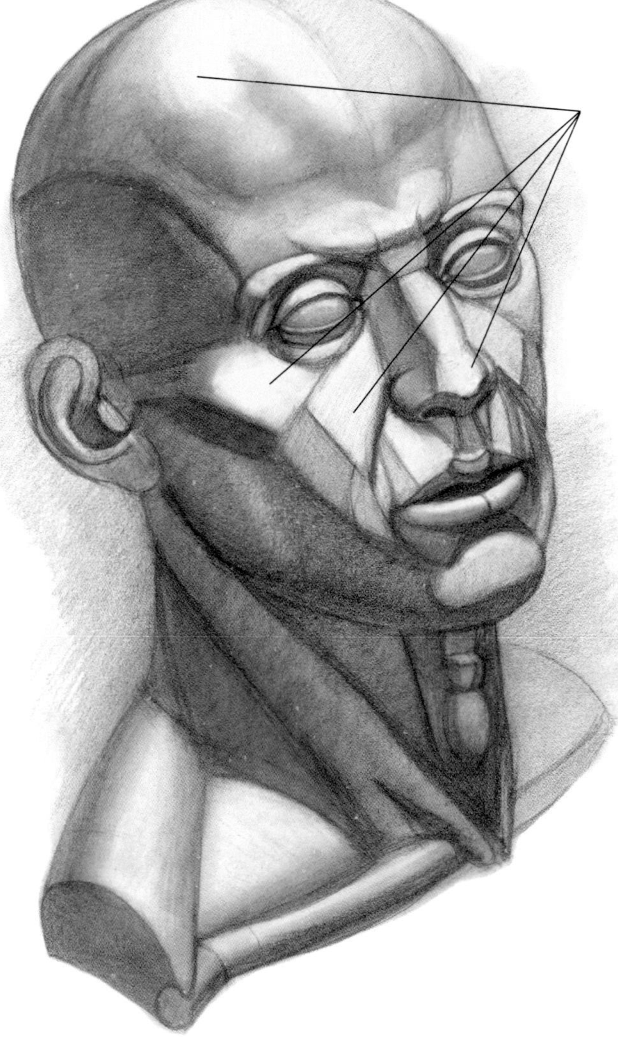

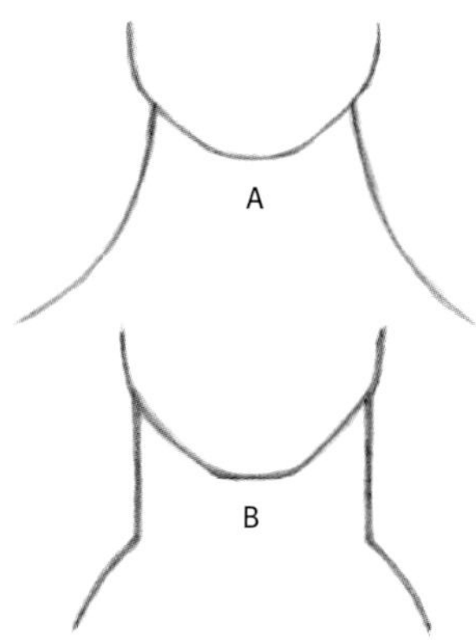

Künstler, die noch nie einen Kopf von oben gezeichnet haben, machen erstaunliche Fehler bei der Form von Brauen und Stirn und bei der Länge und Breite des Kopfes.

Der Hals läuft nach oben nicht flaschenförmig zu und ist an den Seiten auch nicht innen geneigt (A). Körperformen sind nach außen gewölbt, sie können eventuell gerade sein, aber nie sind sie nach innen geneigt – sehr kleine Stellen ausgenommen, die man kaum sieht.

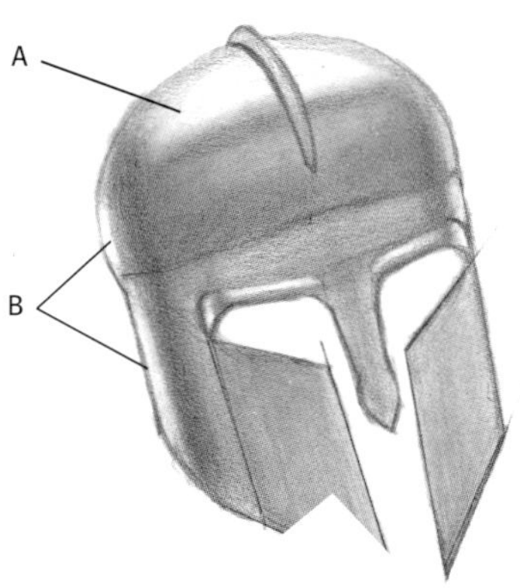

Wie bei diesem Helm neigen sich die Gesichtsebenen in Richtung Nase. Die Reflexe (A) und das reflektierte Licht (B) auf dem Metall sind etwas übertrieben dargestellt.

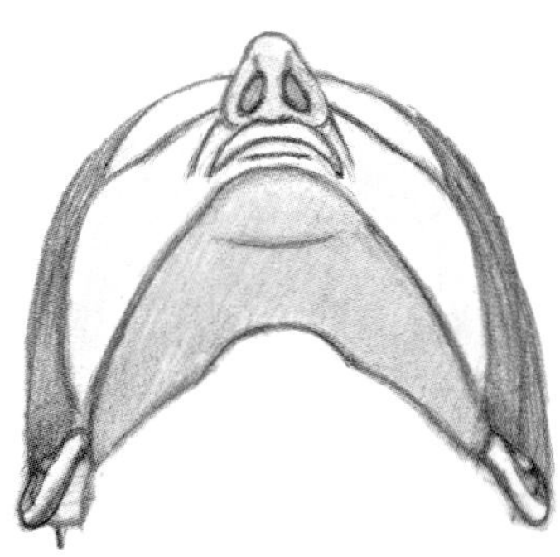

Diese Sicht auf einen Weißen zeigt, wie sich bei ihm das Gesicht wölbt.

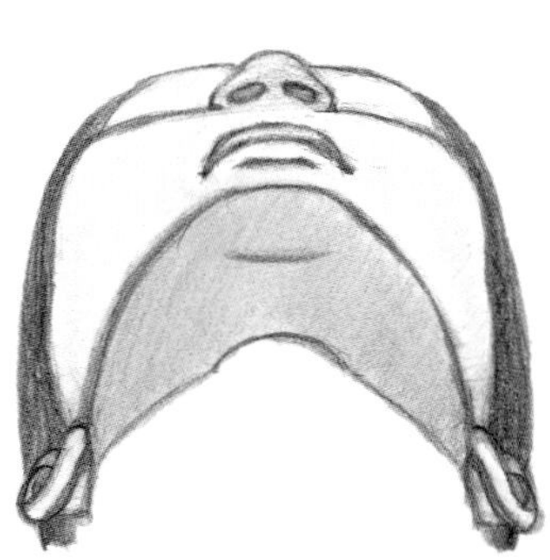

Diese Sicht auf einen Asiaten zeigt, dass sein Gesicht wesentlich flacher ist mit Ecken und Kanten an der Seite.

Die Ohren

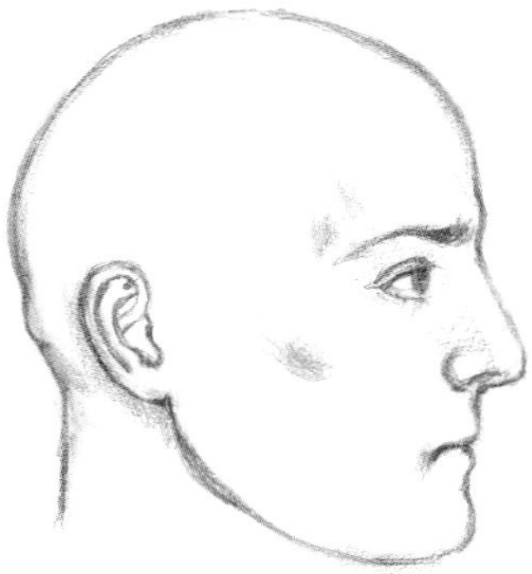

Ohr zu weit hinten

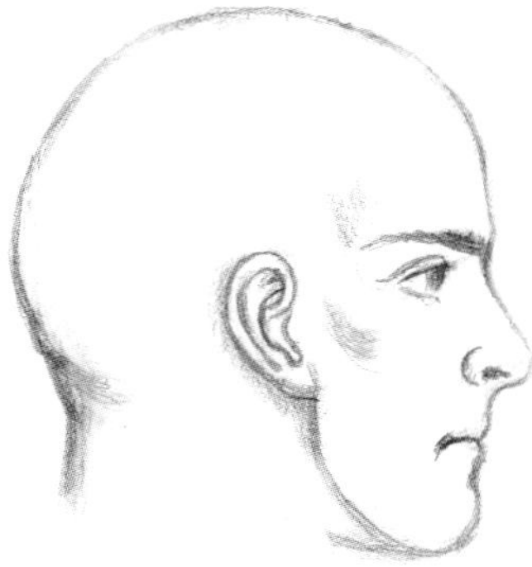

Ohr zu weit vorne

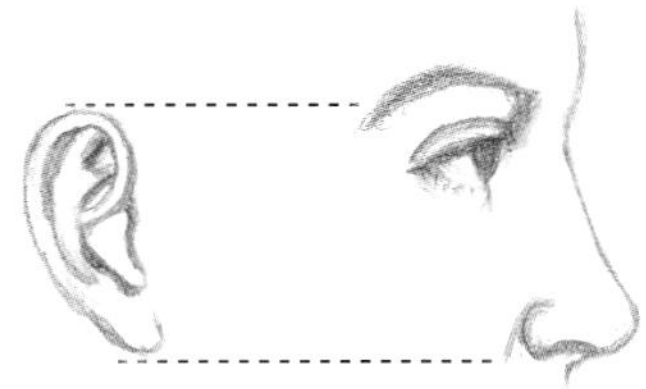

Das Ohr sitzt seitlich am Kopf und reicht von der Nase bis zur Augenbraue.

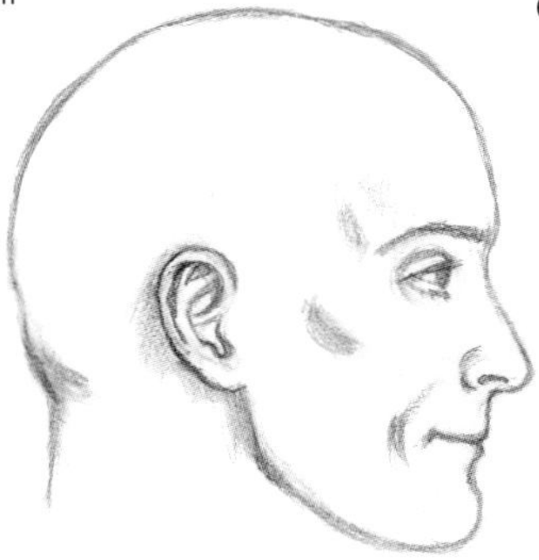

So sitzt das Ohr richtig.

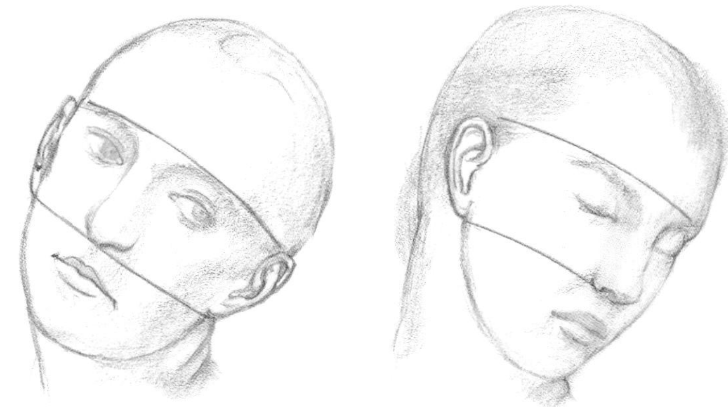

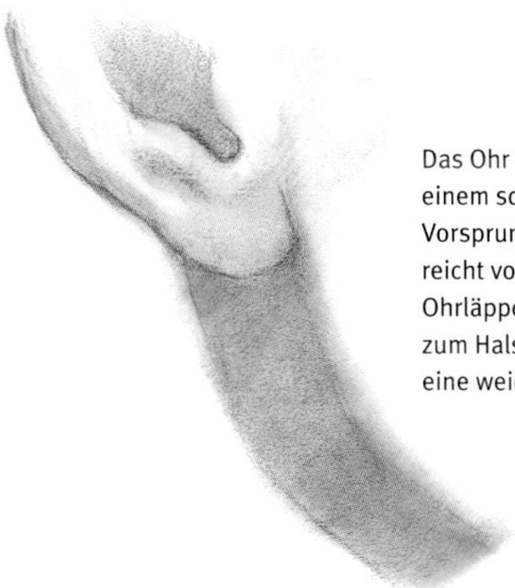

Das Ohr sitzt auf einem schmalen Vorsprung. Er reicht vom Ohrläppchen bis zum Hals und hat eine weiche Kante.

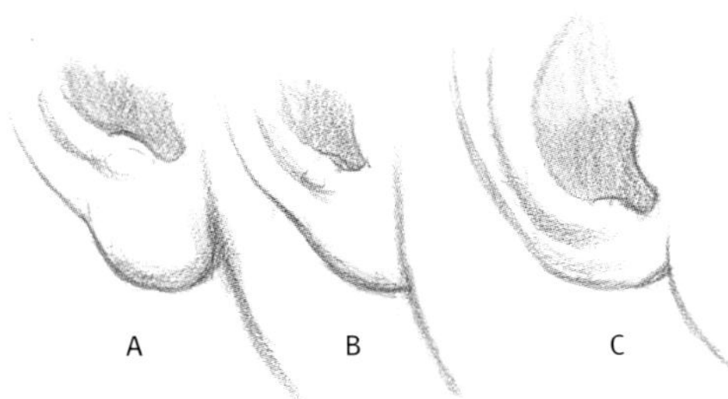

Ohrläppchen hängen (A) oder sind angewachsen (B). Manche sind unterentwickelt (C).

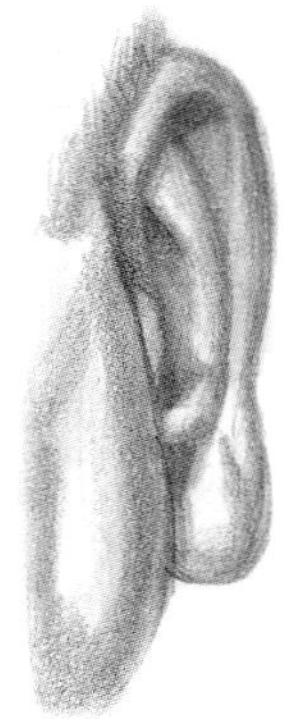

Bei übergewichtigen Menschen wird das Ohrläppchen oft nach außen gedrängt.

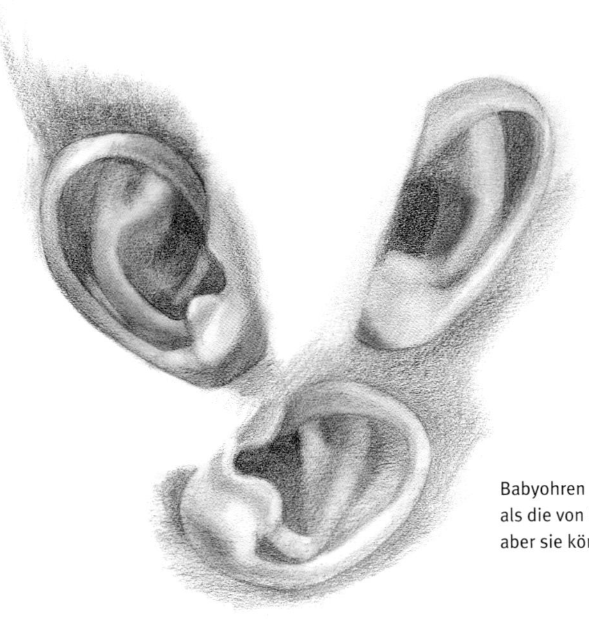

Babyohren sind nicht runder als die von Erwachsenen, aber sie können tiefer sein.

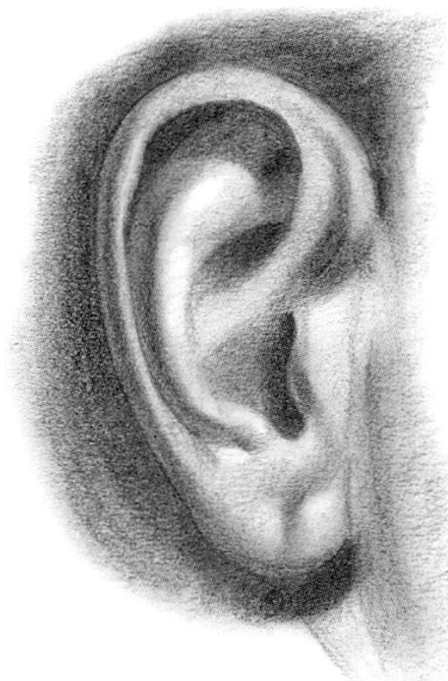

Ohren sind exzentrisch. Dies hier hat doppelte Bögen und das Läppchen ist geteilt. Sehen Sie immer genau hin!

Die Augen

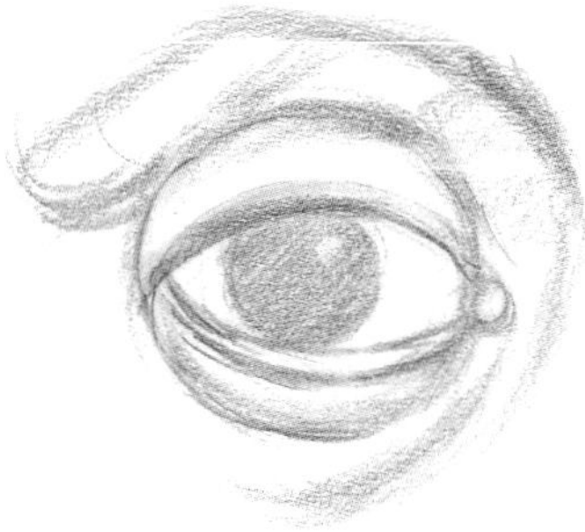

1 Die Größe, den Sitz und die Falten des Auges vorzeichnen.

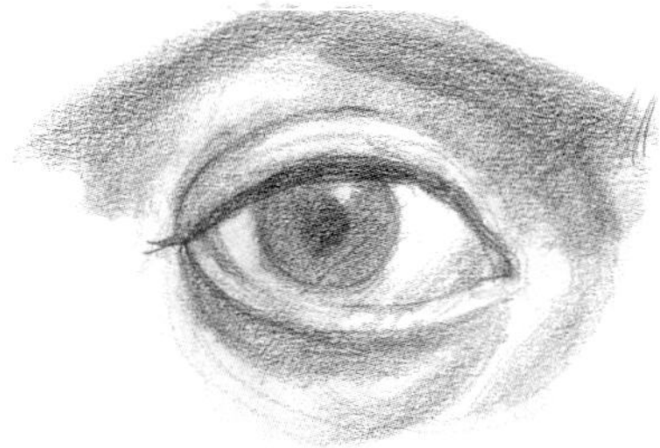

2 Die Form und die Schlagschatten mit Schraffuren herausarbeiten.

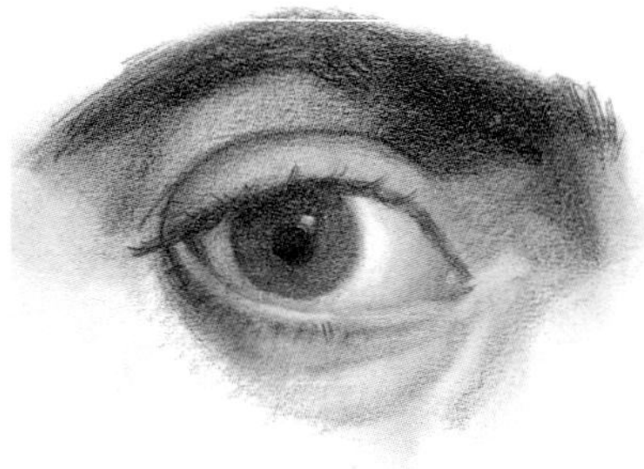

3 Die Töne verreiben, die Reflexe heraus radieren; die Ecken detailliert zeichnen.

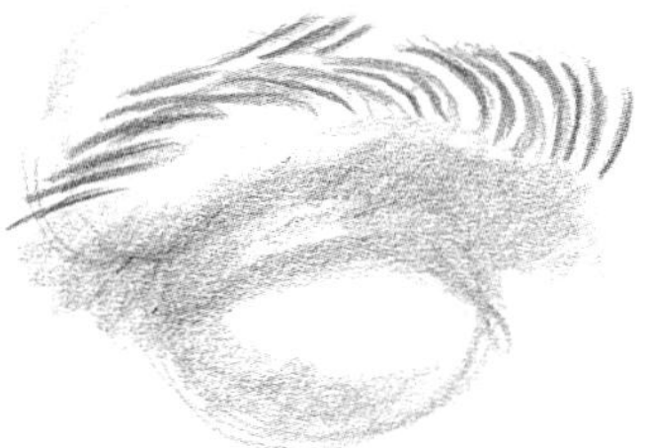

Die Augenbrauen zuerst waagrecht, dann senkrecht schraffieren.

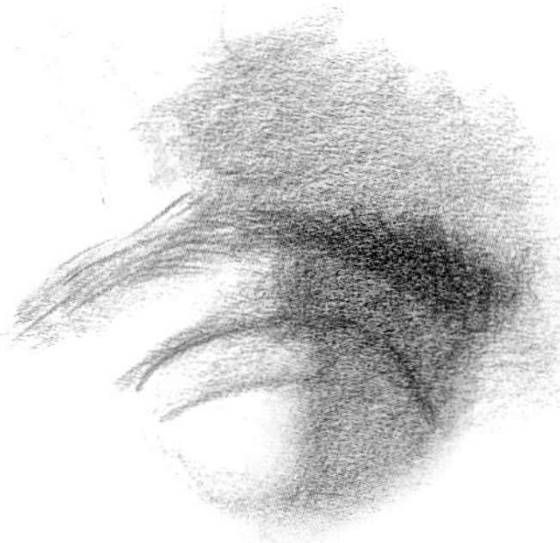

Der Ton der Augenbrauen variiert, denn sie liegen teils vorne, teils seitlich am Kopf.

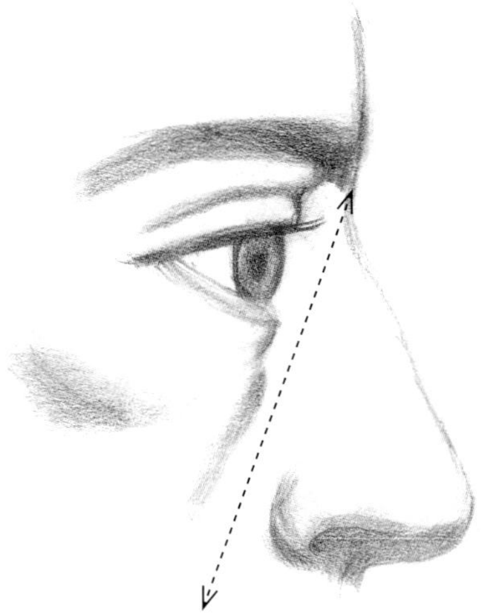

Zwischen Braue und Wange läuft eine Diagonale.

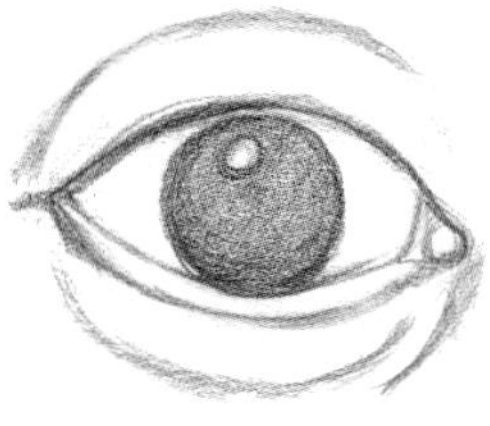

Man sieht nie den ganzen Kreis der Iris!

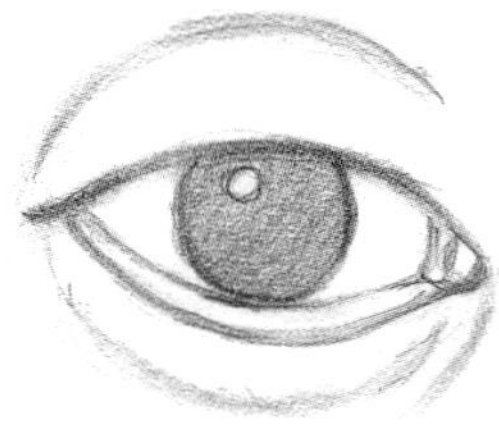

Das Oberlid überlappt die Iris immer zum Teil.

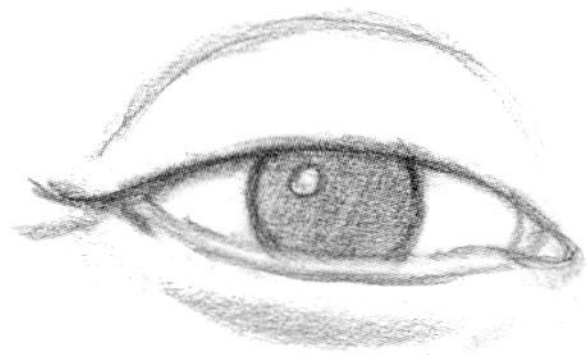

Beim Lächeln wird die Iris noch mehr bedeckt – auch unten.

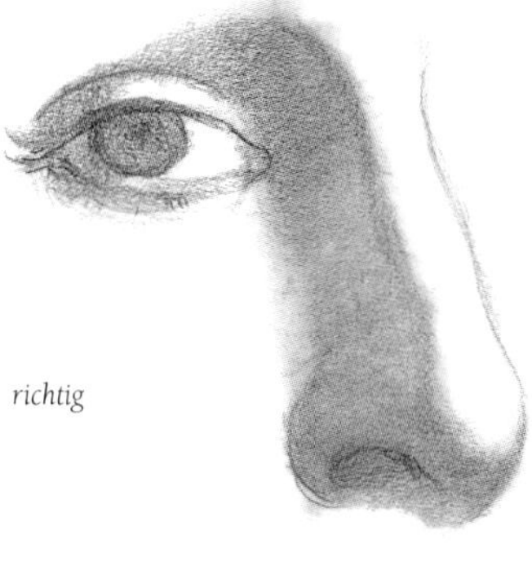

Das Auge liegt richtig, wenn zwischen Nasenrücken und Auge die Seite der Nase zu sehen ist.

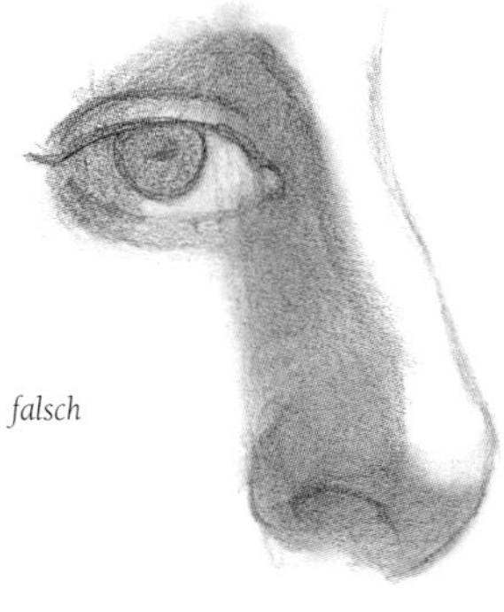

Anfänger setzen das Auge oft zu nah an die Nase.

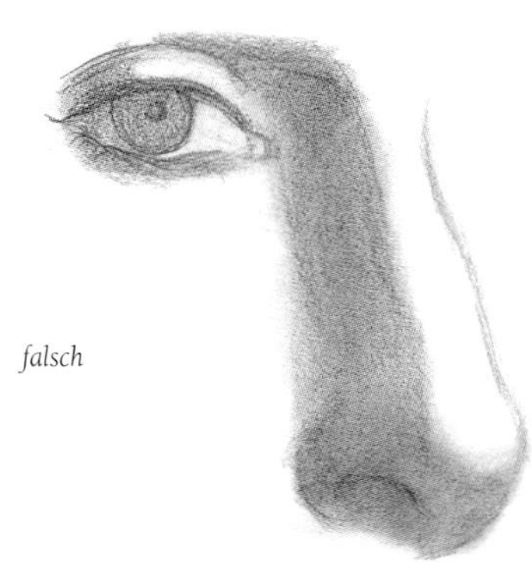

Das Auge liegt auch nicht oberhalb der Nase, sondern seitlich davon.

Die Nase

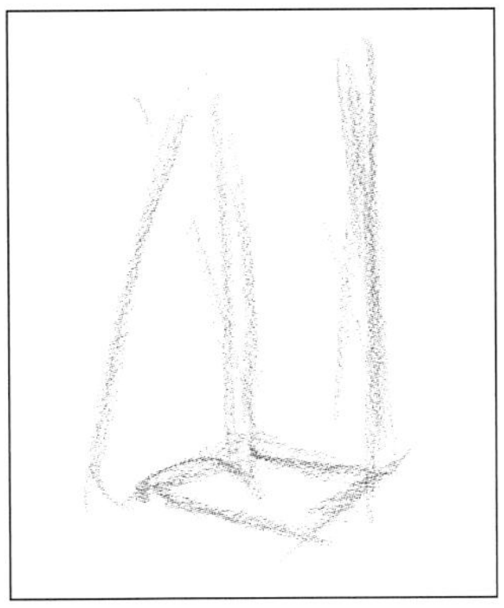

1 Die senkrechten Linien und Ebenen der Nase studieren und sie im richtigen Verhältnis zum Gesicht einzeichnen.

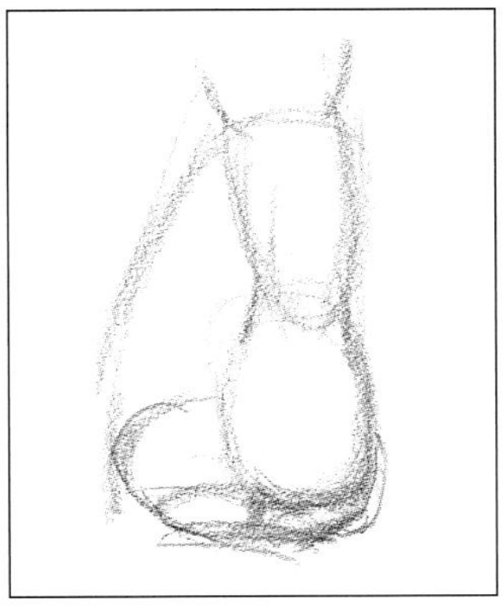

2 Alle unterschiedlichen Ebenen der Nase ausformen.

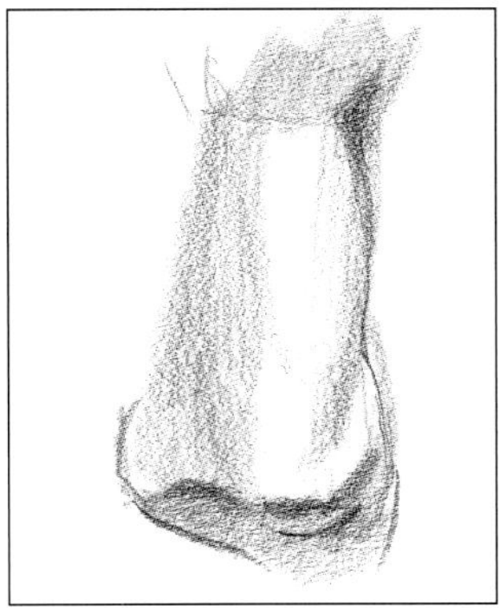

3 Die Nase schraffieren, alle Schatten beachten.

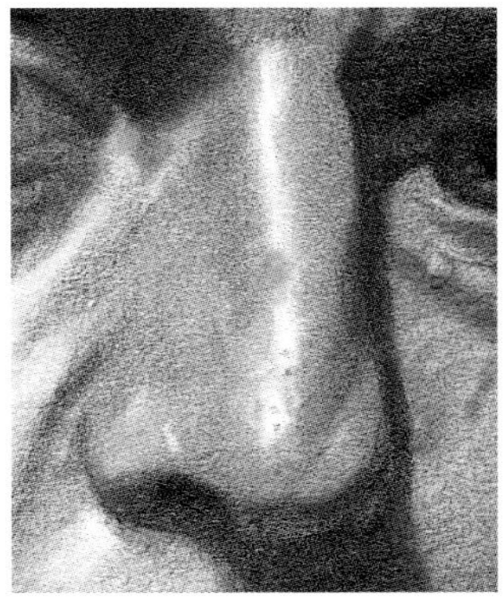

4 Das Grau verreiben und die Lichtreflexe heraus radieren.

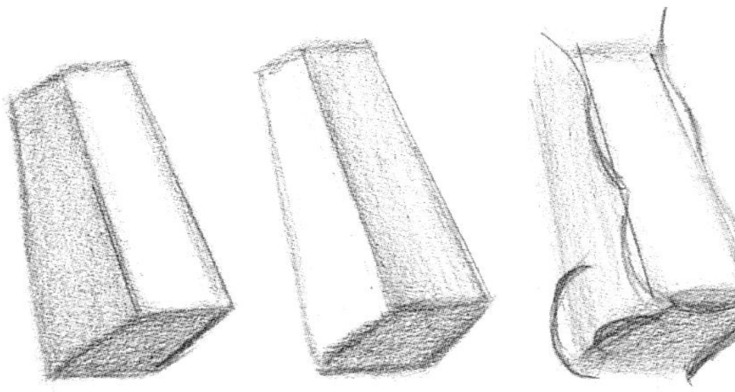

Erst einfache Formen zeichnen, dann Charakter herausarbeiten.

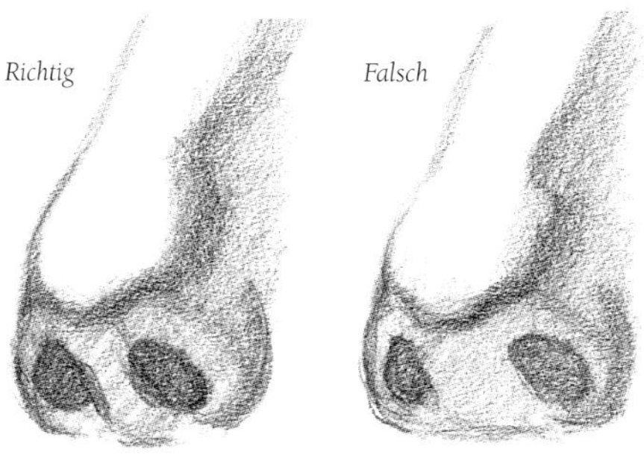

Zwischen den Nasenlöchern ist nur ein geringer Abstand.

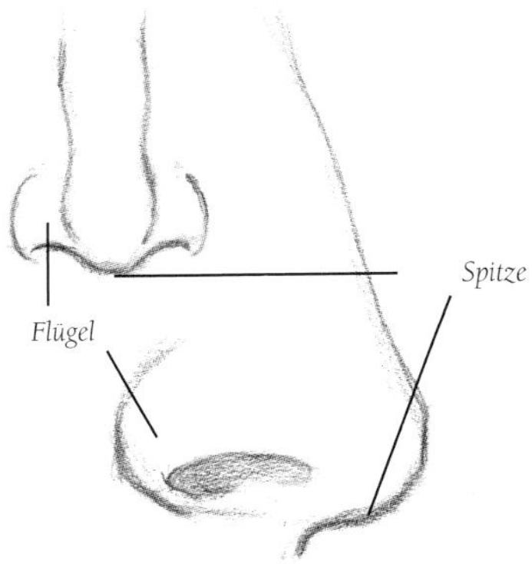

Die Nasenspitze liegt tiefer als die Flügel.

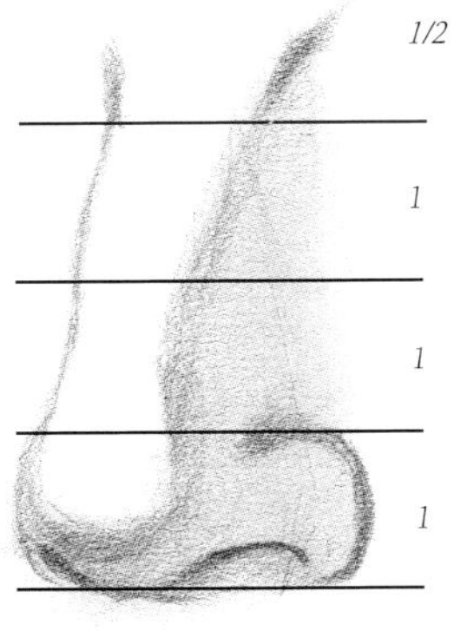

Die Nase ist etwa 3 1/2 mal so hoch wie breit.

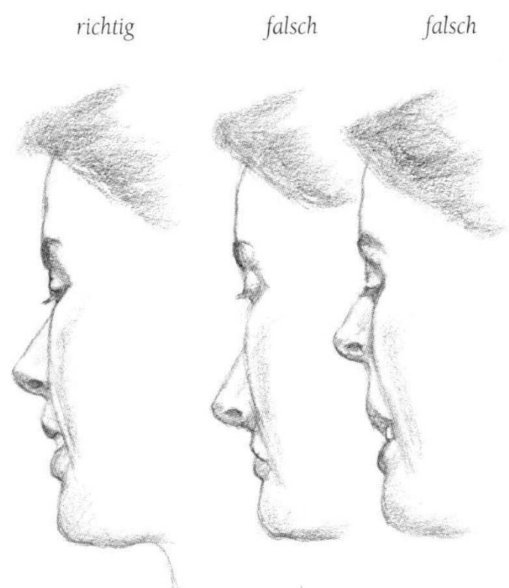

Die Nase muss an der richtigen Stelle sein, ehe Sie mit dem Schraffieren beginnen. Das ist vor allem bei einer 7/8-Ansicht unerlässlich.

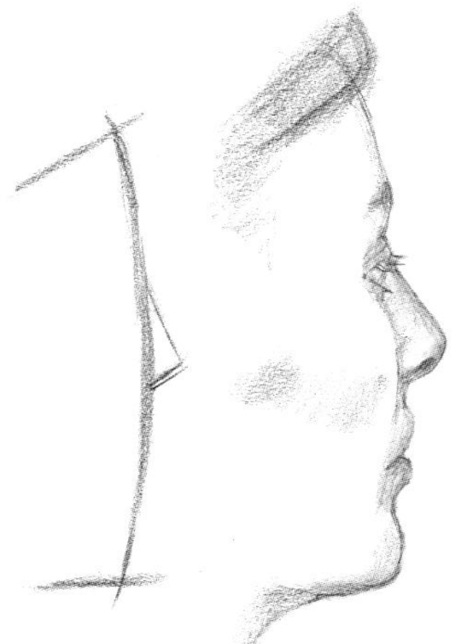

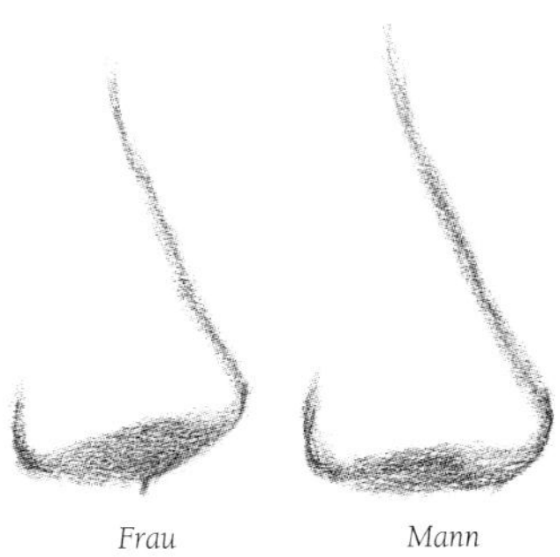

Bei Frauen ist die Nase oft kleiner und etwas mehr nach oben gerichtet als bei Männern

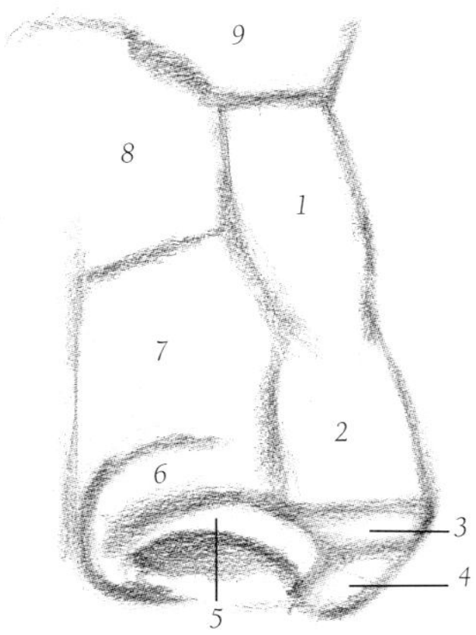

Diese neun kleinen Ebenen formen eine Nase!

Mund und Mimik

Leider zeichnen viele Porträtmaler den Mund nachlässig. Sehen Sie einmal genau hin, wie viele unterschiedliche Schatten hier zu sehen sind. Auch die Linie zwischen den Lippen ist ein Schatten und kein willkürlicher Strich! Außerdem weist die Oberlippe nach unten und die Unterlippe nach oben: Das heißt, dass sie nie dieselben Grauwerte haben können.

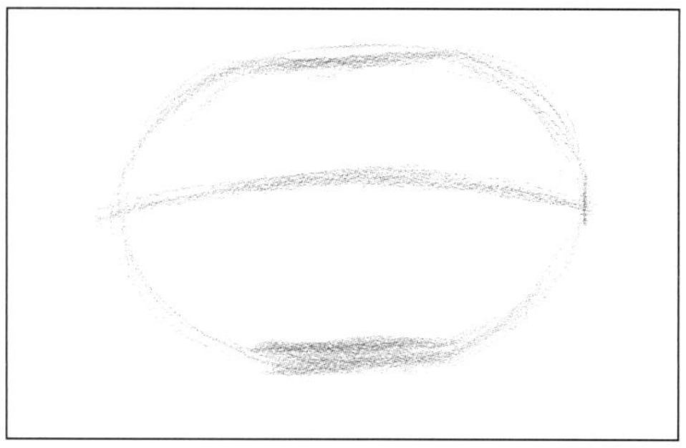

1 Die Größe, den Sitz und die Winkel des Mundes vorzeichnen.

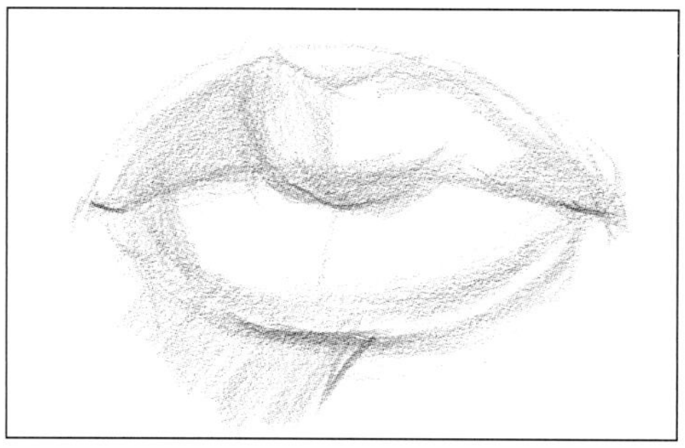

2 Die Form und die ersten Schatten modellieren.

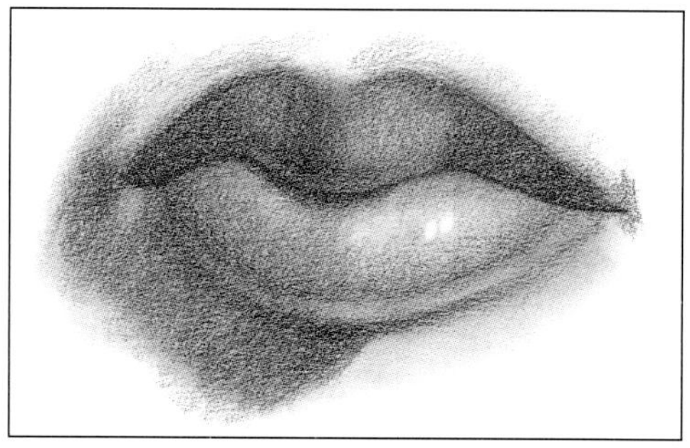

3 Schraffieren, verreiben und die Lichtreflexe heraus radieren.

Diese Ebenen rund um den Mund haben meist unterschiedliche Grauwerte.

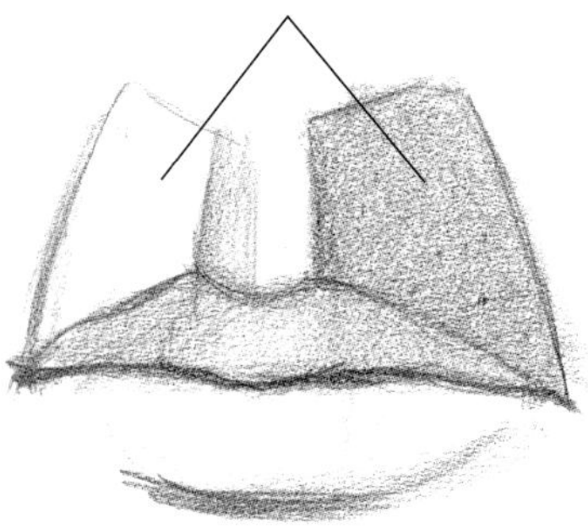

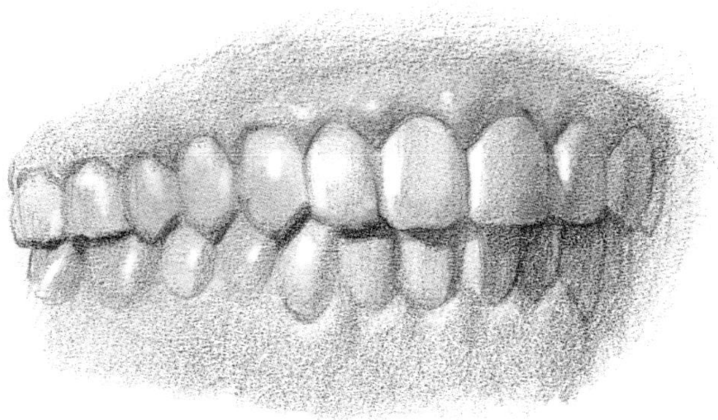

Auch zwischen den Zähnen liegen keine Striche, sondern Schatten.

Jeder Zahn trägt einen Lichtreflex.

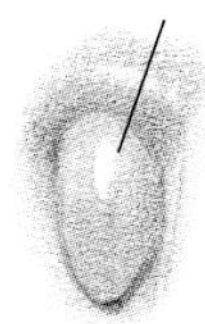

Der Gesichtsausdruck

Wie eng der Mund und unsere Gesichtsausdrücke verknüpft sind, zeigen die folgenden Abbildungen. Achten Sie in der ersten Reihe auf die Form des Mundes: Ärgern wir uns, bildet unser Mund ein Rechteck. Überraschung zeigt sich in einem runden Mund, und wenn wir Angst haben, verformt er sich trapezförmig. Wenn Sie solche extremen Gesichtsausdrücke zeichnen wollen, können Sie sie vor dem Spiegel nachmachen – und nachzeichnen.

„Was - Daum besser als Klinsmann?"

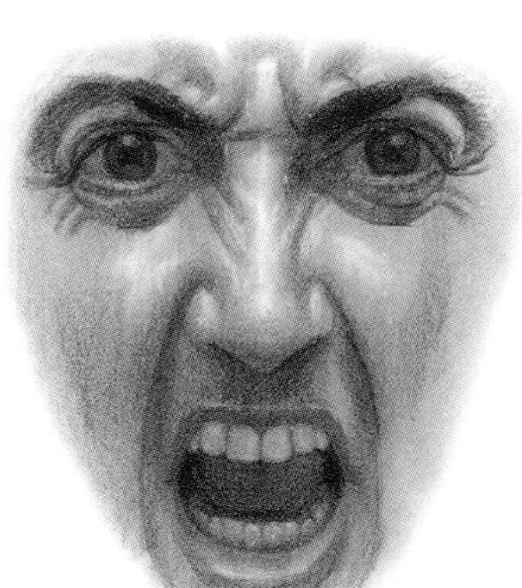

„Sie wollen das Bild wirklich kaufen?"

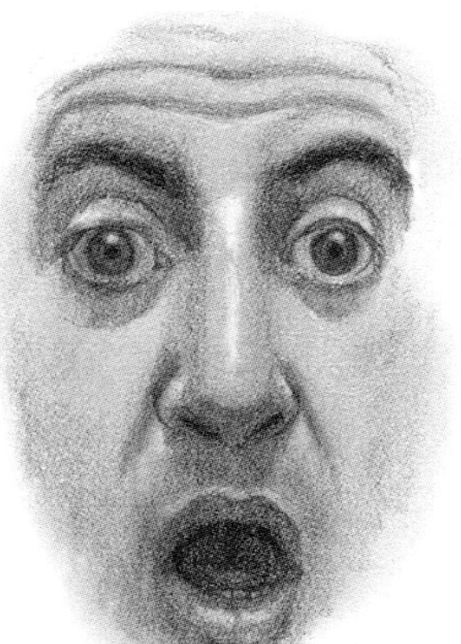

„Ich habe nur einen Monat Zeit - für das ganze Buch?"

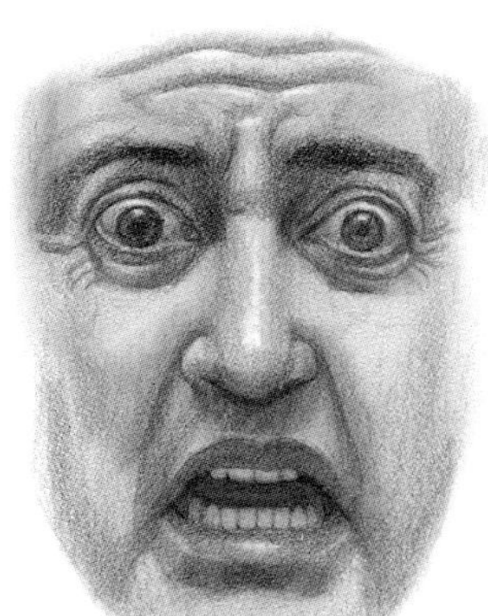

Muskeln und Mimik

Meist zeichnen wir weniger ausdrucksstarke Mimik. Um die eher subtilen Gesichtsausdrücke des Alltags besser zu verstehen, finden Sie rechts die wichtigsten Gesichtsmuskeln und den jeweiligen Gesichtsausdruck, der entsteht, wenn sie sich bewegen.

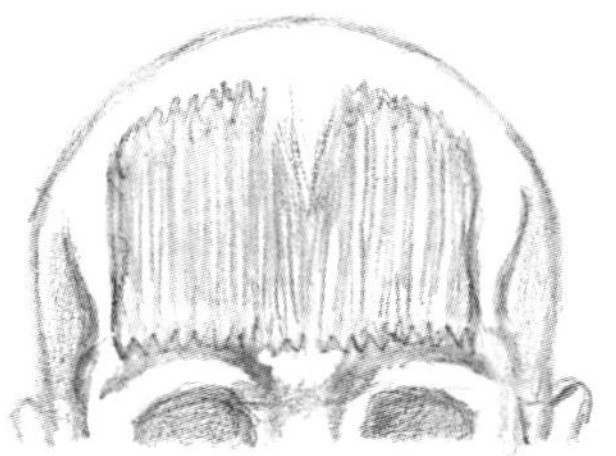
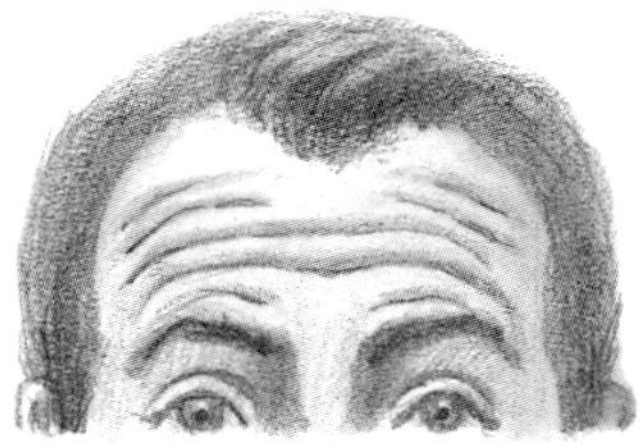

Wenn sich der Stirnmuskel (Frontalis) zusammenzieht, entstehen Stirnfalten. Sie können sich entweder nur an der Stirn oder an der Stirn und an den Schläfen zeigen.

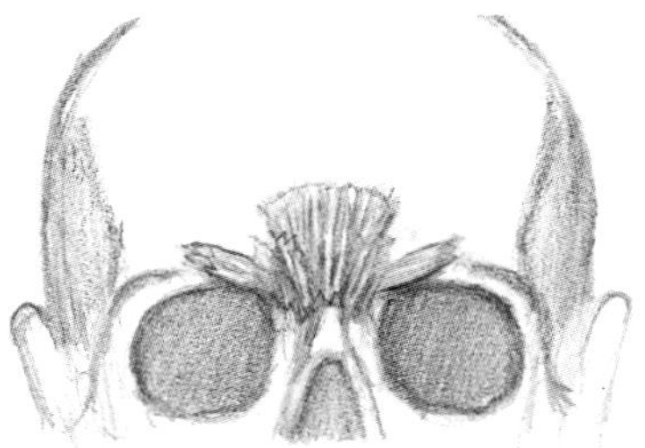
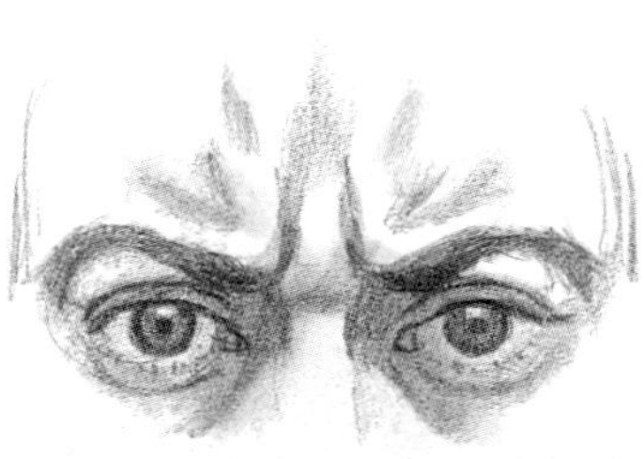

Der „schlanke Muskel“ (Procerus) liegt in der Mitte zwischen den Augenbrauen, der Stirnrunzler (Corrugator) links und rechts davon – wie kleine Flügel. Wenn wir die Stirn runzeln, arbeiten nicht nur diese beiden Muskelgruppen zusammen, sondern auch die Muskeln rund ums Auge (▶ auch weiter unten).

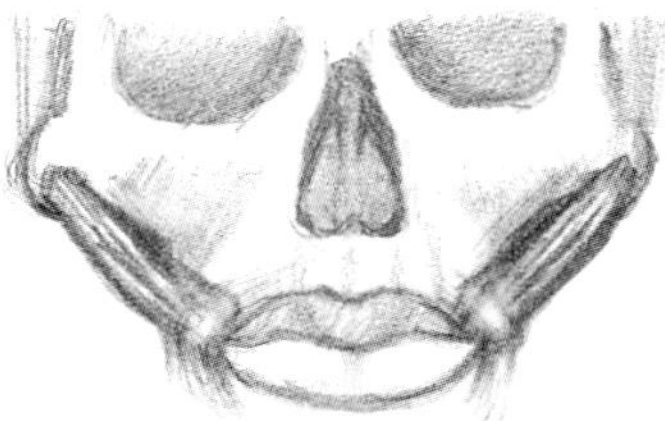
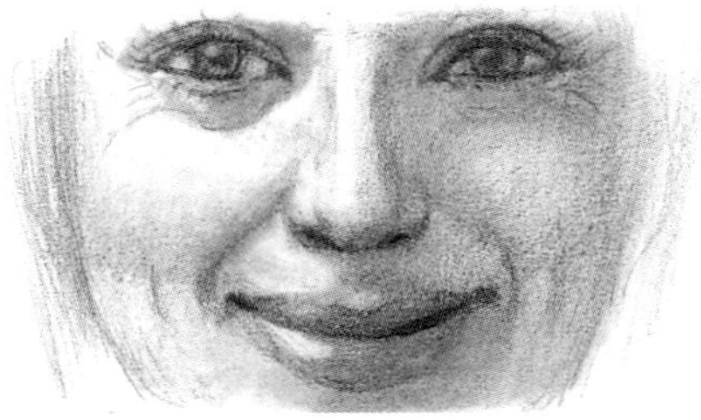

Der große Jochbeinmuskel (Zygomaticus major) ist an den Wangenknochen angesetzt und endet an den Mundwinkeln mit einer Verdickung. Zieht sich der Muskel zusammen, werden die Lippen gedehnt und nach oben gezogen. Die Bäckchen werden angehoben – und wir lächeln.

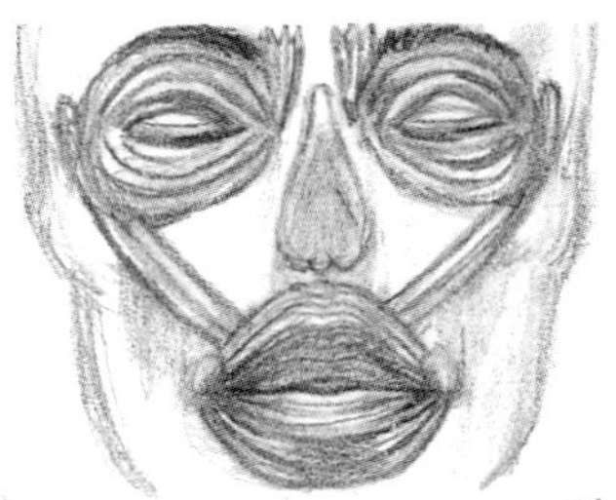
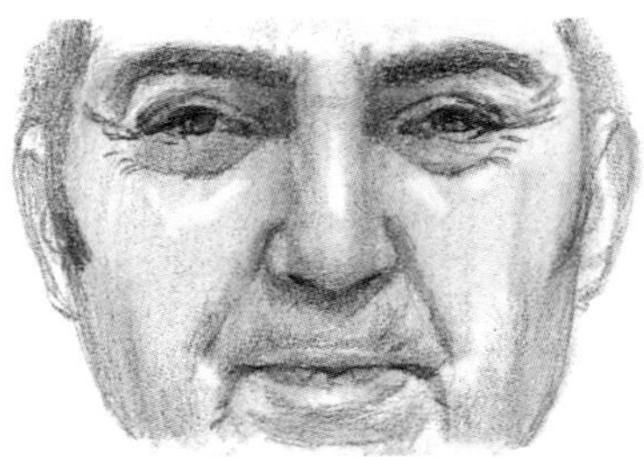

Der Augenringmuskel (Orbicularis oculi) am Auge und der Ringmuskel des Mundes (Orbicularis oris) am Mund pressen Mund und Augen zusammen – und sie schließen Mund und Augen.

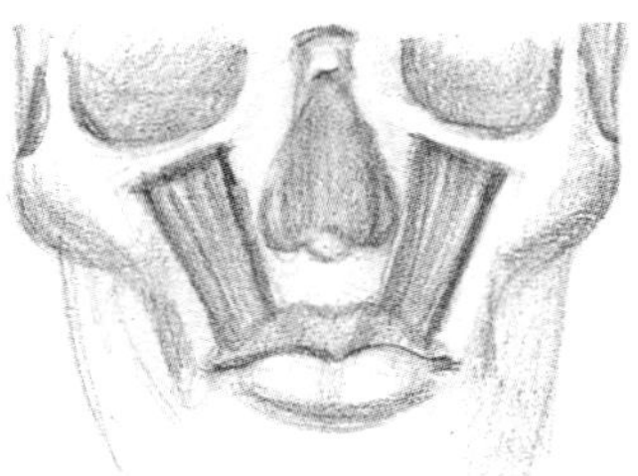
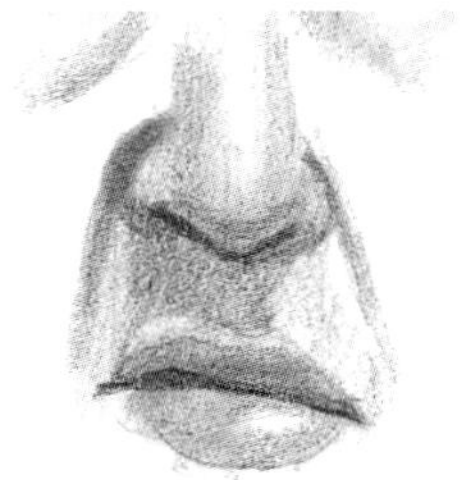

Direkt am Knochen sind die beiden Lippenhebermuskeln (Levator labii) angebracht. Mit ihrer Hilfe können wir die Oberlippe hochziehen und unsere Verachtung ausdrücken.

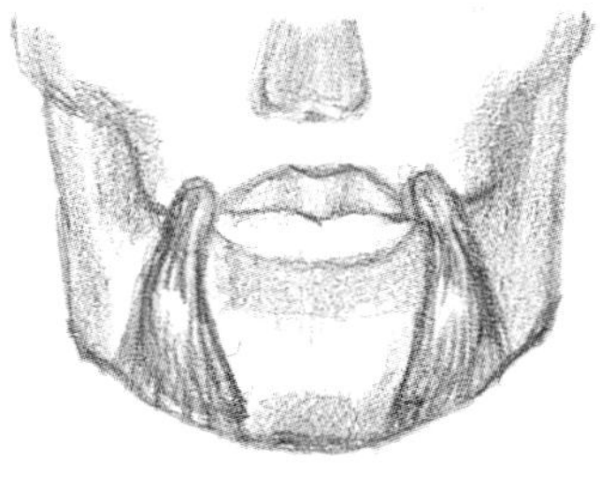
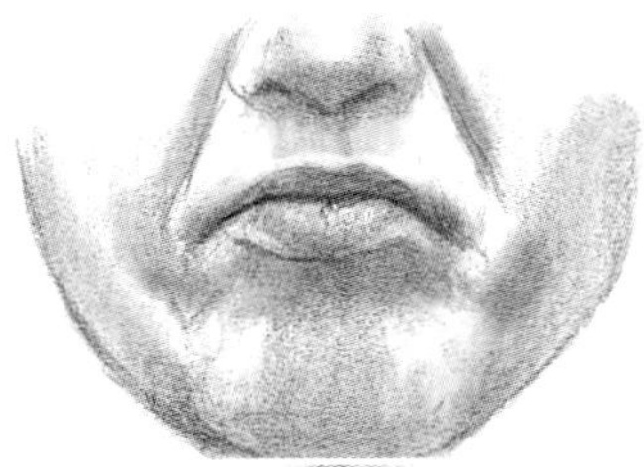

Der Triangularis ist am Kinn angebracht und verläuft bis zur Verdickung des Jochbeinmuskels an den Mundwinkeln. Ziehen wir ihn nach unten, entstehen die typischen hängenden Mundwinkel bei Enttäuschung.

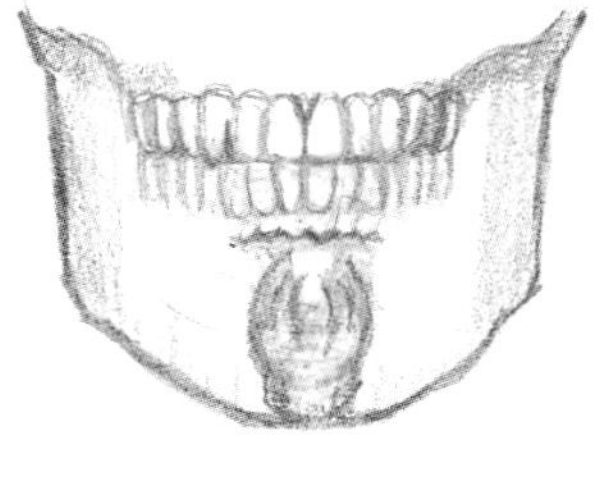
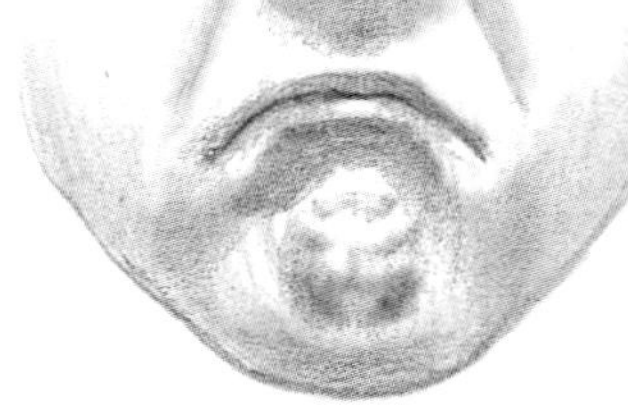

Der Kinnmuskel (Mentalis) sitzt in der Mitte des Kinns. Wenn wir scharf nachdenken, zieht er sich zusammen.

Ein freundlicher Anblick

Für diese beiden Bilder haben die Modelle speziell diese Gesichtsausdrücke angenommen. Besser ist es natürlich, wenn Sie solche flüchtigen Gesichtsausdrücke mit der Kamera einfangen – es ist etwas anstrengend lange zu lächeln … Ideal ist es natürlich mit Fotos und einem Modell zu arbeiten.

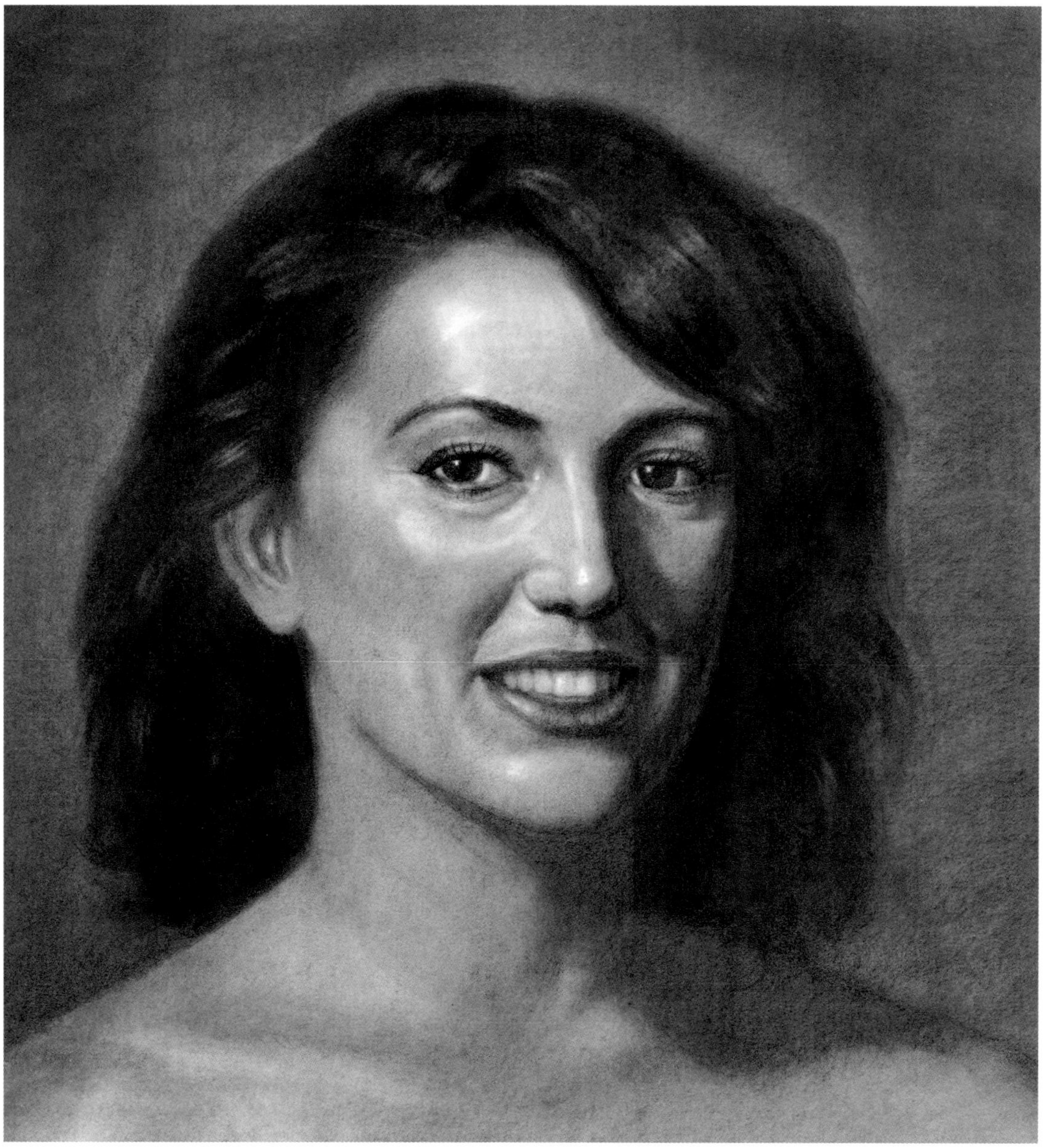

Tiefes Lächeln Von einem Künstler wird – zu Recht – erwartet, dass er weiß, wie er ein Ergebnis erzielt. Schließlich sollen keine zufälligen Gesichtsausdrücke entstehen. In der Liste unten finden Sie die wichtigsten Punkte, die Sie beachten sollten, wenn Sie ein tiefes Lächeln zeichnen wollen. Lassen Sie sich nicht stören, wenn Sie merken, dass die feinen Linien in den Mundwinkeln Ihres Modells manchmal völlig verschwinden, das Lächeln bleibt – wie bei der Mona Lisa von Leonardo da Vinci.

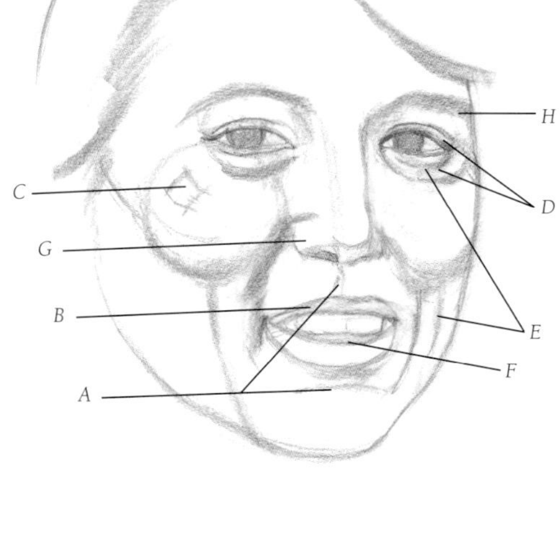

A Die Oberlippe und das Kinn werden schmaler, wenn sich die Lippen dehnen.
B Auch die Lippen selbst dehnen sich und werden schmaler – und in ihrer Mitte konzentriert sich das Licht.
C Die Wangen werden nach oben zusammengeschoben: Einen Lichtreflex setzen, der das Auge des Betrachters darauf lenkt.
D Ein wichtiges Detail, das Sie nicht vergessen dürfen: Die oberen Lider senken sich leicht, während die unteren Augenlider sich hochschieben und die Iris etwas überdecken.
E Lachfältchen neben Auge und Mund: Lassen Sie sie nicht weg, um dem Modell eine Freude zu machen. Ohne diese Fältchen fehlt dem Bild etwas.
F Sehen Sie genau hin, ob Sie wirklich die untere Zahnreihe sehen – das geschieht beim Lächeln nur sehr selten.
G Die Nasenflügel werden etwas dicker und gehen nach oben.
H Die Augenbrauen sind ganz entspannt.

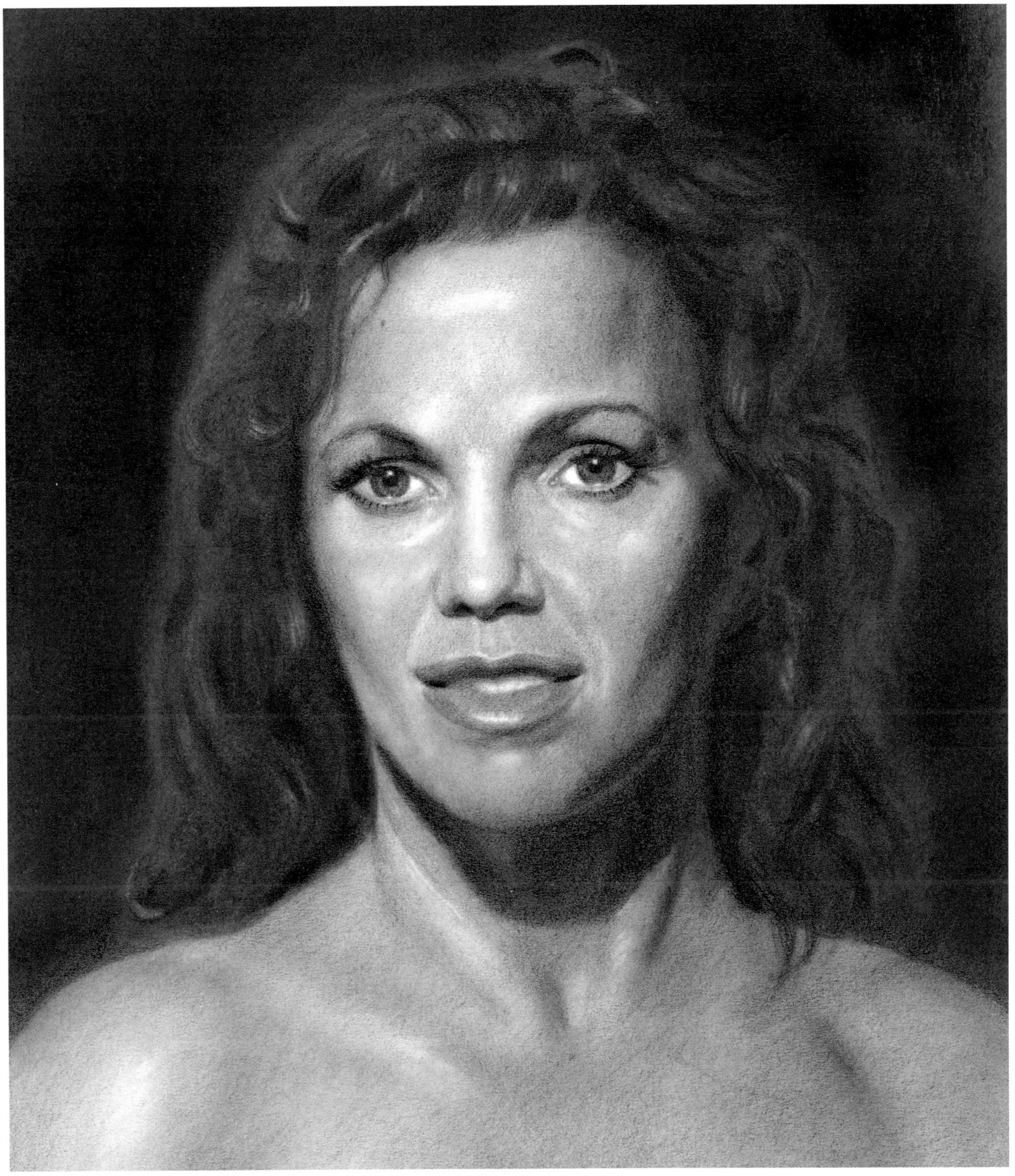

Sanftes Lächeln Ein solches sanftes Lächeln können Sie manchmal mitten in einem Gespräch erleben, und Sie zeichnen es ähnlich wie das Lächeln links. Die Punkte A bis H von der linken Seite gelten im Prinzip auch für das sanfte Lächeln – allerdings ist alles viel weniger ausgeprägt. Wenn Sie die junge Dame, die Ihnen Modell sitzt, nicht zu einem freundlichen Dauerlächeln animieren, dann probieren Sie es so: Bitten Sie sie, 30 Sekunden zu lächeln und checken Sie einen Punkt auf der Liste. Dann lassen Sie ihr 5 Minuten Ruhe, ehe Sie wieder für 30 Sekunden lächelt und Sie sich den nächsten Punkt vornehmen. Achten Sie darauf, dass die Linien zwischen den Lippen nur ganz sachte angedeutet werden. Auch die Zähne sind weniger gut zu sehen, weil sie weniger im Licht sind – zeichnen Sie sie dunkler als links.

Checkliste In der Abbildung rechts sehen Sie die Zonen, auf die Sie beim Zeichnen achten müssen. Das Unterlid bedeckt die Iris ein wenig (A). Die Nasiolabialfalte im Bereich der Nasenflügel nicht zu weit nach oben ziehen, sonst wirkt das Lächeln spöttisch (B). Die Lichtreflexe (C) und (D) abhängig von der Intensität des Lächeln setzen. Der Reflex auf der Stirn (E) ist heller als der auf dem Kinn (F).

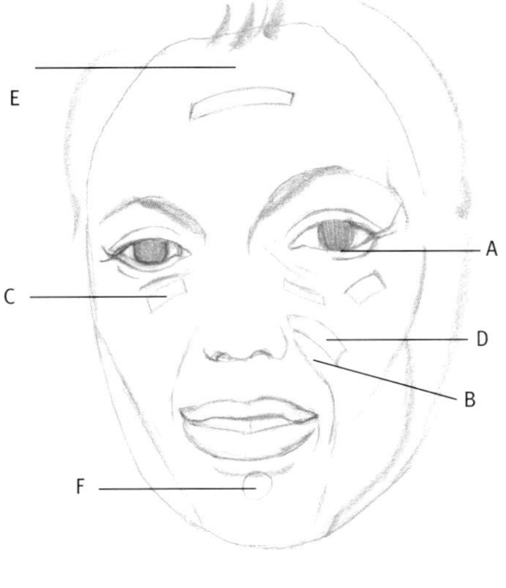

Junger Mann mit Bart

Auf den nun folgenden Seiten (160 bis 167) sehen Sie die sieben Schritte, die zu einem gelungenen Porträt führen, wenn es sehr sorgfältig ausgeführt wird. Es sind ein Mann, eine Frau und ein Mann im Profil, die Sie in folgenden Steps zeichnen lernen: Erste Skizze, Linien, Grundformen, Ecken und Kanten, Grautöne, Fertigstellen und zum Schluss die Politur. Beim ersten Motiv, dem jungen Mann, werden alle Schritte besonders genau erklärt. Doch auch die anderen Motive enthalten wichtige Hinweise für den Zeichner. Sie sollten sie zumindest durchlesen, noch besser wäre es, auch diese Motive in Ruhe zu zeichnen.
Wichtig: Für die Bilder brauchen Sie vor allem einen Bleistift in Härte 9B. Stifte in 5B und 2B sind nur für wenige Details nötig.

Schritt 1 - Erste Skizze

Guter Start Die ersten beiden Stadien eines Bildes, die erste Skizze und das Anlegen der groben Linien, sehen noch ziemlich unfertig aus – deshalb denken viele Künstler, es käme nicht so darauf an und arbeiten bei beiden Schritten nicht sehr sorgfältig. Doch zu Beginn entscheidet sich, wie das fertige Bild einmal aussehen wird! An den Schraffuren können Sie später immer noch arbeiten, aber wenn die Proportionen nicht stimmen, können Sie sie später nur noch durch massive Eingriffe korrigieren – wenn das überhaupt noch möglich ist. Die ersten Maße müssen stimmen, damit die Ähnlichkeit mit der abgebildeten Person später so groß wie möglich ist.

1 Ein Oval zeichnen; dann einen senkrechten Bogen (A) hinzufügen, der den Bogen des Gesichts wiedergibt. Waagrechte Linien von oben nach unten und in der Mitte (B) einzeichnen. Dann den Mittelpunkt im Gesicht des Modells suchen. Dazu den gestreckten Arm mit dem Bleistift so halten, dass nach Ihrer Schätzung die Spitze im Mittelpunkt liegt und Ihr Daumen auf dem Kinn (▶ Zeichnung rechts).

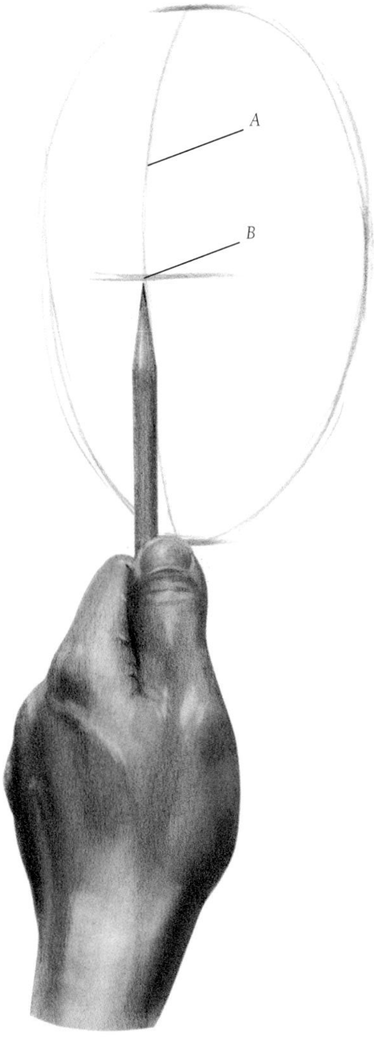

2 Den Stift heben, sodass Ihr Daumen nun dort ist, wie Sie den Mittelpunkt gefunden hatten. Wenn jetzt die Bleistiftspitze am Oberkopf liegt, haben Sie den Mittelpunkt gefunden. Sollte das nicht der Fall sein, korrigieren Sie Ihre Hand auf dem Stift, bis der Mittelpunkt stimmt.

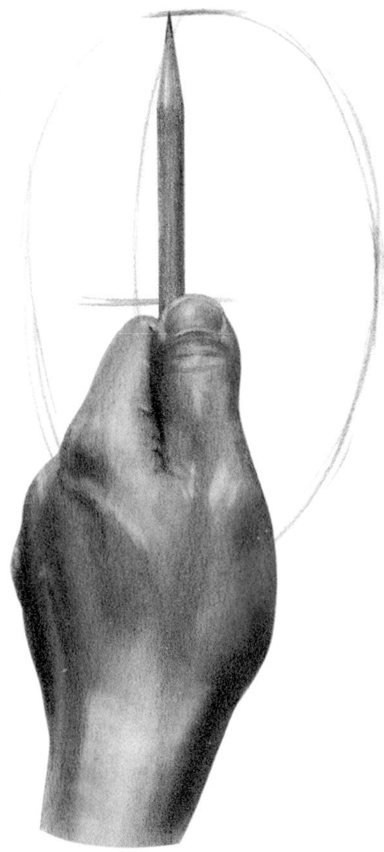

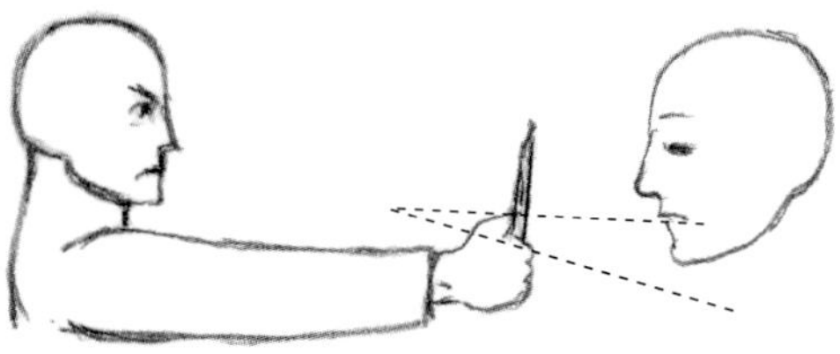

Wenn die Sitzung bei Ihnen zu Hause stattfindet und das Porträt Lebensgröße haben soll, können Sie die Länge des Gesichts auch einfach mit dem Lineal abmessen. Das mag nicht sehr professionell wirken, aber dafür ist es exakt.

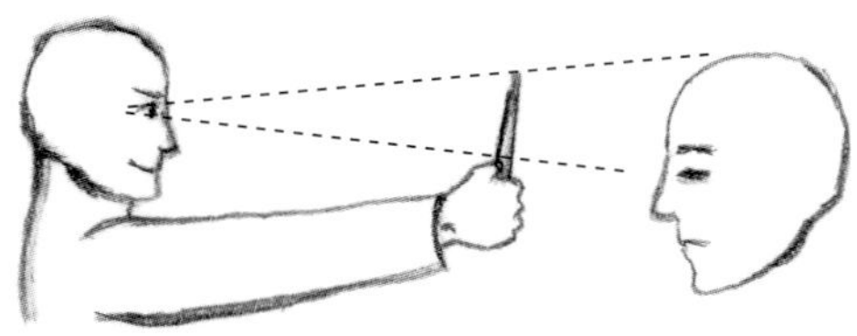

3 Merken Sie sich die Stelle, an der der Mittelpunkt liegt, und schätzen Sie von dort aus – von oben nach unten gehend –, den Abstand vom Haaransatz zur Nasenwurzel, von den Augen zur Nasenspitze, vom Mund zum Kinn usw. Nicht mit dem Stift messen – die Abstände sind so gering, dass es dann leicht zu Fehlern kommt. Dann die Skizze neben das Modell halten. Jetzt sieht man klar, ob Sie richtig geschätzt hatten.
In der Abbildung rechts sehen Sie alle Punkte, deren Lage Sie genau bestimmt haben sollten. Die Linien können ganz leicht sein, sie sind nur ein Hilfsmittel für Sie selbst.

Erinnern Sie sich an die üblichen Gesichtsproportionen: Der Abstand zwischen Haaransatz und Braue beträgt etwa ein Drittel der Länge des Gesichts. Ein weiteres Drittel nimmt die Nase ein (Nasenwurzel bis Spitze) und das letzte Drittel liegt etwa zwischen Nasenspitze und Kinn.

Schritt 2 - Grobe Linien

Aufgepasst Immer zuerst die senkrechten Proportionen anlegen – es ist verhältnismäßig leicht, etwas in der Breite zu ändern, aber wenn die Länge nicht stimmt, muss man das ganze Bild korrigieren.

1 Nur nach Augenmaß einen Grundriss des Gesichts zeichnen, der sich auf die Skizze stützt. Dieser Grundriss muss nicht präzise sein, soll aber Höhe und Breite des Gesichts treffen. Dazu zunächst die Breite jedes vorskizzierten Gesichtselements mit Strichen markieren. Dann vergleichen: Stimmt die Größe der Nase? Was ist größer – Mund oder Augen? Ist alles korrekt, die Gesichtszüge grob einzeichnen.

A

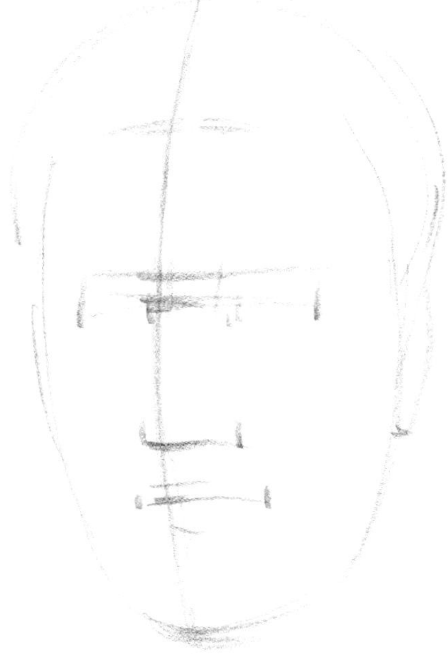

B

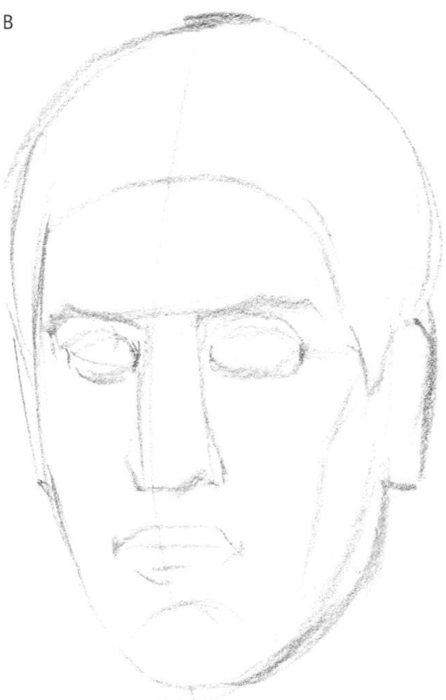

2 Prüfen Sie nun, ob die schematischen Linien richtig über- und untereinander stehen: Wo sitzen z.B. die Tränenkanäle – genau auf der Linie der Nasenflügel? Endet der Hals auf Höhe der Mundwinkel? Den Bleistift senkrecht vor das Gesicht des Modells halten und die Abstände prüfen. Dann den Stift waagrecht halten und alle waagrechten Abstände wie Ohrläppchen zu Nase, Mund zu Wangenknochen prüfen. Die Zeichnung immer sofort korrigieren.

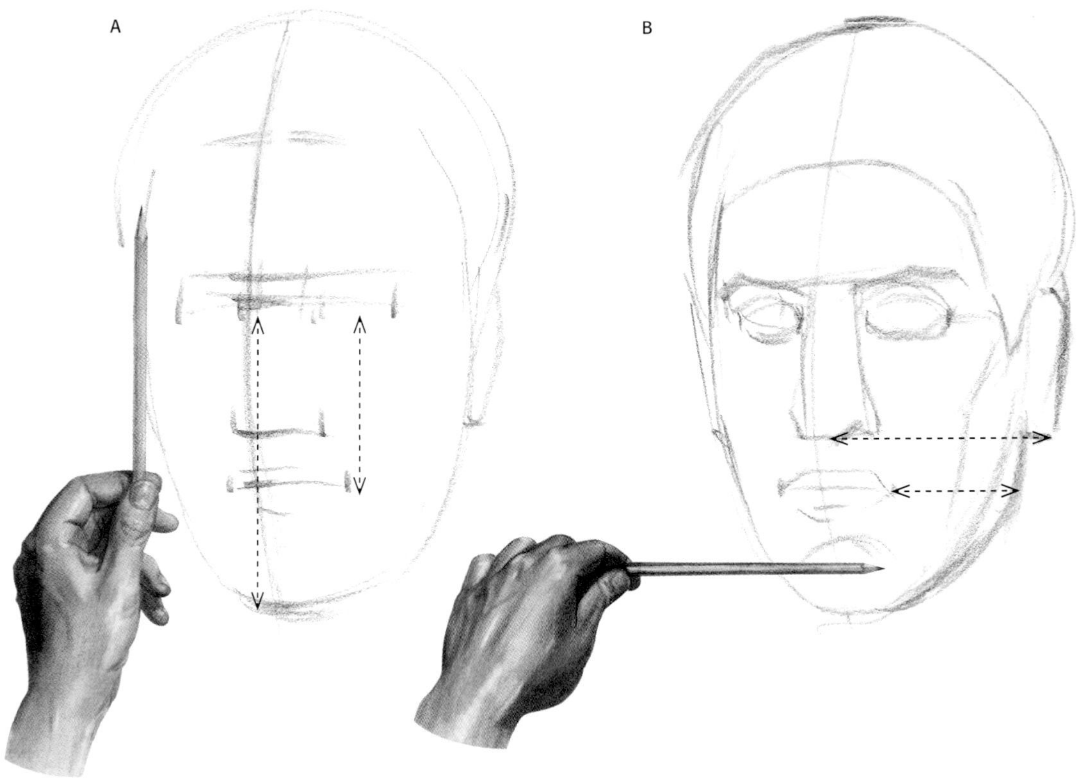

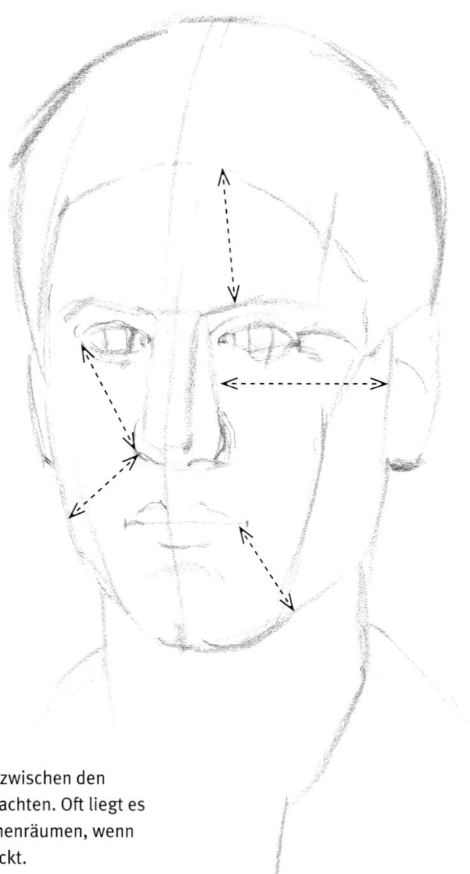

3 Auf die Abstände zwischen den Gesichtselementen achten. Oft liegt es an fehlenden Zwischenräumen, wenn ein Porträt nicht glückt.

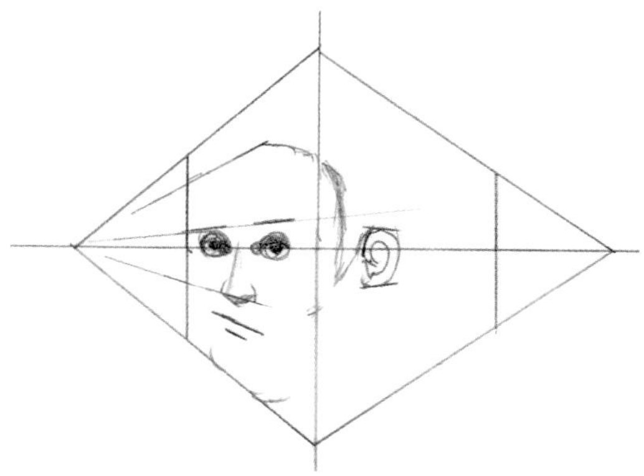

Aus diesem Blickwinkel kippt das Gesicht optisch ein wenig nach links. Hier wurde der Effekt übertrieben, damit Sie ihn besser sehen können.

Prüfen Sie immer die beiden Abstände, die in der Zeichnung oben mit Pfeilen markiert sind. Sie sind der Schlüssel für stimmige Proportionen: Den Stift hochhalten und den Daumennagel an die Nasenwurzel legen – die Spitze muss das Ohr berühren (A). Dieser Abstand sollte auch zwischen Kinn und Nase liegen.

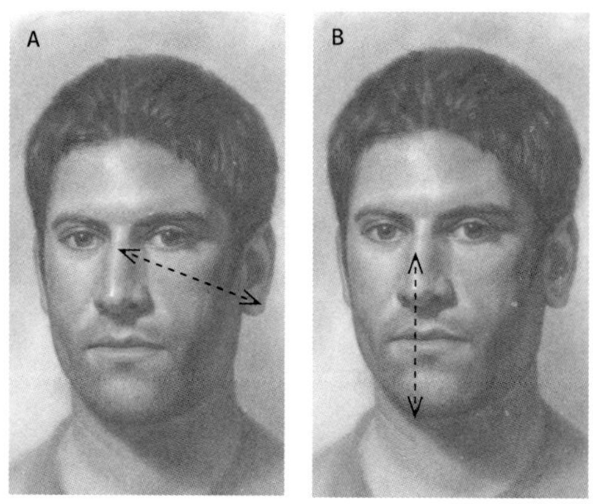

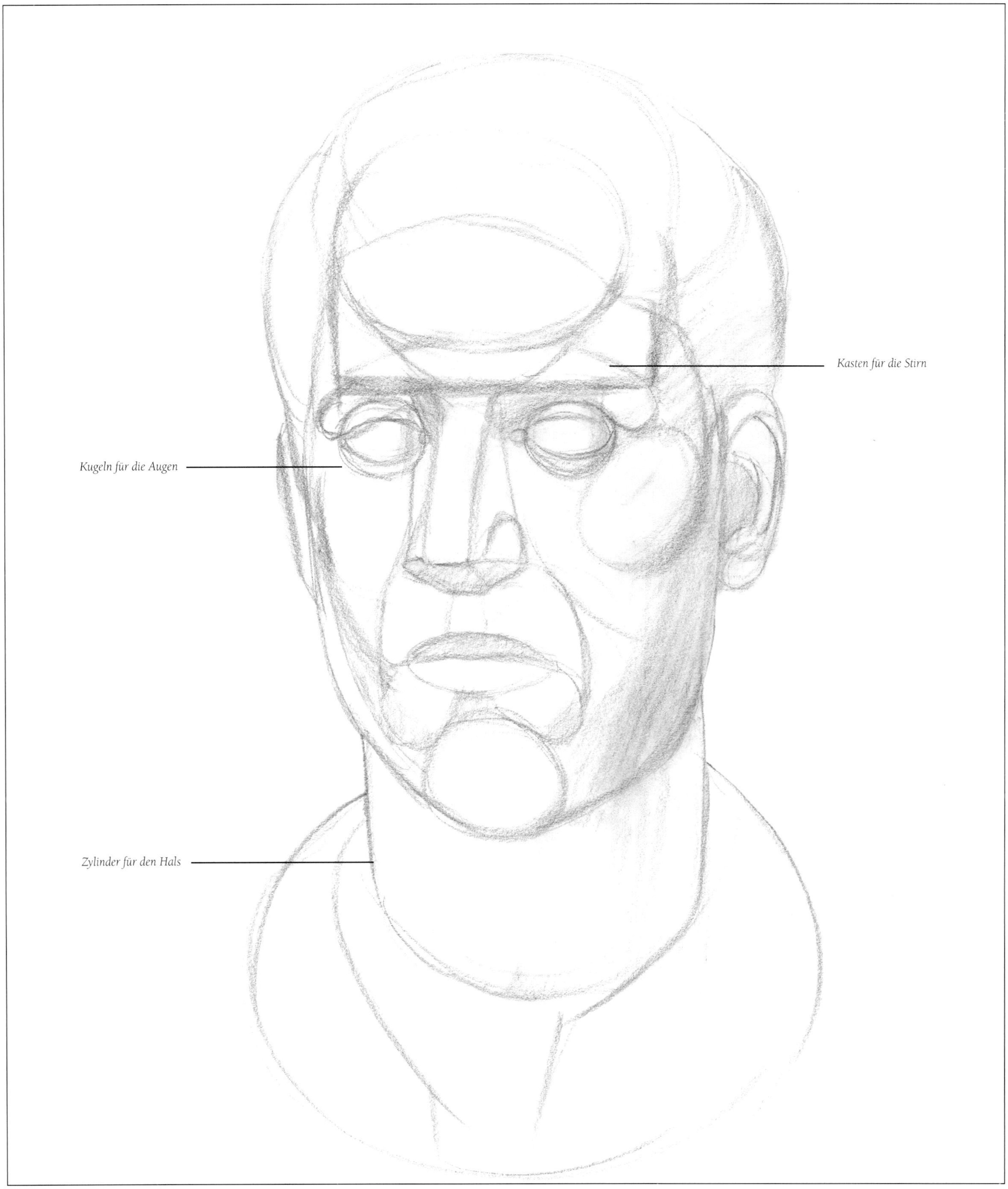

Arbeiten mit Grundformen Wenn die Skizzen und groben Linien stimmen, kann schon nicht mehr viel passieren. Sie können jetzt in aller Ruhe mit dem Ausformen des Gesichts beginnen: Jedes Element des Gesichts erhält zunächst eine einfache Grundform. Anfänger scheuen sich oft, solche plumpen Formen auf ihr Papier zu zeichnen. Doch Sie werden sehen, dass jedes Porträt sofort eine viel stärkere räumliche Wirkung erhält. Es geht nicht darum, etwas zu erfinden – zeichnen Sie die Formen so, als würde die Haut sie überspannen. Nach diesem Schritt haben Sie eine Art Landkarte des Gesichts mit Formen, die Sie detailliert ausarbeiten können und auf denen das Licht spielen kann. Jetzt kann Sie nichts Oberflächliches mehr wirklich irritieren, denn diese Formen spiegeln das wahre Auf und Ab der Gesichtszüge.

Von den Meistern lernen Große Maler und Zeichner wie Tizian, Rembrandt oder Pontormo sind noch radikaler vorgegangen. Sie haben Gesichter aus großen Kugeln entwickelt und mithilfe kleinerer Kugeln dann die Details erarbeitet. Im Grunde geht es so: Sie zeichnen zunächst eine große Form wie ein Ei oder einen Würfel für den Kopf, dann kleinere Kreise und Rechtecke darauf. Welche Formen Sie wählen. ist Ihre Sache, denn Sie zeichnen das, was Sie im Gesicht des Modells zu sehen glauben (▶ Seite 12).

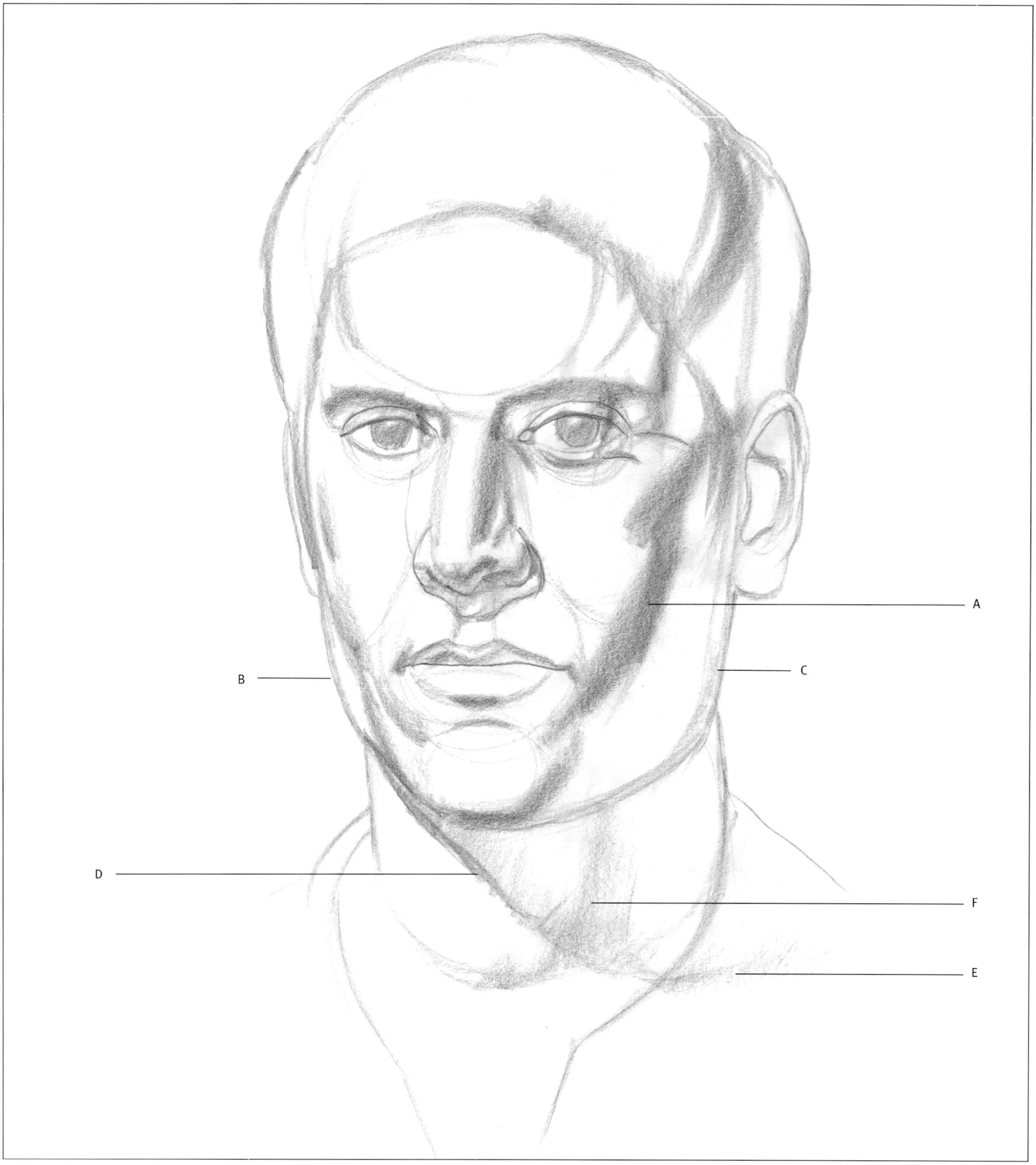

Schritt 4 - Ecken und Kanten

Schatten-Geheimnis Nun die Umrisse und die Kernschatten einzeichnen: Kernschatten (A) sind die dunkelsten Stellen der Schatten, die Sie im Gesicht sehen. Leider lassen viele Anfänger diese Schatten einfach weg, weil sie noch kein Auge dafür entwickelt haben. Ohne diese Kernschatten aber erhalten Gesichter nie eine räumliche Anmutung. Zeichnen Sie diese Schatten immer mit weichen Schraffuren und nie mit harten Strichen, sonst stechen Sie sehr unangenehm aus dem Porträt heraus.

Der Umriss Beim Umriss die eine Seite zeichnen (B), dann die andere (C), also Schläfe, Wangenknochen, Nasenflügel usw. Bei der Nase können sie oft eine Seite als Umriss anlegen, den Stift dann wenden und auf der anderen Seite nur den Schatten schraffieren. Auch die Umrisse nicht scharf und dick zeichnen, sondern sachte und leicht – an manchen Stellen fehlt der Umriss sogar ganz. Den Umriss anschließend mit kleinen leichten Stellen schraffieren, sodass Sie zum Schluss keine Striche mehr sehen, sondern nur leichte Schatten. Wichtig ist allerdings, dass Sie das ganze Gesicht umrissen haben.

Nun noch die anderen Schatten anlegen, wie den am Hemd (D). Auch hier sollen die Schatten nicht in scharfen Kanten enden, aber sie sollen klar abgegrenzt sein. Wichtig bei diesen Schatten: Je weiter der Schatten sich vom Objekt entfernt, das ihn verursacht, desto heller wird er, bis er schließlich ganz verläuft (E). Mit den Schatten modellieren Sie die Ecken und Kanten eines Gesichts: Prüfen Sie zum Schluss, ob Sie alle Schatten auf dem Gesicht richtig eingezeichnet haben.

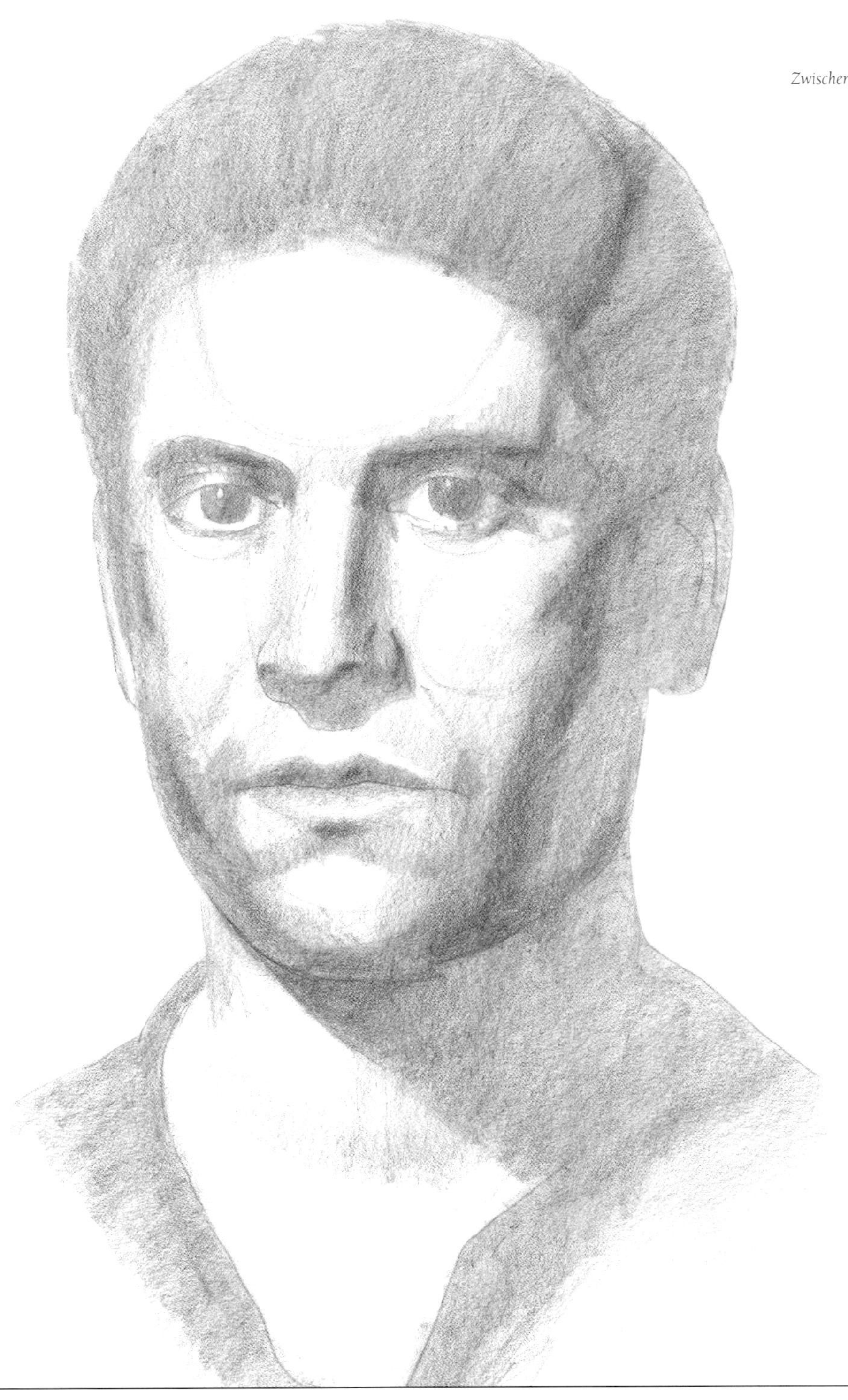

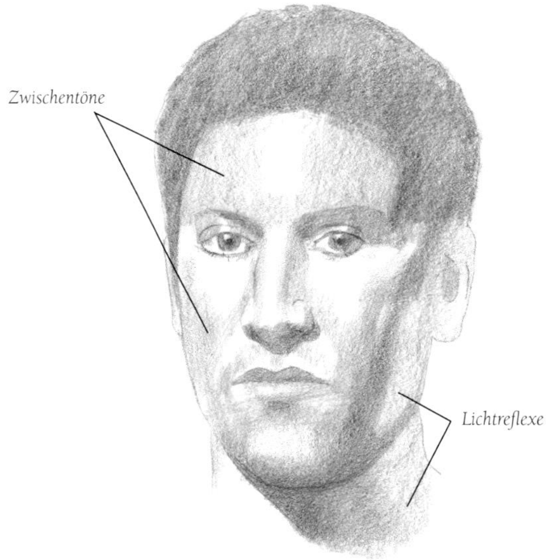

Zwischentöne Sie können die Zwischentöne mitschraffieren, wenn Ihr Stift jetzt über das Gesicht gleitet. Doch am wichtigsten in diesem Schritt ist das Anlegen der dunkelsten Stellen. Sie können auch über die hellsten Stellen gehen – sie werden automatisch wieder heller, wenn Sie die Schatten weiter abdunkeln.

Kneifen Sie die Augen oft zu, denn so können Sie die Töne am besten immer wieder neu erkennen. Je lebensechter die Töne werden, desto gelungener ist das Bild am Ende.

Schritt 5 - Grauwerte

Instinkt Im Grunde folgt jetzt die einfachste Arbeit, und sie geht am leichtesten von der Hand, wenn man möglichst wenig dabei denkt und grübelt: Einfach die Augen ein wenig zusammenkneifen, dann erscheint das Gesicht des Modells von alleine wie eine Landschaft aus hellen und dunklen Stellen. Wenn Sie das richtig machen, werden die Zwischentöne in den hellen Stellen und die Lichtreflexe in den dunklen Stellen Sie nicht mehr irritieren. Unser Gehirn hat die Angewohnheit, solche Auffälligkeiten besonders hervorzuheben – doch dem Bild kommt es zugute, wenn Sie einfach nur zeichnen, was Sie sehen. Der berühmte Porträtmaler Velasquez hat auffällige Zwischentöne und Lichtreflexe grundsätzlich eingeebnet und nur solche Hauttöne gemalt, die aus der Entfernung völlig realistisch wirken.

Versuchen Sie in diesem Stadium immer eine Strichrichtung beizubehalten – parallel oder quer zu den Schlagschatten. Füllen Sie die tieferen Stellen aus und schraffieren Sie gleichmäßig: Das Gesicht soll in diesem Stadium eine sanfte Grautönung erhalten. Schöne Effekte entstehen, wenn Sie größere Partien wie z.B. Haare und Ohr mit demselben Schwung schraffieren.

Alternative Hat ein Modell sehr viel Schatten im Gesicht, kann es sich lohnen, die Töne schon in einem früheren Schritt zu zeichnen – z.B. zwischen Schritt 2 und 3. Möglicherweise hilft Ihnen das frühe Schraffieren auch dabei, die Proportionen genauer zu treffen und die Umrisse besonders gut anzulegen. Probieren Sie es einfach aus.

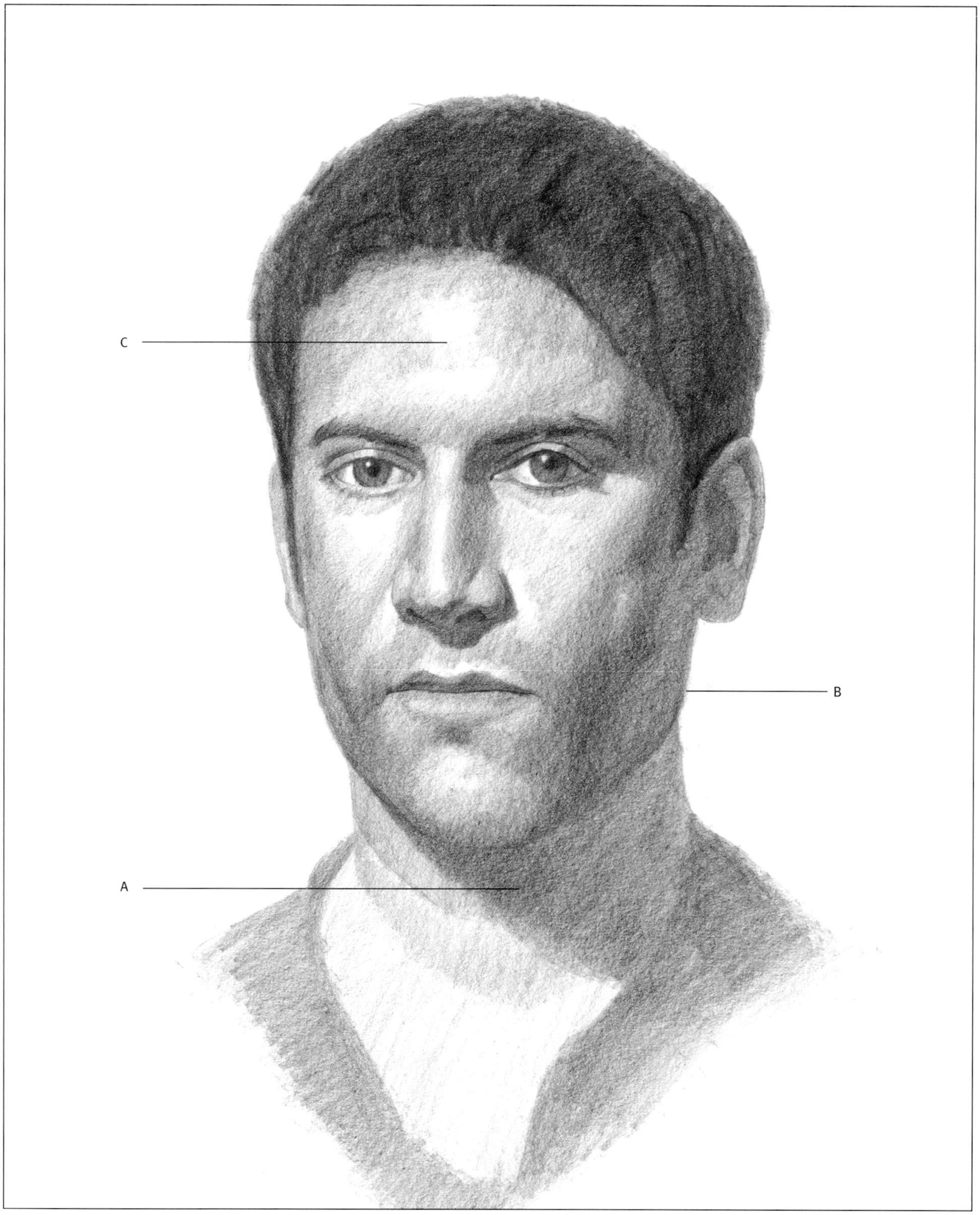

Schritt 6 – Fertigstellen

Ein Tipp vorweg Halten Sie beim Zeichnen immer gleich einen Radiergummi in der anderen Hand, dann können Sie jeden noch so kleinen Fehler sofort beheben. Wenn Sie schon fünf Schritte gezeichnet haben, sollten die Umrisse und Schraffuren weit fortgeschritten sein.

Mit Gefühl Konzentrieren Sie sich jetzt vor allem darauf, die Grautöne so genau wie nur möglich wiederzugeben, also die dunklen Schatten und die Zwischentöne. Die dunklen Töne lassen Sie ganz sachte in Grautöne übergehen, indem Sie sich mit dem Bleistift sanft voran arbeiten. Keine dunkle Stelle unverbunden stehen lassen (A) – sondern immer mit den Umrissen oder mit den umgebenden Grautönen (B) verschmelzen. Striche, die irgendwo stehen geblieben sind, müssen aufgespürt und eingeebnet werden – sie sind Gift für jedes Bildnis: Tilgen Sie sie aus, indem Sie sie schraffieren und ihnen die Härte nehmen.

Hell und Dunkel Machen Sie nicht den Fehler, in die weißen Stellen der Lichtreflexe hinein zu schraffieren – in der stillen Hoffnung, dass Sie sie später wieder ausradieren können. So weiß wie unbenutztes Papier werden diese Partien nie mehr! Lassen Sie die Grautöne zu den weißen Stellen hin auslaufen, aber lassen Sie das Papier dann weiß. Sie können später die Übergänge immer noch verreiben. Aber zuerst sollen sich die hellen und die dunklen Stellen deutlich trennen. Diese Entschiedenheit tut nicht nur im Leben gut –, sondern auch Ihren Bildern.

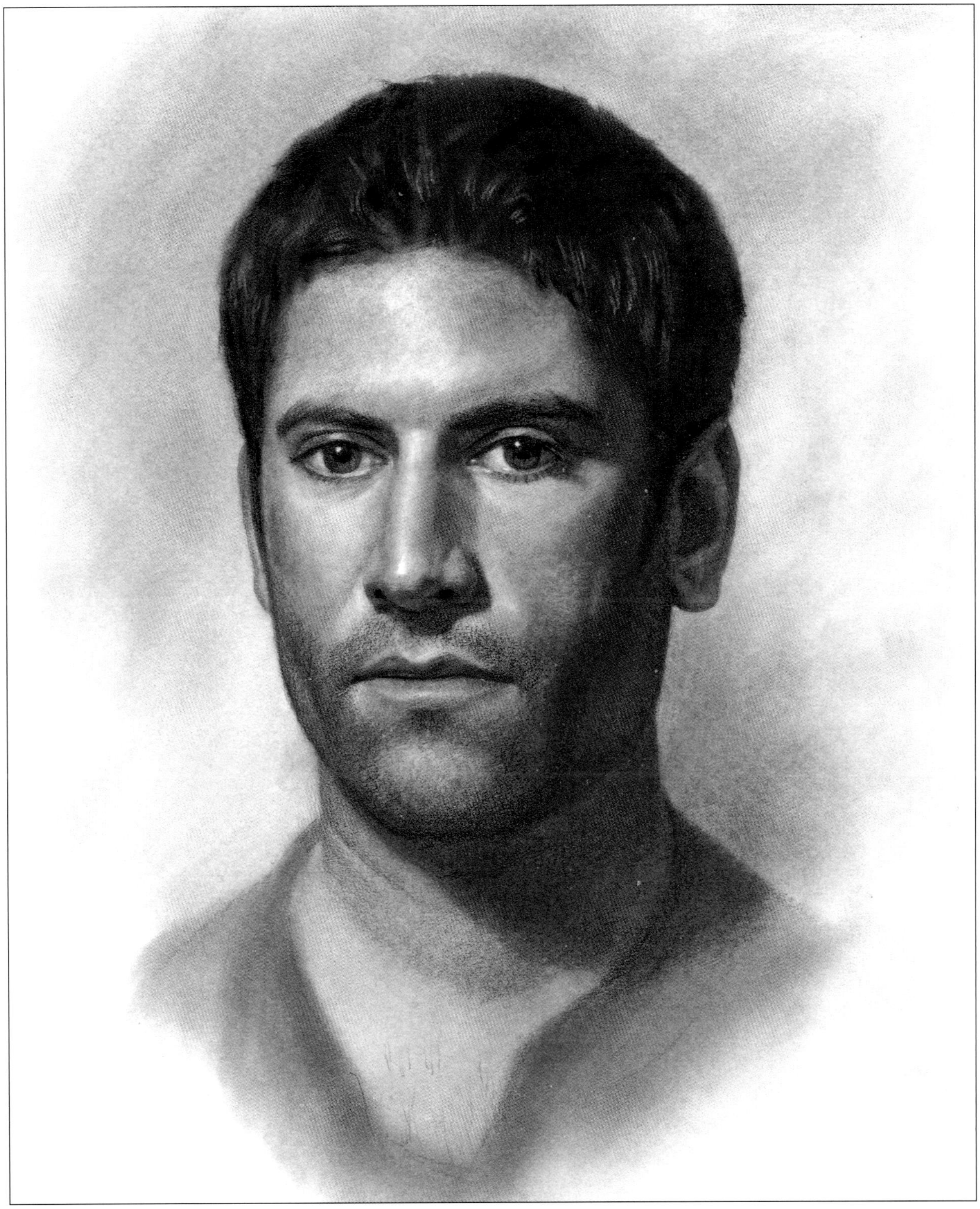

Scott Jeffry, 1 Tag Arbeitszeit, Lebensgröße

Schritt 7 – Die Schlusspolitur

Fingerspitzengefühl Gerade dieser letzte Schritt braucht sehr viel Zeit und ist nicht ganz einfach: Durch das weitere Abtönen, Verreiben usw. wird das Gesicht immer dunkler. Vermeiden Sie jeden abrupten Übergang – er würde wie eine Verletzung auf der Haut aussehen. Gleichen Sie alle Übergänge ganz weich und sanft aus und lassen Sie keine hellen oder dunklen Flecken stehen. Nehmen Sie den Papierwischer zur Hand und reiben Sie zunächst über die Kernschatten. Gehen Sie dabei mit dem Schatten mit – nicht einfach hin und her wischen, sonst entstehen Fahrer. Nehmen Sie die Seite des Wischers, nicht die Spitze. Die Spitze brauchen Sie nur für ganz kleine Stellen. Einen schwarzen Gegenstand neben das Bild halten, um zu sehen, wie dunkel es wirklich ist. Den Großteil des Porträts mit der Puderquaste bearbeiten. Man kann statt des Papierwischers auch Makeup-Schwämmchen nehmen. In dieser Phase können sich die Grautöne durch die Bearbeitung wieder verschieben. Dann müssen Sie noch einmal daran arbeiten.

Radieren In manchen Stellen empfiehlt es sich, den Knetradiergummi zu einem flachen Stück zu kneten und mit der gesamten Fläche über die Stelle zu gehen – aber nicht radieren, nur reiben! Lichtreflexe, die Sie übermalt haben, bearbeiten Sie mit dem elektrischen Radierer. Und zum Schluss mit dem Bleistift in Härte 9B Bartstoppeln zeichnen. Und dann ist die Zeichnung eines Mannes auch schon fertig.

Junge Frau mit langem Haar

Schritt 1 - Erste Skizze

1 Mit einem Bleistift in Härte 9B ein Oval zeichnen. Bei dieser Frontalansicht soll es möglichst symmetrisch sein – Sie müssen sich aber nicht um Perfektion bemühen: In diesem Stadium kommt es vor allem darauf an, einen Anhaltspunkt für die Größe des Kopfes zu zeichnen. Kennzeichnen Sie den Mittelpunkt des Ovals. Dann den Mittelpunkt im Gesicht des Models suchen, damit die Hilfslinien für die Nasenwurzel und die Augenbrauen stimmen. Dazu Sie den Bleistift mit der Spitze nach oben in die Hand nehmen, den Arm ausstrecken, bis der Ellbogen gerade ist, und die Bleistiftspitze vor den Mittelpunkt des Gesichts halten.

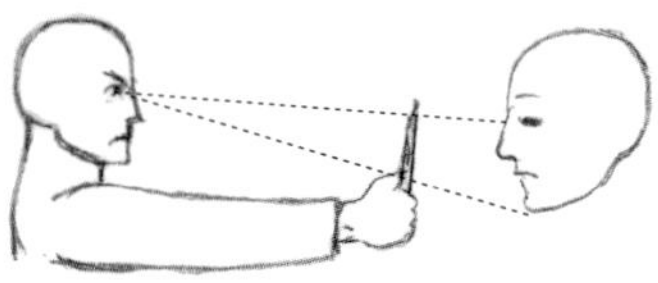

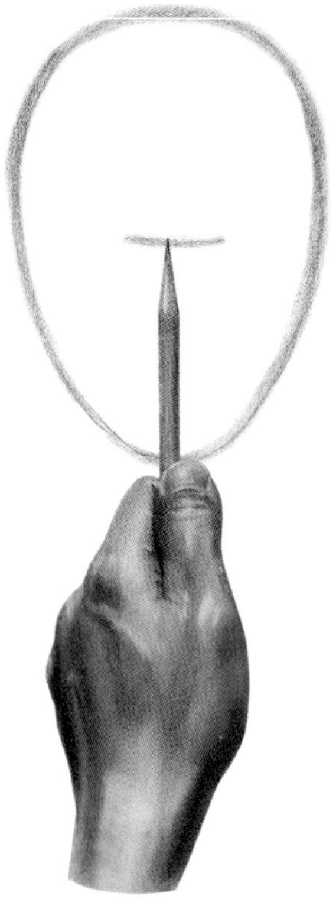

2 Den Bleistift nicht bewegen, sondern mit der Hand nach unten rutschen, bis der Daumennagel auf Höhe des Kinns ist. Dann mit dem Bleistift nach oben gehen, bis die Bleistiftspitze den Scheitel berührt: Ist der Daumennagel jetzt genau auf dem Mittelpunkt, stimmt das Maß.

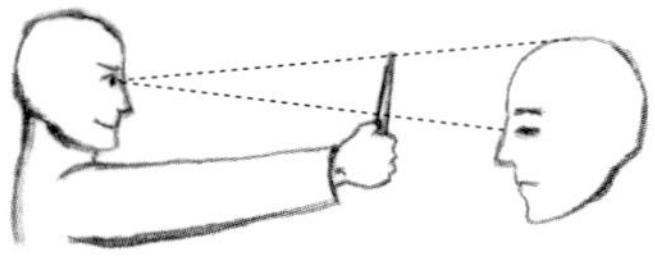

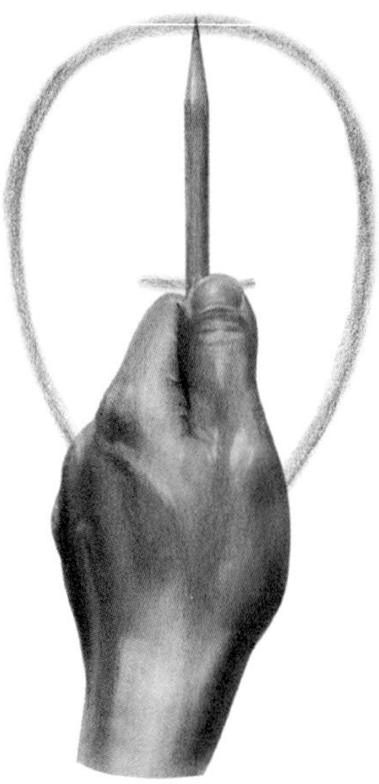

Schritt 2 - Grobe Linien

Exakt arbeiten In diesem Stadium werden alle senkrechten und waagrechten Abstände gefunden und die Position von Augen, Nase und Mund festgelegt: An der senkrechten Hilfslinie entlang gehen. Die Lage der waagrechten Linien zunächst nach Augenmaß eintragen und die Gesichtszüge vorskizzieren. Immer wieder prüfen, ob Lage und Abstände der Elemente zueinander stimmen.
Alle Fehler gleich ausbessern. In diesem Stadium besonders auf die „leeren“ Stellen achten: Nur wenn ihre Lage und Größe stimmt, können sich die Formen des Gesichts entwickeln. Die Pfeile in der Abbildung links zeigen, wie man die „leeren“ Stellen beim Messen und Vergleichen in die Komposition mit einbeziehen kann. Mit diesem einfachen Mittel lässt sich die Lage aller Elemente des Gesichts sicher bestimmen.

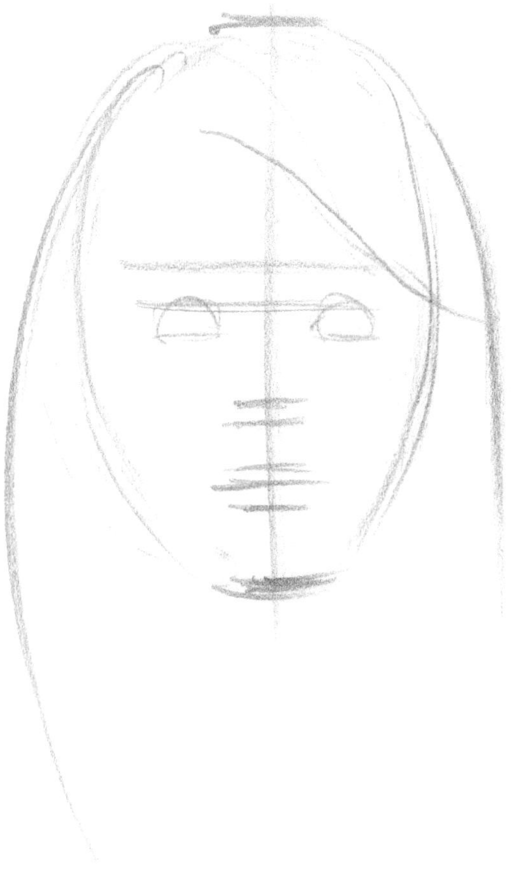

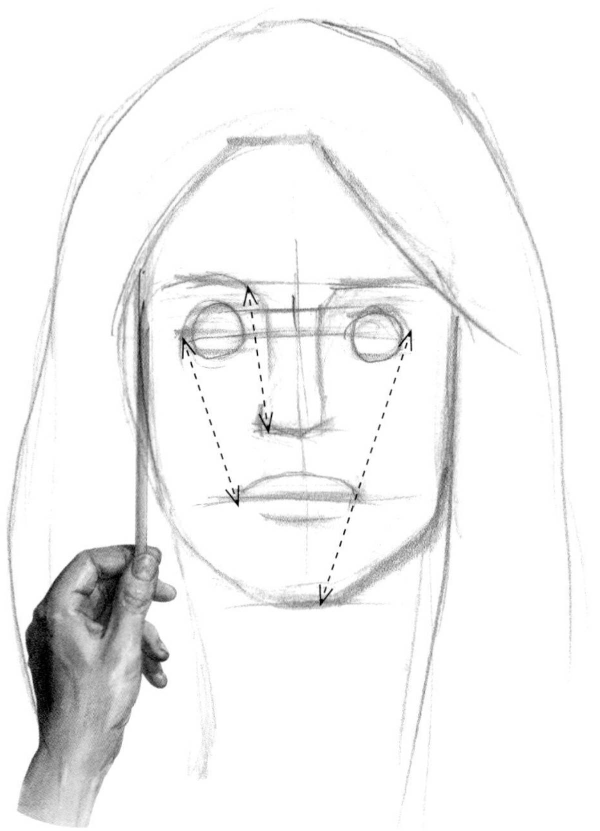

3 Die senkrechte Mittellinie Ihres Ovals markieren und andere senkrechte Abstände eintragen, wie Oberkante und Unterkante der Lippen, Mundwinkel, Nasenwurzel und Nasenspitze, die Augenbrauen und den Haaransatz.

Schritt 3 - Grundformen

Wenn alle Abmessungen stimmen, kann jetzt freier und intuitiver weitergearbeitet werden. Stellen Sie sich einfache geometrische Grundformen vor, die unterhalb der Haut liegen und das Gesicht so formen, wie Sie es sehen. Auch wenn das Bild in diesem Stadium Ähnlichkeit mit einem Roboter hat – durch das weitere Schraffieren entstehen daraus die feinen menschlichen Züge.

Im Schraffurgriff Den Stift am besten im lockeren Schraffurgriff (▶ Seite 8) halten und leichte Striche zeichnen. Am besten mit den großen Formen beginnen und die kleineren einfach in die größeren hinein zeichnen: Die Augen als Kugeln, die Backen eiförmig usw. Es sollte nur einige Minuten dauern, diese Grundformen einzuzeichnen. Natürlich hat jedes menschliche Gesicht andere Grundformen – lassen Sie sich immer nur von dem, was Sie vor sich sehen, leiten.

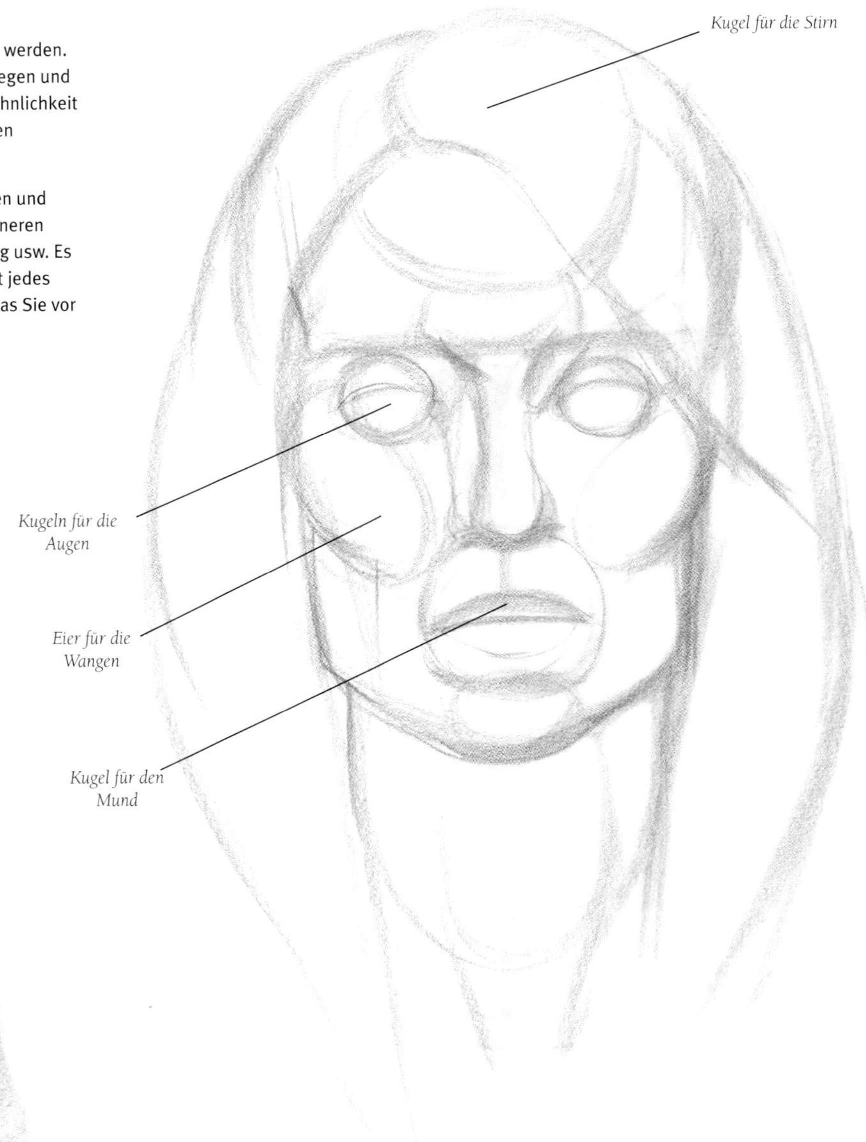

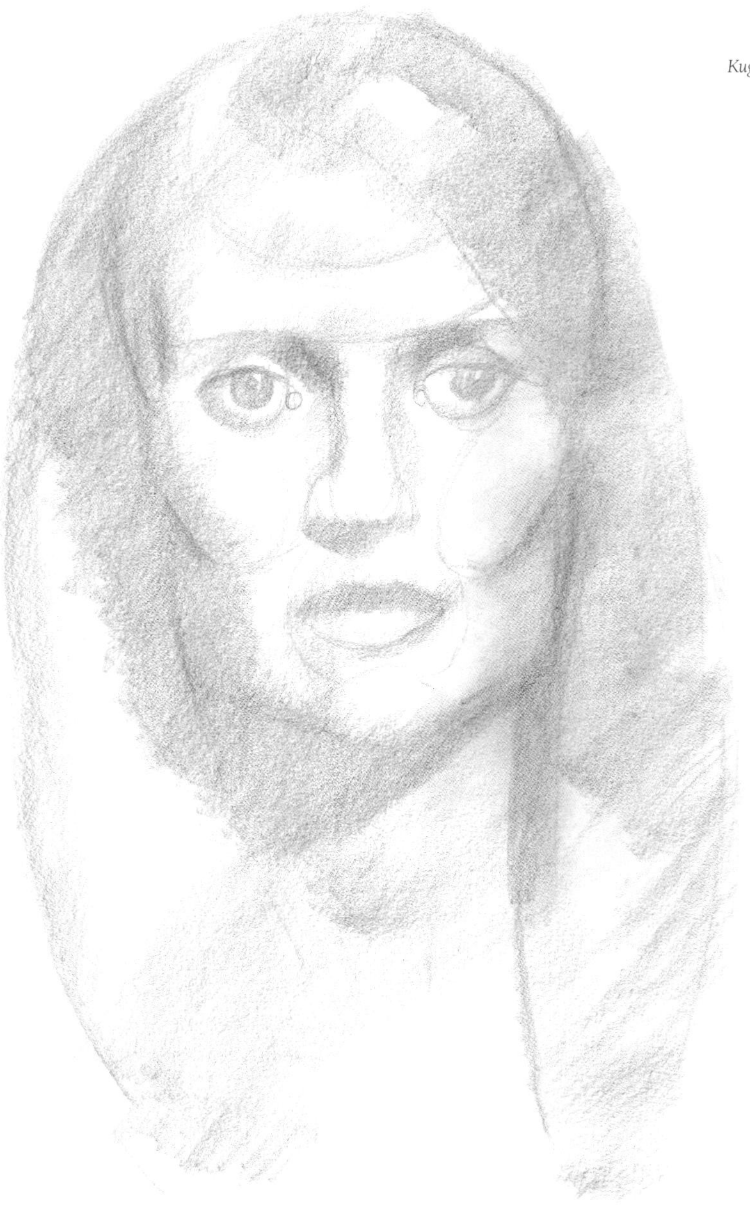

Schritt 4 - Ecken und Kanten

Dieser Arbeitsschritt kann auch erst im Anschluss an Schritt 5 erfolgen, wenn Sie damit bessere Ergebnisse erzielen: Wenn Sie jetzt schon saubere Umrisse einzeichnen können, dann machen Sie gleich mit Schritt 5 weiter und holen Sie Schritt 4 anschließend nach. Für die meisten ist es jedoch leichter, zunächst die wichtigsten Schatten im Gesicht zu zeichnen und anschließend die Umrisse festzulegen.

Vergleichen Das Modell ansehen und die Augen zusammenkneifen, bis das Gesicht nur noch als Muster aus hellen und dunklen Stellen erscheint – dabei verschmelzen die hellsten und dunkelsten Stellen mit den Zwischentönen. Dieses Muster mit dem Bleistift nachzeichnen – den Stift dabei schräg halten und schräg schraffieren, um rasch voran zu kommen. Die Striche beim Schraffieren nahe nebeneinander setzen und nur in eine Richtung arbeiten, damit die Zeichnung ruhig wirkt. Später können Sie in verschiedene Richtungen zeichnen, um die Schatten miteinander zu verschmelzen.

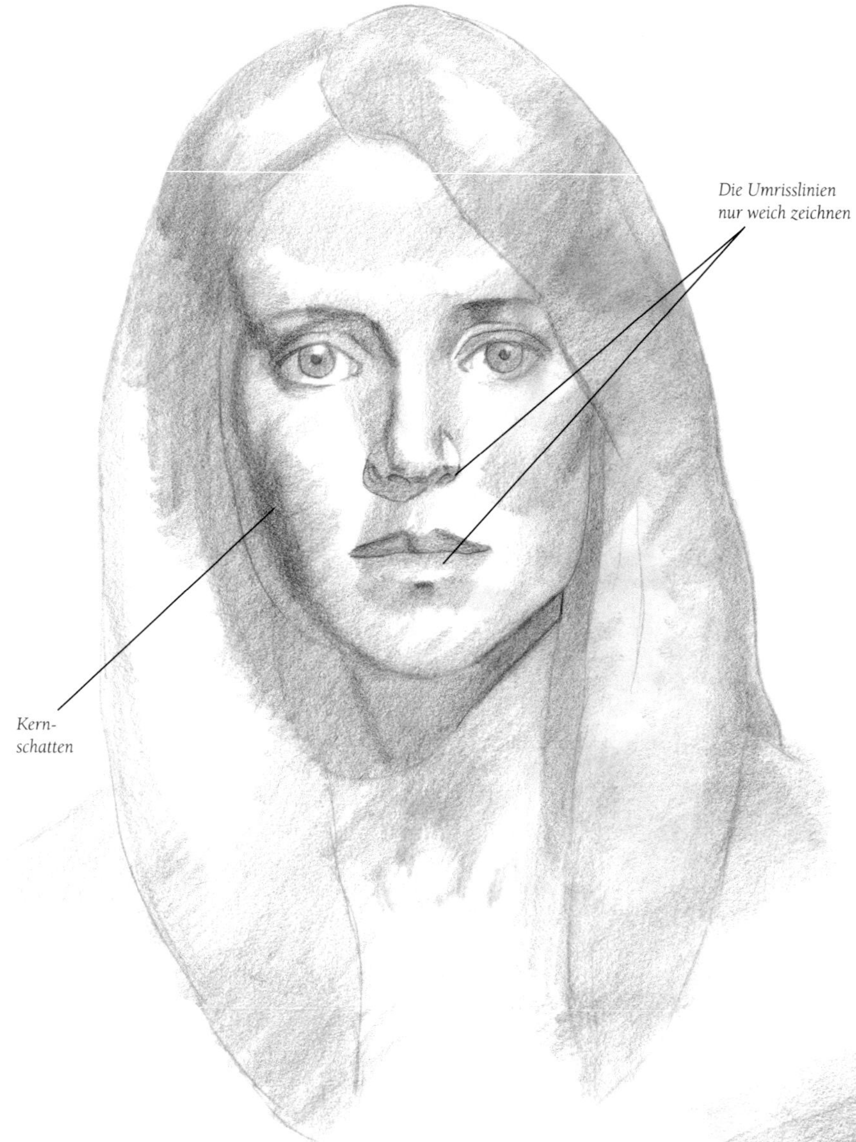

Schritt 5 – Grauwerte

Bei diesem Modell sieht man bei allen Formen, die Sie in Schritt 3 eingetragen haben, die Seitenflächen, die oberen Fläche und manchmal sogar die Unterseite. Die dunkel schraffierten Stellen mit der Seite des Bleistifts gestalten, aber keine Striche ziehen, sondern breite Streifen vom Haar zu den Schläfen und bis hinter zu den Wangenknochen schraffieren. Dabei genau hinsehen, wo die Schatten am tiefsten sind – das ist in der Regel dort der Fall, wo zwei Gesichtsformen aneinander stoßen. Auch seitlich der Augen oder unterhalb der Nasenspitze bilden sich solche Schatten.

Nicht vergessen Die Umrisse werden nur schwach eingezeichnet, wirken aber wie eine Klammer für die Schattenbereiche. Das beste Vorgehen ist, erst den Schatten leicht vorschraffieren, dann die Form mit der Linie eingrenzen und dunkler ausschraffieren. Dort, wo die Schatten am dichtesten an dem Gesichtselement sind, das sie verursacht, sind sie am dunkelsten – diese Bereiche mit einem spitzen Bleistift zeichnen.

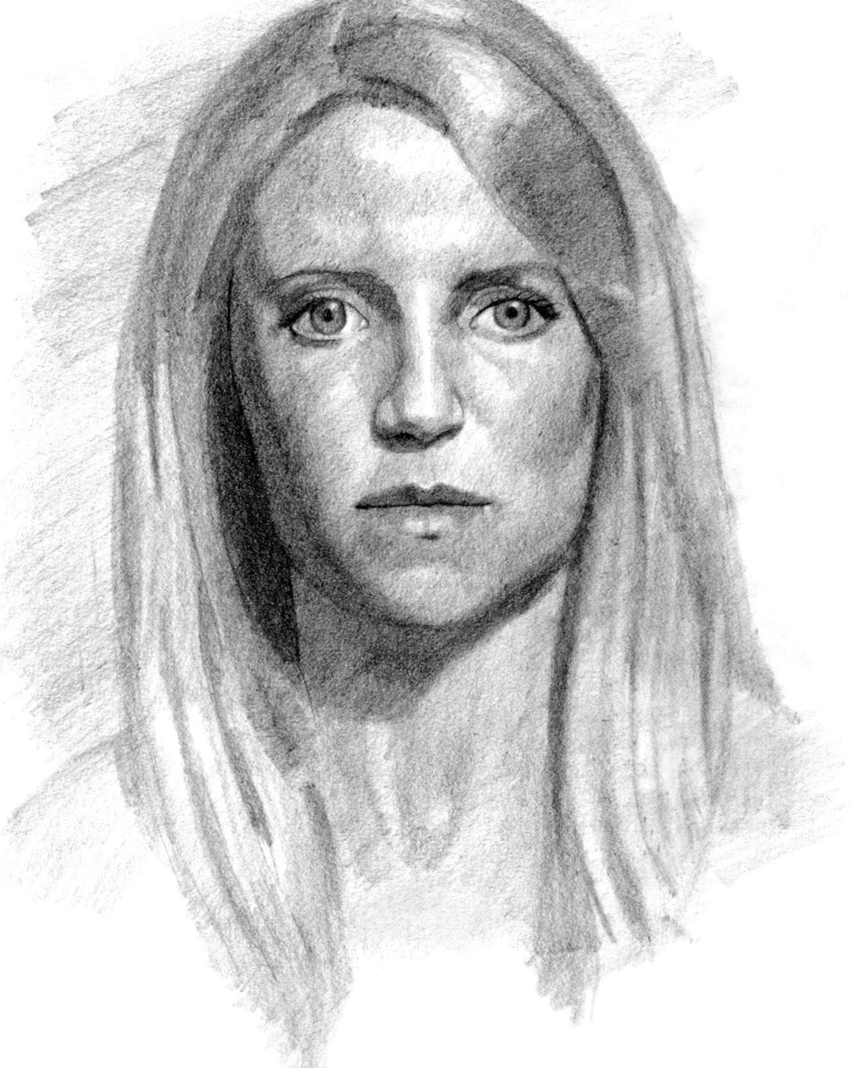

Schritt 6 – Fertigstellen

Nun außerhalb der definierten Umrisse an den Schraffuren weiterarbeiten. Um schöne Zwischentöne zu erzielen, sachte über das Papier „streicheln" und umso weniger Farbe auftragen, je näher ein Lichtreflex herankommt. Es soll so wirken, als würden die Schatten aus dem dunkelsten Kern entweichen und möglichst gleichmäßig immer heller werden. Öfter die Augen zukneifen und die Halbtöne auf Ihrem Papier mit den Tönen auf dem Gesicht des Modells vergleichen.

So wird's perfekt Ein Blatt weißes Papier neben das Modell halten – abgesehen von einigen Reflexzonen sollte die Haut nirgends weiße Stellen haben. Dann zu einem härteren Bleistift wie 5B oder 2B greifen und die Details des Gesichts einzeichnen.

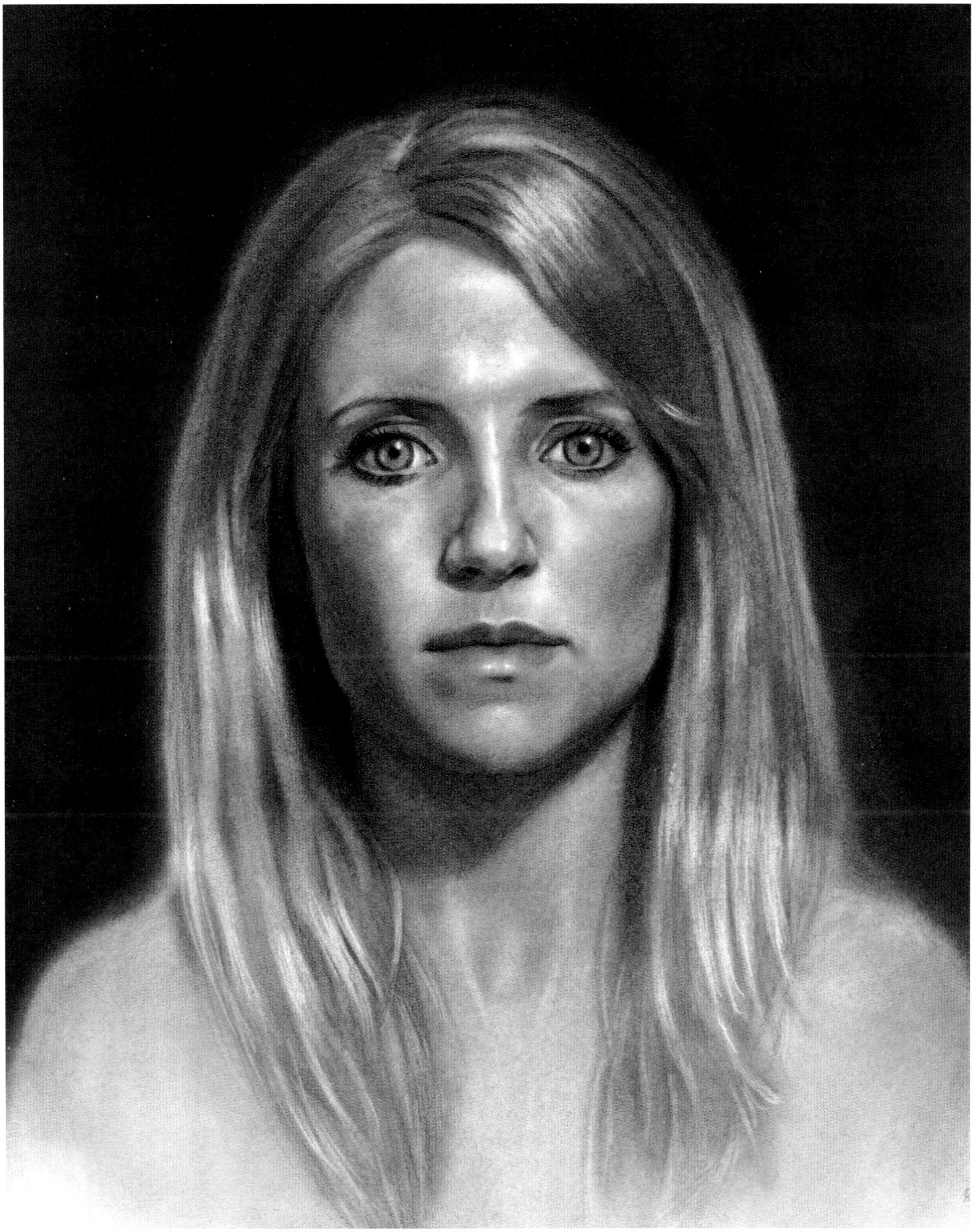

Elizabeth T. Gilbert, 1 Tag Arbeitszeit, Lebensgröße

Schritt 7 – Die Schlusspolitur

Für diesen Schritt brauchen Sie am meisten Zeit, denn bis zu einem gewissen Grad werden jetzt alle Arbeitsschritte nochmals wiederholt. Zuerst mit dem Papierwischer die dunkelsten Schatten verreiben, dann mit dem Makeup-Schwämmchen die dunkelsten Stellen der Details leicht verreiben. Anschließend mit einer Puderquaste sachte über das ganze Bild streichen. Zum Schluss die hellen Lichtreflexe mit einem Knetradiergummi herausarbeiten – sollten die Reflexe nicht hell genug werden, nehmen Sie den elektrischen Radierer. Falls die Reflexe dann zu stark von der Umgebung abstechen, ebnen Sie die Ränder mit einem frischen Papierwischer ein. Wenn Sie feststellen, dass das gezeichnete Gesicht durch das Verreiben und Verwischen an Ausdruckskraft verloren hat, zeichnen Sie die dunkelsten Stellen des Gesichts nochmals nach.

Der Hintergrund Bei diesem Bild wurde der Hintergrund völlig in Schwarz gestaltet, weil so ein wunderschöner Kontrast zum schimmernden blonden Haar entsteht. Wenn Sie unsicher sind, welchen Hintergrund Sie zeichnen sollen, halten Sie einfach nacheinander ein graues, ein weißes und schwarzes Stück Papier neben das Modell. So sehen Sie, was am besten passt. Am schnellsten entsteht ein schwarzer Hintergrund, wenn Sie Grafitpulver mit der Puderquaste auftragen – sollte der Ton zu hell sein, tragen Sie nochmals Grafitpuder auf.

Ein Profil

Profile werden seltener gezeichnet als Ansichten von vorne oder in der Dreiviertelansicht. Man geht bei einem Profil auch anders vor – wie es gemacht wird, zeigen die folgenden sechs Schritte.

1 Versuchen Sie den Bogen des Gesichts zu erkennen, der zwischen Stirn und Kinn liegt und bringen Sie ihn zu Papier. Von dieser Grundlinie gehen Sie aus.

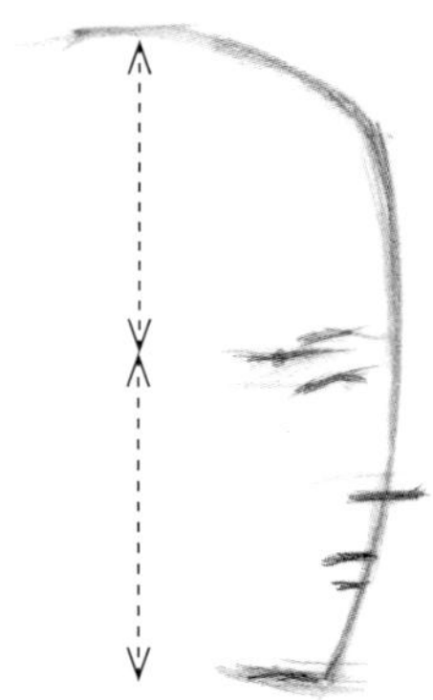

2 Strecken Sie den Arm aus und messen Sie den Mittelpunkt zwischen Oberkopf und Halsansatz. Zeichnen Sie ihn ein. Dann versuchen Sie die Lage der Augenbrauen, der Nasenspitze, der Lippen usw. abzuschätzen und auf dem Bogen zu treffen.

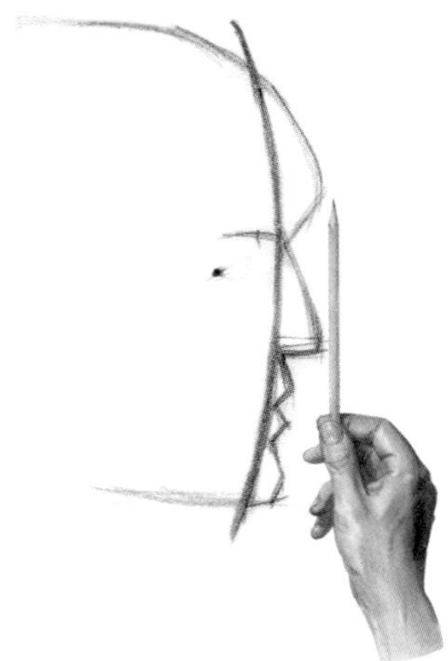

3 Halten Sie einen Bleistift senkrecht vor das Gesicht Ihres Modells und testen Sie, welcher Teil des Gesichts am weitesten vorspring. Das kann die Stirn sein, die Nase, Ober- oder Unterlippe oder auch das Kinn. Tragen Sie alle markanten Punkte auf Ihrer Zeichnung ein.

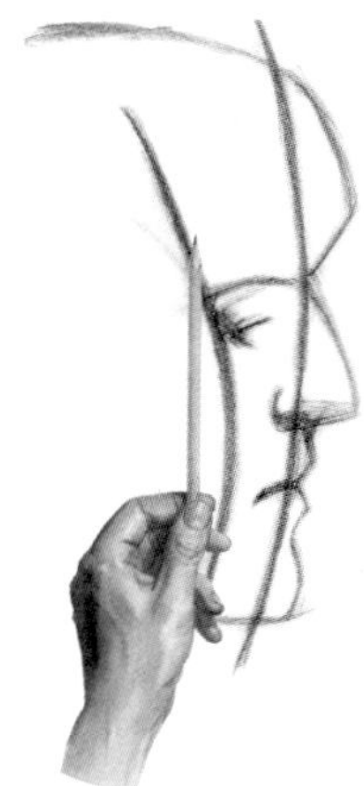

4 Halten Sie nun den Bleistift senkrecht an die Seite des Kopfs und sehen Sie nach, wie genau die Augenwinkel, die Nasenlöcher, die Mundwinkel, der Hals usw. im Verhältnis zu einander liegen.

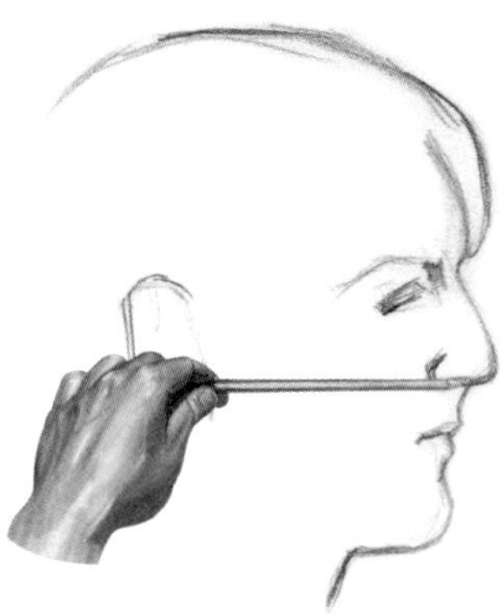

5 Damit das Ohr an der richtigen Stelle sitzt, halten Sie den Stift waagrecht an die Nasenspitze und an die Augenbrauen. So sehen Sie die Lage des Ohres.

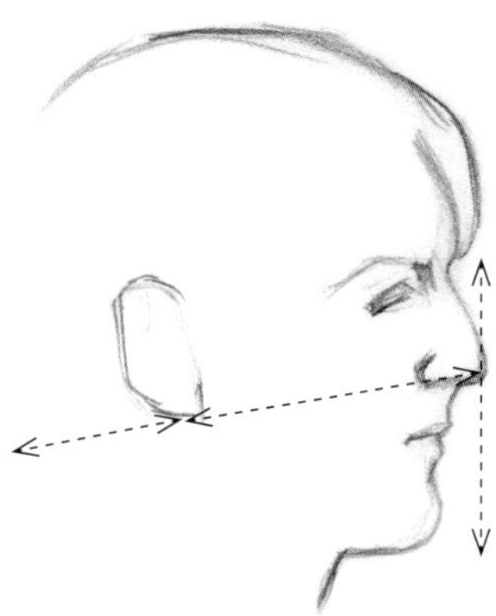

6 Damit das Ohr wirklich exakt sitzt, müssen Sie jetzt noch mit dem Bleistift den Abstand zwischen Kinn den Augenbrauen zu Hilfe nehmen. Vergleichen Sie diesen Abstand mit dem Abstand zwischen Ohrläppchen und Nasenspitze. Messen Sie auch die Distanz zwischen Ohrläppchen und Hinterkopf.

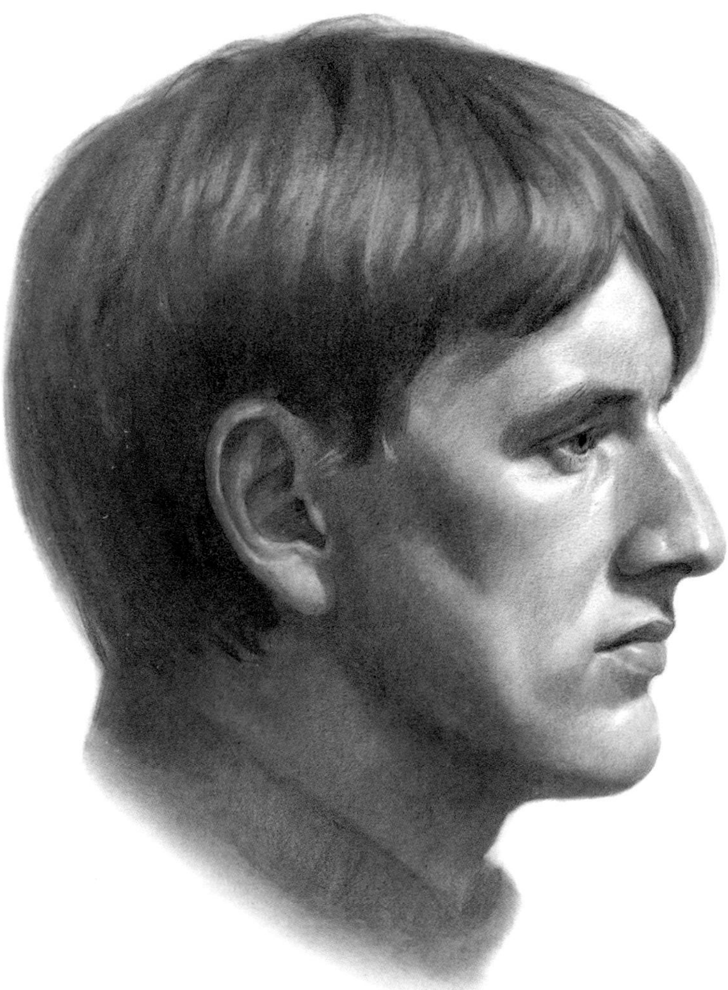

Sehen Sie, dass der höchste Punkt des Kopfes nicht über der Stirn liegt? Die höchste Stelle ist immer das Zentrum des Oberkopfes oder ein Stück dahinter. Denken Sie schon bei den ersten Skizzen daran.

Ältere Menschen

An älteren Menschen lassen sich wunderbar Gesicht und Charakter studieren. Bei diesem Modell bringt die Neigung des Kopfes nach links das gute Aussehen noch besser zur Geltung.

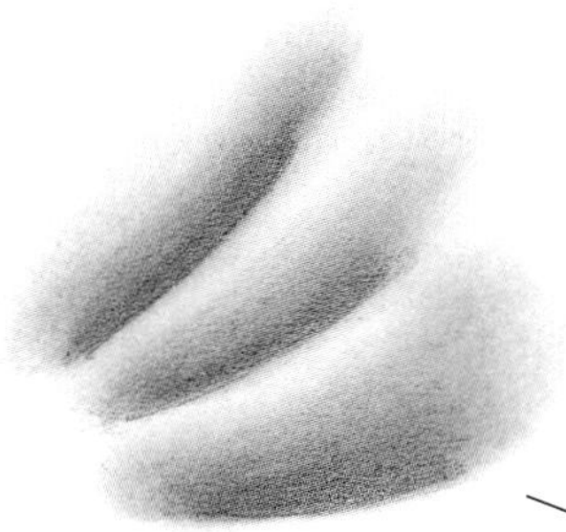

Falten Niemals Falten als Strich zeichnen, sondern immer eine dreidimensionale Form anlegen. Die scharfen Kanten zuerst schraffieren, dann zu den helleren Stellen übergehen.

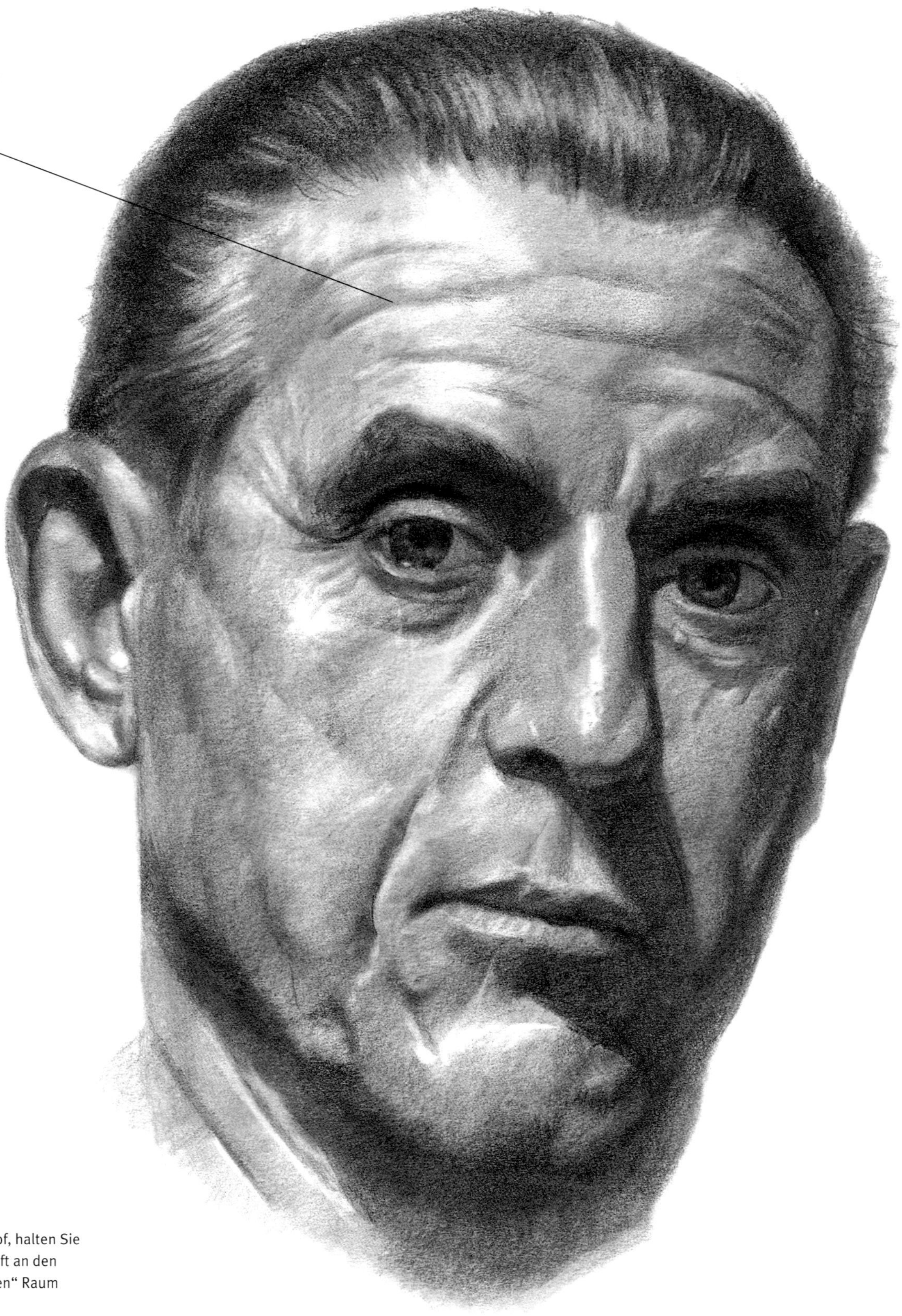

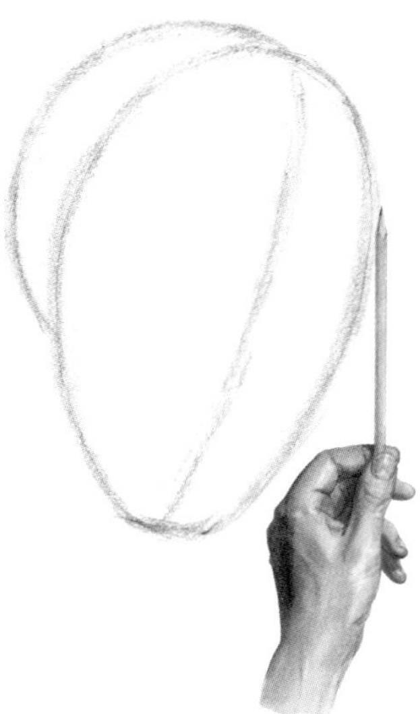

Den Kopf neigen Neigt das Modell seinen Kopf, halten Sie das schon in der ersten Skizze fest: Den Bleistift an den äußersten rechten Punkt halten und den „leeren“ Raum berücksichtigen.

Halbporträt

Sobald der Kopf richtig gezeichnet wurde, ist es ein Leichtes den übrigen Körper zu gestalten. Strecken Sie als Erstes Ihren Arm aus und messen Sie ab, wie viele Kopflängen es bis zur Taille sind: So erhalten Sie die richtige Länge des Körpers. Als nächstes müssen Sie die Breite der Schultern ausmessen. Sobald Sie dieses Maß haben, können Sie mithilfe senkrechter Hilfslinien die übrigen Breitemaße bestimmen. Natürlich hilft es auch, senkrechte Hilfslinien vom Kopf oder von der Nase aus zu ziehen.

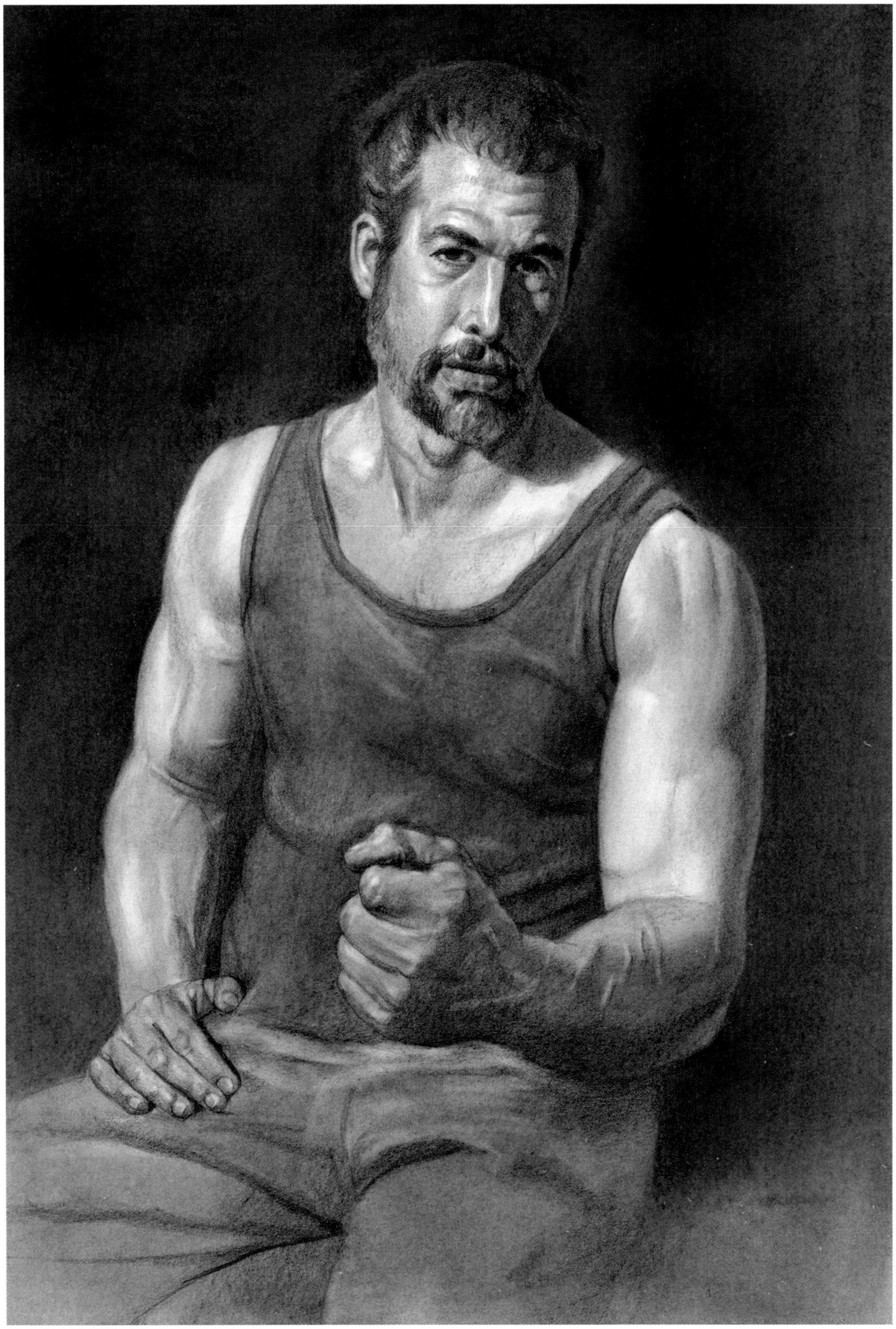

Rick Rosner, 1 Tag Arbeitszeit

Bei diesem Bild saß der Zeichner nur knapp 1,5 Meter von seinem Modell entfernt. Dadurch entstand die ungewöhnlich starke optische Verkürzung der Faust (▶ Seite 120). Das ist ein gewollter Effekt, denn durch die geballte Faust erhält dieses Bild noch zusätzliche Aufmerksamkeit – was durchaus beabsichtigt war! Wenn Sie eine solche gestauchte Darstellung vermeiden wollen, brauchen Sie nur auf diese vier Punkte zu achten:

1 Arbeiten Sie in etwa in einem Abstand von 5 Metern zu Ihrem Modell – oder zumindest so weit entfernt, dass keine „unmöglichen" optischen Verkürzungen entstehen.

2 Tragen Sie dann alle wichtigen Punkte ein, die Sie in den Markierungen auf Seite 177 sehen.

3 Wenn Sie ein Detail genauer erkennen wollen, lehnen Sie sich nach vorne.

4 Wenn Sie sich im Bild von oben nach unten voran arbeiten, sollten Sie die Sitzfläche Ihres Stuhls an Ihre Augenhöhe anpassen. Sie müssen die Körperformen immer aus demselben Winkel sehen können.

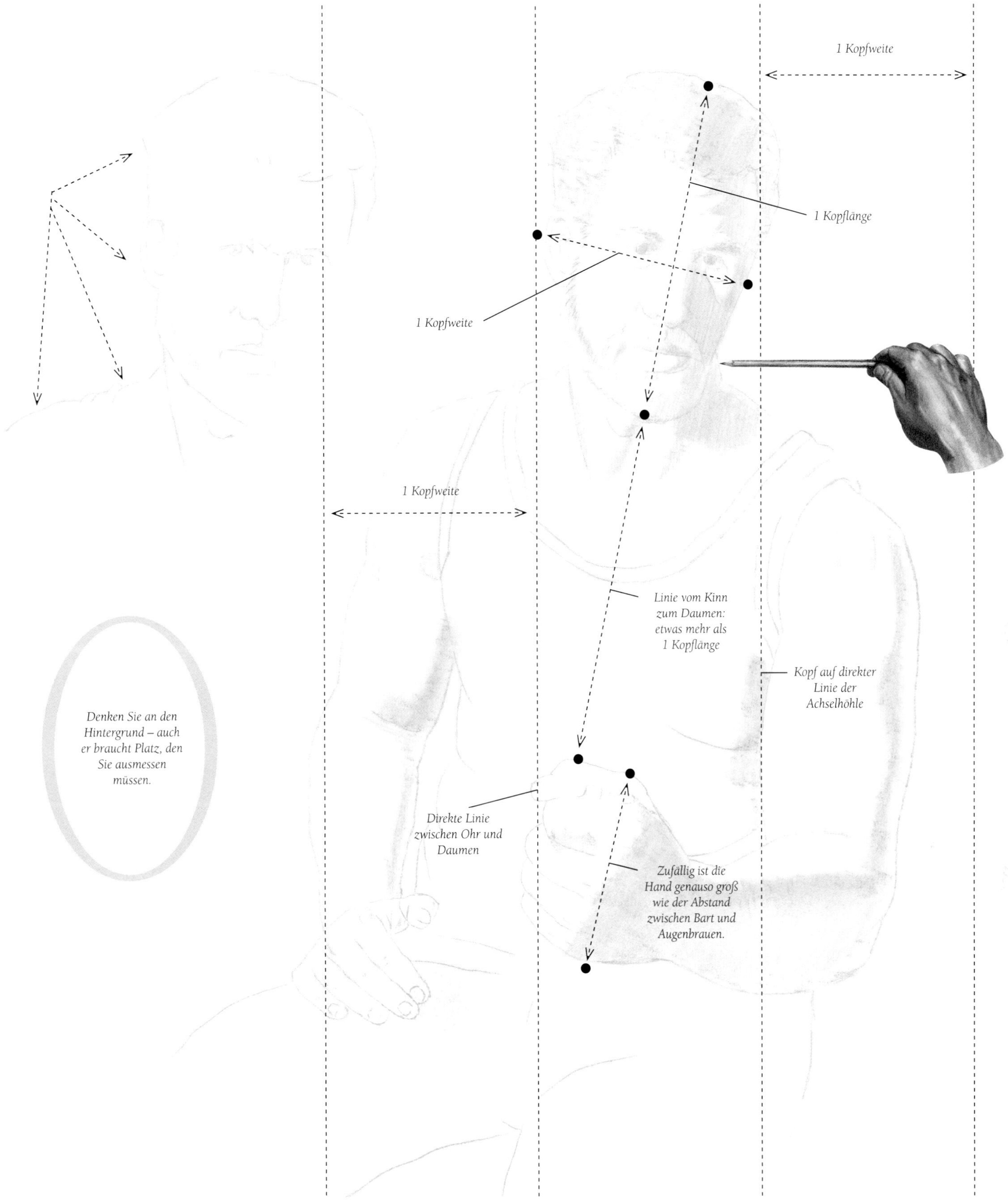

Landkarte der Proportionen Gewöhnen Sie sich beim Zeichnen von Menschen an, solche Maße auszumessen und ins Bild zu übertragen, wie oben dargestellt. Diese Maße sind vor allem dann wichtig, wenn Sie etwas optisch verkürzt darstellen wollen. Hier ist zum Beispiel die Faust fast so groß wie der ganze Kopf. Gerade dann, wenn etwas gegen unser rationales Denken verstößt, müssen Sie ganz genau nachmessen!

1 Um die Schultern richtig abzubilden, vergleichen Sie sie mit der Breite des Kopfes – so erhalten Sie auch ihre genaue Position.

2 Ziehen Sie senkrechte Hilfslinien vom Kopf und von den Schultern aus nach unten: Damit bestimmen Sie die Lage der übrigen Körperteile genau.

3 Vergleichen Sie die Kopflänge mit den Händen und Füßen – so stimmen deren Maße immer.

4 Fragen Sie beim Zeichnen immer wieder nach allen möglichen Abständen. Sehen Sie zum Beispiel nach, wie weit der Abstand zwischen Schulter und Hals ist – oder der vom Hals zum Oberkopf.

Bilder verbessern

Beim Arbeiten mit Porträts machen Zeichner im Großen und Ganzen vier Fehler, die ein Bild weniger lebensecht erscheinen lassen: Ungenauigkeiten bei den Zwischenräumen, Fehler bei Licht und Schatten, Probleme mit dem Umriss und Fehler bei den Grauwerten und Zwischentönen. Damit Sie diese Fehler in den eigenen Bildern erkennen und korrigieren können, wurde das Porträt der jungen Frau rechts, auf den folgenden Seiten viermal mit diesen Fehlern angefertigt.

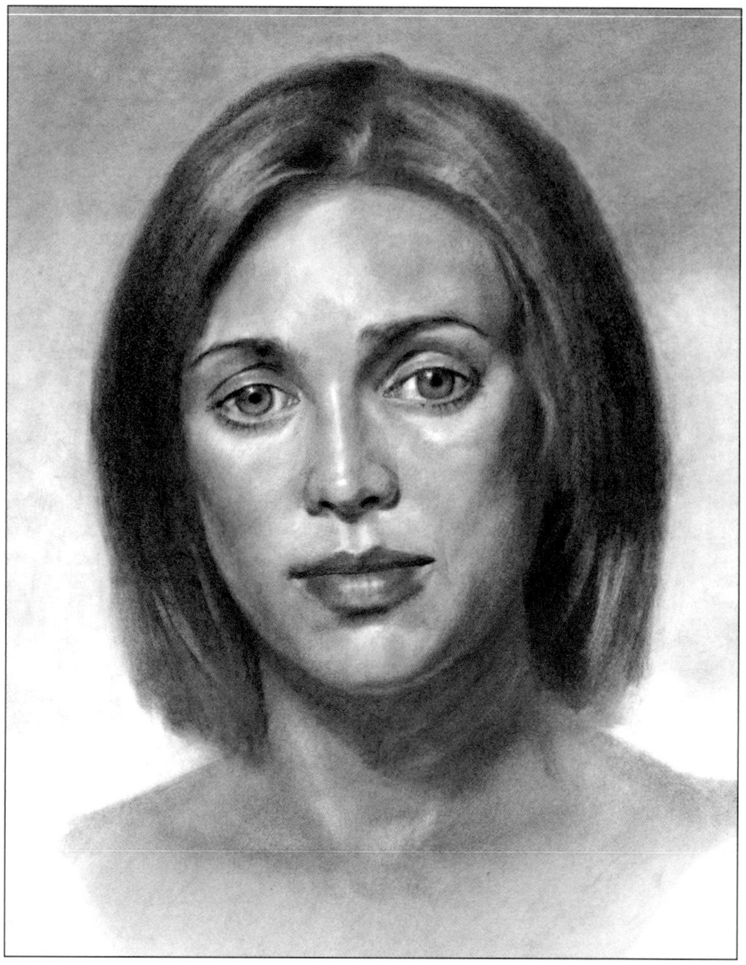

Karolina Rosinski, 1 Tag Arbeitszeit, Lebensgröße

Die verflixten Zwischenräume

Von Anfang an richtig Hier wurde viel Mühe auf die Details des Gesichts gelegt, aber bei der ersten Skizze und beim Zeichnen der Linien wurde geschlampt. So sind zum Beispiel die Augen und der Mund zu nah an der Nase. Merken Sie sich also am besten nochmals: Der Abstand zwischen den einzelnen Elementen eines Gesichts ist ebenso wichtig, wie die eigentliche Form. Obwohl so vieles an dem Porträt gelungen ist und der Künstler sehr elegant schraffiert hat, sollte er den ersten Stadien des Bildes mehr Aufmerksamkeit widmen. Das heißt: Genauer auf Abstände und Zwischenräume achten, die Abstände mit dem Bleistift abmessen und senkrechte Hilfslinien ziehen, z.B. von den Nasenlöchern nach unten.

Fragen helfen Wer Probleme mit dem richtigen Abschätzen der Zwischenräume hat, kann sich mit einfachen Fragen helfen: Was ist größer – die Lippen oder der Abstand zwischen Oberlippe und Nasenspitze? Hat diese Frau schwere Wangenknochen oder zarte? Wer also Probleme hat, die Zwischenräume richtig zu erfassen, sollte sich einfach bei den ersten Schritten genug Zeit lassen.

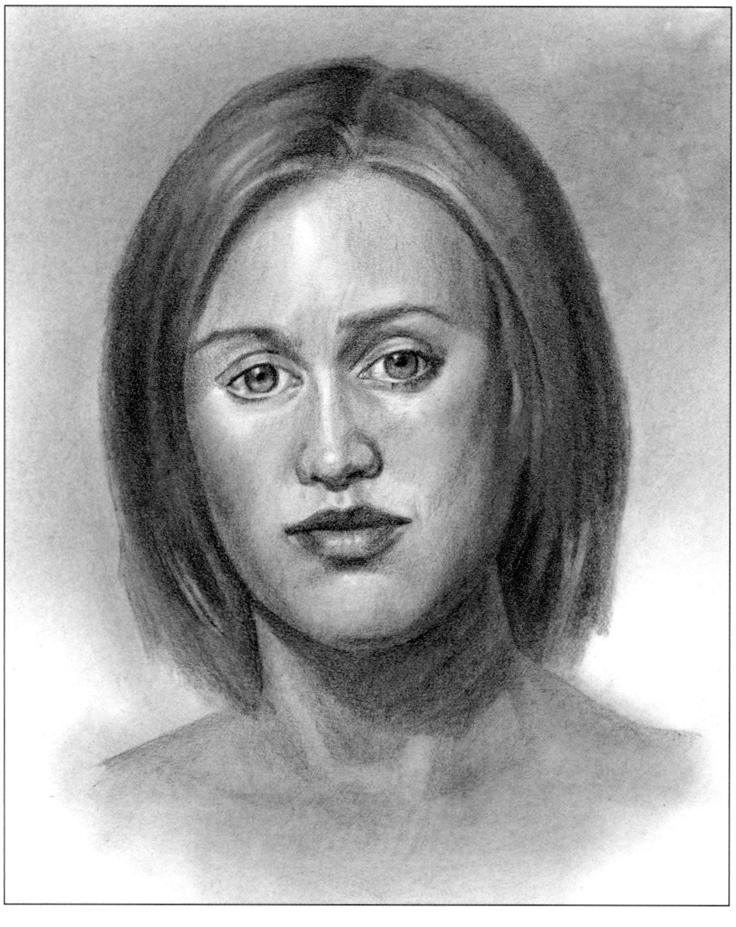

Richtig mit Kritik umgehen

Anfänger lassen sich durch Kritik meist noch schnell verletzen. Profis kommen soweit, dass sie Kritik lieben lernen. Anfänger sind noch sehr leicht zu verunsichern – und manchmal ist Kritik falsch und manchmal auch böswillig. Fragen Sie auch als Anfänger immer Ihr Modell nach seiner ehrlichen Meinung und hören Sie sich jede Meinung, die Sie als objektiv empfinden, in Ruhe an. Es ist außerdem klug, andere um ihre Meinung zu bitten, solange Sie noch am Porträt arbeiten und nicht erst, wenn es in einer Ausstellung hängt. Hier ein paar bewährte Tipps:

1 Um Kritik bitten.
2 Das Porträt neben das Modell halten – sie sollten gleich aussehen.
3 Das Bild im Spiegel ansehen.
4 Das Bild im Handspiegel mit dem Modell vergleichen.
5 Zurücktreten.
6 Die Augen zukneifen.
7 Fragen Sie sich: Wenn das Modell attraktiv ist – würden Sie die Frau auf Ihrem Porträt zum Essen einladen? Wenn das Modell Autorität hat – ist Ihr Porträt furchteinflößend? Vergessen Sie nicht, dass das keine andere Kunstrichtung so viel Genauigkeit fordert wie Porträts.

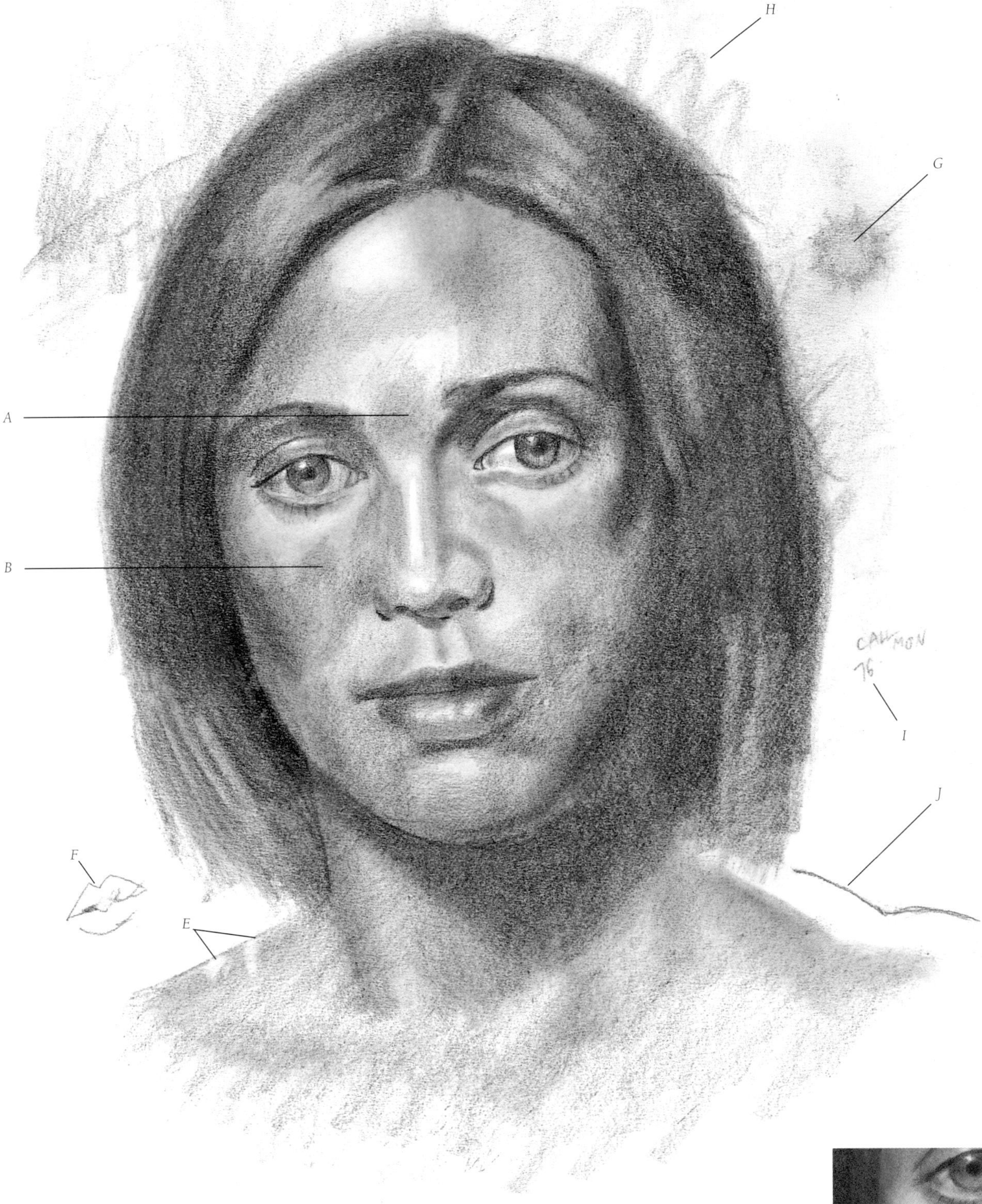

Sich mit Licht und Schatten verbünden

Nicht übertreiben Hier hat der Künstler es gut gemeint und hat jede Veränderung im Farbton der Haut gezeichnet. Leider hat er dabei übertrieben und so sind dunkle Flecken entstanden (A). Wer diesen Fehler macht, muss lernen, dass sich die Erhebungen, Vertiefungen und Flächen des Gesichts immer nur mit dem Licht entwickeln – und nicht einfach so entstehen. Halbtöne sind keine Inseln, die unvermittelt im Gesicht auftauchen (B), sondern sie entwickeln sich zwischen den hellen Stellen und den Schatten: Zum Schatten hin werden sie dunkler (C), zum Licht hin heller (D). Um das genau zu sehen, sollten Sie die Augen zukneifen. Wer das nicht mag, muss das Blatt immer wieder neben das Gesicht des Modells halten und ein Stück zurücktreten, damit das Auge das Bild neu sieht. Erst dann erkennt man, ob die Gestaltung des Gesichts ein einheitliches Muster ergibt.

Geduld und Präzision Außerdem arbeitet dieser Künstler schlampig. Manchmal hat er keine Lust, bis zur Linie zu schraffieren (E). Er lässt Skizzen einfach stehen – „Ist ja nur eine Skizze" (F). Hier ist Fett vom Brot auf das Blatt geraten (G). Den Hintergrund hat er gar nicht gestaltet (H) – stattdessen erscheint dort Gekritzel, denn er hat das Blatt als Unterlage beim Schreiben benutzt (I). Außerdem war er zu faul, Anfangsfehler richtig auszuradieren.

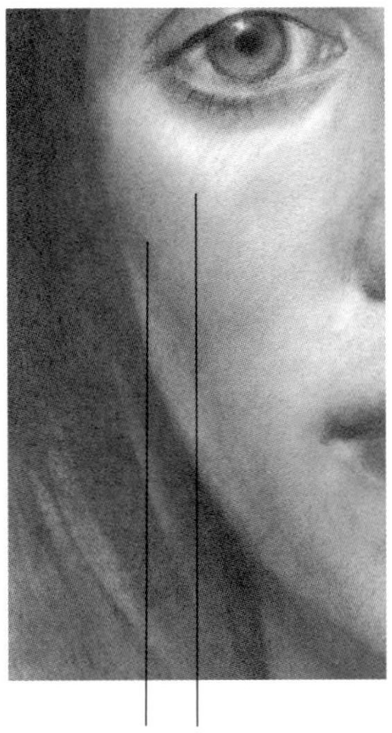

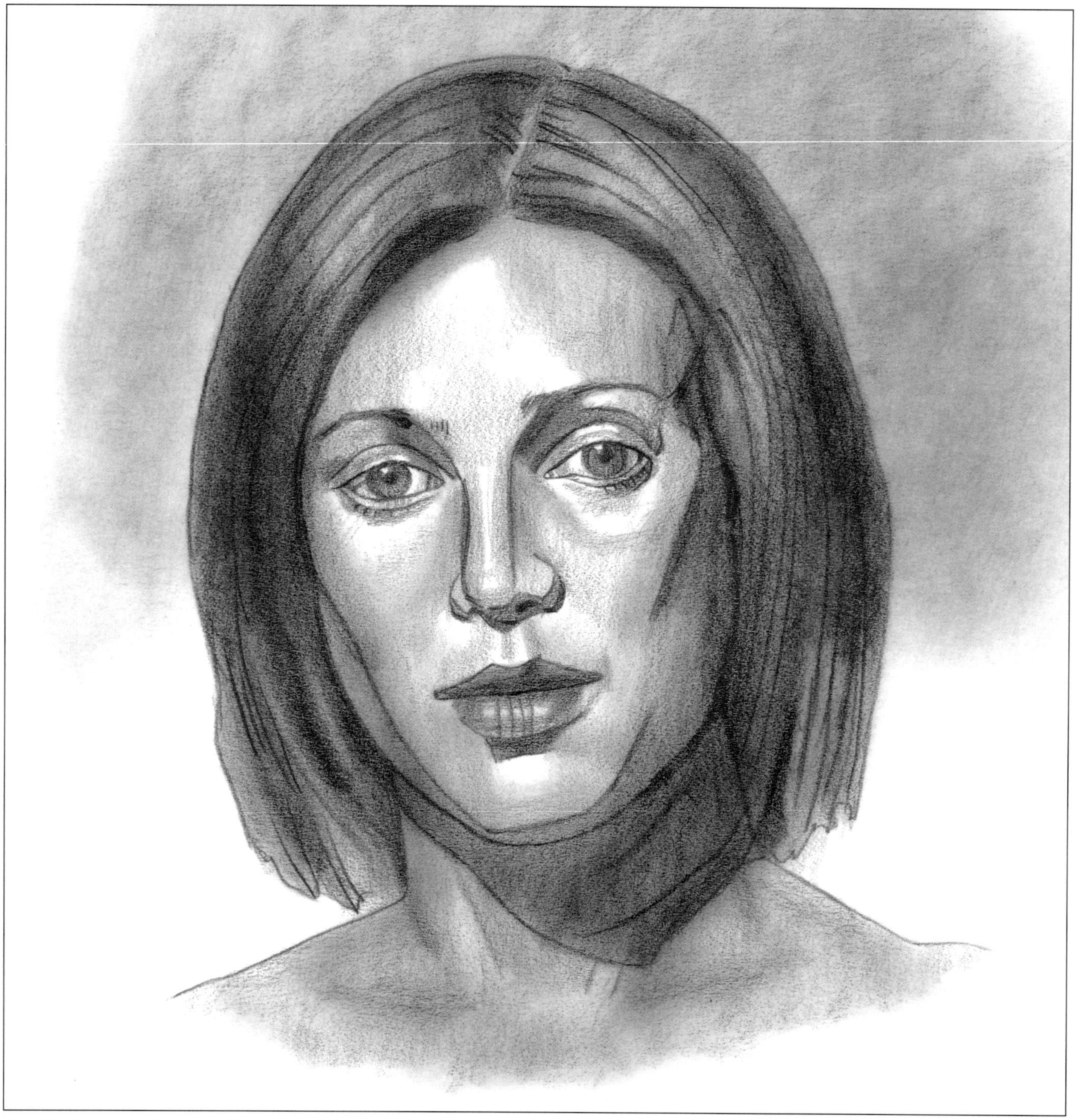

Das Problem mit den Linien und Umrissen

Sich an Linien festhalten? In jedem Kunstkurs sind ein Teil der Schüler „Linienzeichner". Jeder, der gerne Umrisse und Begrenzungslinien macht, sollte sich vor Augen führen, dass Menschen keine Linien im Gesicht haben. Sie können auf Seite 39 den Unterschied zwischen einem Gesicht mit Linien (links) und einem perfekt gezeichneten Gesicht sehen. Der linke Kopf wirkt wie der eines Roboters ...
Sie können das Dilemma umgehen, indem Sie als erstes die dunkelste Stelle zeichnen (A), dann die hellste (B). Alle anderen Übergänge zwischen Gesichtsebenen müssen im Grauwert dazwischen liegen.

Ausnahme Umriss Nur beim Umriss (C) gibt es eine echte Begrenzung. Doch selbst hier lassen Sie keine Linien stehen, sondern schraffieren so, dass die Linie verschwindet, oder zeichnen Sie ganz dünn und fein und sogar stellenweise brüchig (D).

Aber wenn Sie zu Linien neigen und sich das nicht abgewöhnen können, ist es auch kein Weltuntergang. Niemand ist perfekt und braucht es gar nicht zu sein.

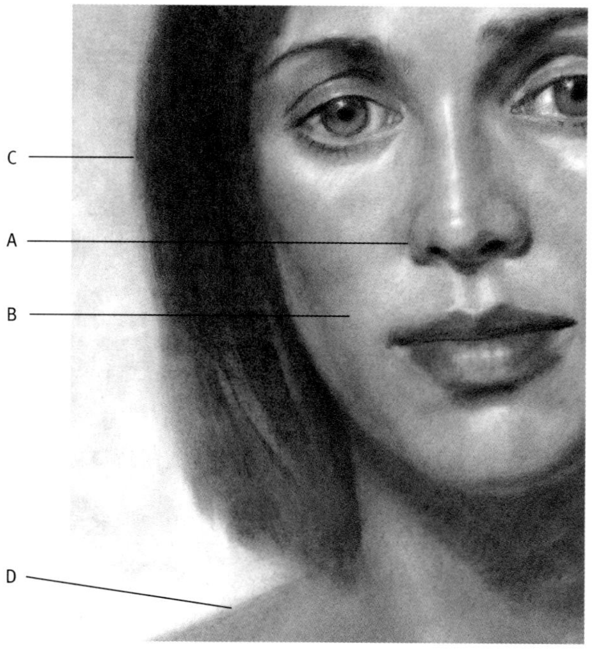

Wenn das Gesicht zu hell wird

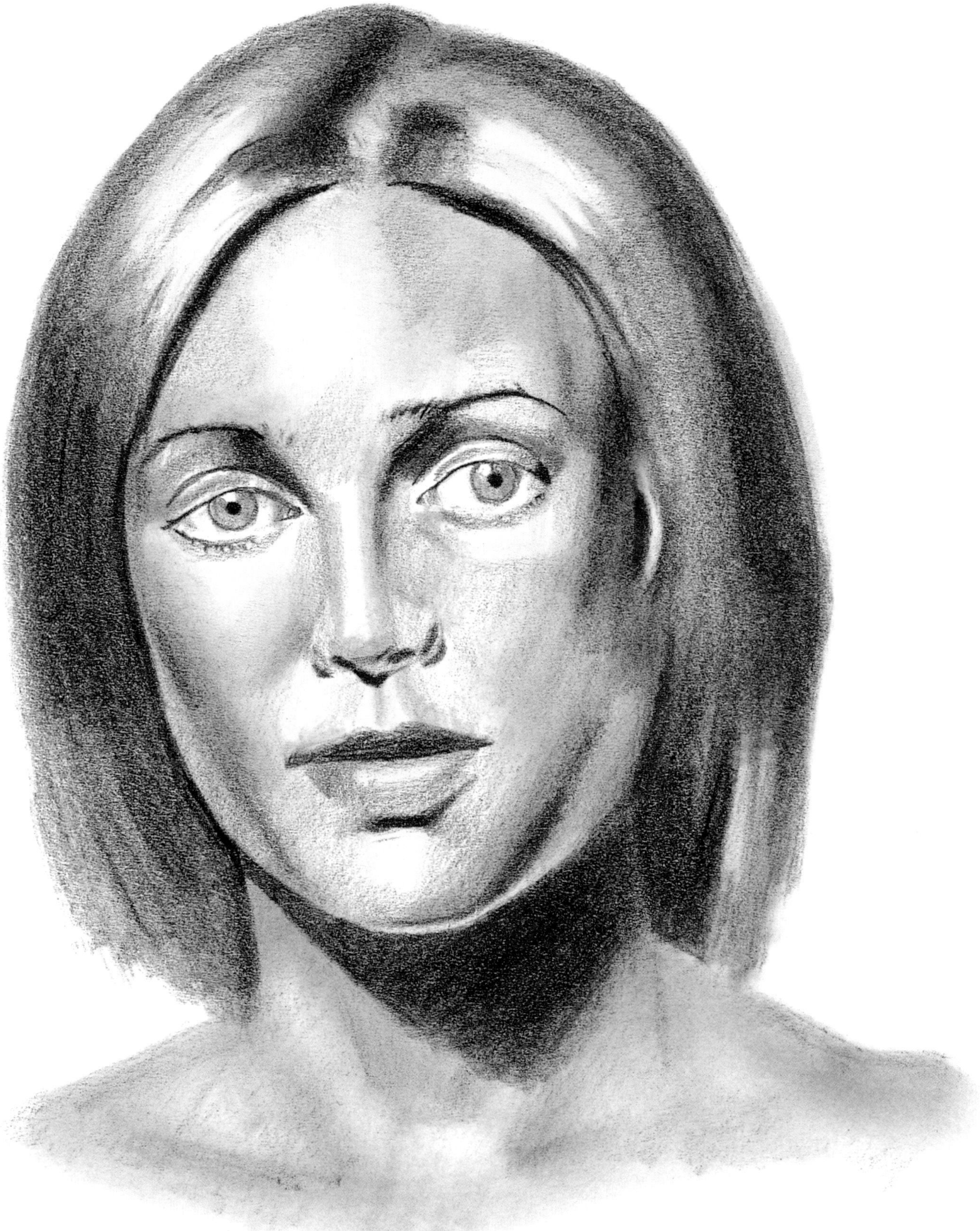

Behutsam mit Weiß Hier hat der Zeichner es mit den Lichtreflexen und hellen Stellen zu gut gemeint. Sehen Sie, dass er die Reflexe im Haar und den Streifen unterm Kinn viel zu hell gelassen hat? Nicht alles, was beim Modell im Licht liegt, ist weiß. Selbst das sogenannte „Weiße im Auge“ ist nie reines Weiß! Wie findet man diesen Fehler? Nehmen Sie ein Blatt weißes Papier und halten Sie es neben das Modell. Sehen Sie, dass es keine Stelle im Gesicht oder im Haar einer Brünetten gibt, die so weiß ist? Kneifen Sie deshalb beim Zeichnen immer die Augen zusammen und suchen Sie nach den hellsten Stellen. Schraffieren Sie sie am besten zumindest leicht. Dieser Fehler fällt übrigens dann am meisten auf, wenn man gleichzeitig alles, was dunkel ist, ganz schwarz zeichnet.

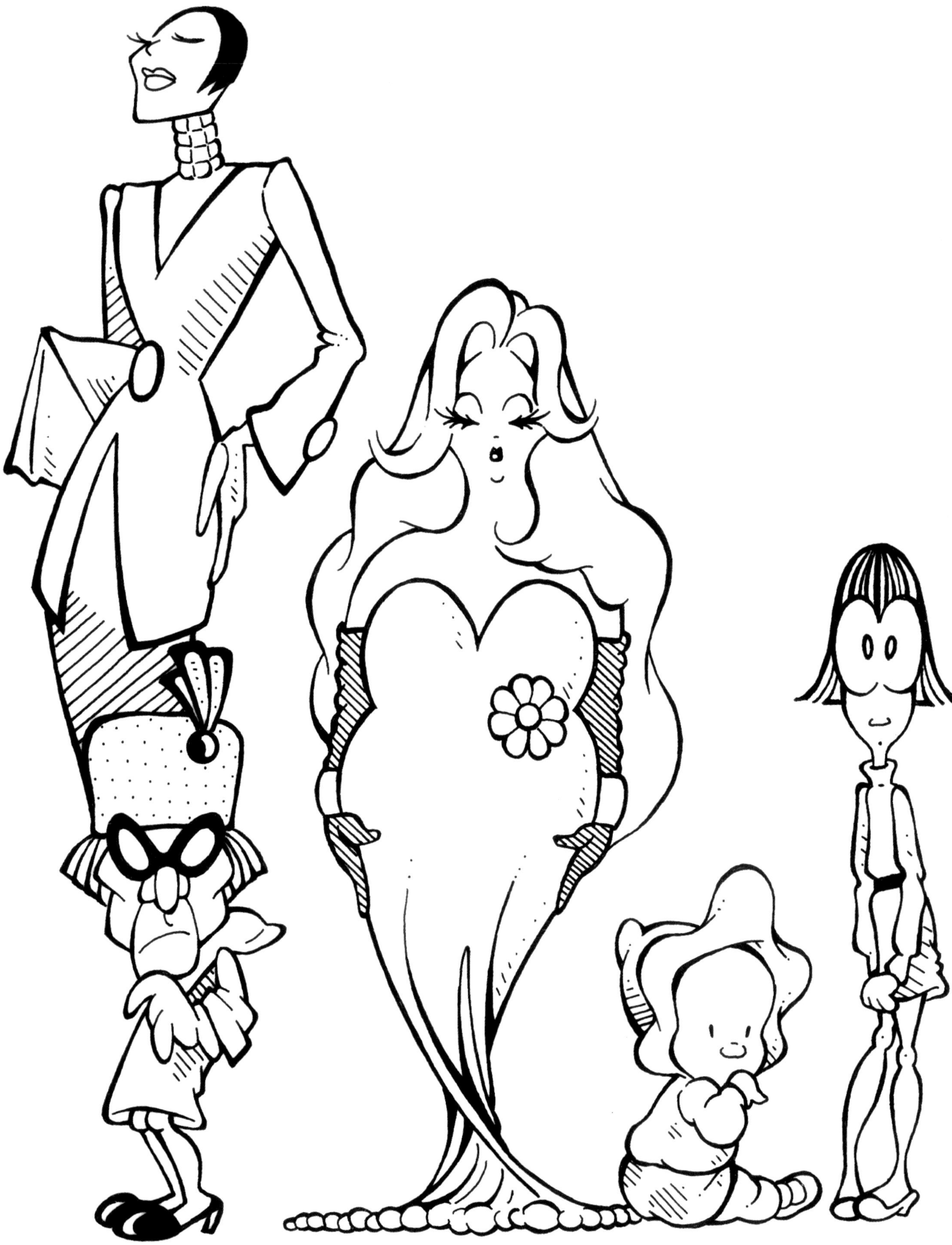

Herrlich verrückt: COMICS und CARTOONS

Menschen sind eine unerschöpfliche Quelle für den Zeichner. Und Cartoons bzw. Comics sind der beste Weg, sich selbst und die lieben Mitmenschen einmal richtig auf die Schippe zu nehmen. Mit einer ganz eigenen Formensprache, der Kunst der witzigen Übertreibung – vor allem aber mit guter Beobachtungsgabe kann jeder lustige Cartoons entwickeln.

Der Unterschied zwischen Cartoons und Comics besteht im Prinzip aus der Menge der Bilder: Ein Cartoon kann eine kurze Abfolge von zwei bis drei Bildern sein oder eine gelungene Grußkarte. Comics erzählen eine längere Geschichte – ob als Heftchen oder als Film. In diesem Kapitel lernen Sie die drei wichtigsten Bereiche des Cartoon- oder Comiczeichnens kennen und erhalten viele nützliche Tipps für die Praxis.

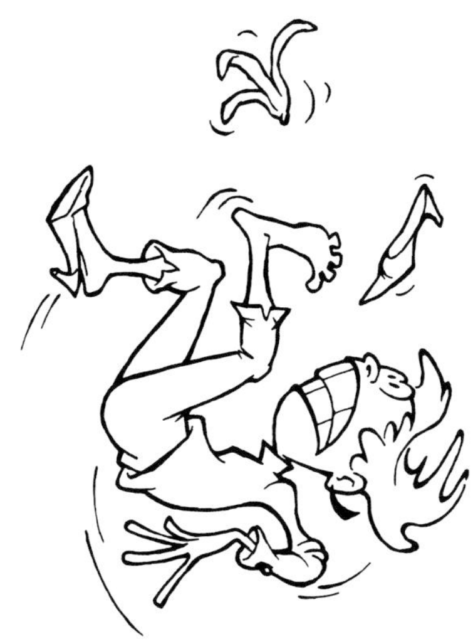

Bahn frei!

Zum Zeichnen von Cartoons brauchen Sie kein ausgefallenes Equipment. Eine der berühmtesten Comicfiguren hat das Licht der Welt auf einer Serviette erblickt – gezeichnet mit einem Filzstift. Trotzdem hilft dem hoffnungsvollen Anfänger das richtige Material, Spaß an der Arbeit zu haben.

Die Basics

Zunächst brauchen Sie nichts als einen Stift, Papier und einen Radiergummi sowie einer Filzstift oder Marker für die Reinzeichnung. Welcher Stift und welches Papier? Machen Sie sich nicht verrückt – das sind keine lebenswichtigen Fragen! Es kommt viel eher darauf an, womit Sie gerne arbeiten. Dennoch hier ein paar Tipps zur Qualität.

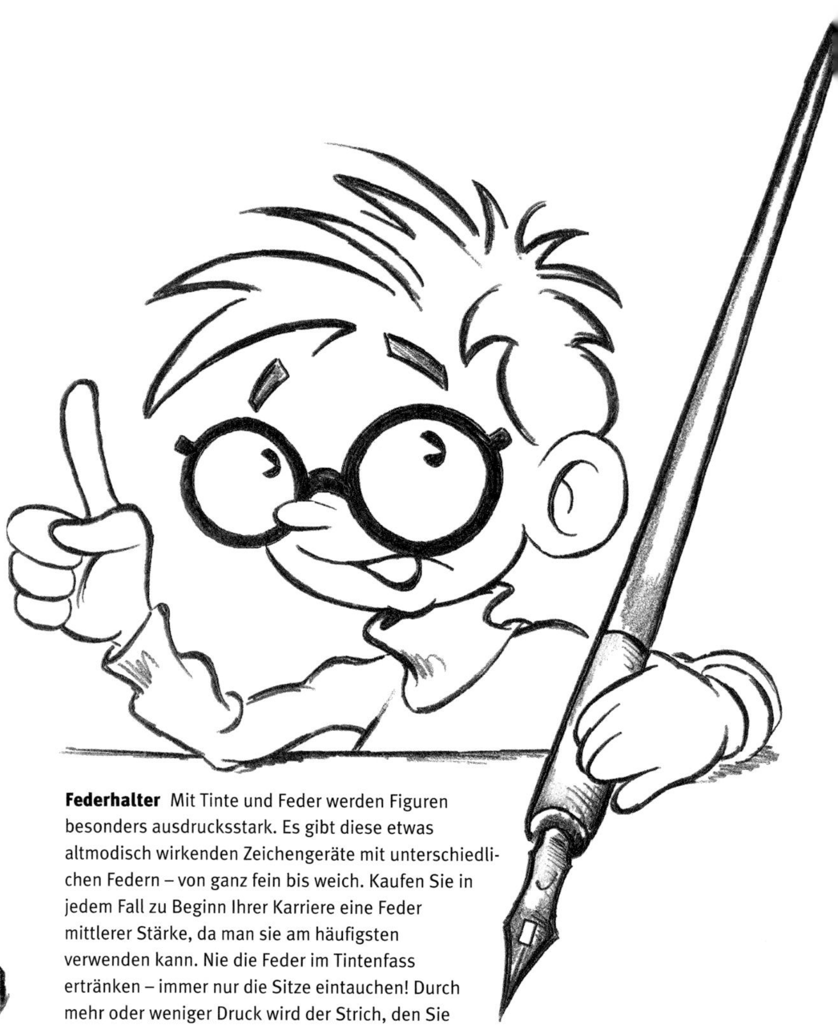

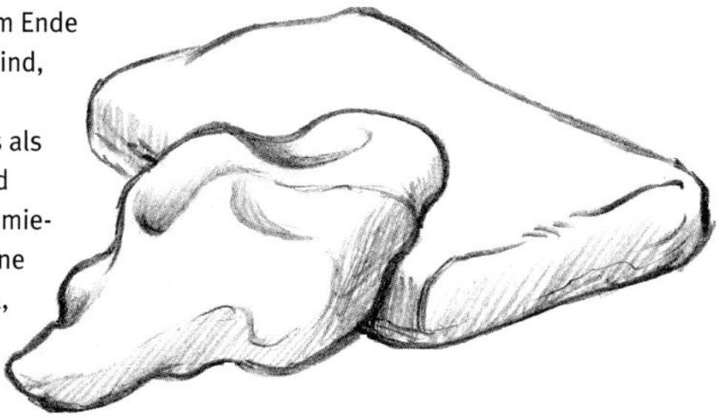

Radiergummi Die rosafarbenen Radiergummiwinzlinge, die am Ende gewisser Bleistifte befestigt sind, können Sie vergessen: Sie schmieren und machen nichts als kleine Krümel. Am besten sind Knetradiergummis; sie verschmieren nicht, sie hinterlassen keine Krümel und haben den Vorteil, dass man sie in jede erdenkliche Form bringen kann. Außerdem kann man herrlich darauf herum kneten, während man auf eine zündende Idee wartet.

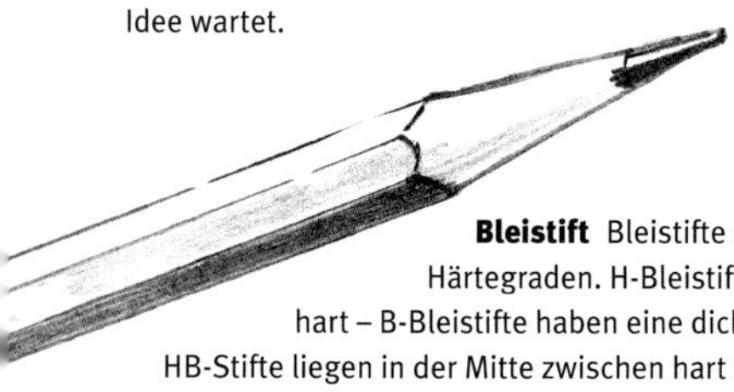

Bleistift Bleistifte gibt es in verschiedenen Härtegraden. H-Bleistifte haben eine dünne Mine und sind hart – B-Bleistifte haben eine dicke Mine und zeichnen weich. HB-Stifte liegen in der Mitte zwischen hart und weich. Sie sind hart genug, um Linien zu zeichnen und weich genug zum Schraffieren, deshalb sind sie ideal für Skizzen, Hilfslinien und Details. Für dickere Linien nehmen Sie einen B2 oder B3.

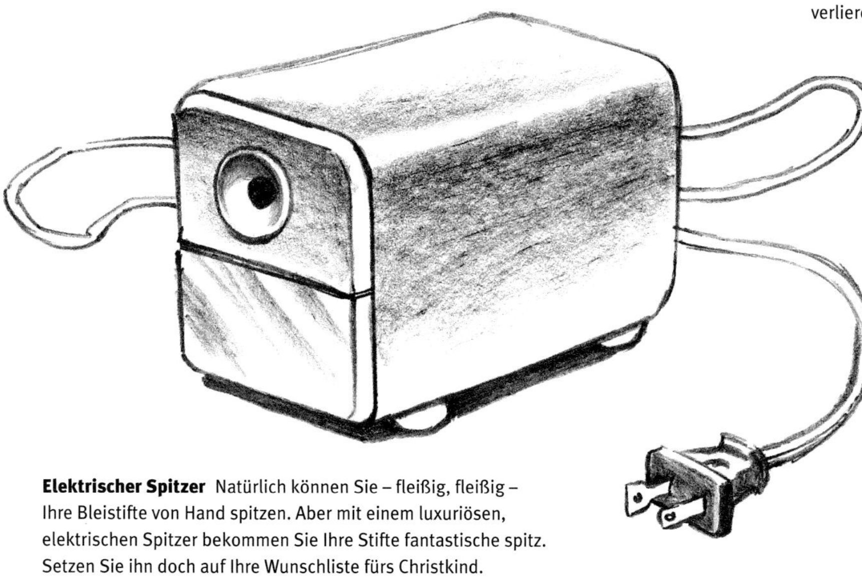

Elektrischer Spitzer Natürlich können Sie – fleißig, fleißig – Ihre Bleistifte von Hand spitzen. Aber mit einem luxuriösen, elektrischen Spitzer bekommen Sie Ihre Stifte fantastische spitz. Setzen Sie ihn doch auf Ihre Wunschliste fürs Christkind.

Federhalter Mit Tinte und Feder werden Figuren besonders ausdrucksstark. Es gibt diese etwas altmodisch wirkenden Zeichengeräte mit unterschiedlichen Federn – von ganz fein bis weich. Kaufen Sie in jedem Fall zu Beginn Ihrer Karriere eine Feder mittlerer Stärke, da man sie am häufigsten verwenden kann. Nie die Feder im Tintenfass ertränken – immer nur die Sitze eintauchen! Durch mehr oder weniger Druck wird der Strich, den Sie zeichnen, dicker oder dünner. Es dauert, bis man richtig mit einem Federhalter zeichnen kann, machen Sie zu Beginn ein paar Übungs-Cartoons.

Tintenfass Wenn Ihre Bleistift-Zeichnungen immer besser gelingen, wächst natürlich der Wunsch die Konturen ebenso schwarz zu tuschen wie die Profis. Dazu haben Sie die Auswahl an ganz verschiedenen Stiften – vom Filzstift über Füller und Federhalter bis zu exakt zeichnenden Minenschreibern. Jeder Cartoon-Zeichner findet irgendwann den Stift, der ihm am meisten liegt. Sie müssen nur ein wenig herum probieren.

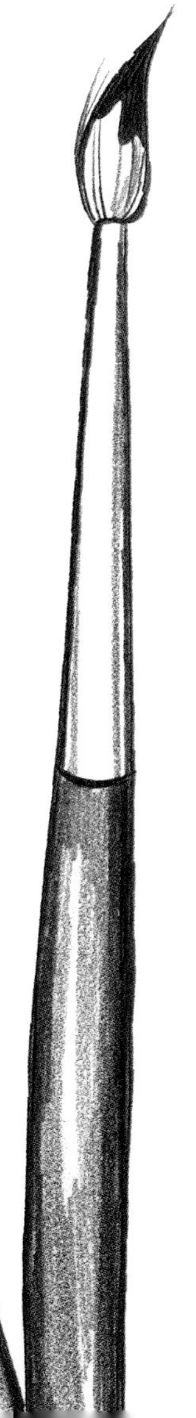

Pinsel Mit Pinsel und Tusche kann man ebenso feine und leichte wie dicke und dramatisch wirkende Striche ziehen. Es kommt ganz auf den Pinsel an und auf den Effekt, den Sie erzielen wollen. Mit dem Pinsel lassen sich auch größere Flächen einfärben. Kaufen Sie nur Pinsel von guter Qualität – am besten im Künstlerbedarf. Billigpinsel haben schon so manchen Zeichner in den Wahnsinn getrieben, weil sie Haare verlieren und klecksen.

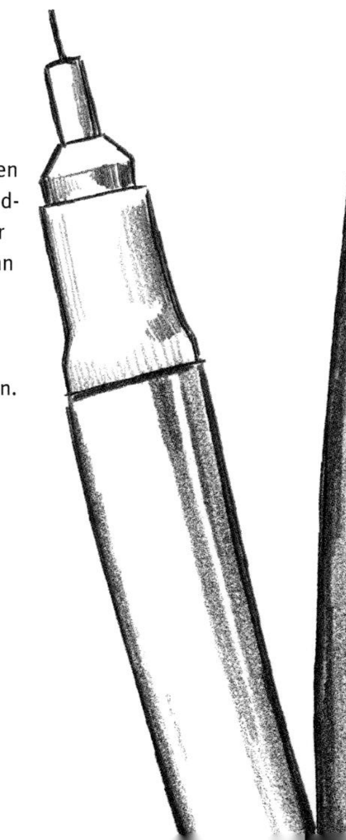

Minenstifte Minenstifte, wie sie Architekten oder technische Zeichner verwenden, sind perfekt, wenn man sehr kontrolliert zeichnen will. Es gibt die Stifte in unterschiedlichsten Stärken, sodass Sie immer den richtigen zur Hand haben, wenn Sie ordentliche, saubere Striche zeichnen wollen, deren Konturen nicht flattern, oder wenn Sie sehr präzise Schraffuren setzen möchten.

Cartoon-Studien

Gut sortierte Videotheken haben eine große Auswahl an Comicfilmen. Suchen Sie dort nach ungewöhnlichen Cartoons, solchen, die nicht jeder in- und auswendig kennt, und nach den alten Meisterwerken. Wussten Sie, dass Sie im fertigen Film pro Sekunde 24 Zeichnungen sehen?

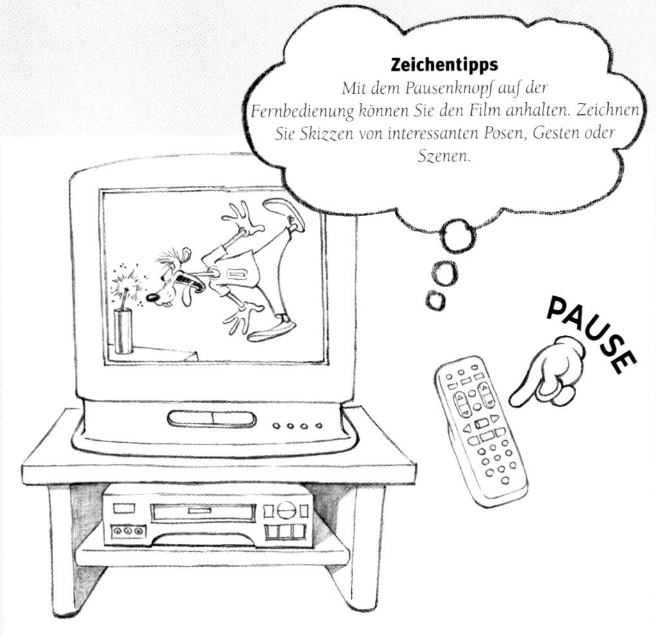

Die Extras

Je mehr Cartoons Sie zeichnen, desto mehr Hilfsmittel werden Sie nützlich finden. Eine gute Lampe leuchtet den Arbeitsplatz besser aus. Eine Papierschere schneidet Papier ganz leicht und glatt – vielleicht schneiden Sie auch lieber mit einem Cutter? Um Radiergummikrümel und andere Überbleibsel vom Papier zu putzen, eignet sich am besten ein kleiner Handbesen. Ein Geodreieck und ein T-Lineal sind unentbehrlich, wenn Sie anfangen, Ihre eigenen Cartoons zu layouten. Und mit einem Klebestreifen bleibt alles dort, wo Sie es haben wollen.

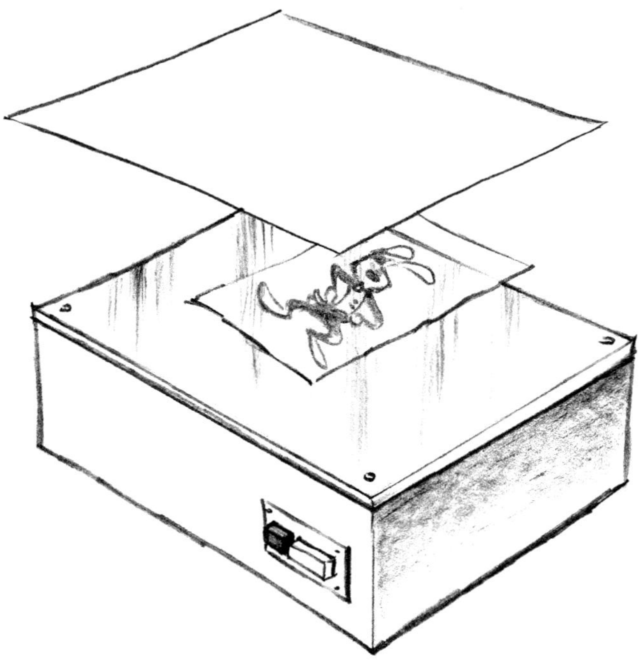

Spot on! Ein Leuchttisch, wie ihn die Profis haben, bringt echte Vorteile: Wenn Sie alle Details aufgezeichnet haben, kleben Sie das Blatt auf den Leuchttisch. Dann legen Sie ein Stück gutes Zeichenpapier darüber, machen das Licht an, ziehen die Konturen schwarz nach – und schon haben Sie ein tolles Ergebnis.

Augen auf beim Papierkauf

Spielen Sie ein bisschen mit verschiedenen Papiersorten und anderem Material, auf dem man zeichnen kann, wie Karton. So finden Sie am schnellsten heraus, was Ihnen am meisten liegt. Zeichenpapier und Zeichenkarton gibt es mit rauer oder glatter Oberfläche, die stark beeinflussen, wie die Linie aussieht, die Sie zeichnen. Auf glatten Oberflächen werden die Linien gerade und sauber. Einen eher freien und künstlerischen Anstrich erhalten Ihre Zeichnungen auf rauem Papier. Wenn Sie schnell viele Ideen festhalten wollen, ist weißes Schreib-Maschinen (Kopier-) Papier die beste Wahl. Manche Künstler zeichnen die Reinzeichnung eines neuen Charakters am liebsten auf Pauspapier. So ist es leicht, die Figur unter ein anderes Blatt zu legen und durchzupausen – dabei sieht man, ob man sie noch verändern muss: eine dickere Nase, ein andere Haltung oder einen Hut kann man so wunderbar ausprobieren, ohne den Charakter komplett neu zeichnen zu müssen.

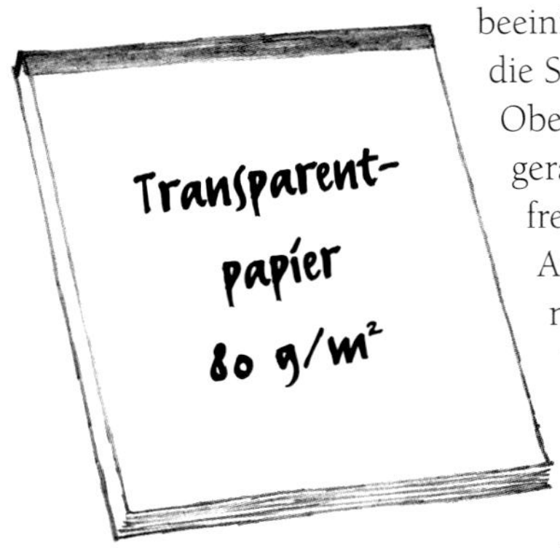

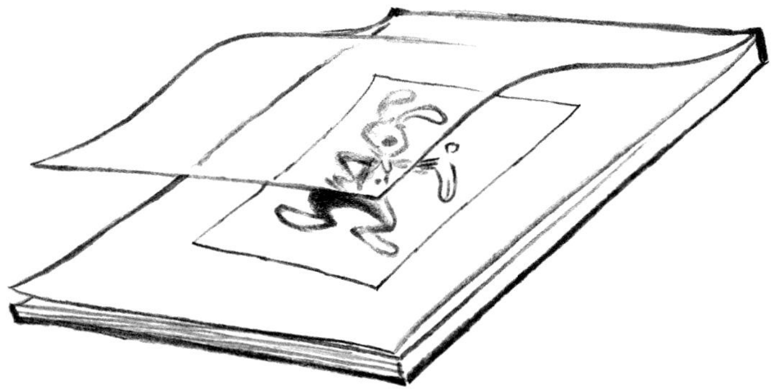

Festgehalten Sie haben Ihre neue Figur auf Pauspapier gezeichnet, finden sie perfekt und wollen sie nun auf dickeres Papier übertragen, damit ihr nichts mehr passieren kann? Kein Problem. Zeichnen Sie die Umrisse auf dem Pauspapier schwarz ein. Dann machen Sie eine Fotokopie davon. Nun können Sie sogar noch mit Farben experimentieren.

Ihre Schatztruhe

Kaufen Sie sich nach und nach eine gute Bibliothek. Es gibt ja nicht nur Hefte und Filme. suchen Sie gezielt nach Lehrbüchern oder Bildbänden über Cartoons, Animation und Zeichnen. Auch lustige Geschichten sollten nicht fehlen. Sammeln Sie außerdem Fotos oder Zeitungssauschnitte, die Ihnen auffallen – eines Tages können Sie sie sicher brauchen, wenn Sie nach einer Idee für eine Szene oder eine lustige Grußkarte suchen.

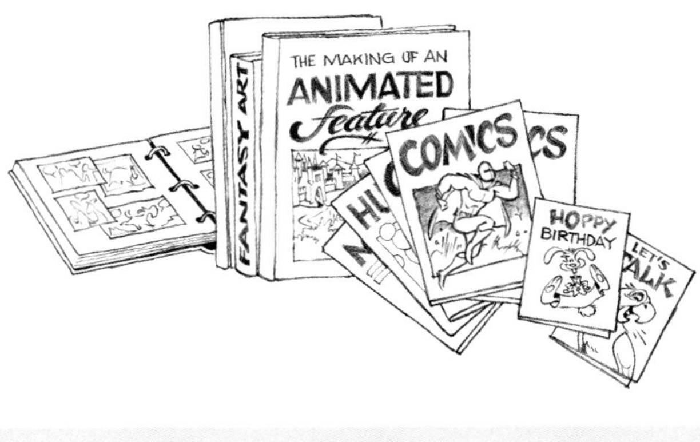

Ins Gesicht geschrieben

Sommersprossig, jung und unschuldig, hinterhältig und gemein, elegant und wunderschön, rund, oval, herzförmig, leuchtend und voller Daseinsfreude, alt und müde – es gibt so viele Gesichter und sie alle lassen das Herz eines Zeichners höher schlagen, weil es Spaß macht, sie zu zeichnen. Für den Cartoon-Zeichner sind Gesichter fast das Wichtigste an einer Figur. Ein strahlendes Lächeln, ein brutales Kinn, kullerrunde Augen oder eine hochherrschaftliche Nase – und schon haben wir eine Ahnung, mit welchem Charakter wir es zu tun haben. Furcht, Ärger, Trauer, Spannung oder Glück erkennt man auf einen Blick am Gesichtsausdruck.

Der größtmögliche Effekt

Im Cartoon können Gesichter ausgesprochen realistisch sein oder völlig schräg. Versuchen Sie gar nicht erst, jede Wimper zu zeichnen; Detailverliebtheit ist der Tod jeder Comicfigur. Große runde Augen und ein Mund, der weit offensteht, transportieren in Sekundenschnelle eine Botschaft. Je übertriebener der Gesichtsausdruck, desto einfacher ist er zu „lesen". Das Ziel beim Zeichnen von Cartoons ist, mit möglichst wenig Strichen ein Maximum an Persönlichkeit und Gefühlen zu zeigen.

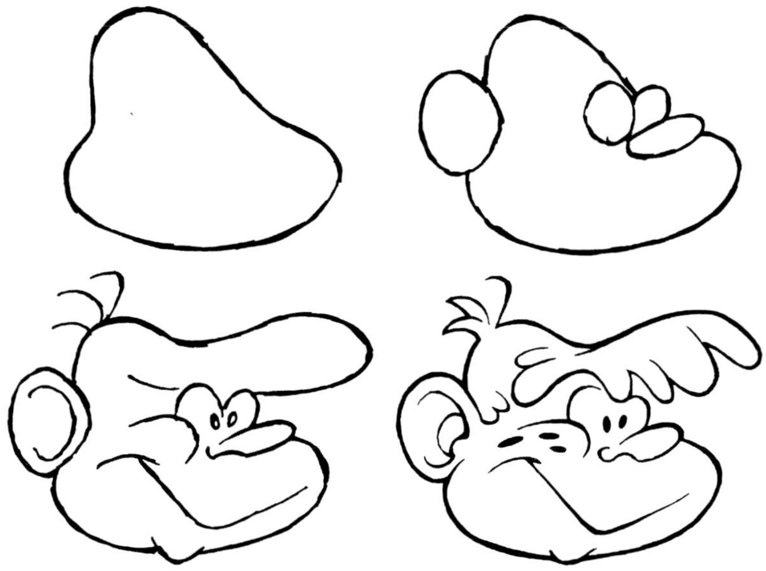

Da kommt Bohne Dieser kleine Racker entsteht aus einer irgendwie bohnenartigen Grundform und erhält vier Ovale als Augen, Nase und Ohr. Dann noch ein paar Punkte und Linien und schon macht er die Nachbarschaft unsicher.

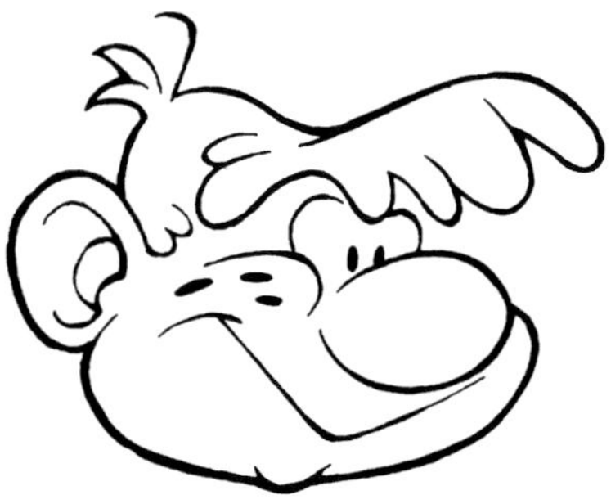

Der Nase nach So, nun hat Bohne eine dicke Nase bekommen – und schon sieht er völlig anders aus.

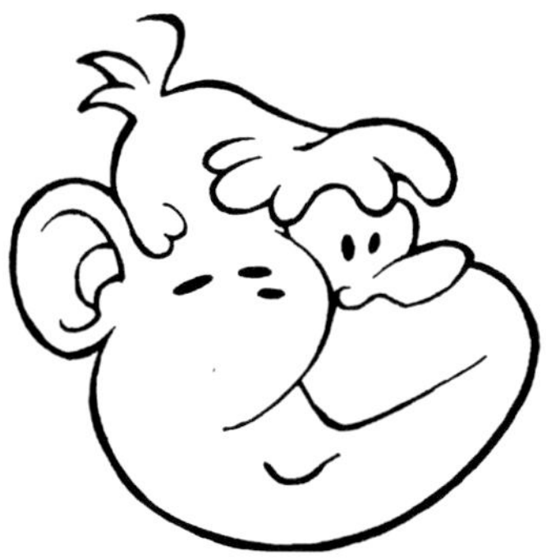

Dicke Bohne Bohne war beim Friseur, aber leider auch mal wieder am Süßwarenstand. Mit dicken Backen und einem runderen Gesicht hat der Junge mächtig Übergewicht.

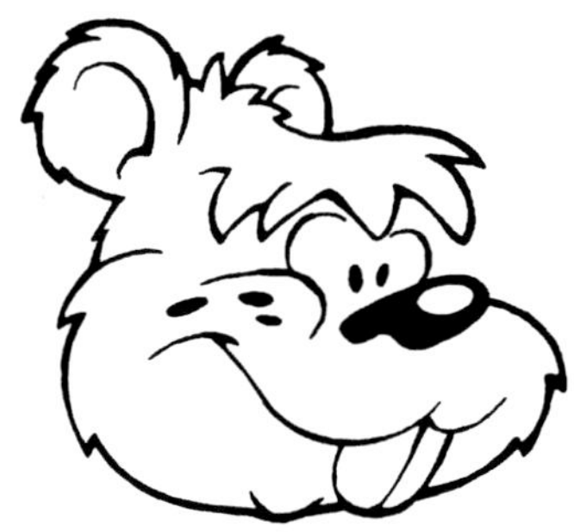

Bohne als Bär Kaum zu glauben, wie schnell ein Junge zum Bär wird: Die Ohren wandern nach oben, die Nase wird schwarz und er bekommt etwas Pelz.

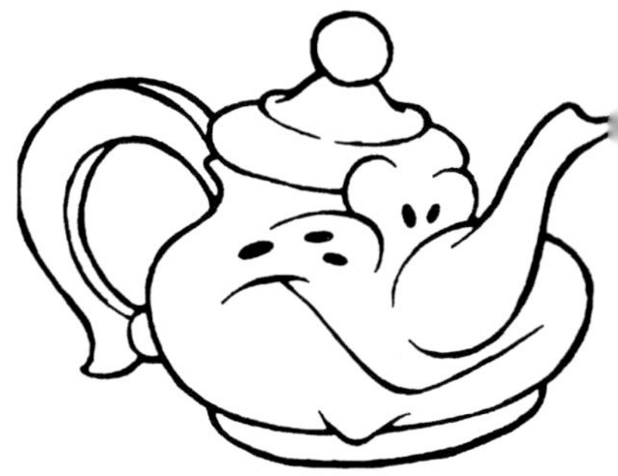

Das dicke Ende Das Haar durch einen Deckel ersetzen, das Ohr durch einen Henkel und die Nase wird lang und länger – so endet Bohne als Teekanne.

Symmetrie Klassische Schönheit sieht man auf alten Bildern und manchmal in Modezeitschriften – ihr Kennzeichen ist die ruhige Harmonie der Gesichtszüge. Symmetrie ist ein Baustein von Schönheit. Deshalb tut sie auch niedlichen kleinen Mädchen, charmanten Helden und eleganten Damen gut. Das Mädchengesicht links ist absolut symmetrisch aufgebaut – und schon spricht es uns an.

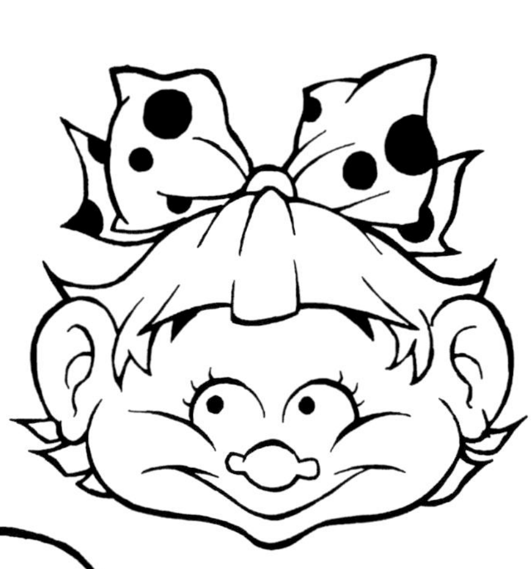

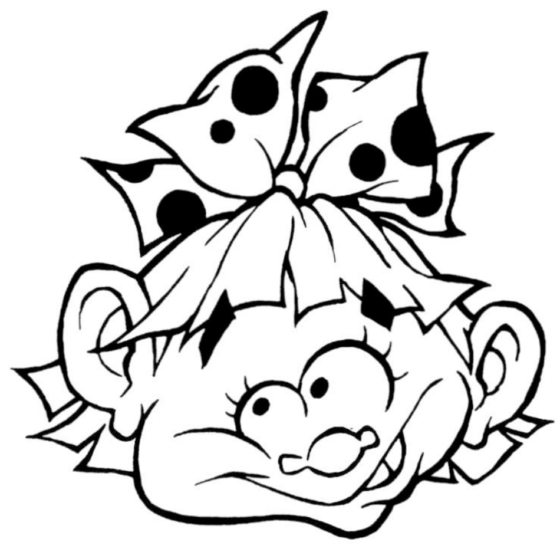

Tolle Charaktere gibt es überall. Beobachten Sie die abgebrühte Bedienung, den zupackenden LKW-Fahrer, die kichernden Mädchen und die verwöhnten Kids. Halten Sie die wichtigsten Eindrücke auf einem Skizzenblock fest.

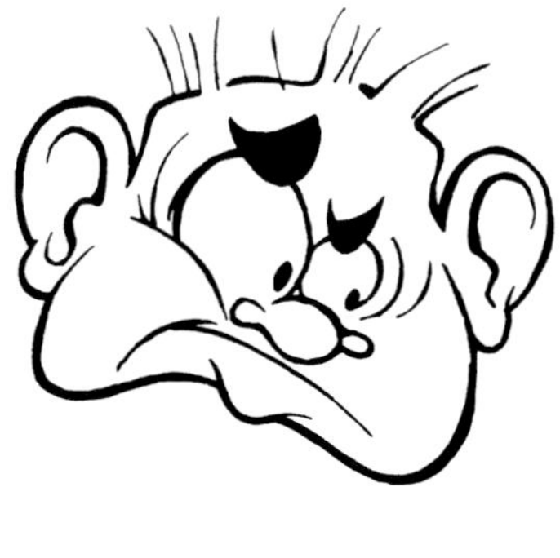

Momentaufnahmen Wenn Sie dagegen etwas Lustiges zeichnen wollen, müssen Sie der Harmonie ade sagen. Um des Effektes willen wurden das Gesicht des Mädchens und das Gesicht des Mannes verzogen. Nun sieht jeder auf den ersten Blick, dass sie etwas ausgefressen und er sie dabei erwischt hat.

Diese Augen, diese Lippen!

Im Cartoon können Augen jede Form haben – von winzigen Punkten bis zu riesigen Kulleraugen, von schmalen Schlitzen bis zu wimpernverhangenen Liebesfallen. Die Brauen können dünne, kaum sichtbare Striche sein, können eine perfekte Bogen- oder gekrümmte Schlangenlinienform haben. Und es hängt ganz von der Figur ab, an der Sie arbeiten, ob der Mund ein schmaler Strich ist oder ein begehrenswerter Kussmund. Mit einem einzigen Schneidezahn charakterisieren Sie einen Trottel, mit einer blendenden Zahnfront einen gerissenen Vertreter. Der Mund muss vielseitig sein: Lassen Sie ihn lächeln, ärgerlich sein, staunen und formen Sie ein überraschtes Oh!

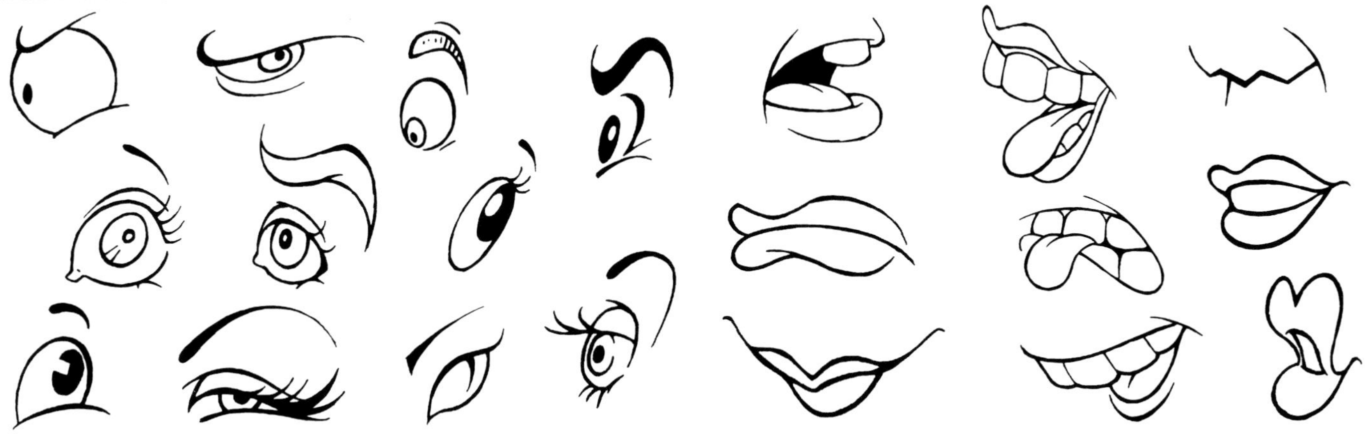

Figuren erfinden

Natürlich ist es später wichtig, dass Sie eine Figur von allen Seiten zeichnen können, aber zu Beginn geht es nur ums Gesicht. Zeichnen Sie es als Erstes direkt von vorne. Beginnen Sie mit den einfachsten Grundformen wie in den ersten drei Schritten in der linken Reihe.

Baby schmollt Babys erste Form erinnert an eine Scheibe Toast. Eine waage- und eine senkrechte Linie bestimmen die Lage seiner Gesichtszüge – mit einer hohen Baby-Stirn. Dann folgen Kreise für Augen und Ohren und eine gebogene Linie für den Mund. Jetzt braucht Baby nur noch ein, zwei Haare, runde Kulleraugen, dicke Backen und einen Schmollmund.

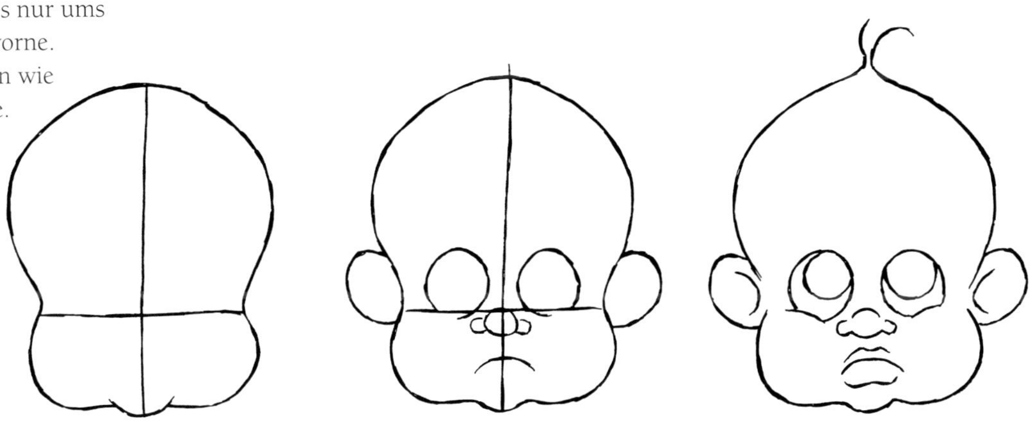

Nennen wir ihn Kid Sein Kopf erinnert an eine umgedrehte Glocke: oben gerade, unten rund. Die Hilfslinien einzeichnen, dann große Kreise für die Brille und halbe Ovale für die Ohren formen. Ein freches, schiefes Grinsen fängt den rauen Charme kleiner Jungs ein; die Zickzack-Linie gibt dem Haar Pepp. Perfekt wird Kid mit Sommersprossen und kleinen Pupillen mit weißen Reflexen.

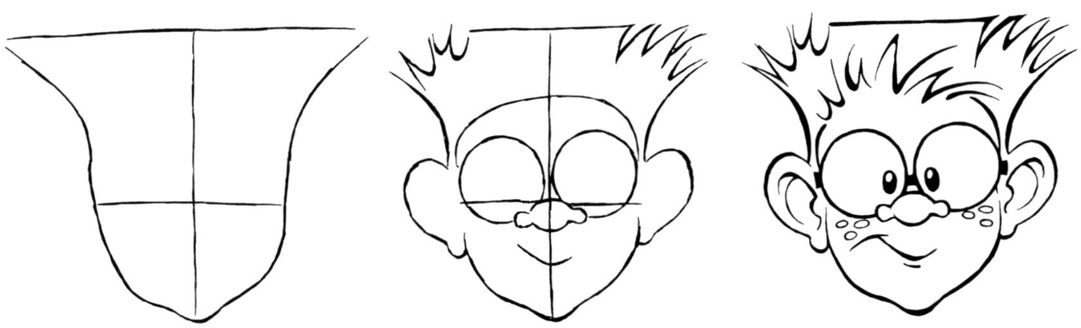

Vicky B. Vickys Kopf ist ein perfektes Oval. Auch die Hilfslinien legen die Gesichtszüge in den idealen Proportionen fest (▶ Seite 16 ff.). Mit weiteren Ovalen nehmen ihre auffallenden Ohrringe und der exzentrische Turban Gestalt an. Nun folgen die sinnlichen Lippen und die Nasenspitze. Die Wimpern als dicken Strich zeichnen, die Falten des Turbans und die Details des Schmucks. Auf der Stirn kräuselt sich eine Locke in S-Form – sie ist der einzige unsymmetrische Akzent.

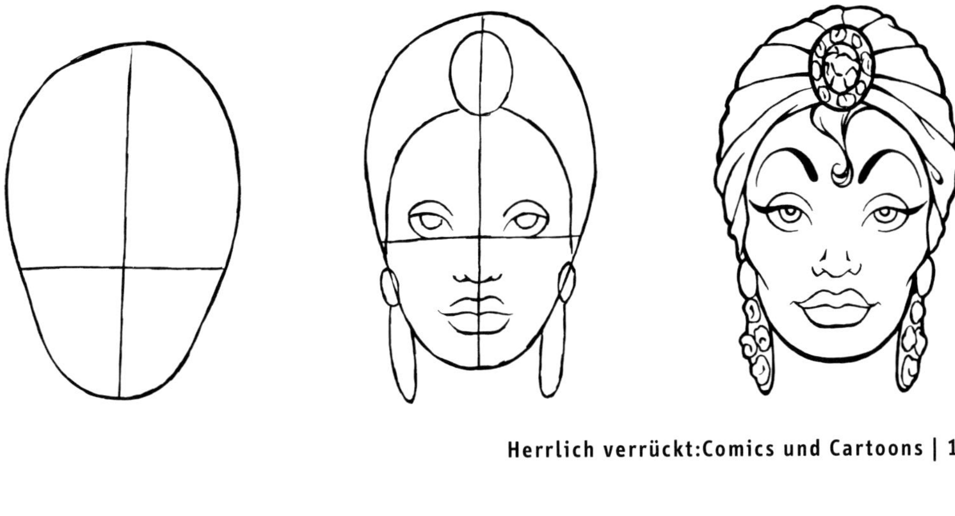

Gefühle, Gefühle

Wie fühlt sich Ihre Cartoon-Figur gerade? Ist sie glücklich? Durcheinander? Kocht sie vor Zorn? Was auch immer in der Figur vorgeht – das Gesicht muss es überdeutlich zeigen! Am besten, Sie stellen sich einmal vor den Spiegel und ziehen alle Register. Schneiden Sie Grimassen, übertreiben Sie und gucken Sie dabei genau hin, wie Ihr Gesicht arbeitet, wenn Sie laut schreien, sich vor Wut die Haare raufen oder in wildes Gelächter ausbrechen: Ihre Augenbrauen verziehen sich, die Augen verschwinden manchmal fast, die Lippen kräuseln sich, werfen sich auf … Manche Zeichner haben immer einen Handspiegel auf dem Arbeitstisch. Wenn sie nicht genau wissen, wie sie einen Ausdruck am besten zeichnen, machen sie ihn nach und betrachten sich im Spiegel.

Den Raum erobern

Um ein Gesicht aus allen Blickwinkeln zeichnen zu können, müssen Sie sich vorstellen, dass es wie ein Globus ist, der sich frei im Raum bewegt. Zeichnen Sie das ganze Gesicht als gewölbte Form mit gebogenen Hilfslinien, denn dann ist es leicht, die Gesichtszüge in jeder Lage richtig zu positionieren. So gelingt Ihnen der schnelle Blick aus dem Augenwinkel ebenso wie die hochgetragene Nase. Und nie sieht eine Ihrer Figuren langweilig und platt aus.

Die Augen liegen immer auf der waagrechten Hilfslinie. Beim Blick nach oben kann der Betrachter die Nasenlöcher sehen und das Kinn schiebt sich ins Blickfeld.

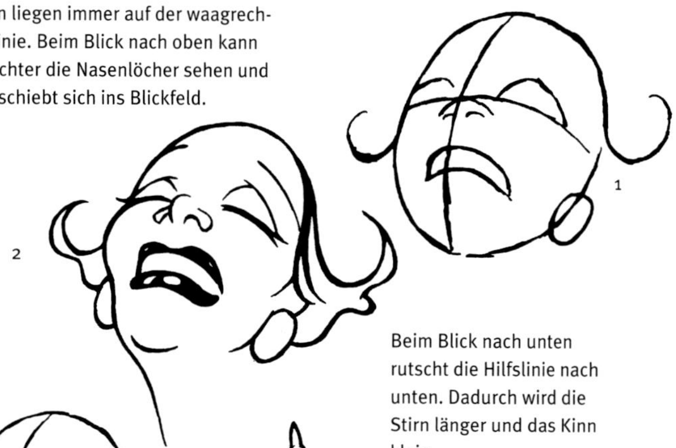

Beim Blick nach unten rutscht die Hilfslinie nach unten. Dadurch wird die Stirn länger und das Kinn klein.

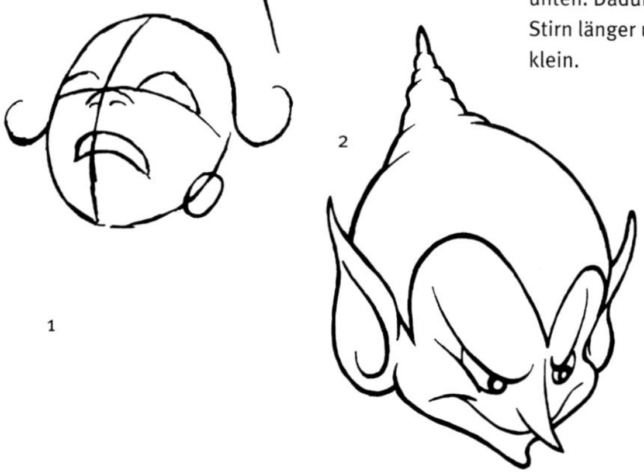

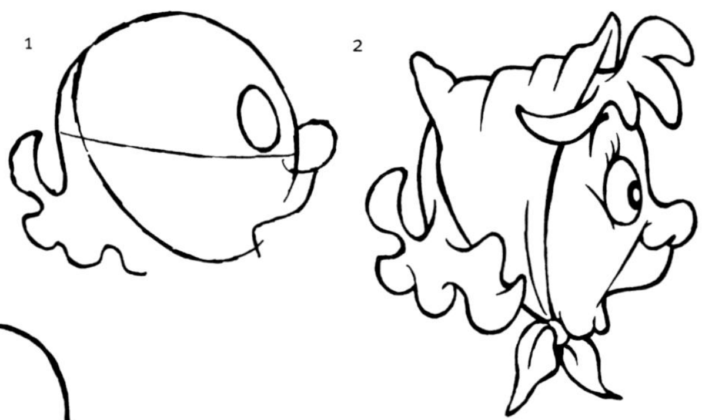

Wenn man genau von der Seite auf ein Gesicht sieht, liegt das Auge ein Stück hinter der Nase.

Der direkte Blickkontakt zieht die Augen des Betrachters an, ein leichter Winkel macht das Motiv interessanter.

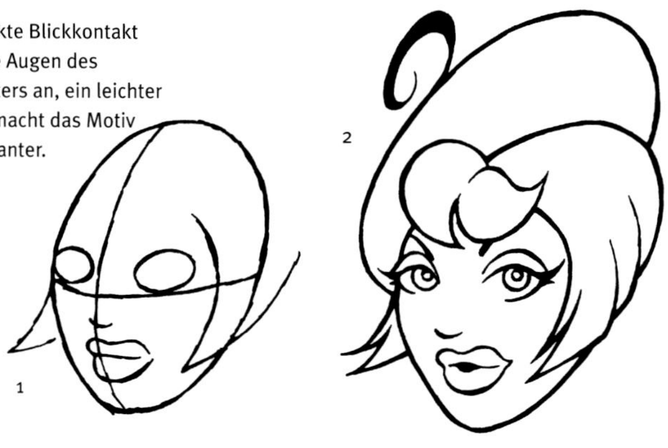

Aus diesem Blickwinkel schiebt sich die Nase weit zur Seite.

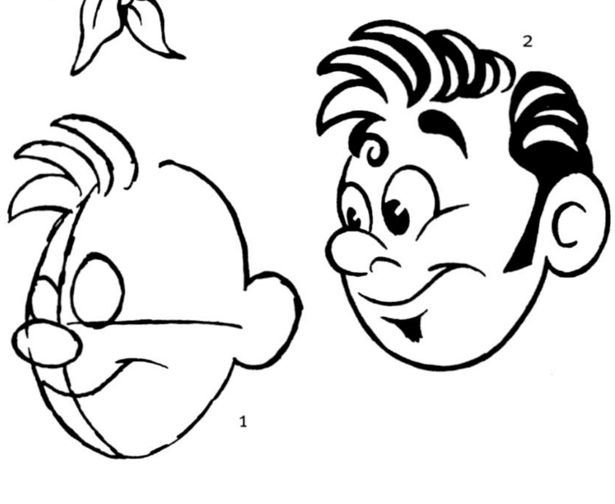

Lebendigkeit und Emotion

Diese Figur, nennen wir sie George, mag nicht viel Gehirn haben, aber er besitzt viele Gefühle. Diese lassen sich wunderbar in seinem großen Gesicht mit den großen Augen, beweglichen Augenbrauen und beweglichem Mund darstellen. Ist George glücklich, strahlt er übers ganze Gesicht, überrascht man ihn, schießen seine Augenbrauen in die Höhe. Zeichnen Sie diese unterschiedlichen Emotionen mit einer einfachen eigenen Figur nach.

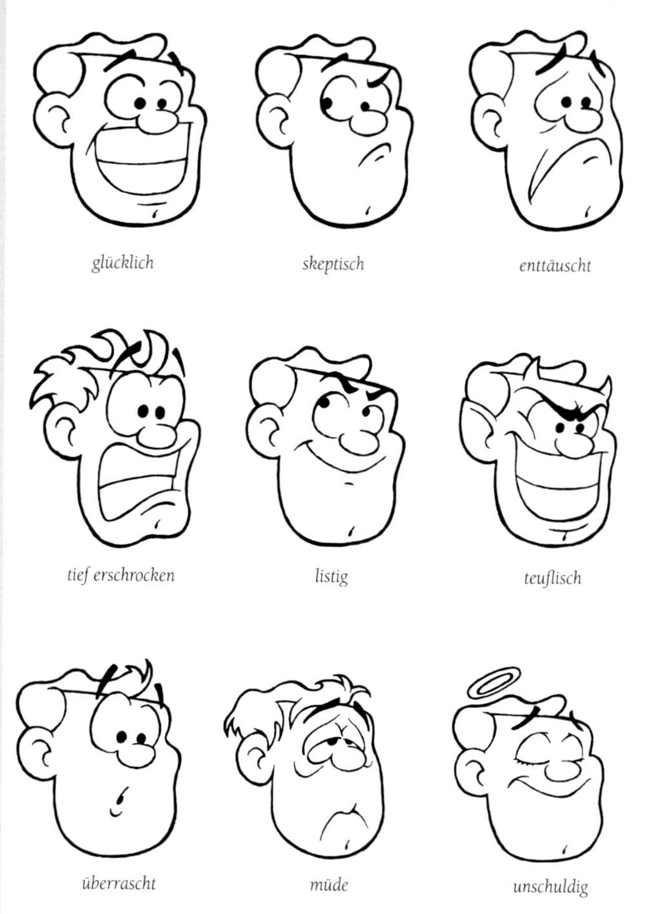

Spezialeffekte

Comic-Figuren bieten einen großen Vorteil für den Zeichner – man kann mit allen Elementen des Gesichts spielen und dabei überraschende Ausdrucksmöglichkeiten entdecken. So sieht ein Gesicht ärgerlich aus, wenn Sie herabgezogene Augenbrauen mit einer gerunzelten Stirn kombinieren. Die hochgezogenen Augenbrauen lassen sich aber auch mit einem Lächeln kombinieren, und schon stellt die Figur einen teuflischen Gesichtsausdruck zur Schau. Behalten Sie die gerunzelte Stirn bei und kombinieren Sie sie mit hochgezogenen Brauen und das Ergebnis ist ein Ausdruck voller Sehnsucht.

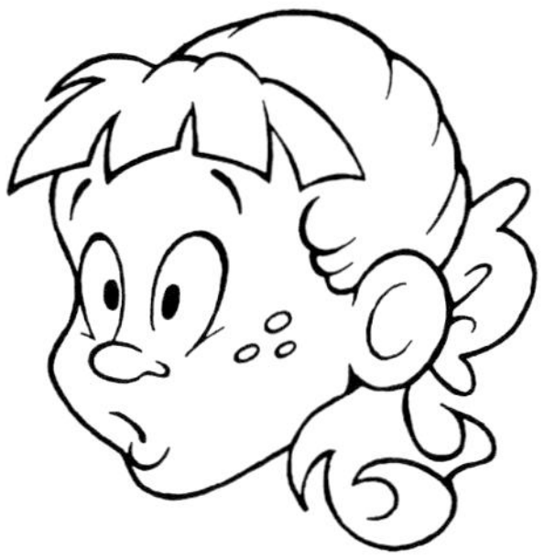

In Stummfilmen kann man wunderbar beobachten, wie die Schauspieler Gefühle in ihrem Gesicht ausdrücken – ohne ein einziges Wort zu sprechen.

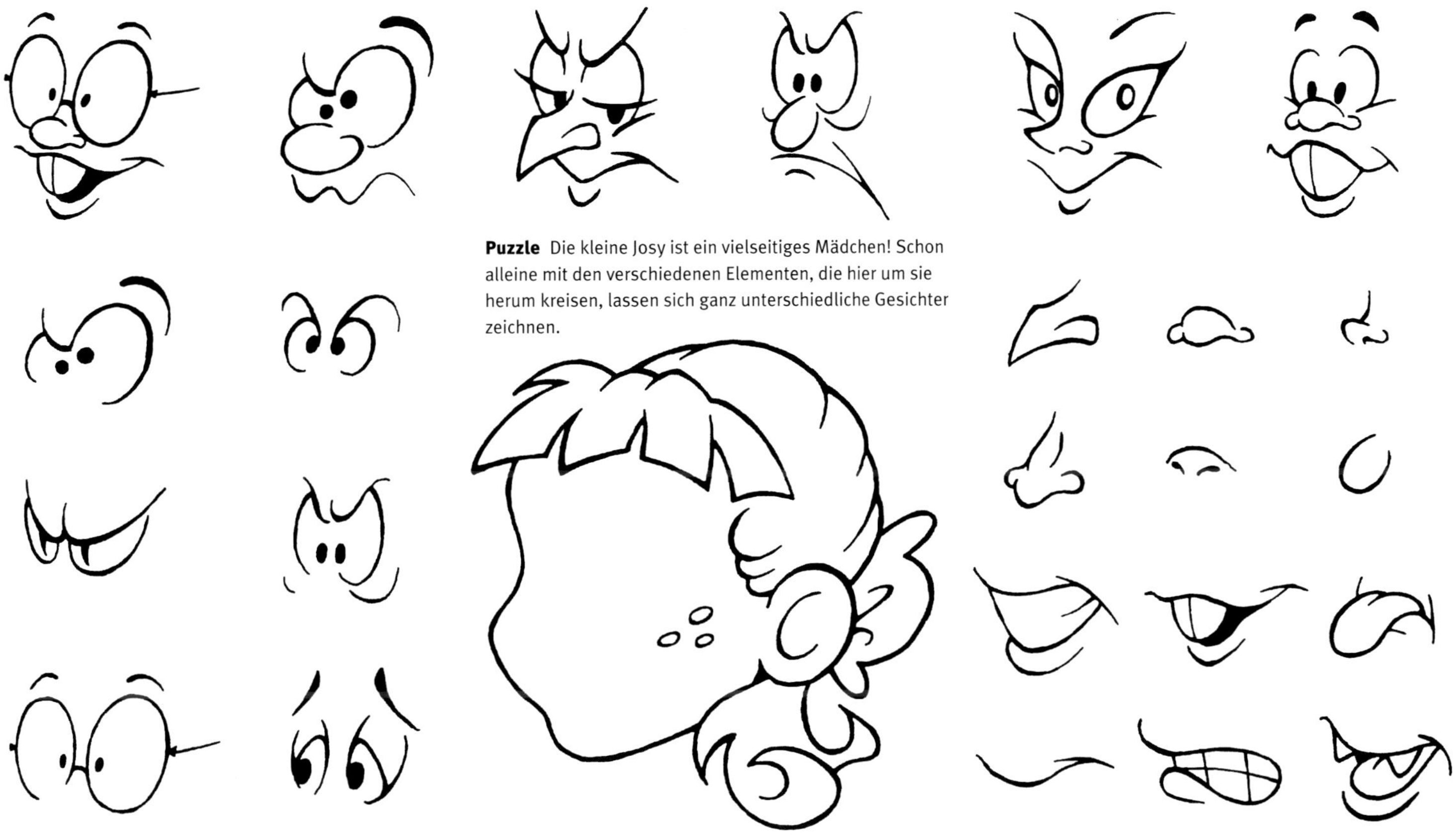

Puzzle Die kleine Josy ist ein vielseitiges Mädchen! Schon alleine mit den verschiedenen Elementen, die hier um sie herum kreisen, lassen sich ganz unterschiedliche Gesichter zeichnen.

ÜBUNG Stretch und quetsch

Zum ganz normalen Alltag einer Comic-Figur gehört es, ins All geschossen zu werden, einem Monster gegenüber zu stehen oder sich in einer anderen extremen Situation wiederzufinden, die extreme Emotionen hervorruft. Zeichnerisch können Sie jede Situation beherrschen, wenn Sie sich vorstellen, dass der Kopf Ihrer Figur wie ein weicher Ball in jede beliebige Form gebracht werden kann. Quetschen Sie ihn zusammen, machen Sie ihn ganz lang und dünn – drücken Sie ihn einfach in die Form, die Sie momentan brauchen. Nur keine Angst, dass es übertrieben wirken könnte. Das soll es doch!

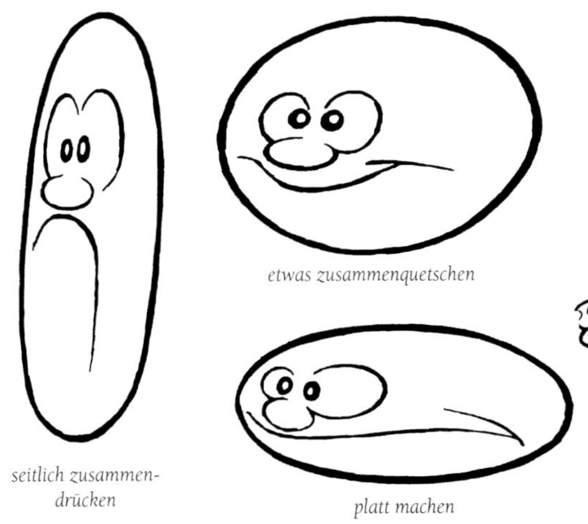

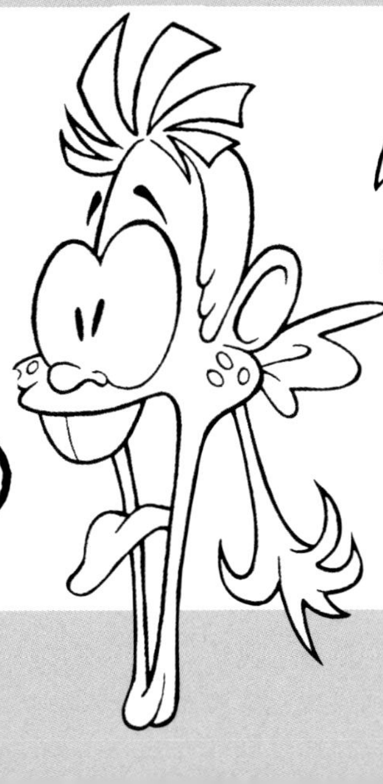

Lassen Sie sich nicht zu sehr auf Details ein. Das Gesicht einer Comic-Figur ist als Erstes ein Umriss. Am Ball links können Sie sehen, wie sich Augen und Mund verändern, wenn man ein bisschen mit ihm spielt.

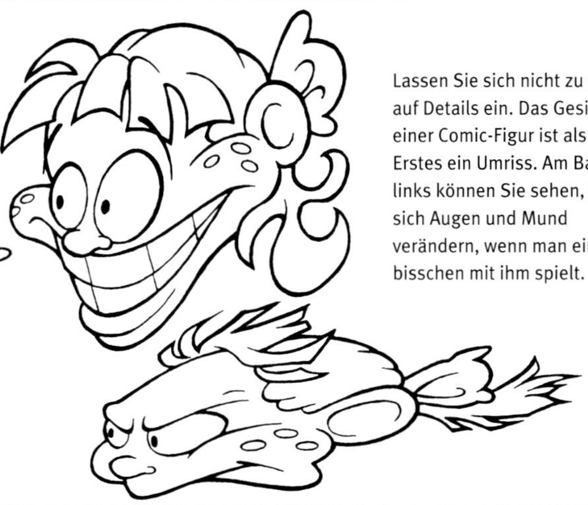

Welche Richtung darf es sein?

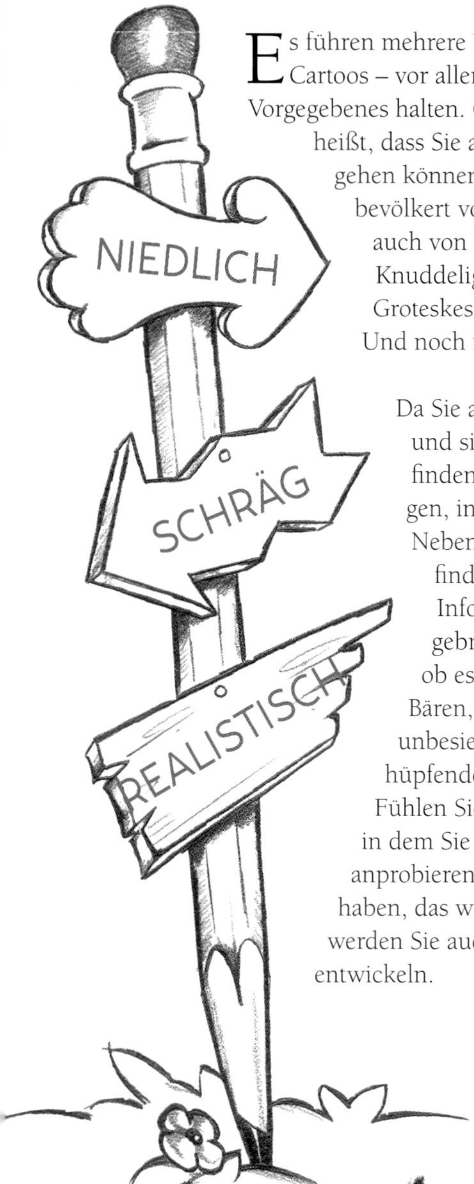

Es führen mehrere Wege zu einem hinreißenden Cartoos – vor allem: Sie müssen sich nicht an Vorgegebenes halten. Cartoons sind Kunst. Und das heißt, dass Sie als Zeichner Ihre eigenen Wege gehen können. Die Welt der Cartoons ist bevölkert von niedlichen Figuren, aber auch von durchgeknallten Typen. Es gibt Knuddeliges ebenso wie Schrilles, es gibt Groteskes, Schreckliches und Lustiges. Und noch ist kein Ende abzusehen.

Da Sie aber irgendwo anfangen müssen und sich nicht verlaufen wollen, finden Sie hier drei große Richtungen, in die Sie sich bewegen können. Neben diesen drei Themengebieten finden Sie auch eine Fülle an Informationen, die Sie immer gebrauchen können, ganz gleich, ob es Ihnen sprechende Hunde und Bären, die ärmste Ente der Welt, unbesiegbare Superhelden oder hüpfende Teekessel angetan haben: Fühlen Sie sich wie in einem Kaufhaus, in dem Sie einfach verschiedene Kleider anprobieren können, bis Sie eins gefunden haben, das wirklich zu Ihnen passt. Dann werden Sie auch einen ganz eigenen Stil entwickeln.

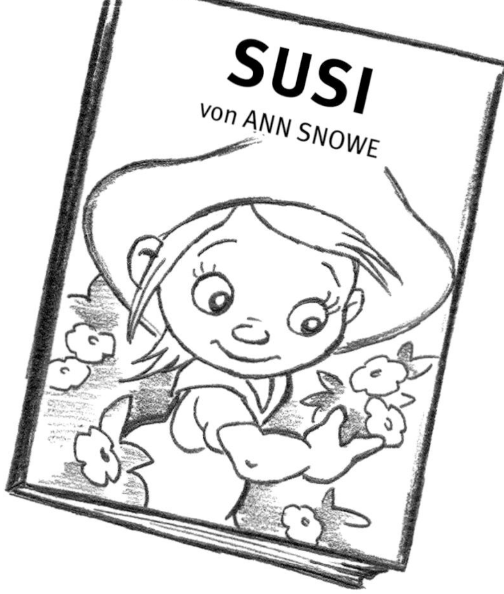

Oh, wie süß! Kinder haben die netten, harmlosen Helden ihrer Cartoons fest ins Herz geschlossen und Eltern lesen diese Geschichten gerne vor.

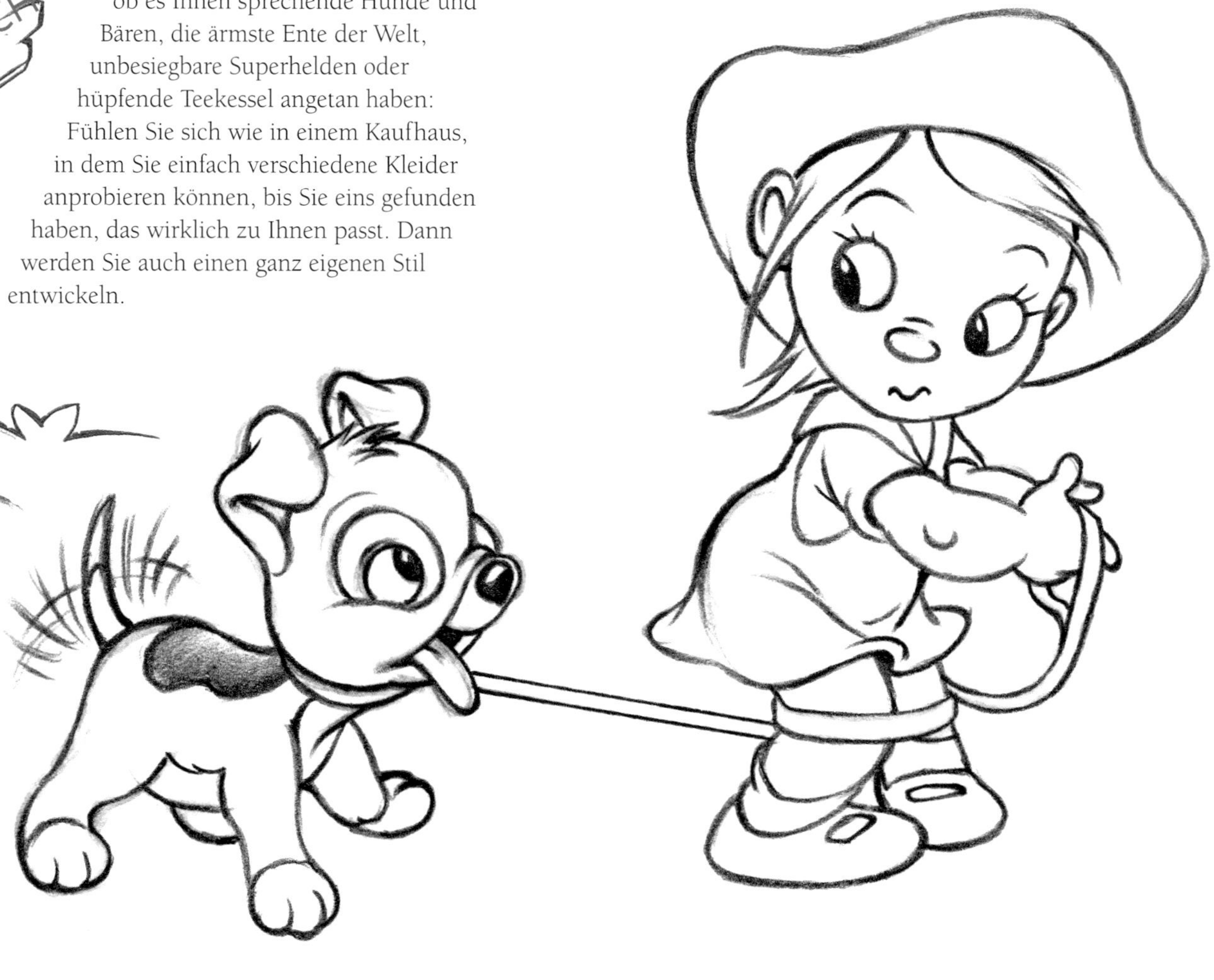

Sie sollen hier nur die Hauptrichtungen der Cartoons kennenlernen. Wenn Sie lieber etwas Neues erfinden – umso besser! Suchen Sie Ihren eigenen Stil, Ihre eigene Welt, Ihre eigenen Figuren.

Die Niedlichen

In vielen Comics und Kinderbüchern sind sie ebenso zuhause wie auf Grußkarten: die altklugen Schlingel mit den große Augen und ihre Hündchen. Diese Charaktere funktionieren fast auf der ganzen Welt als freundliche Gute-Laune-Bringer, denn kleine Kinder und fröhliche Welpen bringen selbst schlechtgelaunte Leser zum Lächeln.

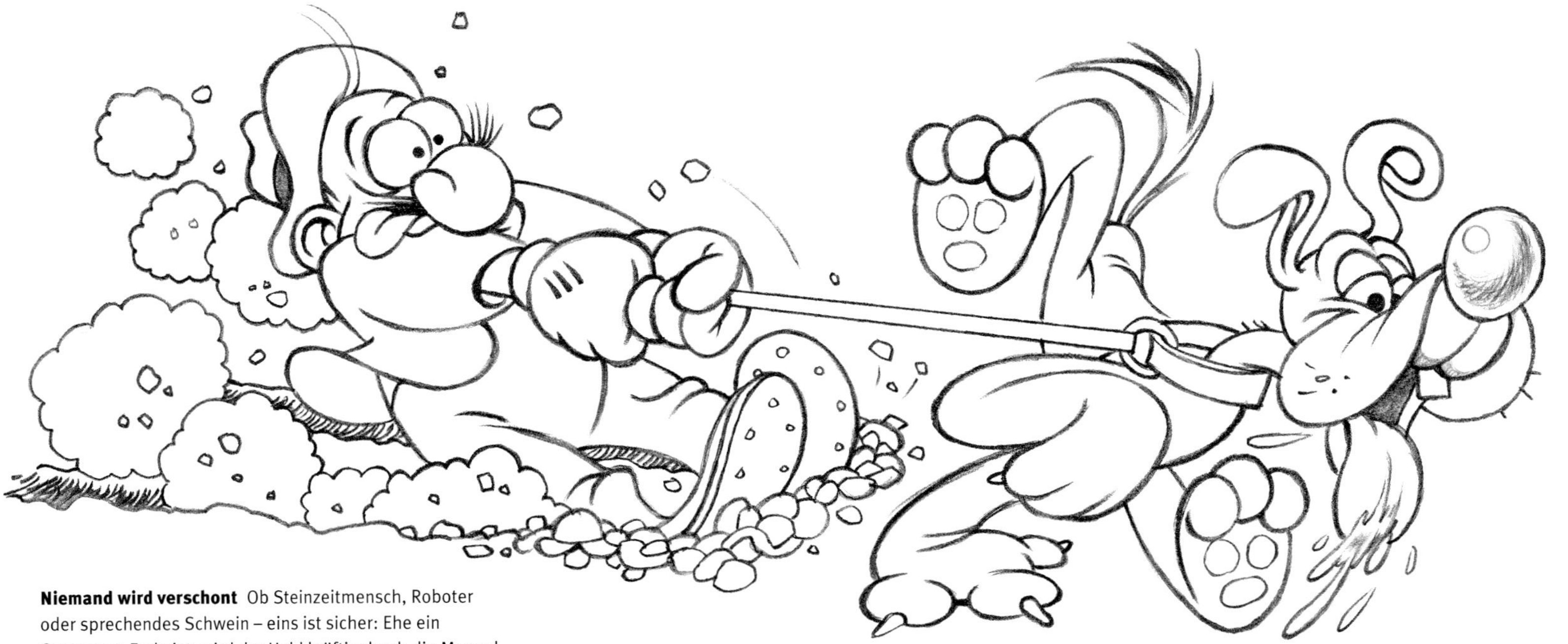

Niemand wird verschont Ob Steinzeitmensch, Roboter oder sprechendes Schwein – eins ist sicher: Ehe ein Cartoon zu Ende ist, wird der Held kräftig durch die Mangel gedreht.

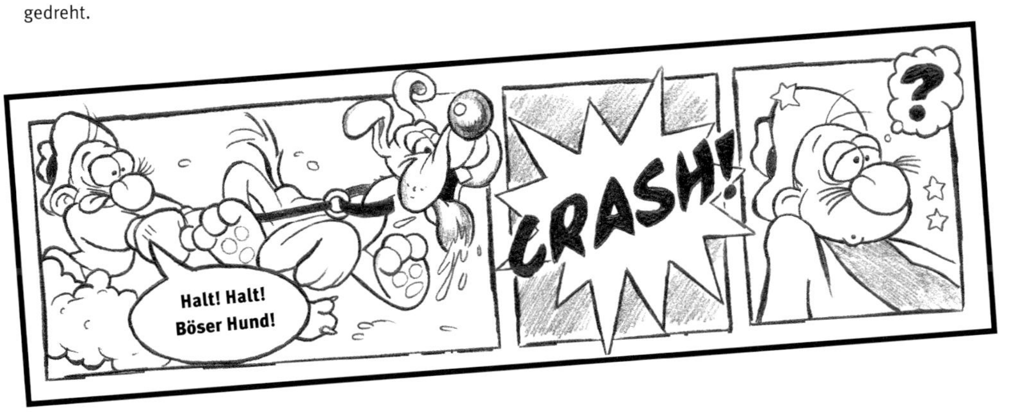

Woher stammen die Ideen?

All die verrückten Charaktere und verzwickten Situationen in den lustigen Cartoons sind aus einem schrägen Blick auf unsere Welt entstanden. Vieles kommt uns aus unserem eigenen Leben sehr bekannt vor: Man kommt zu spät in die Schule/zur Arbeit, die Nachbarn nerven, der Babysitter ist eine Null usw. Unsere Reaktionen auf die kleinen und großen Katastrophen des Lebens werden im Cartoon wild übertrieben und bringen uns zum Lachen – und Nachdenken.

Realismus?

In Comic-Heftchen, in denen Superhelden die Welt retten, muss diese natürlich so dargestellt werden, dass wir sie erkennen. Aber wenn man genau hinsieht, ist diese Welt nicht die Realität. Alle Details, die nicht lebenswichtig sind für die Erzählung, werden weggelassen, damit der Effekt so stark ist wie möglich.

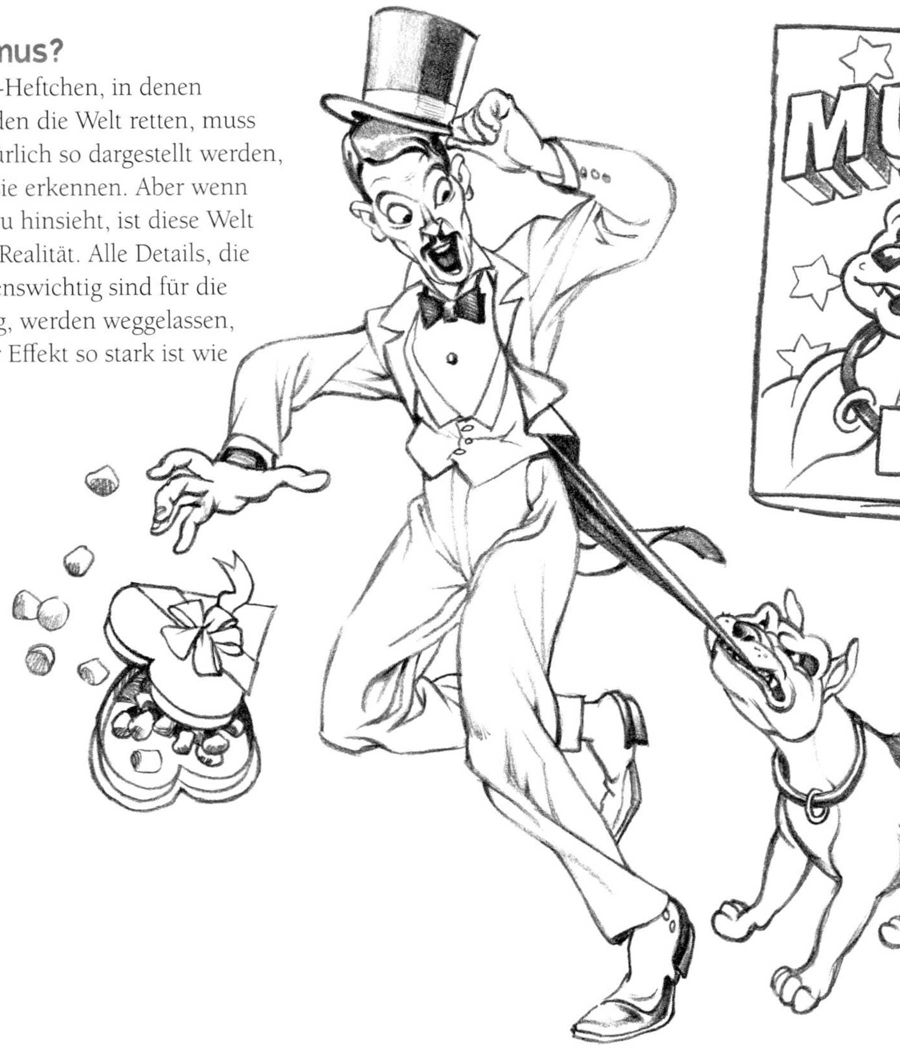

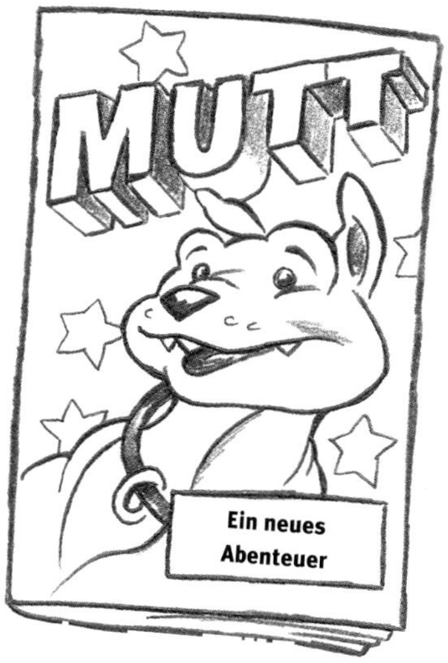

Künstler am Werk Um solch realistisch wirkende Cartoons zu zeichnen, muss der Künstler in punkto Anatomie und Proportionen absolut sicher sein, sonst kann er nicht mit ihnen spielen und sie so vereinfachen. Dieser Art des Cartoons begegnen wir in Anzeigen und Informations-Cartoons.

Umwerfend niedlich

Die liebenswerten Figuren dieses Cartoon-Stils haben meist kindliche Proportionen mit großen Köpfen, kleinen, bohnenförmigen Körpern und etwa pummeligen Armen und Beinen. Ein weiteres Markenzeichen sind die großen Augen, eine etwas schüchterne Ausstrahlung und eine kleine Nase. Meist ist das Hinterteil wenig ausgeprägt, dafür steht der Bauch ein wenig vor – und oft ist der Hals kurz oder fehlt ganz. Kleine Füße sehen an Kindern immer nett aus, bei Hunden und Katzen wirken Riesenpfoten dagegen total süß. Alle Figuren auf dieser Doppelseite haben etwas Rundes und Weiches an sich und entsprechen dem Kindchen-Schema.

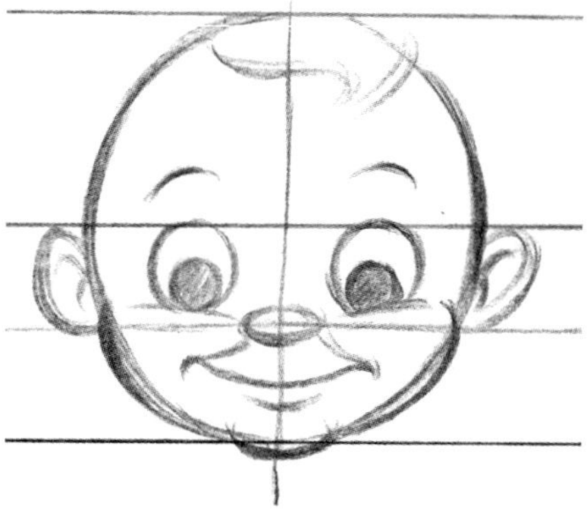

Babycharme Die Geheimformel für niedliche Babygesichter ist einfach: Platzieren Sie Augen, Nase und Mund in der unteren Gesichtshälfte. Zeichnen Sie große, runde Augen, die weit auseinander stehen und vertrauensvoll in die Welt blicken.

Einen sehr erwachsenen, grafischen Stil können Sie verwenden für Anzeigen oder Markensymbole – immer, wenn Sie keine große Bandbreite an Gefühlen darstellen wollen oder sollen.

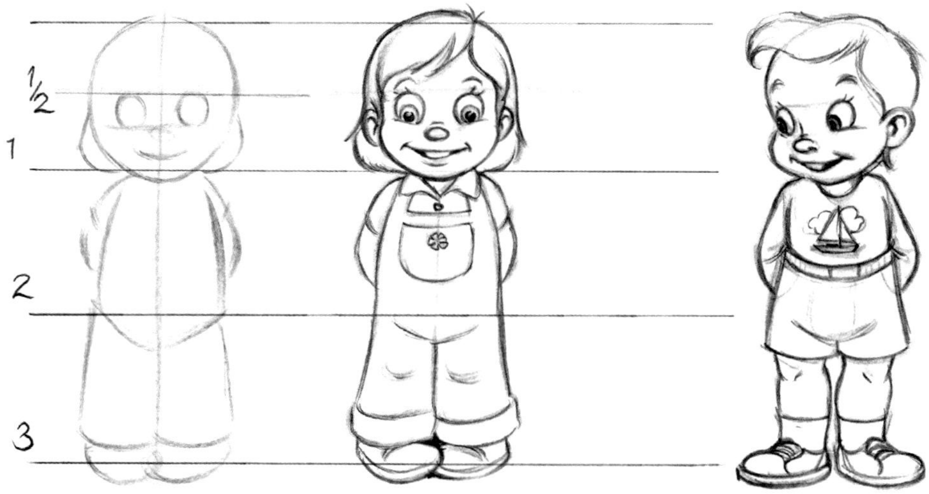

Die Größe machts`s Auch Comic-Figuren werden durch das Zählen von Köpfen proportional stimmig aufgebaut. Der kleine Racker oben ist zum Beispiel nur drei Köpfe hoch.

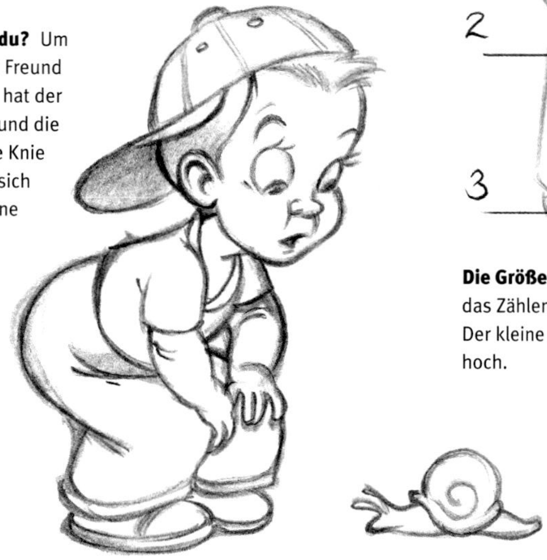

Oh, wer bist du? Um seinen neuen Freund zu begrüßen, hat der kleine Tierfreund die Hände auf die Knie gestützt und sich weit nach vorne gebeugt.

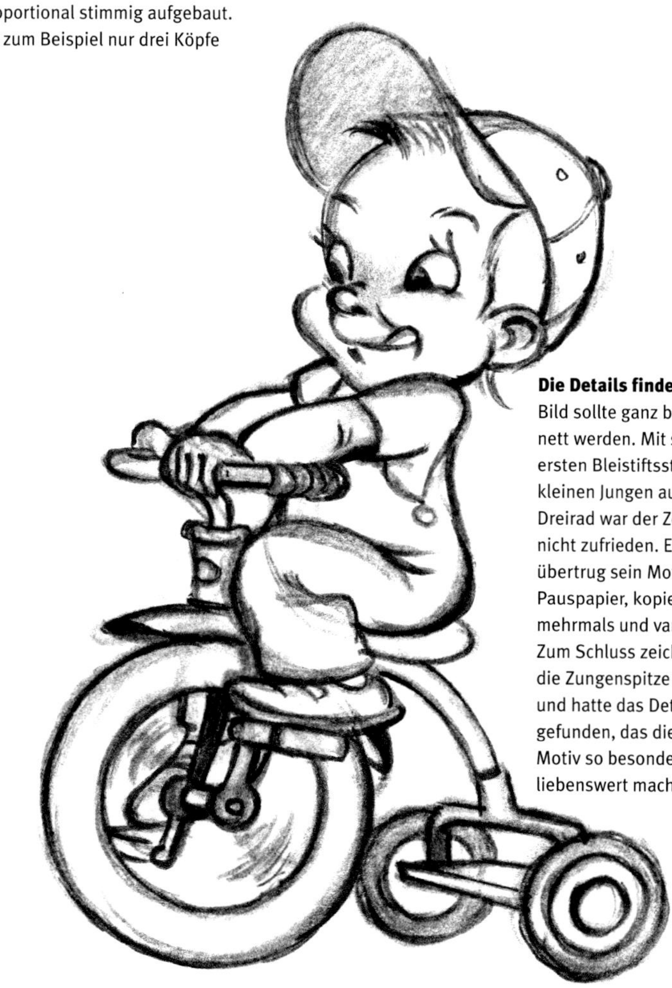

Die Details finden Dieses Bild sollte ganz besonders nett werden. Mit seiner ersten Bleistiftsstudie des kleinen Jungen auf seinem Dreirad war der Zeichner nicht zufrieden. Er übertrug sein Motiv auf Pauspapier, kopierte es mehrmals und variierte es. Zum Schluss zeichnete er die Zungenspitze dazu – und hatte das Detail gefunden, das dieses Motiv so besonders liebenswert macht.

ÜBUNG Kinderblick

Bei Kindern sind die Augen auffallend groß. Davon profitieren Comic-Zeichner, weil sie genau wissen, dass sie einer Figur nur große Kulleraugen zu zeichnen brauchen, und schon hat sie das gewisse unschuldige Etwas. Große Augen sind für Cartoons und Comics deshalb so gut geeignet, weil sie eine deutliche Sprache sprechen. Probieren Sie aus, welche Effekte Sie erzielen, wenn sie mit der Pupille spielen oder mit dem Augenlid.

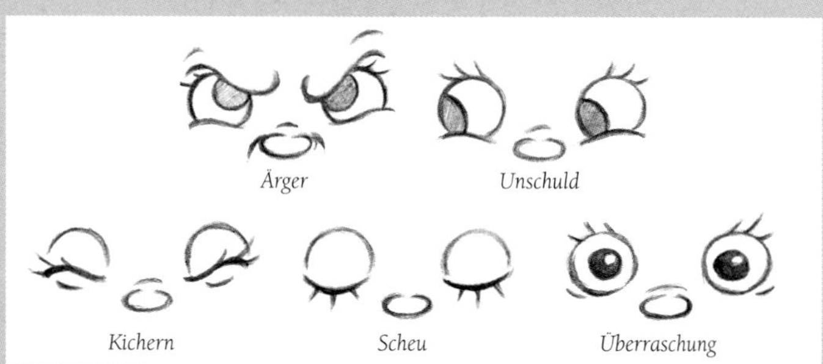

Kopfformen nach Laune

Wenn Sie seinen Kopf etwas in die Länge ziehen, wirkt ein überraschter Mensch noch überraschter. Ein in die Breite gedrücktes Gesicht unterstreicht Ärger oder Schmollen. Beim Zeichnen „verrückter“ Figuren können Sie diesen Effekt auf die Spitze treiben.

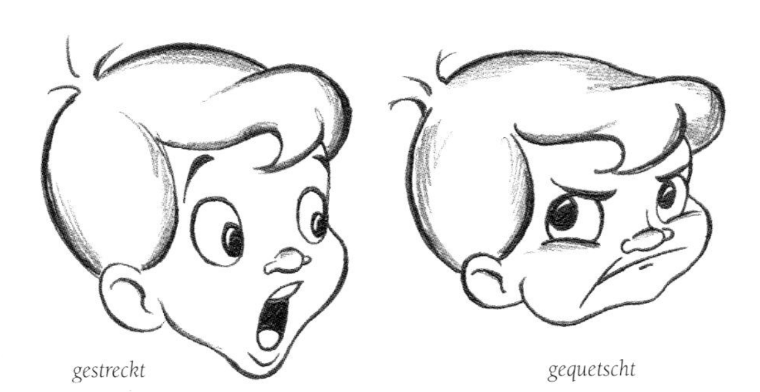

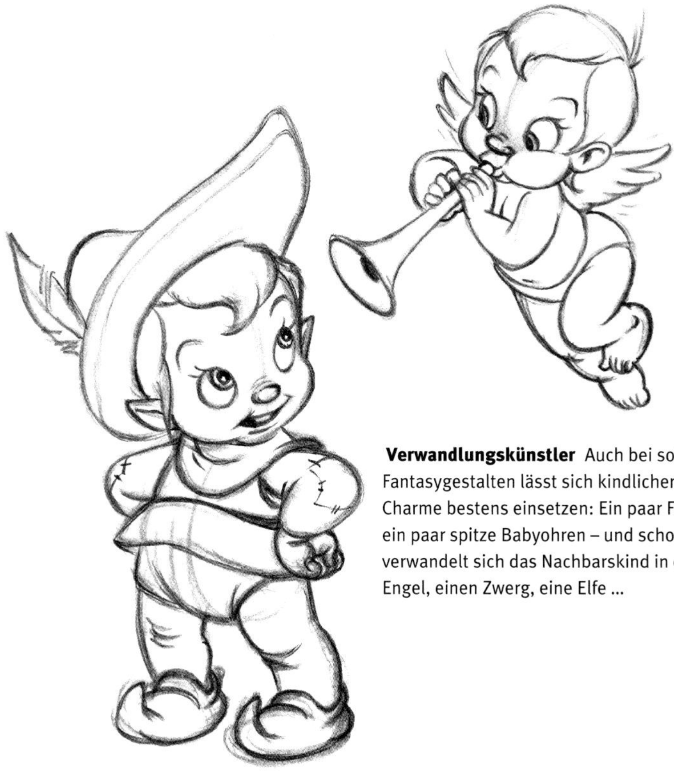

Verwandlungskünstler Auch bei solchen Fantasygestalten lässt sich kindlicher Charme bestens einsetzen: Ein paar Flügel, ein paar spitze Babyohren – und schon verwandelt sich das Nachbarskind in einen Engel, einen Zwerg, eine Elfe ...

Etwas Fingerspitzengefühl

Obwohl es Comics oder Cartoons sind, muss man gerade bei den niedlichen Figuren ein bisschen aufpassen: Halten Sie die Zeichnung einfach, gehen Sie nicht zu sehr ins Detail – ein paar Kreise, ein paar Striche und schon ziehen Staunen über die Wunder der Welt, ein fröhliches Grinsen, ein beleidigtes Schmollen über die Gesichtszüge. Tief gerunzelte Augenbrauen, knirschende Zähne etc. würden diesen kindlichen Charme zerstören.

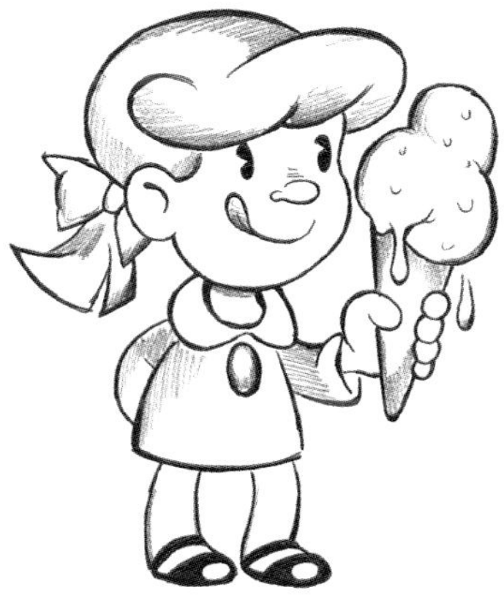

Bezaubernd In einem einfachen, klaren Stil nimmt die Freude über ein Eis in diesem kleinen Mädchen Gestalt an. Sehen Sie, wie stark hier die Proportionen als Mittel eingesetzt werden?

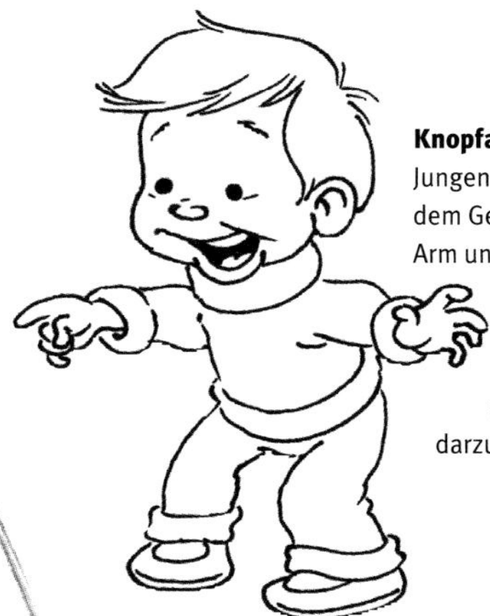

Knopfauge Diesem kleinen Jungen springt die Neugier aus dem Gesicht. Der ausgestreckte Arm und die niedlichen Knopfaugen reichen in einer so reduzierten Abbildung völlig aus, um alle Neugier der Welt darzustellen.

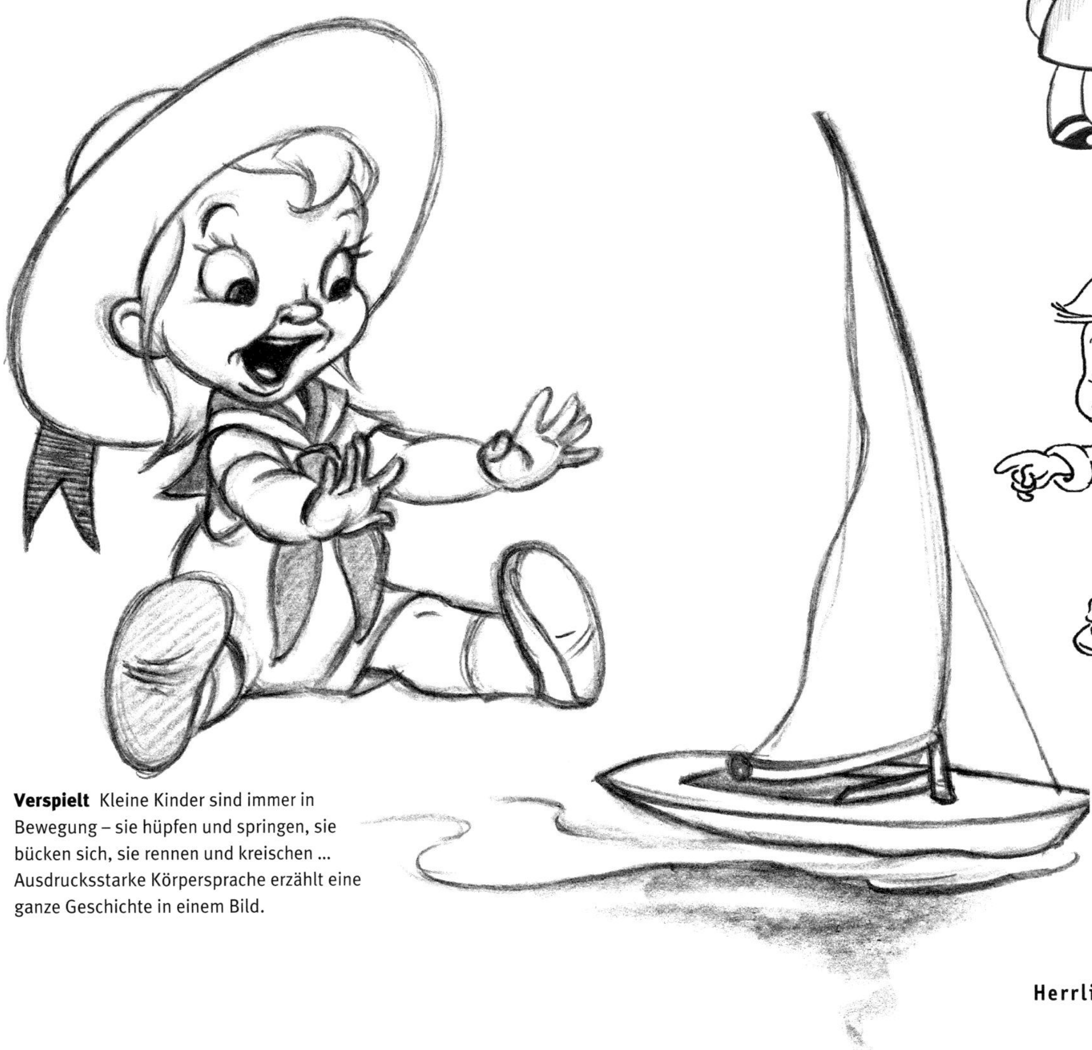

Verspielt Kleine Kinder sind immer in Bewegung – sie hüpfen und springen, sie bücken sich, sie rennen und kreischen ... Ausdrucksstarke Körpersprache erzählt eine ganze Geschichte in einem Bild.

Ganz schön schräg

Sind Sie schon einmal eine Stunde lang mit Ihrem Skizzenblock auf einer Parkbank gesessen und haben sich die Menschen angesehen, die vorbeikommen? Computerfreaks mit dicken Brillen, blond gefärbte Mädchen mit Highheels, Jungs mit tief hängendem Hosenboden, verträumte Mamas mit Kinderwägen und hochnäsige Businessmenschen würden in atemberaubender Schnelligkeit die Seiten füllen! Wenn Sie sich diese Skizzen Ihrer Mitmenschen zu Hause in Ruhe ansehen würden, wären Sie vermutlich sprachlos, welche Fülle an satirischem Material Sie an nur einem Nachmittag gesammelt haben. Zum Ausarbeiten brauchen Sie nur hier ein wenig zu übertreiben und da ein wenig zu vereinfachen.

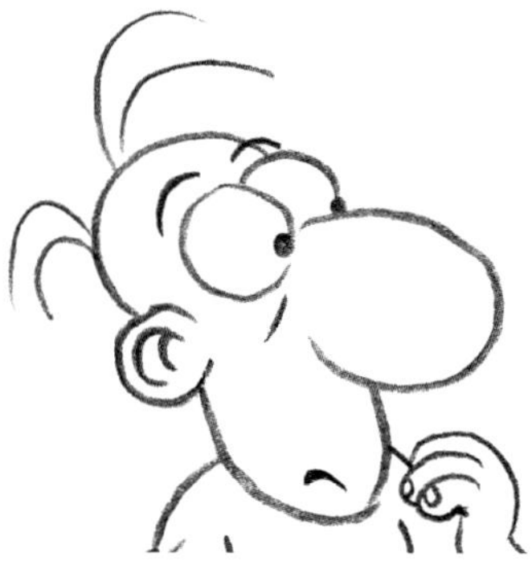

ängstlich

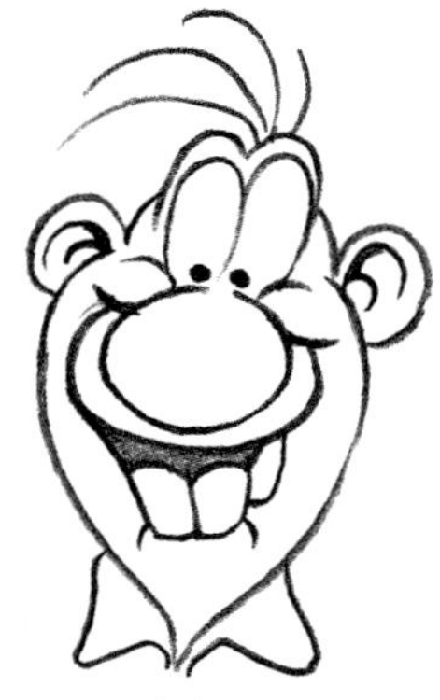

doof

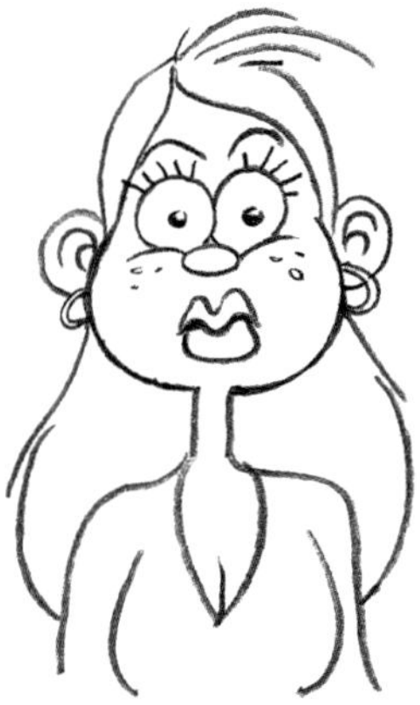

weggetreten

Gesichter sagen alles Manchmal ist weniger einfach mehr. Die drei Gesichter links wurden mit so wenig Details wie möglich gestaltet – und das Wenige, das übrig blieb, wurde so zurecht geschnitten, dass eine klar erkennbare Figur entstand.

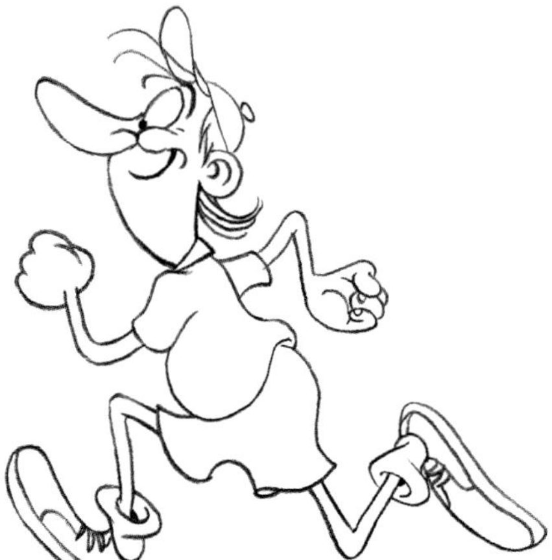

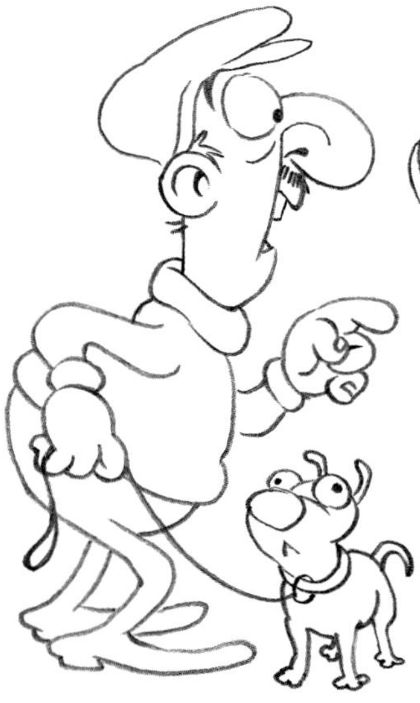

Perfekt! Nun fehlt eigentlich nur ein letzter Schritt: Geben Sie dem Gesicht einen Körper und passende Kleidung. Eine einfache Figur braucht kein ausgefeiltes Kostüm – vor allem, wenn sie beim Joggen ist wie oben. Ein simpler Rolli und zwei Striche als Hosenbeine und Schuhe – und fertig ist der aufgebrachte Hundebesitzer.

Mitten im Gesicht - die Nase

Wenn man gerade so gar keine Idee hat, wie die neue Figur aussehen könnte, hilft es, ein paar schräge Kopfformen zu zeichnen, wie eine Bohne, eine Art Kissen oder einen Lachsack. Dann folgt als wichtigstes Element die Nase. Hier sehen Sie, welche fünf Nasentypen aus jedem Gesicht sofort einen Hingucker machen. Wetten, dass Sie nach dieser Fingerübung eine Idee haben?

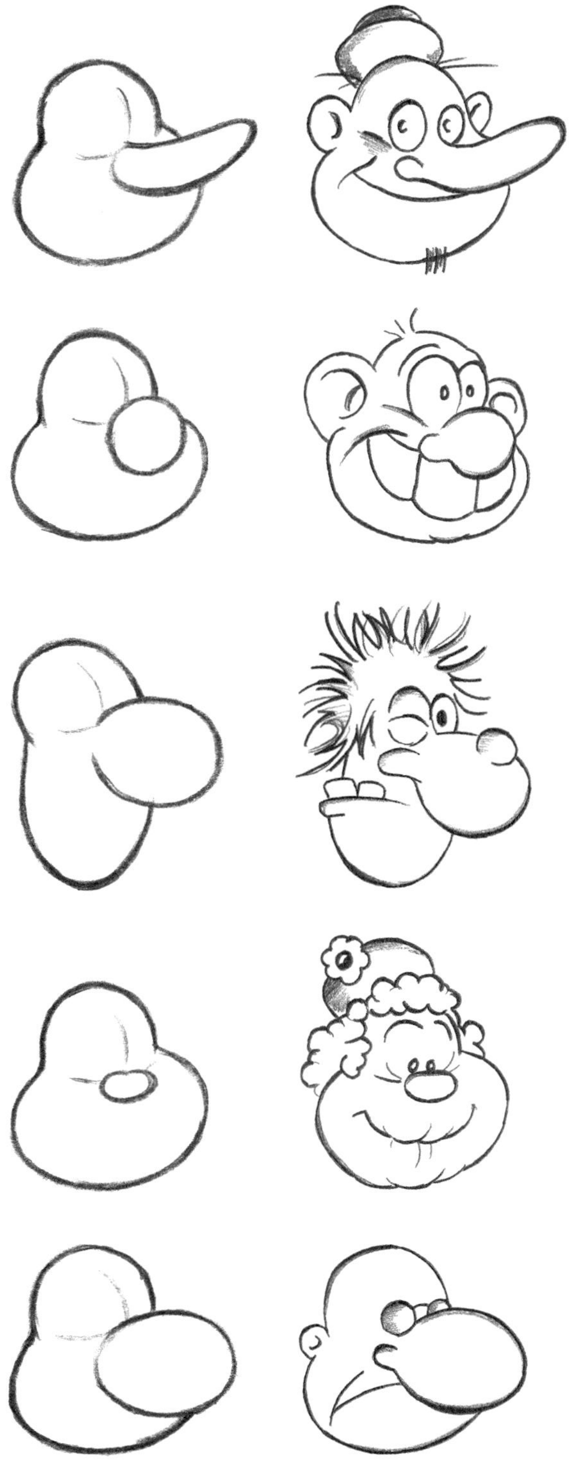

Ein verrücktes Paar Eine wütende Ehefrau ist immer ein dankbares Motiv für einen Zeichner, der mit spitzer Feder auf der Lauer liegt. Der scharfe rechte Winkel von Mimis Körper, die sich die Seele aus dem Hals schreit, sagt alles über ihren Seelenzustand. Dazu noch der Gesichtsausdruck – und schon weiß jeder, dass „ER" gar nicht hinhört: Mit langen Schmalzlocken, einem wilden Bart und haarigen Armen braust Bob ungerührt auf seinem Bike davon.

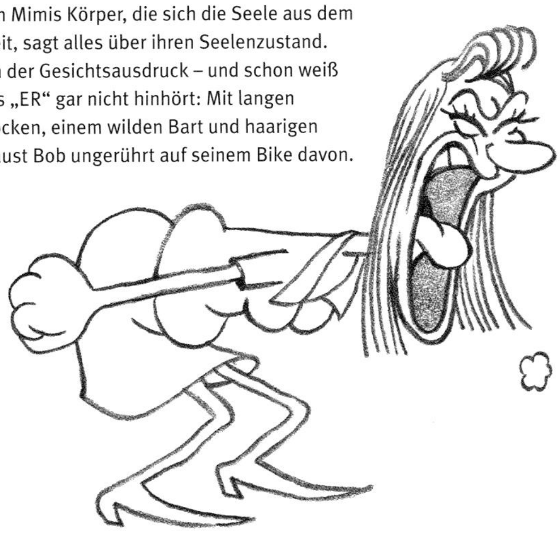

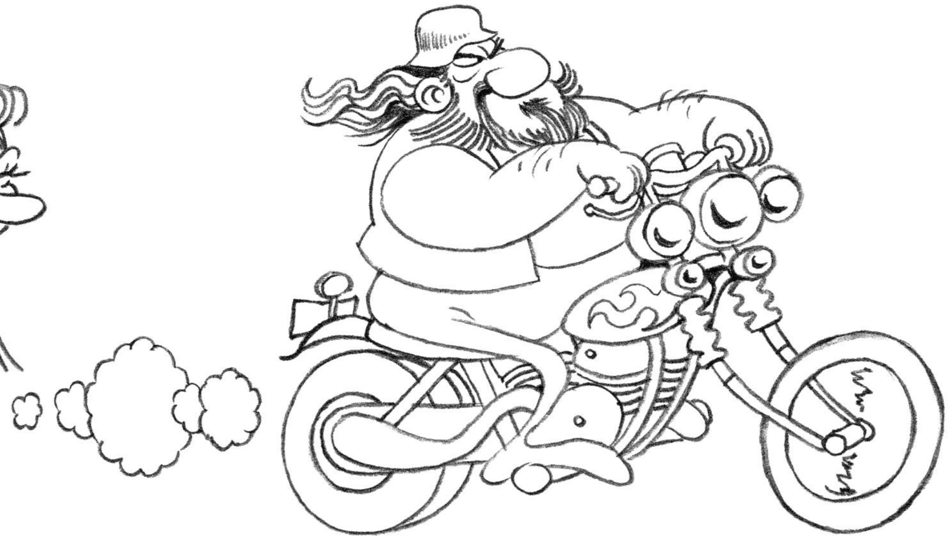

Grundwissen Grafik

Alle Figuren auf dieser Seite zeichnen sich durch eins aus: Sie wurden mit minimalen Mitteln gezeichnet. Es wurden größere schwarze und weiße Flächen genutzt, um ein Gegengewicht zu dünnen schwarzen Linien zu bilden und um den Zeichnungen mehr Gewicht zu geben. Alle anderen Details würden hier nur stören.

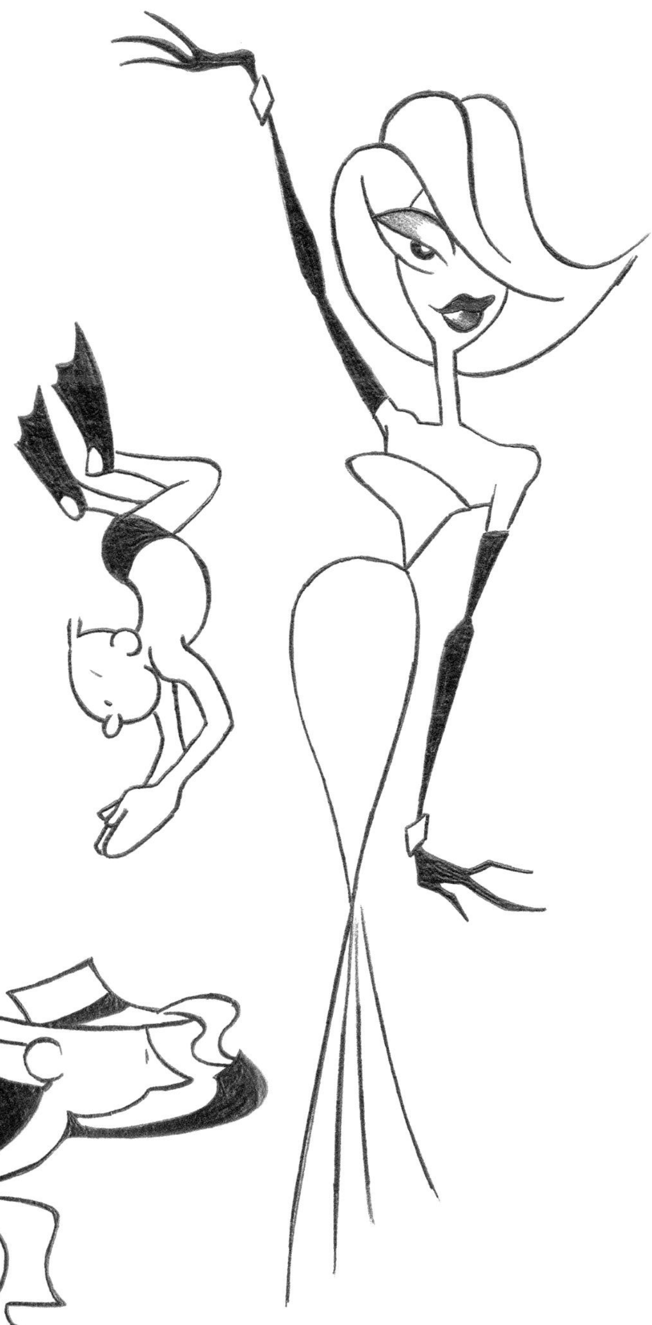

Kunst und Cartoon Lassen Sie sich von den Künstlern unserer Zeit inspirieren. Die reduzierte Formensprache moderner Bilder ist genau richtig für Cartoons. Wieso sollen nicht beide Augen auf derselben Seite des Kopfes sitzen? Und warum sollen die Füße nicht nach links zeigen, nur weil der Kopf nach rechts gedreht ist? Sie sind Künstler und können so „schräg" sein, wie es Ihnen passt.

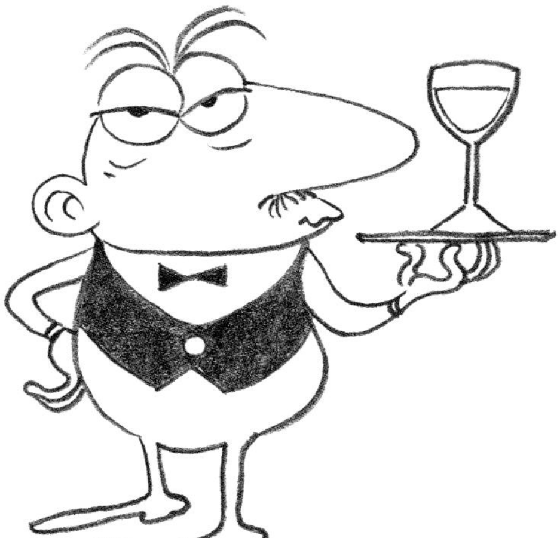

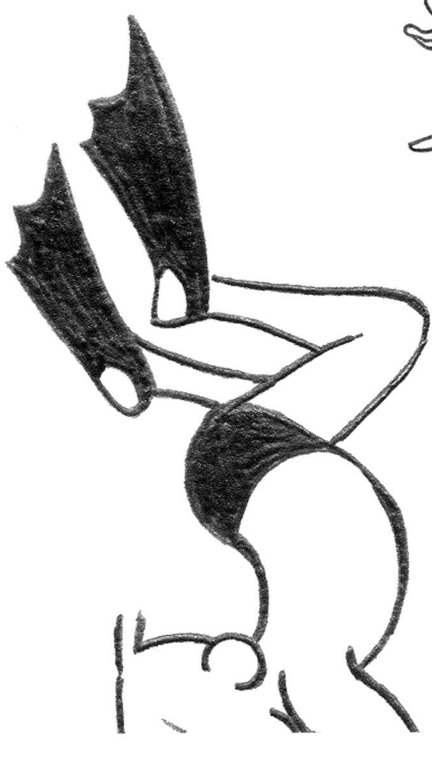

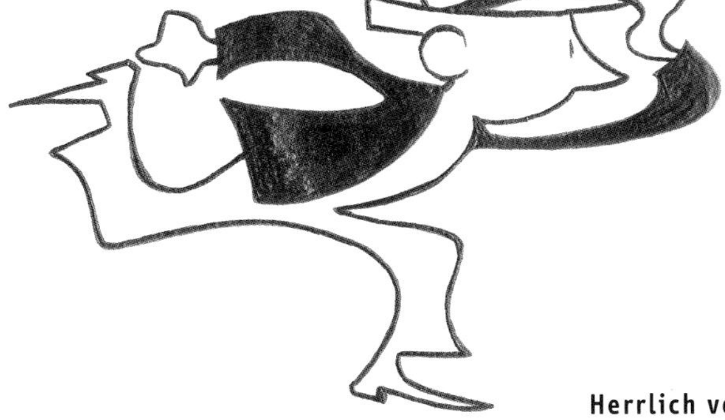

Karikaturen und Superhelden

Eine Mischung aus Märchen, Sciene Fiction und Superheldroman findet sich in den sogenannten „realistischen" Comics. So gelingt eine Mischung aus Humor und Spannung, die viele anspricht. Tatsächlich wirken die Helden realer als die niedlichen Figuren und ernsthafter als die schrägen Typen. Diese Zeichnungen erfordern jedoch ein anderes Können: Hier sind gute Kenntnisse der menschlichen Proportionen ebenso wichtig, wie richtige perspektivische Darstellungen. Und Übung im Zeichnen nach lebenden Modellen ist ebenfalls sehr nützlich.

Auge um Auge Das Auge stellt man sich am besten wie einen Ball vor. Nie sieht man es ganz, sondern immer nur einen Teil. Ein eisiger oder lauernder Blick, ein erstaunter Augenaufschlag – und schon spricht das Auge Bände, wenn Sie mit Augenlid und Brauen zu spielen wissen.

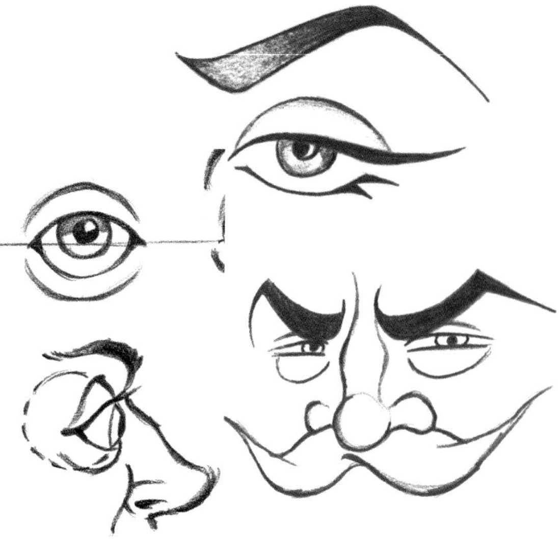

Kopfüber ins Vergnügen

Cartoon- und Comicfiguren zu erfinden macht viel Spaß, ebenso das Zeichnen von Karikaturen. Der Weg dahin führt über den Kopf – genauer gesagt über Köpfe und Gesichter, die Sie zeichnen. Cartoons und Comics leben vom nahen Betrachten von Gesichtern. Am besten ist es, Sie nehmen ein Foto als Vorlage und bearbeiten es. Bei Animationen arbeiten Filmcrews oft so, dass sie den ganzen Film mit Schauspielern aufnehmen und anschließend jedes Bild auf Papier übertragen und ein Rohscribble anfertigen.

Als Vorlage eignen sich Nahaufnahmen am besten. So können Sie schnell erkennen, was Sie übernehmen wollen.

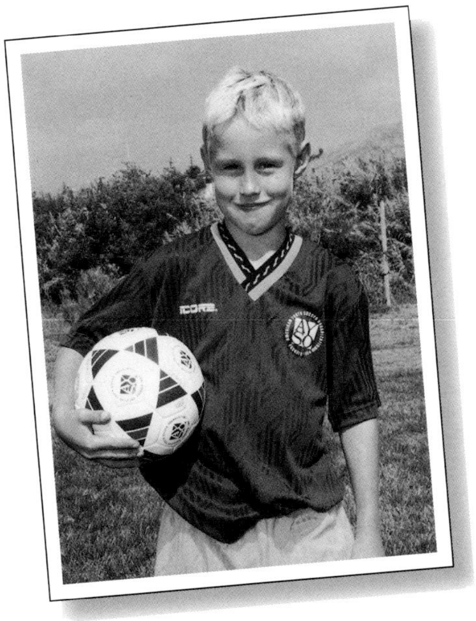

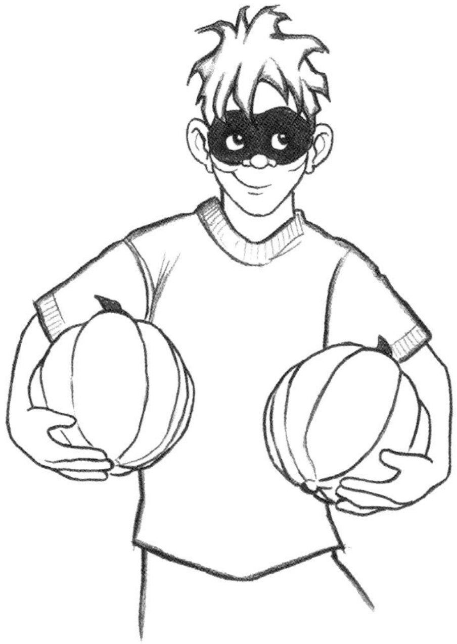

Süßes oder Saures! Auf der Grundlage dieses Fußball-Fotos entstand das Halloween-Motiv: Die Armhaltung wurde übernommen, aus dem Ball wurde ein Kürbis – das Ganze gleich doppelt auch auf der anderen Seite. Nun wurden die Gesichtszüge vergrößert, das Haar etwas aufgestrubbelt und eine Maske aufgesetzt – und schon ist Halloween.

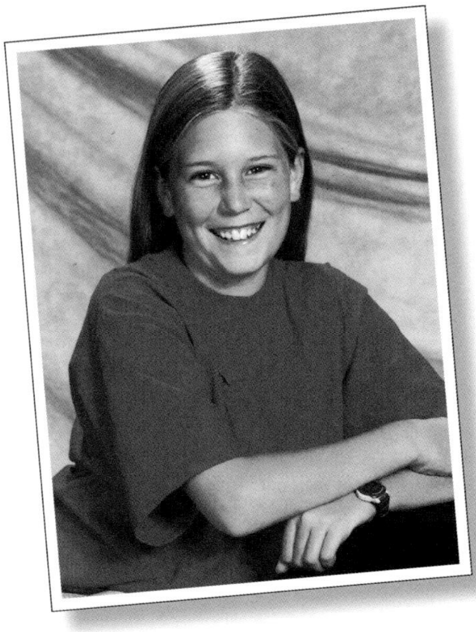

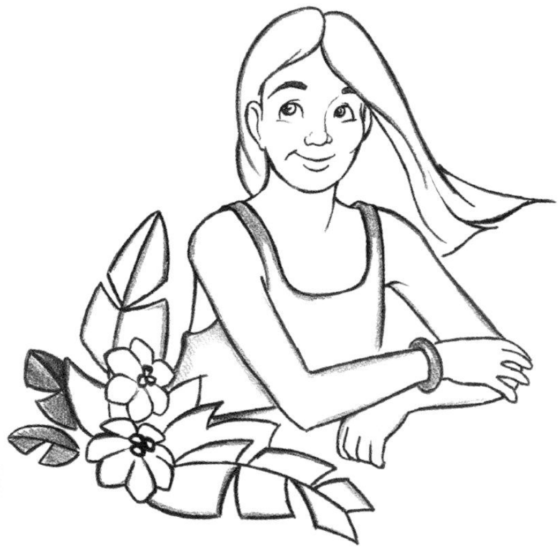

Karibik-Feeling Dieses romantische Südsee-Motiv ist einem einfachen Schulfoto entsprungen. Zuerst wurde die Pose übernommen, dann der Hals verlängert und das Gesicht etwas vergrößert und vereinfacht. Nun fehlten nur noch ein paar Tropenpflanzen und eine sanfte Brise im Haar. Fertig!

Einfach toll - Fotos und Schnappschüsse

Fotos sind für jeden Zeichner sehr hilfreich. Einerseits sind Schnappschüsse oft an sich schon komisch. Andererseits eignen sich auch ernste Aufnahmen als Grundlage für eine Zeichnung. Wenn Sie ein Rhinozeros zeichnen sollen, jemanden, der ein Tor schießt, oder einen Panzer, ist es oft besser, sich nicht auf sein Gedächtnis zu verlassen, sondern ein Foto zur Hand zu nehmen. Sie tun sich mit der Vorlage leichter, technische Details, einen Gesichtsausdruck oder eine Pose richtig darzustellen.

Ein Charakterkopf

Menschen haben so ziemlich dieselbe Kopfform. Eine Cartoon-Figur kann natürlich auch ein Oval haben, aber Sie können auch mit einer völlig anderen Kopfform arbeiten.

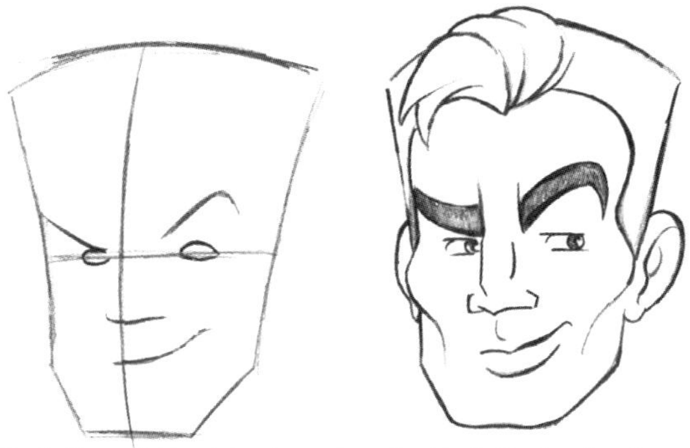

Rechteck Unser Held entstand aus einem Rechteck. Kantig wie sein Charakter ist auch sein Kinn.

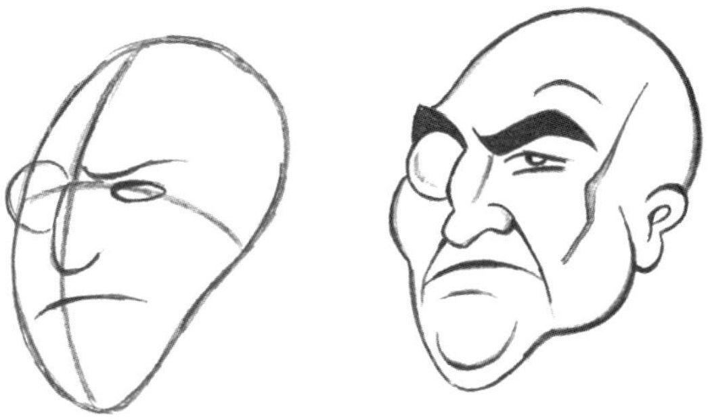

Bohne Eine lang gezogene Bohne ist die Grundform dieses Miesepeters. Wenn dann auch noch alle Gesichtszüge nach untern weisen, vor allem die Mundwinkel, ist der Eindruck perfekt.

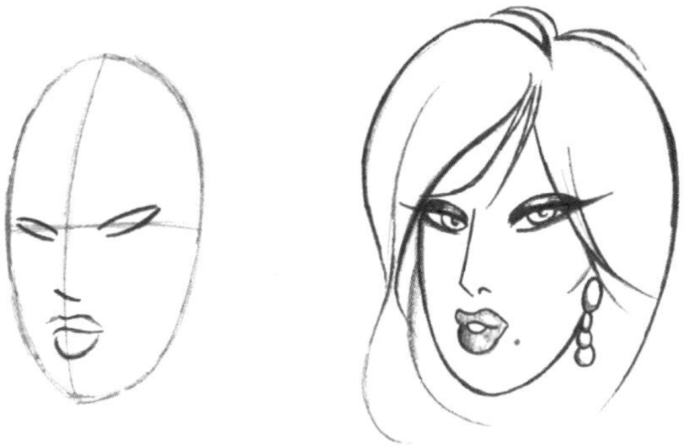

Oval Sexy Barbara wurde aus einem weichen Oval erschaffen. Wenn Sie attraktive Frauen zeichnen wollen, müssen die Linien weich und elastisch sein.

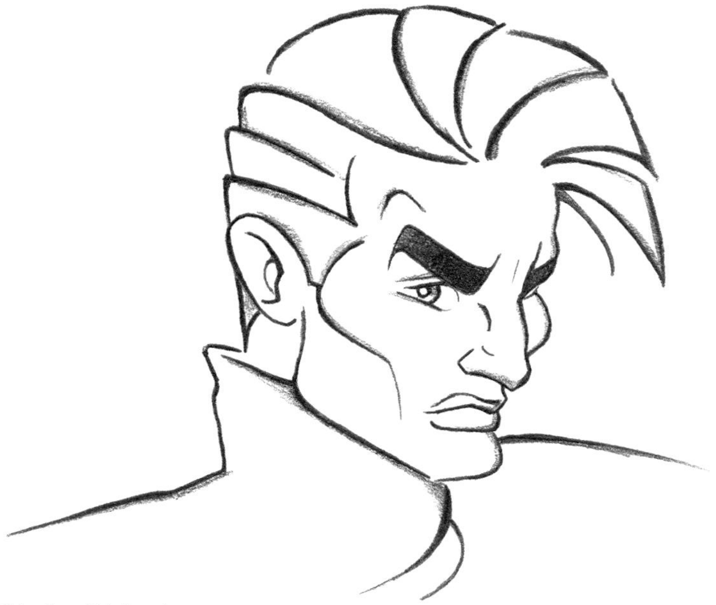

Schurken Gekrümmte Augenbrauen, ein eiskalter Blick, ein mokantes Lächeln und modisches Gespür verleihen den Schurken oft mehr Glamour als den Helden. Denken Sie beim Zeichnen daran, das alles Runde zu den harmlosen Netten passt. Scharfe, kantige Linien wirken gefährlich. Wenn Sie eine boshafte Figur zeichnen, wählen Sie harte Gesichtszüge, harte Wangenknochen und einen konzentrierten Gesichtsausdruck, der hungrig und entschlossen wirkt.

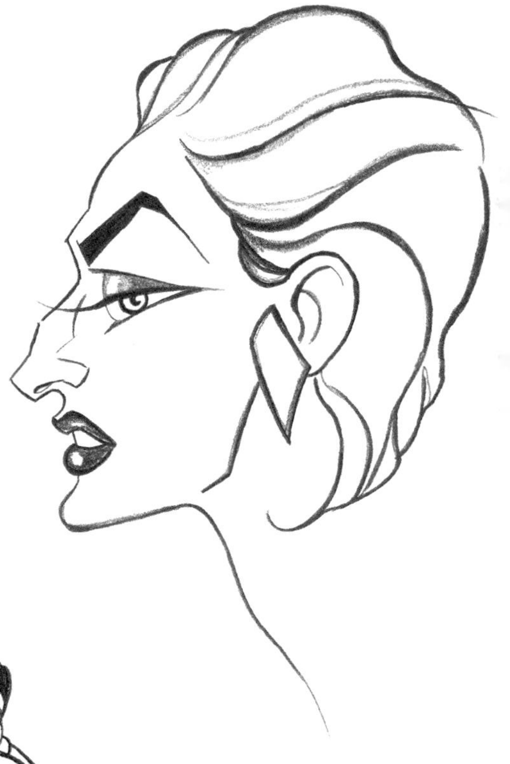

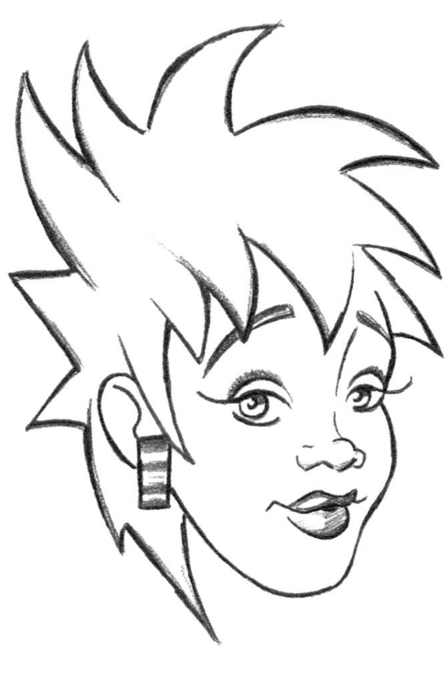

Helden Im Comic sind Helden meist auf eine alltägliche Art hübsch anzusehen. Sie haben klare Wangenknochen und ein eckiges Kinn. Ein kleines Detail wie eine Strähne im Haar, ein dicker Lidschatten oder ein zackiger Haarschnitt tun das Ihre, um dem Helden mehr Profil und Individualität zu verleihen.

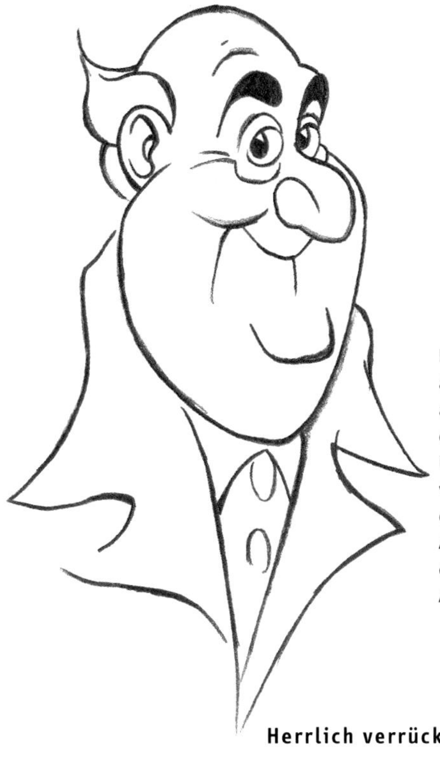

Die Netten Dieser freundliche ältere Herr sieht natürlich nicht so aus, als könnte er die Welt retten, denn er wirkt weder hart noch heldenhaft. Sein Hals ist dick und weich, das Kinn verschwindet fast darin. Weiche Bögen unter den Augen, dicke Backen und ein dümmliches Lächeln verstärken den Ausdruck einer netten Null.

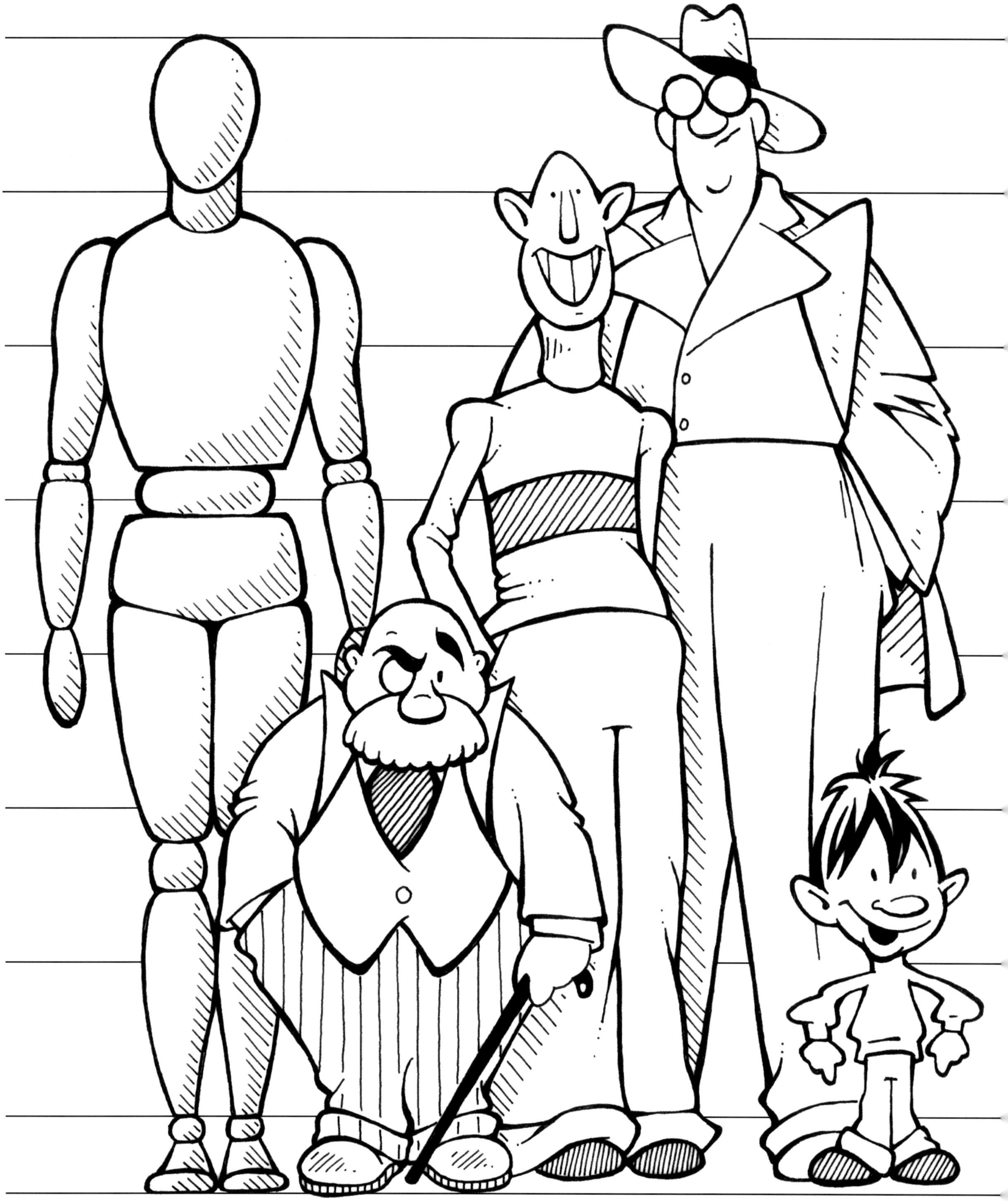

Proportionen bei Menschen

Bei Menschen ist die Maßeinheit für die Proportionen der Kopf. Man zeichnet Personen normalerweise mit einer Körpergröße, die der siebenfachen Länge ihres Kopfes entspricht. Um des schlankeren Effektes willen werden sie oft auch mit acht Köpfen Größe dargestellt. Modezeichner ziehen die schmalen Silhouetten und vor allem die Beine oft bis ins Insektenhafte in die Länge. Zeichnen Sie alte, junge, große, kleine, dicke und dünne Menschen nach Fotos, um ein Gefühl für die wahren Proportionen zu bekommen.

Spielmaterial Körper

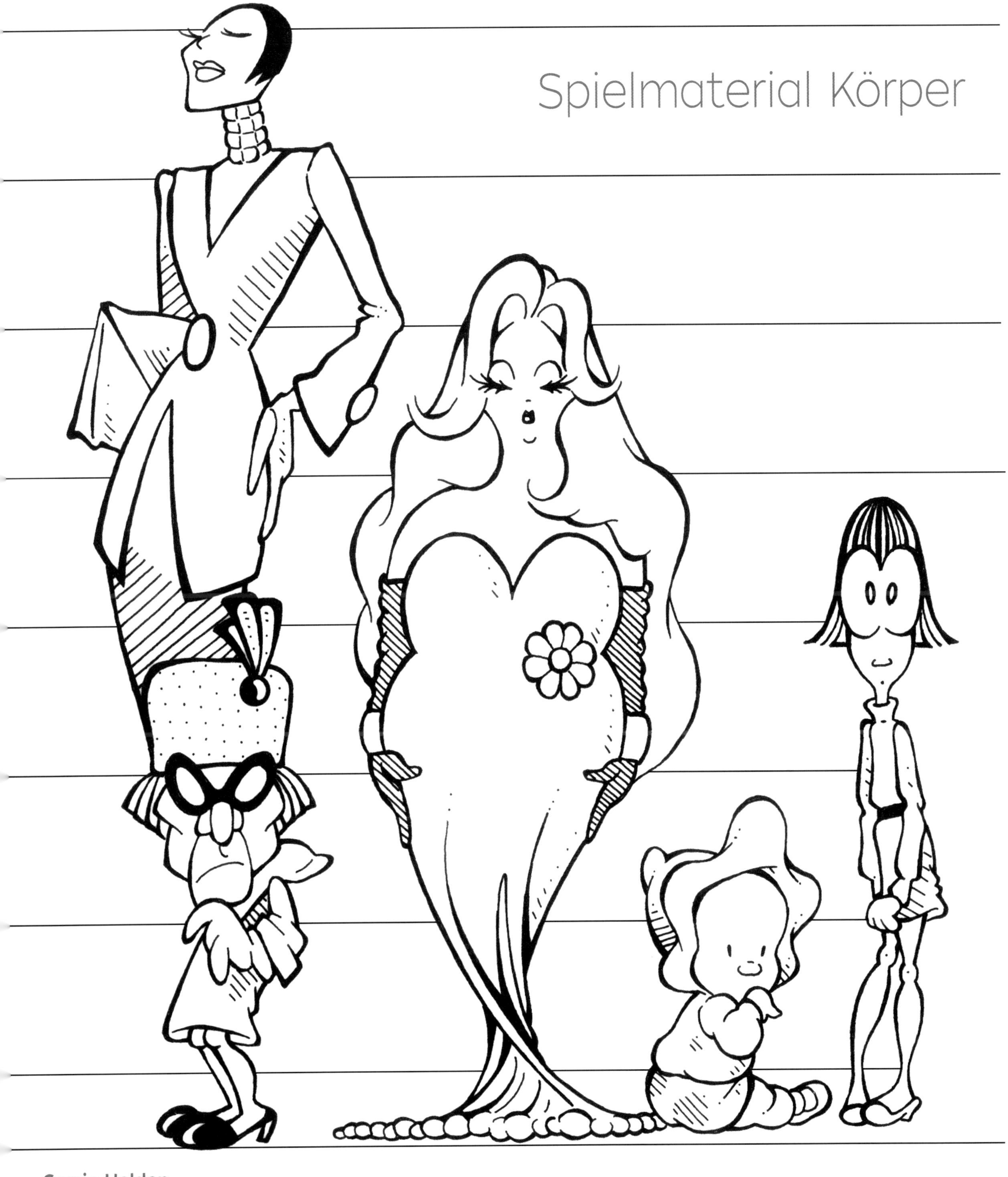

Comic-Helden

Cartoon-Zeichner sind nicht an die Proportionen gebunden. Sie können verkürzen oder verlängern, wie es ihnen gefällt, um den Charakter einer Figur zu betonen. Außerdem müssen diese Figuren einiges aushalten: Wie oft werden sie von Dampfwalzen überrollt, wie ein Ballon aufgeblasen oder wie ein Gummiband gedehnt! Solche Bilder gelingen Ihnen aber nur dann, wenn Sie die Proportionen sicher beherrschen.

Bodybuilding

Durchschnittsmenschen wie das Strichmännchen unten haben Durchschnittsproportionen, das heißt, die Mitte des Körpers ist die Hüfte. So sieht natürlich kein Superheld aus – diese haben vergrößerte Oberkörper und wirken entsprechend imposant. Beim Zeichnen von Comic-Figuren können Sie die Proportionen nach Lust und Laune verschieben. Meist haben sie allerdings einen übergroßen Kopf, weil somit der Zeichner ein großes Gesicht mit viel Platz für die Gefühle hat, die er zeigen will – und weil es lustiger aussieht. Überlegen Sie, welcher Charakter zu Ihrer neuen Figur passt – und schenken Sie ihr einen passenden Körper.

Guten Morgen, Strichmännchen Man baut auch Comic-Figuren aus Grundformen auf. Zuerst die Wirbelsäule als Linie zeichnen, dann die Gelenke als Kreise und die Linien für Schultern und Hüften hinzufügen. Zum Schluss erhält Strichmännchen Ovale als Hände und Füße sowie ein großes Ei als Kopf. Im nächsten Stadium seines Lebens bekommt Strichmännchen je ein Oval für Hüften und Schultern sowie ein paar Finger. Anschließend wird seine Figur aufgefüllt – die Details wie der hippe Ohrring folgen zum Schluss.

Proportionen

Dass menschliche Figuren oft größer gezeichnet werden als die siebeneinhalbfache Höhe des Kopfes, haben Sie schon gelesen. Hier sehen Sie ein Beispiel mit acht Köpfen Länge, ein höchst elegant wirkendes Götterstandbild.

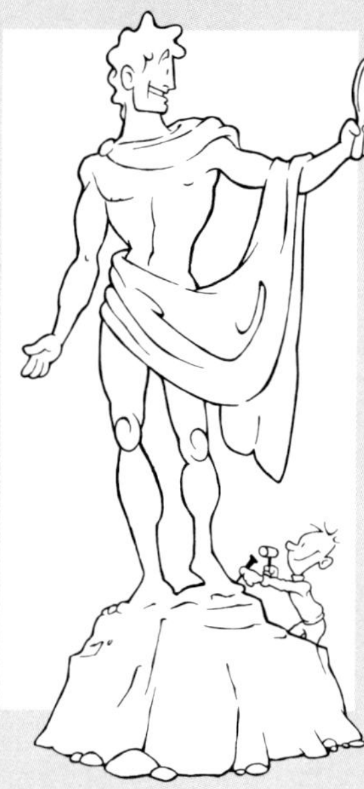

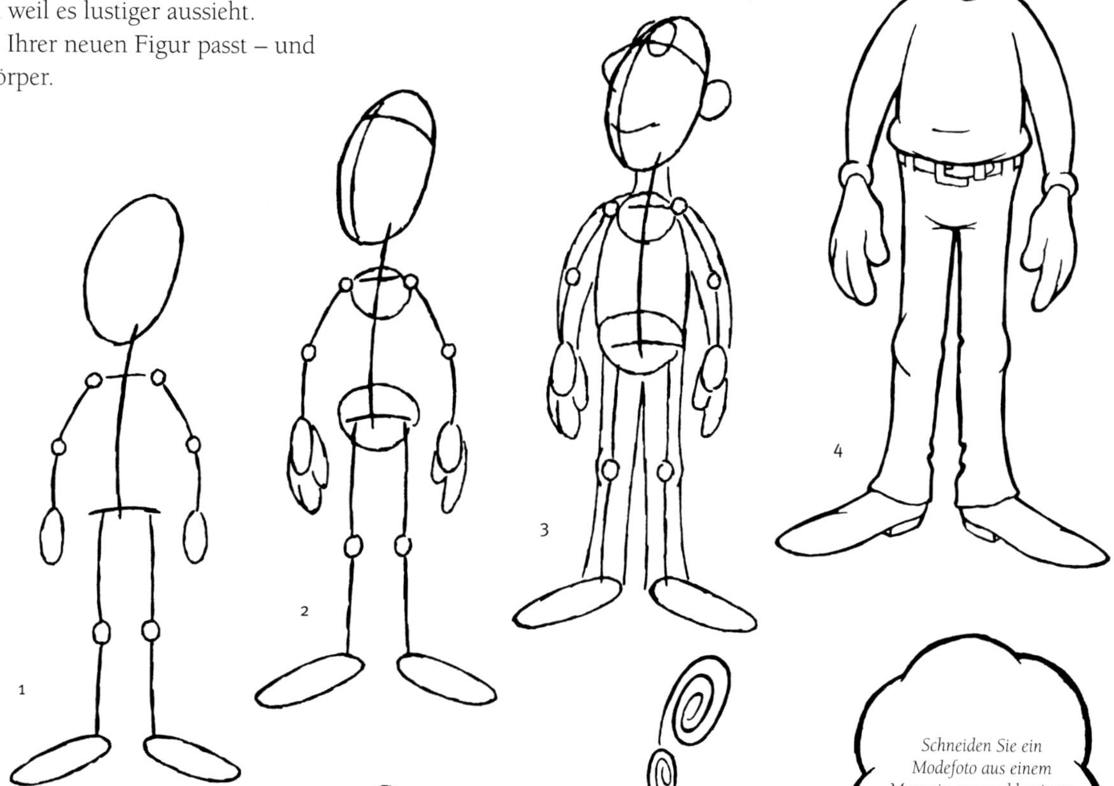

Schneiden Sie ein Modefoto aus einem Magazin aus und kopieren Sie es. Dann zeichnen Sie den Menschen nach und übertreiben seine Pose nach Herzenslaune.

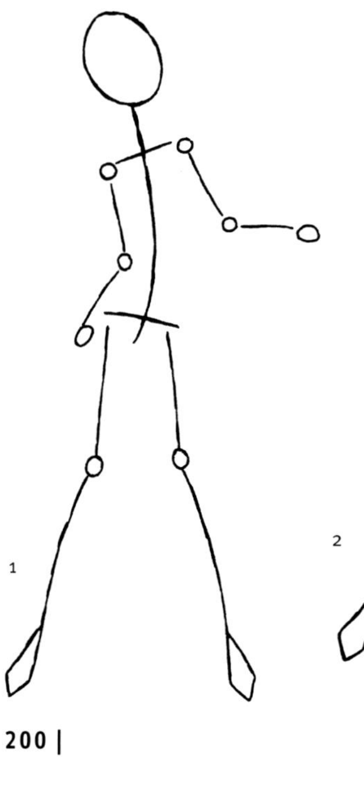

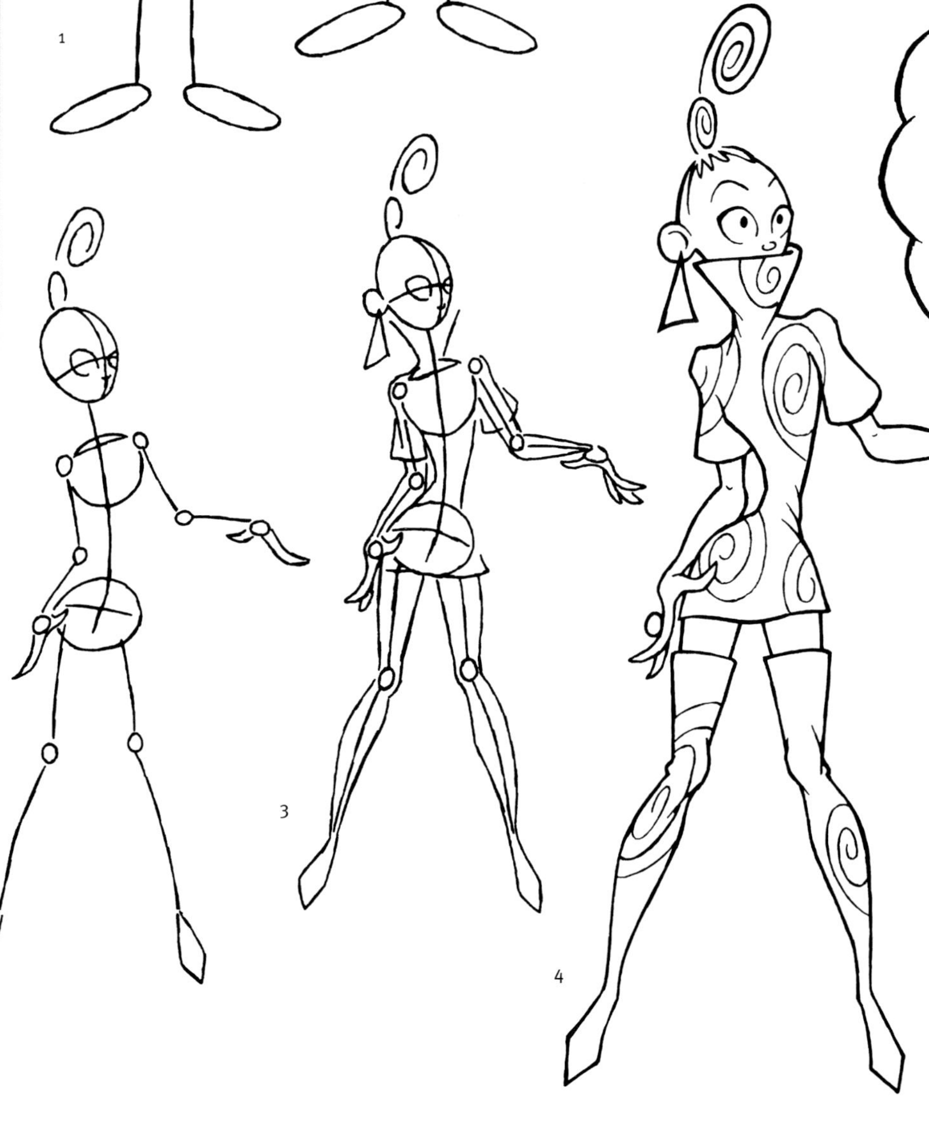

Modepüppchen Diese attraktive junge Dame hat auch als Strichmännchen angefangen – allerdings als sehr graziöses! Die Figur dann mit Gespür für Leichtigkeit und feminine Haltung aus Grundformen aufbauen. Zum Schluss noch die schwungvolle Frisur zeichnen, die perfekt zum Muster des Minikleidchens passt.

Was für Typen

Dünn, durchschnittlich, muskulös, dick oder völlig fremd … Probieren Sie alle möglichen Körpertypen aus. Sehen Sie sich die Menschen um Sie herum genau an, blättern Sie in einem Anatomiebuch (▶ Seite 98 ff.) und beschäftigen Sie sich eine Zeitlang intensiv mit dem Körperbau, den Knochen und Muskeln, die dazu gehören. Wer genau weiß, wie der menschliche Körper aufgebaut ist und wie er sich bewegt, wird sich leichter tun, Karikaturen zu zeichnen.

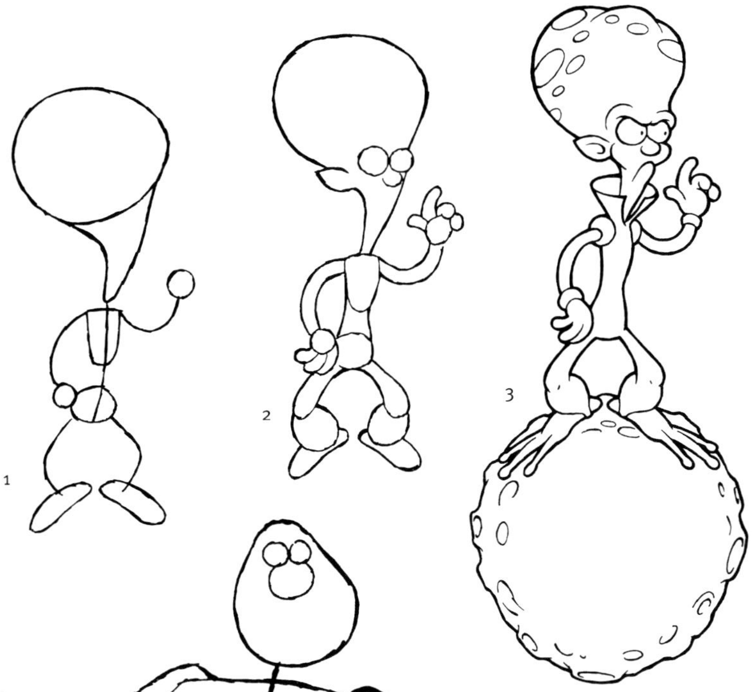

1 2 3

Kleine grüne Männchen Aliens und andere Bewohner des Alls sind ein gefundenes Fressen für jeden Zeichner. Hier kann man seine ganze Fantasie ausleben. Trotzdem sollte man aufs Gleichgewicht achten: Das Gewicht des riesigen Kopfs dieses unfreundlichen Weltraum-Froschs wird in den Knie abgefedert.

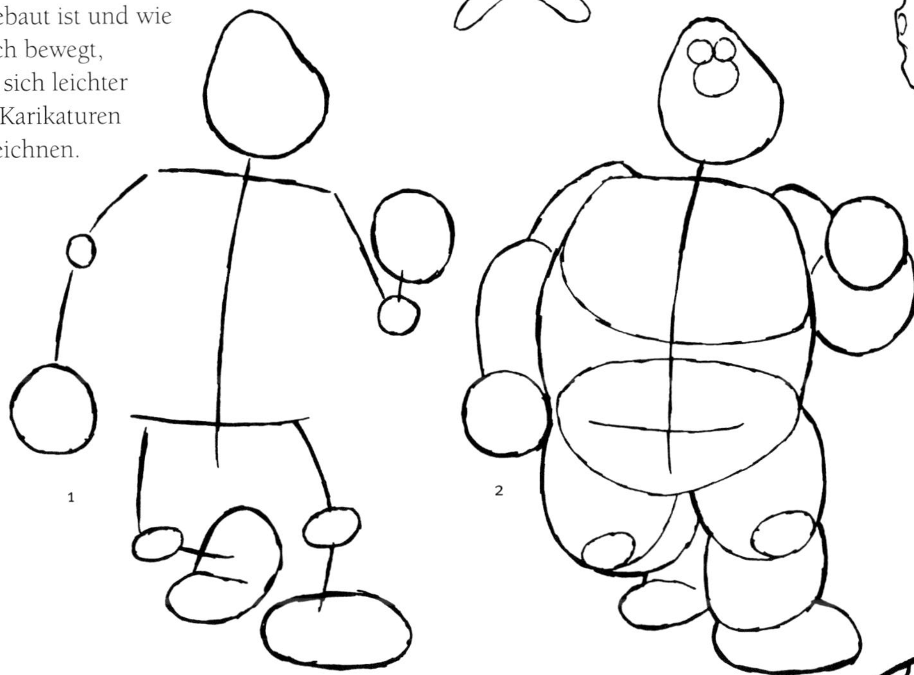

1 2

Schwergewicht Mit einem bulligen Oberkörper und kurzen Beinen wirkt der angriffslustige Riese trotzdem so dümmlich, dass man schon weiß, wo seine Schwachstelle liegt. Auch der vorspringende Zahn sagt: „Ich bin nicht sonderlich schlau.“ Damit die Figur guten Bodenkontakt hat, geht sie auf einem Stück Wiese.

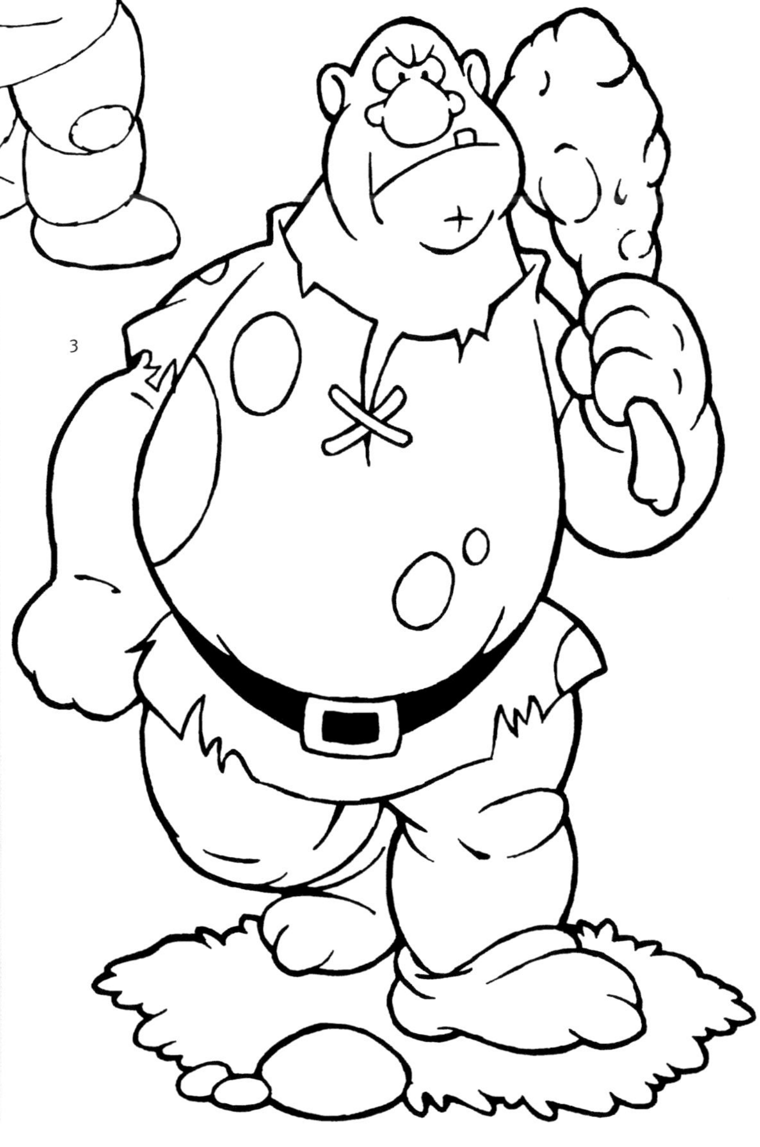

3

Gorilla im Anzug

Dieser stämmige Herr hat tatsächlich einen Gorilla in seiner Ahnenreihe, denn er wurde wie ein solcher gestaltet: breite Schultern, kein Hals, tief angesetzter, kantiger Kopf, lange Arme.

Vetter Gorilla Übrigens: Auch im Zoo findet man herrliche Vorbilder für grazile Mädchen, fischköpfige Händler, frettchenartige Vertreter, Schlaufüchse und viele andere.

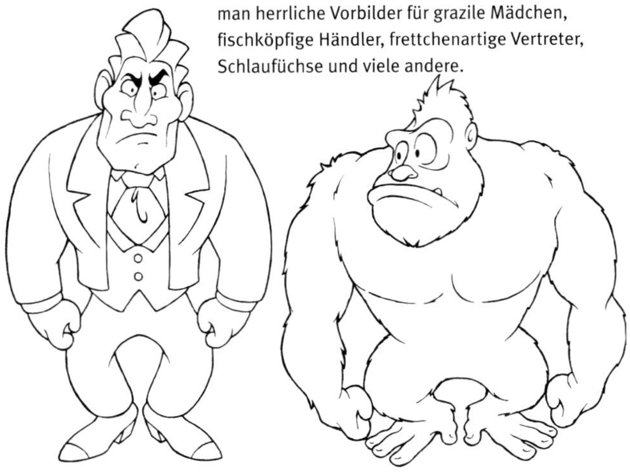

Stift, Papier und los

Sorgen Sie unbedingt dafür, dass Ihre Cartoons und Comics voller Bewegung sind. Am besten packen Sie Aktion in jede Figur auf jedem Bild. Arbeiten Sie auch hier mit der Aktionslinie (▶ Seite 95), die so etwas wie ein Bild der Energie ist, die durch den Körper einer Figur fließt. Ihr Rückgrat mag beweglich sein – das Rückgrat Ihrer Figuren ist aus Gummi. Sie können den Witz jeder Szene auf die Spitze treiben, wenn Ihre Figuren mit dem ganzen Körper mitgehen. Und eine schwungvolle Aktionslinie ist der beste Anfang.

Auf Erfolgskurs Sie mag zart wirken mit ihrem Flatterkleidchen, aber diese junge Dame hat ein klares Ziel vor Augen. Mit energischen Schritten geht es immer ihrer Nase nach. Zeichnen Sie die abgeknickte Aktionslinie schon beim ersten Strichmännchen.

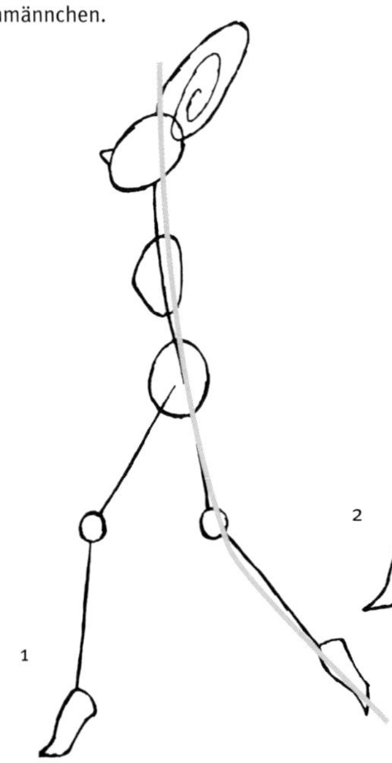

1

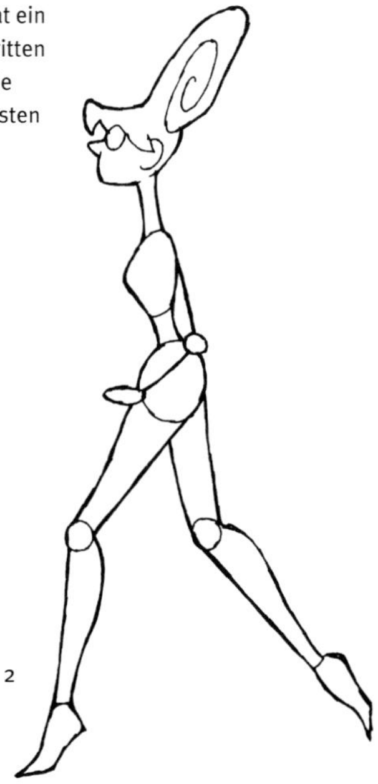

2

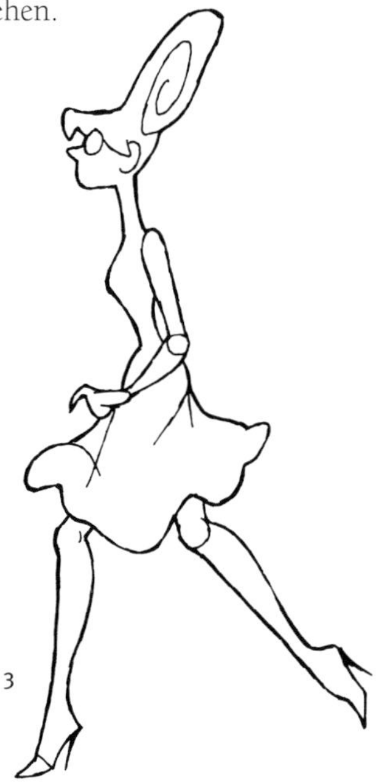

3

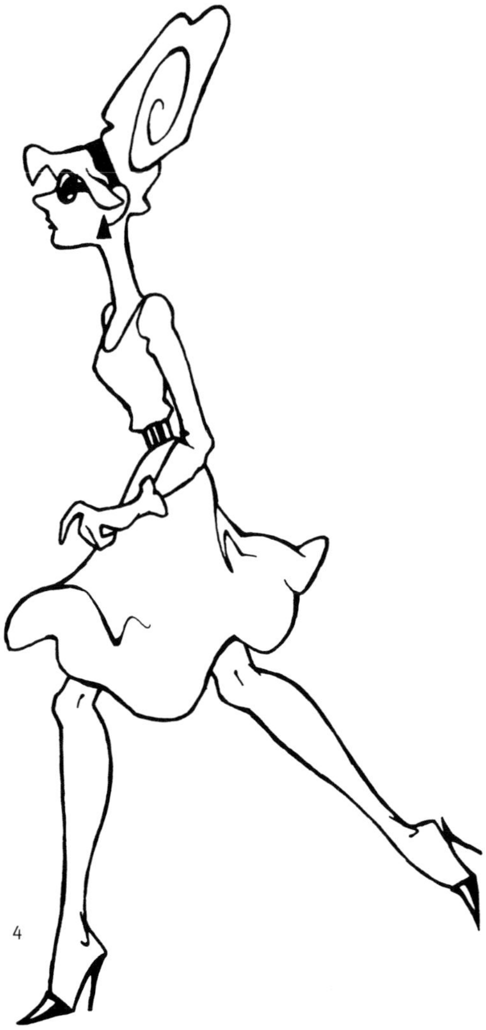

4

Hilfe, ein Monster Ein Blick hat gereicht und jetzt will sie nur noch weg. Die Aktionslinie erhält einen scharfen Knick, kleine Wölkchen und viele Linien erzählen klar und deutlich: Hier rennt jemand um sein Leben. Die weit vorgesteckten Arme, die wirbelnden Beine und das fliegende Haar tun ein Übriges.

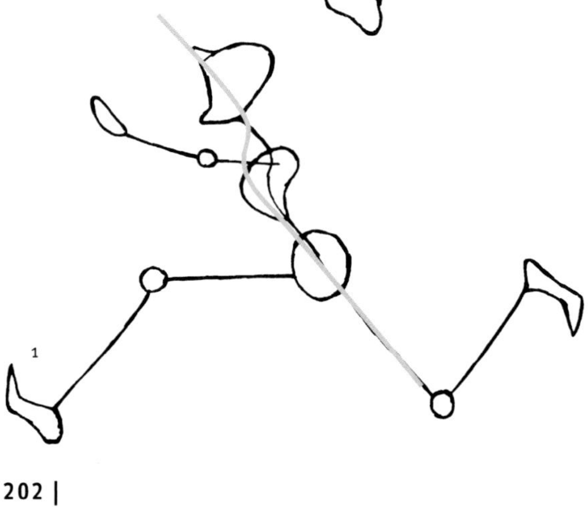

1

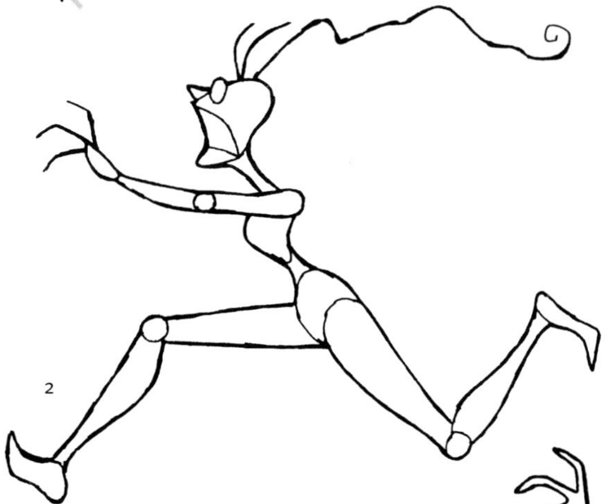

2

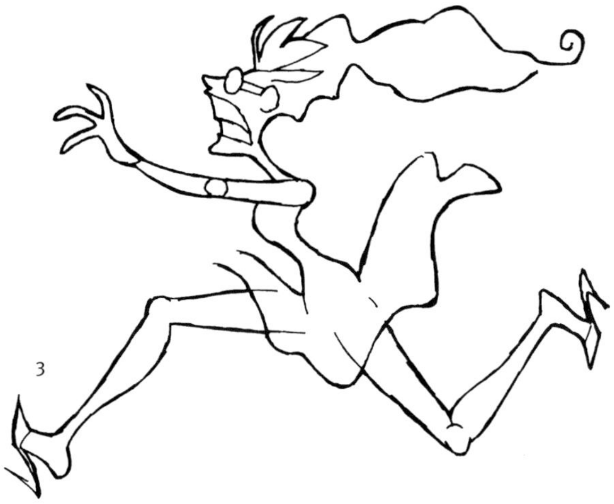

3

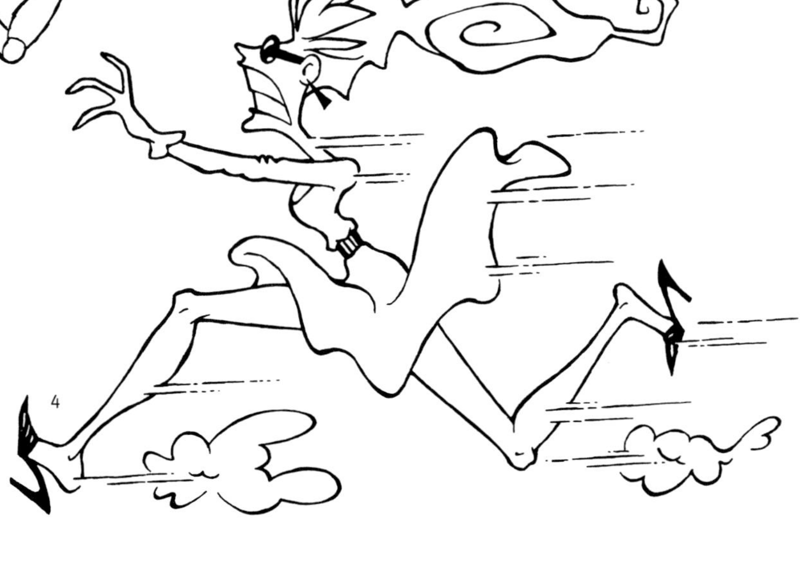

4

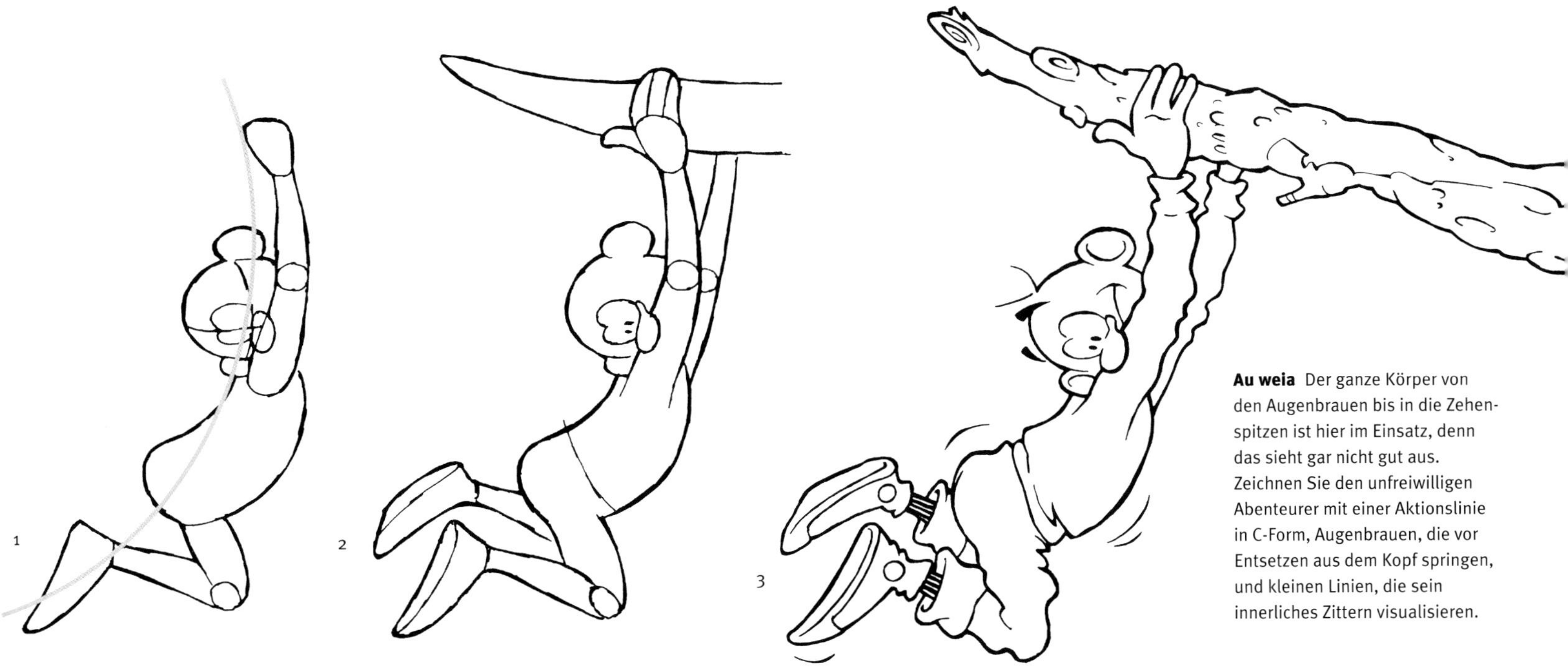

Au weia Der ganze Körper von den Augenbrauen bis in die Zehenspitzen ist hier im Einsatz, denn das sieht gar nicht gut aus. Zeichnen Sie den unfreiwilligen Abenteurer mit einer Aktionslinie in C-Form, Augenbrauen, die vor Entsetzen aus dem Kopf springen, und kleinen Linien, die sein innerliches Zittern visualisieren.

Ein Drama! Wenn eine Figur wie diese den Kopf zurückwirft und die Hüften nach vorne schiebt, steht der ganze Körper unter Extremspannung. Das sieht man schon an der Aktionslinie, die wie eine Achterbahnkurve aussieht. Jetzt fehlen nur noch weit aufgerissene Augen und wild flatternde Arme und Hände. Sie erinnern sich sicher noch: Cartoons leben von Übertreibungen!

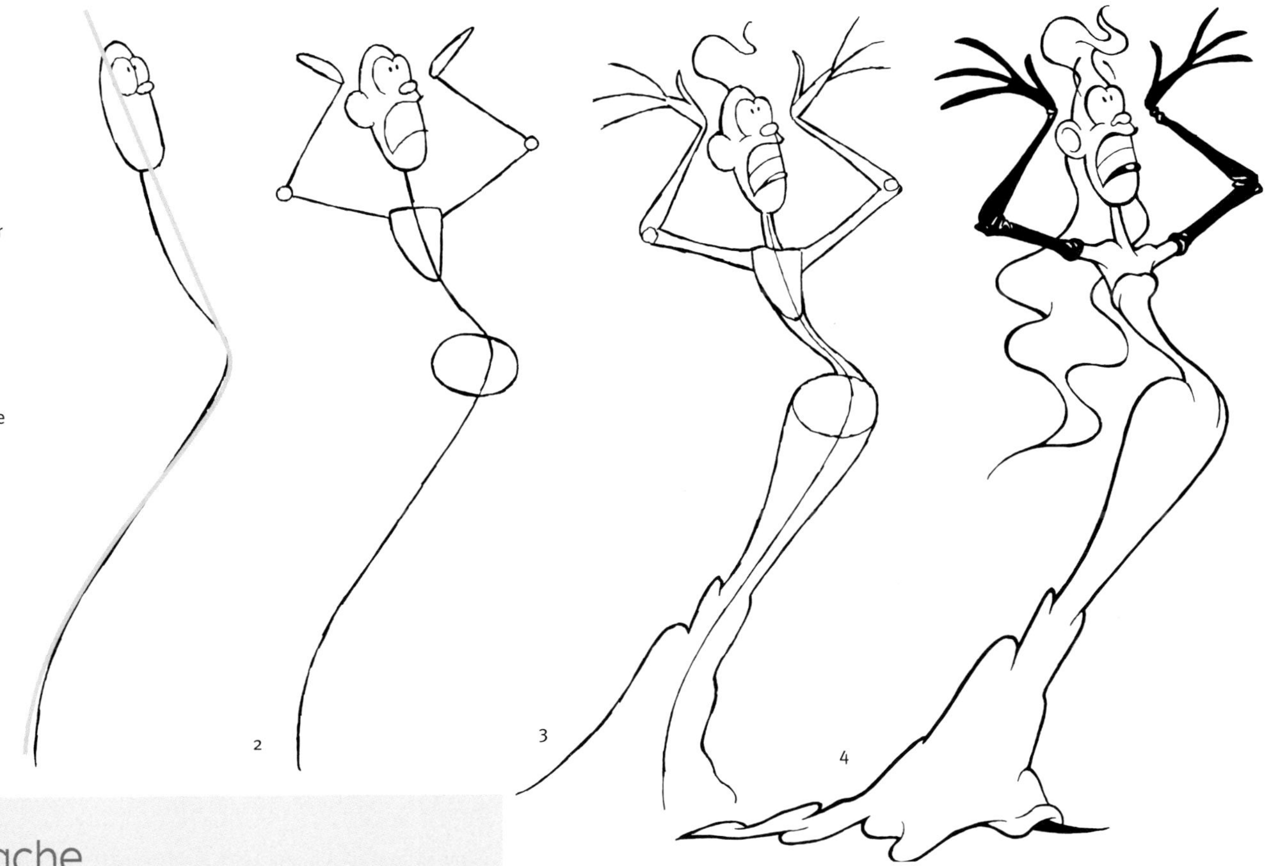

Körpersprache

Eine ordentliche Comic-Figur kann sich bis zum Horizont strecken, passt in ein Regenwurmloch, verliert oft den Kopf (und das im wahrsten Sinn des Wortes) und kommt grinsend für die nächste Runde zurück. Doch auch die subtileren Signale der Körpersprache sollte ein guter Zeichner beherrschen.

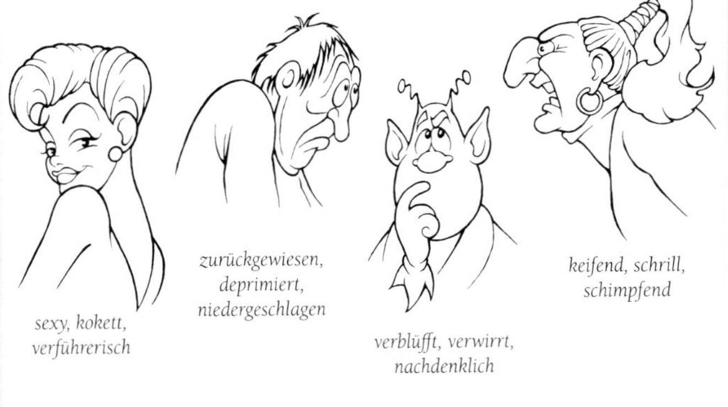

Ausgerutscht Da lag eine besonders glatte Bananenschale! Doch obwohl sie in die Luft gewirbelt wurde, ist diese Figur im Gleichgewicht. Eine fast runde Aktionslinie hält das Gewirbel zusammen. Geschwindigkeitslinien, Haar und Ohrring und der Schuh bilden selbst im Flug ein geschlossenes Ganzes. Sehen Sie, dass selbst noch Zehen und Finger mitfliegen?

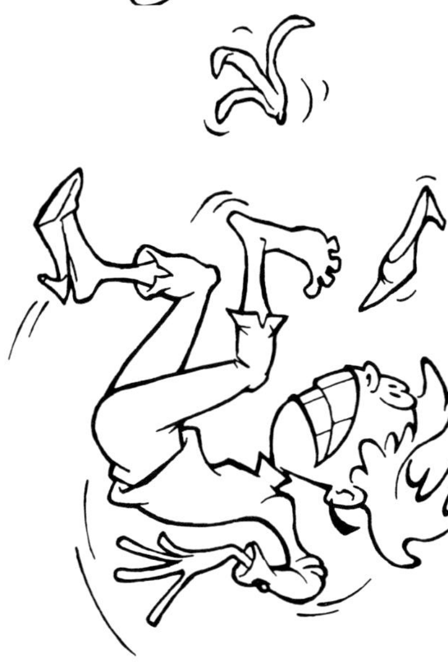

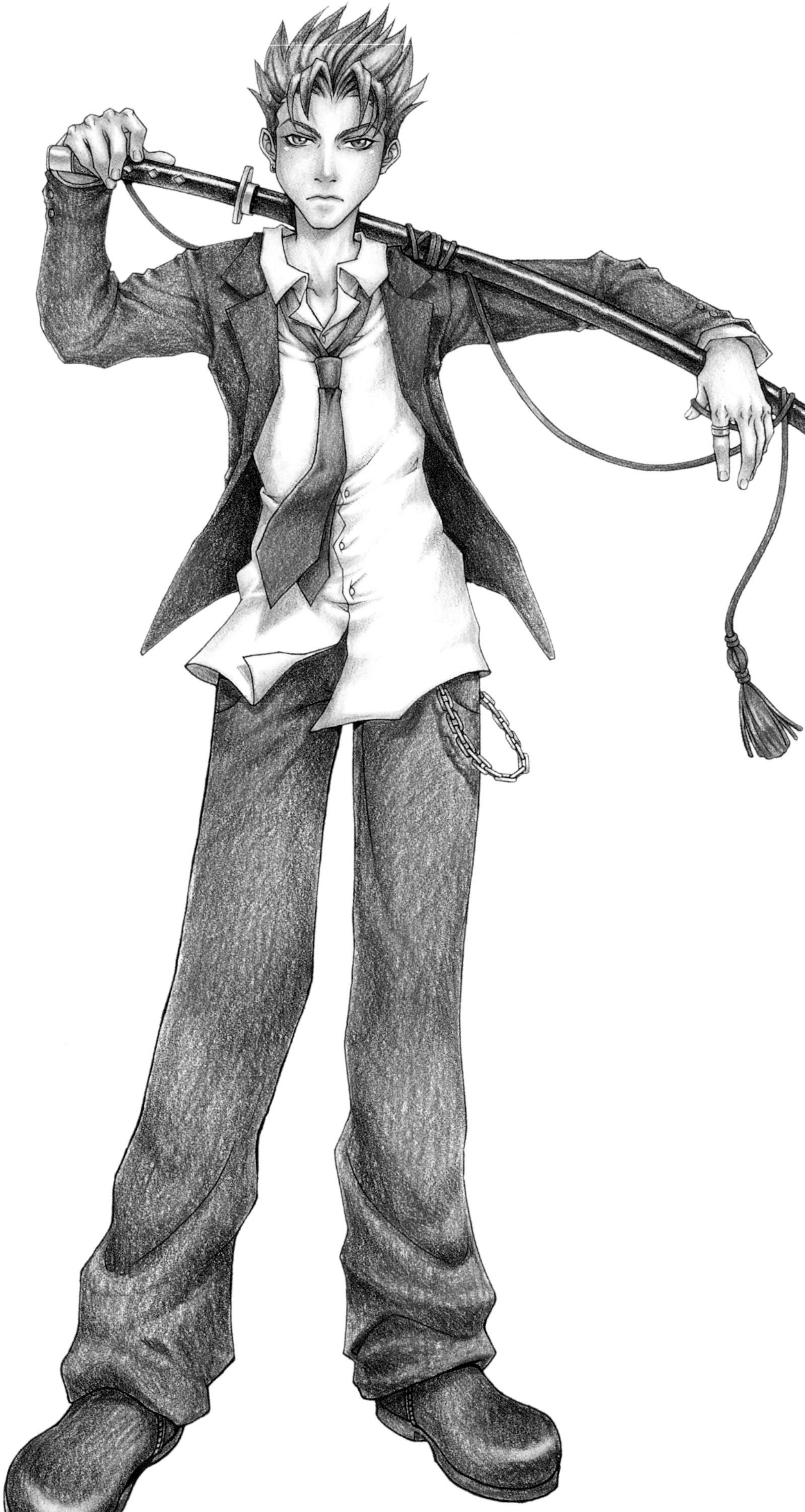

MANGA-MANIA
für Einsteiger

Heute sind Mangas ein so selbstverständlicher Teil unserer Bilderkultur geworden, dass man sich Kinderfilme, Comics, Animationen, Spiele und Spielfilme ohne die dynamischen Heldinnen und Helden im Japanstil gar nicht mehr vorstellen kann. Mit großen Augen, niedlichen Stupsnäschen, fantasievoller Kleidung und nicht selten verblüffenden magischen Kräften ausgestattet leben harmlos wirkende Mädchen von nebenan ein aufregendes Zweitleben. Jungen dagegen wirbeln als verwegene Kämpfer durchs Bild, besiegen die grässlichsten Monster und retten nicht selten die Welt. Kein Wunder, dass Kinder und Jugendliche in aller Welt diese Gestalten ins Herz geschlossen haben. Doch Mangas erobern mittlerweile sogar den Ratgeber-Sektor. Wer einen der wichtigsten Trends unserer Zeit nicht verpassen möchte, lernt im folgenden Kapitel das wichtigste Knowhow.

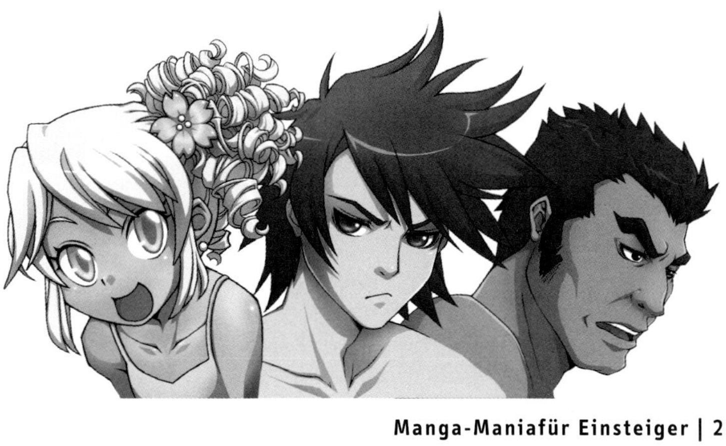

Die Welt der Mangas

In Japan werden alle Comics als „Manga“ bezeichnet, denn das Wort bedeutet etwa so viel wie „ungezwungene Bilder“. Weltweit versteht man heute unter Mangas jedoch nur Comics im Manga-Stil oder Comics aus Japan. Die Hauptrichtungen der Mangas sind Shônen, Shôjo, Seinen und Jôsei. Die typischen Shônen-Mangas sind Hefte für Jungen voller Action und meist geht es darin um Sport, Science fiction oder Fantasy. Im Gegensatz dazu lieben ältere Schulmädchen Shôjo-Mangas, Erzählungen voller Romantik und Humor, die meist Situationen rund ums Erwachsenwerden zum Inhalt haben. Viele Männer lesen Seinen-Mangas, das sind Krimis oder Abenteuergeschichten rund ums Geschäftsleben oder Militär im Manga-Stil. Junge Frauen dagegen finden sich, ihr Leben und ihre Träume in den Jôsei-Mangas wieder: Hier stehen Karriere, Familie und Liebesdramen im Mittelpunkt. In letzter Zeit erscheinen auch schon Mangas über Kochen, Essen, Trinken und andere Hobbys.
Die meisten Mangas werden in Japan produziert und in viele Sprachen übersetzt. Zunehmend kommen Mangas heute jedoch auch schon aus Korea, China, Frankreich und den USA.
In diesem Kapitel können auch Sie lernen, wie man Mangas zeichnet, und ein Teil der großen internationalen Manga-Welt werden.

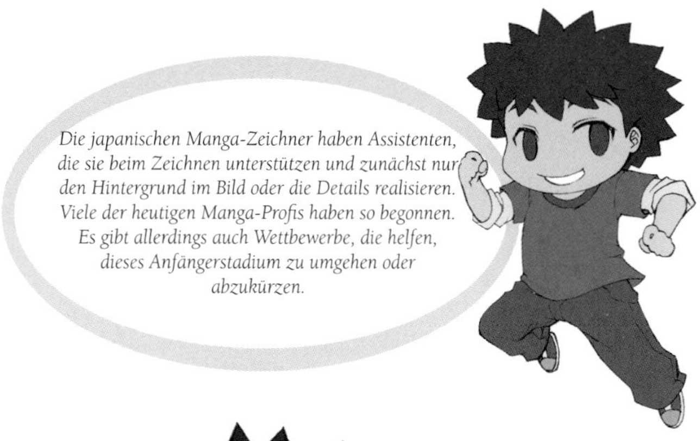

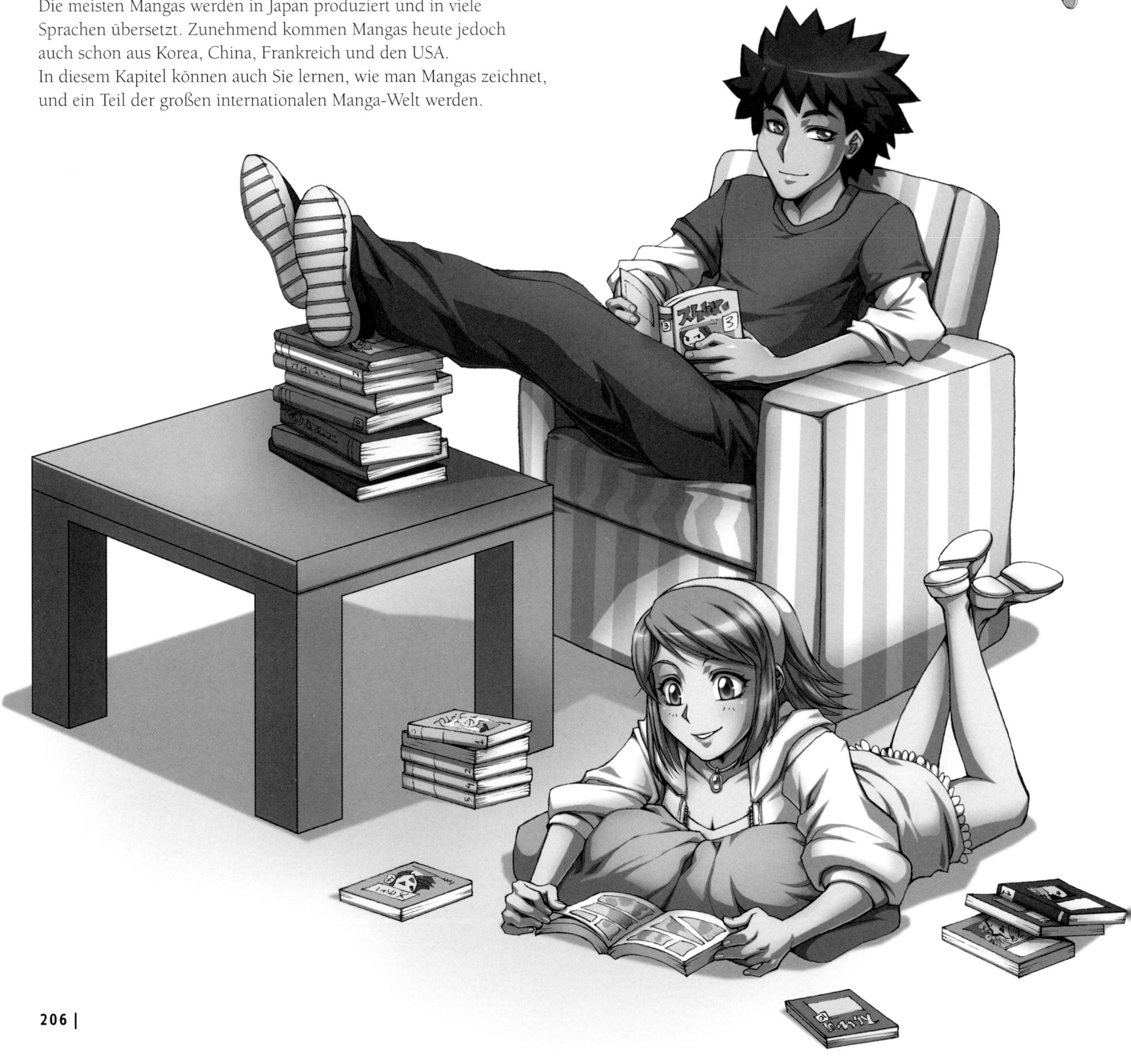

Material

Zum Zeichnen von Mangas brauchen Anfänger das richtige Material.

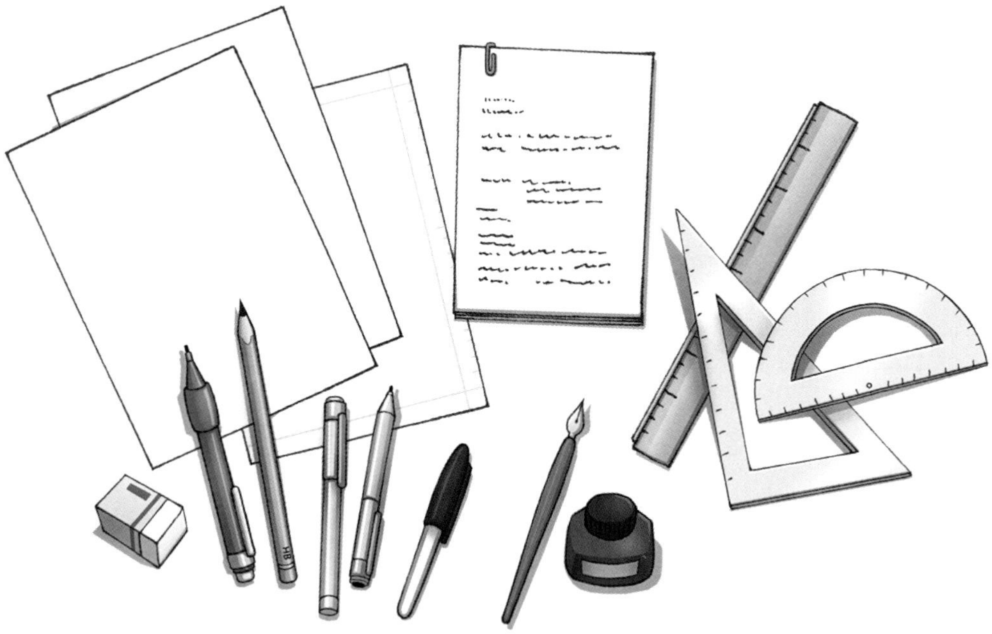

Stifte

Ein Bleistift in Härte HB ist ideal – jedoch sollten Sie auch andere Stifte und andere Härten ausprobieren. Die Stifte müssen immer spitz sein. Obwohl sich Bleistift leichter wieder ausradieren lässt, kann man mit einem blauen Buntstift schöne erste Skizzen und Studien anfertigen.

Kugelschreiber, Füller und Feder

Geübte Zeichner verwenden oft Tusche und Feder. Wer gerne experimentiert, sollte auch Kugelschreiber, Pinsel und sogar Füller ausprobieren. Für dauerhafte Zeichnungen nehmen Sie natürlich keine wasserlösliche Tinte!

Lineale

Um gerade Striche zu zeichnen, reicht ein normales Lineal. Ein Geodreieck oder eine Schablone mit Kurven und anderen Formen können sehr nützlich sein. Beim Arbeiten mit Tusche muss das Lineal eine abgerundete Tuschekante haben.

Kolorieren

Ihre Bilder können Sie mit Markern und Buntstiften oder am PC kolorieren.

Papier

Ihre ersten Ideen und Bilder halten Sie am besten in einem Skizzenbuch fest. In manchen Läden finden Sie auch spezielle Bögen für Comiczeichnungen mit vorgedruckten Rahmen. Für die Reinzeichnungen hat sich beschichteter Zeichenkarton bewährt.

Rasterfolie

Um den Hintergrund interessanter zu gestalten, gibt es Rasterfolien mit unterschiedlichen Mustern: Den gewünschten Hintergrund zuschneiden, die Adhäsionsfolie abziehen und den Hintergrund aufs Bild kleben.

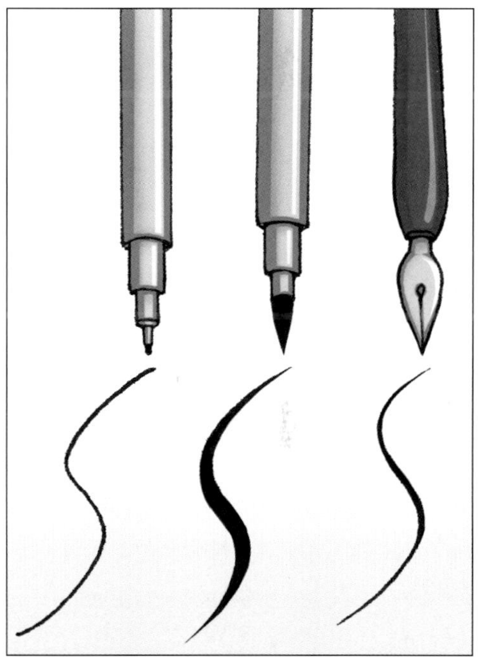

Verschiedene Stifte Mit einem dünnen Faserstift lassen sich besonders feine Striche zeichnen. Mit Pinsel, Tusche und einem kräftigen Strich können Sie bestimmte Linien verstärken. Spezielle Stifte reagieren auf den Druck beim Zeichnen: Je mehr Druck desto breiter der Strich.

Tuschkante

Die Tuschekante am Lineal verhindert, dass die Farbe am Lineal verschmiert. Man kann so ein Lineal schnell selbst basteln: Einfach drei Münzen auf der Rückseite festkleben.

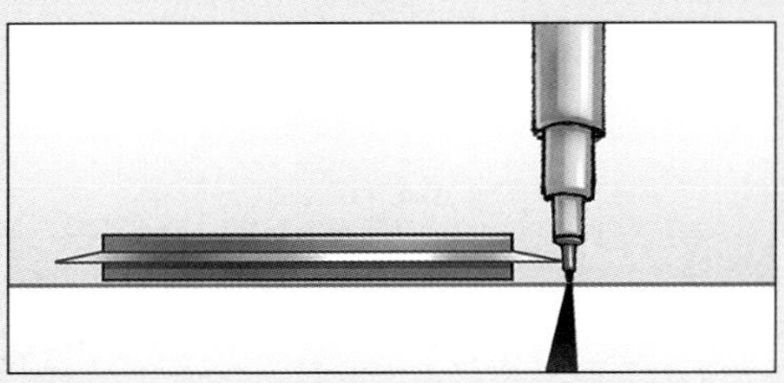

Lineal mit Tuschekante

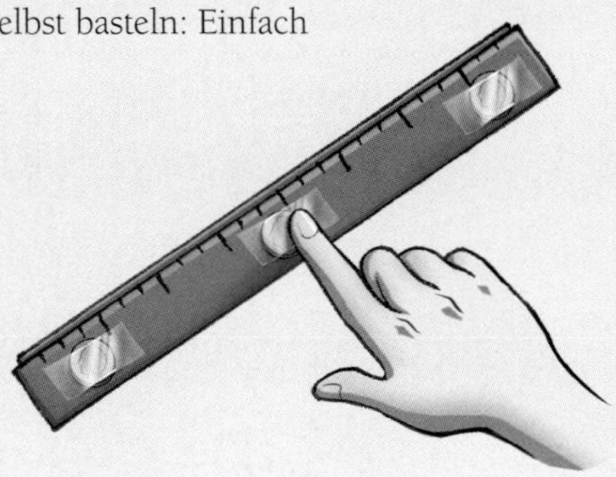

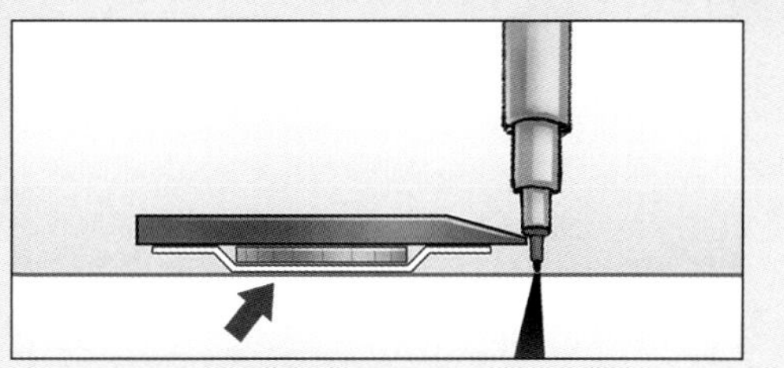

Tuschekante selbst gemacht

Arbeiten mit Grundformen

Ehe Zeichner daran gehen, eine Figur zu zeichnen, müssen sie erst einmal lernen, ein Motiv aus seinen Grundformen aufzubauen. Denn alles, Menschen, Tiere, Pflanzen, Gegenstände – kann aus Kreisen, Rechtecken und Dreiecken konstruiert werden. Bei der Beschäftigung mit diesen Grundformen erhält der Anfänger auch ein Gespür für die Darstellung von Bewegungen. Außerdem fällt es viel leichter, einen Fehler innerhalb eines solchen Elements zu erkennen und zu beheben, als wenn man die ganze Figur neu machen müsste, weil man eine Proportion falsch gezeichnet hat. Lassen Sie sich also nicht zu sehr auf Details ein, ehe Sie mit diesem Grundaufbau völlig vertraut sind und er Ihnen leicht und sicher von der Hand geht.

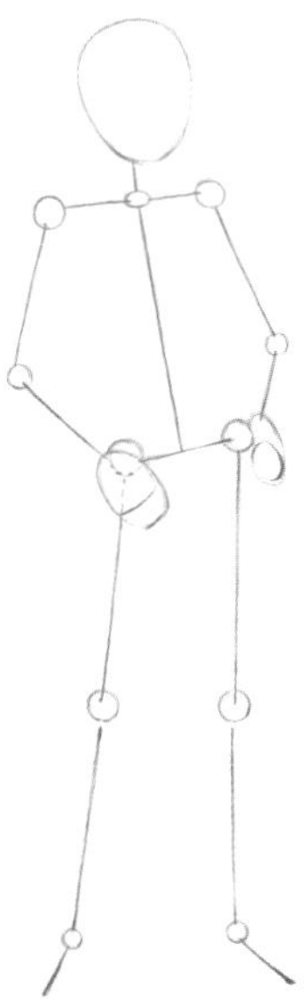

1 Zuerst ein Strichmännchen zeichnen mit kleinen Kreisen für die Gelenke. Die Größe und die Haltung müssen bereits jetzt stimmen.

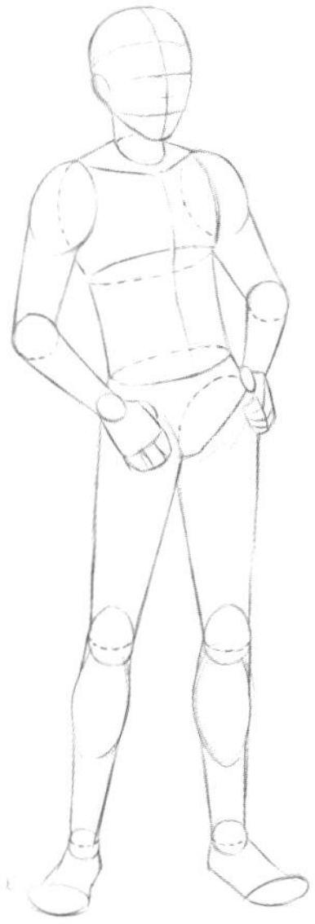

2 Nun erhält die Figur mit einfachen Kreisen und Zylindern eine erste Form, die auf der Strichzeichnung aufbaut.

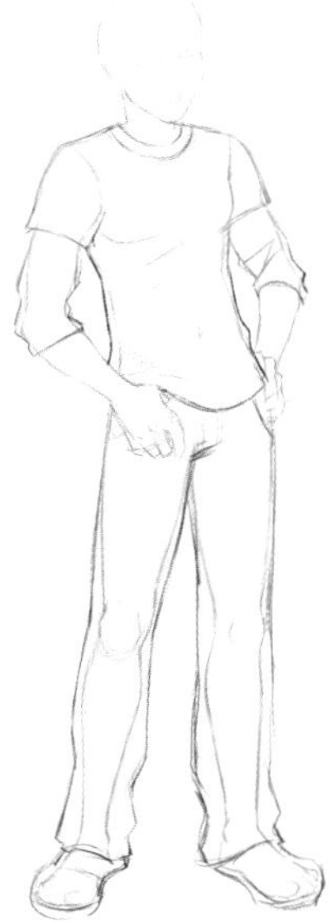

3 Jetzt die Details des Körpers und der Kleidung andeuten. Es hilft, wenn der Körper schon einmal fertig gezeichnet ist, ehe die Kleidung dazu kommt.

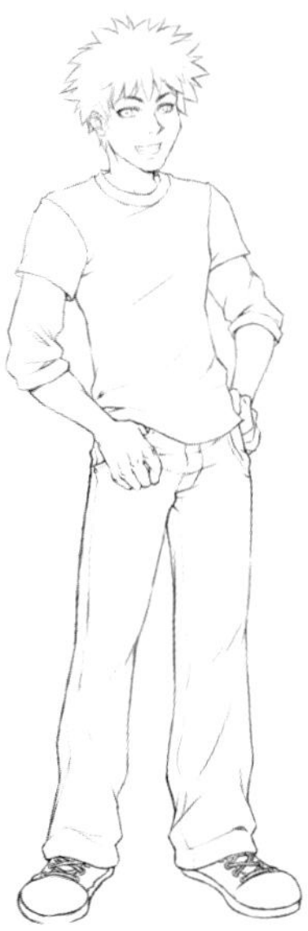

4 Erst wenn Gesichtszüge, Haar und die Details der Kleidung perfekt sind, die wichtigsten Linien mit Tusche nachziehen.

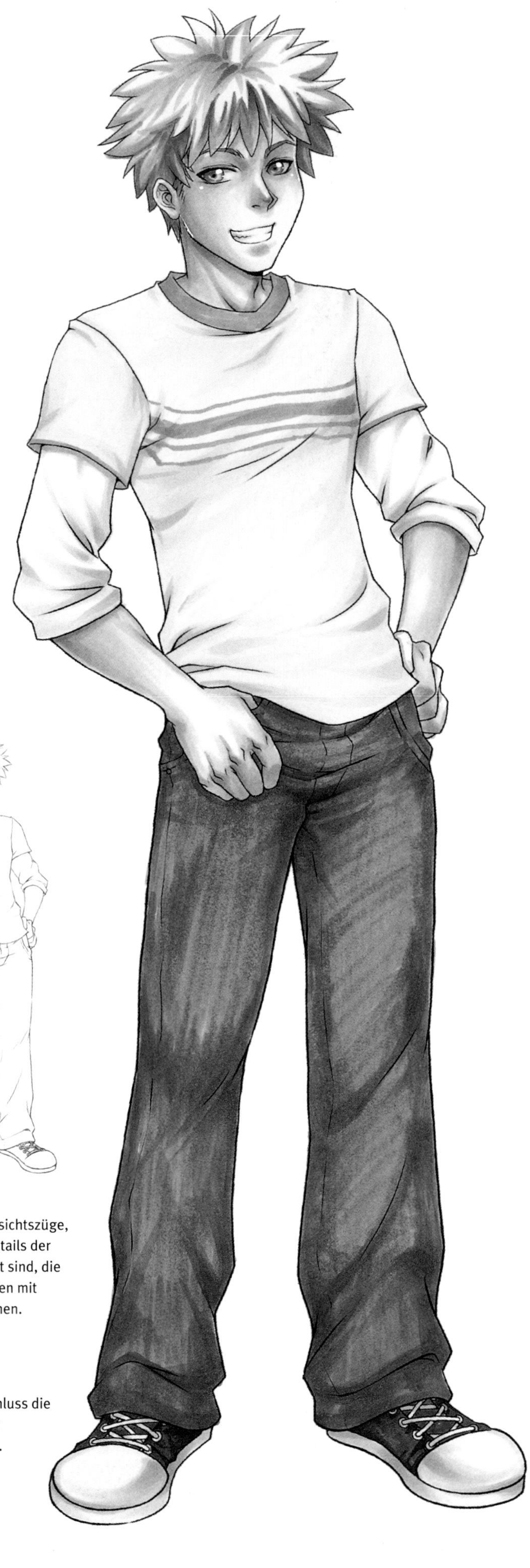

5 Zum Schluss die Zeichnung kolorieren.

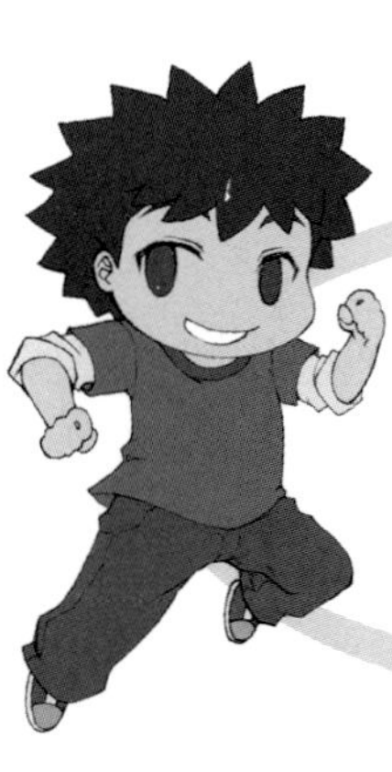

Zum Üben können Sie nach einem Foto arbeiten oder Ihren Lieblingscharakter aus einem Manga nachzeichnen. Nach einiger Zeit werden Sie diese Grundformen mit dem bloßen Auge erkennen.

Schatten und Schraffuren

Wenn die Umrisse der Figur gelungen und fertig sind, folgt als letzter Arbeitsgang das Zeichnen der Schatten mithilfe von Schraffuren. Erst durch die Schatten erhält die Figur Räumlichkeit, obwohl sie nur auf dem zweidimensionalen Papier steht. Man muss beim Schraffieren genau hinsehen, um die Schatten nicht zu hell oder zu dunkel zu zeichnen. Am besten sehen Sie sich einmal das Ei rechts genau an – man kann Licht, Schatten und die Zwischentöne gut erkennen. Zum Schraffieren eignen sich Bleistifte, Tusche und alle anderen Stifte.

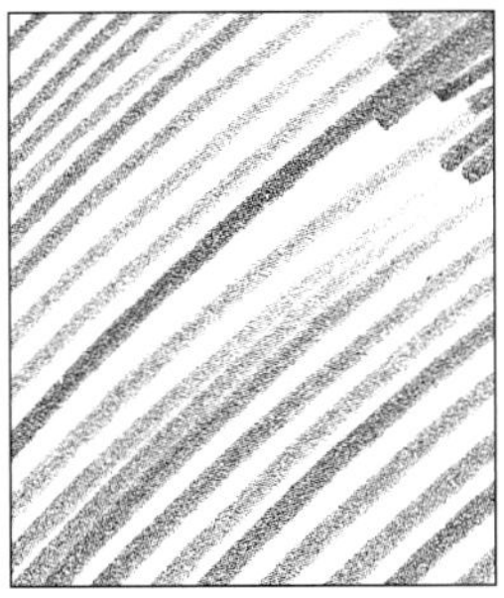

Schraffuren Die einfachste Methode einen Schatten zu zeichnen, sind einfache Striche, die sogenannten Schraffuren. Zeichnet man alle Striche parallel zueinander, spricht man von Parallelschraffuren.

Licht und Schatten Der Lichtreflex ist die hellste Stelle. Hier trifft das Licht direkt aufs Objekt. Darum herum breitet sich eine hellgraue Fläche aus, die noch sehr viel Licht enthält. Die mittelgraue Fläche ist die wahre „Farbe" des Eis – ohne Licht oder Schatten. Der Schlagschatten ist der Schatten, den das Objekt auf seine Umgebung wirft. Der Formschatten entsteht durch die Form selbst, wenn das reflektierte Licht vom Untergrund auf die Oberfläche zurückgeworfen wird.

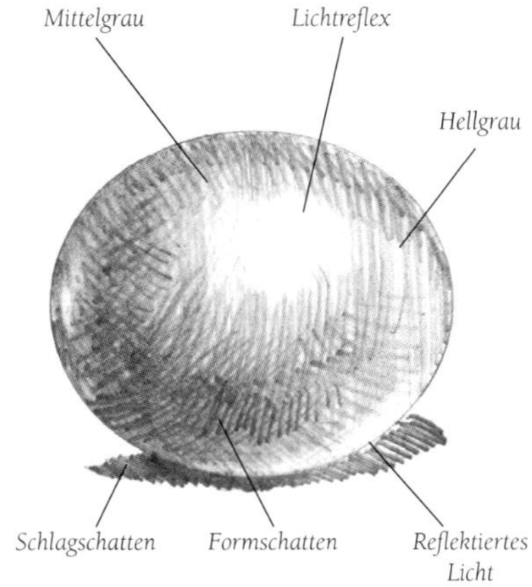

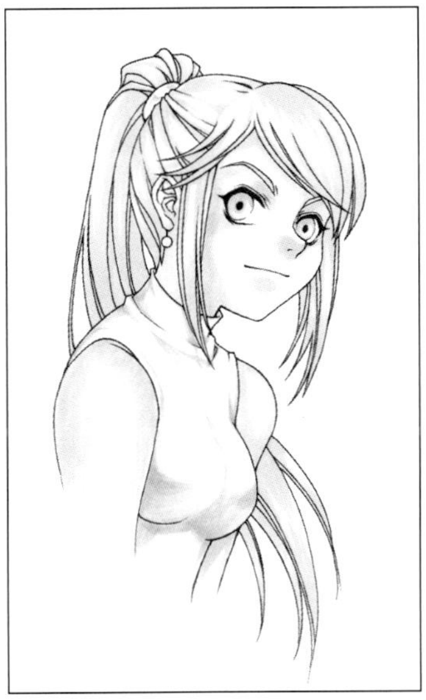

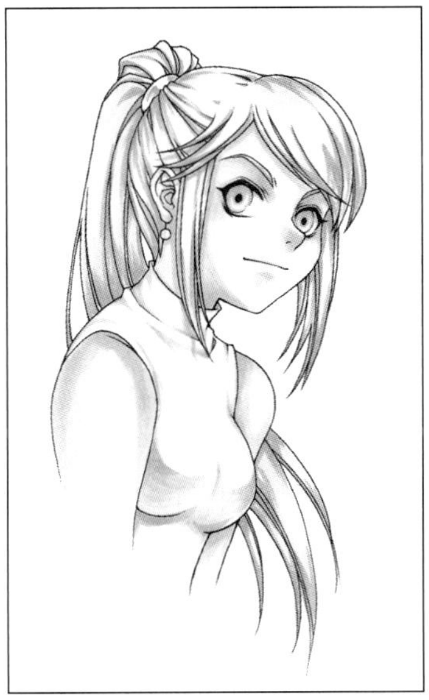

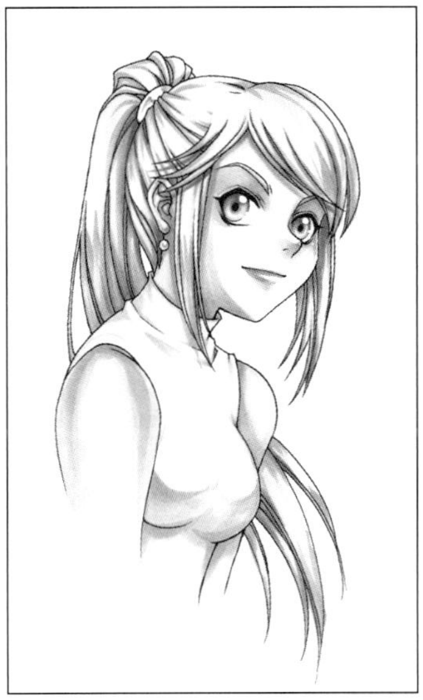

Kolorieren

Beim Kolorieren arbeitet man in Schichten. Man beginnt immer mit den hellsten Farben und endet mit den dunkelsten Schatten. Immer in dieselbe Richtung zeichnen und den Lichtreflex weiß lassen. Den satten Farbauftrag der japanischen Animes erhält man mit Markern. Sehr schöne Farbergebnisse erzielen auch Buntstifte oder entsprechende Grafikprogramme am PC.

Tusche

Tusche verleiht allen Zeichnungen Ausdruckskraft. Die Tuschelinien immer etwas variieren, damit sie nicht künstlich wirken. Wer gerne experimentiert, kann entweder einen schwarzen Marker verwenden oder noch ganz andere Stifte ausprobieren. Bei Federhaltern können Sie Federn verschiedener Stärke aufstecken, Tuschepinsel erlauben kräftige Linien, Tintenstifte zeichnen regelmäßige Striche und Kugelschreiber feine Linien.

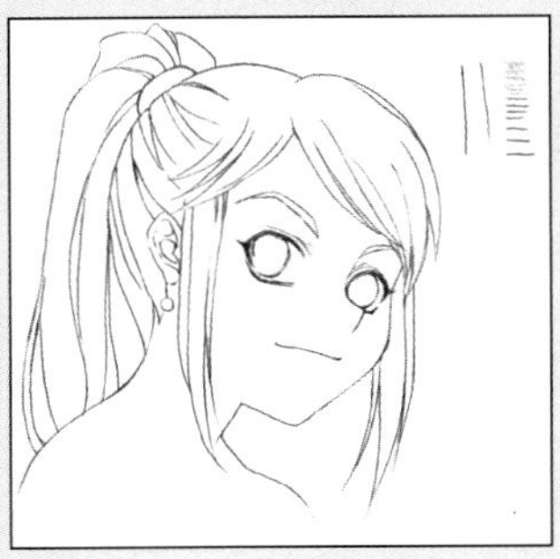

Feder

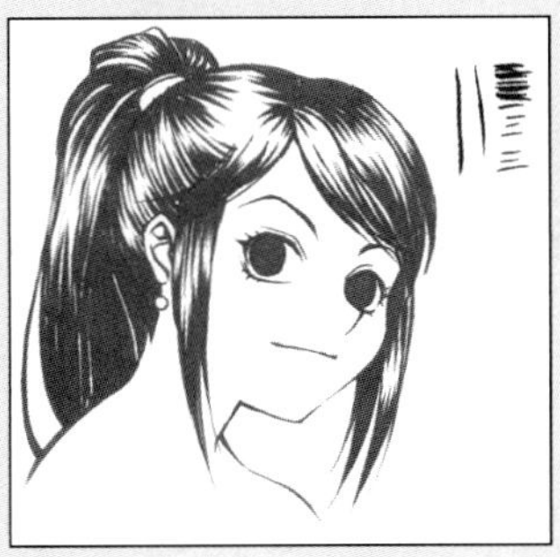

Tuschepinsel

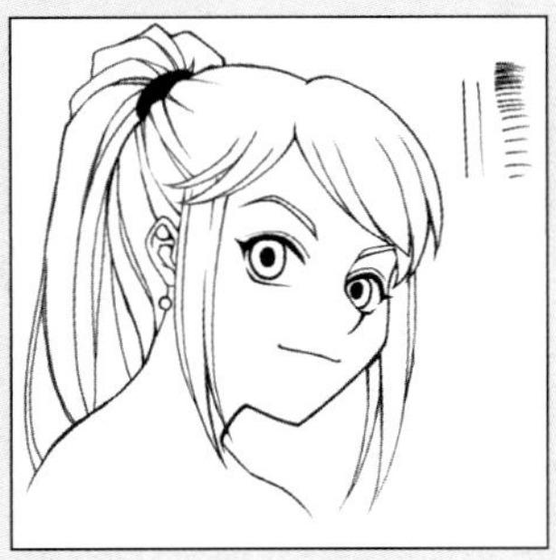

Tintenstift

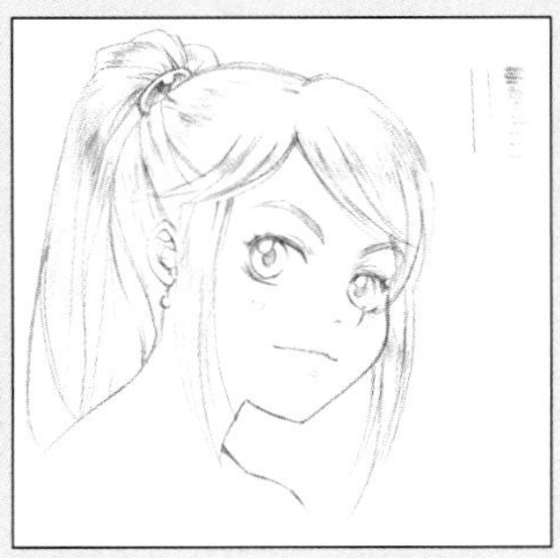

Kugelschreiber

Komposition

Noch bevor Sie mit einer Zeichnung beginnen, sollten Sie sich das Bild als Ganzes vorstellen – Format, Perspektive, Fluchtpunkte und Fluchtlinien inklusive. Damit jedes Bild Teil der Manga-Geschichte sein kann, müssen Sie es auch als Teil der (Bilder-)Geschichte entwerfen. Überlegen Sie sich Porträts, Landschaften, verschiedene Formate und den Wechsel der Perspektive. Sie müssen das Auge des Betrachters bewusst durch die Bilder leiten. Um Abwechslung in die Bilderabfolge zu bringen, können Sie bestimmte interessante Aspekte einplanen und mit unterschiedlichen Stimmungen arbeiten. All das muss man sich vorher gut überlegen, denn Änderungen während des Zeichnens kosten viel Zeit und sind sehr mühsam.

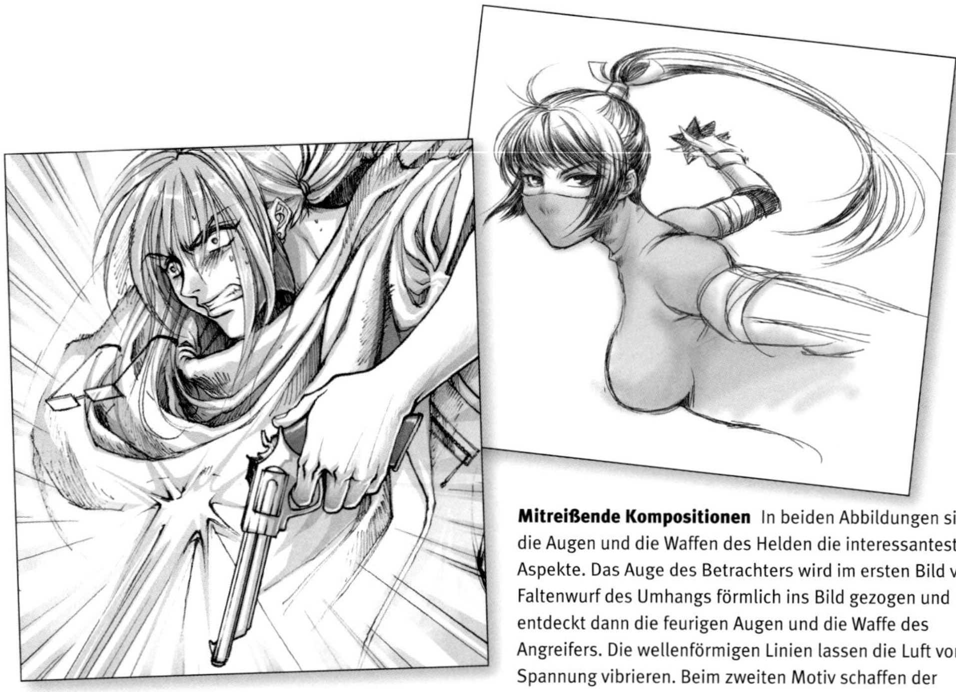

Mitreißende Kompositionen In beiden Abbildungen sind die Augen und die Waffen des Helden die interessantesten Aspekte. Das Auge des Betrachters wird im ersten Bild vom Faltenwurf des Umhangs förmlich ins Bild gezogen und entdeckt dann die feurigen Augen und die Waffe des Angreifers. Die wellenförmigen Linien lassen die Luft vor Spannung vibrieren. Beim zweiten Motiv schaffen der wehende Pferdeschwanz und die Linien am linken Unterarm einen Rahmen, in dessen Mitte der Ninjastern aufblitzt.

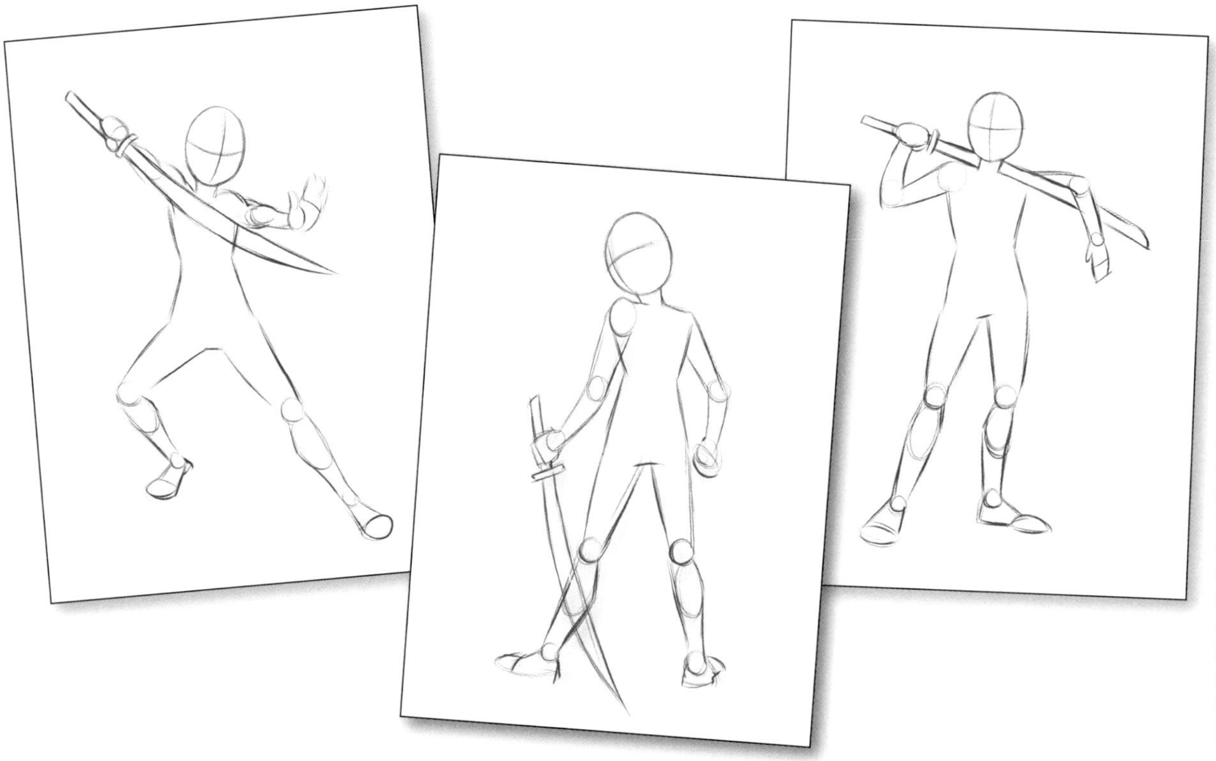

Skizzen Am besten lassen sich Überlegungen zu Formaten, Perspektive, Fluchtpunkten und Fluchtlinien mit kleinen Skizzen festhalten. So kann man auch gleich überlegen, ob man zum Beispiel nur das Gesicht des Helden aus der Nähe sieht oder ob die ganze Person zu sehen sein soll. Spielen Sie mit den unterschiedlichen Möglichkeiten. Mit diesen kleinen Skizzen haben Sie so etwas wie eine Reihe von Schnappschüssen von Ihrem späteren Manga – eine Art Landkarte, an der Sie sich beim Zeichnen orientieren können. Fertigen Sie die Skizzen ganz ohne inneren Druck an, damit sich Ihre Ideen frei entfalten können.

Lichtquellen

Überlegen Sie vor dem Zeichnen einer Figur, woher das Licht kommt, das auf sie fällt. Mit dem Licht verändern sich die Lichtreflexe und die Schatten, von denen die Wirkung einer Person und die Atmosphäre des gesamten Bildes abhängen. Sehen Sie sich in der Abbildung rechts gut an, wie verschiedene Lichtsituationen sich auf ein Motiv auswirken. Daran müssen Sie vor allem beim Schraffieren denken (Seite 209).

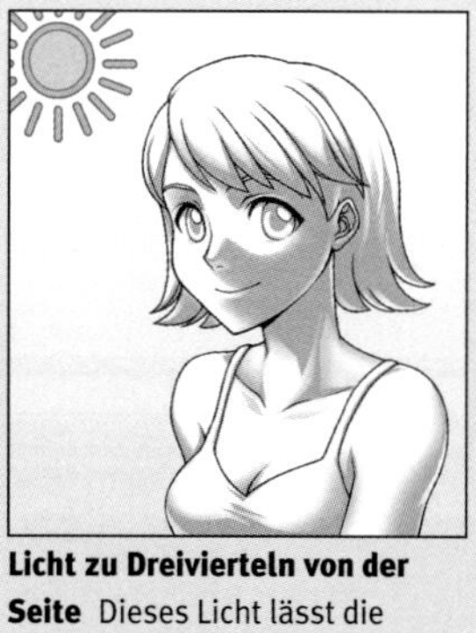

Licht zu Dreivierteln von der Seite Dieses Licht lässt die Reflexe leuchten. Es taucht große Teile der Person in Schatten und gibt dem Bild dramatische Tiefe.

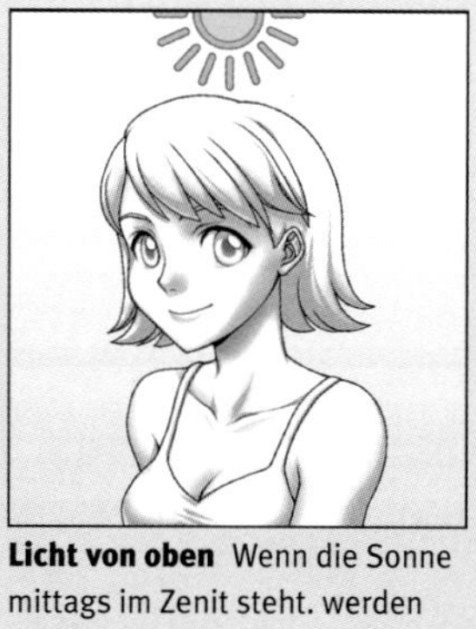

Licht von oben Wenn die Sonne mittags im Zenit steht. werden die Schatten kurz.

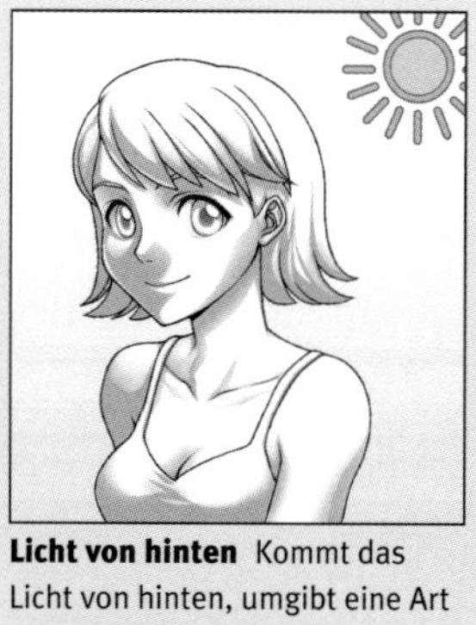

Licht von hinten Kommt das Licht von hinten, umgibt eine Art Heiligenschein die Person und formt ihren Körper mit sanften Silhouetten.

Die Aktionslinie

Es gibt verschiedene Linien, die helfen, eine Bewegung darzustellen. Die wichtigste ist die sogenannte Aktionslinie, eine gedachte Linie, die meist entlang der Wirbelsäule durch die Figur läuft. Zusammen mit den Hilfslinien, die durch die Schultern und Hüften verlaufen, definiert sie die genaue Haltung einer Figur. Ergänzend sollten Sie bereits in der ersten Skizze auch eine Linie für die Gesichtszüge zeichnen sowie die vier großen Gelenke. Eine der besten Übungen, um ein Gefühl für diese Linien und Gelenke zu bekommen, ist es den eigenen Körper zu beobachten. Stellen Sie sich vor einen großen Spiegel, nehmen Sie nacheinander verschiedene Posen ein und zeichnen Sie Strichmännchen von sich selbst, die aus Aktionslinie, Schulter- und Hüftlinie, den vier großen Gelenken und einer Linie für die Gesichtszüge bestehen.

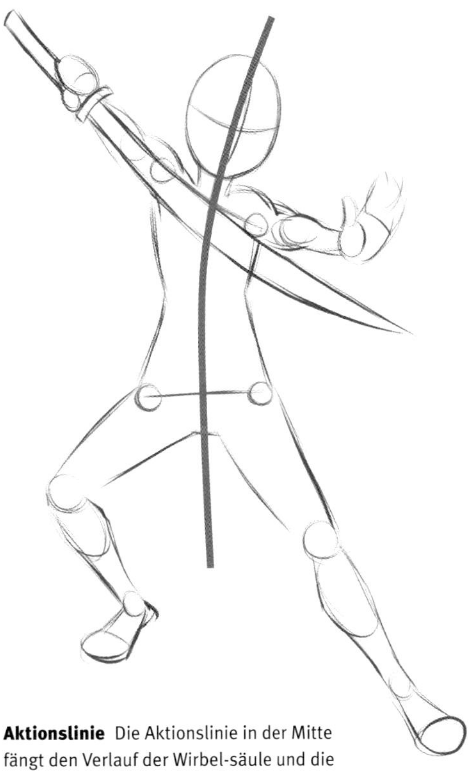

Aktionslinie Die Aktionslinie in der Mitte fängt den Verlauf der Wirbel-säule und die Neigung von Kopf und Hals ein. Zeichnen Sie zuerst die Aktionslinie, dann ergeben sich die übrigen Linien fast von selbst, denn die Bewegungen unseres Körpers sind mit der Wirbelsäule und dem Rumpf verbunden.

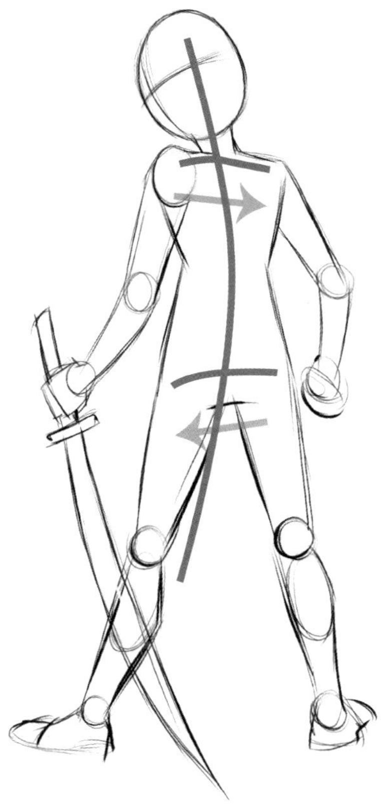

Schulter und Hüften Die Linien für Schultern und Hüften sind von der Aktionslinie abhängig und bestimmen die Haltung von Armen und Beinen. Zusammen mit der Aktionslinie bestimmen sie die Reichweite Ihrer Figur.

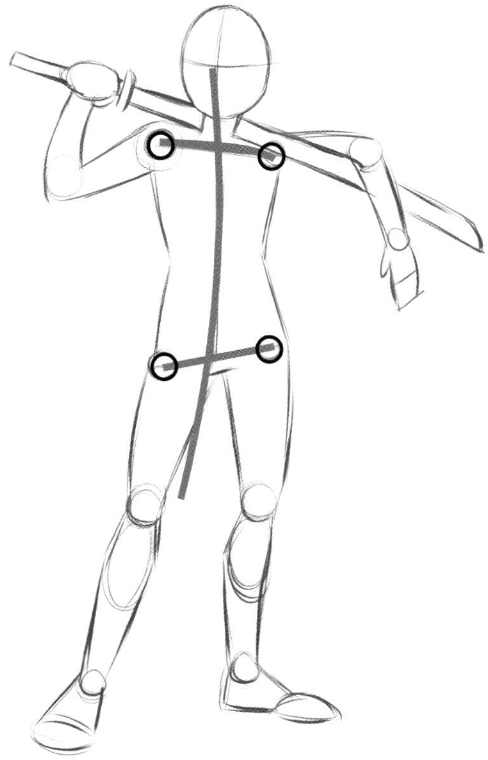

Neigungen Zeichnen Sie Schulter- und Hüftlinien so oft wie möglich in gegenläufigen Bewegungen, denn so wird die Haltung der Figur interessanter und lebendiger.

Perspektive

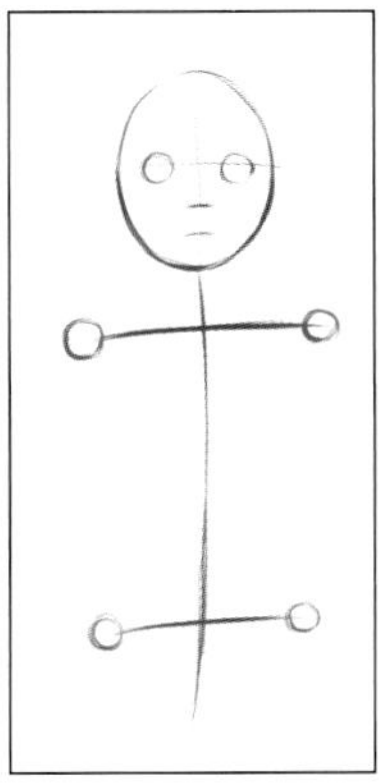

Von vorne Steht eine Figur gerade und sieht einfach nach Vorne, dann sind Hüften und Schultern parallel und alle großen Gelenke sind gleich groß. Bei Männern sind die Schultern breiter als bei Frauen, also muss bei ihnen die Schulterlinie länger sein.

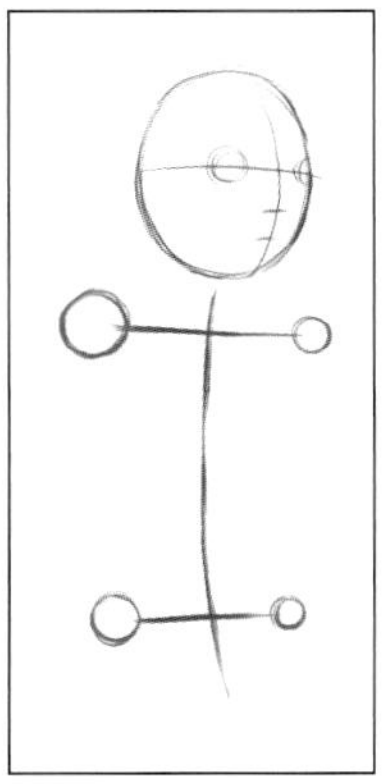

Dreiviertelansicht Die Dreiviertelansicht ist die häufigste Pose, in der Figuren abgebildet werden. Die Schulter- und Hüftgelenke, die dem Betrachter zugeneigt sind, müssen dabei größer dargestellt werden, als die Gelenke auf der andern Seite.

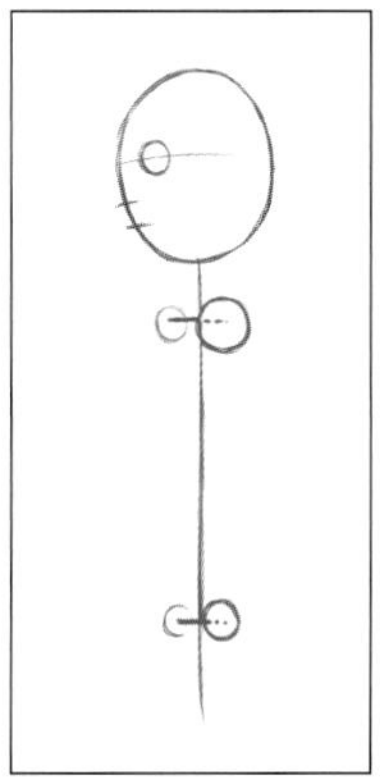

Von der Seite Seitliche Ansichten sind oft schwierig zu zeichnen, da man nur die Aktionslinie und die Gelenke nahe am Betrachter sieht. Versuchen Sie einfach die ganze Figur von der Seite zu zeichnen und alle Gelenke anzudeuten. Die fertige Figur wirkt natürlicher, wenn man den ganzen Körper erkennen kann.

Köpfe und Gesichter

Das Gesicht ist das Wichtigste an einer Figur, da sich ihr Charakter und ihre Emotionen darin spiegeln. In der Zeichnung sehen Sie ein typisches Jungen- und ein typisches Mädchengesicht mit den Hilfslinien und Durchschnittsmaßen. Bei Mangas gestalten manche Künstler ihre Gesichter sehr nahe an den realen Gesichtsproportionen. Andere entfernen sich weit davon und zeichnen riesengroße Augen und eine lange Stirn. Doch nur dann, wenn man die Proportionen des menschlichen Gesichts wirklich beherrscht, kann man damit spielen und einen eigenen Stil kreieren.

Natürliche Proportionen

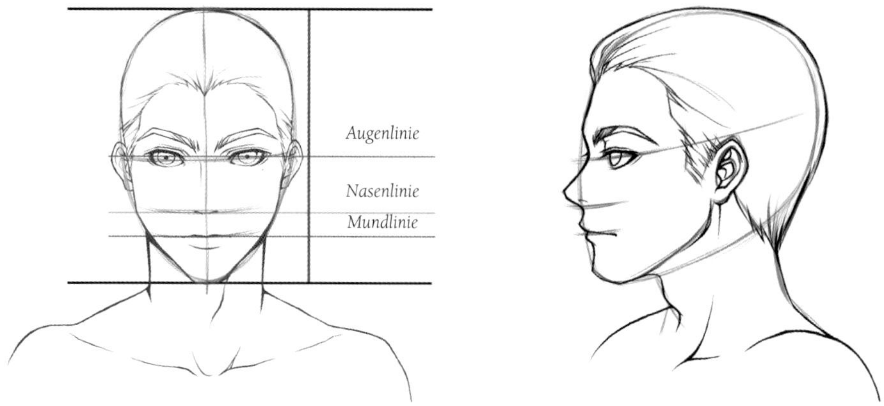

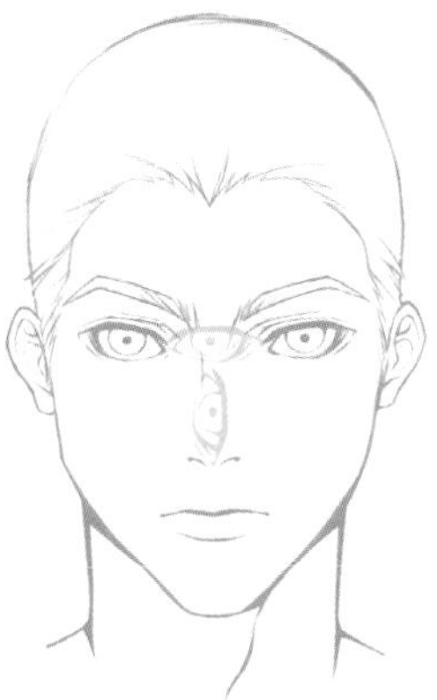

T-Zone Augen und Nase bilden ein T. Eine gute Hilfe, um die Abstände in der T-Zone genau zu treffen, ist das Auge: Normalerweise entspricht der Abstand zwischen den Augen ziemlich genau der Länge eines Auges. Und der Abstand zwischen Nasenwurzel und Nasenspitze ist ebenso groß. Natürlich können Sie das im Universum Ihrer Figuren ändern!

Stilisierte Darstellung

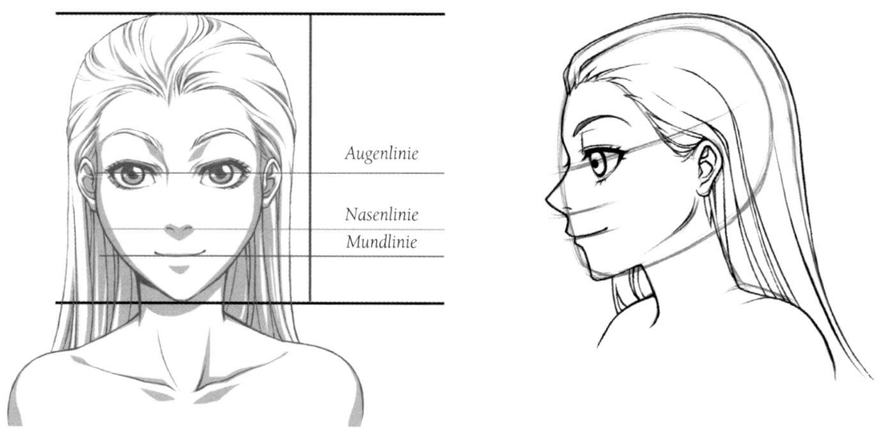

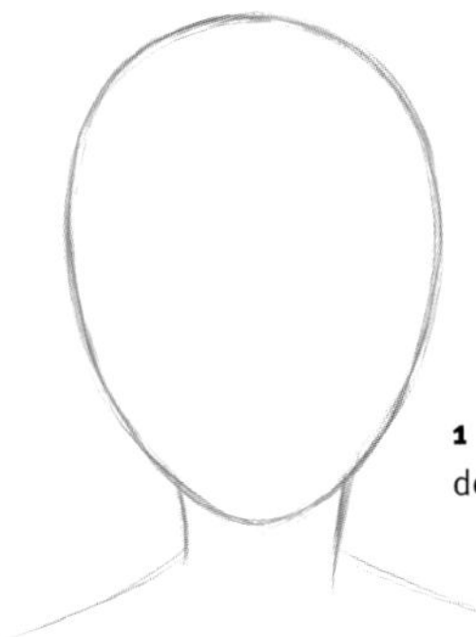

1 Mit einem einfachen Oval für den Kopf beginnen.

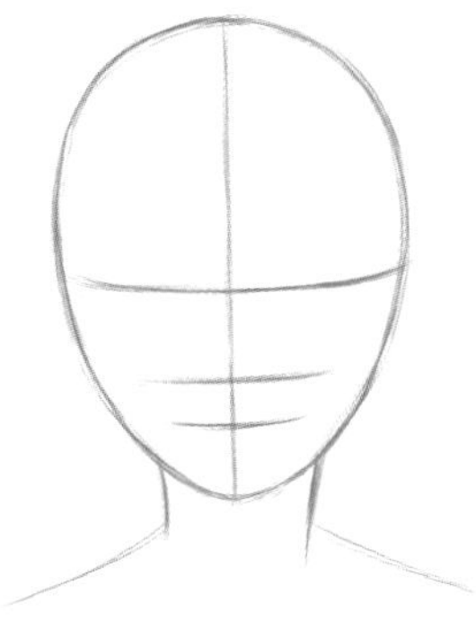

2 Dann die Hilfslinien einzeichnen: ein Kreuz für Augen und Nase und kürzere Linien für Nasenspitze und Mund.

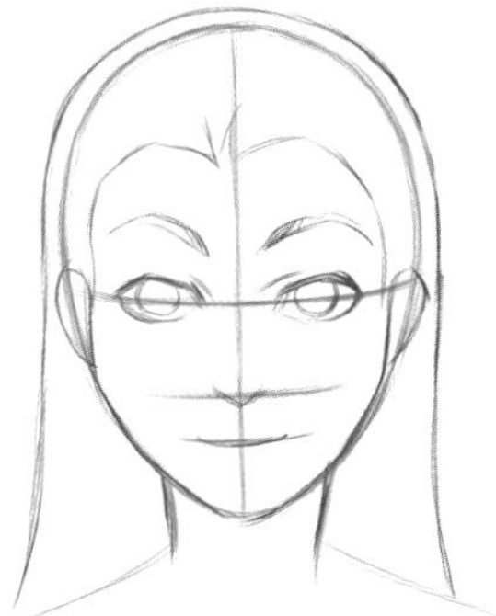

3 Augen, Ohren, Nase, Mund, Augenbrauen und Haaransatz vorzeichnen. Immer nur mit wenig Druck arbeiten, damit man die Linien gut wegradieren kann, wenn etwas geändert werden muss.

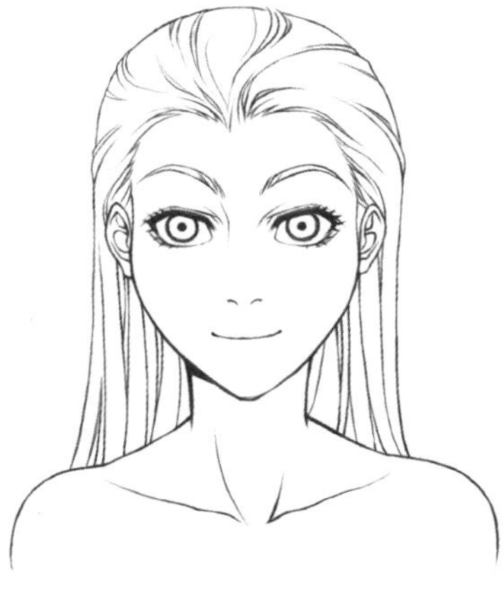

4 Wenn Sie mit dem Gesicht zufrieden sind, können Sie es mit Tusche nachzeichnen und Details wie die Wimpern und Pupillen zufügen. Manche Künstler kolorieren ihre Figuren ohne Tuschelinien.

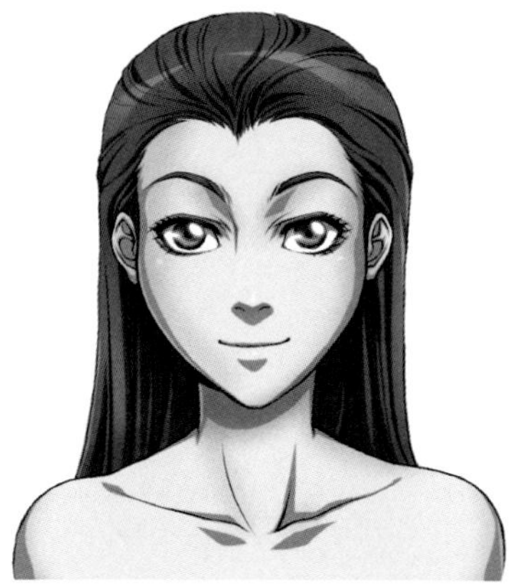

5 Zum Schluss die Figur ganz nach Ihrem Geschmack kolorieren – mit den Stiften und Mitteln, die Ihnen am besten gefallen!

Haare und Frisuren

Gelockt, stachelig, kurz geschoren oder lang und glatt – es gibt die unterschiedlichsten Möglichkeiten, Haar und Frisur zu gestalten. Es gibt Künstler, die sich ans echte Haar halten und es genau abbilden – andere zeichnen mehr oder weniger nur eine Kontur. Bei Mangas können Sie Ihrer Fantasie freien Lauf lassen, denn Ihnen stehen nicht nur alle Formen und Frisuren zur Verfügung, sondern auch alle Farben von Schwarz bis Grün!

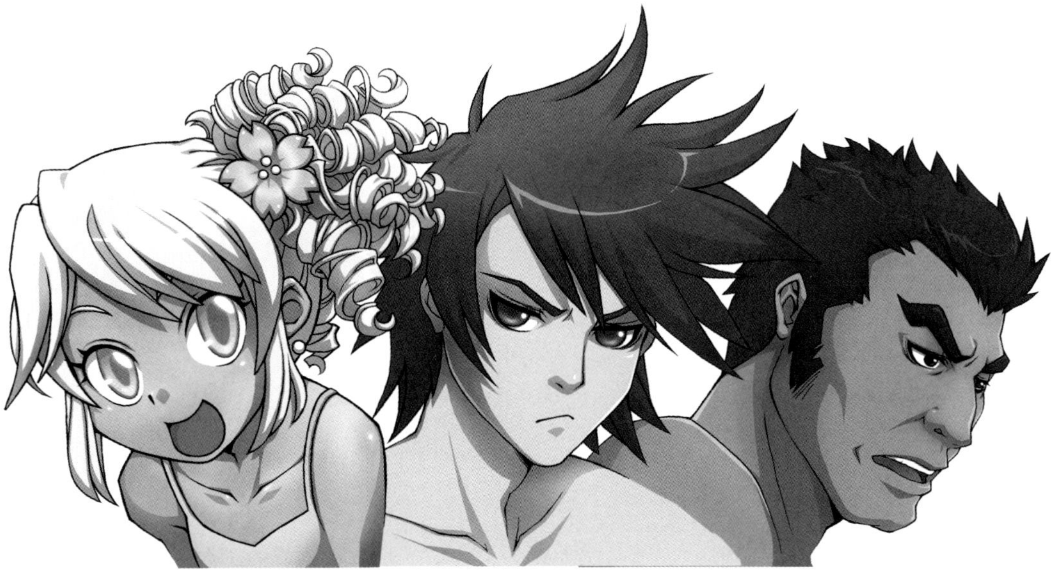

Frisur und Charakter Haar ist ein Symbol für den wahren Charakter einer Figur – vergessen Sie das nie! So kann ein aufgewecktes Schulmädchen zum Beispiel lustige Locken haben oder einen rasanten Kurzhaarschnitt, während das blaue Haar dem Rebellenführer Ansehen verleiht. Und ein harter Typ braucht natürlich einen Kurzhaarschnitt mit rasierten Seiten.

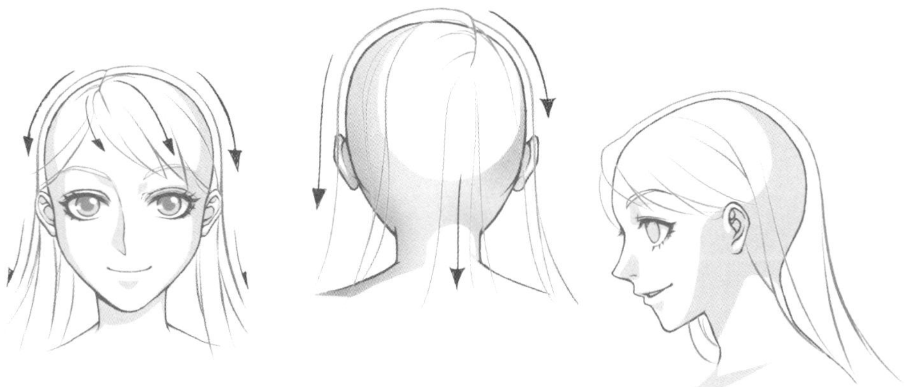

Wie Haar fällt Das Haar ist durchsichtig gezeichnet, damit man sehen kann, wie es bei einem Seitenscheitel um Kopf und Hals fällt. Der Scheitel ist wichtig, denn von ihm hängt es ab, wie das Haar fällt.

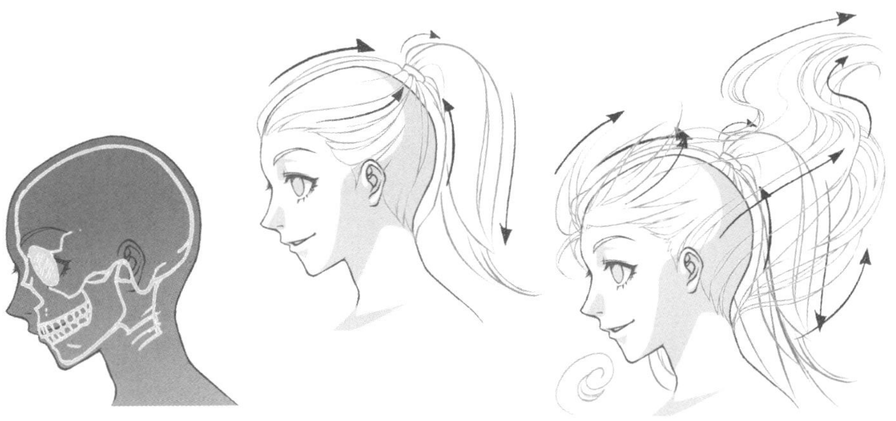

Haare und Kopfform Auch die Kopfform bestimmt Fülle und Fall des Haars. Einige Figuren sehen mit lang herab wallendem Haar gut aus, das im Wind weht. Andere sollten das Haar eher zusammenbinden. Denken Sie beim Zeichnen daran, wie sich das Haar aufgrund der Schwerkraft verhält.

Haarstruktur

Je realistischer Sie das Haar gestalten, desto wahrhaftiger wirkt Ihre Figur. Haar kann von Natur aus glatt, lockig oder kraus sein. Je nachdem verhält es sich auch bei den unterschiedlichen Frisuren.

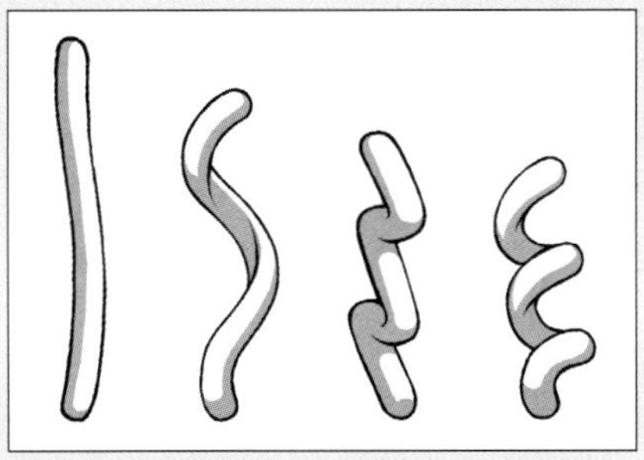

Frisiertes Haar Jede Haarsträhne wird einzeln geformt, als sei sie ein Band. Glattes Haar hängt einfach lang herunter. Locken oder Wellen machen Haar kürzer.

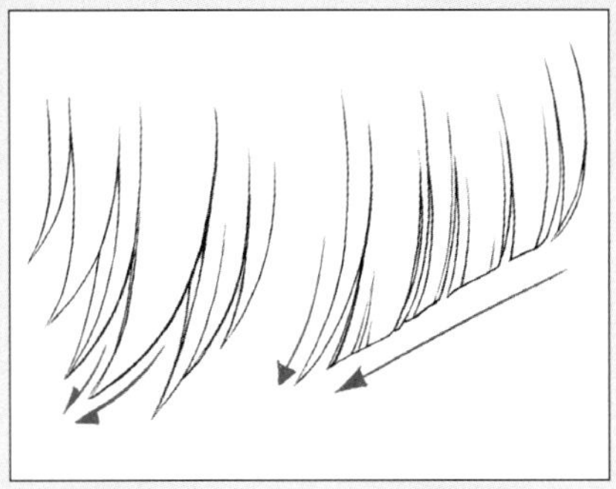

Haarspitzen Viele Zeichner vergessen die Haarspitzen und lassen Haar am Ende stumpf herum hängen (links oben). Wenn die Haarspitzen geordnet fallen, wirkt die Frisur frisch und dynamisch (rechts oben).

Gesichtsausdruck und Mimik

Der spannendste Teil einer Manga-Geschichte spielt sich in den Gesichtern der Figuren ab, denn hier leben die Gefühle! Außer den Proportionen (▶ Seite 96/97) muss deshalb das Zusammenspiel der Gesichtszüge stimmen, wenn eine Figur lebendig und glaubhaft wirken soll.

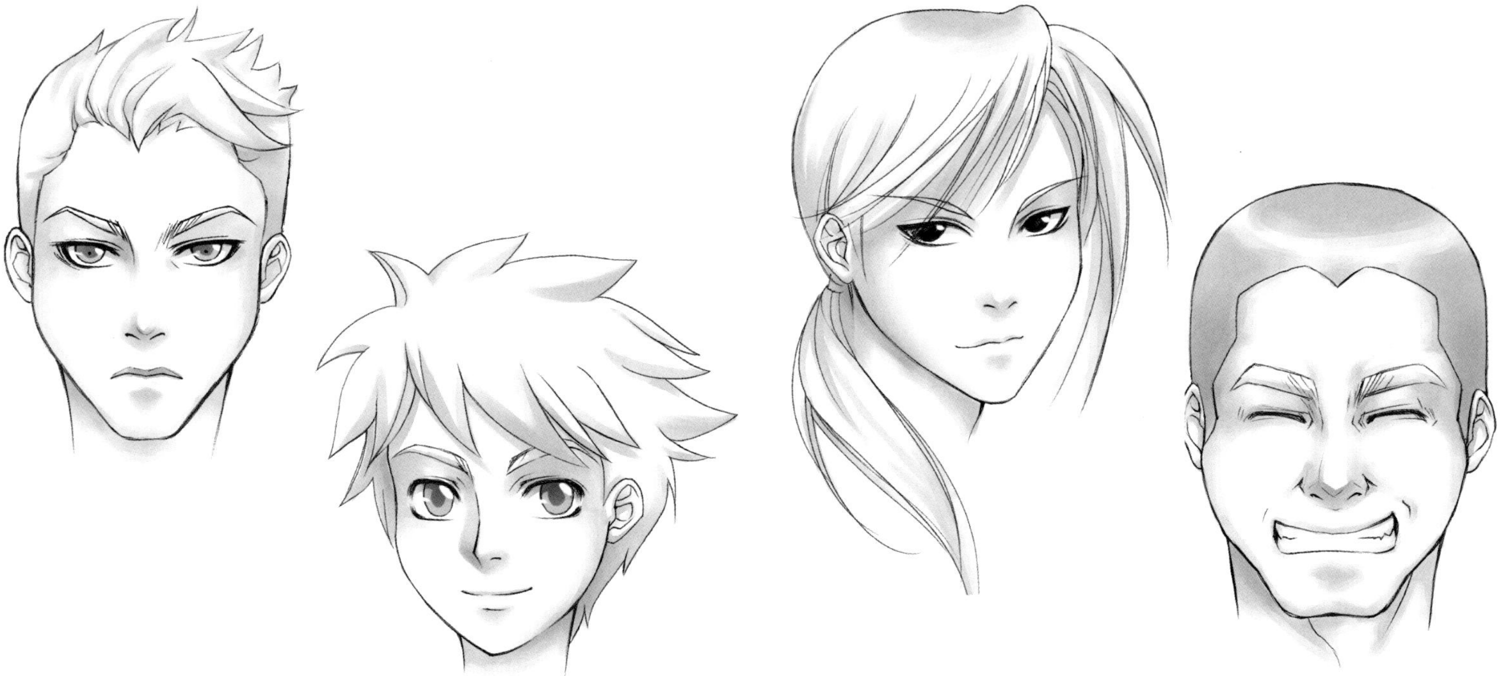

Augen

Am deutlichsten erkennt man an den Augen, was in einer Figur vorgeht. Es gibt unendlich viele Möglichkeiten, Augen zu zeichnen, und die Abbildung oben zeigt nur einige davon. Augen definieren eine Person und ziehen jeden Betrachter in ihren Bann. Der Mann links hat eng zusammenstehende Augen und könnte einen niederträchtigen Charakter haben. Der Junge rechts daneben hat große Augen und einen freien Blick mit einem kleinen Lächeln, wie die netten Jungs in einem Shônen-Mangas. Es ist interessant zu sehen, was herauskommt, wenn man die Augen zeichnet, während man über eine bestimmte Figur nachdenkt. Übrigens haben auch das Alter, die Rasse und die Persönlichkeit Einfluss auf die Augen.

Mund und Nase

Nasen sind nicht beweglich wie Mund und Augen, aber sie vervollständigen eine Figur. Manche Künstler haben Probleme damit, Nasen von vorne zu zeichnen, aber oft reichen schon zwei kleine Punkte als die Nasenlöcher und ein Strich für den Nasenrücken oder den Schatten, den die Nase wirft. Manchmal braucht man die Nase wirklich nicht, zum Beispiel haben Chibis meist gar keine. Einen Mund aber braucht jede Figur! Wie sollte sie sonst lächeln, schreien oder lachen? Unzählig sind die Möglichkeiten im Manga, den Mund darzustellen – von einfachen Linien bis zu kunstvoll gezeichneten Lippen.

Augenbrauen

Ein interessantes Detail sind Augenbrauen. Sie sind für den Charakter einer Figur wichtiger, als man denkt. Meist haben sie dieselbe Farbe wie die Haare, aber Sie können natürlich auch einem Glatzkopf dicke, buschige Augenbrauen geben. Durch die Form der Augenbrauen lassen sich Gesichtsausdrücke wunderbar akzentuieren. Wenn sich zum Beispiel beide Augenbrauen zur Mitte hin zusammenziehen, sieht jeder Betrachter, dass diese Figur richtig wütend ist. Sind die Brauen nach oben gezogen, wirkt eine Person überrascht. Sehen Sie sich einmal Ihre eigenen Augenbrauen genau an, wenn Sie verschiedene Gesichtsausdrücke vor dem Spiele ausprobieren.

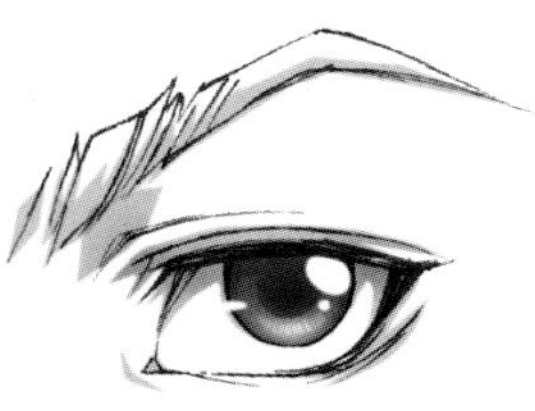
eckige Braue

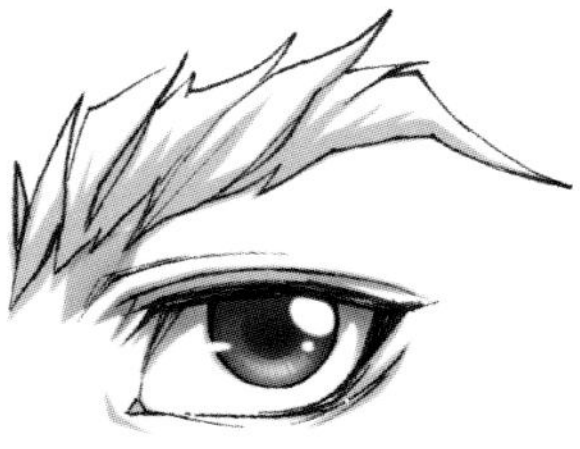
buschige Braue

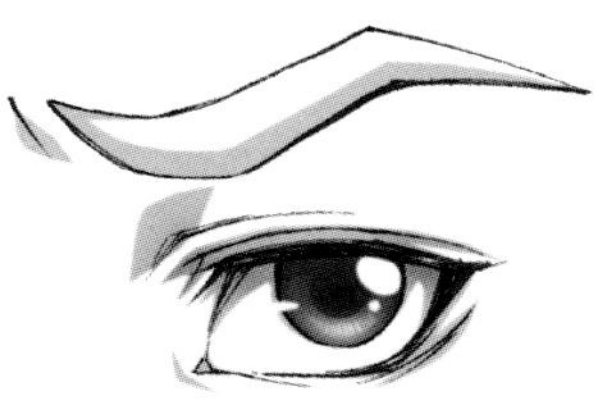
gerunzelte Braue

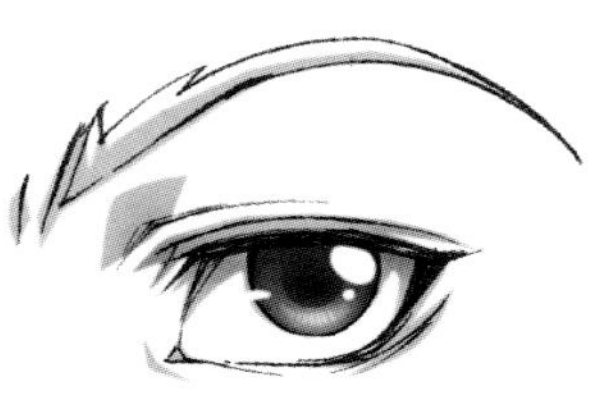
gezupfte, runde Braue

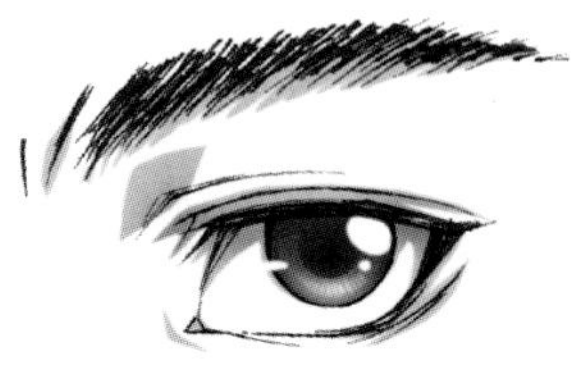
natürliche Braue

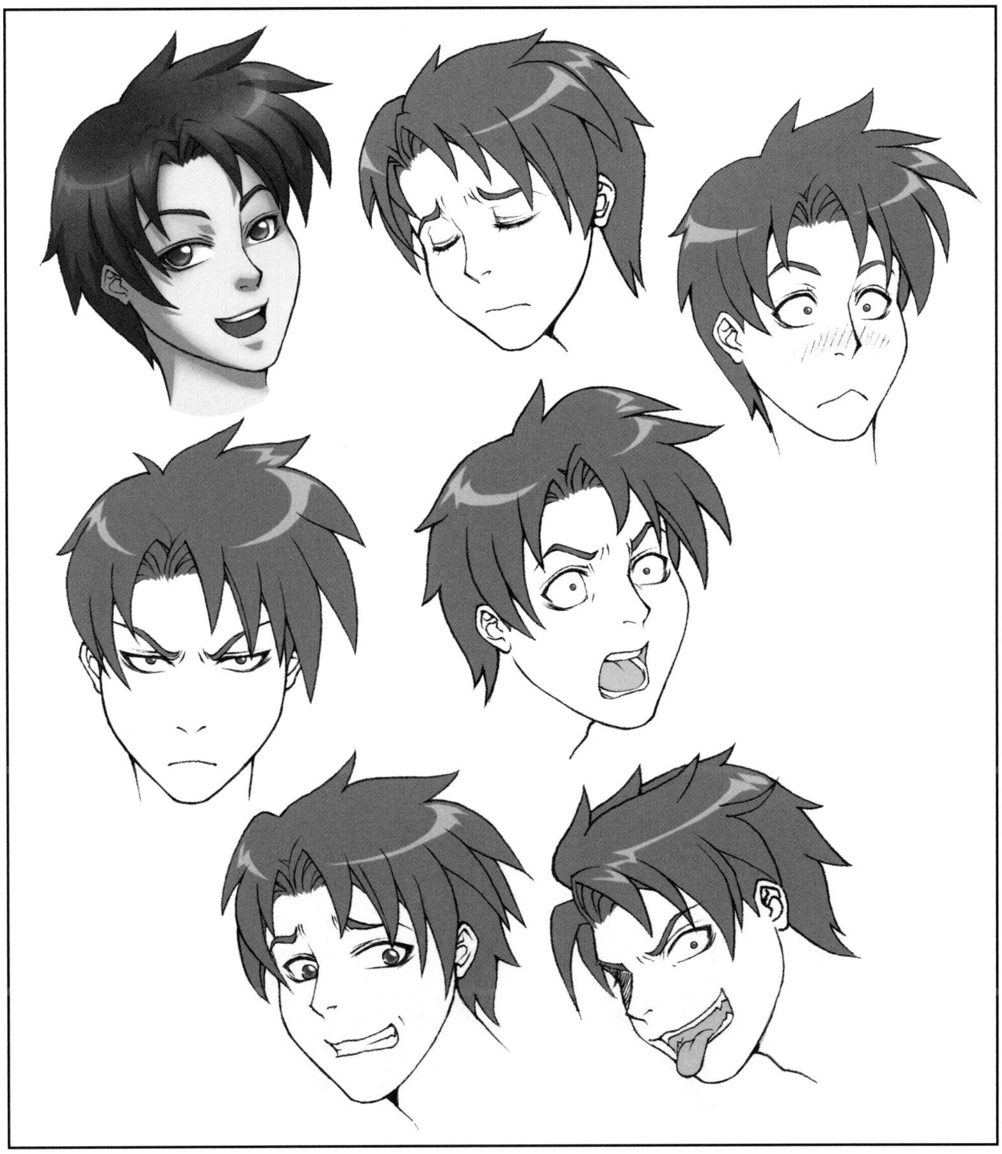

Emotionen zeichnen Nur wenn alle Elemente des Gesichts richtig zusammenwirken, entstehen Gesichtsausdrücke, die den Betrachter bewegen. In der Abbildung links sind extreme Momente festgehalten: Freude, Trauer, Ärger, Ablehnung, Zorn, Furcht und Hinterhältigkeit. Obwohl ihre Mimik sich so stark ändert, bleibt die Figur immer sich selbst treu. Das muss so sein, sonst würde sich der Betrachter nicht mehr auskennen.

Sie werden das sichere Darstellen von Mimik am schnellsten beherrschen, wenn Sie viel üben. Wer Freunde oder Bekannte hat, die selbst gern zeichnen, sollte sie zu einer Zeichenstunde bitten: Während der eine Grimassen schneidet oder verschiedene Emotionen darstellt, versucht der andere sie schnell festzuhalten. Sie können auch eines Ihrer Lieblingsmangas zur Hand nehmen und studieren, wie der Zeichner seine Figuren lenkt.

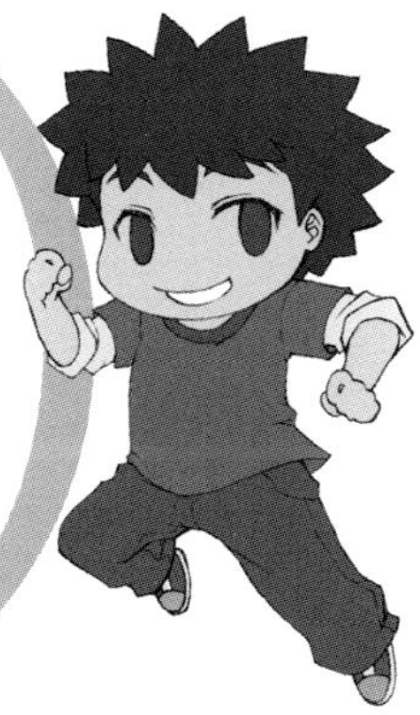

Kopfformen

Schon die Kopfform verrät viel vom Wesen einer Figur. Der übliche menschliche Kopf ähnelt einem Oval, doch es gibt vor allem drei weitere Möglichkeiten: Kreis, Quadrat und Dreieck. Am besten probieren Sie selbst verschiedene Formen und Kombinationen aus.

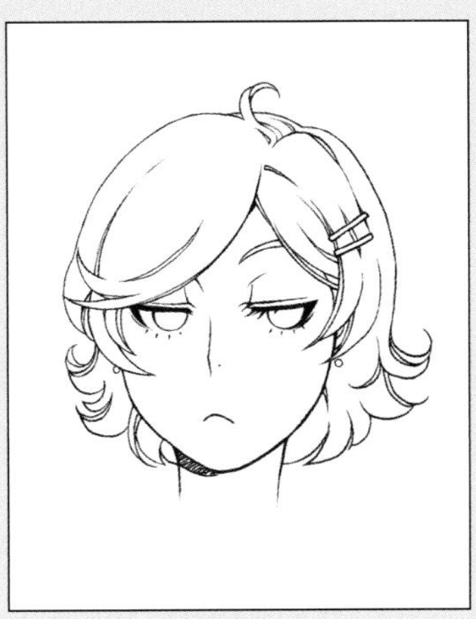

Oval Die meisten Ihrer Figuren werden vermutlich eine ovale Kopfform haben.

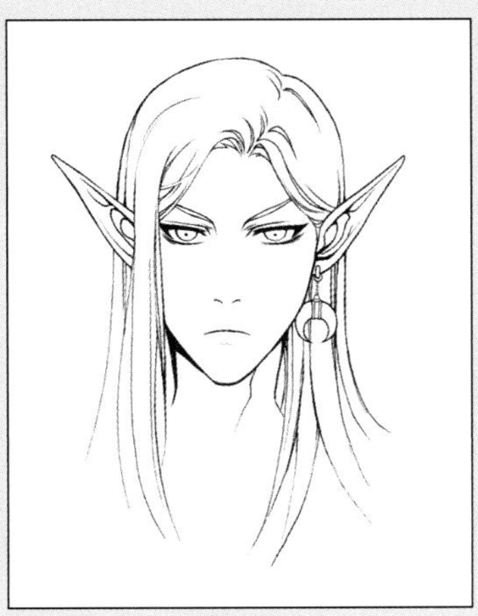

Dreiecke mit scharfen Winkeln passen hervorragend zu Typen mit miesem Charakter.

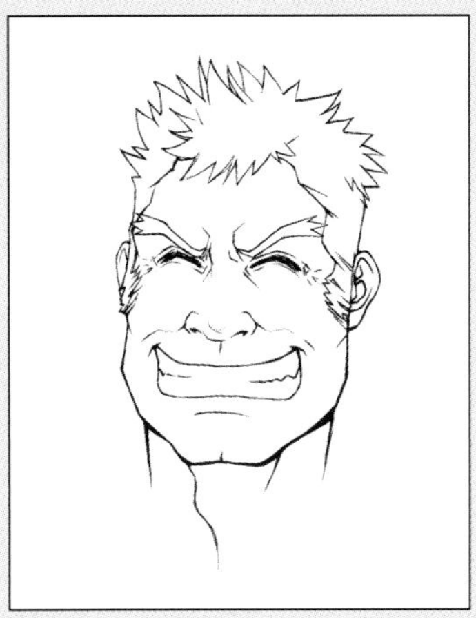

Quadrat Geben Sie den handfesten Kerlen Ihrer Geschichte einen Quadratschädel – das passt!

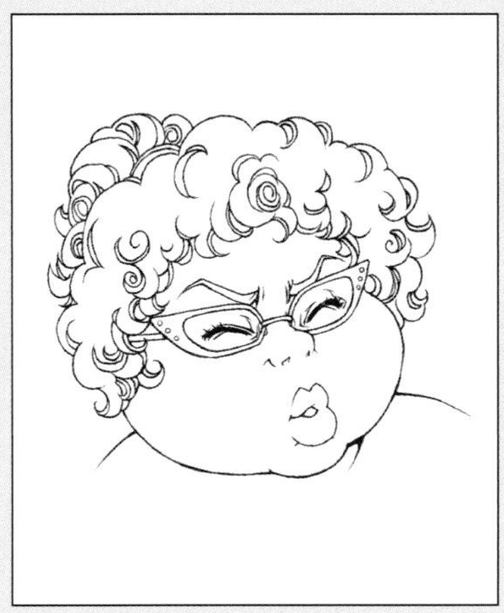

Kreis Lustige Typen haben oft runde Gesichter.

Das große Treffen

Die Figuren, die Mangas bevölkern, sind eine vielfältige Truppe: Da gibt es das Mädchen von nebenan, das ein geheimes Leben als mächtige Zauberin führt, jede Menge Schurken, die unseren tapferen Helden nachstellen, Schulmädchen, Chibis … Im Grunde müssen Sie nur wissen, für welches Genre Sie sich interessieren – Liebesdramen, Krimis, Abenteuer etc. – und Sie wissen schnell, welche Charaktere in Ihrem Manga auftauchen müssen. Entscheiden Sie als Erstes, wer Ihr Held sein soll, dann folgen die Geschichte und alle anderen Figuren.
Ein spannendes Manga erzählt immer die Abenteuer eines Helden und die innere Entwicklung, die er auf seiner Reise durchläuft. Das gilt für den heldenhaften Ritter im Mittelalter ebenso, wie für die junge Studentin, die mit den Tücken des Alltags kämpft. Alle anderen Figuren der Geschichte müssen in irgendeiner Beziehung zur Heldin oder zum Helden stehen – ob Freund, Feind oder eine Liebesbeziehung. Sie können natürlich auch mehrere Helden ins Abenteuer schicken oder Figuren einfach nur deshalb dazu nehmen, weil sie lustig sind. Wichtig ist, dass Sie sich Situationen ausdenken, in denen die Personen gefordert sind und in denen wir sie wirklich kennenlernen. Dazu mixen Sie eine spannende Geschichte und eine überzeugende innere Entwicklung.

Lieben Sie Katzen? Dann geben Sie Ihrem Manga mit dem Katzenmädchen den perfekt samtpfötigen Charakter dieser in Japan sehr beliebten Märchenfigur.

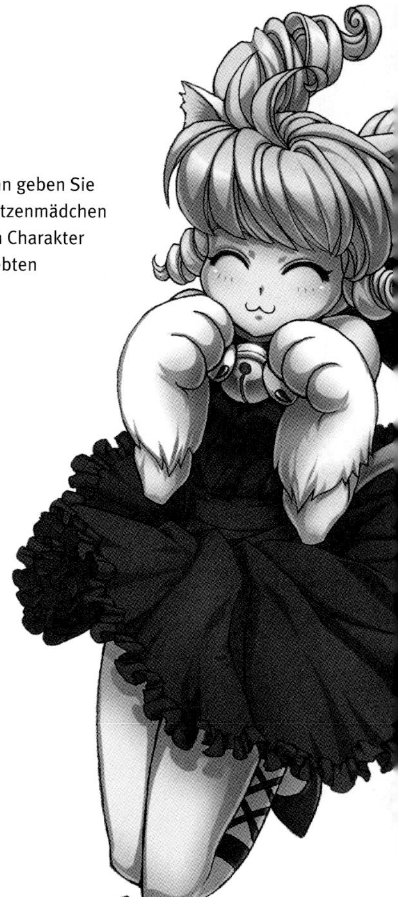

Chibis Zeichnen Sie Chibi-Versionen ihrer Figuren – oder auch einmal ein ganzes Manga nur mit diesen liebenswerten kleinen Helden!

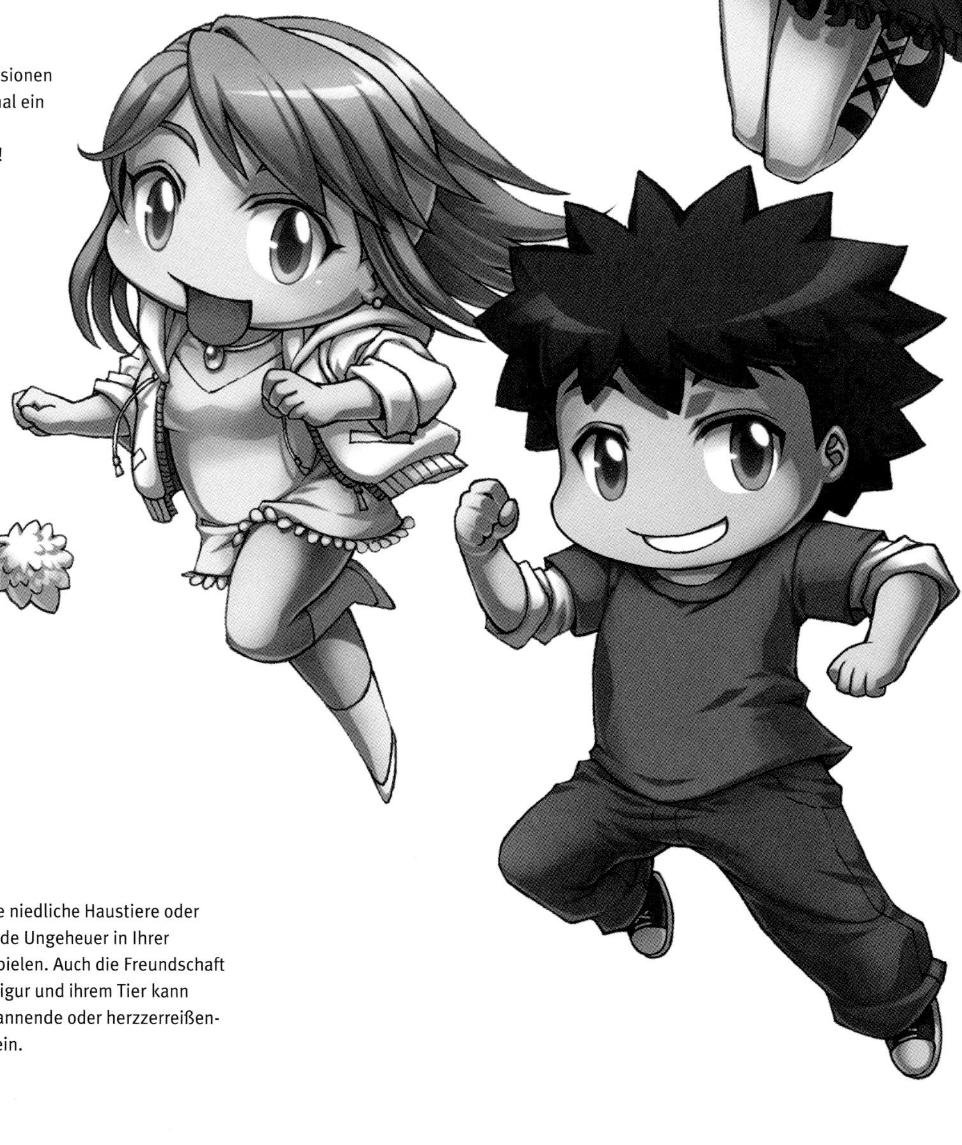

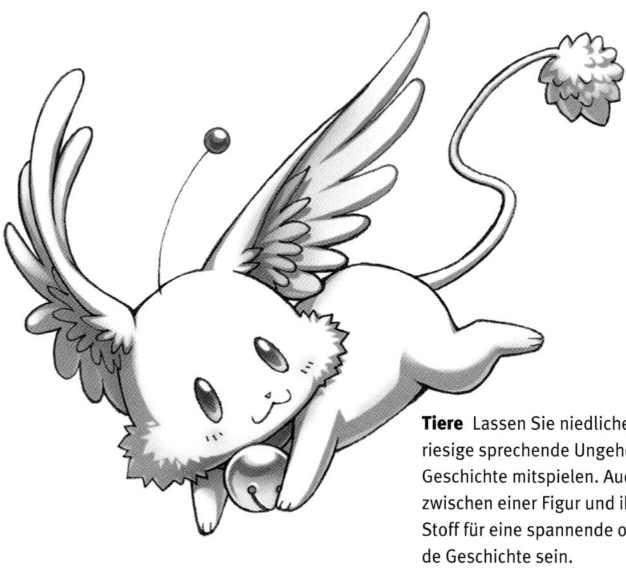

Tiere Lassen Sie niedliche Haustiere oder riesige sprechende Ungeheuer in Ihrer Geschichte mitspielen. Auch die Freundschaft zwischen einer Figur und ihrem Tier kann Stoff für eine spannende oder herzzerreißende Geschichte sein.

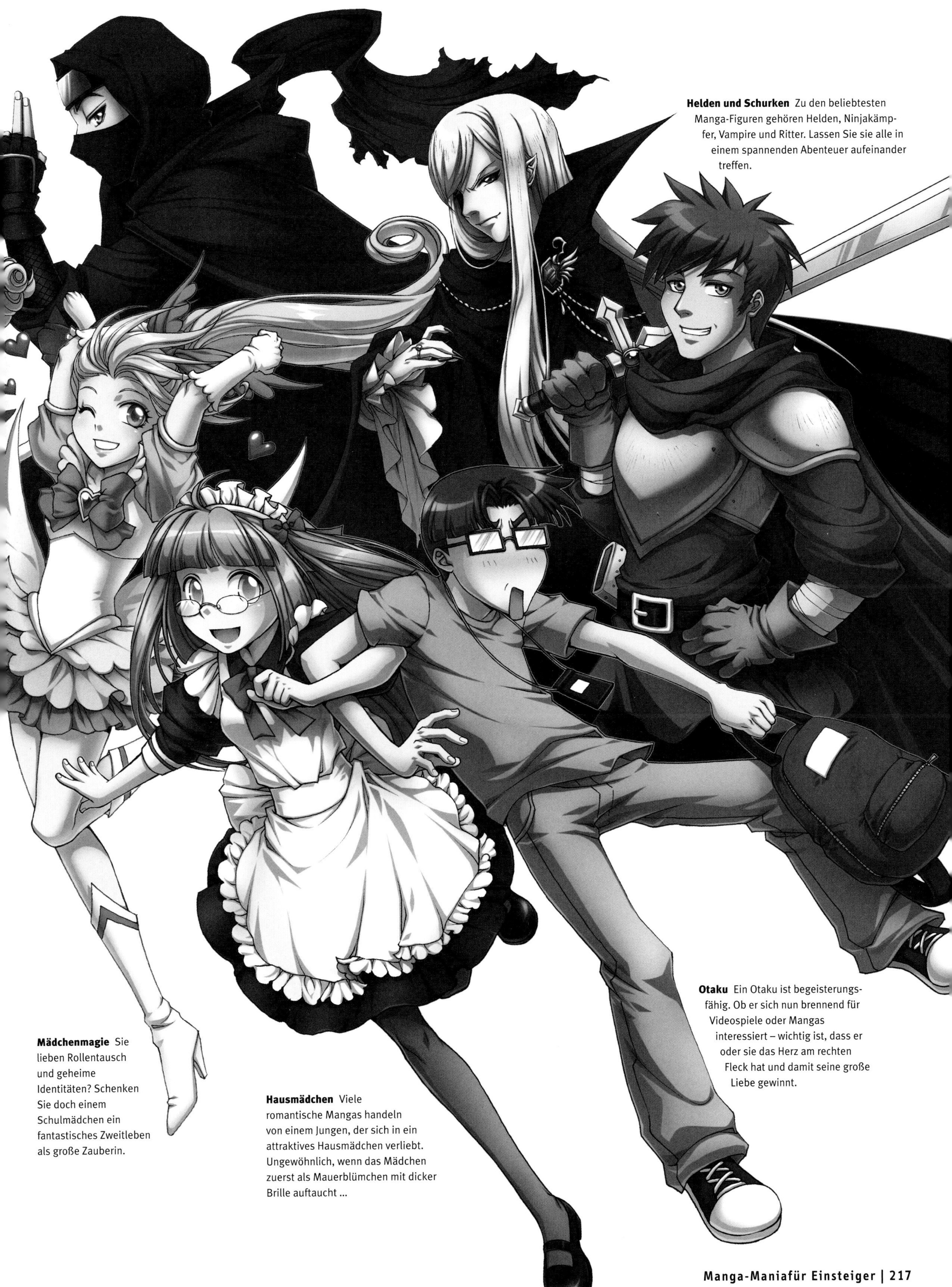

Helden und Schurken Zu den beliebtesten Manga-Figuren gehören Helden, Ninjakämpfer, Vampire und Ritter. Lassen Sie sie alle in einem spannenden Abenteuer aufeinander treffen.

Otaku Ein Otaku ist begeisterungsfähig. Ob er sich nun brennend für Videospiele oder Mangas interessiert – wichtig ist, dass er oder sie das Herz am rechten Fleck hat und damit seine große Liebe gewinnt.

Mädchenmagie Sie lieben Rollentausch und geheime Identitäten? Schenken Sie doch einem Schulmädchen ein fantastisches Zweitleben als große Zauberin.

Hausmädchen Viele romantische Mangas handeln von einem Jungen, der sich in ein attraktives Hausmädchen verliebt. Ungewöhnlich, wenn das Mädchen zuerst als Mauerblümchen mit dicker Brille auftaucht ...

Entstehung eines Helden

In den meisten Mangas geht es um einen Helden, der geheimnisvoll und verschlossen wirkt, der aber ein ernsthaftes und wichtiges Ziel verfolgt. Männliche Helden dürfen ruhig unnahbar wirken. Wichtig ist nur, dass sie für Ausdauer, Treue und Gerechtigkeit einstehen.

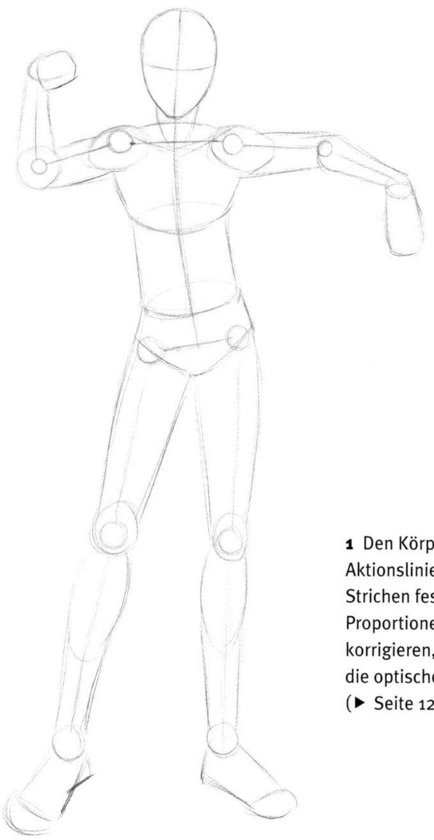

1 Den Körper und die Aktionslinie mit wenigen Strichen festlegen. Haltung, Proportionen und Perspektive korrigieren, bis alles stimmt. An die optische Verkürzung (▶ Seite 120) denken.

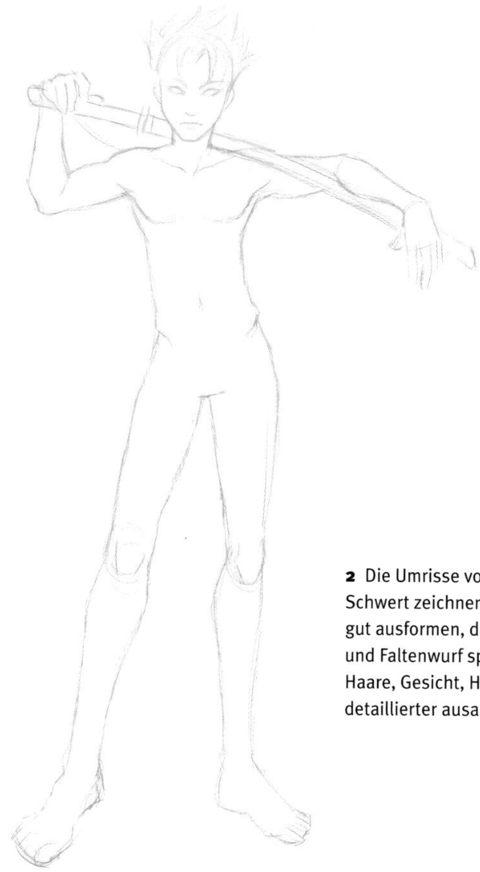

2 Die Umrisse von Körper und Schwert zeichnen. Den Körper gut ausformen, damit Kleidung und Faltenwurf später stimmen. Haare, Gesicht, Hände und Füße detaillierter ausarbeiten.

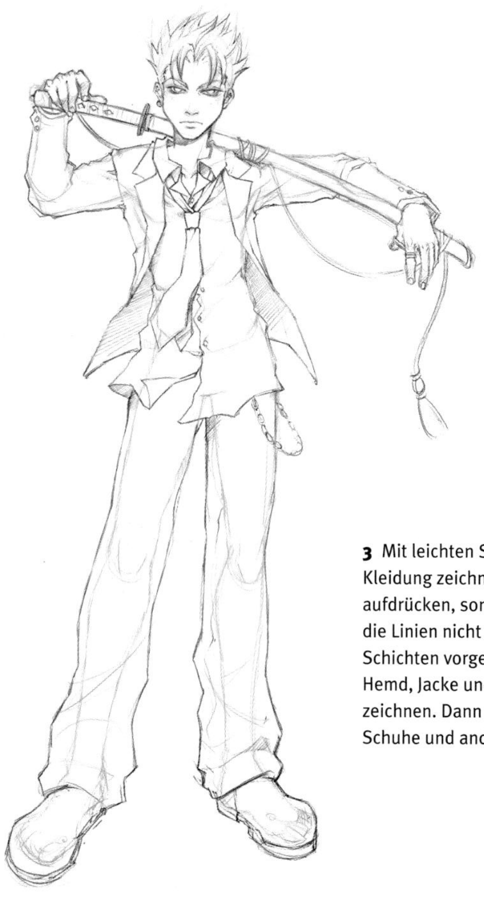

3 Mit leichten Strichen die Kleidung zeichnen – nicht zu fest aufdrücken, sonst lassen sich die Linien nicht ausradieren. In Schichten vorgehen: Zuerst Hemd, Jacke und die Hose zeichnen. Dann folgen Krawatte, Schuhe und andere Accessoires.

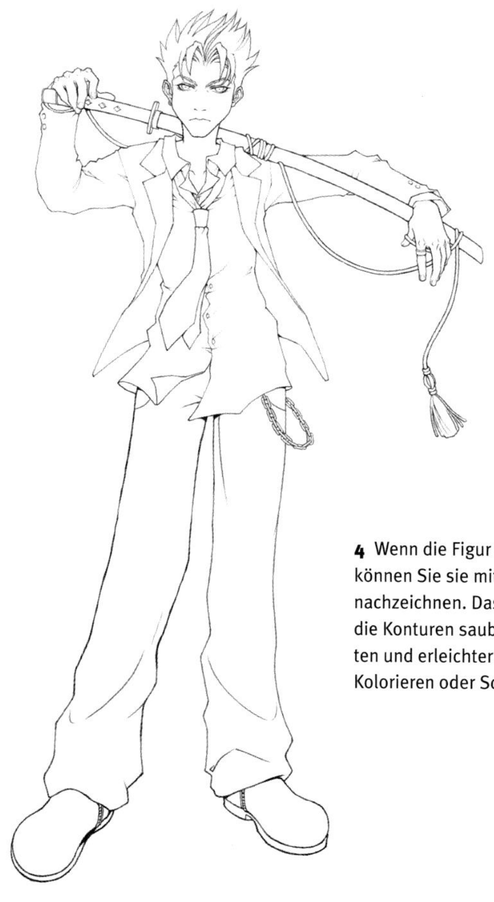

4 Wenn die Figur fertig ist, können Sie sie mit Tusche nachzeichnen. Das Tuschen hilft, die Konturen sauber auszuarbeiten und erleichtert das Kolorieren oder Scannen.

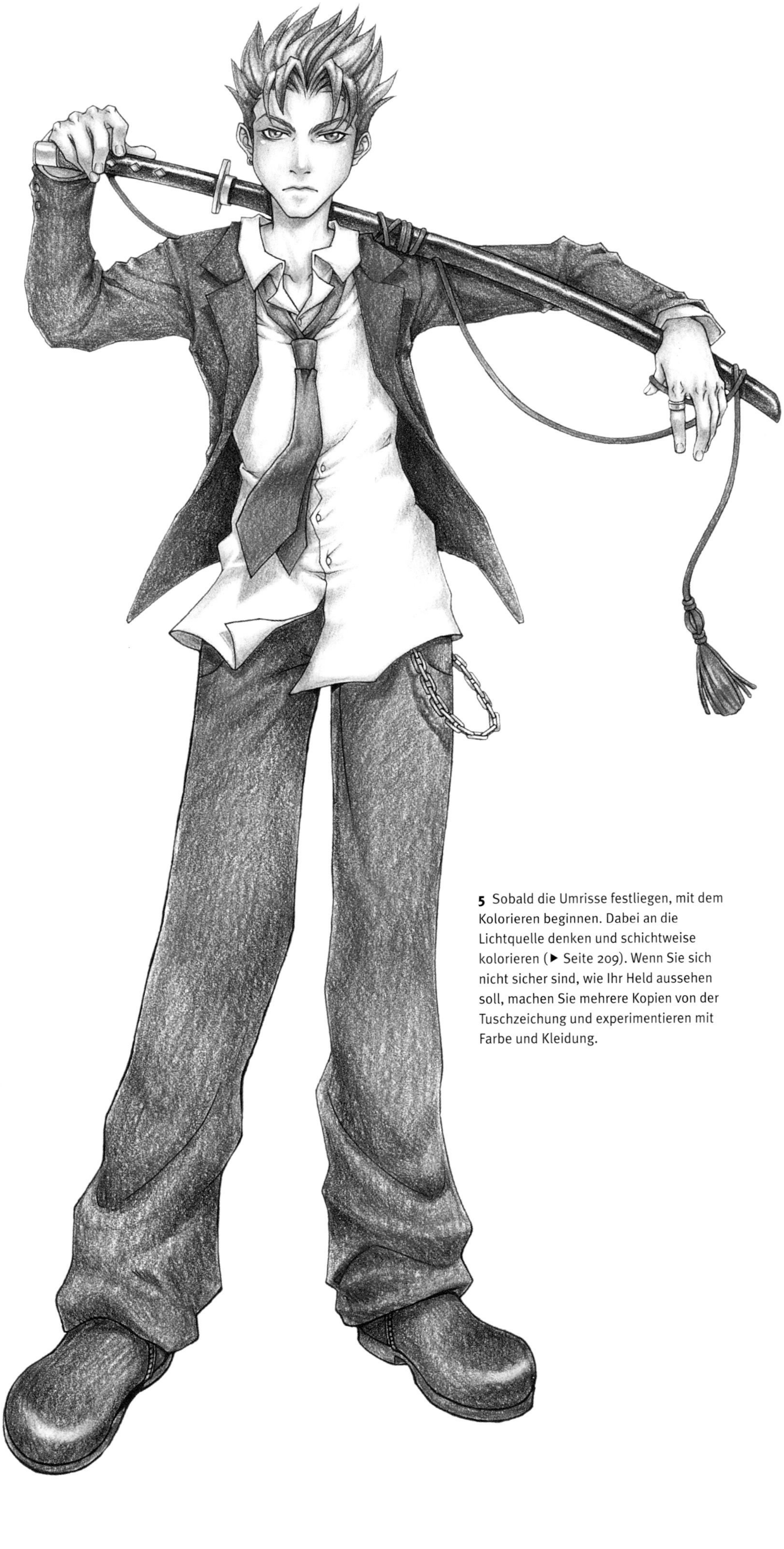

5 Sobald die Umrisse festliegen, mit dem Kolorieren beginnen. Dabei an die Lichtquelle denken und schichtweise kolorieren (▶ Seite 209). Wenn Sie sich nicht sicher sind, wie Ihr Held aussehen soll, machen Sie mehrere Kopien von der Tuschzeichung und experimentieren mit Farbe und Kleidung.

Das Finish

Es sind die letzten Details und Kontraste, die eine gezeichnete Figur zum Leben erwecken. Nicht alle müssen schon während der Strichzeichnungsphase entstehen, sondern können noch später mit Farbe gemalt werden.

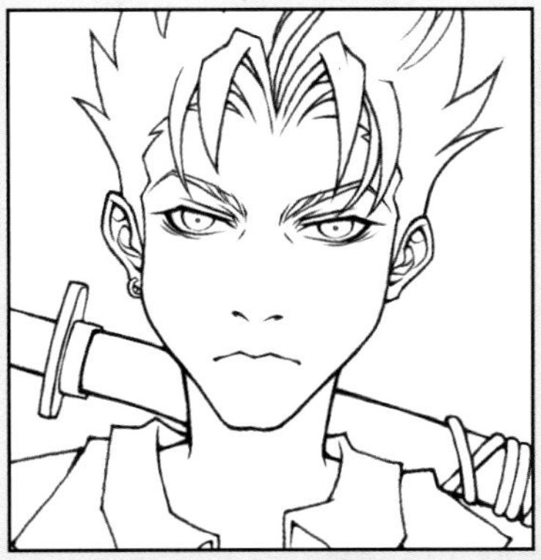

Details Die Nase zum Beispiel wurde bisher nur mit Nasenlöchern angedeutet.

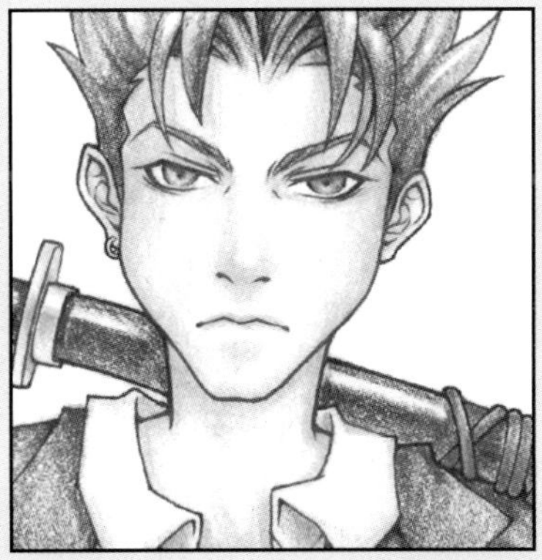

Schichten Beim Kolorieren immer mit einer Farbe nach der anderen arbeiten, mit der hellsten beginnen.

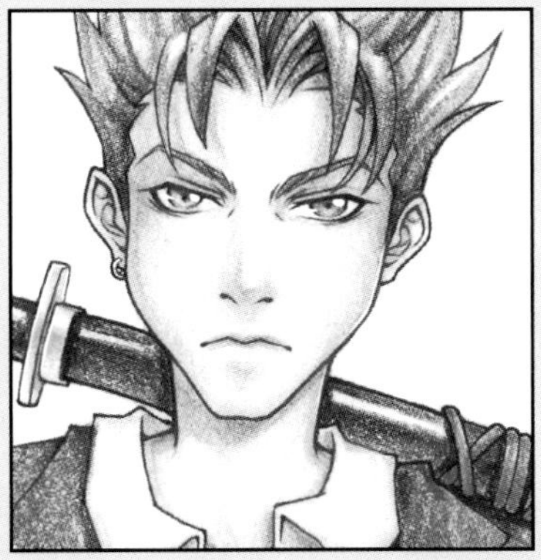

Licht und Schatten Die Kontraste werden schärfer, wenn man dunkle Stellen betont und helle noch heller macht.

Schulmädchen

Shôjo-Mangas handeln fast immer vom Alltag der Schulmädchen in den höheren Klassen. Obwohl es ihre Hauptsorge ist, das Klassenziel zu erreichen, ist immer noch genug Zeit für das, was sie wirklich interessiert: die erste Liebe und das Zusammensein mit den Freundinnen. Natürlich kann es gut sein, dass so ein Mädchen übersinnliche Kräfte hat. Aber ob das so ist – das entscheiden Sie, der Zeichner!

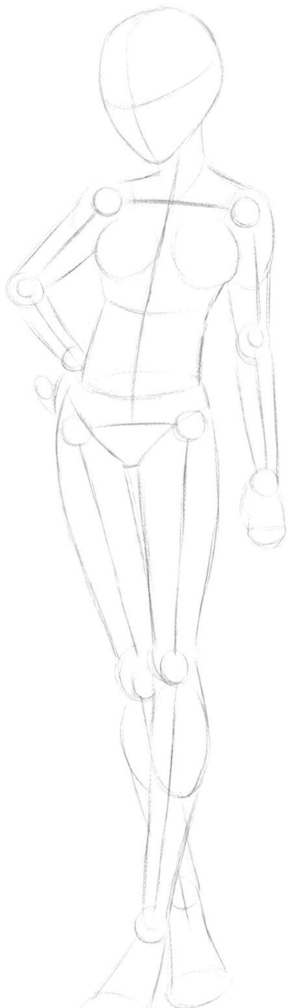

1 Skizzieren Sie als Erstes die Basis dieser ungezwungen Pose. Fragen Sie sich: Stimmen die Aktionslinie, die Schulter und Hüften, die wichtigsten Gelenke und alle Proportionen?

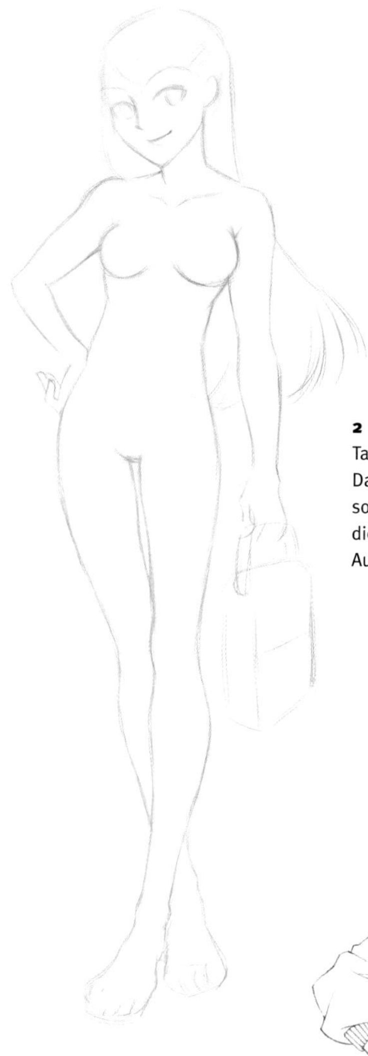

2 Die Umrisse des Körpers, der Tasche und des Haars festlegen. Dann die Gesichtszüge skizzieren sowie das lange glatte Haar und die großen unschuldsvollen Augen.

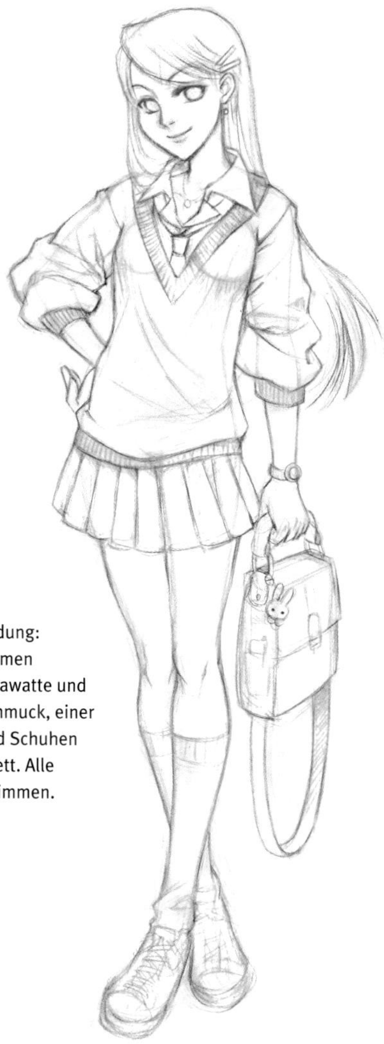

3 Jetzt kommt die Kleidung: Japanische Schuluniformen bestehen aus Bluse, Krawatte und Faltenrock. Mit Haarschmuck, einer Uhr, Schlüsselbund und Schuhen ist die Kleidung komplett. Alle Details müssen jetzt stimmen.

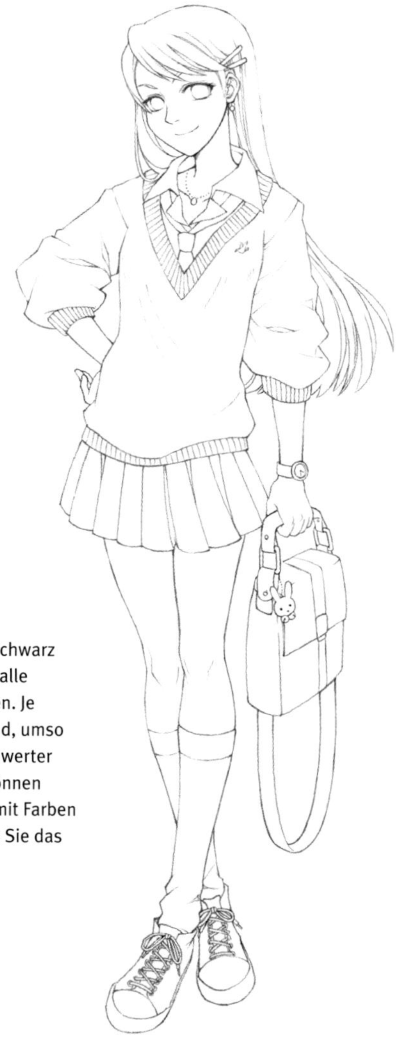

4 Die Zeichnung in Schwarz nachzeichnen, dabei alle Hilfslinien ausradieren. Je leichter die Linien sind, umso heiterer und unbeschwerter wirkt die Figur. Sie können Kopien machen und mit Farben experimentieren, ehe Sie das Original kolorieren.

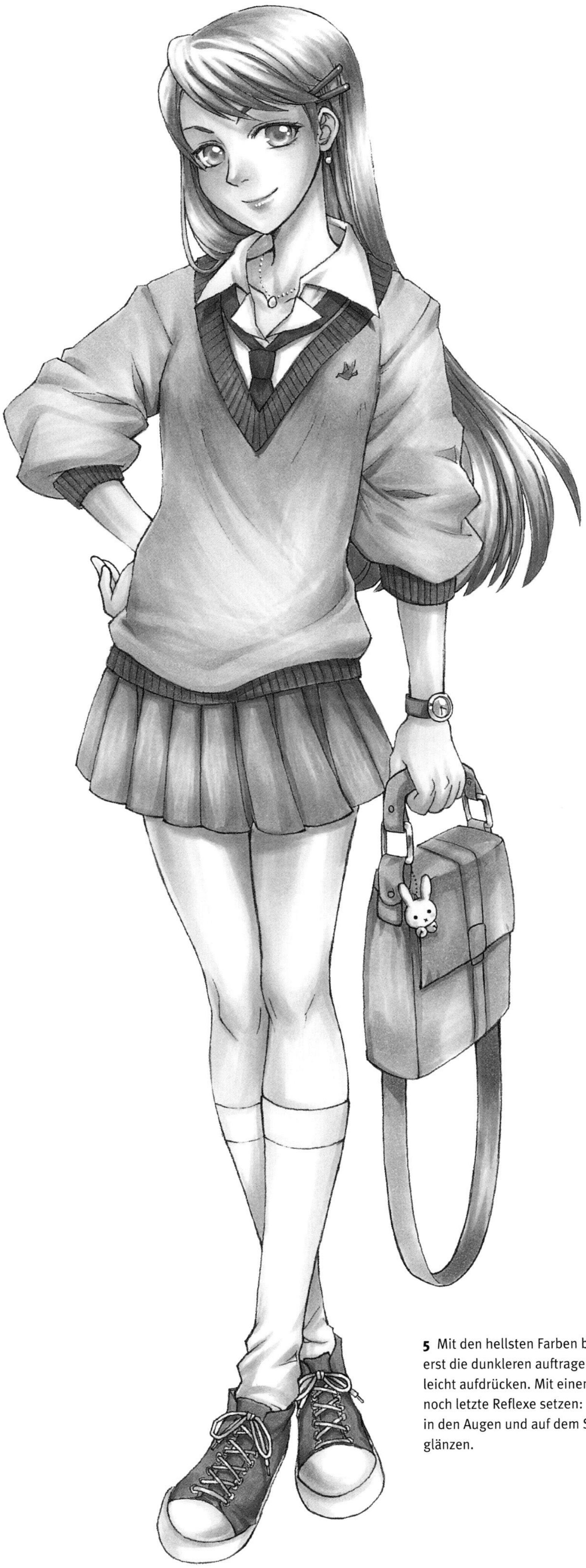

5 Mit den hellsten Farben beginnen und dann erst die dunkleren auftragen. Bei Markern nur leicht aufdrücken. Mit einem weißen Gelstift noch letzte Reflexe setzen: Kleine weiße Punkte in den Augen und auf dem Schmuck lässt beides glänzen.

Aufschlussreiche Accessoires

Genauso wie Haar, Gesichtszüge oder Körperbau eine Geschichte erzählen, tun es auch die Accessoires. Die Schultasche, der Stoffhase und die Haarspange des Mädchens spiegeln die kindliche Unschuld wider. Die Beispiele unten zeigen, wie man auch Schmuck oder Waffen einsetzen kann, um eine Figur zu akzentuieren.

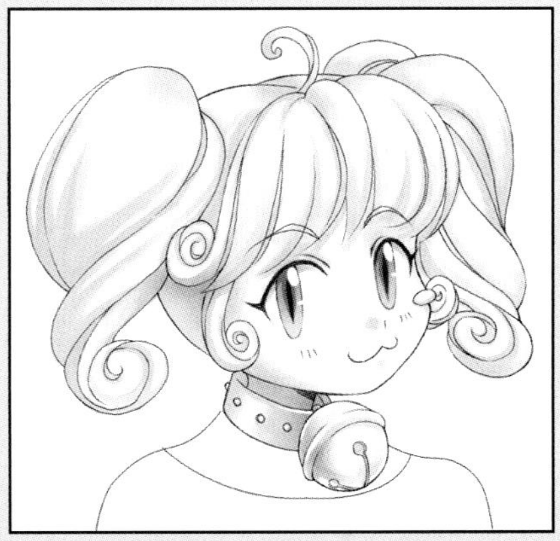

Kleine Tierfreundin Aus lauter Sympathie für ihren geliebten Hund hat sich das kleine Mädchen ein Halsband umgehängt.

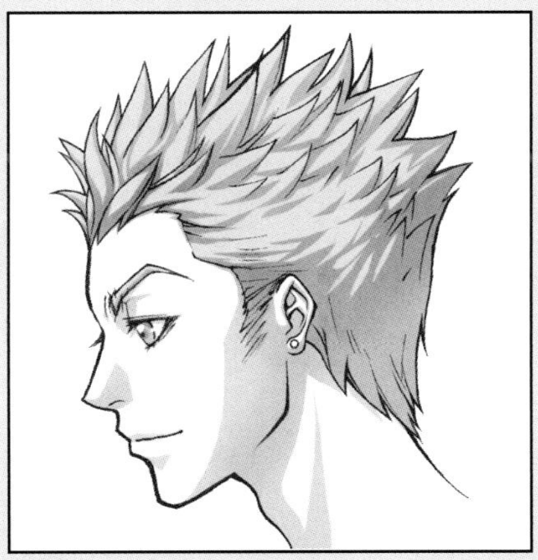

Bad Boy Schon eine Kleinigkeit, wie ein Ohrring, kann sogar einem solchen Gang-Mitglied jungenhaften Charme schenken.

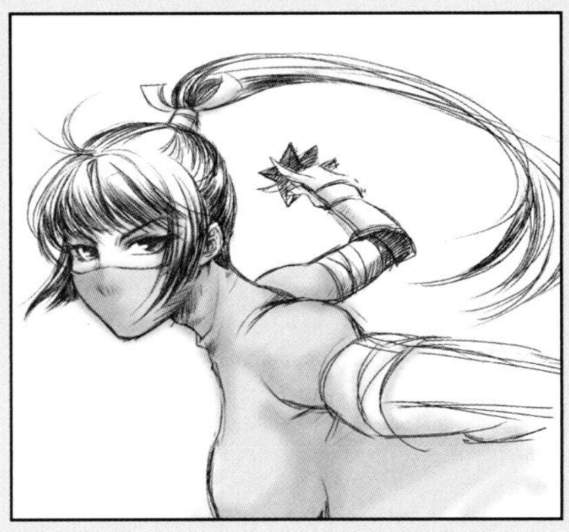

Krieger Ein tödlicher Ninjastern, ein schimmerndes Schwert oder auch eine klassische Pistole machen die Entschlossenheit eines Kriegers deutlich.

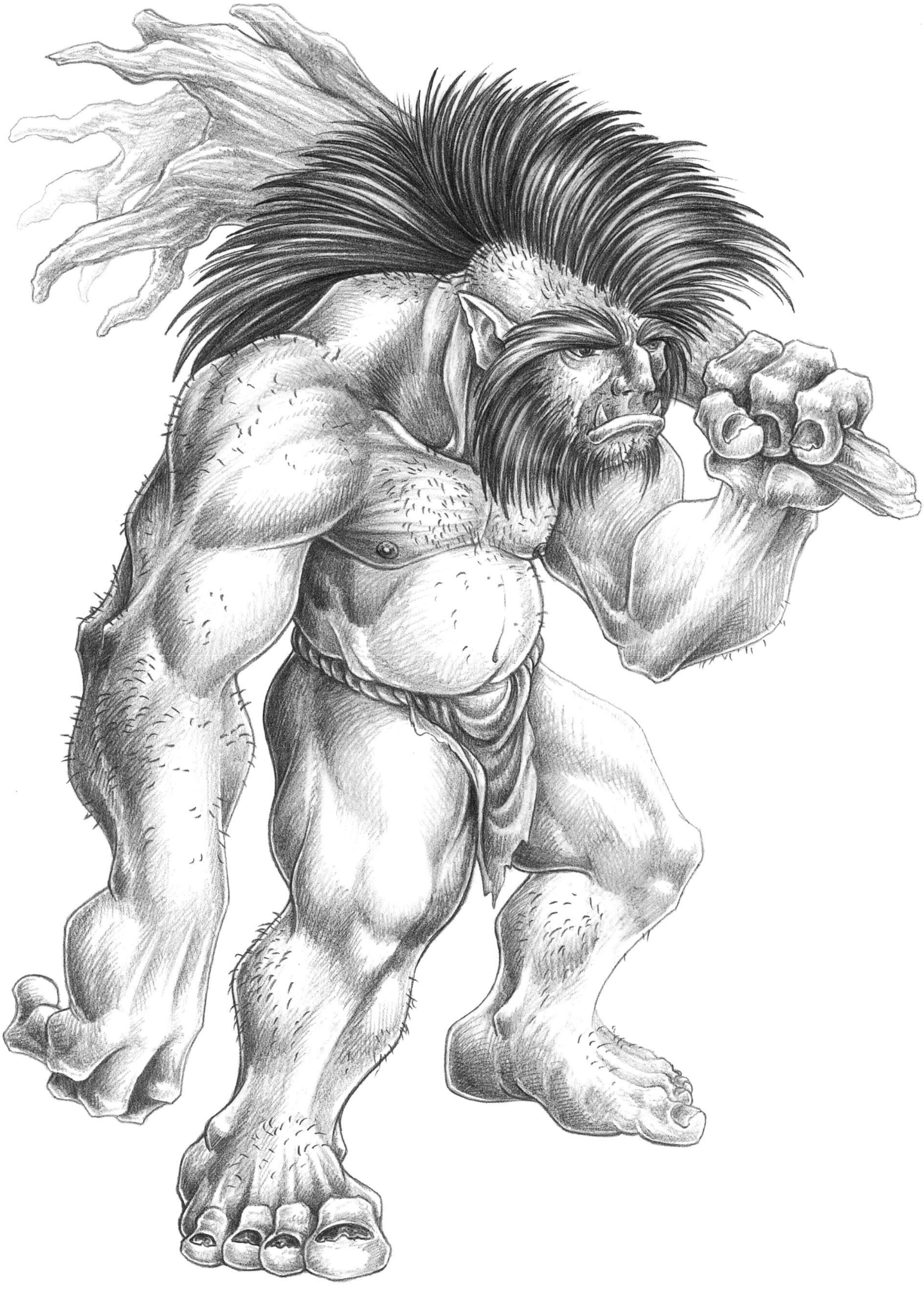

Faszinierende FANTASY-FIGUREN

Wer Menschen in allen Situationen und Lagen zeichnen kann, wird früher oder später nach einer Erweiterung seiner Möglichkeiten suchen. Das Land der Fantasie mit Mythen und Märchen lässt viel Raum zur eigenen Gestaltung klassischer menschenähnlicher Figuren, wie Feen, Elfen, Zwerge oder Riesen. Es lädt aber auch ein, sich völlig neue Wesen auszudenken und ihnen Leben einzuhauchen. Damit solche Fantasy-Figuren für den Betrachter „funktionieren", müssen Sie sich aber strikt an die innere Logik des Aufbaus einer Figur sowie an die Gesetze der Proportionen halten. Einige Anregungen für diese anspruchsvolle Arbeit in einem Themenfeld ohne Grenzen finden Sie in diesem Schlusskapitel.

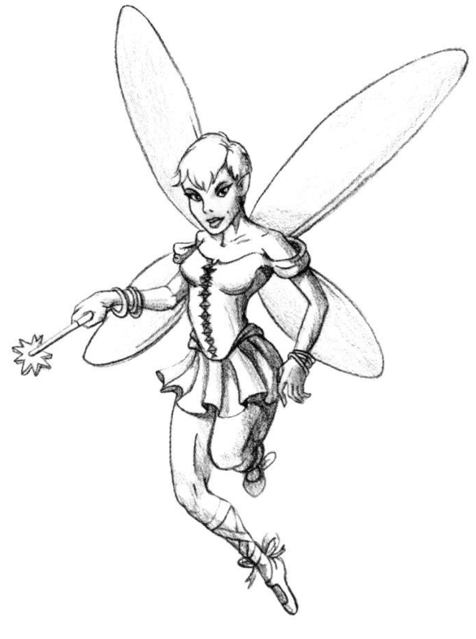

Wie soll die Figur aussehen?

Wenn Sie eine Idee für eine Fantasy-Figur haben, wollen Sie diese so realistisch wie möglich darstellen. Dabei geht es im Grunde aber nicht darum, völlig absurde neue Formen zu erfinden, sondern Bekanntes, mit dem wir bestimmte Assoziationen verbinden, geschickt so zu kombinieren, dass eine echt und lebendig wirkende Figur entsteht. Nehmen Sie dazu am besten Fotos und Abbildungen zur Hand, die Ihnen als Vorlage dienen, wie etwa Pferdefotos für den Zentauren. Viele dieser Wesen haben keine menschliche Haut, sondern Federn, Schuppen oder Fell. Um solche Hautoberflächen wirklichkeitsnah darstellen zu können, lohnt es sich, sich mit den folgenden Techniken zu beschäftigen.

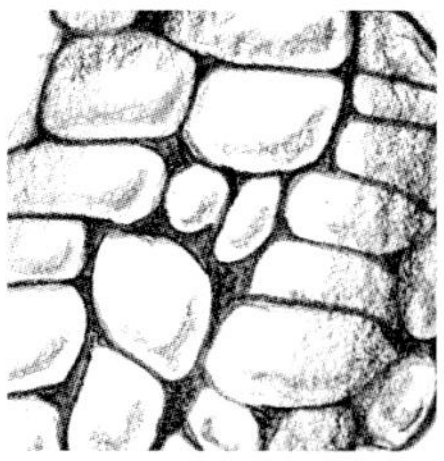

Reptilienschuppen Solche harten Schuppen entstehen aus unregelmäßigen Zellen, die leicht gekrümmt angeordnet werden. Füllen Sie zuerst die Zwischenräume dunkel aus, dann erhalten die einzelnen Zellen eine helle Schraffur aus feinen parallelen Strichen.

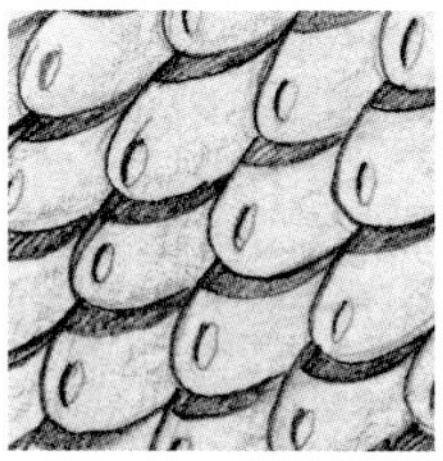

Fischschuppen Solche kleinen Platten sind typisch für Fischschuppen. Sie werden aus regelmäßig angeordneten Bögen unterschiedlicher Größe entwickelt. Dabei überlappen die Reihen sich immer ein wenig. Das zeigen Sie mit Schatten, die auf die untere Reihe fallen.

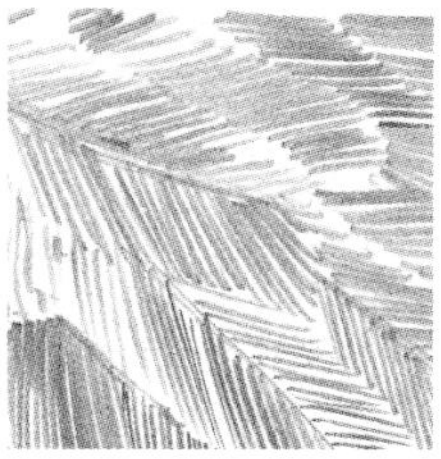

Feine Daunen Zeichnen Sie zuerst die feinen Federkiele, dann links und rechts davon zarte parallele Schraffuren, die ein V formen. Daunen haben keine scharfen Kanten, sondern eine liegt weich neben der anderen.

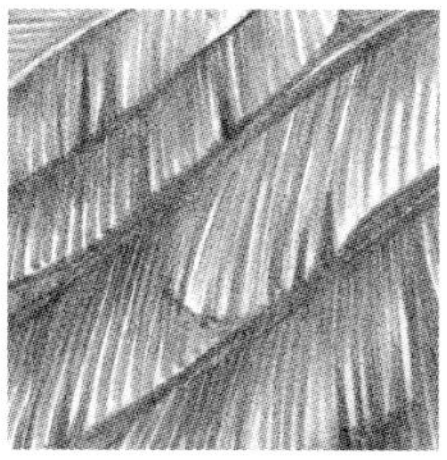

Federn Größere Federn werden ähnlich gezeichnet wie Daunen, erhalten aber dickere Kiele und breitere Striche. Arbeiten Sie mit einem HB Bleistift, dicken Strichen und einem Papierwischer. Dunkeln Sie die Zwischenräume mit Schraffuren stark ab.

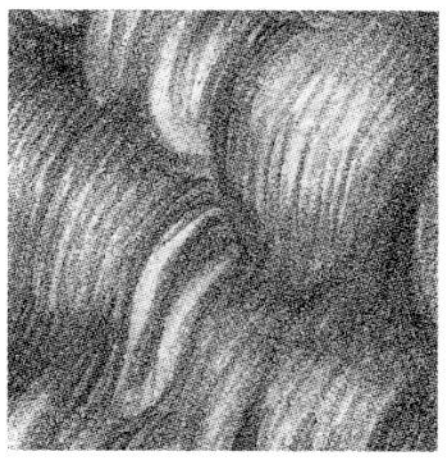

Lockiges Fell Weiches Haar oder Fell zeichnen Sie mit weichen, welligen Strichen verschiedener Stärke, die sich etwas überlappen. Formen Sie Locken von unterschiedlicher Größe, Form und Helligkeit – dann wirkt das Fell besonders realistisch.

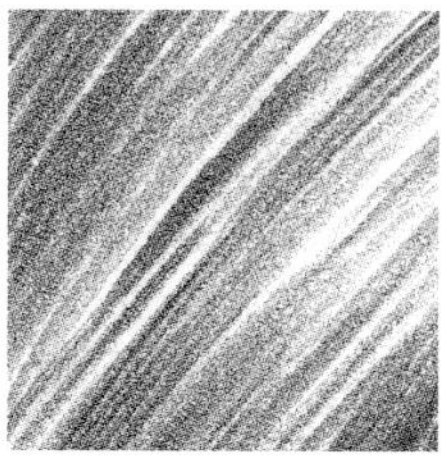

Glattes Fell Glattes Haar entsteht aus einfachen parallelen Schraffuren mit hellen Stellen dazwischen, die für Glanz sorgen. Teilweise mit der Bleistiftspitze und teilweise mit der Seite des Stifts arbeiten – das schafft die Abwechslung, die Haar realistisch aussehen lässt.

Figuren aus Grundformen entwickeln

Fantasy-Figuren werden durch ungewöhnliche Posen noch interessanter und dynamischer. Doch auch so komplexe Gestalten werden aus einfachen Grundformen aufgebaut. Grendel ist zum Beispiel ein Monster aus der angelsächsischen Sagenwelt (Beowolf und Grendel). Im Beispiel hier rechts entsteht er aus einem Kreis für den Kopf, Ovalen für Brust und Arme sowie aus rechteckigen Formen für Hände und Füße. Im nächsten Schritt das Gesicht entwerfen. Dann kommen das Haar dazu sowie die Schultern. Im letzten Arbeitsschritt werden dann die Hilfslinien nach und nach ausradiert, wenn die Formen des Körpers immer weiter verfeinert werden.

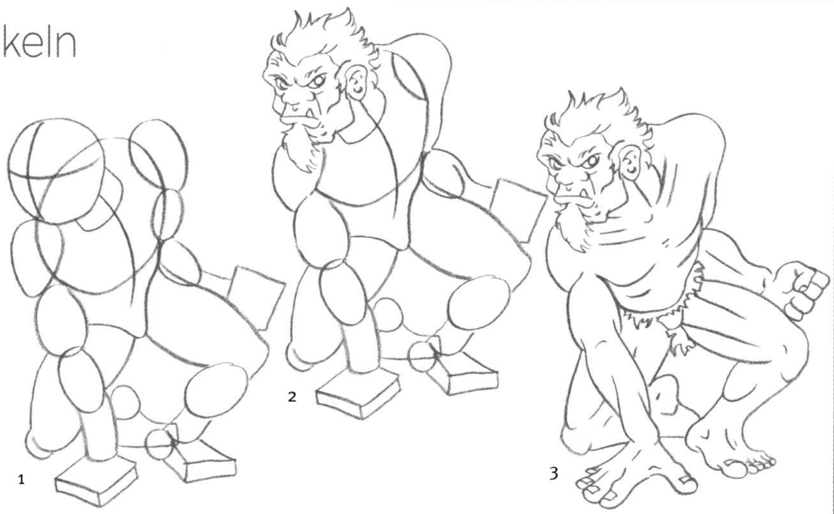

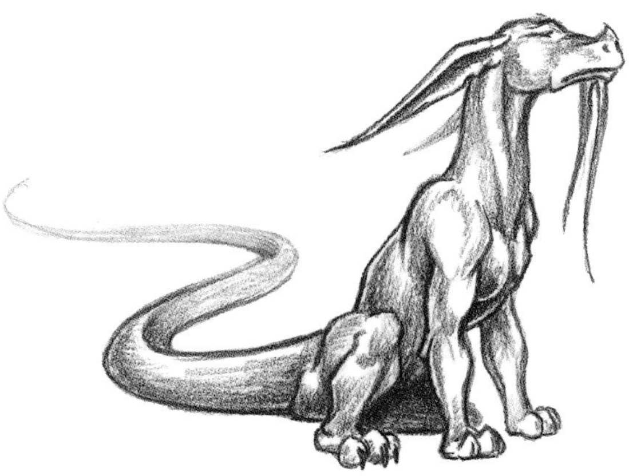

Atmosphärische Perspektive

Viele Fantasy-Figuren sind von beeindruckender Größe. Um dies darzustellen, sollten Sie eine einfache, aber sehr wirkungsvolle Technik anwenden, die atmosphärische Perspektive. Sehen Sie sich die Beispiele an. Beim Drachen links wird der Schwanz dem Ende zu immer heller, denn Objekte werden immer „durchsichtiger", je weiter sie vom Betrachter entfernt sind. Das können vor allem Menschen, die am Fuß eines Gebirges leben, gut beobachten: Je weiter Berge entfernt sind, desto heller werden sie, bis sie sich fast aufzulösen scheinen. Dieses Gesetz gilt allerdings nur bei Tageslicht. In der Nacht kehrt sich der Effekt ins Gegenteil – weit entfernte Dinge rücken (bedrohlich) näher. Auch die Details spielen eine Rolle: Bei beiden Drachen werden die Details immer weniger, je weiter der Schwanz vom Betrachter entfernt ist. Man kann zwar erkennen, dass die Zacken bis zum Ende laufen, aber sie sind immer weniger gut ausgearbeitet. So entsteht ein Eindruck von Entfernung, der den Figuren Größe verleiht.

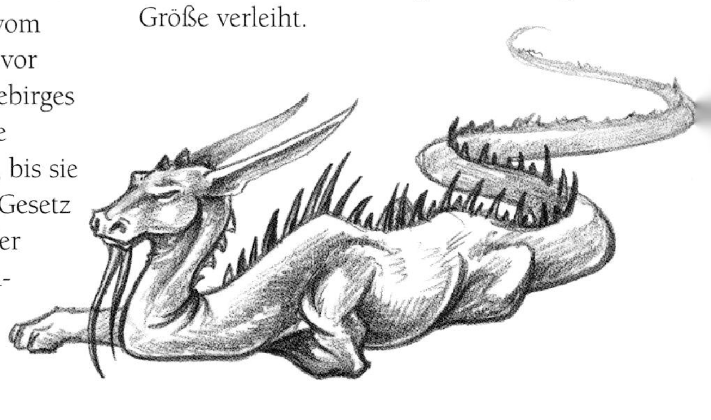

Vorbilder für das Gesicht

Die Faszination einer guten Fantasy-Figur beginnt mit dem Gesicht, das uns anzieht und uns etwas verspricht. Doch das Geheimnis der besten Fantasy-Gesichter ist etwas ganz Einfaches: Sie müssen Sie aus bekannten Vorlagen entwickeln. Lassen Sie Ihrer Fantasie ruhig freien Lauf, aber sehen Sie sich vorher gute Abbildungen an – von Fischen, Käfern, Schweinen, Raubtieren, Pferden etc.

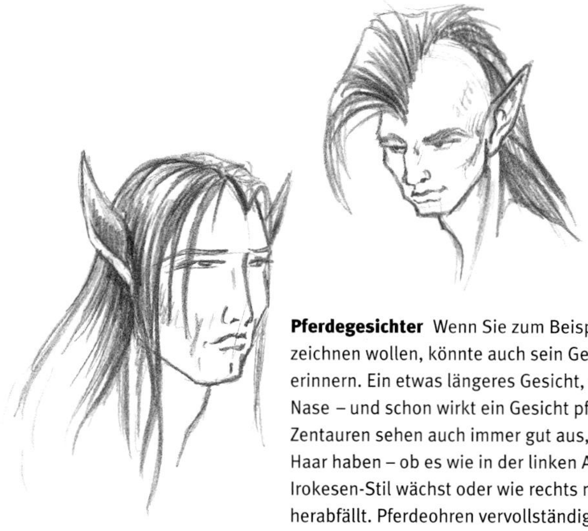

Pferdegesichter Wenn Sie zum Beispiel einen Zentaur zeichnen wollen, könnte auch sein Gesicht an ein Pferd erinnern. Ein etwas längeres Gesicht, eine längere Nase – und schon wirkt ein Gesicht pferdeähnlich. Zentauren sehen auch immer gut aus, wenn sie längeres Haar haben – ob es wie in der linken Abbildung im Irokesen-Stil wächst oder wie rechts mähnenartig herabfällt. Pferdeohren vervollständigen den Pferde-Charakter.

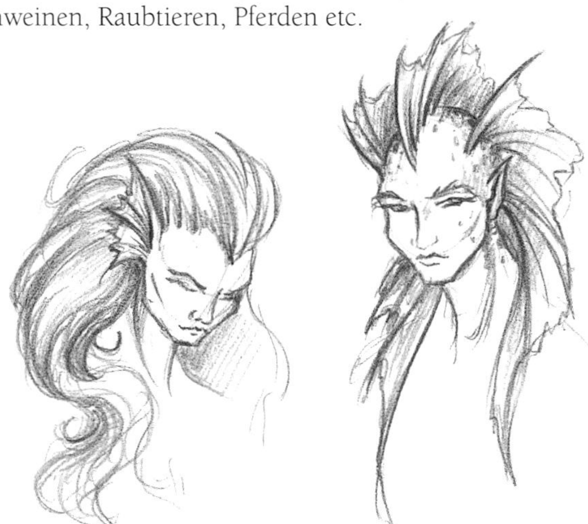

Meeresvolk Mit flossenartigen Ohren, Finnen auf dem Scheitel oder wallendem Haar sehen Figuren wie Nixen oder Wassermänner fremd und doch authentisch aus. Sehen Sie sich exotische Fische an und lassen Sie sich beim Zeichnen von Mutter Natur leiten.

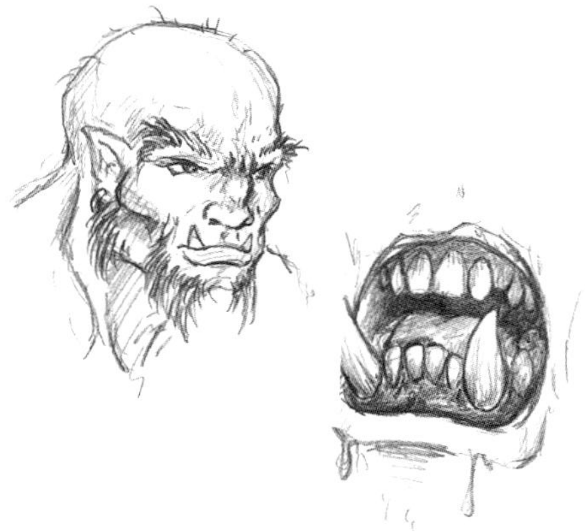

Menschenfresser Urängste werden wach, wenn wir das Wort Menschenfresser nur hören. Ein solches Wesen braucht ein Raubtiergebiss, wenn es überzeugend wirken soll: Den quadratischen Grundaufbau des Kopfes mit Fangzähnen, einem dicken Augenbrauenwulst, Gesichtsbehaarung und eckigen Wangenknochen vervollständigen.

Ideen für den Körperbau

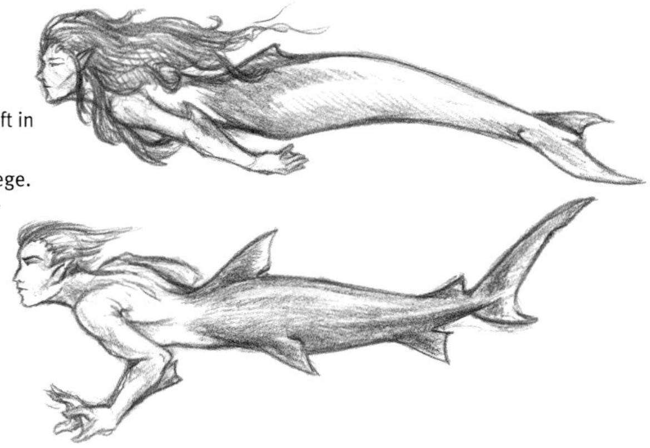

Neues wagen Nixen haben wir alle schon so oft in Büchern gesehen, sodass wir denken, wir wüssten, wie sie aussehen. Gehen Sie neue Wege. Probieren Sie zum Beispiel aus, wie der Körper eines Hais oder eines Kraken wirkt.

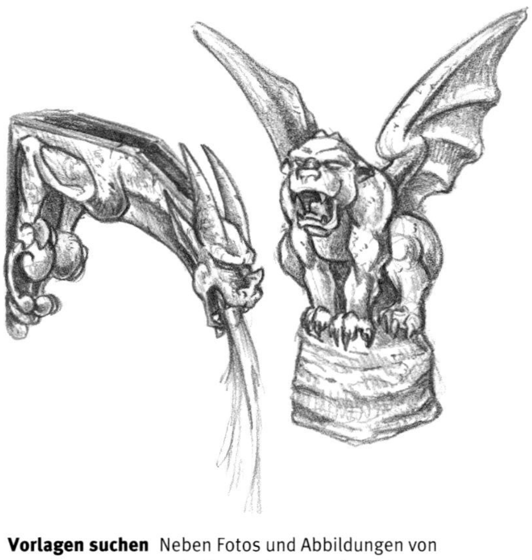

Vorlagen suchen Neben Fotos und Abbildungen von Menschen, Tieren und Pflanzen können Sie auch im Reich der Fantasie selbst auf Suche gehen. Schon immer haben schreckliche Wesen unsere Vorstellungskraft angesprochen. Sehen Sie sich einmal mittelalterliche Kathedralen an. Dort können Sie die schrecklichsten Kreaturen in Hülle und Fülle entdecken. Schenken Sie vor allem Wasserspeiern und Gargoylen immer einen zweiten Blick – er lohnt sich!

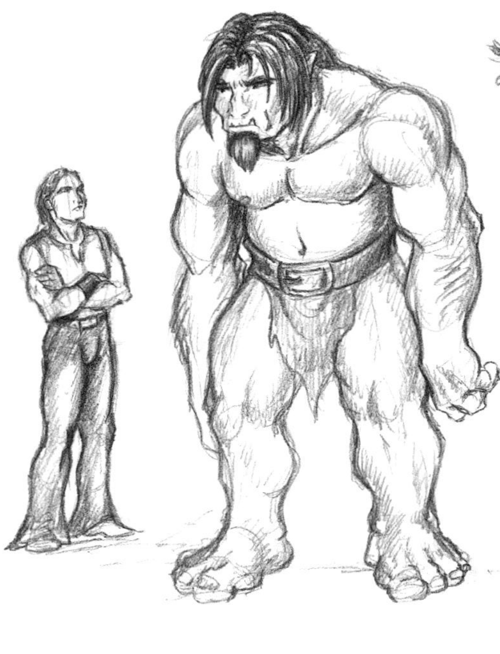

Riesen Neben einem Riesen sehen Menschen einfach nur klein aus. Doch nicht nur die Größe macht den Unterschied aus: Menschen werden mit einer Größe der siebenfachen Kopflänge proportional richtig dargestellt. Riesen, wie dieser Oger dagegen, sind etwa vier und einen halben Kopf hoch. Und obwohl sie aus denselben Körperelementen bestehen, sind diese verkürzt: Die Arme enden nicht wie beim Menschen in der Mitte der Oberschenkel, sondern auf Kniehöhe.

Fee

Seit Menschengedenken schweben Feen und Elfen durch unsere Märchen und Legenden. Manche sind freundlich und hilfsbereit, andere bösartig. Einige sind groß, andere klein, aber fast immer können sie fliegen. Diese luftigen Waldwesen umgibt stets eine Aura der Unberechenbarkeit und viele Geschichten erzählen, wie Menschen von ihnen in die Irre geführt wurden. Wir lieben Feen, wenn sie einem Kind Gutes tun, aber wir wissen auch, dass unser Leben völlig aus dem Fugen geraten kann, wenn sie sich einmischen.

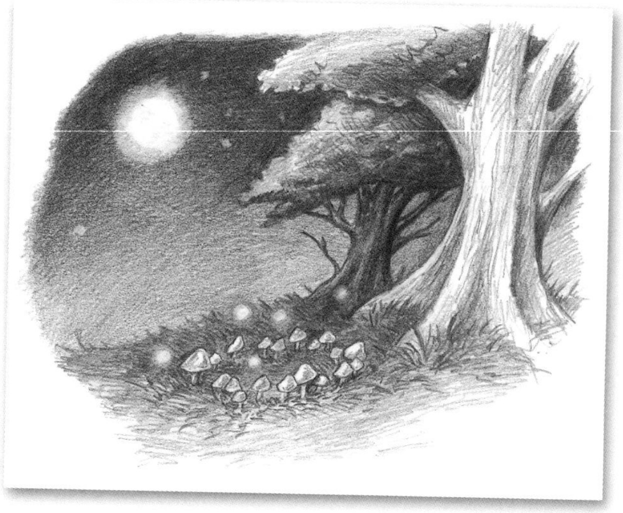

Zauberkräfte Abgelegene Hügel und die sogenannten Hexenringe – Kreise aus Pilzen – sind beliebte Treffpunkte der Feen und Elfen.

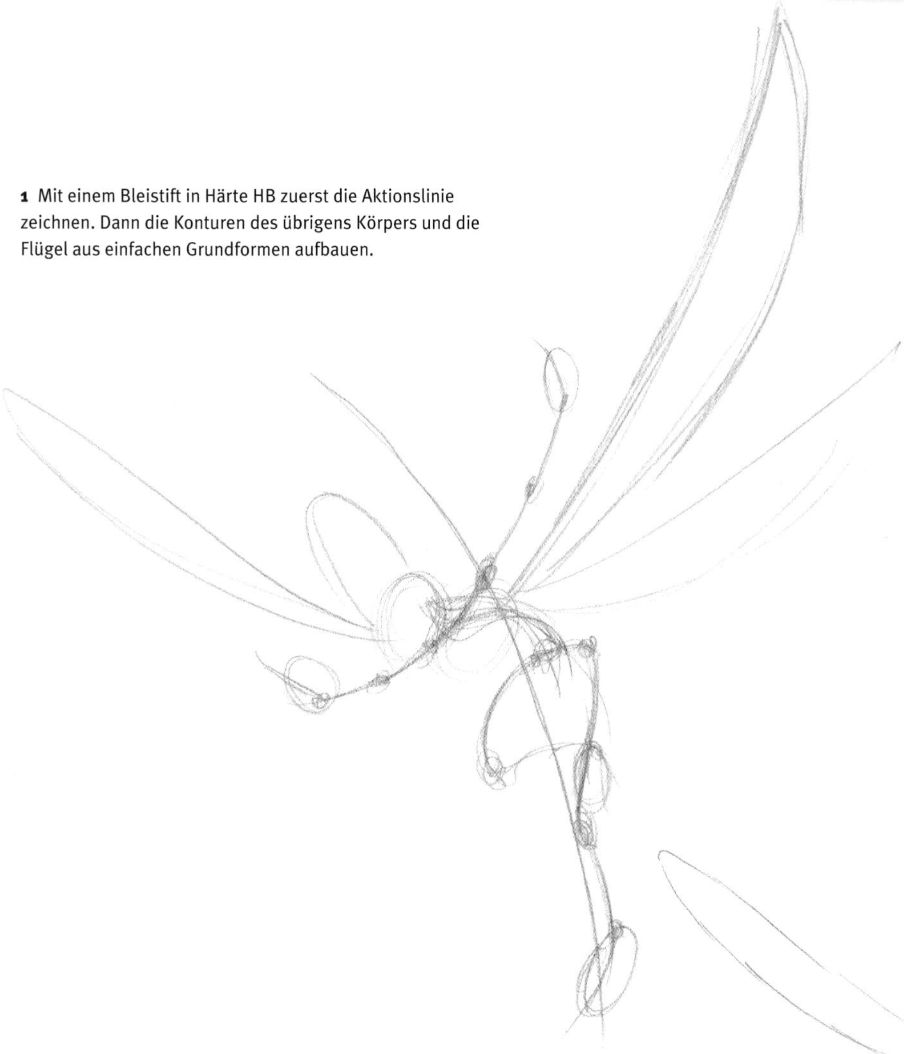

1 Mit einem Bleistift in Härte HB zuerst die Aktionslinie zeichnen. Dann die Konturen des übrigens Körpers und die Flügel aus einfachen Grundformen aufbauen.

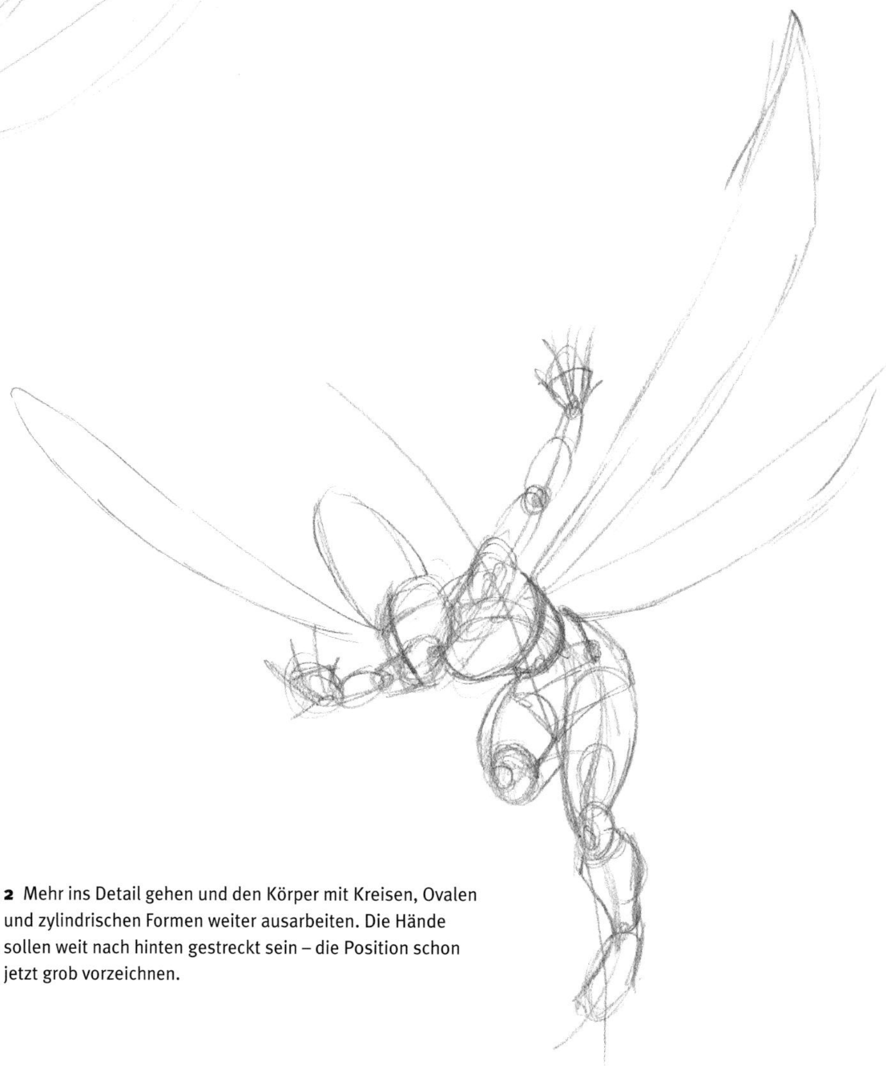

2 Mehr ins Detail gehen und den Körper mit Kreisen, Ovalen und zylindrischen Formen weiter ausarbeiten. Die Hände sollen weit nach hinten gestreckt sein – die Position schon jetzt grob vorzeichnen.

Elfenflügel

Sehr schöne und fantasievolle Elfenflügel können Sie zeichnen, wenn Sie die Flügel von Insekten wie Libellen oder Käfern studieren. Lassen Sie sich von der Struktur und den Farben der Natur inspirieren – selbst Blätter sind hervorragende Vorlagen.

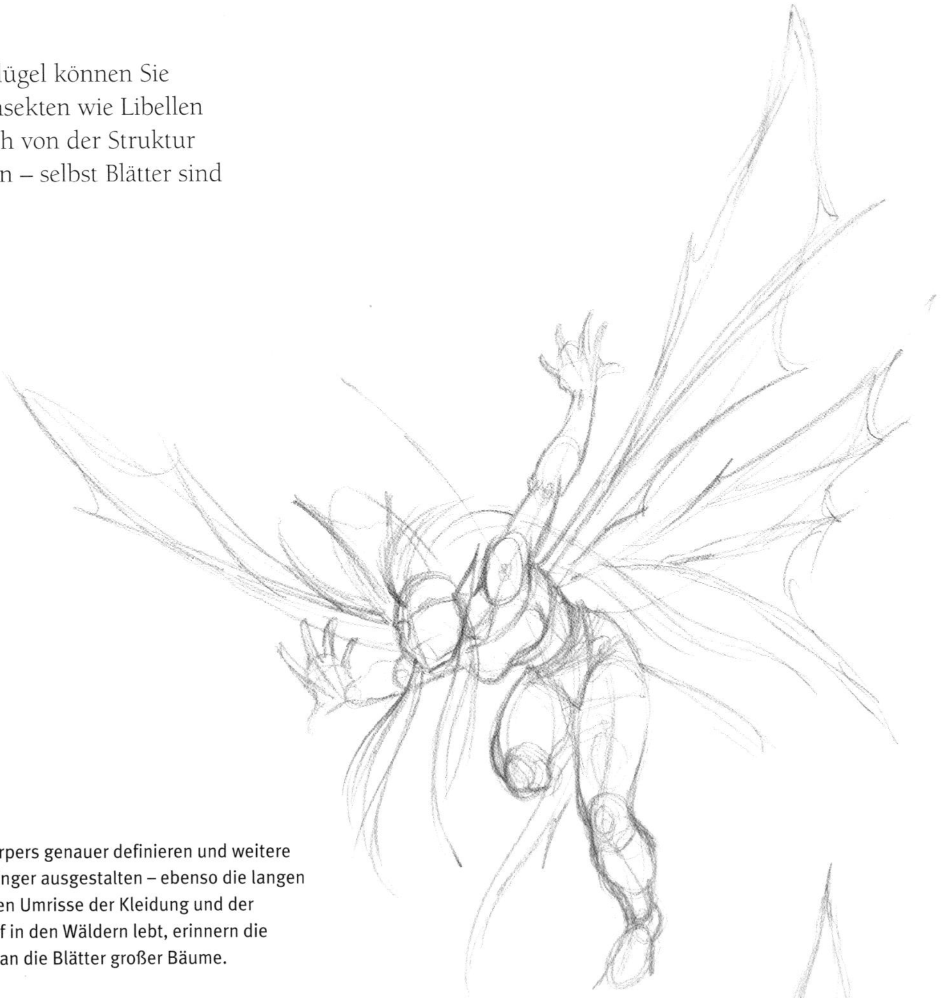

3 Nun die Form des Körpers genauer definieren und weitere Details zeichnen: Die Finger ausgestalten – ebenso die langen spitzen Ohren, die ersten Umrisse der Kleidung und der Haare. Da diese Elfe tief in den Wäldern lebt, erinnern die Strukturen ihrer Flügel an die Blätter großer Bäume.

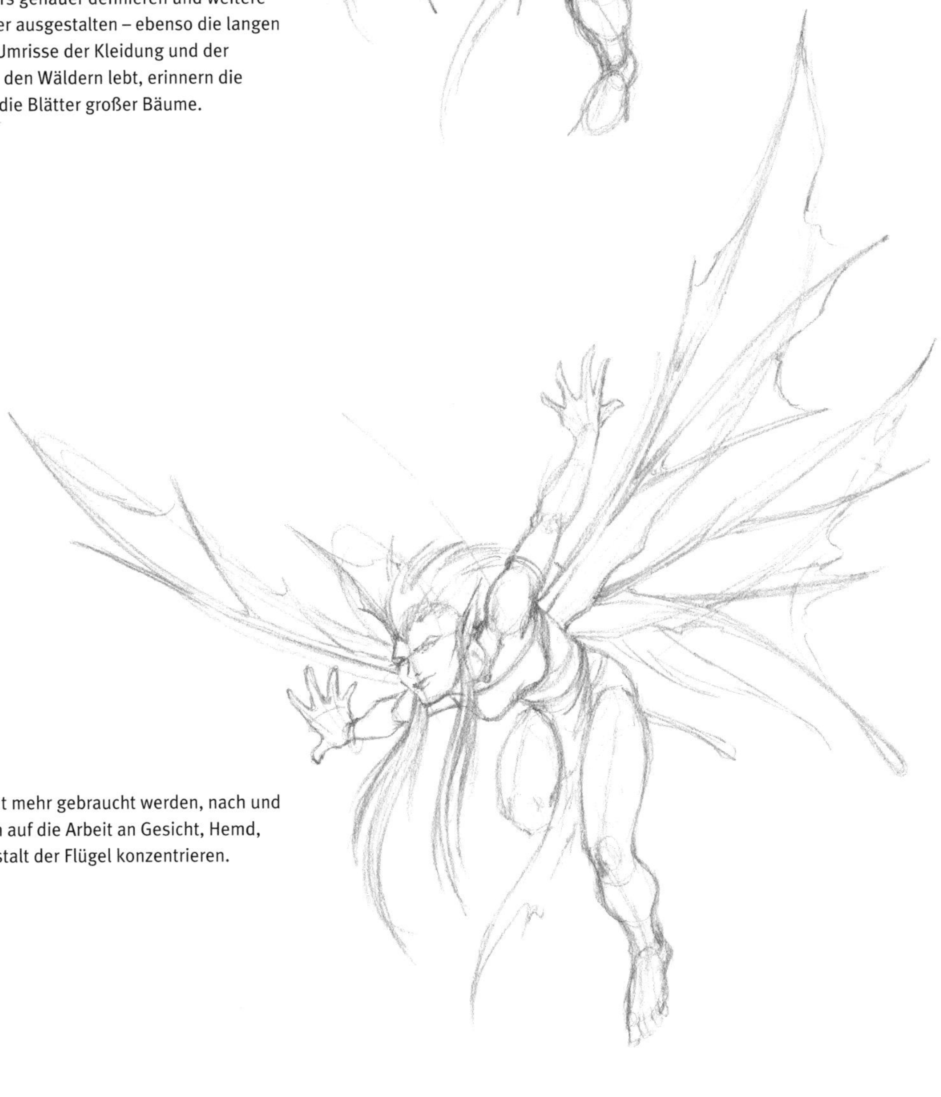

4 Alle Hilfslinien, die nicht mehr gebraucht werden, nach und nach ausradieren und sich auf die Arbeit an Gesicht, Hemd, Lendenschutz und die Gestalt der Flügel konzentrieren.

5 Mit einem Leuchttisch und einem feinen Bleistift in Härte H das Motiv auf dünnen Zeichenkarton übertragen. Dann weiter an den Details arbeiten: Die Fee erhält lange Wimpern, ihre Gewänder Bänder und Säume. Dann mit der Feinarbeit am Haar beginnen.

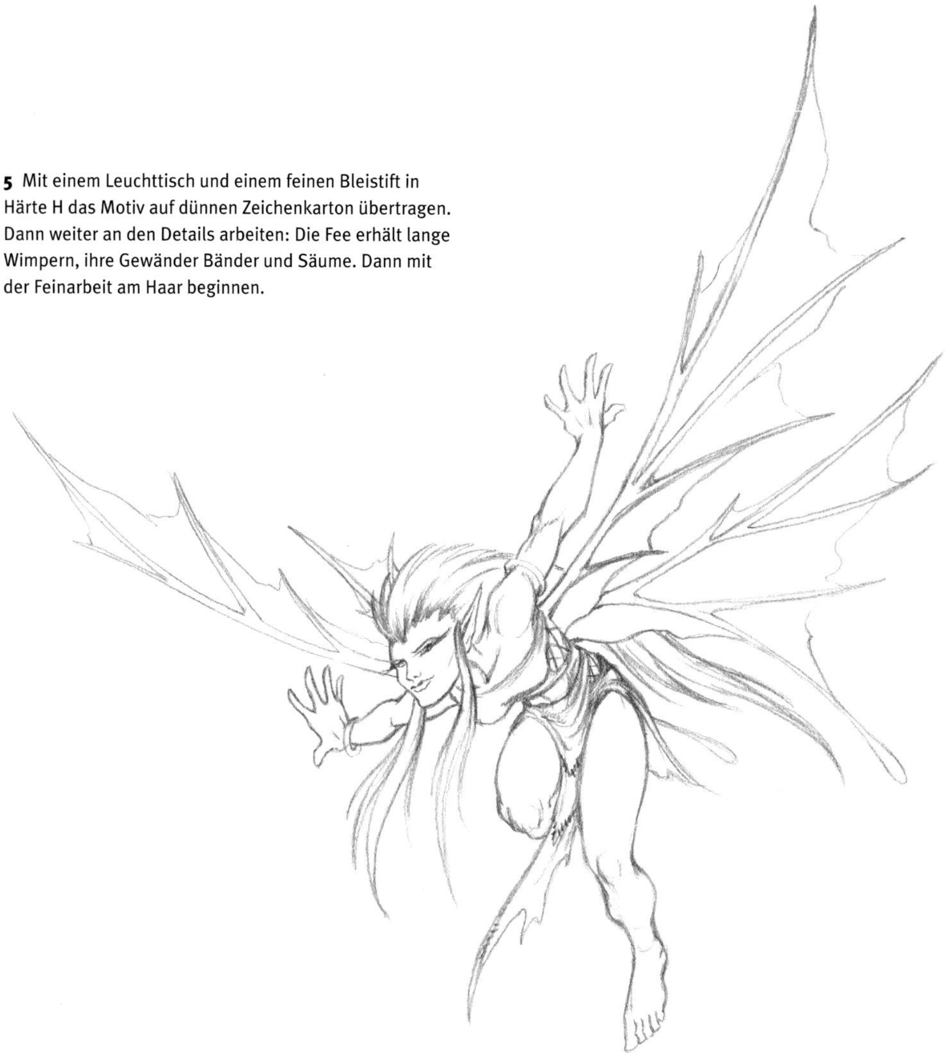

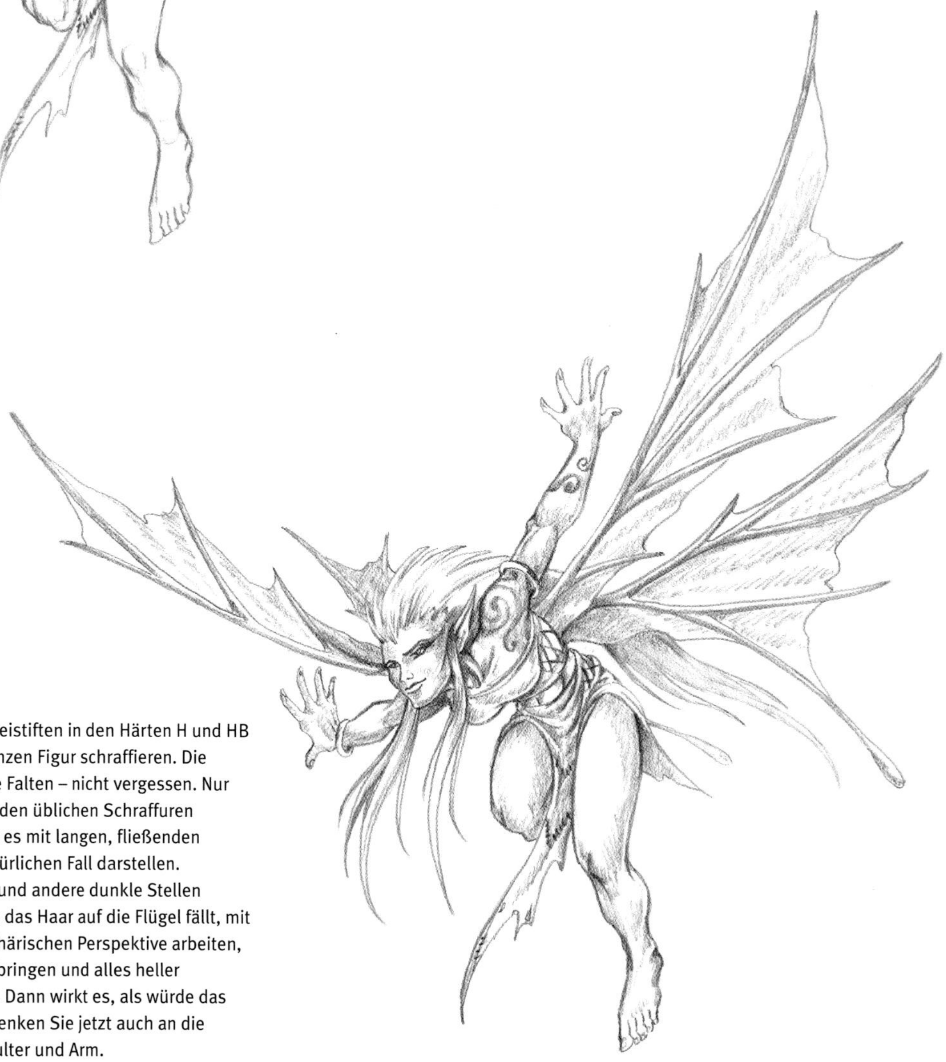

6 Mit verschiedenen Bleistiften in den Härten H und HB die Schatten auf der ganzen Figur schraffieren. Die Kleidung – vor allem die Falten – nicht vergessen. Nur das Haar wird nicht mit den üblichen Schraffuren versehen. Gestalten Sie es mit langen, fließenden Strichen, die seinen natürlichen Fall darstellen. Schatten auf dem Haar und andere dunkle Stellen stärker schraffieren. Wo das Haar auf die Flügel fällt, mit der Technik der atmosphärischen Perspektive arbeiten, also weniger Details anbringen und alles heller zeichnen (▶ Seite 224). Dann wirkt es, als würde das Haar im Wind fliegen. Denken Sie jetzt auch an die Tätowierungen auf Schulter und Arm.

7 Mit einem spitzen Bleistift in Härte HB die feinsten Details wie Finger- und Zehennägel formen. Mit den weicheren Stiften in Härte 2B und 3B nochmals an den Schatten arbeiten. Die Kleidung sollte etwas dunkler sein als die Haut und die Adern der Flügel dunkler als die Kleidung. Mit stärkeren Schraffuren erhalten die Flügel und die Kleidung Struktur.

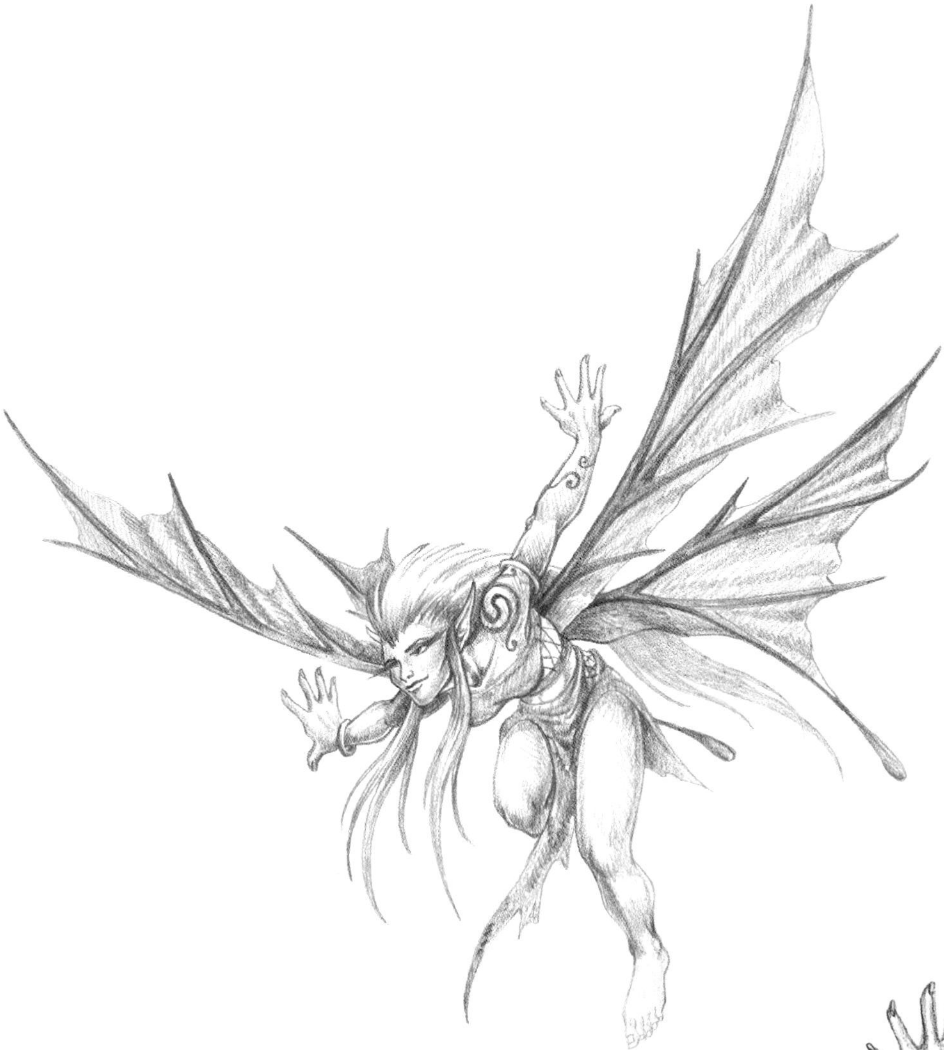

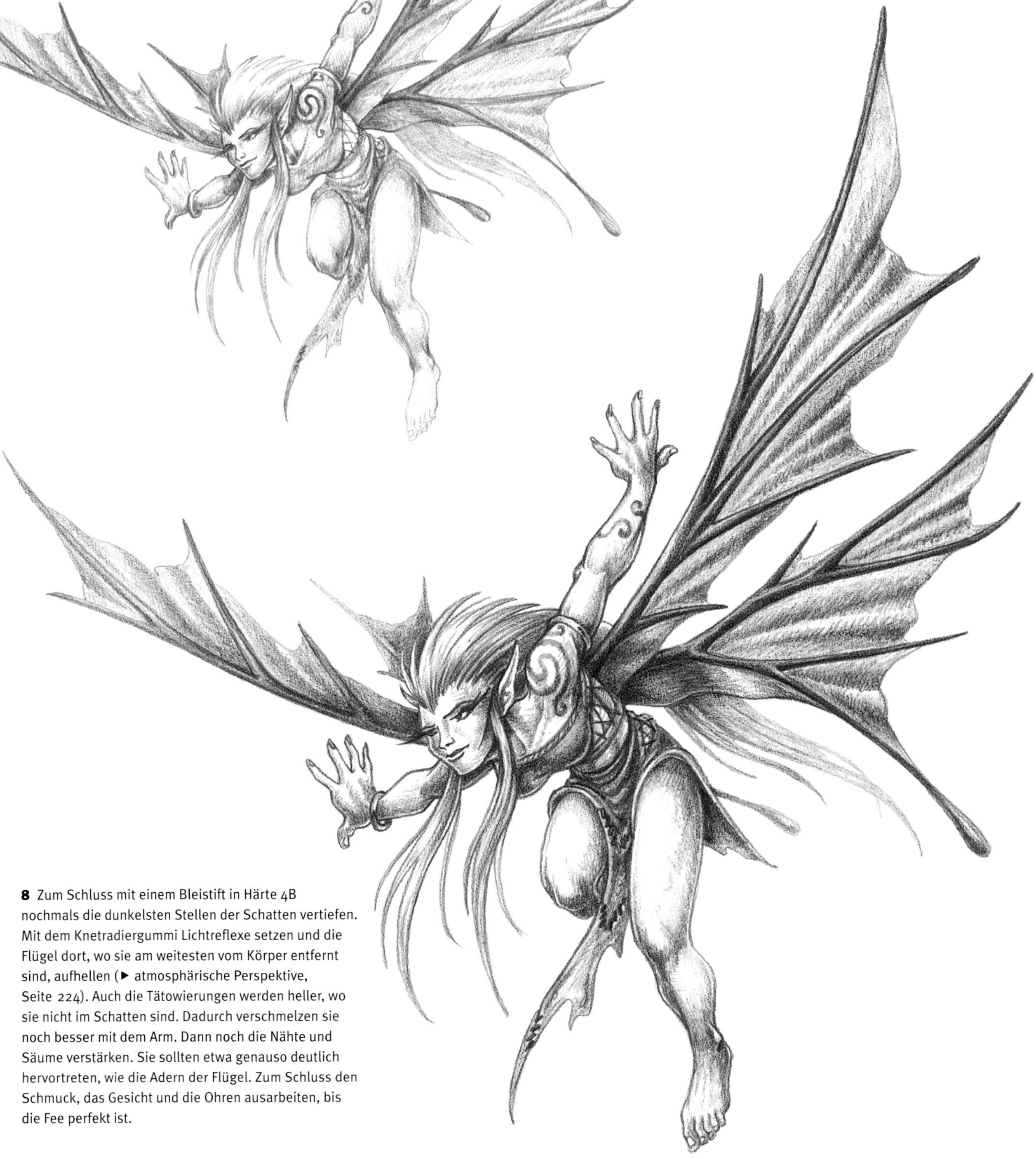

8 Zum Schluss mit einem Bleistift in Härte 4B nochmals die dunkelsten Stellen der Schatten vertiefen. Mit dem Knetradiergummi Lichtreflexe setzen und die Flügel dort, wo sie am weitesten vom Körper entfernt sind, aufhellen (▶ atmosphärische Perspektive, Seite 224). Auch die Tätowierungen werden heller, wo sie nicht im Schatten sind. Dadurch verschmelzen sie noch besser mit dem Arm. Dann noch die Nähte und Säume verstärken. Sie sollten etwa genauso deutlich hervortreten, wie die Adern der Flügel. Zum Schluss den Schmuck, das Gesicht und die Ohren ausarbeiten, bis die Fee perfekt ist.

Zyklop

Unser Bild vom einäugigen Zyklopen stammt aus der Welt der griechischen Sagen. In Homers Odyssee trifft der listige Odysseus diese riesenhaften Ziegenhirten und Schmiede auf einer Insel, die vermutlich das heutige Sizilien war.

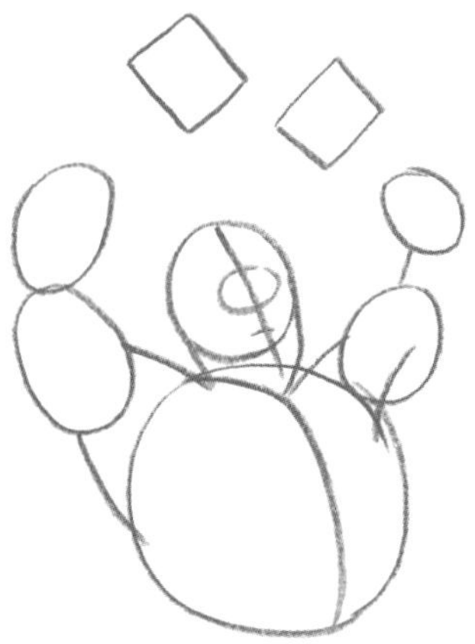

1 Mit einem Bleistift in Härte 2H die Grundformen des Oberkörpers und der Arme vorzeichnen, die über den Kopf gehoben sind.

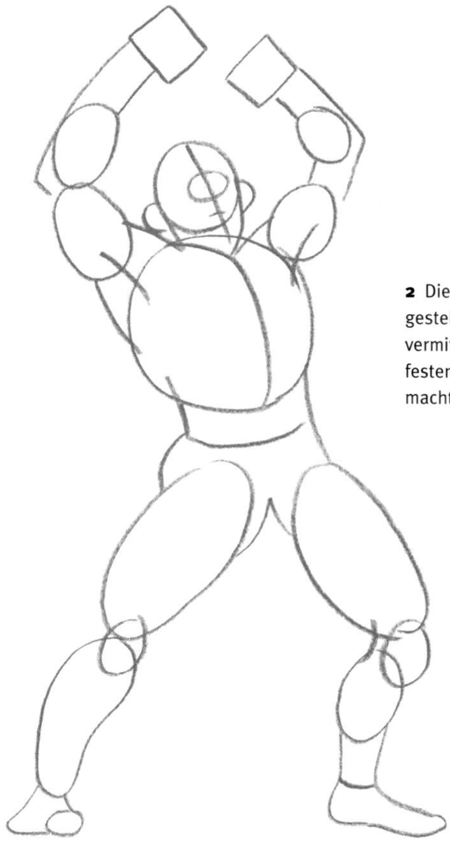

2 Die weit auseinander gestellten Füße und Beine vermitteln der Figur einen festen Stand und wirken machtvoll-bedrohlich.

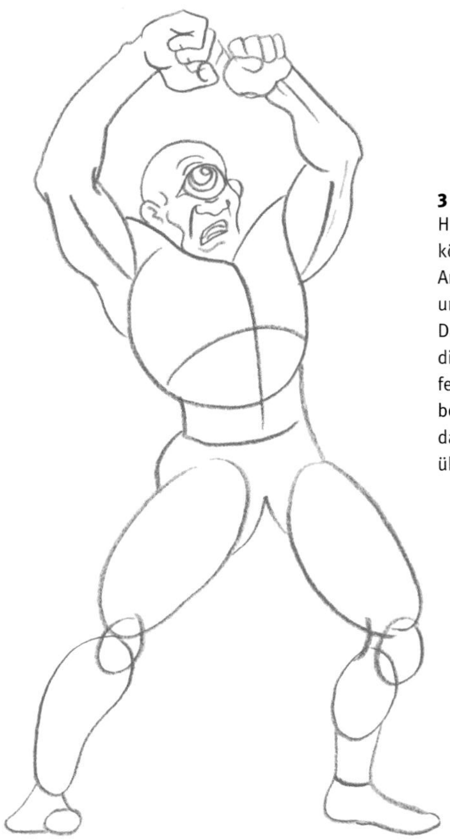

3 Mit einer geschwungenen Hilfslinie erhält der Oberkörper seine Rundung. Die Arme und Hände muskulös und kraftvoll gestalten. Dann mit einem HB Bleistift die Gesichtszüge grob festlegen. Die Nase muss betont breit sein – sie bildet das Gegengewicht zum übergroßen Auge.

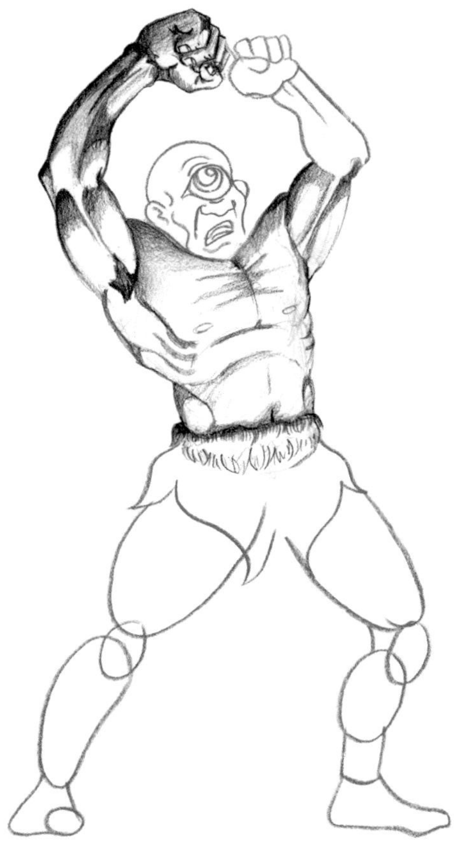

4 Das Lendentuch soll kaum die Hüften bedecken. Gestalten Sie seine Kontur und ebenso das Fellband am Bund mit dem HB Bleistift. Zu einem Bleistift in Härte 2B wechseln und in der oberen Hälfte des Zyklopen mit den Schraffuren beginnen. Damit die Muskeln am rechten Arm (▶ Seite 104 ff.) besonders gut zu sehen sind, lassen Sie das Licht von unten kommen. Um diese Lichtsituation weiter fortzuführen, müssen Sie auch die Muskelpartien des Oberkörpers so formen, als würden sie von unten beleuchtet werden.

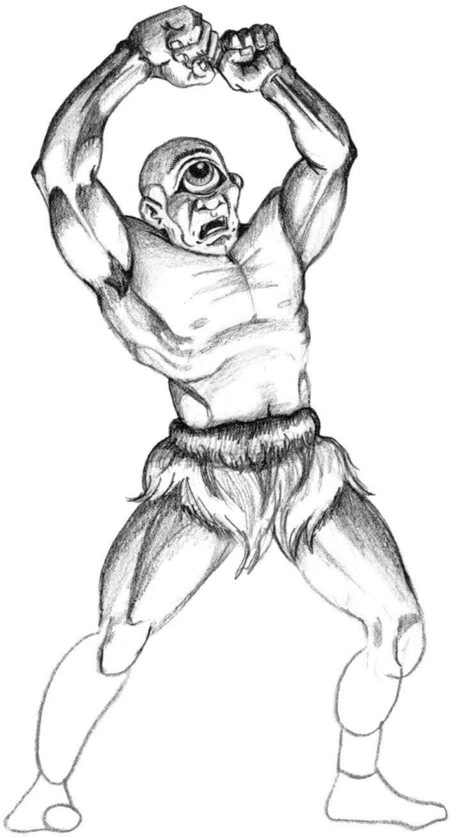

5 Mit dem Bleistift in Härte 2B das Gesicht schraffieren. Die dunkelsten Stellen sollen die Augenbraue und die Pupille werden. Anschließend auch den übrigen Körper schraffieren. Dabei erhält der Oberkörper dunklere Schatten als die untere Körperhälfte, denn er ist näher an der Lichtquelle. Mit einem frisch gespitzten Bleistift das weiche Fell des Lendenschurzes gestalten, das sich an die Beine schmiegt.

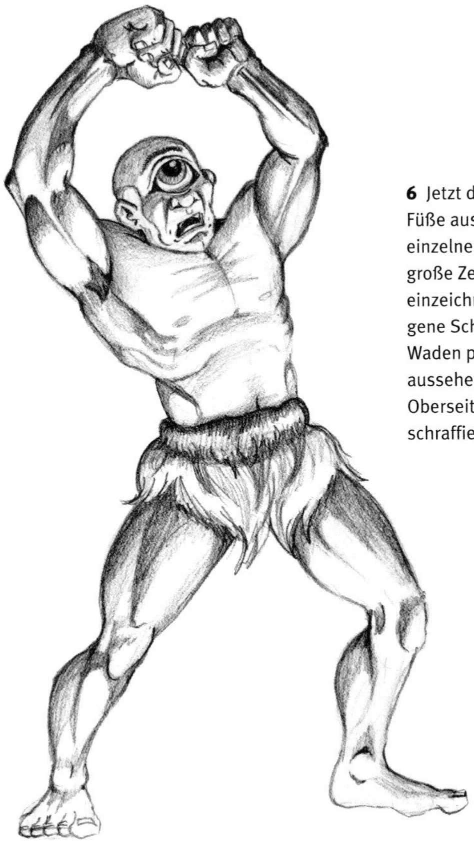

6 Jetzt die Beine und die Füße ausarbeiten. Die einzelnen Zehen und große Zehennägel einzeichnen. Geschwungene Schatten lassen die Waden prall und kräftig aussehen. Dann die Oberseite der Füße schraffieren.

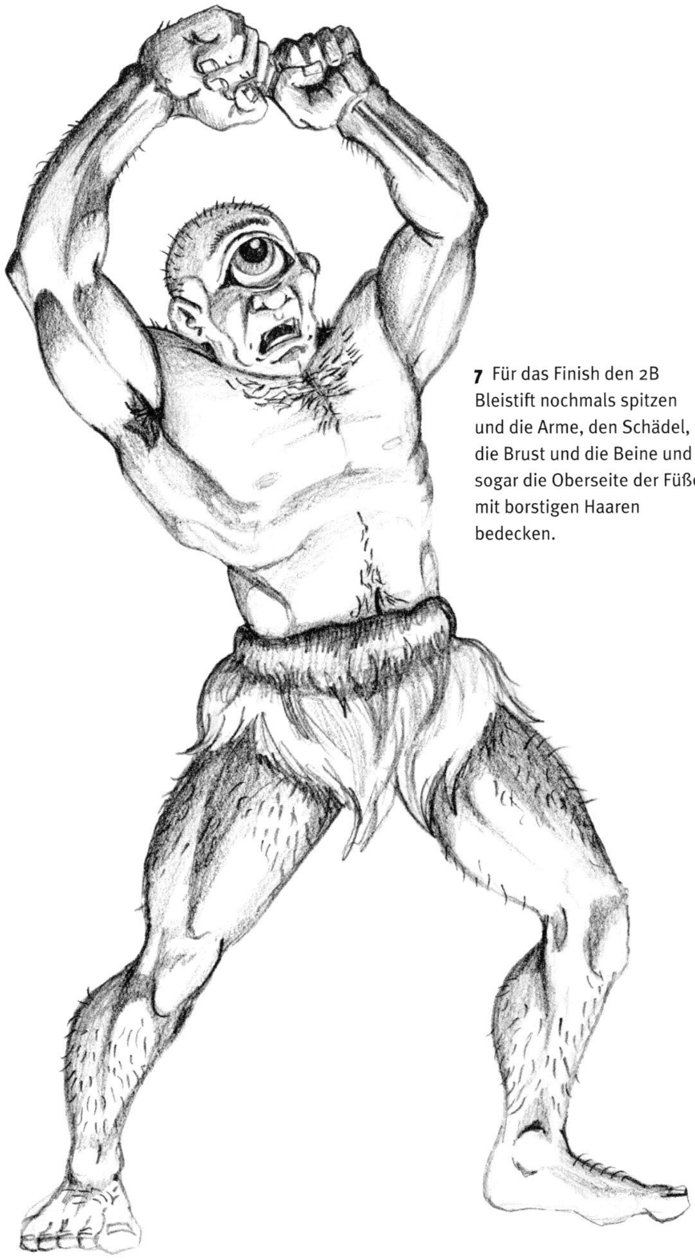

7 Für das Finish den 2B Bleistift nochmals spitzen und die Arme, den Schädel, die Brust und die Beine und sogar die Oberseite der Füße mit borstigen Haaren bedecken.

Hätten Sie's gewusst?

Aus der Odyssee kennen wir sogar den Namen eines Zyklopen. Polyphem nahm Odysseus und seine Gefährten gefangen, tötete und verschlang einige, ehe Odysseus ihn blenden und überlisten konnte: Als Polyphem seine Schafe auf die Weide trieb, versteckten sich die Griechen im Bauchfell der Tiere. Der blinde Zyklop konnte sie dort nicht sehen und so entkamen sie in die Freiheit. Die Zyklopen waren erstaunlich kunstvolle Schmiede. Neben dem Blitz des Zeus fertigten sie den Bogen der Artemis, den Dreizack des Poseidon und den Helm des Perseus.

Troll

Trolle gehören der skandinavischen Sagen- und Märchenwelt an. Sie sind groß und gewalttätig, aber auch einfältig und leicht zu übertölpeln. Da niemand gerne in ihrer Nähe ist, sind sie meist allein in Höhlen oder unter Brücken. Doch auch Trolle haben ihre Qualitäten: Sie können die Zukunft voraussagen und ihre Gestalt ändern.

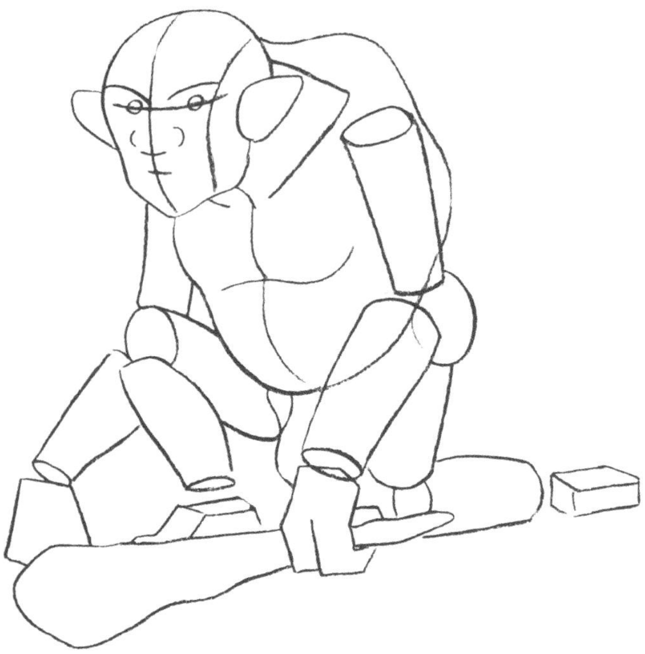

1 Mit einem Bleistift in Härte 2H die geometrischen Grundformen, aus denen dieser lauernde Troll besteht, fein vorzeichnen. Um die Gestalt dieses Lebewesens zu vermitteln, einen gedrungenen Oberkörper formen, ungeschlachte große Hände und Füße und einen übergroßen Kopf. Arme und Beine sind unförmig – die grob zugehauene Keule verstärkt den Eindruck des Unfertigen noch.

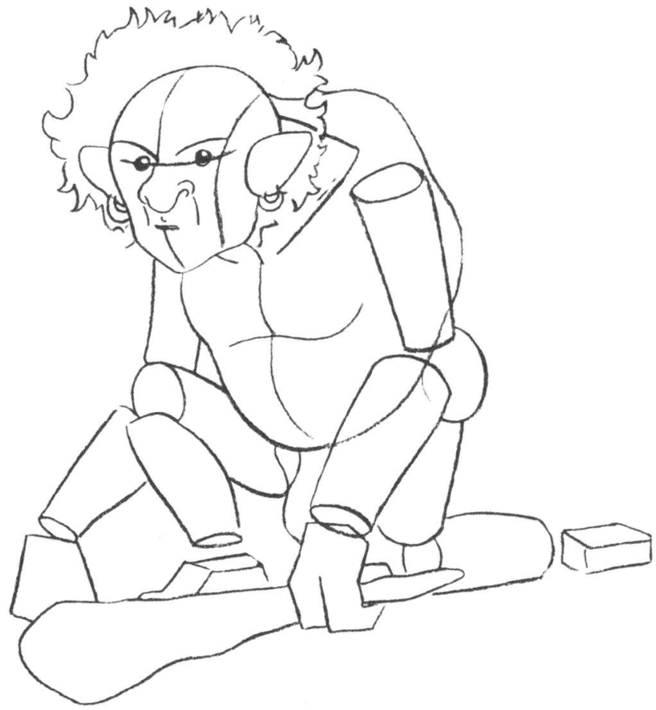

2 Damit der Troll nicht ganz unmenschlich wirkt und Persönlichkeit ausstrahlt, geben Sie ihm ein Gesicht: kleine runde Augen, eine Knollnase mit großer Warze, spitze Ohren mit Ringen und ein Büschel ungekämmter Haare. Stellen Sie eher einen kraftvollen Dummkopf dar, als ein gefräßiges Monster.

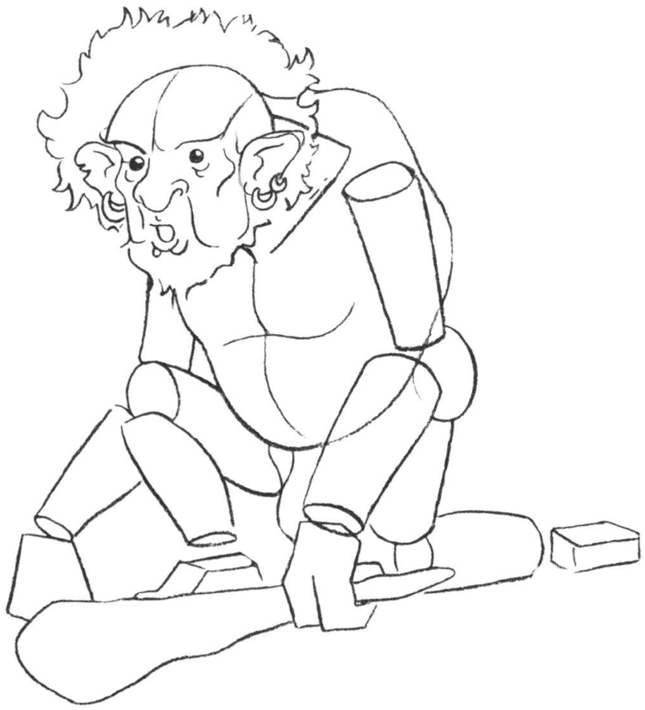

3 Das rechte Ohr etwas ausfransen; das linke erhält noch einen zweiten Ohrring. Einen kleinen, offenen Mund zeichnen und ein Kinn, das nach unten gesunken ist. Den Bart mit derselben Strichtechnik zeichnen, wie das Haar.

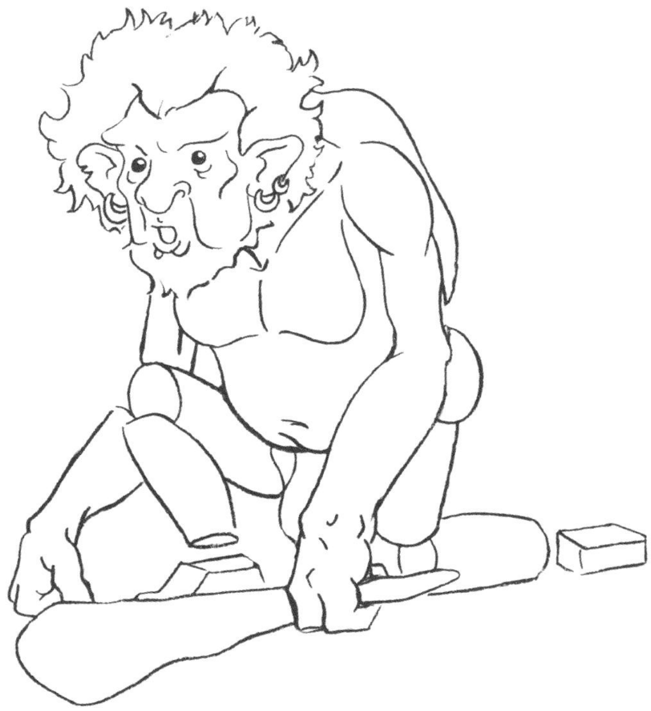

4 Nun werden Brust, Nacken, Arme und Hände detaillierter dargestellt. Anschließend die überflüssigen Hilfslinien für das Gesicht ausradieren. Dann das Haar in die Stirn ziehen und die Augenbrauenwülste einzeichnen.

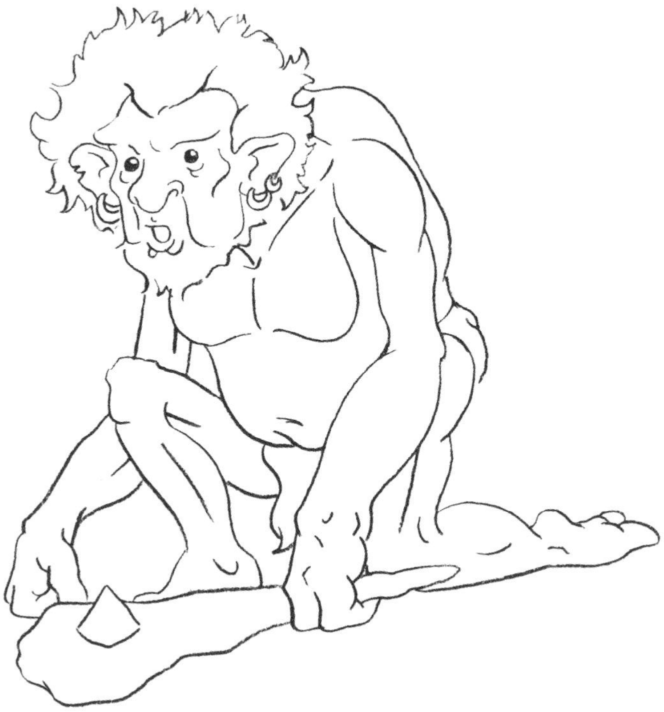

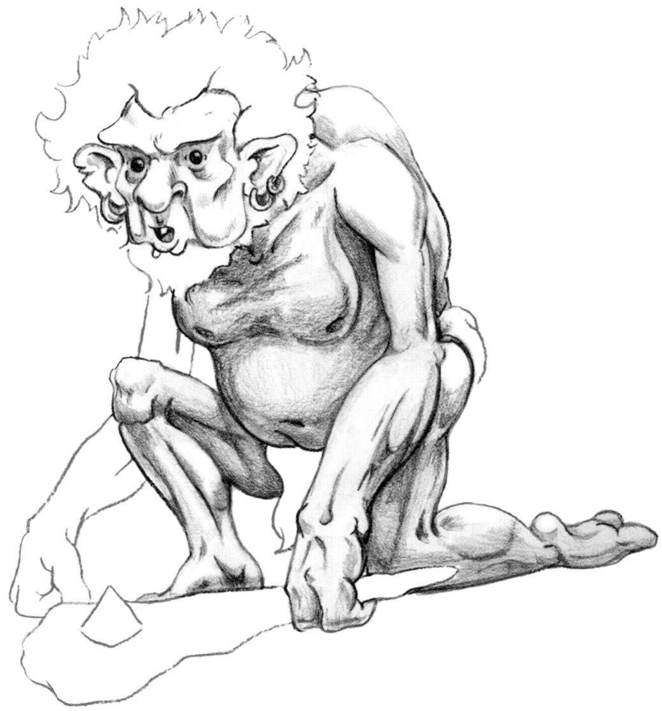

5 Wie die Arme auch die Beine uneben gestalten. Die Gelenke verdicken und ihnen eckige Formen geben. Das heißt, Knie, Ellbogen, Knöchel und Handgelenke werden kantig gestaltet – mit Linien, die knicken. Die Keule bekommt Schraffuren und einen widerwärtigen Nagel.

6 Nun dem Körper des Trolls durch Schraffuren Gestalt verleihen: Mit einem 2B Bleistift nach und nach das Gesicht, dann einen Arm, ein Bein ausgestalten usw. Die Anatomie des Körpers wird klar und überzeugend, denn jedes Teil erhält volle Aufmerksamkeit.

7 Zum Schluss erhält der Troll zunächst weitere Warzen. Dann kommt das Haar an die Reihe: Mit einem strahlenförmigen Muster die Wellen ausformen – dabei teils mit, teils gegen den Uhrzeigersinn arbeiten,damit das Haar wild und ungeflegt wirkt. Auch den Bart und den Lendenschurz mit dieser Technik feiner ausarbeiten. Dann nochmals den Körper nachschraffieren und die Schatten vor allem dort vertiefen, wo sich Körperteile treffen. Mit welligen, durchbrochenen Formlinien entsteht der hölzerne Charakter der Keule. Zuletzt den Nagel bearbeiten – er soll eine pyramidenartige Form haben.

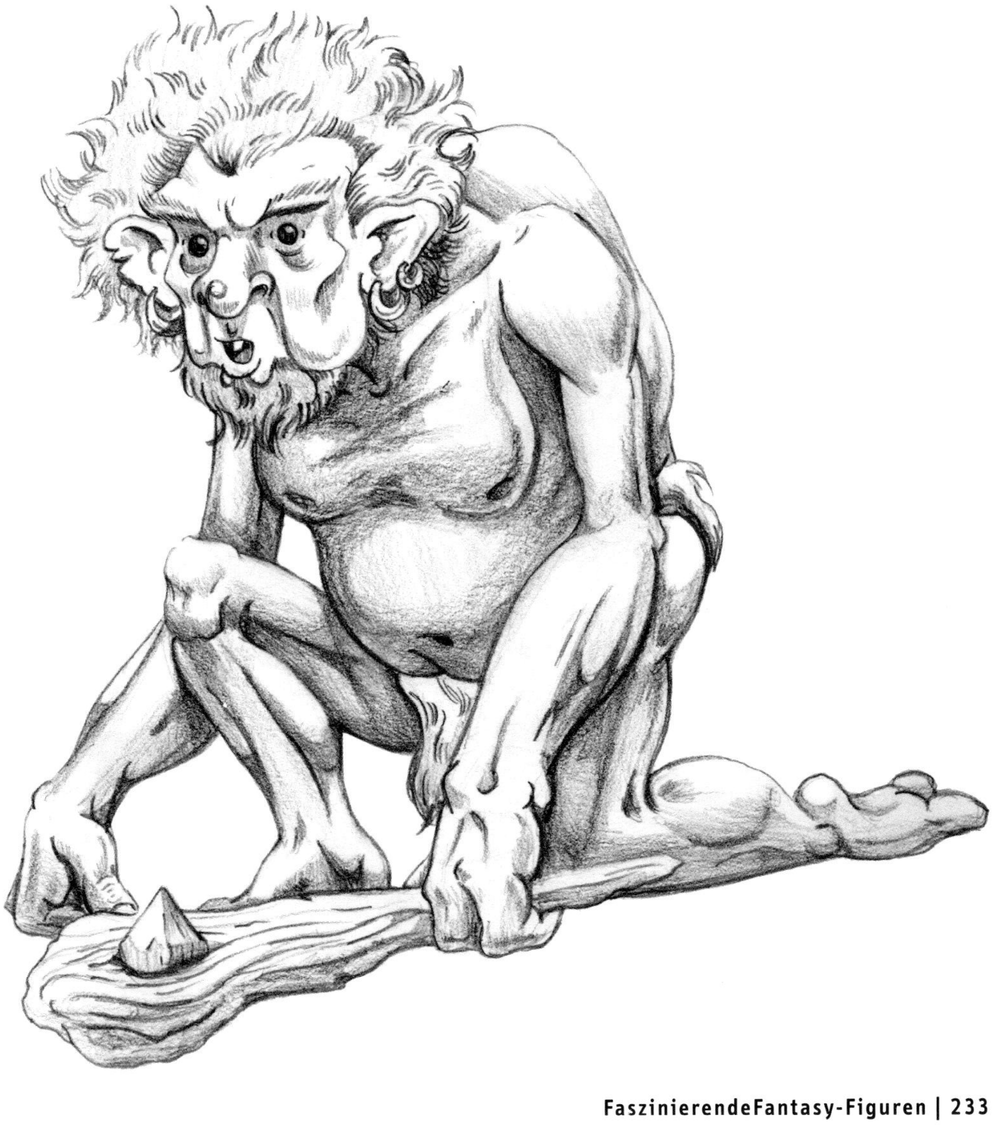

Ein Monster mit Schwächen

Trolle lieben Menschenfleisch. Doch obwohl diese brutalen Kreaturen Angst und Schrecken verbreiten, fehlt ihnen jede Hinterhältigkeit. Ihr Schwachpunkt ist die Sonne – sobald ein Troll von einem Sonnenstrahl getroffen wird, wird er auf der Stelle in Stein verwandelt.

Zwerg

Klein an Gestalt leben Zwerge unter Erde, wo sie ihre Schätze bewachen. Doch Zwerge sind auch Hüter eines geheimen Wissens – das verrät schon die Bezeichnung Gnom. Gnom ist vom griechischen Wort *Gnosis* abgeleitet, das Wissen heißt.

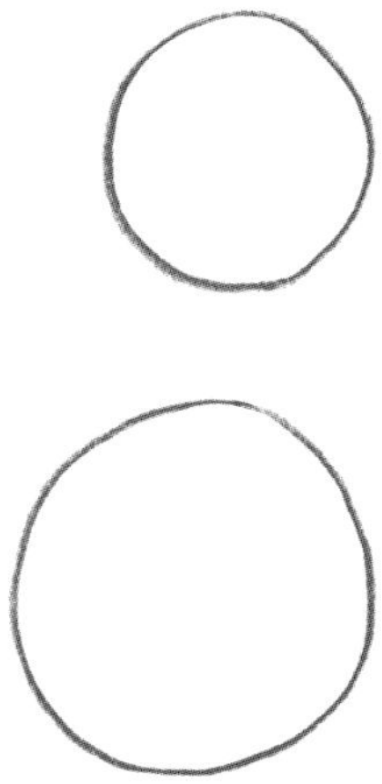

1 Mit einem Bleistift in Härte 2H je einen Kreis für den Kopf und den Bauch des Zwergs zeichnen.

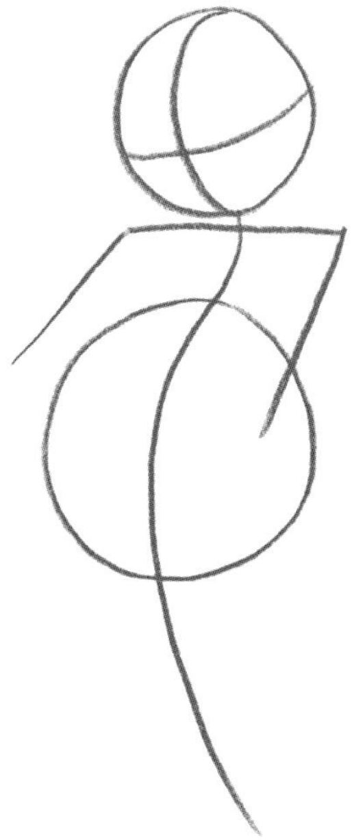

2 Die Hilfslinien für die Gesichtszüge und eine Linie durch den ganzen Körper anbringen, der die Gestalt formt.

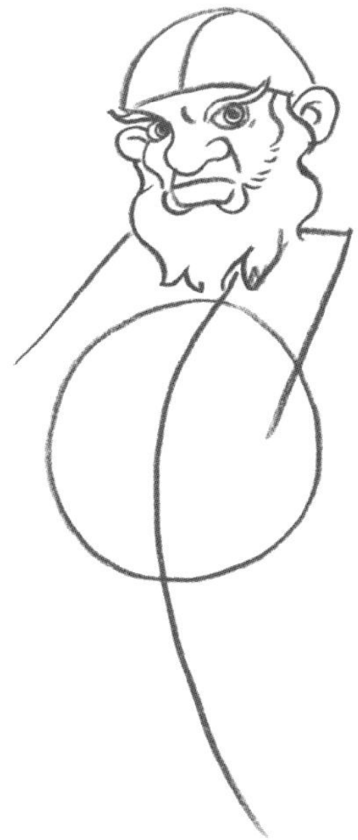

3 Dem Zwerg mithilfe der Hilfslinien runde Augen, eine breite Nase und einen abschätzig verzogenen Mund geben. Es folgen kleine Ohren und ein dichter Bart, der die Linie auf der rechten Brustseite unterbricht. Mit dicken Augenbrauen und Hilfslinien für die Mütze nimmt das Zwergengesicht klare Formen an. Erste sachte Schraffuren im Bart anbringen.

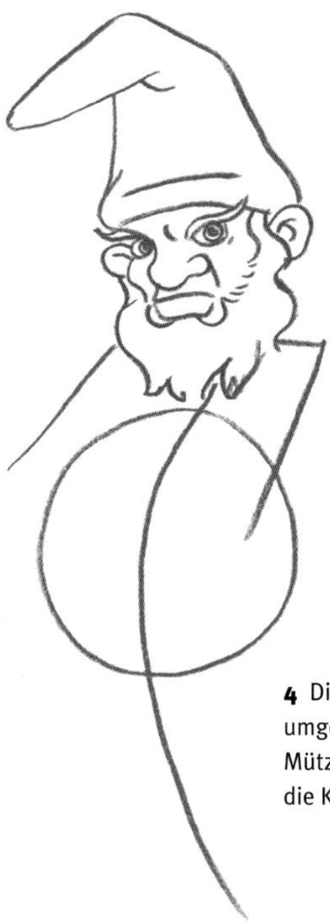

4 Die Mütze bekommt oben eine umgeklappte Spitze. Der Rand der Mütze wird etwas runder, damit man die Kopfform darunter besser erkennt.

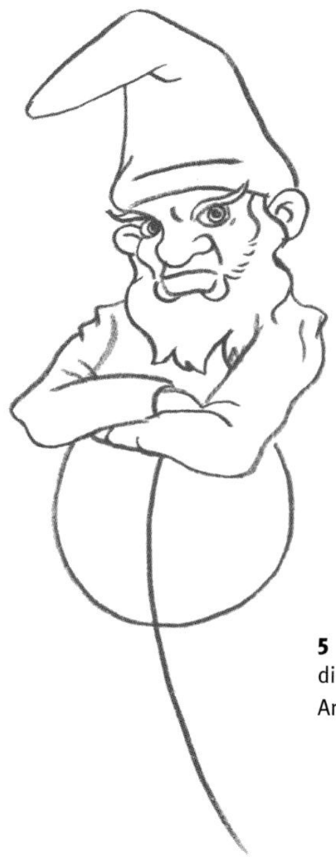

5 Auf den Hilfslinien aufsetzend jetzt die Schultern und die gekreuzten Arme zeichnen.

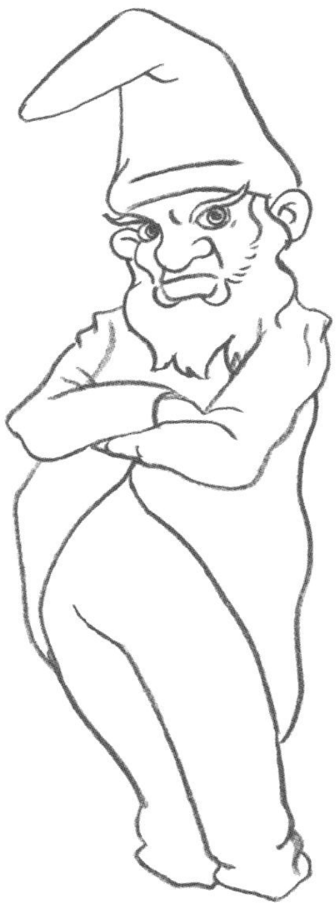

6 Den Gehrock über die Hüften fallen lassen, die Konturen sollen sich ein wenig wellen, um die rundliche Körperform des Zwergs anzudeuten. Die Hosenbeine beulen über den Knöcheln.

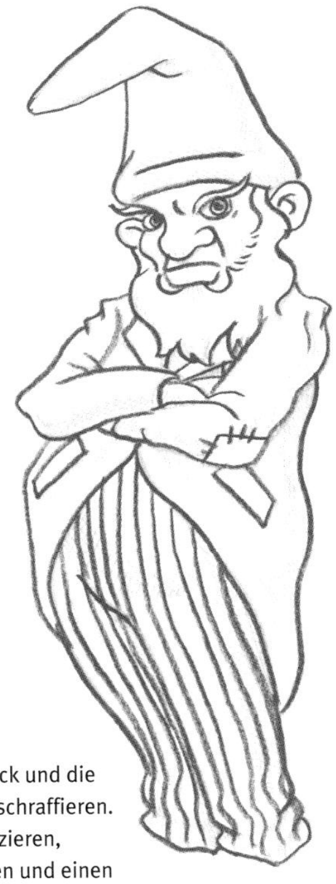

7 Die Mütze, die Arme, den Rock und die Hose stellenweise ganz leicht schraffieren. Dann die Hose mit Streifen verzieren, Taschen auf den Gehrock setzen und einen Flicken auf die Ellbogen. Die Streifen folgen den Falten der Hosenbeine an den Knöcheln.

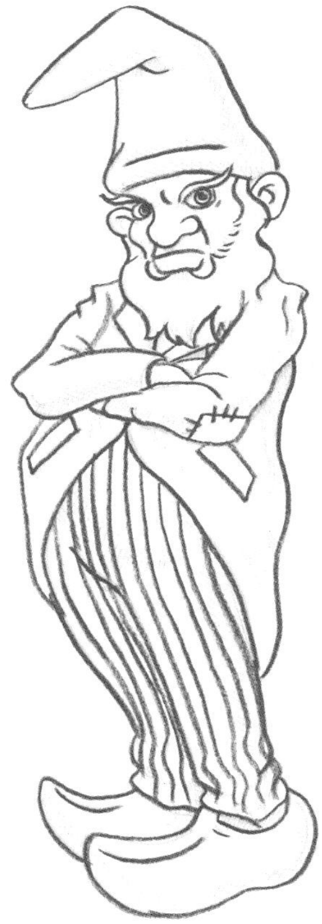

8 Große Holzschuhe machen die Kleidung des Zwergs perfekt. Auch sie werden gerade so stark schraffiert, dass man ihre Form ahnen kann.

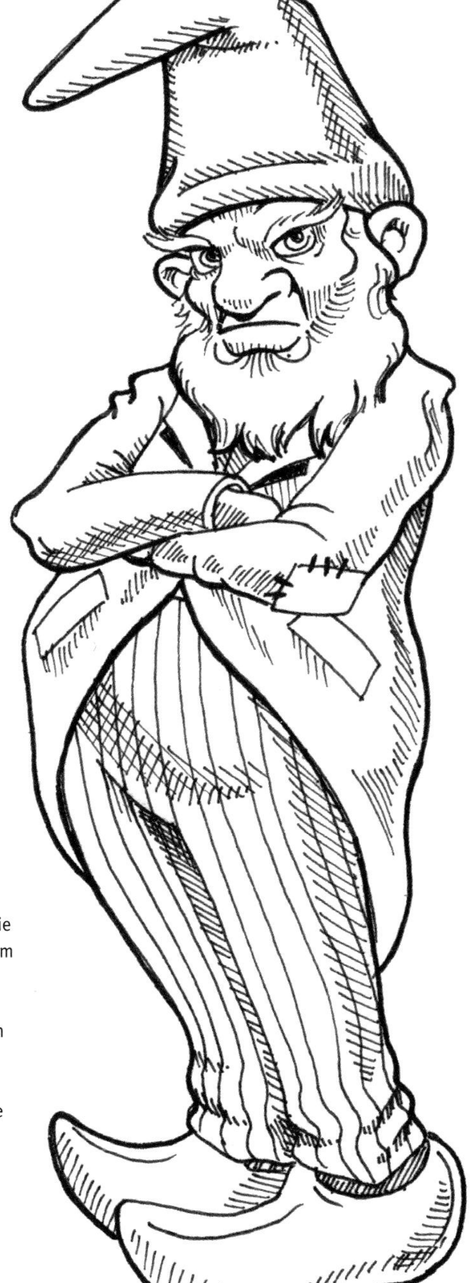

9 Mit einem Minenschreiber in Stärke 0.2 mm alle Linien nachfahren. Wenn die Tinte getrocknet ist, behutsam mit einem Radiergummi über die Figur gehen. Anschließend die äußeren Umrisse mit einem Minenschreiber in Stärke 0.5 mm verstärken und auffallende Schraffuren setzen, die dem Zwerg noch mehr Charakter verleihen. Jetzt auch noch die letzten Bleistiftlinien ausradieren.

Viel mehr als ein Gartenzwerg

Zwerge sind Wächter mit starken Schutzkräften, deshalb stellen wir Menschen bis heute gerne eine Zwergenfigur im Garten auf, um unser Zuhause zu beschützen. Ähnlich wie Trolle werden Zwerge sofort in Stein verwandelt, wenn sie ein Sonnenstrahl trifft. Zwerge lieben Tiere und wachen über sie und ihr Wohlergehen. In Island werden Zwerge bis heute so geachtet, dass man Straßen um ein Gebiet, in dem Zwerge leben sollen, herum führt.

Zentaur

Die Zentauren der griechischen Sage sind zur einen Hälfte Mensch, zur anderen Pferd und sollen auf Zentaurus, einen Sohn des Gottes Apollon zurückgehen. Da diese Lebewesen innerlich zwischen ihrer tierischen und ihrer menschlichen Seite zerrissen sind, ist ihre Natur wüst und aggressiv. Zeus ruft sie, wenn es gilt, Menschen oder Götter zu strafen. In der gewählten Pose sind die beiden Seiten des Zwitterwesens gut zu sehen.

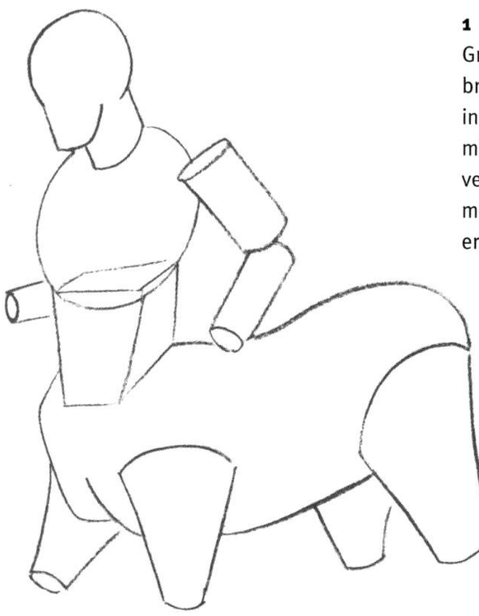

1 Als Erstes mit einem 2B Bleistift die Grundformen des Zentauren zu Papier bringen. Dabei an die Silhouette denken, in der beide Aspekte des Wesens miteinander zu einer glaubhaften Einheit verschmelzen sollen. Auch die Grundformen müssen ein stimmiges Ganzes ergeben und sollen Kraft ausstrahlen.

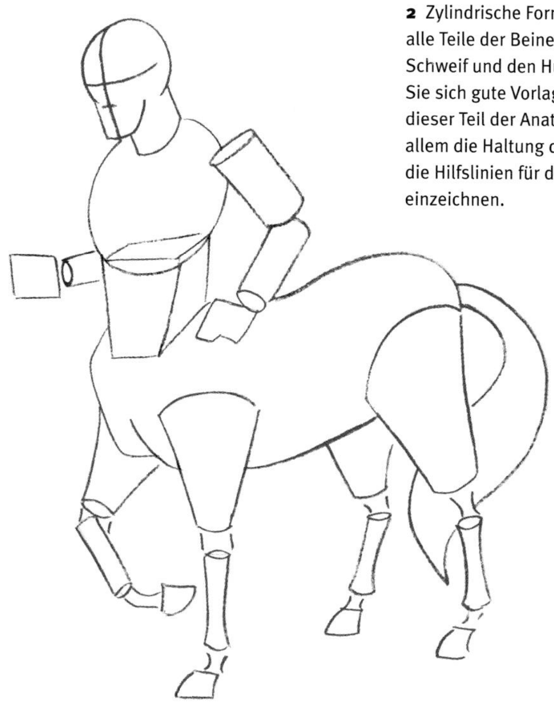

2 Zylindrische Formen für die Hände und alle Teile der Beine zeichnen. Mit dem Schweif und den Hufen fortfahren. Holen Sie sich gute Vorlagen von Pferden, damit dieser Teil der Anatomie stimmt – vor allem die Haltung der Beine. Anschließend die Hilfslinien für die Gesichtszüge einzeichnen.

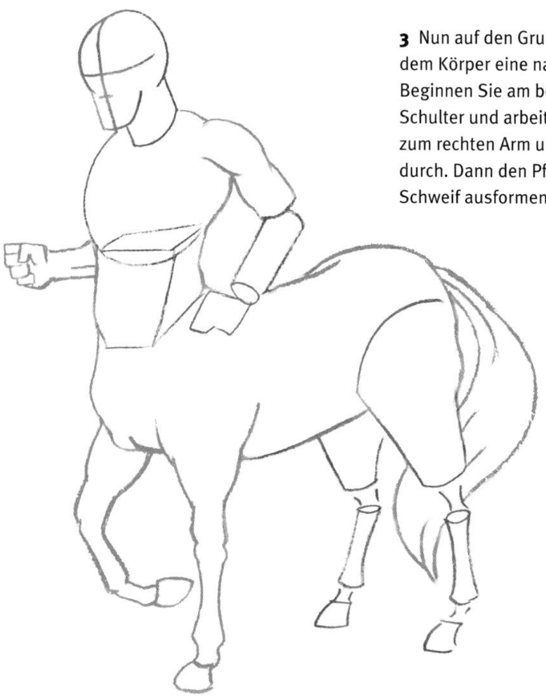

3 Nun auf den Grundformen aufbauend dem Körper eine natürliche Gestalt geben. Beginnen Sie am besten mit der linken Schulter und arbeiten Sie sich langsam zum rechten Arm und zu den Vorderbeinen durch. Dann den Pferderücken und den Schweif ausformen.

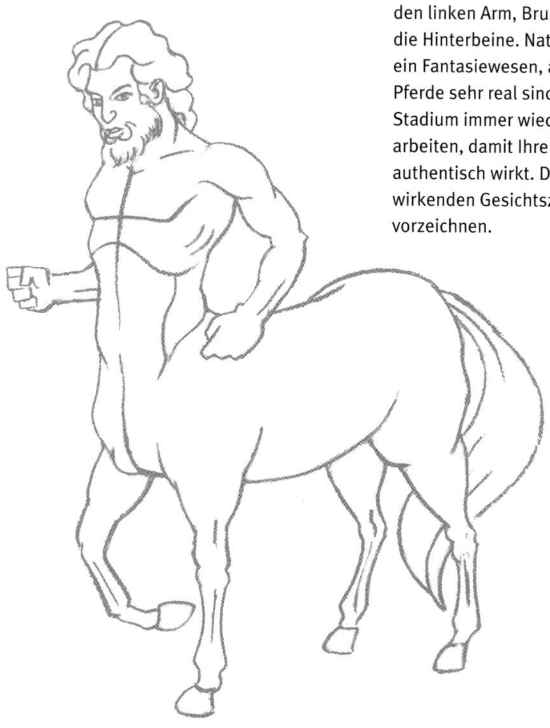

4 Den restlichen Körper ausformen, also den linken Arm, Brust und Rumpf sowie die Hinterbeine. Natürlich ist ein Zentaur ein Fantasiewesen, aber da Menschen und Pferde sehr real sind, sollten Sie in diesem Stadium immer wieder mit guten Vorlagen arbeiten, damit Ihre Figur lebensecht und authentisch wirkt. Dann die energisch wirkenden Gesichtszüge, Haar und Bart vorzeichnen.

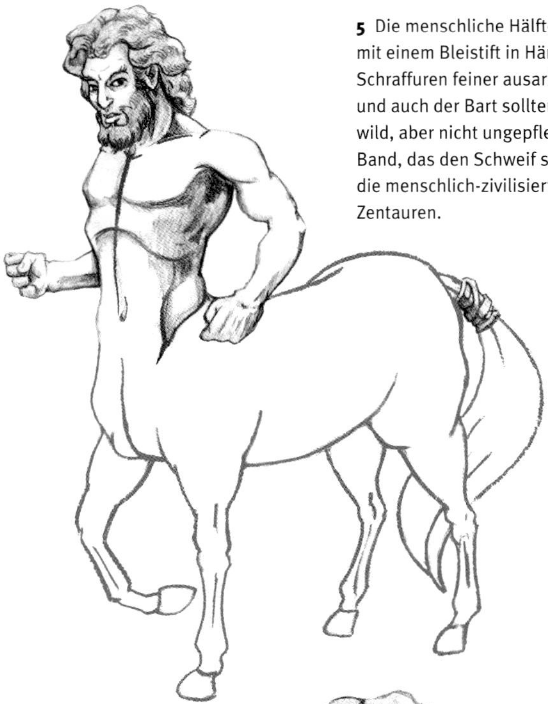

5 Die menschliche Hälfte des Zentauren mit einem Bleistift in Härte 2B mit ersten Schraffuren feiner ausarbeiten. Das Haar und auch der Bart sollten kraftvoll und wild, aber nicht ungepflegt wirken. Das Band, das den Schweif schmückt, betont die menschlich-zivilisierte Seite des Zentauren.

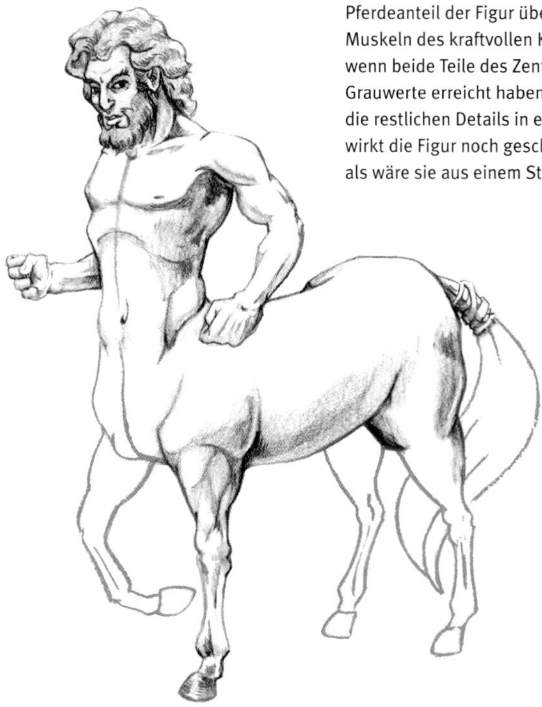

6 Ehe Sie die menschlichen Formen ganz fertigstellen, gehen Sie zu dem Pferdeanteil der Figur über und formen die Muskeln des kraftvollen Körpers. Erst wenn beide Teile des Zentauren dieselben Grauwerte erreicht haben, zeichnen Sie die restlichen Details in einem Zug ein. So wirkt die Figur noch geschlossener und so, als wäre sie aus einem Stück.

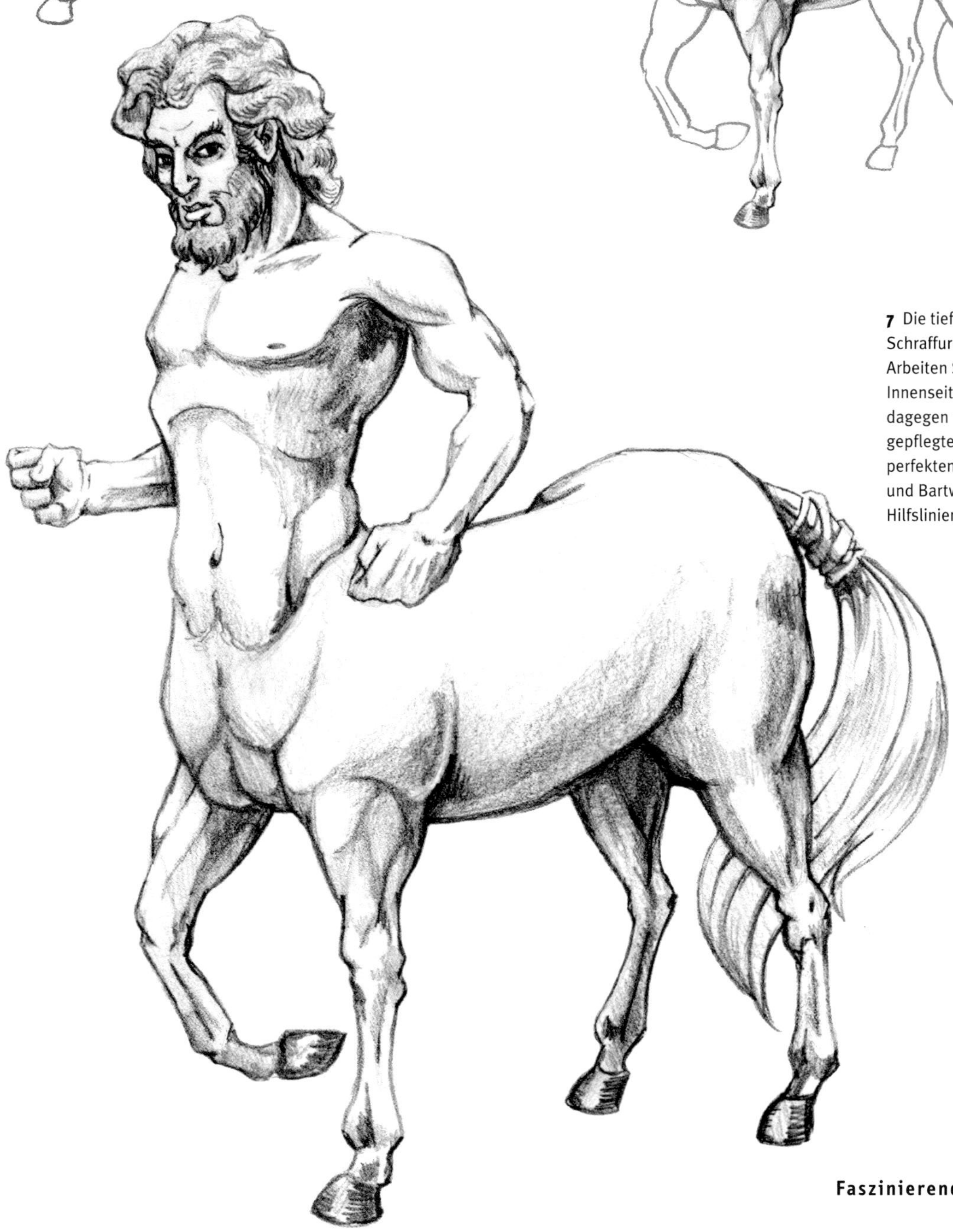

7 Die tiefsten Schatten und dunkelsten Schraffuren sind noch nicht gezeichnet. Arbeiten Sie sie am Bauch und an den Innenseiten der Beine ein. Der Schweif dagegen fällt weich und glänzend in einer gepflegten Welle. Er bildet einen perfekten Kontrapunkt zum wilden Haar- und Bartwuchs. Dann noch die letzten Hilfslinien ausradieren.

Register

A

Aktionslinie 15, 95, 202, 203, 211
Aktzeichnungen 132–147
Alter 66-69, 175
-, Kinder 74, 76, 77
Anatomie 98–110, 112
-, Gesicht 38, 154
Arbeitsplatz 6
Arm, Anatomie 104–106
Atmosphärische Perspektive 224
Auge, Grundaufbau 43–45, 156
Augen .... 16–19, 22 ff., 40 ff., 76, 77, 156, 163 ff.
-, Comics .... 187 ff.
-, Manga 212, 214
Augenbrauenlinie .... 16–19, 20 ff., 76, 77, 163 ff., 187, 189, 214

B

Babys 80, 81, 187, 192
-, Gesichtsproportionen 76, 77
-, Hände und Füße 113
Balance .... 114 ff.
Bart 55, 67, 125, 169
Bein, Anatomie 107–109
Beobachten ... 14, 74, 120ff., 191–194, 225
Bewegungen zeichnen 15, 94, 114, 116, 118, 202
-, Kinder 74, 118, 119
-, Sport 95, 118, 119
Bewegungsskizzen 118
Beziehungen 31–33
Bibliothek 185
Bildaufbau .... 30 ff., 74, 130, 210
Bildaussage 33
Bilder verbessern .... 36, 178 ff.
Bildergeschichte .... 183 ff., 210
Bleistifte .... 7 ff., 150, 184, 207
-, spitzen 7, 11, 184
Blickrichtung 31, 40, 45, 153, 188
Blickwinkel 90, 164, 188
Blind zeichnen 14
Brustansicht 98, 102

C

Charakteristische Merkmale 17, 37, 69, 88, 197
Chibis 216

D

Darstellung, realistische............28 ff., 36 ff., 52 ff., 56, 60ff., 74, 190, 196, 224, 236
Dramatik 59, 153, 210
Dreiviertelansichten 24–27, 41-42, 57, 58, 62, 62, 78
-, Tipps 27

E

Experimente 10, 11, 69, 189, 209

F

Fehler ..... 14, 23, 36, 88, 145, 178 ff., 208
Fluchtpunkt 28, 29, 32
Formen schraffieren 13, 151
Foto 36, 52ff., 82, 84, 122, 128, 196, 225, 236
Frauenporträts 20-25, 52, 53, 56–59, 62-66, 71, 151, 152, 160, 161, 170–173, 178–181
-, Akt 114, 134–137, 142-147
-, Profil 20, 21, 42, 59
-, von vorne 22, 23, 52, 56, 66
Füße 112, 113

G

Gefühle 37, 68, 126, 158, 159, 188, 215
-, Comics 186, 188, 200
-, Manga 214
geometrische Grundelemente 12, 13, 26, 33, 47, 143, 165, 171
Gesichter zeichnen 17, 37
-, Anatomie 38
-, Comics .... 186 ff.
- Fantasy 225
-, Grundformen .... 18, 19, 20 ff., 165, 171, 186
-, Kinder 76, 77
-, Manga 212
-, Proportionen...16–19, 20 ff., 76, 77, 162 ff.
Gesichtsausdruck 153, 158, 159
Gesichtsebenen 39, 154
Gesichtsform 22, 24, 193, 215
Gesichtsmuskeln 38, 159
Gesichtszüge platzieren ...... 16–19, 20 ff., 40 ff., 76, 77, 163 ff.

Gewicht 114
Gleichgewicht ... 30, 96, 119, 142, 201, 203
Grafit 10, 150
Grautöne 8, 13, 39
Grauwerte 167, 172
Größenverhältnisse 29, 32
Grundelemente, geometrische 12, 13, 26, 33, 47, 143, 165, 171
Grundformen ... 94, 129, 143, 165, 208, 224
Gruppen zeichnen 15, 32, 33, 130
Grußkarten 190

H

Haar .... 52 ff., 64, 65, 78 ff., 213
Haaransatz .... 16 ff., 40 ff., 76, 77, 163 ff.
Haarfarben 62, 63, 71, 84
Halbporträt 176
Hände 110, 111
-, Kinder 75, 113
Haut 66–69, 175, 224
Hautfarben 70, 87
Hilfslinien .... 16 ff., 36, 176, 187
Hintergrund 30, 33, 58, 173
Horizontlinie 28, 29, 32

I

Ideen 191, 216, 224
Interessen darstellen 30

J

Jungen im Porträt 60, 70, 82, 87

K

Karikaturen 196
Karton ▶ Zeichenpapiere
Kindchen-Schema 192
Kinder 36, 37, 74–91
-, Profil 77
-, Alter 74, 76, 77, 97
-, Bewegung 74, 118
-, Gesichtsproportionen 76, 77,
-, Körperproportionen 97
Kinderporträts .... 36, 37, 78 ff.
Kinnlinie ...16–19, 20 ff., 40 ff., 76, 77, 163 ff.
Kleidung, Falten 115–117, 121
Knochenstruktur .... 96 ff.
Kohlezeichnungen 7, 52, 140, 141, 144

Kolorieren.............. 207, 209, 219 ff.
Körperform.......... 64, 96, 154, 176, 235
Körpergröße........... 96, 198, 199, 235
-, Kinder 97
Körpermasse 144
Körperproportionen 96
-, Kinder 97
Körpersprache................ 203, 208
Kreide / Kreidestifte 7
Kritik............................. 178

L
Lächeln.............51, 52, 124, 160,161
Leuchttisch.....................185, 228
Licht 39, 52, 126, 152, 210
-, und Schatten .... 12, 13, 60, 61, 88, 126, 146, 152 ff., 179, 210, 219
-, Tageslicht 126, 224
Linien zeichnen 8, 10, 14, 146, 180
Lippen...........18 ff., 48–50, 158, 187 ff.

M
Mädchenporträts..........71, 78, 84, 88
Manga-Figuren.............197, 216–221
Männerporträts......54, 55, 60, 61, 67, 68, 69, 162–169, 174, 175
-, Akt................. 138–141, 142, 147
-, im Profil............... 54, 68, 69, 174
-, von vorne 67, 175, 176
Marker 150, 207
Maß nehmen, freihand ....16 ff., 155 ff., 162, 170, 174, 177
Material 6, 7, 150, 151, 184, 185, 207
Materialmix 69, 71
Merkmale, charakteristische 17, 37, 45, 69, 88, 186
Mimik 158, 159, 215
Modell................62, 147, 153, 176
Momentaufnahmen........... 14, 119, 186
Mund........ 16-19, 20 ff., 40 ff., 48–50, 76, 77, 156, 158, 163 ff., 214
Muskeln 38, 96–110, 112

N
Nase 47, 157, 214
Naselinie(n) .... 16-19, 20 ff., 40 ff., 76, 77, 163 ff.

O
Ohren 46, 155
Optische Verkürzung......... 71, 120-123, 147, 176

P
Papier ▶ Zeichenpapiere
Perspektive 28, 29, 32, 210, 211
-, atmosphärische 224
Pinsel 69, 71, 184, 209
Politur.................... 151, 169, 173
Pose 88, 128, 143, 147, 211
Positionieren, Gesichtszüge.........16–19, 20 ff., 40 ff., 76, 77, 163 ff.
Positionieren, im Bild 30, 142
Profil 19, 37, 41, 42
Profil, Frauen 20, 21, 59
Profil, freihand..................... 174
Profil, Männer 54, 55, 68, 69, 174
Proportionen 177, 200
-, freihand......................... 163
-, Gesicht ... 16–19, 20 ff., 40, 76, 77, 162 ff.
-, Kinder 36, 75, 76, 77
-, Körper 94, 96, 97, 198

R
Radieren..... 7, 9, 88 ff., 150, 151, 169, 184
Rasterfolie 207
Räumliche Wirkung.........12, 13, 31, 120, 144, 166, 176
Realistische Darstellung. . 28 ff., 36 ff., 52 ff., 56, 60 ff., 74, 190, 196, 224, 236
Reinzeichnung.................185, 207
Rückenansicht..................99, 102

S
Schädel........................... 38
Schatten 12, 13, 39, 60, 61, 88, 146, 152, 153, 166, 179, 209, 219
Schmuck... 90, 91, 125, 187, 206, 207, 223, 224, 229
Schraffieren 8, 151, 209
Seitenansicht.................. 100, 103
Selbstporträt 25
Skelett 96, 98–110, 112
Skizzen.............23, 32, 101, 147, 210
-, im Freien 130
Skizzenblock 6, 194
Sommersprossen 83, 85
Spannung.......................30, 128
Stil, eigener 11
Stimmung..................37, 58, 153
Striche 8, 10, 145
Strichmännchen 94, 200, 208, 211
Symmetrie 186

T
Tätowierungen................228, 229
Teenager........................74, 76
Tiere ....216, 224 ff.
Trennlinien 40
Tusche............. 69, 71, 184, 207, 209

U
Umriss.................... 14, 166, 180

V
Verbessern, Bilder............... 178 ff.
Verkürzung, optische 71, 120-123, 147, 176

W
weiblicher Akt 114, 137, 142–147
weiblicher Körper 100
Wirbelsäulen-Hilfslinie.............. 114
Wirklichkeitsnähe 14, 56, 61, 158, 224
Wirkung, räumliche............... 12, 13
Wischeffekte 151

Z
Zähne 57, 89, 158
Zeichenbrett..................7, 21, 150
Zeichenpapiere 6, 11, 150, 185, 207
Zeichnen, blind 14
Zeichnungen fixieren...................7
Zoomen.............................30
Zwischenräume 178
Zwischentöne............. 113, 146, 167

Impressum

FOTOS INNENTEIL: Walter Foster Publishing, Inc.

KONZEPT, ÜBERSETZUNG UND LEKTORAT: Verena Zemme, punktum. Text- & PR-Agentur, Miesbach

UMSCHLAGGESTALTUNG: Eva Grimme

SATZ: WS – WerbeService Linke, Karlsruhe

PRINTED IN CHINA

Neuauflage von Best.-Nr. 8251

5. Auflage 2024

ISBN 978-3-7724-4751-8 • Best.-Nr. 4751

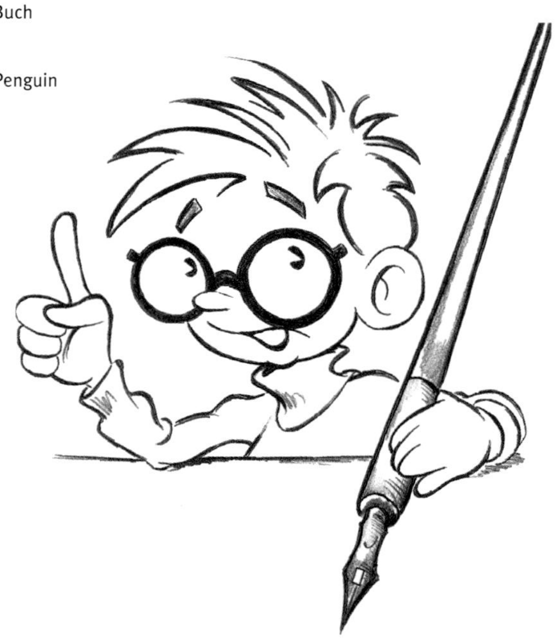

MIX
Papier | Fördert gute Waldnutzung
FSC® C016973

Penguin Random House Verlagsgruppe
FSC® N001967